몸은 기억한다

트라우마가 남긴 흔적들

THE BODY KEEPS
THE SCORE

몸은 기억한다

트라우마가 남긴 흔적들

베셀 반 데어 콜크 지음 · 제효영 옮김 · 김현수 감수

🕸 을유문화사

감수자 김현수

정신과 전문의. 명지병원 정신건강의학과 과장, 서울시 자살예방센터장. 학교 및 가정, 성폭력 등을 포함해, 중독·재난 등과 관련된 진료와 정신보건 사업을 해 왔다. 서울 강서 정신건강증진센터장, 경기도 광역 정신건강증진센터 및 자살예방센터장을 역임했다. 세월호 참사 시 안산정신건강트라우마센터 센터장을 맡았고, 2015년에는 중앙심리부검센터의 센터장으로 자살 유가족과 함께했다. 2015년 결성된 한국트라우마스트레스학회에서 부회장을 맡았고, 2002년 설립된 성장학교 별의 교장이기도 하다. 역서로는 『성폭력 피해가족을 위한 치유프로그램』, 『인터넷 중독증』이 있고, 저서로는 『학교폭력 우리아이 지키기』, 『행복한 교실을 만드는 희망의 심리학』, 『공부 상처』, 『교사 상처』, 『중2병의 비밀』 등이 있다.

몸은 기억한다
트라우마가 남긴 흔적들

발행일
2016년 1월 20일 초판 1쇄
2020년 7월 25일 초판 21쇄
2020년 10월 25일 2 판 1쇄
2024년 9월 10일 2 판 15쇄

지은이 | 베셀 반 데어 콜크
옮긴이 | 제효영
감수자 | 김현수
펴낸이 | 정무영, 정상준
펴낸곳 | (주)을유문화사

창립일 | 1945년 12월 1일
주   소 | 서울시 마포구 서교동 469-48
전   화 | 02-733-8153
팩   스 | 02-732-9154
홈페이지 | www.eulyoo.co.kr
ISBN 978-89-324-7436-6 03180

이 책을 읽지 않고서는 트라우마 입은 사람들의
인격과 영혼에 도달하기란 불가능할지도 모른다

김현수(명지병원 정신건강의학과 과장, 전 한국트라우마스트레스학회 부회장)

베셀 반 데어 콜크의 『몸은 기억한다』는 그야말로 바이블이라 할 수 있는 책이다. 트라우마 치료의 역사, 원리 그리고 충실한 사례와 트라우마를 다루는 사회의 철학과 방향까지 이 책에 모두 담겨 있다.

고백한다. 이 책을 읽으면서 여러 차례 눈물을 훔쳤다. 나 자신의 개인적 트라우마를 건드릴 뿐 아니라 세월호, 위안부 등 지금 당면한 우리들의 트라우마에 어떻게 다가서야 하는지를 깨닫게 해 주었기 때문이다. 의학 에세이나 과학 에세이가 갖기 쉬운 전문 지식의 오만함과 건조하고 추상적인 지식의 나열이 아니라 트라우마 환자의 삶에 대한 경외와 존중, 그리고 연대의식이 이 책 전반에 걸쳐 녹아 있다. 그래서 이 책은 단지 전문가들만을 위한 책이 아니라 당사자부터 관련 실무자, 관심 있는 독자 등 누구나 쉽게 읽을 수 있도록 되어 있다. 트라우마와 외상 후 스트레스 장애에 대한 공부나 연구를 한 사람이라면 베셀 반 데어 콜크의 논문을 접하지 않은 사람은 없다. 아마도 그런 그의 30여 년의 경험이 만들어 낸 철학과 태도가 이런 명저를 만들어 낼 수 있었던 것이라 생각한다.

한때 서양의 트라우마 접근이 우리 동양과의 문화적 차이로 인해 치료적 효용이 떨어진다고 생각한 바 있지만 『몸은 기억한다』는 동양의 치유 문화를 존중할 뿐 아니라 적극적으로 흡수하고 있기 때문에 문화적 저항감이 낮아지게 되는 것도 이 책의 중요한 덕목이라 생각한다.

치료자는 환자를 위해 존재하고, 환자를 치유하기 위해 심리 치료부터 안구운동 민감소실 및 재처리 요법EMDR, 뉴로피드백, 명상과 마사지, 인지치료, 연극과 예술 프로그램까지, 이런 방법들이 어떻게 과학적으로 효과를 거둘 수 있는지를 밝히고 단지 증상만을 제거하는 것이 목표가 아니라 진실하고 개방적인 자신의 삶을 살 수 있도록 도와야 한다는 그의 주장은 치료법을 넘어선 치료 태도와 치유 환경 전반에 걸친 방향을 제시하고 있다. 그가 말하는 치료자의 근본 태도는 "트라우마 외상에 대해 다루는 것은 단지 트라우마만 다루어 주는 것이 아니라 환자와 함께 견디고 안전한 느낌을 줄 수 있는 사람, 대상, 환경을 만들어 가는 과정이며, 환자가 살아남기 위하여 몰두한 노력을 경외하는 것으로부터 출발해야 한다"는 것으로, 이런 존중의 문구들이 우리 자신을 책에 더 몰입하게 만든다.

세월호, 위안부 등 이 시대를 관통하는 국가적 화두의 밑바탕은 모두 트라우마다. 트라우마의 나라에 살고 있으면서, 트라우마의 현실을 고통스럽게 겪어 내고 있는 우리는 치유되지 않는 통증과 해갈되지 않는 갈망으로 가득 차 있다. 그래서 수많은 사람이 울부짖고, 아프고, 번뇌와 연민 속에서 살아가고 있다.

베셀 반 데어 콜크의 『몸은 기억한다』는 바로 이런 우리의 아픔에 대한 확실한 치유제 역할을 할 이정표가 될 책이다. 또한 트라우마로부터의 회복과 치유 없이 성장과 성과 속에서 줄달음쳐 왔던 우리 시민의 삶 속에 있는 트라우마를 이해하고 치유하면서 우리 사회를 더 건강하게 하기 위한 출발점에 놓일 책이다. 트라우마가 치유되지 않아 발생하는 또 다른 트라우마의 연속, 왜곡되고 해리된, 유체이탈의 삶을 회복하는 길은 우리의 트라우마를 자각하는 것으로 출발할 수 있다. 우리는 느껴야 한다, 우리의 트라우마를. 이 책은 우리를 마비된 감각으로부터 회복시킬 것이다. 진실이 침몰하지 않기 위하여 트라우마로 난파된 우리 정신을 건져 내는 구조선 역할을 할 책으로 믿어 의심치 않는다. 이 책의 감수자로 마치 내가 구조된 기분을 받게 된 이 느낌을 수많은 독자도 함께 나눌 것임을 확신한다. 복음서를 처음 접한 사람의 기쁨처럼 영광스러운 기분을 느끼게 될 것이다.

이 책에 대한 찬사

이 특별한 책은 현대 정신의학계의 생각이 담긴 고전이 될 것이다. 감당하기 힘든 경험으로 발생한 영향은 바로 이 책이 이례적으로 해낸 것처럼, 신경과학과 발달 정신병리학, 대인 관계 신경생물학과 같은 각기 다른 여러 분야의 지식을 한데 통합해야 비로소 제대로 이해할 수 있다. 트라우마 스트레스에 관한 책 중에서 역사적·임상학적으로 이만큼 깊이 있는 통찰을 담아 그 다양한 영역의 과학적 사실들을 결합하고, 이만큼 혁신적인 치료 방식을 제시한 책은 찾을 수 없다. 명확한 비전과 폭넓은 지혜를 담으면서도 이해하기 쉽게 설명한, 독특하고 놀라운 성과다. 트라우마 스트레스를 이해하고 치료하는 일, 트라우마가 사회에 주는 영향에 관심 있는 사람이라면 꼭 읽어야 한다.

알렉산더 맥팔레인 Alexander McFarlane
오스트레일리아 애들레이드대학교 트라우마 스트레스 연구센터 센터장

반 데어 콜크 박사가 완성한 이 걸작은 과학자의 경계선 없는 호기심과 학자의 깊은 학식, 진실을 말하는 자의 열정이 결합된 결과물이다.

주디스 허먼 Judith Herman

하버드 의과대학 정신의학과 임상교수, 『트라우마: 가정폭력에서 정치적 테러까지』의 저자, 의학 박사

정서적 트라우마 분야에서 미국 최고 경력을 지닌 의사가 명료하게 쓴 아주 매력적인 책이다. 『몸은 기억한다』는 인생의 경험이 아주 오랜 시간이 흐른 뒤에도 우리 몸의 정상적인 기능과 비정상적인 기능에 어떻게 영향을 줄 수 있는지 설명해 준다.

빈센트 J. 펠리티 Vincent J. Felitti

샌디에이고 카이저 퍼머넌트Kaiser Permanente 예방의학과 과장, ACE 연구 공동 책임연구원 의학 박사

이 책은 역작이다. 이 책에 담긴 깊은 공감의 기술과 통찰력, 연민 어린 시선은 트라우마 피해자를 더 인간적으로 치료하면서 내재된 자기 조절 능력과 치유 능력을 확대시키고, 치료 방법을 확장시키며, 창의적인 사고를 촉진시킨다. 더불어 트라우마와 트라우마의 효과적인 치료에 관한 연구가 이루어지도록 자극한다. 몸은 실제로 경험을 기억하고, 반 데어 콜크 박사는 이 사실을 다른 이들의 연구와 박사 자신의 선구적인 발자취, 박사가 함께 걸어오며 성장해 온 정신의학 분야의 현장 경험을 토대로 설득력 있게 증명해 보였다. 무엇보다도 요가, 운동, 연극 치료를 통해 몸(그리고 생각, 감정까지)에 초점을 두고 유념하는 방식은 트라우마 치료에 경이롭고도 반가운 새 방향과 가능성을 열어 주었다.

존 카밧 진 Jon Kabat-Zinn

매사추세츠대학교 의과대학 의학교수, 『마음챙김 명상과 자기 치유』 저자

너무나 많은 정신 건강의 문제가 트라우마에서 비롯된 산물이라는 사실을 정신의학계가 인식하기 시작했다. 이 책은 최근에 나타난 이 혁신적 변화에 가장 지대한 영향을 준 신경과학자가 완성한 놀라운 업

10   이 책에 대한 찬사

적이다. 반 데어 콜크 박사는 정신의학계에 깊이 뿌리 내린 지식을 뒤흔들어 놓은 흥미진진한 탐구 여정을 뛰어난 소설가처럼 설득력 있는 글 솜씨로 이 책에 담았다. 그 이야기 속에서 트라우마의 신경생물학적인 특징들을 명확하고 이해하기 쉽게 설명하고, 전통적인 트라우마 치료 방식의 무익함을 밝히며, 환자들을 자신이 인지한 마음 아래 더 깊은 곳까지 데려가 과거의 시간에 멈춘 채 굳어 버린 부분을 치유하는 방법을 소개한다. 이 모든 이야기가 극적인 치료 사례들로 생생하게 전해지며, 확실한 연구 결과가 설득력을 더한다. 트라우마가 남긴 대가, 그 대가를 거부하려는 우리의 태도가 낳는 또 다른 대가를 인지하도록 만드는 분수령이 되어 좁게는 정신의학 분야에, 넓게는 문화 전반에 큰 변화를 가져올 만한 책이다.

리처드 슈워츠 Richard Schwartz
내적가족체계 치료 개발자

임상에서 뜨거운 열정으로 관찰한 사실과 신경과학, 역사적인 분석 결과, 예술, 실화를 군더더기 없이 하나로 모은 놀라운 책이다. 반 데어 콜크 박사는 트라우마의 영향을 밝히고 회복으로 나아가는 길을 제시하는 권위적인 지침서를 탄생시켰다. 이 책에는 평생을 임상에서 환자와 만나고 연구하고 트라우마 스트레스 분야에서 탐구하면서 얻은 지혜와 인간의 특성, 연민, 과학적인 통찰이 가득 담겨 있다. 정신 건강 분야는 물론 다른 의료 보건 분야 전문가들, 트라우마 피해자들과 그들의 가까운 친지들, 그리고 우리 사회에 존재하는 트라우마와 폭력의 고리에서 벗어날 수 있는 임상적, 사회적, 정치적 해결책을 찾고자 하는 모든 사람이 반드시 읽어야 할 책이다.

레이철 예후다 Rachel Yehuda
뉴욕 마운트시나이 의과대학 트라우마 스트레스 연구부 책임자, 정신의학·신경과학 교수

이 책은 우리가 세상을 바라보는 방식의 면면을 근본적으로 바꾸어

놓는다. 베셀 반 데어 콜크 박사는 그런 책을 쓴 것이다. 그가 들려주는 이야기는 광범위하고 포괄적이지만, 뛰어난 이야기꾼이라 페이지마다 눈을 떼지 못하게 만든다. 나는 책을 내려놓을 수 없었다. 위대한 업적을 단순하게 설명한 책이다.

스티븐 코프 Stephen Cope
아주 특별한 삶을 위한 크리팔루 연구소Kripalu Institute for Extraordinary Living 설립자 겸 연구소장,『요가, 그리고 진정한 자기를 찾기 위한 탐구Yoga and The Quest for the True Self』 저자

다루는 범위나 깊이가 경탄을 자아내는 책이다. 『몸은 기억한다』는 트라우마 연구와 치료 분야에서 가장 뛰어난 선구자 중 한 사람이 이룩한 중대한 업적이다. 반드시 읽어야 하는 이 책에는 트라우마에 관한 최신 신경과학 연구의 성과와 새로운 흐름으로 등장한 신체 지향적 치료법, 증상의 완화를 넘어 몸과 마음을 치료하고 각자가 가진 생명 에너지를 스스로 느끼고 현재를 살아갈 수 있게 해 주는 전통적인 치료법들이 모두 포괄되어 있다.

피터 A. 레빈 Peter A. Levin
『하지 못한 말: 몸이 트라우마를 표출하고 다시 건강을 찾는 방식In an Unspoken Voice: How the Body Releases Trauma and Restores Goodness』 저자, 박사

『몸은 기억한다』는 명료하고 흥미진진해서 손에서 놓기 힘든 책으로, 인상적인 사례들이 가득하다. 트라우마 치료 분야의 저명한 선구자인 반 데어 콜크 박사는 다양한 분야의 트라우마 학자, 임상의가 가진 아이디어를 통합하는 동시에 자신만의 역할을 톡톡히 해낸 인물이다. 그는 이 책에서 지난 30여 년 동안 정신 건강 분야에서 이루어진 대대적인 변화 가운데 중요한 일들을 짚어 내고 설명한다. 이를 통해 우리는 심리적 트라우마가 마음을 조각낸다는 사실과 뇌 내부의 연결을 끊어 놓고 몸과 마음의 연결까지 끊어 버린다는 사실을 알게 된다. 뿐만 아

니라 가장 극심한 트라우마를 앓던 사람도 그 끊어진 부분들을 모두 결합시킬 수 있도록 도와줄 수 있는 새롭고 흥미로운 접근 방식도 배울 수 있다.

노먼 도이지 Norman Doidge
『스스로 변화하는 뇌 *The Brain That Changes Itself*』 저자

이 분야의 진정한 선구자 중 한 사람이 트라우마의 영향을 설명한 책이다. 최신 신경과학의 정보와 트라우마를 직접 경험한 사람들이 이해하는 사실과 오랜 지혜를 한데 통합한 보기 드문 책이다. 저자에게 느껴지는 현명함과 인정이 이 책에서도 느껴지고, 가끔 도발적인 부분도 있지만 아주 흥미진진하다.

글렌 N. 색스 Glenn N. Saxe
뉴욕대학교 의과대학 NYU 아동연구센터 센터장, 아동·청소년 정신의학과 교수이자 학과장, 의학 박사

『몸은 기억한다』에서 우리는 트라우마 피해자와 이들을 돕기 위해 만들어진 의학적, 심리학적 원칙 사이에 존재하는 틈 사이를 용감하게 탐험한 저자의 여정을 접할 수 있다. 이 설득력 있는 책에서 우리는 마음이 트라우마를 무시하려고 절박하게 애쓰면 애쓸수록 몸은 무언의 감정과 느낌들로 이루어진 과거 속에 더 단단히 갇히게 된다는 사실을 알 수 있다. 이 내적 분리는 사회적 관계의 연이은 붕괴로 이어져 결혼 생활, 가족 관계, 친구 관계에 커다란 악영향을 준다. 반 데어 콜크 박사는 환자들이 분리된 생각과 몸을 다시 연결시킬 수 있도록 해 준 성공적인 치료법과 전략을 소개하며 희망을 준다. 그가 공유한 이 여정을 통해, 우리는 자기 인식 능력을 향상시키고 안전에 대한 내적 감각이 정착한 뒤에야 삶의 풍요로움을 온전히 느낄 수 있음을 알 수 있다.

스티븐 W. 포지스 Stephen W. Porges

채플힐 노스캐롤라이나대학교 정신의학과 교수,『다미주 신경 이론: 감정, 애착, 의사소통, 자기 조질의 신경생리학적 기반*The Polyvagal Theory: Neurophysiological Foundations of Emotions, Attachment, Communication and Self-Regulation*』저자, 박사

이 책은 내가 지금까지 읽은 트라우마에 관한 그 어떤 자료보다 영리하고, 가장 유익한 성과이며, 이해하기 쉬운 과감한 역작이다. 반 데어 콜크 박사는 임상 사례와 신경과학, 효과가 뛰어난 도구, 인간의 특성을 보살피는 마음을 현명하게 결합하여 너무나 많은 사람이 고통받고 있는 트라우마에서 치유될 수 있는 전혀 새로운 방법을 제공한다.

잭 콘필드 Jack Kornfield

『마음과 함께 가는 길 *A Path with Heart*』저자

지난 수십 년 동안 심리적 트라우마 분야에 이룩한 놀라운 발전의 측면에서 베셀 반 데어 콜크 박사에 필적할 만한 인물은 없다. 그의 연구 덕분에 만성 아동 학대와 방치 문제부터 전쟁, 자연재해 트라우마에 이르는 다양한 심리적 트라우마가 개인과 사회, 문화적인 문제의 주된 원인이라는 인식이 널리 인정받고 있다. 대가답게 명쾌하고 흡입력 있게 완성된 이 역작에서 반 데어 콜크 박사는 전문가이자 일반 시민의 한 사람으로, 자신이 지나온 여정으로 우리를 데려가 연구에서 무엇을 배웠는지, 동료와 학생들로부터 무엇을 깨달았는지, 그리고 가장 중요한 부분인 환자들에게서 무엇을 깨달았는지 보여 준다.『몸은 기억한다』는 위대한 성과를 쉽게 풀어 놓은 책이다.

오노 반 데어 하트 Onno van der Hart

네덜란드 위트레흐트대학교 소속 연구원,『갇힌 자: 구조적 해리와 만성 트라우마의 치료』저자

『몸은 기억한다』는 트라우마가 뇌의 발달과 애착 관계 형성 체계에 끼치는 영향에 관한 깊은 이해를 토대로, 그 유독한 스트레스에서 벗어날 수 있는 새롭고 더 나은 치료법을 명확히 제시한다. 트라우마가 개인과 사회에 끼치는 영향을 현대 사회가 어떻게 이해하고 있는지 요약하여 설명하고, 트라우마를 겪은 아동과 성인이 현재를 온전히 살아갈 수 있도록 도와줄 수 있는 전통적인 치료법과 새로운 치료법의 치유 효과를 모두 제공한다.

제시카 스턴 Jessica Stern
테러 관련 정책 컨설턴트, 『거부: 테러의 기억(원제: *Denial: A Memoir of Terror*)』 저자

광범위한 치료법에 관한 흥미진진한 탐구 내용을 읽다 보면 독자들은 치유의 과정을 어떻게 따라가야 하는지, 안전하다는 감각은 어떻게 얻게 되는지, 고통의 늪에서 어떻게 빠져나갈 수 있는지 알게 된다.

프란신 샤피로 Francine Shapiro
EMDR 치료법 개발자, 정신연구소 소속 연구원, 『과거 잊기*Getting Past Your Past*』 저자

나는 애착 관계를 연구하는 학자라 유아들이 심리생물학적인 존재라는 사실을 잘 안다. 유아들은 뇌만큼 몸을 활용한다. 말로 표현하거나 징후를 나타내지는 않지만, 아기들은 자신의 생물학적 시스템을 모두 사용해 사물과 사람들로 이루어진 세상 속에서 자신의 의미를 찾는다. 반 데어 콜크 박사는 바로 이 시스템이 모든 연령의 사람에게 그대로 유지된다는 사실을 보여 준다. 그리고 특히 발달 초기에 발생한 트라우마 경험이 남긴 만성적인 독성 영향이 정신을 파괴한다는 사실도 보여 준다. 이를 토대로 그는 생존자, 학자, 의사 모두에게 필요한 통찰과 지침을 제공한다. 베셀 반 데어 콜크 박사는 신체와 트라우마의 관계에 주목하면서도, 분명 그로 하여금 이 책을 쓰도록 만들었을 마음의 힘도 놓치지 않았다.

에드 트로닉 Ed Tronick

보스턴 매사추세츠대학교 교수, 『영유아와 아동의 신경 행동과, 사회적 감정 발달Neuro-behavior and Social Emotional Development of Infants and Young Children』 저자

『몸은 기억한다』는 감당하기 힘든 경험이 서로 밀접하게 연관되어 있는 뇌와 마음, 몸의 인식 기능이 발달하는 과정에 어떤 영향을 주는지 생생하게 설명한다. 그 경험이 만들어 낸 무질서는 사랑하고 일하는 능력에 심각한 영향을 준다. 풍부한 임상 사례와 혁신적인 과학계의 연구 결과가 통합된 이 책은 트라우마를 새롭게 이해할 수 있게 해 주고, 뇌 회로를 '재배열'시키고 트라우마를 겪은 사람들이 다시 현재를 살아가도록 도울 수 있는 새로운 치료법을 소개한다. 트라우마를 경험한 사람들에게 치유로 가는 길을 알려 주고, 심리학자와 정신의학자에게는 트라우마와 회복에 관한 생각을 완전히 바꾸게 만드는 책이다.

루스 A. 라니우스 Ruth A. Lanius

웨스턴 온타리오대학교 PTSD 연구 책임자, 정신의학과 교수, 해리스 우드먼 정신·체성 감각 연구소 소속 연구원, 『생애 초기의 트라우마가 건강과 질병에 끼치는 영향The Impact of Early Life Trauma on Health and Disease』 저자

베셀 반 데어 콜크 박사는 포괄적인 지식과 임상에서 보여 준 용기, 환자의 치유를 돕기 위한 창의적인 전략을 활용하여 트라우마의 영향을 파악하고, 감당하기 힘든 일을 겪은 후에도 계속해서 성장할 수 있는 방법을 발견하는 과정을 선도한 인물이다. 『몸은 기억한다』는 일반 독자들에게 트라우마의 복합적인 영향을 이해할 수 있는 최신 지식을 제공한다. 또한 고통을 줄이고, 그저 살아남는 데 머물지 않고 더욱 발전할 수 있는 입증된 방법들을 제시한다.

대니얼 J. 시겔 Daniel J. Siegel

UCLA 의과대학 임상교수, 『십 대의 두뇌는 희망이다』, 『마음을 여는 기술』, 『마음의 발달:

인간관계와 뇌는 자기 형성 과정에서 어떻게 상호 작용하는가*The Developing Mind: How Relationships and the Brain Interact to Shape Who We Are*』 저자

베셀 반 데어 콜크 박사는 이 훌륭한 책에서 아주 인상적인 환자들의 이야기를 전하고, 그들이 겪은 고투를 역사, 연구, 신경과학으로 해석해서 타고난 이야기꾼의 글로 알기 쉽게 바꾸어 들려준다. 우리는 저자가 40년 동안 트라우마를 이해하고 치료하기 위해 용기를 발휘했던 과정과 큰 변화 없이 머물러 있던 정신의학계와 심리 치료에 파장을 일으켜 새로운 토대를 마련하고 도전한 결과들을 들여다볼 수 있다.『몸은 기억한다』는 트라우마에 대한 깊이 있는 이해와 함께 트라우마가 발생시키는 악영향과 새로운 치료 방식을 흥미진진하게 설명하여 미래의 희망을 제시한다. 의사는 물론이고 트라우마로 깊은 고통에 시달리는 사람들을 이해하고, 그 고통을 예방하며, 치료할 방법을 찾고자 하는 모든 이가 반드시 읽어야 할 놀라운 책이다.

팻 옥든 Pat Ogden
감각운동 심리 치료 연구소의 설립자 겸 교육 책임자,『감각운동 심리 치료: 트라우마와 애착 관계 치료법*Sensorimotor Psychotherapy: Interventions for Trauma and Attachment*』 저자

일러두기

1. 본문의 원주(출처 표기 및 관련 부가 설명)는 숫자로 표시하고 모두 후주로 하였고, 내용 이해를 돕기 위해 옮긴이와 편집자가 만든 주석은 검은색 동그라미(●)로 표시하고 본문 하단에 달았습니다.

2. 옮긴이가 독자의 이해를 돕기 위해 생략된 말을 넣거나 저자가 인용문에 보충 설명한 부분은 [ ] 안에 넣었습니다.

3. 도서와 월간지는 『 』로, 주간지, 신문, 논문과 그림은 「 」로, 영화, 연극, TV프로그램과 노래는 < >로 표기하였습니다.

4. 인명이나 지명은 국립국어원의 외래어 표기법을 따랐습니다. 단, 일부 굳어진 명칭은 일반적으로 사용하는 명칭을 사용했습니다.

기억을 간직하고, 내게 교과서가 되어 준 환자들에게 바칩니다.

차례

트라우마와의 대면

군인이 되어 전투를 벌이거나 시리아, 콩고 같은 나라의 난민 수용소를 눈으로 봐야만 트라우마(정신적 외상)를 경험하는 건 아니다. 트라우마는 자신과 친구, 가족, 이웃으로 인해 생길 수도 있다. 미국질병통제센터의 조사에 따르면 미국인 5명 중 1명은 어린 시절 성추행을 당한 경험이 있고, 4명 중 1명은 부모에게 몸에 자국이 남을 정도로 맞은 적이 있으며, 커플 3쌍 중 1쌍은 상대의 신체 폭력에 시달리는 것으로 나타났다. 미국 전체 인구의 4분의 1은 알코올에 중독된 친인척의 손에서 크고, 8명 중 1명은 엄마가 맞거나 공격받는 모습을 직접 목격한다.[1]

인간은 회복 능력이 굉장히 우수한 생물이다. 아득한 옛날부터, 인류는 무자비한 전쟁과 무수한 재앙(자연재해와 인간이 만든 재앙 모두)을 겪고 삶에서 폭력과 배신을 경험한 후에도 매번 제자리로 돌아왔다. 그러나 정신적 외상 경험은 흔적을 남긴다. 그 흔적은 범위가 아주 방대할 수도 있고(인류 역사와 문화에 영향을 주기도 한다), 가족에게 밀접한 영향을 끼칠 수도 있으며, 어두운 비밀로 존속해 여러 세대를 거쳐 알게 모르게 전해지기도 한다. 그러한 경험들은 마음과 감정에도 흔적을 남기고, 즐거움과 친밀감을 느끼는 능력에도 영향을 주며, 심지어 생물학적인 특성과 면역 체계에도 자국을 남긴다.

트라우마는 그 일에 직접적으로 노출된 사람뿐만 아니라 주변 사람에게도 영향을 미친다. 전투를 마치고 돌아온 군인은 급격한 분노와 정서적 무감각으로 가족들을 깜짝 놀라게 만들 수 있다. 남편이 외상 후 스트레스 장애PTSD로 고통받으면 아내도 우울증에 시달리는 경향이 나타나고, 그런 엄마 밑에서 자란 아이들은 자신감이 부족하고 불안해하는 사람으로 성장할 위험이 있다. 어릴 때 가족 안에서 폭력에 노출된 사람은 성인이 되어도 타인과 서로 신뢰하는 안정적인 관계를 잘 맺지 못하는 경우가 많다.

트라우마가 견딜 수 없고 참기 힘든 일인 건 분명하다. 성폭력 희생자, 전투 군인, 성추행을 당한 어린이 대부분은 자신이 경험한 일을 생각하면 너무 불안해서 그 일을 마음속에서 밀어내려 하고, 마치 아무 일도 일어나지 않은 것처럼 행동하려고 노력하며 살아간다. 공포의 기억, 나약함과 취약함이 맞닥뜨려야 했던 수치심을 안고 정상적인 기능을 유지하려면 실로 어마어마한 에너지가 필요하다.

누구나 트라우마를 이겨 내고 싶어 하지만, 뇌에서 우리의 생존을 담당하는 부분(이성적 사고를 담당하는 저 아래 깊숙한 부위)은 사실을 부인하는 능력이 그리 뛰어나지 않다. 정신적 외상을 입은 경험은 아주 오랜 시간이 흐른 뒤에도 위험을 암시하는 실낱같은 단서만 주어지면 다시 활성화되고, 뇌 회로를 뒤흔들며 방대한 양의 스트레스 호르몬을 분비시킨다. 이로 인한 불쾌한 감정은 신체 감각을 극도로 예민하게 만들고 충동적이고 공격적인 행동을 촉발시킨다. 이와 같은 외상 후 스트레스 장애 반응은 이해할 수 없고 이겨 낼 수도 없는 일로 여겨진다. 트라우마를 경험한 많은 생존자가 통제력을 잃은 기분을 느끼고, 자신을 구성하는 가장 중요한 부분이 망가져서 더 이상 구제

받지 못할지도 모른다는 두려움을 느낀다.

내가 의학 공부에 맨 처음 마음이 끌린 건 열네 살 무렵에 참가한 여름 캠프에서였던 걸로 기억한다. 캠프에 함께 간 사촌 마이클은 밤새도록 나를 붙들고 신장이 어떤 기능을 하는지, 신체의 노폐물은 어떻게 분비되는지, 몸에 필요한 화학 물질이 재흡수되어 전체 시스템이 어떻게 균형을 유지하는지 등 복잡한 과정을 설명했다. 신체의 기능이 마치 기적이 일어나듯 작동하는 그 이야기를 들으면서 나는 완전히 매료됐다. 나는 나중에 의학 공부를 시작한 후에도 외과나 심장의학과, 소아과 등 어느 과목을 배우든 치유의 핵심이 '신체'라는 유기체의 작동 방식을 이해하는 데 있다는 사실을 재차 확신할 수 있었다. 그런데 의과대학에서 여러 분야를 거쳐 마침내 정신의학을 공부할 차례가 되었을 때, 마음의 특성과 인간이 서로 관계를 맺고 서로에게 애착을 갖는 방식은 놀라울 정도로 복잡한 반면, 정신과 전문의들 중에서 자신이 치료하려는 문제의 근본 원인을 아는 사람은 턱없이 적다는 사실을 깨닫고 큰 충격을 받았다. 그런데 뇌와 마음, 사랑에 대해서도 인간이라는 유기체를 구성하고 있는 다른 시스템만큼 상세히 파악하는 일이 과연 가능할까?

아직까지는 그 정도로 상세히 파악되었다고 하기엔 많이 부족한 것이 사실이다. 하지만 과학계에 새로이 탄생한 세 가지 분야 덕분에 정신적 외상과 학대, 방치로 발생하는 영향에 관한 지식은 폭발적으로 증대되었다. 그 세 분야란 뇌가 정신적 과정을 어떻게 돕는지 연구하는 '신경과학', 부정적인 경험이 마음과 뇌의 발달에 주는 영향을 연구하는 '발달정신병리학', 우리의 행동이 주변 사람의 감정과 생물학적 특성, 사고방식에 주는 영향을 연구하는 '대인 관계 신경생물학'을 가리킨다.

새롭게 등장한 이 세 분야의 연구를 통해, 트라우마는 뇌의 경고 시스템을 재조정하고 스트레스 호르몬의 활성을 증대시키며 무관한 정보들 속에서 관련 정보를 걸러 내는 시스템을 변형시키는 등 생리학적인 변화를 발생시키는 것으로 나타났다. 트라우마는 우리가 살아 있다는 기분을 느끼게 하는 신체의 감정, 즉 체화된 느낌의 상호 전달을 관장하는 뇌 부위에도 문제를 일으킨다는 사실을 알게 되었다. 이러한 변화는 정신적 외상을 입은 사람들이 자신도 모르게 일상생활이 힘들어지는 대가를 감수하면서도 위험을 지나치게 경계하는 이유를 설명해 준다. 이들이 보이는 행동들은 윤리 의식이 무너졌거나 의지력이 약화되었거나 성격이 나빠졌다는 사실을 드러내는 징후가 아니라, 뇌의 변화가 발생시킨 결과라는 사실이 밝혀진 것이다.

정신적 외상이 발생하는 기본적인 과정에 관한 폭넓은 정보가 밝혀지면서 증상을 완화시키거나 손상을 원상 복구할 수 있는 새로운 가능성도 열렸다. 이제는 트라우마를 겪은 생존자들이 뇌가 원래 가지고 있는 신경 가소성을 활용해 온전히 살아 있는 기분을 느끼고 남은 삶을 계속 살아가도록 도와줄 수 있다. 그 방법은 크게 세 가지로 구성된다.

1) 포괄적인 것에서 시작해 세부적으로 들어가는[하향식] 방식에서는 대화와 타인과의 관계를 (재)형성하고 환자가 자신에게 일어나는 일을 인지하고 이해하는 동시에 트라우마의 기억을 가공하도록 돕는다.
2) 약물을 통해 부적절한 경계 반응을 차단하거나, 그 외 다른 기술을 활용해 뇌의 정보 처리 방식을 변화시킨다.
3) 세부적인 것부터 전반적인 방향으로 해결하는[상향식] 방식에서는 신체가 트라우마로 느끼는 무기력한 기분과 분노, 붕괴와 상반되는 경험을 마음 깊은 곳에서부터 체감할 수 있도록 돕는다.

이 가운데 각자에게 잘 맞는 방식은 치료 경험을 토대로 결정할 수 있다. 내가 치료한 사람들은 대부분 한 가지가 아닌 여러 방법을 조합한 방식이 필요했다.

나는 이 일에 인생을 바쳤다. 30년 전 내가 설립한 '트라우마센터 Trauma Center'에서 일하는 동료들과 학생들도 나의 노력에 힘을 보태 주었다. 그렇게 우리는 힘을 모아서 아동 학대 피해자들과 자연재해나 전쟁, 사고 희생자들, 인신매매를 당한 사람들, 가까운 사람이나 낯선 사람에게 공격을 당하고 고통받는 사람들 등 정신적 외상을 입은 어린이와 성인 수천 명을 치료해 왔다. 모든 의료진이 매주 회의에 참석해 치료 중인 모든 환자에 대해 세세한 부분까지 논의하고 다양한 치료 방식이 [환자 개개인에게] 얼마나 효과 있는지 세심하게 파악해 온 오랜 전통을 지금도 그대로 지켜 나가고 있다.

우리가 세운 1차적인 목표는 치료를 받기 위해 찾아온 어린이와 성인들을 돌보는 것이지만, 정신적 외상으로 인한 스트레스가 다양한 인구 집단에 주는 영향을 조사하고 잘 맞는 치료법을 찾는 연구에도 초창기부터 매진해 왔다. 이를 위해 미국 국립 정신건강연구소와 국립 보완의학·대체의학센터, 질병통제센터를 비롯해 여러 민간단체가 제공한 연구 지원금을 활용해 약물 치료부터 대화, 요가, 안구 운동 민감소실 및 재처리 요법EMDR, 연극 치료, 뉴로피드백(뇌파 신경 치료) 등 다양한 치료법의 효능을 연구했다.

사람들이 정신적 외상을 남긴 과거의 잔재에 대한 통제력을 쥐고 자기 자신이라는 배의 선장으로 되돌아갈 수 있도록 돕는 것이 우리가 해결해야 할 과제다. 과민해진 신체의 경계 시스템은 대화와 이해, 타인과의 관계 회복, 약물 등을 통해 누그러뜨릴 수 있다. 더불어 트라우마의 한 부분을 차지하는 무력감과 분노, 붕괴와 정반대되는 신체 경험은 과거가 남긴 흔적을 변화시키고 잃어버린 자제력을 되찾게 해 준다. 모든 사람에게 잘 맞는 단 한 가지 해결책은 없고 내가 특별히 선호하는 치료법 또한 없지만, 이 책에서 이야기할 치료법은 모두 내가 직접 시도해 본 방법들이다. 각자가 겪는 문제의 특성, 개개인의 기질에 따라 모두 큰 변화를 가져올 수 있다.

나는 이 책을 지침이자 일종의 초대장이 되었으면 하는 바람으로 썼다. 이 책을 계기로 여러분이 트라우마의 실상과 마주하고, 최고의 치료법을 탐구하며, 사회의 일원인 우리 모두가 가능한 한 모든 방법을 동원해 트라우마 예방에 충실히 임했으면 한다.

1부
트라우마의 재발견

1장

베트남전 참전 군인들이
알게 해 준 교훈

내가 열두 살이던 1975년, 유난히 춥고 하늘이 온통 구름으로 뒤덮였던 그 겨울날부터 나는 지금 이 모습이 되었다. (…) 아주 오래전의 일이지만, 사람들이 이야기하는 과거는 잘못됐다. (…) 지금 돌아보면, 나는 26년 동안 그 버려진 골목길을 몰래 들여다보고 있었다는 걸 알 수 있으니까.

할레드 호세이니Khaled Hosseini, 『연을 쫓는 아이*The Kite Runner*』

어떤 이들의 인생은 이야기처럼 흘러가는 것 같다. 내 인생에는 마침표와 출발이 많았다. 트라우마가 그렇다. 줄거리 사이에 끼어드는 것이다. (…) 갑자기 일어나고, 삶이 다시 이어진다. 그 누구도 각오하라고 알려 줄 수 없다.

제시카 스턴Jessica Stern, 『거부 : 테러의 기억*Denial : A Memoir of Terror*』

1978년의 7월 4일 독립기념일이 낀 주말을 보내고 맞이한 화요일, 나는 보스턴 보훈병원에 정신과 전문의로 첫출근했다. 새 진료실에 도착해 평소 좋아하던 브뢰겔의 작품 「장님을 이끄는 장님The Blind Leading the Blind」 복제품을 걸고 있는데, 멀리 복도 쪽 접수처 방향에서 소란스러운 소리가 들려왔다. 잠시 후, 큰 덩치에 머리는 헝클어지고 꼬질꼬질한 정장 차림의 남자가 겨드랑이에 『용병*Soldier of Fortune*』지를 낀 채 내 진료실 문을 벌컥 열고 들어섰다. 잔뜩 흥분한 데다 누가 봐도 만취한 것 같은 그의 모습을 보면서, 내가 과연 이 집채만 한 사내를 도와줄 수 있을지 전혀 자신할 수 없었다. 그에게 자리에 앉으라고 권한 뒤, 무슨 도움이 필요한지 말해 보라고 했다.

톰이라는 이 남자는 10년 전 해군에 입대해 베트남에서 복무하고 돌아온 군인이었다. 지난 독립기념일 연휴엔 가족들과 함께 보내는 대신 보스턴 시내에 있는 자신의 법률사무소에 숨어서 술을 마시고 옛날 사진들을 보며 보냈다고 했다. 그는 그간의 경험으로, 초여름을 맞아 울창해진 나뭇잎들을 배경으로 여동생의 집 뒷마당에 모여 든 사람들의 소음과 불꽃놀이, 열기가 베트남을 상기시켜 자신을 미치게 만들 거란 사실을 알기에 그럴 수밖에 없었다. 화가 치밀어 올라 아내와 어린 두 아들 앞에서 괴물처럼 행동한 적이 있어 가족들과 함께 있기도 두려웠다. 집 안에서 아이들이 소란을 피우면 갑자기 마음이 극도로 불안해져, 혹여 자기 손으로 아이들을 해칠까 봐 황급히 집 밖으로 나와야 했다. 인사불성이 될 때까지 혼자 술을 마시거나 할리데이비슨 오토바이를 타고 위험천만한 속도로 내달릴 때만 겨우 마음을 진정시킬 수 있었다.

밤이 되어도 상황은 전혀 나아지지 않았다. 잠이 들더라도 다시 베트남으로 돌아가 벼가 무성한 논에 매복해 있다가 적군의 손에 소대원 전체가 죽거나 다치는 악몽 때문에 잠을 깨기 일쑤였다. 숨을 거둔 베트남 어린이들의 모습도 문득문득 떠올라 그를 질겁하게 만들었다. 그 끔찍한 악몽 때문에 잠들기도 두려워 밤새도록 술을 마시며 깨어 있는 일이 빈번했다. 그가 거실 소파에 쓰러져 잠든 날 아침이면 아내와 아이들은 발끝으로 조심조심 다니며 아침 먹고 등교 준비를 했다.

살아온 이야기를 해 달라고 하자, 톰은 1965년에 반에서 최고 성적으로 고등학교를 졸업했다고 말했다. 집안이 대대로 군인 출신이라 그도 졸업하자마자 해군에 입대했다. 톰의 아버지는 제2차 세계 대전 당시 패튼 장군의 부대에서 근무한 터라 군인 아들에 대한 기대감이 클 수밖에 없다고 그도 당연하게 받아들였다. 탄탄한 체격에 머리도 비상하고 타고난 리더였던 톰은 기본 훈련을 마친 후 한층 강인하고 유능해진 기분을 느꼈고, 무엇과도 대적할 수 있는 팀의 일원이 되어 있었다. 베트남에 파견된 직후, 톰은 8명의 해군을 책임지는 소대장이 되었다. 진흙탕 속을 헤치며 날아오는 기관총 세례를 피해 함께 서로의 목숨을 지켜 낸 시간들은 톰의 마음속에나 함께 지낸 전우들에게 긍정적인 감정으로 남았다.

복무 기간이 끝나자 톰은 명예롭게 제대했다. 그는 베트남에서 벗어나길 간절히 바라고 있었고 표면상으로는 그 바람대로 되었다. 그는 제대 군인 지원 정책의 도움으로 대학에 입학해서 법대를 졸업하고, 고등학생 때 만난 연인과 결혼해서 두 아들을 낳았다. 그러나 밀림 속에서 광란의 나날을 보내던 시절 아내가 보낸 편지가 자신을 살아 있게 만들었다는 것을 분명히 인지하면서도, 자신이 아내에게 진심 어린 애정을 조금도 느낄 수 없다는 사실을 깨닫고 당황했다. 하지만 정상적인 삶을 만들기 위한 일들을 하나하나 해 나가면서, 예전의 자신을 되찾을 수 있기를 희망했다. 그리하여 이제는 잘나가는 법조인에 흠 잡을 데 없이 완벽한 가족을 가진 사람이 되었지만, 톰은 자신이 정상이 아니란 사실을 잘 알고 있었다. 내면이 죽어 있다고 느낀 것이다.

톰은 내가 정신과 전문의로 일하면서 처음으로 만난 참전 군인이었지만 그가 들려준 이야기는 친숙한 부분이 많았다. 나는 전쟁이 휩쓸고 간 네덜란드 땅, 폭격에 쓰러진 건물들 틈에서 놀며 자랐고, 아버지는 나치를 향한 적개심을 공공연히 드러내다 포로수용소로 끌려갔다. 전쟁 이야기는 결코 하지 않았지만, 느닷없이 폭발한 분노를 수시로 쏟아 내던 아버지는 아직 어린 나를 질겁하게 만들었다. 아침마다 가족들이 곤히 잠들어 있을 때 조용히 계단을 내려와 기도하고 성경책을 읽던 사람이 어떻게 그토록 무시무시한 흥분 상태가 될 수 있단 말인가? 사회 정의를 추구하는 일에 한평생을 바친 사람이 어떻게 그토록 화가 가득 찬 사람이 될 수 있을까? 나는 삼촌도 그런 곤혹스러운 행동을 보이는 모습을 두 눈으로 목격했다. 네덜란드의 지배를 받던 동인도 제도에서 (현재의 인도네시아) 일본군에게 붙들려 미얀마에서 강제 노역을 해야 했던 삼촌은 콰이강에 놓인 그 유명한 다리 건설에 동원됐다. 삼촌 역시 전쟁 이야기는 거의 입에 올리지 않았지만, 주체 못할 분노를 갑작스레 표출하는 일이 많았다.

톰의 이야기를 들으면서, 나는 삼촌과 아버지도 악몽과 옛 기억에 시달리지 않았을까 하는 의문이 들었다. 그렇다면 두 분 역시 사랑하는 사람들에게 거리감을 느끼고 삶에서 진정한 기쁨을 발견하지 못했을 것이다. 내 기억 저편에는 어머니의 잔뜩 겁먹은 모습과 우리에게 겁을 주던 상반된 모습이 선명하게 남아 있다. 어머니 역시 때때로 어린 시절의 트라우마가 슬그머니 떠올랐던 것이다. 지금 생각하면, 어머니에게도 과거에 겪은 일들이 재현되는 순간이 자주 찾아왔던 것 같다. 내가 엄마에게 꼬마였을 때 어땠냐고 물어본 적이 있는데, 그 말을 들은 엄마가 그만 실신해 버려 주변 사람들을 불안하게 만든 일이 기억난다. 정신을 차린 어머니는 너무 당황해서 그랬다고 나를 나무라셨다.

내가 적극적인 관심을 보이자 안심했는지, 톰은 마음을 놓고 자신이 얼마나 두렵고 혼란스러운지 이야기했다. 톰은 아버지처럼 될까 봐 걱정하고 있었다. 톰의 아버지는 늘 화가 나서 자식들과 거의 대화를 하지 않았는데, 어쩌다 말을 걸더라도 벌지 전투가 한창이던 1944년 크리스마스 무렵에 전장에서 목숨을 잃은 전우들을 자식들과 비교하며 말도 안 되는 소리를 하는 것이 전부였다.

상담 시간이 끝나 갈 때쯤, 나는 보통 의사들이 하는 일을 했다. 톰의 이야기 중에서 내가 이해할 수 있는 한 부분에 집중한 것이다. 바로 톰의 악몽이었다. 의과대학에 다니던 시절 나는 수면연구소에서 사람들의 수면과 꿈의 주기를 관찰하는 일을 했고, 악몽에 관한 몇 편의 논문 작성을 도운 경험이 있다. 향정신성 약물이 막 세상에 등장한 1970년대에는 약물의 긍정적인 효과를 밝힌 초기 연구에도 몇 차례 참여했다. 톰이 겪고 있는 문제들을 내가 전부 제대로 이해할 수는 없지만, 악몽은 내가 관여할 수 있는 부분이었다. 화학약품의 도움을 받으면 보다 나은 삶을 살 수 있다는 사실에 열렬히 동의하던 시절이라, 나는 톰에게 악몽을 꾸는 빈도를 줄이고 악몽의 수준을 완화시켜 주는 효과가 입증된 약을 처방했다. 그리고 2주일 뒤 다시 만나 상담하고 상태를 살펴보기로 했다.

약속한 날짜에 다시 찾아온 톰에게 나는 잔뜩 기대하며 약이 효과 있었냐고 물었다. 톰은 약을 한 알도 먹지 않았다고 했다. 짜증이 밀려왔지만 꾹꾹 누르며, 왜 먹지 않았느냐고 묻자 그는 이렇게 대답했다. "그 약을 먹으면 악몽이 사라진다는 건 알고 있었어요. 하지만 그건 내 친구들, 그들의 죽음을 다 헛된 일로 만들어 버리는 거잖아요. 전 베트남에서 죽은 친구들을 위해서 살아 있는 기념비가 되어야 해요."

나는 망연자실했다. 죽은 이들을 향한 충성심은 그가 삶을 버티게 해 준 힘이었다. 톰의 아버지가 친구들을 향한 헌신의 마음으로 삶을 이어 갔던 것처럼. 아버지와 아들이 전장에서 겪은 일들은 두 사람 모두에게 인생의 나머지 시간들을 무의미한 것으로 여기도록 만들었다. 어떻게 이런 일이 일어날 수 있을까? 그리고 우리는 무엇을 해 줄 수 있을까? 그날 아침, 나는 정신과 전문의로서 내 남은 삶은 트라우마의 수수께끼를 푸는 데 바칠 것임을 예감했다. 끔찍했던 경험은 어떻게 해서 당사자가 아무 희망 없이 과거에만 머물러 있도록 만드는 것일까? 그토록 벗어나기만을 바라던 곳, 그곳에 얼어 버린 듯 꼼짝없이 붙들려 버린 사람들의 마음과 뇌에서는 무슨 일이 벌어질까? 톰이 다낭에서 출발해 긴 시간을 비행하여 보스턴 국제공항에 도착한 1969년

2월, 마중 나온 부모님들이 껴안아 주던 그 시간이 마침내 찾아왔는데도 왜 톰에게는 여전히 전쟁이 끝나지 않은 걸까?

전우들을 위한 기념비로 인생을 살아야만 한다는 톰의 말에서 나는 그가 단순히 나쁜 기억에 시달리거나, 뇌의 화학적 특성이 손상되었거나, 뇌의 공포 회로가 변형된 것이 아니라는 사실을 알 수 있었다. 벼가 빼곡하게 서 있던 논에 매복하기 전만 해도 톰은 헌신적이고 충실한 친구였고, 삶을 즐기는 사람이었고, 다양한 흥미와 즐거움을 느낄 줄 아는 사람이었다. 하지만 어떤 끔찍한 순간이 찾아왔고, 그 트라우마는 모든 것을 바꿔 놓았다.

보훈병원에서 근무하는 동안 나는 그와 비슷한 반응을 보이는 군인을 여러 명 만났다. 참전했던 이 사람들은 아주 사소한 일에 실망하거나 좌절해도 급작스레 격렬한 분노를 표출하는 일이 허다했다. 사람들이 드나드는 병원 벽면 곳곳에는 이들이 내리찍은 주먹의 흔적이 움푹 파인 자국으로 남아 있었고, 보안요원들은 격분한 참전 군인들로부터 손해배상 청구대리인이나 수납처 직원들을 보호하느라 늘 분주했다. 이런 행동은 당연히 위협적이었지만, 내 호기심을 자극하는 일이기도 했다.

집에서 아내와 나는 그와 비슷하게 행동하는 우리 집 꼬맹이들 때문에 골치가 아팠다. 녀석들은 시금치를 먹으라거나 따뜻하게 양말을 신으라는 소리에 갑자기 짜증을 내곤 했다. 아이들의 이런 미성숙한 행동은 사실 크게 염려되지 않지만, 왜 제대 군인들에 대해서는 심각하게 우려되는 것일까(물론 덩치와는 상관없다. 집에 있는 키 60센티미터 남짓한 아이들보다 성인 남성들이 화를 내면 훨씬 더 큰 해를 입힐 수 있다는 차이를 배제하더라도 이런 염려가 든다)? 우리 집 아이들은 적절한 방법으로 돌봐 주면 좌절하고 실망한 감정에 대처하는 법을 조금씩 배워나가리라는 완벽한 확신이 들었지만, 참전 군인들의 경우에는 전쟁에서 잃어버린 자기 통제력과 자기 조절 기술을 되찾을 수 있게끔 내가 도와줄 수 있을지 의구심이 들었기 때문이리라.

안타깝게도 내가 받은 정신과 전문의 교육으로는 톰이나 다른 참전 군인들이 겪는 문제를 해결해 줄 수 없었다. 나는 의학 도서관을 찾아가서 전쟁 신경증이며 포탄 충격, 전쟁 피로증 등 내 환자들에게 길을 밝혀 줄 만한 용어나 진단법을 샅샅이 찾아보았다. 그런데 놀랍게도 보훈부 도서관에는 내 환자들의 증상에 관한 책이 단 한 권도 없었다. 베트남에 마지막까지 남아 있던 미군이 철수한 지 5년이 지났지만, 전쟁 트라우마에 관한 문제에는 누구도 관심을 기울이지 않았다. 그러다 마침내 하버드 의과대학의 카운트웨이 도서관에서 에이브럼 카디너Abram Kardiner라는 정신과 전문의가 1941년에 발표한『전쟁 트라우마 신경증The Traumatic Neuroses of War』이라는 책을 발견했다. 카디너 박사는 이 책에서 제1차 세계 대전 참전 군인들을 관찰한 결과를 설명하고 제2차 세계 대전으로 포탄의 충격에 시달릴 군인이 많이 발생할 것으로 예견했다.[1]

카디너 박사가 보고한 현상은 내가 관찰한 결과와 일치했다. 그의 환자들은 전쟁을 겪은 후 허무한 감정에 잠식당했으며, 전쟁 전에 멀쩡했던 사람이 내성적이고, 남들과 거리를 유지하며 사는 사람이 되었다. 카디너 박사는 이러한 증상을 '외상성 신경증'이라 칭했다. 현재 외상 후 스트레스 장애PTSD로 정의하는 증상이다. 카디너 박사는 외상성 신경증으로 고통받는 사람들이 위험 요소에 만성적인 경계와 과민한 반응을 보인다는 사실에 주목했다. 특히 그가 한 문장으로 요약한 내용이 내 눈길을 사로잡았다. "(외상성) 신경증의 핵심에는 생리학적 신경증이 있다."[2]

외상 후 스트레스 장애는 일부 사람들이 가정하듯 '그저 머릿속에서 일어나는 문제'가 아니라, 생리학적인 근원이 있다는 의미다. 카디너 박사는 참전 군인들에게서 보이는 증상은 그들의 몸 전체가 트라우마에 반응한 결과임을 그 시절에 이미 간파한 것이다.

카디너 박사의 설명은 내가 직접 관찰한 사실을 입증해 주었고 확신도 할 수 있었지만, 참전 군인들을 도울 수 있는 길을 열어 주지는 못했다. 이 주제에 관한 문헌이 거의 없어서 사실상 치료하기 아주 어려운 상황이었지만, 교과서를 너무 믿지 말라고 하신 엘빈 셈라드Elvin Semrad 교수의 가르침이 떠올랐다. 우리에게 진정한 교과서란 단 하나, 바로 환자들이라는 의미였다. 우리는 환자들로부터 배운 것, 의사인 우리가 직접 경험하고 깨달은 것만 믿어야 한다. 아주 단순한 이야기로 들리지만, 셈라드 교수는 스스로 얻은 지식에 기대라는 강력한 권고와 더불어 실제로 그 일을 실천하는 것이 얼마나 어려운지도 경고했다. 인간이란 자신이 바라는 대로 생각하고 진실은 덮어 버리는 일에 뛰어난 전문가이기 때문이다. 특히 기억에 남는 교수님의 말이 있다. "우리를 가장 고통스럽게 하는 원천은 우리가 스스로에게 하는 거짓말이다." 보훈병원에서 일하면서, 나는 곧 현실과 직면하는 일이 얼마나 고통스러운지 깨달았다. 내 환자들에게도, 나 자신에게도 진정 고통스러운 일이었다.

사실 사람들은 군인들이 전쟁에서 어떤 일을 겪었는지 별로 알고 싶어 하지 않는다. 우리가 사는 사회에서 얼마나 많은 아이가 폭행을 당하고 학대를 받는지, 얼마나 많은 커플이 폭력과 마주하는지(실상은 전체의 3분의 1에 해당한다) 알고 싶어 하지 않는다. 이 무정한 세상에서 모든 가정이 안전하다고, 우리가 사는 국가는 의식이 깨어 있고 문명화된 사람들이 살아가는 곳이라고 생각하고 싶어 한다. 잔인한 일들은 저 멀리 다르푸르나 콩고 같은 곳에서만 벌어진다고 믿으려 한다. 하지만 고통스러운 일을 목격한 사람들은 그 일을 증언하는 것만으로도 너무나 괴로워한다. 그러니 정신적 외상을 입은 사람들이 자신이 겪은 일에 관한 기억을 도저히 견디지 못해 약물이며 알코올, 자해로 그 감당할 수 없는 기억을 차단하려 하는 건 별로 놀랄 일도 아니지 않을까?

한 사람을 압도해 버린 경험이 인생을 어떻게 산산조각 낼 수 있는지 알아내고, 이들이 다시금 삶을 온전히 살아갈 방법을 찾아 나선 나의 기나긴 탐구 여정에서 톰과 다른 참전 군인들은 첫 번째 스승이 되었다.

트라우마와 자기* 상실

보훈병원에서 이루어진 나의 첫 번째 연구는 참전 군인들에게 베트남에서 무슨 일을 겪었는지 체계적인 질문을 하는 것으로 시작됐다. 무엇이 그들을 벼랑 끝으로 내몰았는지, 그리고 그 경험으로 무너져 버린 사람들도 있지만 자기 인생을 잘 살아가는 사람들도 있는 까닭은 무엇인지 알고 싶었다.[3] 내가 상담한 군인들은 엄격한 기초 훈련과 함께 위험을 공유하는 사람들 속에 섞여 안정적이고 충분히 준비된 기분으로 전쟁에 임했다고 밝혔다. 전우들은 서로의 가족과 여자 친구 사진을 바꾸어 보고, 상대방의 결점도 참고 받아들였다. 그리고 서로를 위해 목숨을 내놓을 각오를 했다. 대부분의 참전 군인들은 남몰래 간직해 온 인생의 어두운 비밀도 전우에게 털어놓았고, 몇몇은 셔츠와 양말까지 같이 사용할 만큼 친밀하게 지냈다.

톰 역시 알렉스라는 친구와 대부분의 군인들에게서 들을 수 있었던 특별한 우정을 나누었다. 톰은 베트남에 도착한 첫날, 매사추세츠

• 자기(self)는 자기-개념, 자기 이미지, 자기 도식(self schemata), 정체성의 개념을 포함하고 있다(정신분석용어사전 인용). '자아'라고 번역하기도 하는데 이 책에서는 정신 분석 용어인 '자기'를 썼고, 'ego'의 경우에는 '자아'를 썼다.

몰든에서 온 이탈리아인 알렉스와 만났고 둘은 금세 가까워졌다. 두 사람은 지프차를 함께 타고 다니고 같은 음악을 듣고 서로의 집에서 보낸 편지를 바꿔 읽었다. 함께 술도 마시고, 베트남 술집에서 만난 여자의 꽁무니를 같이 쫓아다니기도 했다.

베트남에서 보낸 지 석 달가량 흐른 무렵, 톰은 곧 해가 지려는 시각에 소대를 이끌고 벼가 가득 자라고 있는 논으로 도보 정찰을 나섰다. 그런데 밀림으로 빽빽하게 둘러싸여 있던 주변 어디선가 갑자기 기관총 세례가 퍼붓기 시작하더니 톰 가까이에 있던 장병들이 하나둘 총알에 맞아 쓰러졌다. 톰은 단 몇 초 만에 소대 전체가 죽거나 다치는 광경을, 공포에 사로잡혀 무기력하게 바라보았던 그때의 상황에 대해 내게 이야기했다. 그는 그날 이후 머릿속에서 절대 지워지지 않는 모습을 보고 말았다. 발이 허공에 붕 뜬 채 논에 얼굴을 박고 쓰러진 알렉스의 뒤통수였다. "그는 내 평생 유일한 진짜 친구였어요."

톰은 흐느끼며 당시를 회상했다. 그 일이 있은 후, 톰은 밤마다 부하들이 내지르던 비명이 들리고 물속에 고꾸라지던 그들의 몸이 계속 보였다. 매복하던 그날을 떠올리게 하는 소리나 냄새, 모습과 마주치기라도 하면(독립기념일에 폭죽이 터지는 광경 등), 톰은 온몸이 마비된 듯 겁에 질려 버렸고, 헬리콥터가 논에서 자신을 구출한 그날과 같은 강렬한 분노를 느꼈다.

매복 작전의 일들이 자꾸만 떠오르는 것보다 톰을 더 심하게 괴롭힌 건 그 이후의 일들인 것 같았다. 친구들의 죽음에 격렬한 분노를 느낀 톰의 삶에서 불행이 어떻게 이어졌을지 나는 어렵지 않게 상상할 수 있었다. 톰이 온몸을 에워싸는 수치심을 겨우 누르고 내게 그 당시의 일을 이야기하기까지 수개월이 걸렸다. 호메로스Homeros의 『일리아드Iliad』에 등장하는, 아득히 먼 옛날의 참전 군인인 아킬레스도 친구의 죽음을 겪고 차마 말로 하기 힘들 만큼 잔인한 복수를 감행했다. 논에서 매복했던 바로 그다음 날, 톰은 정신이 나간 상태로 근처 마을로 갔다. 그곳에서 어린아이들을 죽이고, 무고한 농부에게 총을 쏘고, 베트남 여성 한 명을 강간했다. 그 일로 인해 톰은 고향으로 돌아가야 할 의미를 다 잃어버렸다. 사랑하는 여인의 얼굴을 바라보면서, 당신과 같은 여자를 잔혹하게 강간했다고 어떻게 이야기할 수 있단 말인가? 아들이 처음 발걸음을 떼는 모습을 보며 자기 손으로 죽인 아이가 생각난다고 어찌 말할 수 있을까? 톰에게 알렉스의 죽음은 자신의 일부, 즉 착하고 명예롭고 믿음직한 부분이 영원히 파괴된 것과 같았다. 트라우마를 경험한 사람들은 대부분, 그 원인이 가해자에게 있든 자신에게 있든 상관없이 타인과 친밀한 관계를 잘 맺지 못한다. 입에 올리지 못할 어떤 일을 경험했다면, 어떻게 해야 다시 자신을 믿고 다른 사람을 믿을 수 있을까? 혹은 자신이 잔인한 폭력의 희생자라면 어떻게 해야 타인에게 친밀감을 느끼고 가까운 사이가 될 수 있을까?

톰은 약속한 상담 시간을 충실히 지키며 꼬박꼬박 찾아왔다. 내가 톰이 살면서 한 번도 가져 보지 못한 진정한 아버지이자, 생을 다하지 않은 알렉스의 역할을 대신하며 그에게 생명줄이 되어 주었기 때문이다. 남의 기억에 남는 존재가 되려면 상대에 대한 엄청난 신뢰와 용기가 필요하다. 정신적 외상을 입은 사람들이 가장 힘겨워하는 일 중 하나는, 그 상처로 인한 증상이 발현되면서 과거 자신이 했던 행동에 관한 수치심과 대면하는 일이다. 그 일이 객관적으로 허가된 일이든(적에게 잔학 행위를 하는 것) 그렇지 않은 일이든(학대받는 아이가 가해자를 달래려고 애쓰는 사례처럼) 마찬가지다. 보훈병원의 내 바로 옆 진료실에서 근무하던 세라 헤일리Sarah Haley도 이와 같은 현상을 보고했다. 외상 후 스트레스 장애라는 진단이 탄생하는 데 중대한 뿌리가 된 「잔혹 행위에 관한 환자의 보고When the Patient Reports Atrocities」[4]라는 논문에서, 헤일리 박사는 군인들이 전시 상황에서 행한 매우 끔찍한 행위에 대해 이야기하는 일을 (듣는 일도) 거의 못 견딜 정도로 힘들어하는 문제를 다루었다. 다른 사람의 행동으로 받은 고통과 마주하는 일도 충분히 괴롭지만, 정신적 외상에 시달리는 많은 사람이 어떤 상황에서 자신이 한 일 혹은 하지 않은 일에 대한 수치심에 훨씬 더 강하게 사로 잡혀 있었다. 이들은 그 당시 자신이 느낀 두려움과 의존성, 흥분, 격렬한 분노의 감정을 극도로 경멸한다.

그로부터 몇 년 뒤 나는 아동 학대 피해자들에게서 비슷한 현상을 발견했다. 대부분의 희생자들은 살아남기 위해 자신이 했던 행동에 극심한 수치심을 느끼며 괴로워하고, 가해자와 연락을 끊지 않고 지낸다. 학대 사례에서 흔히 나타나는 이 같은 현상은 가해자가 피해 아동과 가까운 사람이고 아이가 의지하는 사람일수록 더욱 두드러지게 나타난다. 이로 인해 피해자가 과연 희생자인지, 아니면 본인의 의지로 사건에 관여한 것은 아닌지 혼란이 발생하고, 사랑과 공포, 고통과 즐거움의 경계가 어디인지 헷갈리게 만든다. 이와 같은 딜레마에 대해서는 이 책 전반에서 살펴볼 예정이다.

무감각

톰이 겪은 여러 증상 가운데 가장 심각한 증상은 정서적인 무감각 Numbing이었다. 그는 가족을 사랑하고 싶은 마음이 절박하다고 느껴질 만큼 깊었지만, 실제로는 진정한 애정을 조금도 느낄 수 없었다. 마치 심장이 얼어 버렸거나 유리벽에 둘러싸여 살아가는 사람처럼 가족 모두와 정서적으로 거리감을 느꼈다. 이러한 무감각은 점차 확대되어 톰 자신에게도 영향을 미쳤다. 순간적으로 치솟는 분노와 수치심 외에는 사실상 어떠한 감정도 느끼지 못했다. 톰은 면도하면서 거울로 자기 얼굴을 쳐다보면 얼마나 낯설게 느껴지는지 내게 설명했다. 변호사로 일하면서 사건을 수임받아 법정에 서서 논쟁을 벌일 때는 스스로를 남처럼 먼발치에서 바라보는 기분이 들고, 어떻게 이런 모습을 하고 이렇게 말할 수 있는지, 그토록 설득력 있는 주장을 펼칠 수 있는지 의아한 기분이 들 정도라고 했다. 승소하면 만족스러운 척하는 반응을 보였고, 패소하면 그럴 줄 알았다는 듯이 받아들이고 패소 판결이 내려지기 전부터 분명히 질 거라고 단념해 버렸다. 사실 그는 굉장히 유능한 변호사였지만 그 자신은 늘 우주 공간을 떠다니는 듯, 아무런 목적도 방향 감각도 없는 느낌으로 살아갔다.

가끔 특정 사건에 집중적으로 매달릴 때만 이 목적 없는 기분을 가라앉힐 수 있었다. 마침 내게 치료를 받던 기간에 톰은 살인 사건에 휘말린 조직 폭력배의 변호를 맡았다. 그 재판이 진행되는 동안 톰은 재판에서 이길 수 있는 전략을 짜내는 데 완전히 몰입했고, 진심으로 흥미를 느끼며 사건을 해결하느라 푹 빠져서 밤을 꼬박 새우는 날도 많았다. 그때 톰은 전쟁터에 있는 기분이 든다고 말했다. 온전히 살아 숨쉬고, 이 일 외에는 다른 무엇도 중요치 않은 기분이 든다고 말이다. 그러나 재판에서 승리를 거머쥔 순간, 톰은 에너지와 목적의식을 잃어버렸다. 다시 악몽을 꾸기 시작했고 급작스러운 분노도 되살아났다. 그 분노가 얼마나 극심했던지 아내와 아이들을 해칠까 봐 모텔에서 지내야 할 정도였다. 그러나 혼자 있는 시간도 두렵긴 마찬가지였다. 전쟁의 기억이 온 힘을 다해 그를 괴롭혔기 때문이다. 톰은 바쁘게 지내고, 일에 몰두하고, 술을 마시고, 약물을 이용하는 등 그 고통스러운 감정을 피할 수 있는 것이라면 무엇이든 했다.

톰은 짬날 때마다 『용병』지를 이리저리 넘기고 읽으면서 당시 아프리카 여러 곳에서 격렬히 벌어지던 국지전에 용병으로 입대하면 어떨까 하는 공상을 하곤 했다. 그럴 때면 할리데이비슨에 몸을 싣고 굉음을 내며 뉴햄프셔의 캔카마거스 하이웨이를 질주했다. 오토바이에서 느껴지는 진동, 속도감, 위험천만하게 흐르는 시간은 다시 그를 진정시켜, 모텔 방을 나와 가족들이 있는 집으로 돌아갈 수 있는 수준으로까지 회복시켜 주었다.

인식 체계의 변화

내가 보훈병원에서 실시했던 또 다른 연구는 악몽에 관한 연구로 시작해서 트라우마가 사람의 인식과 상상력에 어떤 변화를 가져오는지 탐구하는 것으로 끝났다. 악몽 연구에 참가한 첫 번째 대상자는 10년 전 베트남전에 위생병으로 참전해 격렬한 전투를 목격했던 빌이었다. 빌은 제대 후 신학대학에서 공부를 마치고 첫 교구로 보스턴 교외에 위치한 한 회중교회를 맡게 되었다. 아내가 첫아이를 낳기 전까지는 아무 문제 없었다. 간호사인 아내는 출산 후 얼마 지나지 않아 일터로 복귀했고, 빌은 집에서 매주 설교할 글을 작성하고 이런저런 교회 일을 처리하면서 갓 태어난 아기를 돌보기로 했다. 그런데 집에 아기와 단둘이 남게 된 첫날, 아기가 울기 시작하자 빌의 머릿속에 베트남에서 죽어 가던 아이들의 모습, 그 견딜 수 없는 장면이 마구 밀려들기 시작했다.

어쩔 수 없이 아내를 호출해서 아이를 넘겨주고, 빌은 공황 상태로 보훈병원을 찾아왔다. 그는 아이들의 울음소리가 계속해서 귓가를 맴돌고 불에 탄 아이들, 얼굴에 피가 흐르는 아이들의 모습이 눈앞에 계속 보인다고 설명했다. 그 당시 교과서에서는 환청과 시각적인 환영은 망상성 조현병(정신분열증)의 증상이라고 정의했으므로, 나의 동료 의료진은 빌이 정신병을 앓고 있다고 확신했다. 그와 같은 진단이 나와 있는 교과서들에서는 원인도 함께 설명되어 있었다. 빌의 정신병은 아내가 갓 태어난 아기에게 보이는 애정 때문에 갈 곳을 잃은 것 같은 감정을 느껴 촉발되었을 가능성이 있다는 설명이었다.

빌이 클리닉을 방문한 그날, 사무실에 출근한 나는 걱정스러운 표정이 역력한 여러 의사에게 둘러싸인 빌을 보았다. 의료진은 강력한 항정신병 치료제를 주사하고 폐쇄 병실에 입원시킬 준비를 하고 있다가, 내게 빌의 증상을 설명해 주고는 의견을 물었다. 조현병 치료 전문 병원에서 일한 경력이 있던 나는 큰 호기심을 느꼈다. 진단 내용이 어딘가 맞지 않는다는 느낌도 들었다. 나는 빌에게 대화를 나눌 수 있느냐고 물었고, 그의 이야기를 들은 후 나도 모르게 지그문트 프로이트 Sigmund Freud가 1895년, 트라우마에 대해 했던 말이 새로운 버전으로 떠올랐다. '이 사람은 기억으로 고통받고 있군.' 나는 빌에게 도움이 되도록 노력해 보겠다고 말하고, 공황 상태를 가라앉히는 몇 가지 약을 처방한 후 며칠 뒤 다시 와서 내 악몽 연구에 참가할 의향이 있느냐고 물어보았다.[5] 빌은 그러겠다고 했다.

악몽 연구에서 우리는 참가자들을 대상으로 로르샤흐 검사 Rorschach test를 실시했다.[6] 직접적인 질문을 던지고 질문을 요구하는 다른 검사들과 달리, 로르샤흐 검사는 결과를 속이기가 거의 불가능하다. 로르샤흐 검사는 잉크 방울이라는 전혀 의미 없는 자극과 접한 뒤 어떤 정신적 이미지가 구축되는지 관찰할 수 있는 독특한 방법이다. 인간은 의미를 만들어 내는 특별한 능력이 있어서, 어느 화창한 여름 날 목초지에 누워 하늘을 바라보면 저 멀리 둥둥 떠다니는 구름의 이미지가 자신도 모르게 떠오르듯, 잉크 방울을 보고도 어떤 이미지나 이야기를 만들어 내는 경향이 있다. 사람들이 잉크 방울에서 만들어 내는 이야기는 마음속에서 일어나는 많은 일을 알려 준다.

빌은 로르샤흐 검사에서 두 번째 카드를 보고는 공포에 사로잡혀 소리쳤다. "이건 베트남에서 제가 목격했던 폭파당하는 아이의 모습입니다. 여기 중간에, 시커멓게 불탄 살점과 상처가 보이시죠. 피가 온 사방에 튀고 있군요."

숨을 헐떡이고 이마에 땀이 맺힌 채, 빌은 처음 보훈병원에 와야만 했던 그날과 비슷한 공황 상태에 빠졌다. 참전 군인들이 과거의 어떤 장면이 떠오를 때 어떤 상태가 되는지 설명해 주는 이야기를 들어보긴 했지만, 과거가 떠오른 상태를 내 눈으로 직접 목격한 건 그때가 처음이었다. 나와 진료실에서 마주하고 앉아 있던 바로 그 순간에, 빌은 맨 처음 그 일을 겪었던 당시의 장면이 눈앞에 떠오르고 그때의 냄새를 맡고 그때의 신체 감각을 똑같이 느끼고 있었다. 죽어 가는 아이를 안고 어찌할 바를 모른 채 서 있던 때로부터 10년이 흘렀지만 잉크 방울을 보자 트라우마가 되살아난 것이다.

빌을 통해서 과거의 장면을 떠올릴 때 환자가 어떤 상태가 되는지 직접 확인한 그날의 일은 당시 주기적으로 내원해 내게 치료받던 다른 참전 군인들의 고통을 이해하는 데 도움이 되었다. 그리고 얼마나 시급히 해결 방안을 찾아야 하는지도 깨달았다. 정신적 외상을 남긴 사건이 얼마나 충격적이었든 간에 모두 시작과 중간, 끝이 있지만 과거 장면이 떠오르는 수준은 점점 더 악화될 수 있다는 사실도 알게 되었다. 그 장면이 언제 또 덮칠지 예상할 수도 없고, 언제 끝날지도 전혀 예측할 수 없었다. 이후 내가 환자의 이와 같은 상태를 치료하는 방법을 터득하기까지 수년이 걸렸고, 그 과정에서 빌은 내게 가장 중요한 멘토가 되어 주었다.

빌을 비롯해 참전 군인 21명을 대상으로 실시한 로르샤흐 검사에서 우리는 일관된 결과를 얻었다. 총 16명이 두 번째 카드를 보고 전시 상황에서 겪은 트라우마를 다시 경험한 것처럼 반응했다. 검사에서 사용되는 두 번째 카드는 다양한 색깔이 들어간 카드로, 소위 색채 충격이라 부르는 반응을 이끌어 내는 경우가 많다. 우리 연구에서 군인들은 이 카드를 보고 "박격포에 맞아 몸이 터져 버린 내 친구 짐의 창자군요"라든가 "점심을 먹는 동안 포격을 받았는데, 그때 친구 대니의 머리가 날아갔어요. 이건 그 친구의 목입니다"와 같은 식으로 설명했다. 일반적인 사람들 중에는 때때로 같은 카드를 보고 원숭이가 춤을 추는 모습이나 날개를 펄럭이는 나비, 오토바이를 타는 사람의 모양이라는 등 평범하고 때로는 기발한 모습을 떠올리는데, 군인들 중에서 이런 대답을 한 사람은 아무도 없었다.

참전 군인 중 대다수는 눈앞에 나타난 이미지에 크게 동요했지만 나머지 5명이 보인 반응은 훨씬 더 심각했다. 이들은 한마디로 머릿속이 하얘진 반응을 보였다. "아무것도 없는데요. 그냥 잉크 뭉치군요." 한 명은 이렇게 말했다. 물론 틀린 말은 아니지만, 애매모호한 이미지 자극이 주어지면 상상력을 발휘하여 무엇이든 읽어 내려고 하는 것이 정상적인 반응이다.

우리는 이 로르샤흐 검사를 통해, 정신적 외상을 입은 사람들은 주변 모든 것에 자신의 트라우마를 겹쳐 놓고 바라보는 경향이 있으며 주위에서 일어나는 일을 그 무엇도 제대로 해석하지 못한다는 사실을 알 수 있었다. 그 중간쯤 되는 상태를 보인 경우는 없었다. 또한 우리는 트라우마가 상상력에 영향을 준다는 사실도 알게 됐다. 잉크 방울에서 아무것도 떠올리지 못한 5명은 마음이 기능을 할 수 있도록 내버려 두는 능력을 잃은 것이다. 잉크 방울에서 자신이 겪은 과거의 어떤 장면을 본 다른 16명의 참가자들 또한 상상력의 특징인 정신적 유연성이 나타나지 않았다. 이들에겐 그저 오래된 영화가 반복해서 재생될 뿐이었다.

상상력은 삶의 질을 좌우하는 결정적인 요소다. 우리는 상상력 덕분에 판에 박힌 일상생활에서 벗어나 여행과 음식, 섹스, 사랑에 빠지는 일을 꿈꾸고 죽기 직전 마지막 말을 남기는 상황을 떠올려 보기도

한다. 모두 우리 삶을 흥미진진하게 만들어 주는 요소들이다. 상상을 통해 우리는 새로운 가능성을 마음속에 그려 볼 수 있고, 이는 꿈을 현실로 만드는 과정에서 반드시 필요한 도약대가 된다. 또한 상상력은 우리의 창의력을 키우고, 지루함을 달래고, 고통을 완화시키고, 즐거움을 증폭시키고, 친밀함을 가장 깊이 느끼는 사람과의 관계를 더욱 돈독하게 만들어 준다. 반면 과거로, 자신이 집중적으로 개입하고 진한 감정을 느꼈던 마지막 어느 시점으로 강박적으로 끊임없이 되돌아가는 사람들은 상상을 하지 못하고 정신적 유연성이 소실되어 고통스러워한다. 상상할 수 없으면 희망도 없고 더 나은 미래를 그려 볼 수도 없으며 더 가고 싶은 곳도, 도달히고픈 목표도 없다.

　로르샤흐 검사를 통해 우리는 정신적 외상을 입은 사람들이 다른 사람들과 완전히 다른 방식으로 세상을 바라본다는 사실을 알게 되었다. 대부분의 사람들은 길 저편에서 걸어오는 남자를 보면 그냥 산책하는 사람이라고 생각한다. 그러나 강간 피해자들은 그가 자신을 추행하려 한다고 생각하며 공황 상태에 빠진다. 보통 아이들은 엄격한 학교 선생님을 만나면 겁을 먹지만, 계부에게 맞은 경험이 있는 아이는 엄한 선생님을 보면 자신을 고문할 사람으로 여기며 참았던 분노를 쏟아붓고 공격하거나 극도의 공포에 사로잡혀 구석으로 숨어 몸을 웅크린다.

트라우마에 갇혀 버린 사람들

　우리 클리닉에는 정신의학적인 도움을 얻기 위해 찾아온 참전 군인들로 넘쳐났다. 그러나 충분한 자격을 갖춘 의사가 턱없이 부족해서, 우리가 해 줄 수 있는 건 대부분을 대기자 명단에 올려놓는 것이 전부였다. 그동안 그들은 자기 자신과 가족들에게 계속 난폭하게 굴었다. 그즈음 우리는 폭력 범죄나 술에 취해 소동을 일으켜 체포되는 참전 군인의 수가 급속히 증가하고 자살을 택한 군인도 위험하리만치 증가하기 시작했다는 사실을 인지했다. 그리하여 나는 베트남전에서 돌아온 젊은 군인들을 묶어서, '본격적인' 치료가 시작되기 전에 일종의 저장 탱크처럼 따로 모아 둘 수 있도록 그룹 상담을 실시하게 해 달라고 보훈부에 요청해 허가를 받았다.

해군 출신들로 구성된 한 그룹과의 상담 첫 시간에, 한 사람이 맨 처음 입을 열고는 딱 잘라서 선언했다.

"전 전쟁 이야기는 하고 싶지 않습니다."

나는 무엇이든 원하는 주제를 이야기하면 된다고 대답했다. 30분간 몹시도 불편하기 짝이 없는 침묵 뒤에, 마침내 한 사람이 헬리콥터 사고 이야기를 시작했다. 즉각 활기를 띠고 트라우마가 된 각자의 경험에 대해 아주 진지하게 이야기하는 군인들의 모습은 놀라울 따름이었다. 그 그룹의 모든 구성원이 그다음 주에도 상담에 참석했고, 그다음 주에도 마찬가지였다. 그룹 안에서, 군인들은 예전에는 그저 공포와 공허한 감각만 느꼈던 일을 이야기하며 공감하고 의미를 발견했다. 그리고 전시 상황에서 그들에게 목숨처럼 소중했던 동지애를 다시금 느꼈다. 내 생일에는 나도 새로 만들어진 부대의 일원이 되어야만 한다고 주장하면서 해군 대령이 입는 군복을 선물했다. 돌이켜 생각해 보면 분명 문제를 찾을 수 있는 행동들이다. 자신들이 만든 집단에 들어오려면 들어오고 싫으면 나가라는 것, 즉 같은 부대원이 되거나 아예 아무것도 아닌 사람이 되는 쪽 중 하나를 선택하라는 것이니까. 트라우마를 경험한 사람들에게는 세상 사람들이 트라우마를 아는 사람과 알지 못하는 사람으로 극명히 나뉜다. 정신적 외상이 된 경험을 해 보지 않은 사람은 그런 일을 이해하지 못하므로 믿을 수 없다고 생각한다. 안타깝게도 그 대상에 배우자와 자녀, 함께 일하는 동료들이 포함되는 경우가 대부분이다.

나중에 나는 또 다른 그룹을 대상으로 상담을 실시했다. 이번 구성원들은 패튼Patton 장군의 부하였던 군인들로, 다들 70대에 접어들어 내 아버지뻘 되는 나이 든 분들이었다. 우리는 매주 월요일 아침 8시에 모였다. 보스턴에 겨울이 찾아오면 폭설로 대중교통이 마비되는 일이 종종 발생하는데, 눈보라 치는 날씨에도 전원 상담에 참석하는 걸 보고 얼마나 놀랐는지 모른다. 몇 분은 눈 속에서 보훈병원까지 몇 킬로미터를 터벅터벅 걸어오기도 했다. 크리스마스에는 내게 미군이 1940년대에 제작한 손목시계를 선물했다. 해군 병사들과의 상담에서와 마찬가지로, 그들의 일원이 되지 않는 이상 나는 그들에게 의사가 될 수 없었다.

한창 이와 같은 경험을 하던 중, 나는 구성원들에게 일상생활에서 맞닥뜨리는 문제들을 이야기하도록 설득하다가 이 그룹 치료의 한계를 명확히 깨달았다. 아내와 아이들, 여자 친구, 가족들과의 관계나 직장 상사와의 문제, 업무에서 느끼는 만족감 수준, 지나친 음주 습관 등을 이야기하도록 했는데, 군인들은 대체로 멈칫거리며 내 요구에 저항하는 반응을 보였다. 대신 휘르트겐 숲에서 독일 병사의 심장에 단도를 찔러 넣은 이야기나 베트남 밀림 속에서 자신이 탄 헬리콥터가 격추된 이야기를 다시 꺼냈다.

정신적 외상이 10년 전에 발생했든 40년 넘는 더 먼 과거에 발생했든, 내가 만난 환자들은 전쟁의 경험과 현재의 삶을 연결해 줄 다리를 놓지 못했다. 어떤 면에서는 그들에게 극심한 고통을 안겨 준 사건이 곧 그들의 삶에 의미를 부여하는 유일한 원천이기도 했다. 트라우마가 된 과거의 일을 다시 떠올릴 때만 온전히 살아 있는 기분을 느낀 것이다.

외상 후 스트레스 진단

보훈병원에서 보낸 연구 초기 시절, 우리는 참전 군인들을 각종 진단에 따라 분류했다. 알코올 중독, 물질 남용, 우울증, 기분 장애, 심지어 조현병까지 이름도 다양했다. 그리고 우리는 교과서에 나와 있는 모든 치료법을 시도했다. 그러나 그 모든 노력에도 불구하고 성과는 미미하다는 사실이 점차 분명하게 드러났다. 강력한 약을 처방받은 사람들은 마치 안개 속에 갇힌 듯 정상적인 활동을 하지 못했다. 정신적 외상이 된 사건을 정확하고 세세하게 이야기하도록 유도하다 보면 문제 해결에 도움이 되기보다 그때의 장면이 환자를 급작스럽게 덮치는 예상치 못한 일이 벌어지는 경우가 많았다. 우리가 도움을 주지 못할 뿐만 아니라 때로는 오히려 사태를 악화시켜 치료를 그만두는 사람도 많았다.

1980년, 베트남전에 참전했던 일부 군인들이 뉴욕에서 정신분석 의사로 활동하던 카임 샤탄Chaim Shatan과 로버트 J. 리프턴Robert J. Lifton 의 도움을 받아 미국정신의학회에 로비를 벌인 결과, 마침내 '외상 후 스트레스 장애PTSD'라는 새로운 진단을 만들어 내는 데 성공했다. 이를 계기로 우리에게도 전환점이 찾아왔다. 다소 정도의 차이는 있을지 언정 우리가 만난 참전 군인들에게서 공통적으로 나타나는 증상들이 모두 포괄된 진단명이 생긴 것이다. 그들의 증상을 체계적으로 밝힌 하나의 진단명으로 따로 묶고 분류하면서, 마침내 공포와 무기력함에 압도당한 채 고통받던 사람들을 한 가지 이름으로 부를 수 있게 되었다. 외상 후 스트레스 장애라는 개념적 틀이 잡혀 환자들을 더 깊이 이해할 수 있는 무대가 마련된 셈이었다. 실제로 이후 효과적인 치료법을 찾기 위한 연구와 시도가 폭발적으로 증가했다.

새로운 진단 분류가 마련되면서 다양한 가능성이 열리자 크게 고

무되어, 나는 보훈병원에 트라우마 기억의 생리학적 특성에 관한 연구를 제안했다. 외상 후 스트레스 장애로 고통받는 이들의 기억은 다른 사람들의 기억과 차이가 있을까? 대부분의 사람들은 불쾌한 사건에 관한 기억이 희미해지거나 좀 더 나은 기억으로 변형된다. 그러나 우리가 만난 환자들은 대부분 과거에 겪은 일을 오래전에 경험했던 이야기로 만들지 못했다.[7]

그러나 내가 요청한 연구 지원은 거절당했다. 전달된 거절 이유는 다음과 같은 설명으로 시작됐다. "외상 후 스트레스 장애가 보훈부에 주어진 임무와 관련 있다는 사실은 지금까지 확인된 바 없습니다."

물론 한참 뒤에는 보훈부의 임무가 외상 후 스트레스 장애 진단과 뇌 손상 문제를 처리하는 일로 체계화되기 시작했고, 트라우마에 시달리는 참전 군인들에게 '근거 기반 치료'를 실시하는 일에 상당한 지원금이 할당됐다. 그러나 내가 요청한 당시에는 상황이 달랐다. 나는 현실적인 견해차가 너무 큰 기관에서는 계속 일하고 싶지 않아 결국 사직서를 제출했다. 그리고 1982년, 매사추세츠 정신건강센터에 자리를 얻었다. 하버드대에서 교육을 담당하는 병원이자 내가 정신의학을 공부했던 곳이었다. 이곳에서 나는 당시 세상에 갓 등장한 새로운 분야인 정신약리학을 가르치는 일을 맡았다. 정신 질환을 완화하기 위한 약물 투여를 다루는 학문이었다.

이 새로운 일터에서 나는 보훈병원에 남겨 두고 떠나왔다고 생각한 일과 거의 매일 맞닥뜨렸다. 전투병들과 만났던 경험이 트라우마의 영향에 관한 내 생각을 한껏 민감하게 만들어, 우울증이나 불안증 환자들이 찾아와서 추행당한 이야기나 가정 폭력 이야기를 할 때면 예전과 완전히 달라진 귀로 그 이야기를 듣게 되었다. 특히 너무 어린 나이에 성적으로 학대당한 경험이 있는 여성 환자가 아주 많다는 사실을 알고 큰 충격을 받았다. 당시 정신의학과에서 보는 표준 교과서에는 미국에서 발생하는 근친 성폭력이 여성 100만 명당 1명 정도로 극히 드물다고 명시되어 있었기에, 나로선 참으로 혼란스러운 일이었다.[8] 47명의 여성 근친 성폭력 환자가 병원 지하에 마련된 내 진료실을 찾아왔으니, 그 시절 미국의 여성 인구가 1억 명이라고만 가정해도 그 비율의 절반에 해당하는 숫자가 나를 찾아온 걸 어떻게 해석해야 할지 의아할 수밖에 없었다.

같은 교과서에는 이런 설명도 나온다. "아버지와 딸 사이에 벌어지는 근친 성폭력이 이후 심각한 정신병리학적 문제의 원인이 된다는 의견에 대해서는 합의가 거의 이뤄지지 않았다."

그러나 나를 찾아온 근친 성폭력을 당한 환자 중에 정신병리학적 문제에서 자유로운 사람은 아주 드물었다. 극심한 우울증과 혼란을 겪고, 면도날로 자기 몸을 베는 등 기괴한 자해 행동을 보이는 경우도 많았다. 그런데 그 교과서는 심지어 다음과 같은 설명으로 사실상 근친 성폭력을 지지하기까지 했다. "그와 같은 근친 성폭력 행위는 대상자가 정신병에 걸릴 확률을 약화시키고 외부 세계에 대한 적응 능력을 향상시킨다."[9] 그러나 실제로는 이와 반대로 근친 성폭력이 여성의 건강과 행복에 파괴적인 영향을 미친다는 사실이 밝혀졌다.

여러 가지 측면에서 내가 만난 환자들은 보훈병원에서 만났던 참전 군인들과 별로 다르지 않았다. 여성 피해자들도 악몽과 과거 장면이 재현되는 증상을 겪었다. 또한 가끔 분노가 폭발했다가 모든 감정이 오랫동안 차단되어 버리는 현상이 번갈아 나타났으며 대부분은 다른 사람들과 어울리는 데 큰 어려움을 겪고 중요한 관계를 잘 유지하지 못했다.

이제는 다 아는 이야기지만, 인간의 삶을 황폐하게 만드는 재난에 전쟁만 해당되는 것은 아니다. 전쟁 지대에서 복무한 군인의 4분의 1가량이 심각한 외상 후 스트레스 장애를 겪는 것으로 추정되는 반면,[10] 미국 전체 인구의 대다수가 사는 동안 어느 시점에는 폭력적인 범죄를 경험한다. 보다 정확한 자료에 따르면 미국 여성 1200만 명이 성폭력 희생자이며, 전체 성폭력 희생자 중 절반 이상이 15세 미만 소녀들이다.[11] 집에서 전쟁을 경험하는 사람들도 많다. 미국에서는 해마다 300만 명의 어린이가 아동 학대 희생자 또는 방치된 아이로 보고된다. 이 가운데 100만 명은 어린이 보호를 담당하는 지역 당국이나 법원이 강제 조치를 취할 정도로 심각한 피해를 입는다.[12] 다시 정리하면, 해외 전쟁 지대에서 근무하는 군인이 한 명이라면 그 열 배의 아이들이 자신이 살고 있는 집 안에서 위태롭게 생활한다는 뜻이다. 성장 중인 아이에게 찾아온 공포와 고통의 원천이 직군이 아니라 자신을 돌보는 사람일 경우 회복은 너무나 힘들어진다는 점에서, 이 문제는 더 큰 비극이다.

새로 이해하게 된 사실들

내가 톰과 처음 만나고 30년이 흐르는 동안 트라우마의 영향과 징후를 비롯해 정신적 외상을 입은 사람들의 회복에 도움이 될 수 있는 방법에 관해 엄청나게 많은 사실이 밝혀졌다. 1990년대 초에는 뇌 영상 장비를 통해 트라우마에 시달리는 사람들의 뇌 속에서 실제로 어떤 일이 벌어지는지 볼 수 있게 되었다. 이를 통해 트라우마로 발생한 손상을 이해하는 데 꼭 필요한 사실들이 입증됐고, 문제 해결로 가는 새로운 길이 열렸다.

한 사람을 집어삼킨 경험이 내면 가장 깊숙한 곳의 감각과 물리적 실재와의 관계, 즉 한 인간의 핵심이 되는 그 관계에 어떤 영향을 주는지도 밝혀지기 시작했다. 트라우마는 그저 과거 어느 때 일어나 끝난 사건이 아니라, 그 경험이 마음과 뇌, 몸에 자국으로 남을 수 있다는 사실도 밝혀졌다. 그리고 이 자국은 인간이라는 유기체가 현재를 살아내는 데 지속적인 영향을 미친다.

트라우마는 마음과 뇌가 인지한 정보를 다루는 방식 자체를 근본적으로 재편한다. 우리가 생각하는 방식과 생각하는 것을 바꾸어 놓을 뿐만 아니라 생각하는 능력도 변화시킨다. 트라우마 희생자들에게 예전에 겪은 일을 말로 표현하도록 하는 것은 큰 의미가 있고 도움이 되는 것이 사실이지만, 보통 그것만으로는 충분치 않다는 사실도 밝혀졌다. 신체가 자동으로 과도한 경계 태세를 유지하고 언제든 공격이나 폭력을 당할 태세를 갖추며 이에 따라 나타나는 신체와 호르몬 반응을, 당시 이야기를 말하는 것만으로는 바꿀 수 없다. 실질적인 변화를 유도하려면 위험 요소가 지나갔다는 사실을 신체가 깨닫고 주어진 현실을 살아갈 수 있어야 한다. 우리는 트라우마를 이해하려고 시작했던 연구를 통해 마음의 구조와 마음이 치유되는 과정을 완전히 새로운 시각으로 바라보게 되었다.

2장

마음과 뇌의 이해,
그 혁신적 변화

의문이 많을수록 깨우치는 것도 많다. 의문이 적을수록 깨우치는 것도 적다.
의문스럽지 않으면 깨우치는 것도 없다.

C. C. 창C. C. Chang, 『선불교의 실천The Practice of Zen』

당신은 당신에게 주어진 잠깐의 시간을 살고 있지만, 그 짧은 시간은 당신만
의 인생이 아니다. 그 시간은 같은 시간을 함께 살아가는 다른 삶들이 압축된
것이며 (…) 당신은 역사의 표현이다.

로버트 펜 워런Robert Penn Warren, 『이만큼의 세상 그리고 시간World Enough and Time』

의과대학 1학년과 2학년에 재학 중이던 1960년대 말, 나는 우연찮게
정신적 고통에 관한 의학적인 접근법이 완전히 바뀌는 과정을 목격
했다. 매사추세츠 정신건강센터의 연구병동에서 환자들의 여가 활동
을 계획하는, 보수가 아주 두둑한 일을 담당하면서 겪은 일이었다. 매
사추세츠 정신건강센터는 오랫동안 미국에서 실력이 가장 우수한 정
신 질환 치료 병원으로 인정받아 하버드 의과대학이 지도한 전체 분
야를 통틀어 왕관의 보석처럼 여겨졌다. 내가 일하던 병동에서는 정
신적인 문제가 생애 처음 발생하여 조현병 진단을 받은 젊은 환자들
을 대상으로 심리 치료나 약물 치료가 최선의 방법인지 알아보는 연

구가 진행 중이었다.

　당시 매사추세츠 정신건강센터에서도 정신 질환의 1차적 치료법으로 프로이트 정신분석학에서 파생된 면담 치료가 적용되고 있었다. 그러나 1950년대 초 프랑스의 한 연구진이 클로르프로마진 chlorpromazine('소라진'이라는 상품명으로 판매됐다)이라는 새로운 성분이 환자를 '안정'시키고 환자의 불안과 망상을 줄일 수 있다는 사실을 발견했다. 이를 계기로 우울증, 공황 상태, 불안, 조증과 같은 심각한 정신 질환을 치료하고 조현병 환자에게 나타나는 가장 곤란한 증상도 통제할 수 있는 약물들이 개발되리라는 희망이 생겨났다.

　나는 연구 보조로 일했기 때문에 병동에서 진행하던 연구 상황이나 어떤 환자가 어떤 치료를 받고 있는지에 관한 정보는 전혀 알지 못했다. 내가 만난 환자들은 모두 하버드, MIT, 보스턴대학교에 다니던 나와 비슷한 나이 대의 대학생들이었다. 자살을 시도한 환자들도 있었고, 칼이나 면도날로 자해를 한 경우도 있었으며, 룸메이트를 공격하거나 부모, 친구들을 예상치 못한 비이성적 행동으로 공포에 떨게 만든 환자들도 있었다. 내게 주어진 일은 이들이 대학생들이 하는 평범한 활동들, 가령 가까운 피자 가게에서 식사를 하거나 근처 숲속에 가서 캠핑을 하고, 보스턴 레드삭스가 나오는 야구 경기를 관람하고, 찰스강을 따라 배를 타는 등 여가 활동을 지속적으로 해 나가도록 하는 것이었다.

　그 분야에 대한 지식이 전혀 없던 나는 병동 회의 시간에 참석할 때면 환자들이 내놓는 복잡한 말과 논리를 어떻게든 해독해 보려고 온 정신을 집중했다. 그들이 분별없이 감정을 분출하거나 잔뜩 겁을 집어먹고 다 포기하려고 할 때 대처하는 법도 배워야 했다. 어느 날 아침에는 한 여자 환자가 침실에서 공포에 질려 완전히 굳어 버린 얼굴로 한쪽 팔을 방어 자세로 들어 올린 채 동상처럼 꼼짝 않고 서 있는 모습을 발견했다. 그 환자는 그런 자세로 열두 시간 정도 서 있었다. 의사들을 통해 그녀의 상태를 긴장증이라고 부른다는 말을 들었지만, 교과서를 아무리 뒤져도 어떻게 도와주어야 하는지에 관한 내용은 찾을 수 없었다. 그저 저절로 해결되도록 내버려 둘 뿐이었다.

새벽녘 트라우마의 모습

밤이건 주말이건 그 병동에서 많은 시간을 보냈던 나는 잠깐씩 들르는 의사들이 결코 볼 수 없는 일들을 보게 되었다. 환자들은 잠을 이룰 수 없는 밤이면 가운을 몸에 단단히 두르고 어둠이 내린 간호사실로 대화를 나누러 찾아왔다. 밤의 고요함이 속을 털어놓을 수 있도록 해 준 탓인지, 그들은 맞거나 폭행, 추행당했던 이야기를 내게 들려주었다. 가해자는 부모인 경우도 많았고 친척이나 학교 친구, 이웃인 경우도 있었다. 환자들은 밤이면 침대에 누워 어머니가 아버지나 남자 친구에게 두드려 맞는 소리를 듣거나 부모님이 서로를 향해 끔찍한 위협의 말들을 내뱉는 소리, 가구가 부서지는 소리를 들으며 무기력과 두려움에 젖어 있던 기억에 대해서도 이야기했다. 만취 상태로 집에 온 아버지가 현관에 들어서는 발소리에 귀를 기울이던 일, 아버지가 곧장 자신이 있던 방에 들어올 것을 알고 기다리던 시간, 마침내 방에 들어선 아버지가 가만히 누워 있는 자신을 향해 아버지를 공격했으니 혼나야 한다며 벌을 주던 일을 이야기하는 환자들도 있었다. 몇몇 여성들은 밤에 꼼짝도 못하고 누워서 오빠나 아버지에게 성폭행당한 일을 떠올렸다.

오전 회진 시간에는 새내기 의사들이 지도교수들에게 각자 맡은 환자에 대해 보고했다. 나를 비롯한 병동 연구 보조들은 뒤에서 조용히 지켜보았는데, 보고 내용에 내가 환자들에게서 들은 이야기가 언급되는 경우는 거의 없었다. 나중에 진행된 여러 연구를 통해 실제로 환자들이 야간에 털어놓는 고백의 중요성이 확인되었고, 정신과 치료를 받기 위해 찾아오는 사람의 절반 이상이 어린 시절에 폭행을 당하거나 버림받고 방치된 경험이 있으며, 심지어 성폭행을 당하거나 가족 내에서 폭력을 목격한 일이 있다는 사실도 밝혀졌다.[1] 그러나 그러한 고백이 회진에서 논의되는 사항은 아닌 것 같았다. 의사들이 환자들의 증상을 열의 없이 논의하는 모습이나 환자를 자살로 몰고 가는 생각과 자해 행동을 이야기하면서 그 절망과 무기력감의 원인을 파악하는 대신 행동을 관리하는 일에 너 많은 시간을 쓴다는 사실을 알고 나는 자주 놀라곤 했다. 또한 의사들이 환자들이 이룬 성과와 그들이 가진 열망, 마음을 쓰고 사랑하는 대상이나 증오하는 대상이 누구인지, 또 무엇이 환자의 행동에 동기를 부여하고 행동을 이끌어 내는지, 무엇이 환자들을 옴짝달싹 못하게 만들고 무엇이 그들로 하여금 평온함을 느끼게 하는지, 즉 환자 삶의 생태에 관심을 거의 기울이지 않는다는 사실에 큰 충격을 받았다.

몇 년 뒤 새내기 의사가 된 나는 당시 의료계 현실을 적나라하게 드러낸 사례를 접하게 되었다. 부업 삼아 야간에 한 가톨릭 병원에서, 우울증 때문에 전기 충격 치료를 받으려고 입원한 여성 환자들의 신체 검사를 진행하면서 겪은 일이었다. 나는 이민자 출신이라 그런지, 아니면 호기심이 많아서 그런지, 환자들과 만나면 차트에서 고개를 들고 이것저것 삶에 관한 질문을 던졌다. 그러면 많은 환자가 고통스러운 결혼 생활이나 다루기 힘든 아이들, 낙태 후 찾아온 죄책감에 관한 이야기들을 줄줄 털어놓았다. 이야기를 하고 나면 겉으로 보기에도 안색이 밝아졌고, 나더러 이야기를 열심히 들어 줘서 고맙다고 말하는 환자도 많았다. 속을 털어놓고 나니 한결 마음이 가벼워졌는데 전기 충격 치료를 꼭 받아야 하느냐고 묻기도 했다. 다음 날 아침 그 환자들이 치료를 받으면 우리가 나눈 대화까지 기억에서 다 지워져 버릴 것을 알았기에, 나는 그들과 면담하는 시간이 끝날 때마다 울적해졌다. 결국 그 일을 오래 할 수 없었다.

매사추세츠 정신건강센터 병동에서 근무하지 않는 날에는 하버드 의과대학의 카운트웨이 의학도서관에 자주 들러 내가 환자들에게 해 줄 수 있는 일에 대해 공부했다. 어느 토요일 오후, 나는 지금까지도 학계에서 존경받는 한 편의 논문을 발견했다. 1911년에 발표한 「조발성 치매Dementia Praecox」라는 이 저술에서, 오이겐 블로일러Eugen Bleuler가 밝힌 관찰 내용은 내 마음을 완전히 사로잡았다.

> 정신분열성 신체 환각 중에서도 성적 감각은 단연 가장 높은 빈도로 발생하며 가장 중요한 의미를 갖는다. 이 증상이 나타나는 환자들은 정상적, 비정상적 성적 만족감에서 오는 황홀감과 즐거움을 모두 경험하지만, 음란하고 혐오스러운 행위에 관한 극도로 과장된 환상을 떠올리는 경우가 훨씬 더 빈번하다. 남성 환자들은 고통스러운 자극을 통해 정액을 분비하고, 여성 환자들은 강간을 당하고 가장 사악한 방식으로 상처를 입는 경우를 떠올린다. (…) 이런 다양한 형태의 환각에는 상징적 의미가 담겨있으며, 대부분 실제 느끼는 감각과 일치한다.[2]

이 부분을 읽고 나는 궁금해졌다. 환자들이 환각을 경험하면, 의사들은 보통 그 환각에 대해 묻고 환자의 정신적 문제를 나타내는 징후로 받아들였다. 그러나 내가 꼭두새벽에 환자들로부터 들은 이야기들이 사실이라면, 그 '환상'이 실제로 경험한 일에 관한 조각난 기억은 아니었을까? 환상으로 여겨지는 것이 실제로는 병든 뇌가 만들어 낸

조작의 결과라면? 사람이 정말 한 번도 경험한 적 없는 신체 감각을 꾸며, 낼 수 있을까? 창의성과 병리학적 상상을 뚜렷하게 나누는 구분선이 존재할까? 기억과 상상의 경계선은? 지금까지도 이러한 의문의 확실한 답을 찾지 못했지만, 연구를 통해 어릴 때 학대받은 사람들은 뚜렷한 신체적 원인이 없는 감각(복통 등)을 느끼는 경우가 종종 발생하며, 위험을 경고하거나 악랄한 범죄를 저질렀다고 비난하는 목소리가 들린다고 말한다는 사실이 밝혀졌다.

　내가 병동에서 만난 수많은 환자가 폭력적이고 기이한 행동을 하고 자해를 시도했다. 특히 좌절감을 느낄 때, 또는 누군가 자신을 방해하거나 오해한다고 생각할 때 그런 행동이 많이 나타났다. 그런 기분이 들면 울화통을 터뜨리고 접시를 집어 던지고 창문을 부수고 유리조각으로 자기 몸을 베어 버렸다. 그 당시 나는 환자들이 아주 간단한 요구("머리에 끈적거리는 덩어리가 붙어 있네요, 제가 떼어 드릴게요.")에도 왜 그토록 분노하고 두려움을 느끼는지 알지 못했다. 보통 숙련된 간호사들의 지시에 따라 뒤로 물러나 있다가, 그래도 소용없으면 환자를 제지했다. 내가 환자를 바닥에 쓰러뜨리면 간호사가 주사를 놓았고, 가끔은 그 순간 내가 느끼는 일종의 만족감에 스스로 놀라기도 하고 불안하기도 했다. 그리고 우리가 받는 전문적인 훈련이 두렵고 혼란스러운 현실과 맞닥뜨려도 통제력을 유지하는 데 얼마나 큰 도움이 되는지 점차 깨닫게 되었다.

　보스턴대학교에 다니던 열아홉 살의 매력적인 환자 실비아는 대부분의 시간을 잔뜩 겁먹은 모습으로 병동 한구석에 혼자 앉아서 거의 벙어리처럼 입을 다물고 지냈다. 입원하기 전에 보스턴 지역에서 이름난 마피아 단원의 여자 친구였다는 소문 때문인지 실비아에게서는 알쏭달쏭한 분위기가 느껴졌다. 실비아가 일주일 넘게 식사를 거부하고 체중이 급속히 줄기 시작하자 의사들은 강제 급식을 결정했다. 나까지 세 명이 붙어서 실비아를 억지로 눕히면 다른 한 사람이 고무로 된 급식관을 실비아의 목에 밀어 넣고 간호사가 액상 영양물질을 위장에 흘려 넣었다. 그러던 어느 날 밤, 실비아는 한참 주저하고 망설이더니 내게 어린 시절 오빠와 삼촌에게 성적 학대받은 이야기를 털어놓았다. 그때 나는 우리가 그녀를 '돌본다'는 이유로 해 온 조치가 실비아에게는 집단 강간과 매우 흡사하게 느껴질 수밖에 없다는 사실을 깨달았다. 이 일과 비슷한 경험들을 종합해, 나는 한 가지 규칙을 정하고 학생들에게도 따라야 한다고 가르쳐 왔다. 친구나 내 아이에게는 하지 않을 법한 행위를 환자에게 행해야만 할 때, 그것이 뜻하지 않게 환자의 트라우마를 재현시키지 않는지 꼭 생각해 봐야 한다는 규칙이다.

환자들의 여가 활동을 관리하던 시절에 배운 또 한 가지 사실이 있다. 환자들은 전체적으로 행동이 어설프고 몸놀림이 둔하다는 점이었다. 여러 환자와 캠핑을 할 때면, 내가 텐트를 땅에 고정시키느라 분주해도 대부분의 환자들은 무기력하게 우두커니 서 있기만 했다. 찰스 강에서 배를 탈 때면 꼭 한 번은 돌풍이 불어 배가 뒤집히는 일이 생겼다. 바람이 불면 환자들은 바람과 닿지 않는 쪽에 우르르 모여 앉아 몸을 잔뜩 웅크릴 뿐 배가 넘어가지 않도록 균형을 잡으려면 어느 위치로 가야 하는지 전혀 이해하지 못했기 때문이다. 배구 경기를 하면 직원들 팀이 늘 예외 없이 환자들 팀보다 손발이 훨씬 잘 맞았다. 아무 거리낌 없이 편하게 대화를 나눌 때도 보통 친구 사이에 나누는 대화에서 나올 법한 자연스러운 몸짓과 얼굴 표정을 그들에게는 찾아볼 수 없고, 아주 부자연스럽고 딱딱하게 대화한다는 점도 환자들에게서 발견한 공통점이었다. 이와 같은 특징들에 대해서는 나중에 신체 기반 치료 전문가인 피터 러바인Peter Levine과 팻 오그던Pat Ogden을 알게 되면서 더 확실히 이해할 수 있었다. 책 뒷부분에서 트라우마가 사람의 신체에 어떻게 억눌려 있는지 더 많은 이야기를 할 예정이다.

고통의 이해

연구 병동에서 1년을 보내고 나서 의대 공부를 마치고 의사 면허를 취득한 후, 나는 다시 매사추세츠 정신건강센터로 돌아와 정신과 전문의 교육을 받았다. 워낙 훌륭한 교육 프로그램이라 꼭 참여하고 싶었기 때문이다. 노벨 생리의학상을 수상한 에릭 캔들Eric Kandel을 비롯한 유명한 정신의학자들이 매사추세츠 정신건강센터에서 교육을 받았다. 내가 교육받던 시기에는 병원 지하에 마련된 연구소에서 앨런 홉슨Allan Hobson이 꿈을 만들어 내는 뇌세포를 발견했고, 최초로 우울증을 화학적으로 분석하는 연구들도 한창 진행되고 있었다. 그래도 나를 비롯한 레지던트들의 관심이 집중된 대상은 환자들이었다. 우리는 매일 환자들과 여섯 시간을 보내고, 선배 정신의학자들과 함께 모여서 관찰한 내용을 공유하고 궁금한 부분을 질문하면서 가장 재치 있는 발언을 하려고 서로 경쟁하기도 했다.

우리의 훌륭한 선생님이셨던 엘빈 셈라드 교수는 내가 센터에서 보낸 첫해 내내 정신의학 교과서를 읽지 말라고 적극적으로 뜯어말리셨다(이때 생긴 지적 허기 때문일까, 나중에 우리 동기들 대부분이 지독한 책벌레가 되거나 수많은 저서를 썼다). 셈라드 교수는 확실성을 가장한 정신의학 진단 때문에 우리가 현실에서 인식한 내용이 흐려지는 것을 원치 않았다. 한번은 내가 이런 질문을 던졌다. "교수님은 이 환자를 정신분열과 분열정동형* 정신병 중 어느 쪽이라고 하시겠습니까?" 그러자 교수님은 잠시 아무 말 없이 턱을 어루만지더니, 깊이 고민한 듯 이렇게 대답했다. "나라면 마이클 맥킨타이어**라고 하겠네."

• 정신분열병과 감정 상태의 장애이며 병리적 양상을 동반하는 기분(정동) 장애 증상이 함께 있는 상태
•• 영국의 스탠드업(무대에서 홀로 마이크 하나만 들고 말로써 웃기는) 코미디언

셈라드 교수는 우리에게 인간이 느끼는 고통은 대부분 사랑이나 상실과 관련 있으며, 환자가 삶의 현실을 삶에서 얻는 모든 기쁨과 가슴 아픈 감정들과 함께 '인정하고, 경험하고, 참고 견딜 수 있도록' 도와주는 것이 의사의 역할이라고 가르쳐 주셨다. "우리를 가장 고통스럽게 하는 원천은 우리가 스스로에게 하는 거짓말이다." 교수님은 이렇게 말씀하시면서, 우리가 하는 경험의 모든 측면을 정직하게 받아들여야 한다고 충고하셨다. 또 사람은 자신이 알고 있는 것을 알지 못하고 자신이 느끼는 것을 느끼지 못하면 결코 나아질 수 없다는 말씀도 하셨다.

그토록 저명하고 나이 지긋한 하버드대학교 교수가, 우리에게 밤에 잠자리에 들 때면 아내의 엉덩이가 몸에 닿는 것을 느낄 때 편안함을 느낀다고 고백하는 걸 듣고 아주 놀랐던 기억이 난다. 단순한 인간의 욕구를 그렇게 직접 드러내는 걸 들으면서, 우리는 그와 같은 욕구가 삶에서 얼마나 기본적인 요소인지 깨달았다. 기본적인 욕구가 채워지지 않은 사람은, 생각이 아주 고귀하고 세상에 널리 알려진 업적이 아무리 많다고 하더라도 제대로 발달하지 못한 존재로 남는다. 교수님은 치유를 좌우하는 건 바로 경험을 통해 얻은 지식이라고 하셨다. 즉 자기 몸의 현재 상태를 본능적인 욕구 측면까지 모조리 인정할 수 있을 때만 비로소 자신의 삶을 온전히 책임질 수 있다는 것이다.

그러나 정신의학 분야는 기존과 다른 방향으로 흘러갔다. 1968년, 『미국정신의학지Americal Journal of Psychiatry』에 내가 연구 보조로 일했던 병동에서 진행하던 연구 결과가 실렸다. 약물 치료만 받은 조현병 환자들이 일주일에 세 번씩 보스턴의 최고 의사와 대화를 나눈 환자들보다 경과가 더 우수하다는 사실이 뚜렷하게 밝혀졌다는 내용이었다.[3] 심리적인 문제에 약물을 이용해 접근하는 방식은 점진적으로 변화를 겪었는데, 이 연구는 이 변화 과정에 중대한 역할을 한 여러 이정표 중 하나가 되었다. 즉 견딜 수 없는 감정과 타인과의 관계에서 나타나는 문제들을 무수한 용어로 표현하는 대신, 각기 다른 '장애'로 정의하는 뇌 질환 모델이 등장한 것이다.

의학이 인간의 고통에 다가서는 방식은 늘 특정 시기에 활용할 수 있던 기술에 좌우되어 왔다. 계몽 시대 이전에는 일탈 행동의 원인을 신과 죄, 마술, 마녀, 악마의 영혼에게 돌렸다. 19세기 들어서야 프랑스와 독일의 과학자들이 행동을 복잡한 세상에 적응하느라 발생한 결과로 보고 연구하기 시작했다. 이어 분노, 성욕, 자존심, 탐욕, 욕심, 태만을 비롯해 인류가 항상 이겨 내려 애써 온 문제들을 '장애'로 보고 적절한 화학 물질을 투여하면 고칠 수 있다는 새로운 견해가 등장해 새로운 패러다임을 형성한 것이다.[4] 많은 정신의학자가 이러한 발견에 안도감을 느끼며 다른 의과대학 동기들처럼 연구실을 만들었다. 그곳에서 동물 실험을 하고, 값비싼 장비를 마련하고, 복잡한 진단 검사를 실시하면서 기쁜 마음으로 '진짜 과학자'가 되었다. 동시에 지그문트 프로이트, 카를 융Carl Jung 같은 철학자들이 남긴 이론은 비현실적이라 치부하며 치워 버렸다. 정신의학 분야의 주요 교과서에는 지금도 이런 설명이 등장한다. "현재 정신 질환의 원인은 뇌의 이상, 화학적 불균형으로 여겨진다."[5]

나도 동료들처럼 약리학의 혁신적 변화를 열렬히 수용했다. 1973년에는 매사추세츠 정신건강센터에서 수석 레지던트를 맡아 보스턴에서 일하는 정신의학자 중 최초로 조울증 환자에게 리튬Lithium을 투약했다(존 케이드John Cade 박사가 호주에서 실시한 리튬 연구를 접하고 병원위원회의 허가를 받아 실시한 치료였다). 한 여성이 35년 동안 매년 5월마다 조증을 겪고 11월마다 자살을 시도할 정도로 우울증이 심하게 발병했는데, 리튬을 투약하자 그 주기가 사라지더니 내게 치료를 받은 3년 동안 안정적인 상태가 유지됐다. 이와 함께 나는 오래된 구식 정신병원에 수용되어 있던 만성 정신병 환자들을 대상으로 항정신병 약인 클로

자릴Clozaril의 효능을 미국 최초로 시험하는 연구에도 참여했다.6 일부 피험자들이 보인 반응은 기적이라고 느낄 정도였다. 일생 중 상당 기간을 자신이 만든 고립과 두려움에 갇혀 살았던 사람들이 가족과 사회 품으로 돌아갈 수 있었고, 암흑과 절망의 수렁에 빠져 있던 환자들이 사람과의 접촉이 주는 장점을 깨닫고 일하고 노는 것의 즐거움을 느끼며 반응하기 시작했다. 이런 놀라운 결과를 보면서, 우리는 마침내 인류가 겪는 비참한 고통을 무찌를 수 있으리라 낙관했다.

항정신성 약물은 미국 정신병원에 거주하며 치료받는 환자를 1955년 50만 명 이상에서 1996년 10만 명 미만으로 감소시키는 데 주된 역할을 했다.7 이 치료법이 등장하기 이전의 세상을 알지 못하는 사람들은 아마도 이 엄청난 변화를 상상도 할 수 없으리라. 의과대학 1학년생이던 시절, 나는 일리노이주에 있는 캥커키주립병원을 방문했다가 체격이 건장한 병동 보조 직원이 가구는 하나도 없이 물이 빠져나갈 배수로가 마련된 휴게실에서, 오물을 뒤집어쓴 채 발가벗은 상태로 알아들을 수 없는 말을 해 대는 수십 명의 환자에게 호스로 물을 끼얹으며 씻기는 장면을 목격했다. 그날의 기억은 내 눈으로 직접 본 일로 기억되기보다 악몽의 한 장면처럼 떠오른다. 레지던트 과정이 끝난 1974년에 얻은 첫 직장은 한때 큰 명성을 얻었던 보스턴주립병원의 말단 관리직이었는데, 과거 수천 명의 환자가 온실, 정원, 실습실까지 포함해 수십 곳으로 분산되어 치료받던 건물들이 텅 빈 채 황폐한 공간으로 변해 있었다. 내가 그 병원에 근무하는 동안 환자들은 하나둘 '지역 사회(the community)'로 흩어졌다. 익명의 쉼터와 요양원을 통칭하여 '지역 사회'라고 불렀는데, 환자들 대다수가 그곳에서 생을 마감했다〔처음에는 '보호'라는 의미가 담긴 'asylum(요양소)'이라는 이름을 달고 문을 열었지만, 아이러니하게도 그 명칭은 점차 흉흉한 의미를 내포하게 되었다. 환자의 이름과 그들이 앓고 있던 별난 문제를 감추지 않고 모두가 알고 있던 시절에는 원래 명칭에 담긴 의미대로 지역 사회를 보호하는 역할을 했었다). 내가 보훈병원에 일자리를 얻어 떠나고 얼마 지나지 않은 1979년, 보스턴주립병원은 영원히 문을 닫았다.

나는 보스턴주립병원에 근무할 때도 매사추세츠 정신건강센터의 정신약리학연구소에서 계속 일하면서 새로운 방향의 연구에 주력했다. 1960년대에 국립 보건원 과학자들은 혈액과 뇌에서 호르몬과 신경 전달 물질을 분리하고 그 양을 측정하는 기술을 개발하기 시작했다. 신경 전달 물질이란 뉴런에서 뉴런으로 정보를 전달하는 화학적인 메신저로, 우리가 세상과 효과적으로 관계를 맺도록 해 준다.

과학자들이 노르에피네프린 수치가 비정상적이면 우울증과 관련 있고 도파민 수치가 비정상적이면 조현병과 관련 있다는 근거를 찾은 덕분에, 이제 뇌에 발생한 특정한 문제를 구체적인 표적으로 삼아 치료하는 약물이 개발될 수 있다는 희망이 생겼다. 그 희망이 아직 완전히 실현된 것은 아니지만, 약물이 정신적 증상에 주는 영향을 파악하기 위해 진행된 다양한 연구들은 정신의학 분야에 또 한 가지 중대한 변화를 가져왔다. 연구자들이 찾은 결과를 서로 정확하고 체계적으로 공유할 수 있어야 한다는 필요성이 제기되면서 '연구 진단 기준'이라는 개념이 개발된 것이다. 나는 별로 중요하지 않은 연구 보조로 이 기준의 개발에 참여했다. 이 연구 진단 기준이 토대가 되어, 정신의학적 질병에 관한 최초의 체계적 진단 시스템이자 흔히 '정신의학의 바이블'이라 불리는 미국정신의학회의 『정신 질환 진단 및 통계 편람 *Diagnostic and Statistical Manual of Mental Disorders: DSM*』이 탄생했다. 획기적 사건으로 기록된 1980년의 DSM 제3판 서문에는 아직 이 진단 체계가 부정확하다는 사실을 그대로 인정한 겸손한 설명이 나와 있다. 범죄 수사나 보험금 지급 기준 목적으로 사용해서는 절대 안 된다는 내용도 담겨 있다.[8] 곧 알게 되겠지만, 애석하게도 이 겸손함은 오래가지 않았다.

피할 수 없는 충격

정신적 외상을 발생시키는 스트레스에 관한 의문이 머릿속에서 떠나지 않던 중, 당시 새로운 분야로 여겨지던 신경과학이라면 내 의문을 어느 정도 해소해 주리라는 생각이 들었다. 그리하여 나는 미국신경정신약리학회ACNP 회의에 참석하기 시작했다. 1984년 당시 ACNP에서는 약물 개발에 관한 인상적인 강연을 여러 번 했는데, 그중에서 내가 가장 깊이 감명받은 강연은 보스턴으로 돌아갈 비행기 시간이 불과 몇 시간 남지 않았을 때 들었던, 콜로라도대학교의 스티븐 마이어Steven Maier의 강연이었다. 펜실베이니아대학교의 마틴 셀리그먼Martin Seligman과 공동 연구를 진행 중이던 마이어 박사의 그날 발표 주제는 동물에게 나타나는 무기력감이었다. 그와 셀리그먼 박사는 우리에 갇혀 있는 개들에게 고통스러운 전기 충격을 반복해서 가하고 그 환경을 '피할 수 없는 충격'으로 명명했다.[9] 개를 사랑하는 나로선 그런 연구를 절대로 직접 할 수 없겠다고 생각했지만, 이 잔혹한 환경이 개들에게 어떤 영향을 주었을지 호기심이 생겼다.

우리에 갇힌 상태에서 몇 차례 전기 충격을 가한 후, 연구진은 우리 문을 열고 다시 충격을 가했다. 앞서 전기 충격을 당한 적 없는 대조군 개들은 충격이 가해지자마자 얼른 달아났지만, 피할 수 없는 충격을 당했던 개들은 문이 활짝 열려 있는데도 달아날 시도조차 하지 않았다. 그냥 자리에 그대로 누워서 낑낑대고 배변을 했다. 단순히 도망갈 기회가 주어진다고 해서 트라우마에 사로잡힌 동물이나 사람이 자유를 찾아가지는 않는다. 마이어와 셀리그먼 연구진의 실험 개들처럼, 트라우마에 시달리는 사람들 역시 기회가 주어져도 그냥 포기해 버리는 경우가 많다. 위험이 따를지도 모르는 새로운 방법을 택하는 대신, 익숙한 두려움에 갇혀 있으려 하는 것이다.

나는 마이어 박사의 발표 내용에 완전히 심취했다. 이 불쌍한 개들에게 연구진이 행한 일은 내가 만난 사람들, 즉 정신적 외상을 입은 환자들이 당한 일과 정확히 일치했다. 그 환자들 역시 누군가(혹은 무언가)가 행한 끔찍한 위해에 노출되었고, 그 위해는 피할 수 없었다. 나는 재빨리 기억을 더듬어 그동안 치료했던 환자들을 떠올려 보았다. 그들은 거의 대부분 갇히거나 이동이 제한되는 상황에 처해 그 불가피한 일을 피할 방법을 시도할 수 없었다. 싸움-도주 반응을 보였더라도 전부 좌절되어 극도의 불안과 붕괴를 느낀 사람들이었다.

또한 마이어와 셀리그먼 연구진은 정신적 외상을 입은 개들은 스트레스 호르몬이 정상적인 개들보다 훨씬 더 많이 분비된다는 사실을 밝혔다. 이는 당시 막 밝혀지기 시작한, 트라우마성 스트레스의 생물학적 원인을 뒷받침한 결과였다. 예일대학교의 스티브 사우스윅Steve Southwick과 존 크리스털John Krystal, 예루살렘 하다사 의과대학의 아리에 샬레브Arieh Shalev, 미국 국립 정신건강연구소의 프랭크 퍼트넘Frank Putnam, 하버드대학교의 로저 피트먼Roger Pitman 등 여러 젊은 과학자가 정신적 외상을 입은 사람들은 실질적인 위험이 사라지고 오랜 시간이 흐른 뒤에도 계속 다량의 스트레스 호르몬을 분비한다는 사실을 발견했으며, 뉴욕 마운트시나이대학교의 레이철 예후다Rachel Yehuda는 외상 후 스트레스 장애 환자에게서 스트레스 호르몬인 코르티솔 수치가 낮게 확인됐다는 상반된 결과로 그러한 흐름에 정면으로 맞섰다. 코르티솔이 몸에 '이제 안전하니 안심해도 된다'는 신호를 보내는 역할을 맡아 신체의 스트레스 반응을 종결시킨다는 사실이 밝혀진 후에야 예후다 박사가 밝힌 이 결과도 비로소 이해할 수 있었다. 즉 외상 후 스트레스 장애 환자의 경우 위험 요소가 다 사라진 후에도 체내 스트레스 호르몬이 정상 수준으로 돌아오지 않는 것이다.

스트레스 호르몬 시스템은 위협이 등장하면 번개처럼 반응하고 다시 신속하게 평형 상태로 되돌아오는 것이 가장 이상적이다. 그러나 외상 후 스트레스 장애 환자의 몸속에서는 스트레스 호르몬 시스템이 적절한 균형에 따라 작용하지 못한다. 위험이 사라진 후에도 싸움, 도주, 공포로 굳어 버리는 반응이 지속되고, 앞선 개 실험처럼 정상으로 회복되지 못한다. 그리고 스트레스 호르몬이 계속 분비되면서 불안과 공황 상태가 나타나며, 장기적으로는 건강이 사정없이 파괴된다.

그날, 나는 스티븐 마이어와 꼭 대화를 나누고 싶었기 때문에 결국 비행기를 놓쳤다. 그의 연구 결과는 내 환자들의 근본적인 문제가 무엇인지 단서를 제공했을 뿐만 아니라 잠재적인 해결의 열쇠까지 알려 주었다. 한 예로, 마이어와 셀리그먼 박사는 정신적 외상을 입은 개들에게 우리 문이 열리면 전기가 발생하는 영역을 벗어나도록 가르칠 수 있는 유일한 방법은 개들을 억지로 우리 밖으로 계속 끌어내어 어떻게 나갈 수 있는지 개가 몸으로 직접 경험하도록 하는 것이라고 밝혔다. 기본적으로 스스로를 전혀 방어하지 못하는 성향이 강한 트라우마 환자들에게도 이런 방법이 도움을 줄 수 있을까? 본능적인 통제력을 회복하려면, 내 환자들 역시 '신체' 경험이 필요할까? 갇히고 옴짝달싹 못했던 트라우마 상황과 비슷한 위협 상황으로부터 도망갈 수 있다는 것을 몸이 익히도록 하면 어떤 일이 벌어질까? 치료에 관한 내용이 담긴 5장에서 다시 설명하겠지만, 나는 나중에 이 궁금증에 대한 답을 얻을 수 있었다.

마우스, 래트, 원숭이, 코끼리를 대상으로 한 다른 동물 실험들에서도 더욱 흥미로운 결과가 확인됐다.[10] 한 연구에서는 마우스를 따뜻한 둥지에 먹이도 충분히 주며 키우다가 연구진이 시끄럽고 귀에 거슬리는 소리를 내자 즉각 허둥지둥 집으로 돌아가는 반응이 나타났다. 처음부터 소란스러운 둥지에 먹이도 부족한 환경에서 키우던 또 다른 그룹의 마우스들 역시 시끄러운 소리가 나자 집으로 달려갔고, 이후

더 나은 환경이 주어지고 그 속에서 얼마간 시간을 보낸 뒤 같은 자극
이 주어져도 마찬가지 반응을 보였다.[11]

겁먹은 동물들은 살던 집이 안전한 곳이든 두려운 곳이든 상관없
이 집으로 돌아간다. 나는 가정에서 학대가 일어난 환자들이 계속 집
으로 돌아가 다시 상처받는다는 사실을 떠올렸다. 트라우마에 시달리
는 사람들은 익숙하게 느끼는 곳을 피난처로 삼아야만 하는 것일까?
그렇다면 그 이유는 무엇일까? 그리고 이들이 안전하고 기분 좋은 장
소와 활동에 의지할 수 있도록 도울 수도 있을까?[12]

트라우마 중독:
즐거움이 주는 고통과 고통이 주는 즐거움

동료인 마크 그린버그Mark Greenberg와 내가 베트남전 참전 군인
들을 대상으로 집단 치료를 실시하면서 깜짝 놀란 사실 중 하나는, 이
들이 헬리콥터 사고나 죽어 가던 전우들을 떠올리면 공포와 비통함을
느끼면서도 그 일을 이야기할 때 활기를 띤다는 점이었다(전 「뉴욕타
임스」 기자 크리스 헤지스Chris Hedges는 저서 『전쟁은 우리에게 의미를 부여
하는 힘이다War Is a Force That Gives Us Meaning』[13]에서 잔인한 물리적 충돌의
사례를 다수 언급했다). 트라우마에 시달리는 많은 사람이 우리 대다
수가 거부감을 느끼는 경험을 찾아다니고,[14] 화나 있지 않거나 강압
당하지 않을 때 혹은 어느 정도 위험한 일을 하지 않을 때는 어딘가 공
허하고 지루한 감정을 느낀다고 호소하는 경우가 많다.

내가 만난 환자 줄리아는 열여섯 살 때 총으로 위협받고 호텔 방
에 끌려가 잔인하게 성폭행을 당했다. 그로부터 얼마 후, 줄리아는 폭
력적인 포주에게 잡혀 매춘을 강요당했다. 포주는 주기적으로 줄리아

를 때렸다. 그런데 줄리아는 매춘 단속에 걸려 여러 번 처벌을 받고도 늘 그 포주에게로 돌아갔다. 마침내 조부모가 개입해 줄리아를 집중 재활 시설로 보냈다. 입원 치료를 성공적으로 끝낸 줄리아는 접수원으로 취직하고 지역 대학에도 입학해서 공부를 시작했다. 사회학 수업을 들으면서, 줄리아는 유명한 매춘부 몇 명이 쓴 회고록을 읽고 학기말 과제로 매춘을 통해 해방감을 얻을 수도 있다는 내용의 글을 써서 제출했다. 그리고 수업을 하나둘 포기하기 시작했다. 같은 과 남성과 데이트를 시작했지만 얼마 못 가 틀어지고 말았다. 줄리아는 그가 너무 지루했다. 특히 그가 즐겨 입는 사각 팬티가 질겁할 정도로 싫었다. 그러다 어느 날 전철에서 만난 마약 중독자와 만나기 시작했는데, 그는 줄리아를 때리고 스토킹까지 했다. 결국 줄리아는 또다시 흠씬 두들겨 맞고, 치료 시설로 돌아가기로 결심했다.

프로이트는 트라우마로 같은 행동을 반복하는 이 같은 현상을 '반복 강박'이라고 표현했다. 프로이트와 그 후계자들은 같은 행동을 반복하는 건 고통스러운 상황을 통제하려는 무의식적인 시도이며, 결국에는 그 상황을 장악하고 해결할 수 있으리라 믿었다. 그러나 이 이론이 옳다는 근거는 확인되지 않았고, 반복되는 상황은 오히려 더 많은 고통과 자신에 대한 증오로 이어질 뿐이다. 실제로 치료 과정에서 트라우마 경험을 다시 떠올리는 것만으로도 그 일에 관한 생각에 사로잡히고 집착이 더 강해질 수 있다.

마크 그린버그와 나는 마음을 끄는 요소, 즉 행동을 끌어당기고 동기를 부여하고 살아 있다고 느끼게 만드는 요소에 대해 좀 더 연구하기로 결심했다. 일반적으로 마음을 끄는 요소는 기분을 좋아지게 한다. 그런데 왜 그토록 많은 사람이 위험한 일과 고통스러운 상황에 마음이 끌릴까? 마침내 우리는 공포나 고통을 느끼게 만드는 일이 스릴 넘치는 경험이 될 수도 있다고 밝힌 한 연구를 찾아냈다.[15] 1970년대에 펜실베이니아대학교의 리처드 솔로몬Richard Solomon이 발표한 이 연구에서, 그는 신체가 모든 종류의 자극에 적응하는 법을 익힌다고 밝혔다. 기분 전환을 목적으로 사용하는 약물은 즉각 기분을 좋아지게 만들어 중독 가능성을 충분히 예상할 수 있지만, 한증막에 들어가거나 마라톤, 낙하산을 매달고 높은 곳에서 뛰어내리는 등의 활동도 처음에는 불편하고 심한 경우는 공포까지 유발하지만, 결국 굉장히 즐거운 일이 된다. 이러한 점진적인 적응 신호는 체내 화학적 균형을 새롭게 확립시켜, 마라톤을 즐기는 사람들은 몸을 한계로 밀어붙이면서 건강해지는 기분과 함께 한껏 신난다고 느낀다.

그 상태가 되면, 약물 중독과 마찬가지 증상이 나타난다. 즉 특정한 활동이나 경험을 하지 않을 때 갈망하게 되고 금단 증상을 느낀다. 장기적으로 지속되면 그 활동 자체보다 금단 증상에서 오는 고통에 더욱 심취하게 된다. 자신을 때려 줄 사람을 고용하거나, 담뱃불로 자기 몸을 지지거나, 자신을 해치는 사람에게만 끌리는 이유가 무엇인지 설명해 주는 이론이다. 두려움과 혐오스러운 감정이 왜곡되면 즐거움으로 변형될 수 있는 것이다.

솔로몬은 뇌가 스트레스에 반응해 분비하는 모르핀 유사 물질인 엔도르핀이 그가 밝힌 이 역설적 중독에 영향을 준다는 가설을 제시했다. 어느 날 도서관에서 「전쟁에서 부상당한 사람들의 고통Pain in Men Wounded in Battle」(1946년)이라는 논문을 읽다가, 나는 솔로몬의 이 이론을 다시 떠올렸다. 그 논문에서 헨리 K. 비처Henry K. Beecher라는 외과의사는 이탈리아 전선에서 심각한 부상을 입은 병사들 중 75퍼센트가 모르핀을 필요로 하지 않았다고 언급하면서, "강렬한 감정이 통증을 차단할 수 있다"고 추정했다.[16]

비처가 관찰한 결과가 외상 후 스트레스 장애 환자와도 관련 있을까? 나는 마크 그린버그, 로저 피트먼, 스콧 오어Scott Orr와 함께 베트남전 참전 군인 8명을 대상으로 영화 장면을 여러 개 보여 주고 표준 통증 검사를 실시했다. 이들에게 보여 준 영상은 올리버 스톤Oliver Stone 감독의 <플래툰Platoon>(1986)에 나오는 폭력적인 장면이었다. 우리는 이 영상을 보여 주면서 참전 군인들에게 얼음물이 담긴 양동이에 오른손을 담그도록 하고 얼마나 오래 견디는지 측정했다. 이어 평화로운 (아주 오래된) 영화 장면을 보여 주고 똑같이 측정했다. 8명 중 7명의 참전 군인이 <플래툰>을 보는 동안 견딜 수 없이 차가운 물속에 손을 30퍼센트 더 오래 담글 수 있었다. 우리는 전쟁 영화를 15분간 보면서 나타나는 통각 상실 수준이 모르핀 8밀리그램을 주사한 후의 반응과 동일하다는 사실을 확인했다. 이 정도 양이면 가슴을 짓누르는 통증으로 응급실을 찾은 환자에게 투여하는 용량에 해당한다.

우리는 비처가 '강렬한 감정이 통증을 차단할 수 있다'고 가정한 내용이 뇌에서 만들어진 모르핀 유사 물질의 분비로 발생한 결과라고 결론지었다. 이는 트라우마에 시달리는 많은 사람이 스트레스 요인에 다시 노출되면 불안감 속에서 그에 상응하는 안도감을 느낄 가능성이 있음을 시사한다.[17] 흥미로운 실험이었지만, 이 실험은 줄리아가 왜 계속해서 폭력적인 포주에게 돌아갔는지 속 시원한 답을 주지는 않았다.

뇌를 달래는 법

1985년의 미국신경정신약리학회 회의는 전년도 회의보다 훨씬 더 많은 고민을 불러일으켰다. 이 회의에서 킹스 칼리지Kings College의 제프리 그레이Jeffrey Gray 교수는 뇌에서 어떤 소리와 이미지, 신체 감각을 위협으로 받아들일 것인지 결정하는 한 무리의 뇌세포인 편도체에 대해 설명했다. 그레이 교수가 제시한 데이터에 따르면 편도체의 민감도는 그 부위에서 분비되는 신경 전달 물질인 세로토닌의 양에 따라 어느 정도 좌우된다. 동물 실험에서 세로토닌 수치가 낮은 동물들은 스트레스를 유발하는 반응(시끄러운 소리 등)에 과잉 반응을 보인 반면, 세로토닌 수치가 높으면 뇌 공포 체계의 반응이 약화되어 위험 가능성이 있는 자극에 공격성을 보이거나 얼어붙는 경우가 감소하는 것으로 나타났다.[18]

내게는 큰 충격을 안겨 준, 아주 중요한 실험 결과였다. 내가 만난 환자들은 늘 자그마한 자극에도 감정이 폭발하고 아주 사소한 일에 거부당해도 엄청난 좌절감을 느꼈다. 세로토닌이 외상 후 스트레스 장애에 영향을 줄 수도 있다는 가능성은 내 마음을 사로잡았다. 그 이전에도 다른 연구진들을 통해 무리에서 힘이 우세한 수컷 원숭이는 지위가 낮은 원숭이들보다 뇌의 세로토닌 수치가 훨씬 높지만, 한때 자신이 지배했던 원숭이들과 오랫동안 눈을 맞추지 못하게 하면 세로토닌 수치가 감소한다는 사실이 밝혀진 바 있다. 반면 지위가 낮은 원숭이에게 세로토닌 보충제를 공급하면 리더로 부상했다.[19] 사회적 환경은 뇌의 화학적 환경과 상호 작용한다. 원숭이 집단의 지배 계급에서 위치가 낮아지도록 조작하면 세로토닌 수치가 감소하고, 반대로 세로토닌 수치가 화학적으로 강화되자 지배당하던 원숭이도 서열이 높아진 것이다.

정신적 외상을 입은 사람들이 받은 영향은 분명해졌다. 그레이 교수의 연구에서 세로토닌 수치가 낮은 동물들처럼, 트라우마 환자들 역시 과잉 반응을 보이고 사회적인 대처 능력이 약화되는 경우가 많았다. 뇌의 세로토닌 수치를 높일 방안을 찾을 수 있다면 그 두 가지 문제를 다 해결할 수 있으리라는 생각이 들었다. 1985년 회의에서 나는 제약 회사들이 정확히 그 목적을 달성해 줄 두 가지 신약을 개발 중이라는 정보를 접했다. 그러나 아직 완성된 제품은 없었기에, 나는 건강식품 판매점에서 구할 수 있는, 체내 세로토닌의 화학적 전구물질인 L-트립토판을 이용해 간단한 실험을 실시했다(결과는 실망스러웠다). 제약 회사들이 개발에 착수했던 신약 중 하나는 결국 판매되지 못했고, 다른 하나인 플루옥세틴fluoxetine은 '프로작Prozac'이라는 제품명으로 출시되어 전례 없는 성공을 거둔 항정신성 약물이 되었다.

프로작은 1988년 2월 8일 월요일, 제약 회사인 일라이 릴리Eli Lilly에서 출시됐다. 출시 당일 나는 어린 시절 끔찍한 학대를 당하고 폭식증으로 괴로워하던 젊은 여성과 상담을 했다. 음식을 먹어 치우고 다시 비워 내는 일에 대부분의 시간을 쏟아붓는 일이 일상이 된 채 살아온 여성이었다. 나는 이 환자에게 새로 출시된 그 약을 처방했고, 목요일에 다시 만난 그녀는 내게 이렇게 이야기했다. "지난 며칠은 굉장히 다르게 지나간 것 같아요. 배가 고플 때 음식을 먹고, 나머지 시간에는 숙제를 했어요." 내가 진료실에서 환자에게 들은 이야기 중에서 가장 극적인 소감으로 기억에 남는 말이다.

그 주 금요일에는 월요일에 프로작을 처방했던 또 다른 환자와 만났다. 만성 우울증에 시달리며 초등학생 자녀 둘을 키우는 여성으로, 엄마와 아내 역할에 실패했다는 생각을 떨치지 못하며 살아온 그녀는 늘 자신을 어린애로 여기며 지독하게 학대한 부모가 던진 온갖 요구들에 짓눌려 있었다. 프로작을 복용하고 4일이 지난 후 다시 만난 이 환자는 내게 다음 월요일로 예정된 진료를 혹시 취소할 수 있느냐고 물었다. 그녀는 취소하고 싶은 이유를 이렇게 설명했다. "사실 전 아이들을 스키장에 데려가 본 적이 한 번도 없어요. 늘 남편이 데려갔죠. 월요일엔 식구들이 다 쉰다고 하네요. 저도 함께 신나는 시간을 보내면서 좋은 추억을 만들면 아이들에게 참 좋을 것 같아요."

하루하루를 겨우 견디느라 항상 애써야 했던 환자에게서 나온 말이었다. 그 환자와의 상담을 끝내고 나는 일라이 릴리에서 일하는 지인에게 전화를 걸어서 말했다. "당신들 말이야, 사람들을 과거에 갇혀 있는 대신 현재를 살 수 있도록 도와주는 약을 만들었어."

　나중에 일라이 릴리는 외상 후 스트레스 장애 환자 64명을 대상으로 프로작의 효과를 연구할 수 있도록 약간의 지원금을 제공했다. 여성 22명, 남성 42명을 대상으로 실시한 이 연구에서는 새로운 유형의 약물인 프로작이 외상 후 스트레스 장애에 끼치는 영향을 조사한 최초의 연구였다. 내가 속한 '트라우마 클리닉' 연구 팀이 참전 경험이 없는 일반 환자 33명을 찾았고, 연구진과 보훈병원에서 함께 일했던 동료들이 전투 경험이 있는 참전 군인 31명을 피험자로 모집했다. 8주간 각 그룹의 절반이 프로작을 복용했고 나머지 절반은 위약* 그룹으로 배정됐다. 맹검**으로 진행된 연구라 우리 연구진이나 환자 모두 자신이 먹는 약이 무엇인지 모르는 상태였다. 연구진의 예측이 평가 내용을 왜곡하지 못하도록 마련한 장치였다.

　연구 참가자 전체, 심지어 위약을 복용한 사람들까지도 최소한 어느 정도는 상태가 호전됐다. 외상 후 스트레스 장애 치료 연구에서는 대부분 위약 효과가 상당히 높게 나타나는 편이다. 연구에 참가한다고 돈을 받는 것도 아니고, 주삿바늘에 계속 찔려야 하는데다 진짜 약물을 복용할 확률은 50퍼센트에 불과하다는 사실에 결국 치료 연구에 참여할 용기를 내지 못하고 기회를 놓쳐 버리는 일이 허다한 사람들의 마음속에는 자신이 겪고 있는 문제를 해결하고픈 생각이 내재되어 있다. 이들에게는 누군가 관심을 주고 자신의 감정과 생각에 관한 질문을 받고 대답하는 기회만이 보상으로 느껴질 수 있다. 그러나 넘어져서 다친 아이에게 엄마가 입을 맞춰 주는 행동 역시 위약과 '동일한' 효

• 임상의약의 효과를 검정할 때 대조하기 위해 투여하는, 약리학적 효과가 거의 없는 물질
•• 실험 결과에 영향을 주지 않도록 실험이 끝날 때까지 실험자 또는 피실험자에게 특정한 정보를 공개하지 않는 것

과를 발휘할 수 있다.

트라우마 클리닉의 일반 환자 중에서 프로작을 복용한 사람들은 위약군보다 상태가 훨씬 많이 호전됐다. 이들은 위약을 복용한 환자들보다 잠도 더 깊이 자고, 감정 제어 능력도 향상되고, 과거에 덜 사로잡혔다.[20] 그런데 놀랍게도 보훈병원에서 찾은 전투 군인 출신 환자들에게는 프로작이 아무런 효과도 발휘하지 못했다. 외상 후 스트레스 장애 증상에도 변화가 없었다. 이 연구에 이어 참전 군인들을 대상으로 실시한 다른 약리학 연구들에서도 대부분 동일한 결과가 확인됐다. 일부 환자는 다소 개선됐지만 대부분은 전혀 도움을 얻지 못했다. 나는 지금까지 그 이유를 전혀 파악하지 못했다. 군인 연금이나 장애 수당이 치유를 가로막는다는 설명이 일반적으로 가장 많이 제시되지만, 나는 이 설명도 받아들일 수 없다. 무엇보다 뇌 편도체는 연금이 뭔지 알지 못하고 그저 위협을 감지할 뿐이니까.

그럼에도 불구하고 프로작을 비롯해 그와 관련된 졸로프트Zoloft, 셀렉사Celexa, 심발타Cymbalta, 팍실Paxil 등의 의약품은 트라우마 관련 장애 치료에 큰 기여를 했다. 우리가 실시한 프로작 연구에서는 트라우마 환자들이 자신의 상황을 어떻게 인지하는지 파악하기 위해 로르샤흐 검사를 실시했다. 그 결과는 이러한 계통의 약물(공식적인 명칭은 '선택적 세로토닌 재흡수 억제제SSRI'다)의 작용 방식을 파악하는 중요한 단서가 되었다. 프로작을 복용하기 전에는 환자들의 감정이 반응을 지배했다. 한 예로 한 네덜란드인 환자(프로작 연구에 참여하지 않은 사람)는 어릴 때 성폭행을 겪고 치료를 받으러 나를 찾아왔는데, 내 말투에서 네덜란드어 억양을 감지하자마자 내가 자신을 강간할 거라고 확신했다. 프로작은 이런 환자들에게 급격한 변화를 가져왔다. 즉 외상 후 스트레스 장애 환자들이 균형적인 시각을 갖고[21] 충동을 충분히 제어하는 데 도움이 되었다. 제프리 그레이의 예측은 분명 옳았다. 내 환자들도 세로토닌 수치가 상승하자 반응성이 감소했다.

약리학의 승리

약리학이 정신의학에 혁신적 변화를 일으키기까지는 그리 오랜 시간이 걸리지 않았다. 의사들은 약물의 효능을 더 깊이 있게 알게 되었고, 약물은 면담 치료를 넘어서는 새로운 치료 도구로 부상했다. 약물은 소득과 수익도 만들어 냈다. 제약업계가 제공한 보조금 덕분에 연구실들은 열정 넘치는 대학원생들과 정교한 상비들로 넘쳐났다. 늘 병원 지하에 마련되던 정신의학과에도 위치나 명성 모든 면에서 변화가 일어나기 시작했다.

1990년대 초반에는 매사추세츠 정신건강센터에도 이 같은 변화를 보여 주는 상징적인 일이 일어났다. 연구소 설립 부지를 마련하기 위해 병원 수영장을 없애고, 실내 농구장이 있던 자리는 작은 공간들로 구성된 약물 치료 클리닉으로 바뀐 것이다. 수십 년 동안 의사와 환자가 누구나 수영을 즐기고 농구장을 가로지르며 공을 던지는 기쁨을 누리던 곳이었다. 나도 병동 연구 보조로 일하던 시절에 환자들과 그 체육관에서 몇 시간씩 보내곤 했다. 우리가 매일 마주하던 참담한 현실 한가운데 놓인 평화로운 섬처럼, 모두가 신체적으로 건강한 기분을 회복할 수 있던 장소였다. 그곳이 환자들을 '고치는' 장소로 바뀐 것이다.

너무나 많은 희망과 함께 시작된 의약 혁명은 결국 장점만큼 수많은 해악을 낳은 것 같다. 정신 질환은 1차적으로 뇌의 화학적 불균형에서 비롯되고 특정한 약물로 바로잡을 수 있다는 이론은 의료계 전문가들은 물론 언론 매체와 일반 대중에게까지 널리 수용되었다.[22]

곳곳에서 약물이 치료를 대체하고 원인이 해결되지 않아도 환자가 겪는 문제들을 억제할 수 있도록 해 주었다. 항우울제가 일상적인 기능 개선을 도와준 덕분에 전 세계적인 변화가 찾아왔다. 수면제를 복용하는 것과 겨우 몇 시간 자려고 매일 밤 인사불성이 될 만큼 술을 마시는 방법 중 어느 쪽이 더 나은지는 고민할 필요도 없는 일이었다. 요가 강습이나 운동이 일상이 되어 스스로 문제를 해결하려고 애쓰거나 그냥 이 약물고 버텨 내느라 녹초가 된 많은 사람에게, 약은 목숨을 구제해 주는 위안이 되었다. 이처럼 선택적 세로토닌 재흡수 억제제는 트라우마에 시달리는 사람들이 감정적 속박에서 벗어나는 데 큰 도움이 될 수 있지만, 전체적인 치료의 부가적인 수단으로만 활용해야 한다.[23]

외상 후 스트레스 장애 환자의 약물 치료에 관한 연구를 다수 진행한 뒤, 나는 정신 질환의 약물 치료에는 심각한 단점이 따르며 초점을 흐려 문제의 원인을 보지 못하게 될 수도 있다는 사실을 깨달았다. 뇌-질병 모델은 사람들의 운명을 각자의 손에서 넘겨받아 통제하고, 의사들과 보험회사가 환자의 문제를 대신 책임지고 해결하도록 만든다.

지난 30년 이상 약물 치료는 정신의학계의 핵심으로 자리 잡았지만 그 결과는 미심쩍은 수준이다. 항우울제의 경우를 생각해 보자. 항우울제가 정말로 우리가 믿게 된 것처럼 효과적이라면, 지금쯤 우울증은 우리 사회에서 아주 사소한 문제가 되어 있어야 마땅하리라. 그러나 항우울제 사용량은 계속 증가하는데도 우울증으로 병원을 찾는 사람들의 숫자는 크게 줄지 않았다. 지난 20년 동안 우울증으로 치료받은 환자 수는 세 배로 증가했고, 미국인 10명 중 1명은 항우울제를 복용하고 있다.[24]

현재 미국에서는 아빌리파이Abilify, 리스페달Risperdal, 자이프렉사Zyprexa, 세로켈Seroquel과 같은 새로운 세대의 항정신성 약물이 최고의 판매고를 올리고 있다. 2012년에 일반인이 아빌리파이 구입에 지불한 금액은 15억 2622만 8천 달러로 그 어떤 의약품보다 많았다. 3위는 항우울제인 심발타로, 훨씬 저렴한 복제 약들이 나오기 전에 개발된 프로작 등의 약물보다 효과가 우수하다고 밝혀진 사실이 전혀 없는데도 판매액이 10억 달러를 훌쩍 넘어섰다.[25] 미국 정부가 저소득층을 위해 마련한 의료보장제도인 메디케이드는 다른 어떤 유형의 약물보다 항정신성 약물에 많은 돈을 쓰고 있다.[26] 전체 데이터가 취합된 가장 최근 연도인 2008년, 메디케이드가 제공한 항정신성 약물 지원금은 36억 달러로, 1999년 16억 5천 달러에 비해 급증했다. 같은 기간 메디케이드의 지원을 받아 항정신병 약을 처방받은 20세 미만 환자의 수도 3배로 증가했다. 존슨앤드존슨사는 2013년 11월 4일, 항정신병 약인 리스페달을 노년층과 어린이, 발달 장애 환자도 사용할 수 있다고 부적절하게 홍보했다는 혐의를 받아 22억 달러가 넘는 민·형법 위반 벌금을 내기로 합의했다.[27] 그러나 그 약을 처방한 의사들에게는 누구도 책임을 묻지 않았다.

현재 미국에서는 50만 명에 달하는 어린이가 항정신병 약을 복용한다. 저소득층 가정의 아이들은 민간 의료보험에 가입된 아이들보다 항정신성 약물을 복용하는 비율이 4배나 높다. 이러한 약물은 학대받고 방치된 아이들을 더 고분고분하게 만드는 목적으로 종종 활용된다. 2008년에 메디케이드를 통해 항정신병 약을 처방받은 5세 미만 어린이의 숫자는 1만 9,045명이었다.[28] 미국 13개 주에서 수집된 메디케이드 데이터를 분석한 한 연구에서는 위탁 보호를 받는 어린이 중 항정신병 약을 복용하는 비율이 12.4퍼센트로 나타나 메디케이드 관리 대상자에 해당하는 전체 어린이 중 동일한 약을 복용하는 비율이 1.4퍼센트인 것과 큰 차이를 보였다.[29] 이와 같은 약물은 아이들을 다루기 쉽고 덜 공격적으로 만들지만, 동시에 의욕과 놀고 싶은 마음, 호기심 등 아이가 한 사회에서 제 기능을 하는 구성원으로 성숙하는 데 반드시 필요한 요소에도 영향을 준다. 항정신병 약을 복용하는 어린이는 병리학적인 비만과 당뇨병에 시달릴 위험도 높다. 이와 함께 정신병 약과 통증 관련 약물을 함께 복용하는 약물 과용 사례도 계속 증가하는 추세다.[30]

약물이 만들어 내는 수익이 워낙 크다 보니 의학계 주요 학술지들마다 정신 건강 문제를 약 없이 치료한 연구 내용이 게재되는 경우도 드물어졌다.[31] 그와 다른 여러 가지 치료 방법을 탐구하는 사람들은 보통 '대안'으로 취급받으며 무시당하기 일쑤다. 소위 '매뉴얼이 확립된 치료 계획서'를 마련하지 않고, 환자와 치료 담당자가 유연성이 결여된 처방 일정을 따르고, 환자 개개인의 필요를 세밀하게 반영해 조정하는 절차가 거의 생략된 비약물 치료에 연구비가 지원되는 경우는 거의 없다. 주류 의학계에서는 화학의 힘으로 더 나은 삶을 만들어 가는 일을 단호히 행하고, 약 외에 다른 방법으로 개개인의 생리학적 상태와 체내 평형을 바꿀 수 있다는 생각은 고려 대상에서 대부분 제외되고 있다.

적응인가, 질병인가

뇌-질병 모델이 간과하는 네 가지 근본적인 사실은 다음과 같다.

(1) 인간은 서로를 파괴하는 능력만큼 서로를 치유하는 능력도 지니고 있다. 대인 관계와 공동체 관계의 회복은 다시 행복을 찾는 데 핵심적인 역할을 한다.

(2) 언어는 자기 자신과 타인을 변화시키는 힘을 부여한다. 따라서 경험을 서로 이야기하면 자신이 아는 사실을 분명하게 규정하는 데 도움이 되고 공통적인 의미를 찾을 수 있다.

(3) 인간은 호흡, 움직임, 접촉과 같은 기본적인 활동을 통해 몸과 뇌의 '불수의 기능'*을 비롯한 신체의 생리적 기능을 조절할 수 있다.

(4) 사회적 조건을 변화시켜 어른과 아이 모두가 안전하게 머물고 발전할 수 있는 환경을 마련하는 건 가능하다.

인간다움의 본질인 이 같은 측면을 무시한다면, 트라우마로부터 회복되고 자율성을 회복할 기회를 빼앗는 것과 다름없다. 당사자를 회복 과정에 참여하는 사람이 아닌 환자로 만들면 고통받는 사람들을 사회 공동체와 분리하고, 내적으로 자기 자신까지 낯설게 느낄 수 있다. 약물의 한계를 깨달은 후, 나는 정신적 외상에 따른 반응을 해소할 수 있도록 도울 수 있는 더 자연스러운 방법이 없는지 궁금해졌다.

• 자신의 의지와 상관없이 자율적으로 일어나는(나타나는) 신체 기능

3장

뇌 속을 들여다보다: 신경과학의 혁명

의식적으로 사고하는 사람의 두개골 아래 뇌를 들여다볼 수 있다면, 그리고 흥분성excitability이 가장 높은 부위에 빛이 나도록 만들 수 있다면, 대뇌 피질 전체는 크기와 형태가 끊임없이 바뀌고, 경계가 물결치듯 시시각각 변화하면서 환상적인 빛을 발할 것이며, 그 주변은 반구의 나머지 부분을 덮고 있는 어둡고 다소 깊은 영역들이 차지한 모습을 볼 수 있을 것이다.

이반 파블로프Ivan Pavlov

눈으로 보면 많은 것을 관찰할 수 있다.

요기 베라Yogi Berra

1990년대 초반에 등장한 뇌 영상이라는 새로운 기술은 뇌의 정보 처리 방식을 전혀 생각지도 못한 수준까지 세밀하게 이해할 수 있는 길을 열어 주었다. 한층 더 발전된 물리학과 컴퓨터 기술을 토대로 탄생한 수백만 달러 가치의 거대한 기계장치들은 신경과학을 단숨에 가장 인기 있는 연구 분야로 만들었다. 양전자 방사 단층촬영PET에 이은 기능적 자기공명영상fMRI 기술로 과학자들은 사람이 특정한 과제를 수행하거나 과거에 겪은 일을 기억할 때 뇌의 어느 부분이 활성화되는지 시각적으로 확인할 수 있게 되었다. 뇌가 기억과 감각, 감정을 처리하는 모습을 처음 눈으로 직접 확인하면서, 우리는 마음과 의식의 회로를 구체적으로 지도화하기 시작했다. 세로토닌이나 노르아드레날린 같은 뇌 화학 물질을 측정하는 그 이전의 기술은 무엇이 신경의 활성에 '연료를 주입하듯 활기를 불어넣는지' 파악할 수 있었다는 점에서, 휘발유를 조사해 자동차 엔진을 파악하려고 한 것으로 비유할 수 있다. 뇌 영상은 엔진의 내부를 볼 수 있게 해 주었다. 그리고 이를 통해 트라우마에 관한 이해 수준도 바뀌었다.

하버드 의과대학은 그때도 지금도 신경과학 혁명의 선두에 서 있다. 1994년에는 젊은 정신의학자인 스콧 라우치Scott Rauch가 매사추세츠종합병원의 신경영상연구소 초대 소장을 맡았다. 그는 이 새로운 기술로 답을 얻을 가능성이 가장 높은 문제들을 살펴보고, 내가 발표했던 논문들을 몇 편 읽은 뒤 나를 불러들였다. 그리고 과거 일이 머릿속에서 재현되는 사람들의 뇌에서 무슨 일이 벌어지는지 연구할 수 있겠냐고 물었다.

당시 나는 트라우마가 어떻게 기억되는지 알아보기 위해 시작했던 연구를 막 끝낸 참이었다(그 내용은 12장에서 소개할 예정이다). 나는 스콧 라우치가 이야기한 연구를 진행하기로 하고, 과거의 장면과 느낌, 소리가 갑자기 나타나 거기에 장악되는 일이 얼마나 괴로운지 내게 여러 번 이야기한 환자들을 참가자로 포함시켰다. 몇몇 환자는 기억이 머릿속에서 재현될 때마다 뇌에서 대체 무슨 속임수가 일어나는지 알고 싶다고 했다. 나는 그중 8명에게 혹시 클리닉에 와서, 연구진이 그 괴로운 사건을 떠올리게 만든 상태에서 뇌 스캐너 속에 꼼짝 않고 가만히 누워 있을 수 있겠냐고 물어보았다(그 정도로 상세히 설명해야 할 만큼 아주 새로운 형태의 실험이었다). 8명 모두가 그러겠다고 동의해 오히려 내가 더 놀랐다. 그중 대다수는 자신이 당하는 고통에서 우리가 밝혀낸 사실이 다른 사람들에게 도움이 됐으면 좋겠다는 바람도 전했다.

하버드 의과대학에 들어오기 전부터 함께 일했던 연구 보조 리타

피슬러^{Rita Fisler}가 참가자 전체와 미리 만나 각자의 트라우마를 세세하게 재현시킬 수 있는 일종의 대본을 작성했다. 우리는 일부러 이야기 전체를 되살리기보다 특정한 장면과 소리, 느낌이 조각조각 따로 떠오르도록 만드는 데 주력했다. 실제로 환자들이 트라우마를 그러한 형태로 경험하기 때문이다. 이와 함께 리타는 참가자들에게 어떨 때 안전하고 모든 것이 통제된 기분을 느끼냐고 물어보았다. 아침마다 일상적으로 하는 일들을 할 때 가장 편안하다고 말하는 사람도 있었고, 버몬트의 어느 시골집 현관에 앉아 멀리 언덕을 바라볼 때 그런 기분을 느낀다고 말한 참가자도 있었다. 두 번째 뇌 스캔은 참가자들이 편안하고 안전한 기분일 때의 뇌 상태를 측정해 결과를 비교하는 기준치로 삼을 계획이었다.

완성된 대본은 각 참가자들에게 확인을 거쳐(귀로 듣거나 말로 할 때보다 몰입감이 덜하게끔 속으로 조용히 읽어 보도록 했다), 나중에 스캐너에 들어가 있을 때 재생할 수 있도록 리타가 내용을 읽고 녹음했다. 대표적인 한 대본에는 다음과 같은 내용이 담겼다.

> 여섯 살인 당신은 잠자리에 들 준비를 하고 있습니다. 엄마와 아빠가 서로 소리 지르는 소리가 들립니다. 당신은 너무 놀라서 숨을 쉬지 못할 정도로 잔뜩 긴장했습니다. 어린 남동생, 여동생까지 셋이 2층 계단 맨 위에서 서로 부둥켜안고 있습니다. 난간 사이로, 당신은 아빠가 엄마의 팔을 붙잡고 엄마는 벗어나려고 애쓰는 모습을 내려다봅니다. 엄마는 울고 침을 뱉으며 동물처럼 씩씩거립니다. 당신의 얼굴이 벌겋게 달아오르고, 온몸에 열이 오르는 것이 느껴집니다. 아빠의 손에서 겨우 벗어난 엄마는 식당으로 달려가 값비싼 중국산 화병을 집어 던져 깨뜨려 버립니다. 당신은 두 사람을 향해 그만하라고 소리치지만, 둘 다 당신의

말을 무시합니다. 엄마는 위층으로 뛰어 올라오고 곧 TV가 부서지는 소리가 들립니다. 남동생과 여동생은 옷장에 숨으려고 합니다. 당신은 가슴이 쿵쿵대고 몸이 덜덜 떨립니다.

대본을 작성한 날, 우리는 참가자들이 들이마시게 될 방사성 산소에 대해 설명하고 이 물질을 흡입해야 하는 이유를 설명했다. 뇌에서 대사가 어느 정도 활성화되는 부위에서는 산소 소비량이 즉각 변화하고 스캐너는 바로 이 영역을 포착한다. 또한 우리는 측정이 이루어지는 전 과정에서 피험자들의 생리학적 변화를 파악하기 위해 혈압과 심장 박동 수를 확인해 뇌 활성과 비교하기로 계획했다.

며칠 후 피험자들은 뇌 영상 연구소로 왔다. 보스턴 외곽에서 교사로 일하는 마흔 살 마샤가 제일 먼저 스캔을 받겠다고 자원했다. 미리 작성해 둔 대본을 통해 마샤는 13년 전, 1일 캠프에 참가했던 당시 다섯 살 딸 멜리사를 데리러 갔던 때로 되돌아갔다. 아이를 차에 태우고 오는 내내 마샤의 차에서는 계속 경보음이 삑삑 울려 댔다. 멜리사가 앉은 좌석 안전벨트가 제대로 채워지지 않았다는 알림 소리였다. 벨트를 고정해 주려고 팔을 뻗느라 마샤의 차는 빨간불을 지나쳤고, 오른쪽에서 돌진해 오던 차와 충돌하면서 딸아이는 그 자리에서 목숨을 잃었다. 또한 구급차에 실려 응급실로 가는 길에, 마샤의 배 속에 있던 7개월 된 태아도 세상을 떠났다.

이후 마샤는 익살 넘치는 밝고 즐거운 사람에서 자책감에 사로잡혀 겁먹고 우울한 사람으로 돌변하곤 했다. 아이들과 직접 대면하는 시간을 도저히 견딜 수 없어서 담임교사 대신 학교 행정직으로 자리를 옮겼다. 자녀를 잃은 많은 부모와 마찬가지로, 아이들이 행복하게 웃는 모습이 아픈 기억을 촉발하는 강력한 자극으로 작용했기 때문이다. 서류 작업에 묻혀 정신없이 지내며 하루하루 겨우 견디고 있었다. 마샤는 밤낮 가리지 않고 일하며 궁지에 몰린 기분에서 벗어나려는 헛된 시도를 이어 가면서 힘들게 버텼다.

마샤가 스캔 전 과정을 거치는 동안, 나는 스캐너 바깥에서 모니터로 마샤의 생리적 반응을 지켜보았다. 녹음된 내용이 흘러나온 직후 마샤의 심장은 급격히 뛰기 시작하고 혈압도 껑충 높아졌다. 대본 내용을 듣는 것만으로 13년 전 사고가 일어난 당시에 나타난 생리적 반응이 똑같이 나타난 것이다. 녹음된 음성이 끝나자 마샤의 심장 박동수와 혈압은 정상 수준으로 돌아왔다. 우리는 두 번째 대본을 재생했다. 침대에서 일어나 양치질을 하는 내용이었다. 이번에는 심장 박동수도 혈압도 아무 변화가 없었다.

스캐너에서 나온 마샤는 낙심하고 잔뜩 지쳐서 굳어 있었다. 얕은 숨을 쉬며 눈을 둥그렇게 뜨고 어깨를 잔뜩 움츠린 마샤는 약해지고 무방비 상태에 빠진 사람의 전형적인 모습이었다. 우리는 어떻게든 마샤를 편안하게 해 주려고 애썼지만, 나는 우리가 이 연구로 어떤 결과를 밝히든 그녀를 이토록 절망하게 만들 만한 가치가 있을까 하는 의구심마저 들었다.

8명의 참가자 전원이 실험 전 과정을 끝낸 후, 스콧 라우치는 과거 사건이 회상될 때 뇌에 발생한 자극과 평상시 뇌 상태를 비교할 수 있도록 수학자, 통계학자들과 함께 합성 영상을 만들었다. 몇 주일 뒤 그가 보내온 결과가 92쪽 상단의 사진이다. 나는 스캔 결과를 냉장고 문에 테이프로 붙여 놓고 이후 몇 달 동안 매일 저녁마다 가만히 관찰했다. 초기 천문학자들이 새로운 별자리를 찾으려고 망원경을 들여다볼 때 이런 기분이었겠구나 하는 생각이 들었다.

뇌 스캔 사진에는 알 수 없는 점과 색깔들이 몇 군데 나와 있었다. 활성이 가장 크게 나타난 영역은 뇌 우측 중심부에서 조금 아랫부분에 커다랗게 붉은 점으로 표시된 곳으로, 정서적 뇌인 변연계였다. 그리

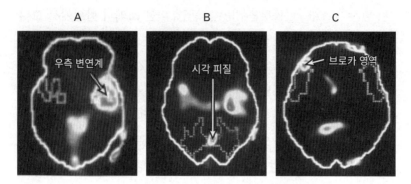

트라우마가 떠오른 뇌의 모습
사진 A에서 밝게 빛나는 부분은 변연계이고, B는 활성이 증가한 시각 피질을 나타낸다. 사진 C
에서는 뇌의 언어 센터인 브로카 영역의 활성이 크게 감소한 모습을 볼 수 있다.

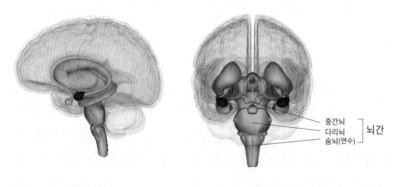

중간뇌
다리뇌
숨뇌(연수)
뇌간

출처: Life Science Database

뇌간
중간뇌, 다리뇌, 숨뇌로 이루어진 뇌간. 검은색 부분은 편도체다.

놀랍지 않은 결과였다. 강렬한 감정은 변연계를 활성화시키고, 특히 그 속의 편도체로 불리는 부위를 활성화시킨다는 것은 이미 잘 알려진 사실이다. 우리에게 곧 닥칠 위험을 경고하고 체내 스트레스 반응을 활성화시키는 곳이 바로 편도체. 우리 연구에서 정신적 외상을 입은 사람이 특정한 경험과 관련된 장면과 소리, 생각을 떠올리면 편도체가 경고 반응을 한다는 사실이 명확하게 확인됐다. 심지어 마샤의 경우처럼 13년이 지난 일도 마찬가지 반응이 나타났다. 공포 센터로 불리는 이 부위가 활성화되면 스트레스 호르몬에 의한 일련의 반응들이 촉발되고 혈압, 심장 박동 수, 산소 흡입량을 늘리는 신경 자극이 일어난다. 모두 신체가 싸움-도주 반응을 준비하는 과정이다.[1] 마샤는 자신이 스캐너 안에 가만히 누워 있다는 사실을 계속 인식하고 있었지만, 마샤의 팔에 부착한 측정 장치를 통해 급격한 자극을 받았을 때 나타나는 이러한 생리적 상태가 기록됐다.

말로 표현할 수 없는 공포

이 연구에서 발견한 가장 놀라운 결과는 좌뇌 전두엽 피질 중 브로카 영역이라 불리는 부위가 밝은 점으로 나타난 것이었다. 색깔 변화는 뇌에서 해당 부위에 활성이 크게 감소했다는 의미였다. 브로카 영역은 말하기를 담당하는 뇌 영역 중 하나로, 뇌졸중 환자들은 이 부위에 혈액 공급이 차단되어 문제가 발생하는 경우가 많다. 브로카 영역이 기능을 하지 못하면 생각과 기분을 말로 표현할 수 없다. 우리 연구에서 뇌 스캔 결과 기억이 재현될 때마다 브로카 영역과의 연결이 끊어지는 것으로 나타났다. 즉 트라우마는 뇌졸중과 같은 신체 질병으로 발생하는 결과와 크게 다르지 않고, 심지어 몇 가지는 동일한 결과를 발생시킨다는 사실이 시각적 증거로 확인된 것이다.

트라우마는 말문을 막히게 만든다. 윌리엄 셰익스피어William Shakespeare는 『맥베스Macbeth』에서, 살해당한 왕의 시체를 발견한 장면을 통해 이처럼 공포로 말이 나오지 않는 상태를 포착하여 표현했다. "아, 두렵다! 두렵다! 두려워! 생각도 못 하고 말도 못 할 일이오! 혼란이 급기야 걸작을 만들었소!"

사람들은 극단적인 상황에 놓이면 갑자기 상스러운 말을 뱉거나 엄마를 부르고 공포에 사로잡혀 울부짖거나 아예 굳어 버린 정지 상태가 된다. 폭력과 사고를 당한 사람들은 응급실에 와서도 아무 말 못 하고 꼼짝하지 않은 채 앉아 있다. 정신적 외상을 입은 아이들은 '말을 잃어' 말을 하지 않으려고 한다. 전투 군인을 찍은 사진들을 보면 움푹 꺼진 눈으로 멍하니 허공을 응시하는 모습을 볼 수 있다.

트라우마가 생긴 사람들은 시간이 많이 흐른 뒤에도 과거에 무슨 일이 있었는지 말하려고 하면 엄청난 괴로움을 느끼는 경우가 많다. 이들의 신체는 공포와 격렬한 분노, 무기력감을 다시 경험하고 동시에 싸우거나 도망가고 싶은 충동을 느끼지만, 이러한 감정을 말로 설명하는 건 거의 불가능하다. 사람을 이해력의 한계로 몰고 가서, 평범한 경험이나 상상할 수 있는 과거를 이야기할 때와 같은 언어 표현을 차단해 버리는 것이 트라우마의 본질적인 특성이다.

그렇다고 사람들이 자신에게 닥친 비극을 전혀 이야기할 수 없는 건 아니다. 살아남은 희생자들은 비극을 겪고 얼마 지나지 않아, 1장에 나온 참전 군인들처럼 자신의 유별난 증상과 사람들 속에서 소진되어 버리는 행동을 어느 정도 설명해 주는 '대표적인 이야기'를 제공한다. 하지만 이 이야기에 실제 경험한 일의 핵심이 포함된 경우는 드물다. 트라우마가 된 경험을 일관성 있게, 즉 시작과 중간, 끝이 있는 이야기로 체계적으로 정리하기란 굉장히 힘든 일이다. 기자로 명성이 자자한 CBS의 에드 머로^{Ed Murrow} 같은 노련한 전문가도 1945년, 독일 부헨발트의 나치 강제수용소가 해방을 맞이한 날 목격한 끔찍한 광경을 아주 힘겹게 전했다. "여러분이 제 말을 믿어 주시길 기도합니다. 제가 보고 들은 것을 여러분께 전했지만, 그건 일부에 불과합니다. 실상의 대부분은 말로 다 표현할 수가 없습니다."

말로 전하지 못하는 동안, 그 경험에 관한 지워지지 않는 이미지들이 악몽처럼 되살아나 머릿속에서 재현된다. 우리 연구에서 참가자들의 브로카 영역은 활성화되지 않은 반면, 브로드만 영역 19라는 다른 영역은 활성화됐다. 브로드만 영역 19는 뇌에 이미지가 처음 들어오는 순간 그 이미지를 인지하는 시각 피질 영역이다. 우리는 트라우마를 경험하고 한참 지난 시점에도 이 부위에 활성이 계속 유지되는 것을 보고 깜짝 놀랐다. 정상적인 상황에서,는 브로드만 영역 19에 기록된 가공 안 된 이미지들은 뇌의 다른 부분으로 신속하게 분산되어 눈으로 본 내용이 무슨 의미인지 해석하는 과정이 진행된다. 그런데 참가자들의 뇌에서 마치 트라우마가 실제로 다시 일어난 것처럼 다시 불이 들어오는 또 다른 뇌의 영역을 직접 확인한 것이다.

기억에 관해 이야기할 12장에서 다시 살펴보겠지만, 소리나 냄새, 신체 감각처럼 트라우마 경험에 관한 가공 안 된 감각의 조각들은 이야기와 분리되어 따로 저장된다. 따라서 비슷한 감각을 접하면 과거가 재현되어 그때의 일이 되살아나고, 시간이 흘러도 변형되지 않은 것처럼 느껴진다.

한쪽 뇌의 변화

뇌 스캔 실험에서는 기억이 재현되는 동안 피험자의 뇌 우측만 활성화된다는 사실도 밝혀졌다. 지금은 과학계에서 우뇌와 좌뇌의 차이에 관한 자료가 방대하게 확보되었고 널리 알려진 문헌들도 많다. 19세기 초반에 세상 사람들을 좌뇌형 인간(이성적이고 논리적인 사람들)과 우뇌형 인간(직관적이고 예술적인 사람들)으로 나누는 견해가 등장하기 시작했다고 들은 적이 있는데, 그 이야기를 들은 당시엔 큰 관심을 두지 않았다. 그러나 우리가 실시한 뇌 스캔에서 과거의 트라우마에 관한 이미지는 뇌 우반구를 활성화시키고 좌반구는 불활성시킨다는 사실이 명확하게 확인됐다.

뇌의 두 반구는 각기 다른 언어로 이야기한다. 우반구는 직관, 감정, 시각, 공간, 촉각에 관여하고 좌반구는 언어, 순차적인 처리, 분석을 담당한다. 말에 관한 기능은 전부 좌반구가 맡고, 경험의 청각적인 요소는 우반구가 처리한다. 우반구는 얼굴 표정과 몸짓으로 의사를 전달하고 사랑과 슬픔을 노래나 욕설, 울음, 춤, 흉내 등의 소리로 표현한다. 우뇌는 자궁에서 가장 먼저 발달해 엄마와 태아의 비언어적 커뮤니케이션을 담당한다. 좌뇌는 아이가 언어를 이해하고 말을 배우기 시작하면 본격적으로 가동된다는 것도 지금은 다 밝혀진 사실이다. 좌뇌가 가동되면 아이들은 대상에 이름을 붙이고 서로 비교하고 연관성을 이해할 수 있게 되며 자신이 겪은 주관적이고 독특한 경험을 다른 사람에게 전달하기 시작한다.

뇌 좌측과 우측은 과거의 흔적도 완전히 다른 방식으로 처리한다.[2] 좌뇌는 사건의 사실과 통계적 정보, 어휘를 기억한다. 우리는 경험한 일을 설명할 때 이 정보를 불러낸 후 정리해서 전달한다. 우뇌에는 그 경험으로 발생한 소리와 촉각, 냄새, 감정의 기억이 저장된다. 과거에 경험한 목소리나 얼굴의 특징, 몸짓, 장소를 접하면 우뇌는 자동으로 반응한다. 우뇌에서 떠오른 감정은 직관적 진실처럼, 즉 있는 그대로의 일처럼 느껴진다. 평소에 좋아하고 아끼는 어떤 사람의 장점을 친구에게 조목조목 열거할 때보다 네 살 때 많이 따랐던 이모의 얼굴을 떠올릴 때 마음속 감정은 훨씬 더 깊이 동요한다.[3]

뇌 어느 한쪽이 다른 한쪽보다 기능이 우세한 사람도 있지만, 정상적인 상황에서는 뇌 양쪽 반구가 대체로 원만하게 서로 협력한다. 그러나 뇌 한쪽의 기능이 일시적으로라도 중단되거나 한쪽을 완전히 잘라내면(초기 뇌 수술에서 이런 일이 행해졌다) 뇌 기능이 손상된다.

좌반구가 불활성되면 경험을 논리적 순서에 따라 정리하고 변화하는 감정과 인지한 정보를 말로 바꾸어 말하는 능력에 직접적인 영향을 준다(과거 일이 재현될 때 활성이 사라진 브로카 영역은 이 좌반구에 위치한다). 순차적인 정리가 불가능하면 인과관계를 파악할 수 없으며, 행동의 장기적인 영향을 이해하거나 미래에 관한 일관된 계획을 세울 수 없다. 굉장히 화난 순간을 사람들은 '정신이 나간' 것 같다고 표현하는데, 이를 전문 용어로 바꾸어 말하면 실행 기능의 상실을 경험한 것이라고 할 수 있다.

정신적 외상을 입은 사람들이 과거의 일을 떠올리게 만드는 자극을 접하면, 우반구는 그 트라우마 상황이 지금 일어난 것처럼 반응한다. 그러나 좌뇌가 적절히 기능하지 못하는 상태라 당사자는 자신이 과거를 다시 경험하고 있으며 과거 일이 재현되고 있다는 사실을 인지하지 못한 채, 그저 격분하거나 겁에 질려 펄펄 뛰고 수치스러워하고 그 자리에 얼어붙어 버린다. 이 감정의 폭풍이 지나가면 원망할 대상이나 사람을 찾기도 한다. '당신'이 10분 늦게 오는 바람에, 또는 '당신'이 감자를 태워 먹는 바람에, '당신'이 "내 말은 들으려고도 안 하는" 바람에 그런 행동을 했다고 말한다. 물론 보통 사람들도 그런 행동을 할 때가 있지만, 마음이 진정되면 실수를 인정할 줄 안다. 그러나 트라우마는 그와 같은 인식 능력에 혼선을 빚게 한다. 그리고 우리는 연구를 통해 차츰 그 이유를 알아낼 수 있었다.

싸움과 도주의 늪

마샤가 뇌 스캔을 받는 동안 일어난 현상들이 조금씩 이해되기 시작했다. 그녀가 비극적인 일을 당하고 13년이 지난 뒤 우리는 연구를 통해 소리, 이미지 등 그 사고에 관한 감각을 불러냈다. 모두 마샤의 기억에 저장되어 있던 정보였다. 이러한 감각들이 표면으로 떠오르자 마샤의 몸에서 경보 체계가 작동해, 마샤로 하여금 다시 병원 침대에 누워 딸이 죽었다는 이야기를 들었던 그때로 되돌아간 것처럼 반응하게 만들었다. 13년이라는 세월은 다 지워졌다. 급속히 상승한 심장 박동과 혈압으로 우리는 마샤의 생리적 상태가 미친 듯이 경고음을 울리고 있음을 알 수 있었다.

아드레날린은 우리가 위험에 직면했을 때 맞서 싸우거나 도망가도록 도와주는 중요한 호르몬 중 하나다. 우리 연구에서 참가자들이 자신의 트라우마에 관한 이야기를 들으면서 심장 박동 수와 혈압이 급격히 증가한 이유는 아드레날린이 증가했기 때문이다. 정상적인 사람들은 위협 상황에 놓이면 일시적으로 스트레스 호르몬이 증가한다. 위협이 사라지면 곧 스트레스 호르몬도 사라지고 신체는 정상 상태로 돌아온다. 반면 정신적 외상을 입은 사람들은 스트레스 호르몬이 정상 수준으로 돌아오기까지 훨씬 더 오랜 시간이 걸리고, 스트레스를 느끼는 사소한 자극에도 단숨에 불균형적인 수준으로 증가한다. 순식간에 증가한 스트레스 호르몬은 서서히 영향력을 발휘해 기억력과 집중력에 문제가 생기고 쉽게 짜증 나게 만들며 수면 장애의 원인이 되기도 한다. 개인마다 몸에서 가장 취약한 부분이 어디냐에 따라 장기적으로 수많은 건강 문제를 일으키기도 한다.

위협을 느끼면 신체에 어떤 반응이 나타날 수 있는지 지금은 다 밝혀졌지만, 뇌 스캔으로 그 반응들을 모두 파악할 수는 없다. 또한 위협을 그냥 부정해 버리는 사람들도 있다. 이들의 몸은 위협 요소를 인지했지만 의식적인 마음은 마치 아무 일도 일어나지 않은 것처럼 반응하는 것이다. 그러나 마음이 정서적 뇌가 보내는 메시지를 무시하는 법을 터득하더라도 신체의 경고 신호는 중단되지 않는다. 정서적 뇌의 기능은 그대로 지속되고, 스트레스 호르몬은 근육으로 수축해서 행동을 취하거나 그대로 쓰러져 움직이지 말라는 신호를 계속보낸다. 신체 장기에 발생한 영향은 결국 질병을 일으켜 당사자가 인지하지 않을 수 없는 상태가 될 때까지 수그러들지 않는다. 약물, 마약, 알코올도 견디기 힘든 감각과 기분을 일시적으로 둔화시키거나 없앨 수 있다. 그러나 몸에는 그 상처가 계속 남아 있다.

우리는 뇌 스캔이 진행되는 동안 마샤에게 일어난 일을 몇 가지 다양한 견지에서 해석할 수 있고, 모두 치료와 관련 있다. 우선 주목할 사실은 신경화학적, 생리학적 혼란 상태가 너무나 뚜렷하게 발생했다는 점이다. 이는 마샤가 딸의 죽음을 떠올릴 때마다 신체의 생화학적인 불균형이 일어나고 이로 인해 고통스러워한다는 사실을 나타낸다. 우리는 이를 토대로 한 가지 약물이나 여러 약물을 이용해 이같은 반응을 완화시키고 체내 화학적 평형을 회복할 수 있는 방법이 없는지 찾아볼 수 있다. 실제로 매사추세츠종합병원에서 일하는 동료 학자들은 우리가 실시한 뇌 스캔 결과를 토대로 아드레날린 증가로 인한 변화에 반응성을 낮추는 약을 연구하기 시작했다.

이와 함께 우리는 일종의 탈감각 치료 방식이 과거의 기억에 과민한 반응을 보이는 마샤에게 최선의 치료가 될 수 있다는 주장도 펼칠 수 있다.[4] 치료사를 통해 자신의 트라우마에 관한 상세한 내용을 반복해서 듣도록 하면 신체의 생물학적인 반응이 약화되어 과거의 경험을 끊임없이 다시 겪게하는 대신, '저건 그때 일이고 이건 지금 현재구나'라는 사실을 깨닫고 기억할 수 있다.

100년 넘는 세월 동안 심리학과 심리 치료에 관한 모든 교과서가 고통스러운 감정을 이야기하여 그 감정을 해소시키는 방법에 대해 조언해 왔다. 그러나 앞서 살펴본 것처럼 트라우마라는 경험 자체가 말로 하는 표현 자체를 가로막는다. 통찰력과 이해 수준을 아무리 발전시키더라도, 현실감을 잃은 상태에서는 이성적인 사고를 담당하는 뇌가 정서적 뇌와 대화를 나눌 수 없다. 말로 표현할 수 없는 일을 겪은 사람들이 그 경험의 핵심을 전달하는 것을 얼마나 어려워하는지 보고 나는 지금도 놀랄 때가 있다. 이들은 내면이 경험한 일을 인지하고, 느끼고, 말로 표현하는 것보다 피해자가 한 일, 즉 부당하게 괴롭힘을 당한 이야기나 복수에 대한 이야기를 하는 것이 훨씬 더 수월하다고 느낀다.

우리는 뇌 스캔을 통해 이들의 두려움이 어느 정도로 지속되고 있는지 확인했고 일상생활에서 접하는 다양한 경험으로 그 두려움이 촉발될 수 있다는 사실도 알 수 있었다. 이들은 그 경험을 계속해서 흘러가는 현재의 삶과 결합시키지 않았다. '거기'에 계속 머무른 채, 어떻게 해야 '여기'에 머무를 수 있는지, 현재를 온전히 살아갈 수 있는지 알지 못했다.

연구에 참여한 지 3년이 지난 어느 날, 마샤는 내게 치료를 받으러 찾아왔다. 나는 15장에서 설명할 안구 운동 민감소실 및 재처리 요법EMDR으로 마샤를 성공적으로 치료했다.

2부

트라우마 상태의 뇌

4장

필사적인 도주:
생존의 해부

뇌가 출현하기 이전, 이 세상에는 아무런 색깔도 소리도 없었으며, 아무 맛도
향기도 없이, 그저 아주 작은 감각만 있을 뿐 느낌이나 감정이 없었다. 그리고
뇌가 있기 이전, 이 세상은 고통과 불안에서 자유로웠다.

로저 스페리|Roger Sperry **1**

2001년 9월 11일, 다섯 살이던 놈 사울은 세계무역센터의 PS 234구
역, 450미터 높이에 있던 1학년 교실 창문으로 여객기 한 대가 건물과
추돌하는 광경을 목격했다. 놈과 같은 반 친구들은 선생님을 따라 계
단을 통해 건물 현관으로 내려가서 불과 몇 분 전 아이들을 학교에 데
려다주고 돌아서던 부모들과 다시 만났다. 놈과 형, 두 아이의 아버지
는 그날 아침 로어맨해튼을 덮친 폭격의 잔해와 재, 연기 속에서 필사
적으로 달아났던 수만 명의 인파 중 세 명이었다.

　놈네 가족과 평소 친하게 지내던 터라 나는 그로부터 10일 뒤, 그
집을 방문했다. 저녁에는 부부와 산책을 나가서 원래 쌍둥이 건물 중
하나가 서 있던 자리에 푹 파인 구덩이에서 연기가 계속 피어오르는
모습을 보며 으스스한 어둠 속을 거닐었다. 구조대원들은 시계탑 근
처에서 뜨거운 열기를 내뿜는 아크 전등 아래 모여 한창 작업 중이었

다. 산책을 마치고 부부의 집으로 돌아오자, 아직 깨어 있던 놈이 내게 9월 12일 아침 9시에 그린 그림을 한 장 보여 주었다. 전날 본 광경을 그린 그 그림에는 비행기 한 대가 고층 건물과 추돌하는 모습과 한 덩어리로 피어오른 불길, 소방관들, 건물 창문으로 뛰어내리는 사람들이 보였다. 그런데 그림 아랫부분에 뭔가 다른 물체가 눈에 띄었다. 건물 바닥 쪽에 동그란 모양의 검은색 큰 점이 그려져 있었다. 그게 뭔지 알아볼 수 없어서 놈에게 물어보자 아이가 대답했다. "트램펄린이에요." 여기에 왜 트램펄린이 있느냐고 묻자, 놈은 이렇게 설명했다. "그래야 다음번에 사람들이 뛰어내릴 때는 무사할 수 있을 테니까요."

나는 할 말을 잃었다. 이 다섯 살짜리 아이는 그림을 그리기 전, 말로 형언할 수 없는 아수라장과 재난을 목격한 지 불과 24시간 정도 지난 뒤에 자신이 가진 상상력을 발휘해서 눈으로 본 일을 처리하고는 다시 삶을 이어 나가기 시작한 것이다.

놈은 운이 좋았다. 가족 중 누구도 해를 입지 않았고 아이는 사랑을 듬뿍 받으며 성장했다. 그리고 가족과 함께 목격한 그 비극은 이제 다 끝난 일로 받아들일 수 있었다. 어린아이들은 보통 재난을 겪으면 부모를 본보기로 삼는다. 자신을 돌봐 주는 사람이 침착함을 잃지 않고 아이가 필요로 하는 것에 관심을 보이면, 끔찍한 사고를 당하더라도 심각한 정신적 흉터 없이 생존하는 경우가 많다.

놈의 경험을 통해 우리는 인간의 기본적인 생존 전략이라고 할 수 있는, 위협에 대처하는 두 가지 적응 반응의 핵심을 개략적으로 볼 수 있다. 재난이 발생했을 때 놈은 그 위협으로부터 달아나는 능동적인 행동을 취했고 스스로 자신을 구해 낸 주체가 되었다. 안전한 집에 도착하자 아이의 뇌와 몸에서 울리던 경고음은 잠잠해졌다. 이 과정이 놈으로 하여금 당시 일어난 일을 머릿속으로 어느 정도 이해할 수 있도록 해 주고, 심지어 자신이 본 장면을 대체할 수 있는 것, 생명을 구

세계무역센터에 발생한 9·11 테러를 목격한 다섯 살짜리 놈이 그린 그림
놈은 수많은 생존자의 머릿속에 끊임없이 떠오른 것과 비슷한 이미지를 그림으로 표현했다. 화염 속에서 달아나려고 건물에서 뛰어내리는 사람들의 모습이 등장하지만, 이 그림에는 목숨을 구해 줄 장치가 추가되어 있다. 바로 무너지는 건물 바닥에 놓인 트램펄린이다.

해 줄 트램펄린까지 상상할 수 있게 해 준 것이다.

정신적 외상을 입은 사람들은 놈과 달리 새로운 경험을 삶에 통합시키지 못하고 그 상황에 갇혀 버려 그때부터 성장이 멈춰 버린다. 패튼 장군 밑에서 복무했던 참전 군인들이 내게 제2차 세계 대전 당시 제작된 시계를 선물했을 때 나는 큰 감동을 받았지만, 그 물건은 그들의 인생이 사실상 멈춰 버린 1944년을 기억하려는 것이란 점에서 아주 서글픈 기념품이었다. 정신적 외상을 입으면 그 트라우마가 바뀌지도 않고 바꿀 수도 없이 계속 이어지는 것처럼 삶의 구조가 형성되며, 새로운 만남이나 경험들은 모두 과거의 기억에 오염되고 만다.

정신적으로 큰 충격을 받은 후에는 이전과 다른 신경계로 세상을 경험한다. 생존자는 내면에 발생한 혼돈을 억누르는 데 모든 에너지를 집중시키고, 그 노력 때문에 삶이 영향을 받더라도 감수한다. 견딜 수 없는 심리적 반응을 통제하려는 이 같은 시도는 온갖 신체 증상을 유발해 섬유 근육통이나 만성 피로, 기타 자가 면역 질환 등으로 나타날 수 있다. 트라우마 치료에 반드시 대상자의 모든 부분, 즉 몸, 마음, 뇌가 모두 고려되어야 하는 이유도 바로 이 때문이다.

살아남기 위한 구조적 변화

107쪽의 그림에는 위협과 마주한 몸 전체의 반응이 나와 있다.

뇌 경고 시스템에 불이 들어오면, 뇌에서 가장 역사 깊은 부위에 미리 수립되어 있는 물리적 도피 계획이 자동으로 시작된다. 다른 동물들과 마찬가지로 인간의 기본적인 뇌 구조를 구성하는 신경과 화학 물질들은 신체와 바로 연결되어 있다. 그 오래된 뇌 부위가 지휘권을 잡으면 상위 계층에 해당하는 뇌와 의식적인 마음을 부분적으로 차단

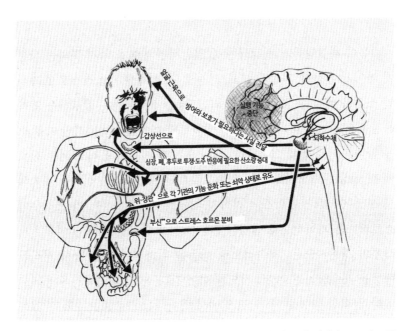

트라우마는 유기체인 한 사람 전체, 즉 몸과 마음, 뇌에 모두 영향을 준다. 외상 후 스트레스 장애 환자의 신체는 과거에 발생한 위협에 계속해서 방어 태세를 취하고 있다. 이 지속적인 스트레스 유도 과정이 종료되고 유기체 전체가 안전한 상태로 회복되어야 비로소 외상 후 스트레스 장애가 치유되었다고 할 수 있다.

• 위·장관: 큰 창자와 작은 창자를 통틀어 이르는 말
•• 부신: 좌우의 콩팥 위에 있는 내분비샘

하고 신체가 달아나거나 숨거나 싸우도록, 혹은 경우에 따라 그냥 그 자리에 얼어붙도록 유도한다. 우리가 상황을 완전히 인지할 즈음이면 이미 우리 몸은 대응을 시작한 상태다. 싸움, 도주, 또는 모든 것을 멈춰 버린 반응이 성공해 위험으로부터 멀어지면 내부의 평형 상태가 회복되고 서서히 '제정신을 되찾는다'.

몸이 제압당하거나 갇히는 등 일반적인 반응을 하지 못하는 상황에 놓이거나 전쟁, 자동차 사고, 가정 폭력, 성폭행처럼 스스로 효과적인 조치를 취할 수 없는 상황이 되면, 뇌는 스트레스로 발생하는 화학 물질을 연이어 분비하고 뇌의 전기 회로도 계속 활성화되지만 아무 소용 없다.[2] 이로 인해 그 사건이 끝나고 오랜 시간이 흘러도 뇌는 신체에 더 이상 존재하지도 않는 위협으로부터 달아나라는 신호를 계속해서 보낼 수 있다. 프랑스 심리학자 피에르 자네Pierre Janet가 트라우마 스트레스를 과학적으로 설명한 논문을 처음 발표한 1889년 이후,[3] 트라우마 생존자들은 "지속적으로 행동을 취하거나 사건 당시 시작한 행동을 계속하려는 (헛된) 시도를 이어 간다"는 그의 견해가 수용되고 있다. 끔찍한 경험을 한 후, 그 일에서 벗어나 스스로를 보호할 수 있는 무언가를 '실행에 옮길 수 있는지' 여부가 그 일이 오래도록 지속되는 상처로 남을 것인지 결정하는 중대한 요소로 작용한다.

이번 장에서는 뇌가 트라우마에 어떻게 반응하는지를 보다 심층적으로 들여다본다. 신경과학 분야에서 뇌에 관한 사실이 더 많이 밝혀질수록 우리는 뇌가 각 부분이 서로 연결된 방대한 네트워크를 구성하고 있으며 우리의 생존과 번영을 도울 수 있도록 체계화되어 있다는 사실을 더 명확히 확인할 수 있다. 이 각 부분이 서로 어떻게 작용하는지 알아야 트라우마가 인간이라는 유기체 전체에 어떤 영향을 주는지

 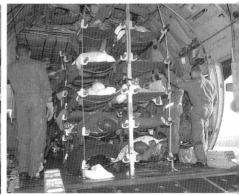

효과적인 행동 vs. 옴짝달싹 못하는 상태

효과적인 행동(싸움-도주 반응의 결과)은 위험을 종결시킨다. 그러나 발이 묶인 상태가 되면 신체는 피할 수 없는 충격에 머무른 채 무기력감을 느낀다. 신체는 위험과 맞닥뜨리면 저항하고 도주할 힘을 얻기 위해 자동으로 스트레스 호르몬을 분비한다. 뇌와 신체는 다시 안전을 확보하고 스트레스 호르몬이 진정될 수 있는 집으로 달아나도록 미리 설정되어 있다. 허리케인 카트리나가 몰아닥친 후 어쩔 수 없이 집을 떠나 멀리 대피한 곳에서 그대로 옴짝달싹 못하게 된 사람들의 몸에는 스트레스 호르몬 수치가 상승한 상태로 유지되고, 결국 계속해서 공포와 우울함, 극심한 분노를 느껴 신체에 질병을 일으킨다.

이해할 수 있고, 그렇게 파악한 정보를 트라우마 스트레스를 해결하는 귀중한 자료로 활용할 수 있다.

뇌의 구조 : 기저부터 피질까지

뇌가 담당하는 가장 중요한 기능은 우리의 생존을 보장하는 것이며, 이 기능은 가장 절망적인 상황에서도 유지된다. 그 밖의 다른 기능은 다 부차적이다. 생존을 위해 뇌는 다음과 같은 일을 수행해야 한다.

(1) 음식, 휴식, 보호, 섹스, 휴식처 등 신체가 필요로 하는 것이 무엇인지 알리는 체내 신호를 발생시킨다.
(2) 이러한 욕구를 충족시킬 만한 곳을 알려 주는 지도를 만든다.
(3) 그 위치에 가기 위해 꼭 필요한 에너지를 마련하고 행동하도록 한다.
(4) 가는 길에 만나는 위험을 경고하고 기회를 알려 준다.
(5) 순간순간의 필요에 따라 행동을 조절한다.[4]

인간은 포유동물이고, 포유동물은 무리를 지어야만 살아남고 번성할 수 있는 존재이므로 이 모든 필수 과제는 협력과 협동을 통해 이루어져야 한다. 심리적 문제는 체내 신호가 작동하지 않거나 지도가 필요한 것을 얻을 수 있는 곳을 가리키지 못할 때, 혹은 몸을 움직이지 못할 만큼 무력한 상태가 되거나 행동이 욕구의 충족으로 이어질 수 없는 방향으로 이루어지는 경우, 또는 사회적 관계가 실패할 때 발생한다. 내가 이 책에서 다루는 뇌 구조 전체가 이 필수 기능을 담당하며, 앞으로 알게 되겠지만 트라우마는 이 기능 하나하나를 전부 방해할 수 있다.

이성적 사고와 인지 기능을 담당하는 뇌 영역은 뇌에서 가장 젊은 축에 속하고, 두개골 안쪽 면적의 고작 30퍼센트 정도를 차지한다. 이 이성적인 뇌는 주로 외부 세계와 우리의 일을 처리한다. 즉 일이나 사람이 어떻게 흘러가는지 파악하고, 목표를 달성하려면 어떻게 해야 하는지 방법을 모색하고, 시간을 관리하고, 행동 순서를 정한다. 이성적인 뇌 아래에는 진화론적으로 더 오래된 뇌가 어느 정도 분리된 상태로 자리하면서 그 밖의 모든 일을 담당한다. 이 뇌는 신체의 생리학적 상태를 시시각각 기록하고 관리하며 편안함, 안전, 위협, 배고픔, 피로, 욕구, 열망, 흥분, 기쁨, 통증의 감정을 구별한다.

뇌는 아랫부분부터 차례로 만들어진다. 아이가 엄마의 자궁에 머무르는 동안, 인간의 진화 과정과 같은 순서로 발달하는 것이다. 가장 원시적인 부분, 태어날 때 이미 활성화되어 있는 부분은 고대부터 존재한 동물의 뇌로, 종종 파충류 뇌로도 불린다. 이 부분은 척수가 두개골과 만나는 지점 바로 위에 있는 뇌간*에 위치한다. 이 파충류 뇌는 갓 태어난 아이가 할 수 있는 모든 것, 즉 먹고, 자고, 잠에서 깨고, 울고, 숨 쉬는 일부터 온도와 배고픔, 습도, 통증을 느끼고, 소변과 대변을 통해 몸의 독소를 제거하는 일을 담당한다. 뇌간과 시상하부(뇌간 바로 위쪽에 자리한다)는 신체 에너지 수준을 함께 조절한다. 이 두 부위가 협력하여 심장, 폐의 기능과 함께 내분비계와 면역 체계를 조절해 생명 유지에 기본이 되는 이 시스템들이 '항상성'으로 불리는, 비교적 안정적인 체내 균형 속에서 정상적인 상태를 유지하는 기능을 하게 한다.

숨 쉬기, 먹기, 잠자기, 대소변 보기는 너무나 기본적인 일이라서 마음과 행동의 복잡한 특성을 생각하다 보면 무시하기 쉽다. 그러나

• 척수와 대뇌를 연결하는 줄기 모양의 구조. 좌우대치반구와 소뇌를 제외한 부분으로, 중간뇌, 다리뇌, 숨뇌(연수)를 합친 부분이다. 92쪽 하단 그림 참조

잠을 제대로 못 자거나 장이 제 기능을 다하지 못할 경우, 혹은 항상 허기를 느끼거나 누가 건드리기만 해도 비명을 지르고 싶다면(정신적 외상을 입은 어린이와 성인들에게서 이러한 특성이 자주 나타난다), 유기체 전체가 불균형 상태에 빠진다. 깜짝 놀랄 만큼 많은 심리적 문제가 수면, 식욕, 접촉, 소화, 성적 흥분 문제와 관련 있다. 트라우마를 효과적으로 치료하려면 어떤 방법을 활용하든 신체의 이 기본적인 기능에 발생한 문제가 해결되어야 한다.

파충류의 뇌 바로 위에는 변연계가 자리하고 있다. 이 부분은 무리 지어 살고 새끼를 양육하는 동물이라면 모두 가지고 있어서 포유류의 뇌로도 알려져 있다. 뇌 변연계는 아기가 세상에 태어난 후부터 제대로 발달하기 시작한다. 감정의 중추이자 위험을 감지하는 모니터고, 즐거운 일과 두려운 일을 구분하는 판사고, 생존에 중요한 것과 중요치 않은 것을 결정하는 주체가 바로 변연계다. 또한 복잡한 사회적 네트워크 내에서 발생하는 삶의 문제에 대처하는 중심 본부이기도 하다.

변연계는 아기의 경험이 유전자의 구성, 선천적 기질과 어우러지면서 형성된다(자녀를 한 명 이상 낳은 부모들은 모두 아는 사실이지만, 아기들은 태어나면서부터 비슷한 상황에서 보이는 반응이 강도나 특성 면에서 제각기 다르다). 아기의 뇌에서는 세상에 대한 정서적 지도와 지각 지도가 발달하고, 아이에게 일어난 모든 일이 이 지도에 영향을 준다. 내 동료인 브루스 페리Bruce Perry가 설명했듯이, 뇌는 '활용에 좌우되는' 방식으로 형성된다.[5] 비교적 최근에 밝혀진 신경 가소성neuroplasticity이라는 특징으로도 설명할 수 있다. 신경 가소성이란 뉴런이 '함께 활성화되고 서로 연결되어 있다'는 개념이다. 반복적으로 활성화되는 뇌 회로는 일어날 확률이 가장 높은 반응이 기본 설정되어 고정될 수 있다. 안전한 느낌, 사랑받는 기분을 느끼면 뇌는 탐구와 놀이, 협력 기능이 특화되고 겁에 질리거나 거부당했다고 느끼면 공포와 버려진 기분을 관리하는 기능이 발달한다.

우리는 영아와 유아기에 움직이고, 손에 쥐어 보고, 기어 다니기도 하고 울거나 웃을 때, 혹은 반항할 때 일어나는 일을 통해 세상을 배운다. 쉬지 않고 주변 환경을 실험하는 것이다. 그렇다면 우리가 하는 상호 작용이 신체가 무언가를 느끼는 방식을 어떻게 변화시킬까? 두 살짜리 꼬마의 생일 파티에 가 보면, 그 조그마한 아이가 말을 전혀 사용하지 않고도 여러 사람의 관심을 끌고, 같이 놀고, 장난치는 모습을 볼 수 있다. 감정과 기억을 도맡고 있는 변연계의 구조는 이처럼 생애 초기의 탐구 활동을 통해 형성되지만, 이후 경험으로 대폭 바뀔 수도 있다. 가까운 친구와 우정을 쌓거나 아름다운 첫사랑을 경험하면 더 나은 쪽으로 변화하고, 폭력을 당하거나 무자비한 집단 괴롭힘, 무시를 당하면 나쁜 쪽으로 변화한다.

파충류의 뇌와 변연계가 합쳐져서 내가 이 책 전반에서 '정서적인 뇌'라 부르는 시스템이 구성된다.[6] 정서적인 뇌는 중추신경계 중심에 위치하며 행복을 돌보는 역할을 한다. 위험이나 특별한 기회(유익한 파트너 등)를 포착하고, 호르몬을 살짝 분비해 경고하기도 한다. 그 결과 마음속에서 어떤 감각이 발생해(약간 불안한 수준부터 가슴이 혼란으로 온통 가득 차는 수준까지), 우리가 지금 주목하고 있는 대상에 대한 주의력을 흐리게 하고 몸과 정신을 다른 방향으로 움직이도록 만든다. 이와 같은 감각은 굉장히 미세하게 발생하더라도 우리가 인생에서 경험하게 되는 크고 작은 의사 결정에 엄청난 영향을 준다. 뭘 먹을지, 어디에서 누구와 잠을 청하고 어떤 음악을 좋아하는지, 정원을 가꾸는 일이나 성가대에 들어가 노래하는 활동 중 어느 쪽이 더 좋은지, 누구와 친구가 되고 누구를 싫어할지 판단하는 것 모두 그 범위에 포함된다.

정서적 뇌의 세포 구성과 생화학적 특성은 이성적인 뇌에 해당하는 신피질보다 단순하다. 또한 정서적 뇌는 유입되는 정보를 더욱 포괄적으로 평가한다. 따라서 정서적 뇌는 개략적인 유사성을 바탕으로 서둘러 결론을 내리는 반면(교과서에서는 그 예로 뱀을 보고 깜짝 놀라 펄쩍 뛰었지만, 알고 보니 그냥 둘둘 말린 밧줄이었다는 사실을 깨달았던 기억을 떠올려 보라고 설명한다), 이성적인 뇌는 선택 가능한 복잡한 항목을 자세히 분석한다. 정서적 뇌는 싸움-도주 반응처럼 뇌에 이미 수립되어 있는 도주 계획을 실행에 옮긴다. 근육과 생리적 반응은 자동적으로 시작되며 당사자가 아무런 생각이나 계획을 세우지 않아도 의식하지 않은 상태에서 이루어진다. 이성적인 기능은 그 이후, 많은 경우 위협이 사라진 후에 따라온다.

드디어 뇌의 맨 윗부분을 덮고 있는 신피질까지 왔다. 다른 포유 동물들도 이 바깥층을 가지고 있지만, 인간의 신피질이 훨씬 더 두껍다. 태어나 두 번째 해가 되면 신피질의 대부분을 차지하는 전두엽이 빠른 속도로 발달하기 시작한다. 고대 철학자들은 일곱 살을 '이성의 나이'라고 불렀다. 초등학교 1학년은 살면서 겪게 될 일들의 전주곡에 해당하고, 전두엽의 기능에 따라 삶이 체계화된다. 그리하여 가만히 앉아 있을 수 있고, 괄약근을 조절하고, 몸으로 행동하기보다 말로 이야기할 줄 알고, 추상적이고 상징적인 생각을 이해하고, 내일 일을 계획하고, 선생님 또는 학교 친구들과 조화롭게 지낼 수 있게 된다.

전두엽은 동물의 세계에서 인간을 독특한 존재로 만들어 주는 특성을 만들어 낸다.[7] 언어를 사용하고 추상적인 사고를 가능하게 하며, 방대한 정보를 흡수하고 통합하면서 의미를 덧붙일 수 있게 한다. 우리는 침팬지와 붉은털원숭이의 언어 능력을 보며 놀라곤 하지만, 오직 인간만이 말과 상징을 이용해 우리 삶을 구성하는 집단적, 영적, 역사적 배경을 만들 수 있다.

또한 전두엽은 계획을 수립하고 반성할 수 있게 하며, 앞으로 일어날 일을 상상하고 전개해 나갈 수 있게 한다. 또한 어떤 행동을 하거나 (새로운 직장에 지원하는 등) 어떤 일을 무시하면 (임대료를 지불하지 않는 등) 무슨 일이 벌어질지 예상하도록 도와준다. 가능성이 있는 쪽을 선택하는 것, 믿기 힘들 만큼 놀라운 창의력의 바탕이 되는 것도 전두엽의 기능이다. 여러 세대를 거친 전두엽의 발달과 서로 간의 긴밀한 협력을 통해 우리는 문화를 만들어 왔고 통나무배와 마차, 편지, 제트기, 하이브리드 자동차, 이메일을 이용할 수 있게 되었다. 그리고 다섯 살 놈이 머릿속에 생명을 구할 트램펄린을 떠올리게 했다.

서로를 거울처럼 비추기: 대인 관계 신경생물학

전두엽은 트라우마를 이해하는 핵심이면서 공감 능력, 즉 타인의 감정을 '깊이 느끼는' 능력의 중추이기도 하다. 현대 신경과학 분야에서는 1994년에 세상을 크게 놀라게 한 사실이 발견됐다. 이탈리아의 한 연구진이 운 좋게도 피질에서 특수한 기능을 담당하는 세포를 우연히 찾아낸 것이다. 나중에 거울 뉴런으로 알려진 세포들이었다.[8] 이들 연구진은 원숭이의 운동전영역*에 위치한 개별 뉴런에 전극을 붙이고 컴퓨터와 연결하여 원숭이가 땅콩을 집어 들거나 바나나를 움켜쥘 때 정확히 어느 뉴런이 활성화되는지 확인했다. 그런데 실험을 하던 중, 한 연구자가 눈은 컴퓨터 모니터를 향한 채 손으로 음식 조각을 집어서 상자에 넣었다. 그러자 원숭이의 뇌세포 중에서 운동을 지시하는 뉴런이 자리한 정확한 위치에 활성 신호가 잡혔다. 원숭이는 음식을

• 중심전회 바로 앞에 위치한 운동 연합 피질

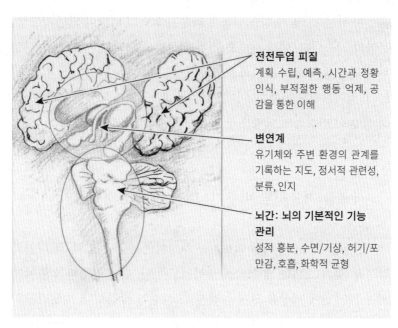

전전두엽 피질
계획 수립, 예측, 시간과 정황 인식, 부적절한 행동 억제, 공감을 통한 이해

변연계
유기체와 주변 환경의 관계를 기록하는 지도, 정서적 관련성, 분류, 인지

뇌간: 뇌의 기본적인 기능 관리
성적 흥분, 수면/기상, 허기/포만감, 호흡, 화학적 균형

삼위일체 뇌

뇌는 맨 아랫부분에서 위쪽을 향해 순서대로 발달한다. 자궁에서부터 발달하는 파충류의 뇌는 생명 유지에 필요한 기본 기능을 담당한다. 평생 동안 위험과 만나면 반응하는 곳이기도 하다. 변연계는 주로 출생 후 6년 동안 발달하지만 쓰임에 따라 계속 진화한다. 트라우마는 변연계의 기능에 평생 사라지지 않는 중대한 영향을 줄 수 있다. 제일 마지막에 발달하는 전전두엽 피질 역시 트라우마에 노출되면 무관한 정보를 걸러 내지 못하는 등 영향을 받는다. 위험과 마주하면 쉽게 기능을 잃는 특징이 전 생애에 걸쳐 계속 나타난다.

먹거나 움직이지 않았다. 그저 연구자를 쳐다보고 있었는데, 뇌가 연구자의 행동을 간접적으로 똑같이 경험하고 있었던 것이다.

이후 전 세계 곳곳에서 수많은 실험이 이어졌고, 얼마 지나지 않아 거울 뉴런이 공감, 모방, 동시성 등 기존에 설명이 불가능했던 특성을 비롯해 언어의 발달까지 설명해 준다는 사실이 분명하게 밝혀졌다. 어떤 이는 거울 뉴런을 '신경의 와이파이'에 비유하기도 했다.[9] 다른 사람의 움직임뿐만 아니라 감정 상태와 의도까지 알아챌 수 있다는 의미다. 사람들은 누군가와 가까워지면 서 있는 자세나 앉아 있는 모습이 비슷해지고 목소리에도 같은 리듬이 나타난다. 마찬가지로 거울 뉴런은 우리가 상대방의 부정적인 성향에도 쉽게 영향을 받도록 만든다. 즉 화내는 사람에게 격분하거나 우울해하는 상대방으로 인해 맥이 빠지기도 한다. 트라우마는 거의 공통적으로 타인의 눈에 띄지 않는 것, 거울을 보듯 따라 하지 않는 것, 타인이 고려 대상이 되지 않는 것과 관련이 있다. 이 부분에 대해서는 이 책 뒷부분에서 좀 더 자세히 이야기할 예정이다. 트라우마 치료를 위해서는 안심하고 타인을 자신에게 반영하고 자신이 남에게 반영되도록 하는 능력을 되살려야 하며, 동시에 상대방의 부정적인 감정이 자신을 장악하지 않도록 저항할 수 있어야 한다.

뇌가 손상된 사람들과 접하거나 이성을 잃은 부모를 돌본 힘든 경험을 해 본 사람이라면, 다른 사람들과 조화로운 관계를 맺는 데 전두엽이 원활하게 기능하는 것이 얼마나 중요한지 잘 알 것이다. 두세 살짜리 아이에게 다른 사람들이 자신과 다르게 생각하고 느낄 수 있다는 사실을 깨닫는 것은 발달 과정 전체에서 굉장히 중요한 걸음을 크게 내딛는 것과 같다. 다른 사람이 하는 행동의 동기를 이해할 줄 알면 인식, 기대, 가치가 서로 다른 사람들이 모여 있는 그룹에서도 적응하고 안전하게 지낼 수 있다. 전두엽이 유연하고 활발하게 기능하지 않으면, 습관의 노예가 되어 인간관계도 피상적이고 기계적으로 맺게 된다. 그리고 발명, 혁신, 발견, 경이로운 일 등이 모두 사라진다.

전전두엽 피질은 우리가 부끄러운 기분이 들 만한 일이나 남을 해치는 일을 하지 않도록 막는(항상 그런 건 아니고 때때로) 역할도 담당한다. 덕분에 우리는 배가 고플 때마다 음식을 먹지 않고, 욕구를 자극하는 사람을 만날 때마다 키스를 하지도 않고, 화가 날 때마다 감정이 폭발하지도 않는다. 인간이 겪는 대부분의 문제는 바로 이런 충동과 수용 가능한 행동 사이에 놓인 경계에서 비롯된다. 정서적 뇌에서 발생한 본능적인 감각 신호가 강렬해질수록 이성적 뇌가 이 신호를 잠재우는 능력은 약화된다.

위험 감지 : 요리사와 화재 경보기

위험은 삶에 존재하는 일반적인 요소고, 뇌는 이를 감지하고 반응을 준비하는 일을 담당한다. 외부 세계에 관한 감각 정보는 우리의 눈과 코, 귀, 피부를 통해 전달된다. 이 감각들은 변연계 내부에 자리한 시상으로 모인다. 뇌에서 '요리사' 역할을 맡고 있는 시상은 우리가 인지한 모든 정보를 휘휘 저어 골고루 잘 섞어서 자전적 수프를 만들고, 이 종합적이고 일관된 경험을 우리는 '이것이 내게 일어난 일이구나.'라고 생각하게 된다.[10] 모여든 감각은 두 갈래로 흩어진다. 한쪽 경로는 변연계 저 깊이, 아몬드 두 개가 모인 형태로 자리한 무의식의 뇌, 편도체로 가는 아랫길이고, 다른 한쪽은 의식적인 인지와 연결된 전두엽으로 향하는 윗길이다. 신경과학자 조지프 르두Joseph LeDoux는 편도체로 향하는 이 '아랫길'은 이동 속도가 극도로 빠르고, 전두엽으로 가는 '윗길'은 감당할 수 없을 만큼 큰 위협을 느끼면 이동 속도가 몇

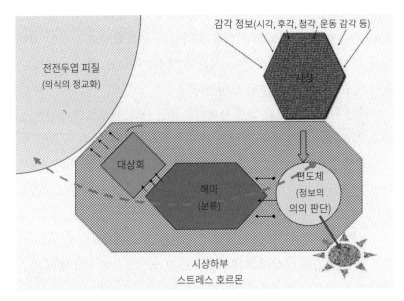

감각 정보(시각, 후각, 청각, 운동 감각 등)

전전두엽 피질
(의식의 정교화)

시상

대상회

해마
(분류)

편도체
(정보의
의의 판단)

시상하부
스트레스 호르몬

정서적 뇌는 유입된 정보를 맨 처음 해석할 권한을 갖는다

눈, 귀, 접촉, 운동 감각 등을 통해 전해지는 환경과 몸 상태에 관한 감각 정보가 시상에 모이고, 이곳에서 가공된 후 편도체로 전달되어 정서적인 중요성이 어느 정도인지 해석한다. 이 과정은 번개처럼 빠른 속도로 이루어지고, 만약 편도체가 위협을 감지하면 시상하부에 스트레스 호르몬을 분비하라는 메시지를 보내 위협으로부터 신체를 방어한다. 신경과학자 조지프 르두는 이 경로를 '아랫길'이라고 칭했다. 두 번째 신경 전달 경로인 '윗길'은 시상에서 해마로, 다시 '전측 대상회'*를 거쳐 이성적 뇌인 전전두엽 피질로 이어지는데, 이곳에서 의식이 관여하고 훨씬 더 정교한 해석이 이루어진다. 이 경로는 몇 밀리초 정도 시간이 더 걸린다. 외상 후 스트레스 장애 환자들에게 자주 나타나는 현상처럼 편도체가 위협으로 해석한 신호가 너무 강렬하거나 뇌 상층부에 존재하는 정보 여과 시스템의 기능이 너무 약하면 긴급 상황에 나타나는 자동 반응을 통제하지 못한다. 그 결과, 놀란 상태가 오랫동안 유지되거나 공격성을 보이고 감정을 분출하는 등의 반응이 나타난다.

• 주의, 반응 억제, 정서 반응(특히 통증에 관한)에 관여하는 전두엽 한가운데에 있는 뇌 구조. 대상회의 전측 부분

밀리초가량 느려진다고 밝혔다. 또한 그만큼 큰 위협을 느낄 때 시상에서 일어나는 과정도 세분된다. 본 것과 들은 것, 냄새, 피부로 느낀 것이 각각 따로 암호화되고 다른 조각으로 분리되며 정상적인 기억 처리 과정에도 문제가 생긴다. 시간이 멈춰 버린 듯, 지금 인지한 위험이 영원히 지속될 것처럼 느껴진다.

나는 편도체를 뇌의 화재 경보기로 비유한다. 편도체의 주된 기능은 유입된 정보가 생존과 관련 있는지 확인하는 것이다.[11] 이 일은 신속하고 자동적으로 진행되며, 근처에 있는 해마가 새로 들어온 정보를 과거의 경험과 연관시켜 분석하고 결과를 제공하면서 판단에 도움을 준다. 편도체가 위협을 감지하면(다가오는 차량과 부딪칠 수도 있다거나, 거리 저쪽에서 이쪽을 쳐다보는 사람이 위험한 인물로 판단되는 등), 시상하부와 뇌간에 즉각 메시지를 내려보내 스트레스 호르몬 시스템을 가동시키고 몸 전체가 조화롭게 반응할 수 있도록 자율신경계도 참여시킨다. 편도체는 시상에서 전달된 정보를 전두엽보다 더 빨리 처리하므로, 유입된 정보가 생존에 위협이 되는지 여부를 미처 깨닫기도 전에 결정 내린다. 우리가 무슨 일이 일어났는지 파악할 즈음에, 신체는 이미 한창 대응 중인 것이다.

편도체가 위험 신호를 보내면 코르티솔, 아드레날린을 포함한 강력한 스트레스 호르몬의 분비가 촉진되고, 그 결과 심장 박동 수, 혈압, 호흡수가 증가하면서 신체는 맞서 싸우거나 도망갈 채비를 한다. 위험이 지나가고 나면 신체는 상당히 빠른 속도로 다시 정상적인 상태로 돌아온다. 그러나 회복 과정이 차단되면 신체에 방어해야 한다는 자극이 사라지지 않아 불안을 느끼고 흥분 상태가 된다.

원래 뇌의 화재 경보기는 위험 여부를 판단할 수 있는 단서를 집어내는 능력이 탁월하지만, 트라우마에 시달리면 특정 상황이 위험한지 안전한지 잘못 해석하는 비율이 높아진다. 우리가 다른 사람과 잘 지내려면, 상대방의 의도가 순수한지 위험한지 정확히 판단할 수 있어야 한다. 조금만 잘못 해석하면, 가정에서나 직장 내 대인 관계에 오해가 생겨 괴로워질 수 있다. 복잡한 업무 환경이나 아이들이 제멋대로 날뛰는 가정에서 제대로 기능하려면, 사람들의 기분을 재빨리 파악하고 그에 따라 지속적으로 행동을 조정하는 능력이 필요하다. 경보 시스템에 오류가 생기면 악의 없는 말이나 얼굴 표정에 화를 분출하거나 관계를 끊어 버리는 일이 발생한다.

스트레스 반응의 통제 : 감시탑

편도체가 뇌의 화재 경보기라면 전두엽, 특히 눈 바로 위쪽에 자리한 내측 전전두엽 피질[12]은 높은 곳에서 전체를 내려다보는 감시탑이라 할 수 있다. 어딘가에서 연기가 솔솔 날 때, 집에 불이 났으니 얼른 집 밖으로 나가야 한다. 신호인지 아니면 뜨거운 불에 스테이크를 익히느라 연기가 나는 것인지 어떻게 구분할까? 편도체는 이러한 판단을 하지 못한다. 편도체의 역할은 전두엽에 판단 기회가 주어지기도 전에 맞서 싸우거나 도망갈 태세를 갖추도록 하는 것이다. 지나치게 당황한 상태가 아니라면 전두엽은 틀린 경보음에 반응하고 있다는 사실을 깨닫고 스트레스 반응을 중단하도록 함으로써 다시 균형을 찾도록 도와준다.

보통은 전전두엽 피질의 실행 기능 덕분에 사람들은 지금 일어나는 일을 관찰하고 자신이 특정한 행동을 취하면 무슨 일이 벌어질지 예측하면서 의식적인 선택을 한다. 생각과 느낌, 감정을 침착하고 객관적으로 살펴본 다음 (이 책에도 자주 등장하는 '마음챙김mindfulness' 능력이 이에 해당한다) 시간을 충분히 들인 후 반응하면, 실행하는 뇌는 정서적 뇌에 미리 설정되어 자동으로 나타나는 반응을 저해하고, 체계화하고, 조정할 수 있다. 우리가 더불어 살아가는 다른 사람들과의 관계를 유지하려면 이 기능이 꼭 필요하다. 전두엽이 제대로 기능하는 한, 우리는 식당에서 음식을 주문하려는데 웨이터가 늑장을 부리거나 보험회사 직원이 기다리게 할 때마다 벌컥 화를 내지 않는다(뇌의 감시탑은 다른 사람이 화를 내고 위협하는 행동이 그들의 감정 상태에 따라 발생한 기능이라는 사실도 알려 준다). 이 시스템이 망가지면, 우리는 길들여진 동물처럼 행동한다. 즉 위험을 감지하면 자동으로 싸움-도주 반응을 할 태세에 돌입한다.

외상 후 스트레스 장애가 발생하면 편도체(화재 경보기)와 내측 전전두엽 피질(감시탑)의 균형이 급격히 깨지면서 감정과 충동 조절이 훨씬 힘들어진다. 감정 상태가 고조된 사람들을 대상으로 실시된 신경 영상 연구 결과를 보면, 강렬한 공포와 슬픔, 분노는 감정에 관여하는 뇌의 피질하 영역에 활성을 증대시키고 전두엽의 여러 영역, 특히 내측 전전두엽 피질의 활성을 크게 감소시키는 것으로 확인됐다. 이 같은 일이 발생하면 전두엽의 억제 기능에 문제가 생기고 사람들은 '정신이 나간 상태'가 되어, 큰 소리만 나면 깜짝 놀라고 별것 아닌 일로 실망해도 격분하고 누가 살짝만 건드려도 얼어붙어 버린다.13

스트레스에 효과적으로 대처하려면 화재 경보기와 감시탑의 기능이 균형을 이루어야 한다. 감정 조절 능력을 키우고 싶다면 두 가지 방법이 있다. 하향식으로 변화를 주거나, 상향식으로 변화를 주는 방법이다.

트라우마를 이해하고 치료하기 위해서는 하향식, 상향식 조절의 차이점을 꼭 알아야 한다. 하향식 조절이란 신체의 감각을 점검하는 감시탑의 기능을 강화하는 것이다. 마음챙김 명상과 요가가 도움이 될 수 있다. 상향식 조절은 자율신경계의 기능(앞서 살펴보았듯이 뇌간에서

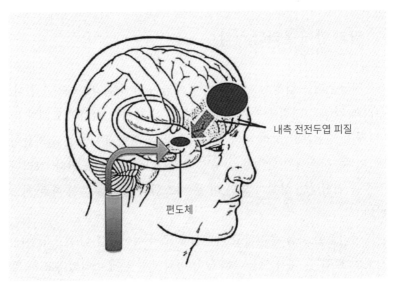

내측 전전두엽 피질

편도체

하향식 또는 상향식 시스템

정서적 뇌를 구성하는 부분들은 우리가 인지한 것이 위험한지 또는 안전한지 결정한다. 위협 감지 시스템은 두 가지 방식에 따라 바뀔 수 있다. 하향식 변화는 (전전두엽 피질을 비롯해) 내측 전전두엽 피질에서 나온 메시지가 조정되고, 상향식 변화에서는 파충류 뇌를 통해 호흡, 움직임, 촉각이 바뀐다.

시작된다)을 보정하는 것이다. 호흡과 움직임, 촉각을 통해 자율신경계에 접근할 수 있고, 특히 호흡은 의식과 자율적 조절이 모두 관여하는 몇 안 되는 신체 기능 중 하나에 속한다. 하향식, 상향식 조절 기능을 키울 수 있는 상세한 방법은 5장에서 알아보자.

말과 말에 올라탄 사람

지금부터는 감정이 이성의 반대 개념이 아님을 강조하려고 한다. 우리의 감정은 경험에 가치를 부여하고, 이 가치는 이성의 토대가 된다. 자기 경험은 이성적 뇌와 정서적 뇌의 균형에서 나오는 결과물이다. 이 두 시스템이 균형을 이루면 우리는 '나답다'고 느낀다. 그러나 생존을 위협받는 상황이 되면 이 두 시스템의 상당 부분이 따로 기능한다.

여러분이 차를 운전하고 가면서 친구와 이야기를 나누고 있는데, 갑자기 트럭 한 대가 모퉁이를 돌아 나와서 눈앞에 나타났다고 해 보자. 그 위험한 상황에서 벗어나기 위해 대화를 즉각 중단하고 브레이크를 힘껏 밟으면서 운전대를 획 틀 것이다. 이 본능적 행동으로 충돌을 피하고 나면, 여러분은 잠시 원래 상태로 되돌아온다. 이 회복 능력은 본능적인 반응이 위험한 상황에서 얼마나 빨리 벗어나느냐에 따라 크게 좌우된다.

앞서 소개했던, 뇌를 세 부분으로 나누는 방식을 처음 제시한 신경과학자 폴 매클린Paul MacLean은 이성적인 뇌와 정서적인 뇌의 관계가 승마에 능숙한 사람과 다루기 힘든 말의 관계와 거의 흡사하다고 설명했다.[14] 날씨가 평온하고 길이 고르면 말을 타는 사람은 모든 것을 완벽하게 통제할 수 있을 것 같은 기분을 느낀다. 그러나 어디선가 예기치 못한 소리가 나거나 다른 동물이 위협을 가하면 말은 소스라치게 놀라 날뛴다. 그러면 말 등에 올라탄 사람은 목숨을 걸고 죽어라 매달려야 한다. 이와 마찬가지로 생존이 위태롭다고 느끼거나 극심한 분노, 갈망, 공포, 성적 욕구에 사로잡힌 사람은 이성의 목소리에 귀를 닫아 버린다. 이런 상태에 있는 사람과는 논쟁해 봐야 말이 통하지 않는다. 변연계가 생사를 오가는 문제가 생겼다는 판단을 내릴 때마다 전두엽과 변연계를 잇는 통로는 너무나 쉽사리 망가진다.

일반적으로 심리학자들은 사람들이 통찰력과 이해력을 활용해 자신의 행동을 관리하도록 돕는다. 그러나 신경과학 연구 결과를 보면, 이해력에 결함이 생겨서 심리적 문제가 발생하는 경우는 극히 드물다는 사실을 알 수 있다. 대부분은 인지와 주의력을 좌우하는 뇌의 더 깊숙한 영역이 압박을 받을 때 발생한다. 정서적 뇌의 경보음이 계속 울리며 위험에 처했다는 신호를 보내면, 제아무리 통찰력이 뛰어나도 이를 멈추지 못한다. 한 코미디 프로그램에서 7차례나 범죄를 저지른 상습범이 분노 조절 프로그램에 참가한 후 거기서 가르쳐 준 기술이 얼마나 우수한지 칭찬하면서 했던 말이 떠오른다. "얼마나 대단하고 효과적인 기술인지 몰라. 제대로 화가 난 상태만 아니면 진짜 도움이 된다니까."

정서적 뇌와 이성적 뇌가 서로 갈등을 겪으면(사랑하는 사람에게 분노를 느끼거나, 평소 의지하던 사람에게 놀라 겁먹는 경우, 혹은 부적절한 대상에게 성욕을 느끼는 경우처럼), 둘 사이에 주도권 다툼이 벌어진다. 이 전쟁은 대부분 본능적인 경험, 즉 위, 장과 심장, 폐의 경험을 전장으로 삼아 치러지고, 신체적 불편함과 정신적 고통이 모두 발생한다. 6장에서는 뇌와 본능이 어떻게 상호 작용하여 안전을 확보하고 위험에 대처하는지 논의한다. 이 기능은 트라우마로 인해 신체에 나타나는 수많은 징후를 이해하는 열쇠가 된다.

이어서 트라우마 스트레스의 주요 특성에 속하는 이미지, 소리, 감정의 끝없는 재현과 재경험, 심리적 해리 반응을 잘 보여 주는 뇌 스캔 결과를 두 가지 더 살펴보고 이번 장을 마무리하고자 한다.

트라우마에 시달리는 뇌

1999년 9월 어느 화창한 아침, 40대 직장인이던 스탠 로런스와 우트 로런스 부부는 디트로이트에서 예정된 업무 회의에 참석하려고 캐나다 온타리오주 런던에 있는 집을 나섰다. 자가용을 몰고 목적지에 반쯤 이르렀을 때, 돌연 도로에 벽이 막아선 것처럼 안개가 짙게 낀 구간이 나타나 시야가 완전히 막혔다. 스탠은 즉각 브레이크를 밟았고 차는 고속도로 갓길로 들어서서 멈추었지만, 정차해 있던 거대한 트럭을 미처 보지 못했다. 18륜 트럭이 두 사람이 타고 있는 차 트렁크 쪽으로 쓰러지고, 이어 승합차 여러 대가 두 대의 차량과 부딪치며 충돌했다. 혼란 속에서 차 밖으로 빠져나와 안전한 곳을 찾아 달려가던 사람들은 달려오는 차에 치였다. 귀청을 찢는 듯한 굉음이 이어졌다. 덜컥, 하는 소리가 들릴 때마다 사람들은 다른 차가 자신이 타고 있는 차를 덮쳐 목숨을 잃을지도 모른다고 생각했다. 무려 87대의 차량이 연쇄 충돌하며 캐나다 역사상 최악의 도로 재난으로 기록된 이 사고에서, 스탠과 우트는 13번째 자동차 안에 꼼짝없이 갇혀 있었다.[15]

갑자기 소름 끼치는 적막이 찾아왔다. 스탠은 문이나 창문을 열어 보려고 안간힘을 썼지만, 트렁크 쪽으로 쓰러진 18륜 트럭 때문에 모든 문이 막혀 있었다. 그때 갑자기 차 지붕에서 쿵쿵대는 소리가 들렸다. 한 젊은 여성이 비명을 질렀다. "저 좀 꺼내 주세요, 불이 붙었어요!"

스탠과 우트는 아무런 도움도 주지 못하고 차량이 불길에 휩싸여 죽어 가는 그 여성의 모습을 지켜봐야 했다. 그다음에 기억나는 장면은 한 트럭 운전기사가 소화기를 들고 두 사람의 차 후드 위에 올라선 모습이었다. 그 남자는 두 사람이 나올 수 있도록 앞 유리를 부쉈고 스탠은 그 사이로 기어 올라갔다. 아내가 나올 수 있게 도와주려고 돌아보니, 우트는 좌석에 얼어붙은 채 그대로 앉아 있었다. 스탠은 운전기사와 함께 우트를 끄집어냈고, 부부는 구급차를 타고 응급실로 향했다. 몇 군데 긁힌 것 말고는 둘 다 다친 곳이 없었다.

그날 밤, 집에 돌아온 두 사람은 잠을 자고 싶은 생각이 전혀 들지 않았다. 둘 다 잠이 들면 죽을 것만 같은 기분이 들었다. 자꾸 짜증이 나고, 마음이 조마조마해서 안절부절 못했다. 그날 밤부터 이후 수많은 밤을, 부부는 공포를 잠재우려 엄청난 양의 와인을 마셔 댔다. 당시의 장면이 자꾸만 떠올랐지만 막을 도리가 없었고, 머릿속에 떠오르는 의문도 지울 수가 없었다. 그날 집에서 좀 더 일찍 나섰다면 어떻게 됐을까? 중간에 주유소를 들르지 않았다면? 이런 상태로 3개월을 보낸 뒤, 두 사람은 웨스턴온타리오대학교의 정신의학자 루스 라니우스 Ruth Lanius를 찾아가 도움을 청했다.

그로부터 몇 년 전 트라우마센터에서 내 제자로 공부했던 라니우스 박사는 스탠과 우트에게 치료를 시작하기 전 fMRI(자기공명영상)로 두 사람의 신경 영상을 촬영하고 뇌를 눈으로 확인하고 싶다고 말했다. fMRI는 뇌의 혈류 변화를 추적해 신경 활성을 측정하는 기술로, PET(양전자 방사 단층 촬영에 의한 영상) 스캔과 달리 방사선에 노출되지 않아도 된다. 라니우스 박사는 우리 연구진이 하버드에서 했던 연구 방법을 그대로 적용해, 사고 상황을 묘사한 대본을 마련하여 당시의 영상이 머릿속에 떠오르게 하고 스탠과 우트가 차 안에 갇혀 있는 동안 경험한 이미지와 소리, 냄새와 다른 감각들이 재현되도록 했다.

스탠이 먼저 스캔을 받았다. 하버드 연구에서 마샤가 그랬듯이 그의 신체는 곧바로 과거 사건이 재현되는 반응을 보였다. 촬영이 끝나고, 스탠은 땀에 흠뻑 젖어 심장이 쿵쾅대고 혈압이 치솟은 상태로 스캐너에서 나왔다. "사고 당일과 똑같은 기분입니다. 분명히 이제 죽을 것 같은데 벗어나기 위해 제가 할 수 있는 일이 아무것도 없다고 느꼈어요."

그는 이렇게 설명했다. 스탠에게 그날의 사고는 3개월 전에 일어난 일로 기억되지 않았다. 뇌 스캔을 받으면서 그는 사고를 다시 체험한 것이다.

해리와 재현

해리는 트라우마에서 빠지지 않고 나타나는 특성이다. 한 사람을 압도한 경험은 쪼개지고 조각조각 분리된다. 당시의 감정, 소리, 이미지, 생각, 트라우마와 관련된 신체 감각이 제각각 새로운 생명을 얻는 것이다. 그리고 이 조각난 감각의 기억이 현실로 끼어들어 되살아난다. 트라우마가 극복되지 않는 한, 신체를 보호하려고 분비된 스트레스 호르몬이 혈액에 계속 떠다니고 방어적인 행동과 감정적 반응이 계속 반복된다. 그러나 스탠처럼 자신의 '정신 나간' 감정과 반응이 정신적 외상을 남긴 사건과 연관되어 있고 현재 트라우마 상황이 재현되고 있다는 사실을 스스로 인지하는 경우는 많지 않다. 대부분 약간 짜증날 만한 일에 자신이 왜 그토록 깊이 절망하고 무력해지는지 이유를 알지 못한다.

과거 사건의 재현과 재생은 어떤 면에서 트라우마 자체보다 더 큰 악영향을 미친다. 트라우마가 된 사건에는 시작과 끝이 있고, 어떤 식으로든 종결되었다. 그러나 외상 후 스트레스 장애 환자들에게는 그 사건이 깨어 있을 때나 잠을 잘 때나 어느 때고 재현된다. 언제 다시 떠오를지, 얼마나 오래 이어질지 알 수도 없다. 과거 사건이 재현되어 괴로워하는 사람들은 삶의 구조 자체를 그 현상을 막아 차단하여 자신을 보호할 수 있도록 바꾸려고 한다. 갑자기 충동적으로 체육관에 달려가서 근력 운동을 하거나(해도 해도 강해지지 않는 느낌을 받는다), 약물로 감각을 둔화시키는 경우도 있으며 극도로 위험한 상황을 자초해 (오토바이 레이싱, 번지점프, 구급차 운전사로 일하는 등) 환상에 불과한 통제력을 키우려고 애쓴다. 그렇게 그들은 보이지 않는 위험과 계속해서 싸우느라 늘 녹초가 되어 피로감과 우울함, 지친 기분으로 살아간다.

　트라우마의 구성 요소들이 반복해서 되살아나면, 그로 인해 분비된 스트레스 호르몬이 그 기억을 마음에 훨씬 더 선명하고 깊게 새긴다. 평범한 일상, 일상적인 일들에는 점점 흥미를 느끼지 못한다. 그리고 현재 자기 주변에서 일어나는 일에 충분히 몰입하지 못해 온전히 살아 있다는 기분을 거의 느끼지 못한다. 평범한 일상에서는 즐거움이나 분노를 느끼기가 점점 힘들어지고, 주어진 일에 집중하지도 못한다. 현재를 온전히 살아가지 못할수록 과거에 더욱 굳게 갇혀 버린다.

　과거가 재현되는 자극을 접하면 반응은 다양한 형태로 나타난다. 참전 군인들은 도로에서 차가 살짝 부딪치거나 밖에서 놀고 있는 아이를 보는 것처럼 아주 작은 단서와 접해도 전쟁터에 있는 것처럼 반응한다. 쉽게 당황하고, 격분하거나 멍해진다. 어린 시절 성적인 학대에 희생당한 사람들은 성적으로 무감각해지고, 자신이 겪은 성폭력을 조금이라도 상기시키는 감각이나 이미지를 접하고 흥분을 느끼면, 그것이 몸의 특정 부위에서 자연스럽게 느낄 수 있는 기분 좋은 느낌이라 하더라도 곧 지독한 수치심을 느낀다. 트라우마를 경험한 희생자들에게 그 일을 억지로 이야기하게 하면 혈압이 상승하는 사람도 있고 편두통이 시작되는 사람도 있다. 또 감정적으로 무감각해져 어떠한 변화도 뚜렷하게 느끼지 못하는 사람들도 있다. 그러나 연구를 해 보면, 공통적으로 심장이 달음박질을 하고 스트레스 호르몬이 온몸을 휘젓고 다니는 상태가 예외 없이 포착된다.

이와 같은 반응은 앞뒤 없이 불쑥 나타나고 대부분 통제가 불가능하다. 제어가 거의 불가능한 강력한 충동과 감정은 사람들을 미치게 만든다. 자신이 더 이상 사람이 아닌 것처럼 느껴진다. 자기 아이의 생일 파티에서 아무런 감정이 들지 않는 경우도 있고, 사랑하는 사람이 세상을 떠나면 괴물처럼 반응하기도 한다. 이로 인해 항싱 수치스러운 기분에 젖어, 실제로 정신이 온통 몰입하고 있는 진실은 감춘 채 살아간다.

세상과 동떨어진 이런 기분이 어디에서 비롯됐는지 당사자가 아는 경우는 드물다. 바로 그 지점에 치료가 개입해, 트라우마로 생겨난 감정을 느끼고 현재의 자기 자신을 관찰할 줄 아는 능력을 키울 수 있도록 이끈다. 그러나 중요한 사실은 뇌의 위협 인지 시스템이 바뀌었다는 점, 그리고 신체 반응에 과거의 흔적이 그대로 담겨 있다는 점이다.

'저 멀리 그곳에서' 시작된 트라우마가 당사자의 신체를 전쟁터로 삼아 다시 재현되는 경우, 대부분 그 당시에 일어난 일과 현재 내면에서 일어나는 일 사이에 의식적인 연계성이 없다. 따라서 이미 일어난 끔찍한 일을 받아들이는 법을 배우는 것이 아니라, 자신의 내면에 존재하는 감각과 감정에 대한 지배권을 다시 쥐는 방법을 습득해야 한다. 내면에서 일어나고 있는 일을 느끼고, 정확히 밝히고, 확인하는 것이 회복의 첫 단계다.

화재 경보기의 성능이 과해지면

스탠의 뇌 스캔 결과에는 과거 사건이 재현된 증거가 나타난다. 트라우마가 되살아난 뇌에서는 몇 가지 특성이 나타난다. 아랫부분에서 우측 가장자리는 밝게 빛나고 좌측 아래는 어둡게 나타나며, 중심부 주변에 서로 대칭을 이루는 네 곳의 하얀 구멍이 나타난다(앞서 3장에서 설명한 하버드 연구 결과를 보면 환하게 나타난 편도체 영역과 불이 꺼진 좌뇌를 확인할 수 있다. 92쪽 상단 사진 참조). 스탠의 편도체는 과거와 현재를 구분하지 못했다. 마치 뇌 스캔을 촬영하는 동안 차 사고가 발생한 것처럼 활성화되어 강력한 스트레스 호르몬이 분비되고 신경계 반응이 촉발되었다. 이로 인해 스탠은 땀을 흘리고 몸이 떨리는 증상이 나타났으며 심장 박동 수와 혈압도 증가했다. 그것은 모두 스탠이 타고 있는 차가 트럭에 부딪혀 크게 망가진 것처럼 느끼던 그 당시에 나타난 정상적인 생명 유지 반응이다.

화재 경보기의 성능은 효율적으로 유지되어야 한다. 불길이 번지는 줄도 모르고 발이 묶여 버리는 상황은 아무도 원치 않겠지만, 냄새가 감지될 때마다 조심하라고 미친 듯이 울려 댄다면 삶에 크나큰 지장을 준다. 누군가 자신에게 화를 내고 있다는 사실은 감지할 수 있어야 하지만, 편도체의 기능이 과하면 사람들이 자신을 싫어한다고 느끼고 만성적인 두려움에 시달리거나 누가 자신을 해코지할 것 같다고 생각하게 된다.

망가진 시간 기록기

사고 후 스탠과 우트 모두 과민하고 참을성이 없어졌다. 이 변화

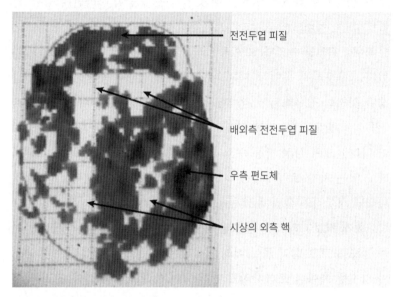

전전두엽 피질

배외측 전전두엽 피질

우측 편도체

시상의 외측 핵

과거 사건이 재현될 때 뇌의 모습을 fMRI로 촬영한 결과
좌측보다 우측이 훨씬 크게 활성화된 것을 확인할 수 있다.

는 곧 두 사람의 전전두엽 피질이 스트레스를 느낄 때 통제력을 잃지 않으려 부단히 애쓰고 있다는 사실을 나타낸다. 스탠의 경우 과거가 재현되자 더욱 극단적인 반응이 나타났다.

뇌 전면부에서 하얀색으로 나타나는 두 영역(132쪽 사진에서 윗부분)은 각각 배외측 전전두엽 피질 우측과 좌측에 해당한다. 이 영역의 활성이 사라지면 사람들은 시간 감각을 잃고 어떤 순간에 갇힌 채 과거, 현재, 미래를 구분하지 못한다.[16]

트라우마의 정신적인 처리 과정에는 두 가지 뇌 시스템이 관여하며, 각각 감정의 강도와 정황을 처리한다. 감정의 강도는 화재 경보기인 편도체, 그리고 다른 쪽에서 균형을 잡아 주는 감시탑인 내측 전전두엽 피질에 의해 결정된다. 경험의 정황과 의미는 배외측 전전두엽 피질과 해마가 포함된 시스템이 결정한다. 배외측 전전두엽 피질은 뇌의 전면 가장자리에 위치한 반면, 내측 전전두엽 피질은 뇌 중심부에 위치한다. 뇌 정중선에 있는 영역들은 내적 경험에 관여하고, 가장자리 영역은 주변 환경과의 관계에 더 많이 관여한다.

배외측 전전두엽 피질은 현재의 경험이 과거와 어떤 관계가 있고, 미래에 어떤 영향을 줄 수 있는지 알려 준다. 한마디로 뇌의 기록기라 할 수 있다. 그게 무엇이건 지금 일어나고 있는 일은 유한하며 언젠가 끝난다는 사실을 알고 있으면, 대부분의 경험을 견딜 수 있다. 마찬가지로 끝이 없다고 느껴지는 상황은 견디기 힘들다. 우리 대부분은 개인적으로 슬픈 일을 경험하면서, 지독한 슬픔을 느끼면 그 끔찍한 기분이 영원히 지속되고 상실감을 절대 이겨 낼 수 없을 것 같은 기분이 동반된다는 사실을 알게 된다. 트라우마란 '영원히 지속되는' 상태가 최고조에 이르는 경험이다.

스탠의 뇌 스캔 결과를 보면, 사고 충격에 활성을 잃은 뇌 구조(애당초 그 사건이 뇌에 트라우마로 기록된 이유이기도 하다)가 다시 완전히 활성을 찾아야만 트라우마에서 회복될 수 있는 까닭을 이해할 수 있다. 생물학적인 측면에서 볼 때, 과거를 불러내는 치료는 환자가 확고한 현실 감각을 유지하면서 최대한 침착하고, 안심하고, 현실적인 상태에서 진행되어야 한다(여기서 '현실적'이라는 말은 자신이 지금 의자에 엉덩이를 붙이고 앉아 있다는 사실을 알고, 창으로 들어오는 빛이 눈에 들어오고, 양쪽 종아리에 긴장이 느껴지고, 바깥에서 나뭇가지를 흔들어 대는 바람 소리가 들리는 상태를 의미한다). 현실에 뿌리를 내린 상태에서 트라우마를 되살리면 그 끔찍한 사건이 과거에 속한 일임을 마음 깊이 깨달을 가능성도 열린다. 이를 위해서는 뇌의 감시탑과 요리사, 시간 기록기가 활성화된 상태여야 한다. 환자가 현실을 떠나 지구만 과거로 돌아가는 한, 치료 효과는 기대할 수 없다.

작동을 멈춘 시상

과거가 재현된 스탠의 뇌 스캔 결과를 다시 한 번 살펴보면, 뇌 아래쪽 반구에 흰 구멍이 두 곳 더 보인다. 각각 우측과 좌측 시상으로, 사고 당시 기억이 재현되자 사건이 처음 발생했을 때처럼 불이 꺼졌다. 앞서 설명했듯이 시상의 기능은 '요리사'다. 즉 귀, 눈, 피부의 감각을 한데 모으는 중계국으로, 이렇게 모인 정보를 통합하여 수프를 끓이면 이것이 우리의 자전적 기억이 된다. 따라서 시상이 망가지면 트라우마가 처음부터 시작, 중간, 끝이 있는 하나의 이야기로 기억되지 않고 당시의 이미지, 소리와 공포, 무기력감 등 어떤 강렬한 감정 상태에서 느낀 신체 감각이 뿔뿔이 흩어진 감각의 흔적으로 기억된다.[17]

시상은 정상적인 상태에서 여과기 혹은 문지기 역할도 수행한다는 점에서 주의력과 집중력, 새로운 학습에 꼭 필요한 중심 기관이기도 하다. 트라우마가 발생하면 이 모든 기능이 영향을 받는다. 지금 여러분이 앉아서 이 책을 읽고 있는데 뒤에서 음악 소리나 덜컹대며 지나가는 자동차 소리가 들릴 수도 있고, 배 속에서 간식 먹을 시간이라고 자꾸 신호를 보내와서 집중력이 조금 흐려졌을 수도 있다. 그래도 이 페이지에 계속 집중하고 있다면 여러분의 뇌에서 시상이 중요한 감각 정보와 무시해도 상관없는 정보를 구분하도록 돕고 있는 것이다. 뉴로피드백에 대해 설명하게 될 19장에 이 출입문 시스템이 제대로 작동하고 있는지 측정할 수 있는 몇 가지 검사와 시상의 기능을 강화할 수 있는 방법을 소개해 두었다.

외상 후 스트레스 장애 환자들의 뇌를 보면 이 출입문이 활짝 열려 있다. 여과 장치가 없으니 감각 정보가 금세 넘쳐난다. 이 상태를 이겨 내기 위해 이들은 시스템을 아예 정지시키려고 애쓰며, 시야는 좁아지고 한 가지에만 과도하게 집중하는 특성이 발달한다. 알아서 차단할 수 없는 상태가 되면 바깥세상을 차단할 수 있도록 약물이나 알코올의 힘을 빌리게 된다. 참으로 비극적인 사실은, 이렇게 문을 닫아 버리는 바람에 기쁨과 즐거움을 주는 원천도 함께 차단된다는 것이다.

이인증 : 자기와의 분리

이번에는 우트가 뇌 스캔을 촬영하는 동안 어떤 경험을 했는지 살펴보자. 모든 사람이 트라우마에 똑같은 반응을 보이지는 않지만, 이번 경우에는 우트가 망가진 차 안에서 스탠 바로 옆에 앉아 있었는데도 다른 결과가 나온 점이 특히 인상적이었다. 우트는 트라우마 사건을 상기시키는 대본 이야기를 듣고 마비된 듯한 반응을 보였다. 머릿속이 텅 비고, 뇌의 거의 모든 부분에서 활성이 현격히 감소했다. 심장 박동 수나 혈압은 증가하지 않았다. 스캔이 진행되는 동안 어떤 기분이 들었느냐고 묻자, 우트는 이렇게 대답했다. "사고가 났을 때와 똑같은 기분이었어요. 아무 느낌이 안 들더군요."

우트가 보인 반응을 의학적인 용어로는 '이인화'라고 한다.[18] 정신적 외상을 입은 남성이나 여성, 아이들과 만나 보면, 시선은 멍하니 어딘가를 응시하고 생각은 다른 곳에 가 있고 생물학적으로 얼어붙은 모습을 볼 수 있다. 이인증*은 트라우마로 인해 발생하는 방대한 해리 증상의 하나다. 스탠은 찌그러진 차에서 탈출하기 위해 애썼지만 아무 소용 없었고, 그 경험이 사건을 재현시켰다. 사고에 관한 대본을 듣자, 분리되고 조각난 그의 모든 감각과 감정이 아우성치며 현시점에 일어난 일처럼 떠오른 것이다. 그러나 우트는 차에서 빠져나가려고 애쓰는 대신 두려운 감정과 분리되어 아무것도 느끼지 않았다.

내 진료실로 찾아오는 환자들 중에 아무 감정 없이 끔찍한 이야기를 하는 사람들을 자주 만나는데, 이들에게서도 이인증의 증상을 볼 수 있다. 내가 쏟아붓는 모든 에너지는 진료실 바깥으로 다 흘러가 버리는 기분이 들고, 집중력을 유지하려면 엄청난 노력을 기울여야 한다. 이렇게 생명력을 잃은 환자들은 치료하는 데 훨씬 더 많은 노력을 기울여야 하고, 그게 너무 힘들어서 나는 종종 치료 시간이 제발 빨리 끝나기를 기도하곤 했다.

그러나 우트의 뇌 스캔 결과를 본 후 나는 이처럼 뇌가 공백 상태가 된 환자들에게 기존과 전혀 다른 방식으로 접근하기 시작했다. 이들의 뇌는 거의 모든 영역에서 불이 꺼진 상태다. 따라서 생각을 하거

• 자기에 대한 지각 영역에서 발생하는 현상으로, 개인의 일반적인 현실 감각이 일시적으로 상실되거나 변화하는 것. 자신과 자신에 대한 지각이 분리되고, 자기가 관찰하는 자기와 참여하고 경험하는 자기로 분열되며, 그 결과 경험하는 자기는 자기-소외감 또는 비현실감을 경험한다(출처: 정신분석용어사전).

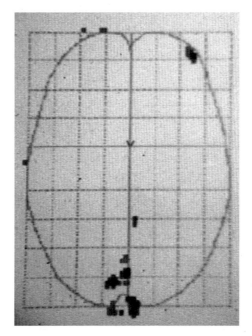

과거의 트라우마와 마주한 후 나타난 공백(해리) 반응
이 환자의 경우, 뇌의 거의 모든 부분에서 활성이 감소해
사고, 집중, 방향 감각에 혼선이 발생했다.

나 깊이 있게 느끼고, 기억하고, 지금 일어나는 일을 인지하는 것이 불가능하다. 이런 상태에서는 일반적인 면담 치료를 해 봐야 사실상 아무 소용 없다.

우트를 치료하면서, 그녀가 왜 그토록 스탠과 다르게 반응했는지 짐작할 수 있었다. 우트는 어릴 적에 자신을 아주 엄격하게 대하던 엄마에게 대처하려고 뇌가 학습한 생존 전략을 사고 현장에서도 활용한 것이다. 아버지는 아홉 살 때 돌아가셨고, 엄마는 수시로 아이에게 지나칠 정도로 고약하게 굴면서 모욕을 주었다. 어린 우트는 엄마가 소리칠 때 마음을 텅 빈 상태로 만들 수 있다는 사실을 깨달았다. 그로부터 35년이 흐르고 다 찌그러진 차 안에 갇히자, 우트의 뇌는 자동으로 그때와 똑같은 생존 반응, 즉 자기 자신을 없애 버리는 반응을 작동시킨 것이다.

우트와 같은 사람들은 각성하고 주변을 의식할 수 있는 상태로 바뀌어야 한다. 어렵지만 삶을 되찾기 위해서는 반드시 해결해야 할 과제다(우트의 경우는 회복에 성공했다. 자신의 경험을 담은 『정신의 건강 *Mental Fitness*』이라는 책을 출간해 성공을 거두기도 했다). 이러한 환자들의 치료에는 반드시 상향식 접근법을 적용하고, 치료 목표는 환자의 생리학적 상태에 변화를 유도해 신체 감각과의 관계를 바꾸는 것으로 설정해야 한다. 트라우마센터에서는 환자의 심장 박동 수와 호흡 패턴을 기본 척도로 삼아 변화를 확인한다. 더불어 환자의 신체 감각을 불러일으키고 스스로 감각을 인지할 수 있도록 지압점을 누르는 방법도 활용한다.[19]

그 밖에 다른 사람과 비치볼을 던지고 받거나 필라테스 공 위에서 몸을 튕기는 운동, 드럼 치기, 음악에 맞춰 춤을 추는 것 등 다른 사람들과 리듬에 맞춰 상호 작용하는 것도 도움이 된다.

머릿속이 멍해지는 증상은 외상 후 스트레스 장애에서 나타나는 대표적인 특성이다. 정신적 외상을 경험하고 살아남아 치료를 받지 않은 사람들 중에는 처음에 스탠처럼 사건이 급격히 재현되는 상태를 경험하다가 나중에 멍한 상태가 되는 경우가 많다. 트라우마가 되살아나면 극적인 변화를 겪고 깜짝 놀라 자기 파괴적인 행동까지 할 수도 있지만, 시간이 지나면서 현실감을 잃어버리는 이 같은 변화는 훨씬 더 큰 손상을 가져올 수 있다. 어린이가 정신적 외상을 입을 경우 특히 이 부분이 심각한 문제가 될 수 있다. 고통을 밖으로 드러내는 아이들은 주의를 끌지만, 멍한 아이는 누구도 괴롭히지 않으므로 아이의 미래가 조금씩 사라지는 줄도 모르고 그대로 방치될 수 있다.

현재를 살아가는 법을 배우려면

트라우마 치료에서는 과거의 사건에 대처하는 것뿐만 아니라 일상생활의 경험의 질을 높이는 방안도 고민해야 한다. 외상 후 스트레스 장애 환자의 머릿속에 트라우마 기억이 우세한 이유 중 하나는 현재를 온전히 살아가지 못하기 때문이다. 지금 있는 곳에 온전히 머무르지 못하면 자연스레 살아 있다고 느낄 수 있는 곳으로 가게 된다. 그 장소가 공포와 고통으로 가득한 곳이라 해도 마찬가지다.

트라우마 스트레스 치료에서는 환자가 과거에 대해 느끼는 감각을 없애는 데 중점을 두는 경우가 많다. 트라우마 상황에 다시 노출되면 감정의 분출과 과거 재현 증상이 줄어들 것이라는 기대에서 시도되는 방법이다. 나는 이런 시도가 트라우마 스트레스에 시달릴 때 일어나는 일을 오인한 데서 비롯된 치료법이라고 생각한다. 무엇보다도, 우리는 환자들이 현재를 온전하게, 안심하고 살아갈 수 있도록 도와주어야 한다. 이를 위해서는 감당할 수 없는 트라우마를 겪으면서 망가진 뇌 구조가 원상태로 되돌아올 수 있도록 이끌어 주어야 한다. 감각을 없애면 반응성을 줄일 수 있겠지만, 가만히 길을 걷거나 요리를 하고 아이들과 같이 노는 것과 같은 평범한 일상에서 만족감을 느끼지 못한다면 삶은 그냥 스쳐 지나가 버린다.

5장

신체와 뇌의 유대

인생은 리듬이다. 심장이 피를 뿜어낼 때, 우리는 두근거린다. 우리는 리듬을 만드는 기계고, 그것이 바로 우리의 모습이다.

미키 하트Mickey Hart

찰스 다윈Charles Darwin은 생이 얼마 남지 않은 1872년, 『인간과 동물의 감정 표현에 대하여The Expression of the Emotions in Man and Animals』라는 책을 발표했다.[1] 최근까지도 다윈의 이론에 관한 과학적 논의는 『종의 기원 On the Origin of Species』(1859)과 『인간의 유래The Descent of Man』(1871)를 중심으로 이루어져 왔지만, 『인간과 동물의 감정 표현에 대하여』에는 정서적 삶의 기반에 관한 놀라운 탐구 내용이 담겨 있다. 다윈이 수십 년 동안 연구하여 얻은 관찰 및 일화들과 함께 자녀들과 집에서 키우던 동물들이 등장하는 친근한 집안 이야기들도 가득하다. 처음으로 책에 사진을 실어서 삽화 분야에 획기적 변화를 가져온 책이기도 하다(당시 사진은 비교적 새로운 기술에 속했고, 과학자들 대부분이 그렇듯 다윈도 이 최신 기술을 활용해 자신이 전달하고자 하는 주제를 설명하려 했다). 『인간과 동물의 감정 표현에 대하여』는 지금도 발행되는 책이라 쉽게 구할 수 있다. 최근 개정판에는 현대 감정 연구의 선구자인 폴 에크먼Paul

Ekman이 쓴 기막힌 서론과 의견도 추가됐다.

이 책에서 다윈은 인간을 포함한 포유동물 전체의 공통적인 신체 구조를 설명하는 것으로 논의를 시작한다. 폐, 신장, 뇌, 소화기관, 생식기관 등 생명을 유지하고 지속시키는 구조들이 이 공통 구조에 해당된다. 오늘날 많은 과학자가 다윈의 의인관*을 비난하지만, 다윈의 주장을 살펴보면 동물 애호가의 면모가 엿보인다.

"인간과 고등 동물들은 (…) [또한] 본능에서 공통점이 있다. 동일한 감각과 직관, 느낌, 열정, 애정, 감정을 가지고 있으며, 그보다 더 복잡한 감정들, 예컨대 질투심, 의심, 모방, 감사, 아량과 같은 감정도 똑같이 느낀다."[2] 다윈은 감정이 담긴 동물의 신체적 징후가 인간에게도 나타난다고 보았다. 깜짝 놀라면 목 근처 머리카락이 쭈뼛 선다거나 극도로 화가 나면 이를 드러내는 행동은 인간이 기나긴 진화 과정을 거치고 남은 흔적이라는 설명 외에는 이해가 불가능하다.

다윈은 포유동물의 감정이 근본적으로 생물학적 특성에 뿌리를 두고 있다고 생각했다. 즉 감정은 행동을 개시하는 데 필요한 동기 형성에 필수적이라고 본 것이다. 감정(영어로 'emotion'은 '떠나다'라는 의미를 가진 라틴어 'emovere'에서 유래했다)은 우리가 하는 모든 일의 형태와 방향을 제공하며, 1차적으로 얼굴과 몸의 근육을 통해 표현된다. 얼굴과 신체의 움직임으로 우리의 정신 상태와 상대방을 대하는 의도를 전달하는 것이다. 예를 들어 화가 난 표정과 위협하는 몸짓은 상대방에게 뒤로 물러서라는 경고의 의미고, 슬픈 표정은 타인의 염려와 관심을 끌어낸다. 공포는 무기력감이나 지금 자신이 위험에 빠져 있다는 사실을 알린다.

우리는 사람들의 긴장 상태나 이완 상태, 자세, 목소리 톤, 표정 변

• 인간 이외의 존재인 신과 자연에 인간의 정신적 특성을 부여하는 견해

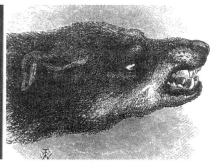

"사람이 상대를 비웃거나 다른 사람과 으르렁거릴 때, 윗입술 한쪽 끝이 올라가 송곳니가 드러나거나 상대방을 향해 송곳니를 내보이지 않는가?" - 찰스 다윈, 1872

화를 보고 사람들 사이에 형성된 역학 관계를 본능적으로 읽어 낸다. 전혀 모르는 언어로 된 영화를 보더라도 등장인물들이 서로 어떤 관계인지 추측할 수 있다. 그리고 동일한 방식으로 다른 포유동물(원숭이, 개, 말)의 감정 상태도 읽을 수 있다.

다윈은 안전과 신체적 평형 상태를 회복하게 해 줄 움직임을 시작하게 하는 것이 감정의 근본적인 목적이라는 관찰 결과를 밝혔다. 오늘날 우리가 외상 후 스트레스 장애로 이름 붙인 상태의 근원을 다윈은 다음과 같이 설명한다.

> 위험을 피하거나 위험으로부터 도망치려는 행동은 유기체가 생존 경쟁을 하기 위해 진화한 행동이 분명하다. 그러나 도망이나 회피 행동이 부적절하게 지속되면, 종을 성공적으로 보존하기에 불리해진다. 종의 보존에는 생식 능력이 반드시 필요하고 이 생식 능력은 회피와 도피와 상반되는 먹이 공급, 쉴 곳 찾기, 짝짓기 활동에 따라 좌우되기 때문이다.[3]

다시 정리해 보면, 유기체가 생존에 온통 몰두한 상태가 되면 보이지 않는 적과 싸우는 일에 에너지가 집중되어 아이를 키우고, 돌보고, 사랑을 나눌 여유가 없다. 이를 인간에 적용한다면, 마음이 보이지 않는 폭력에 맞서 방어 태세를 취하는 한 가장 가까운 사람과의 관계가 위태로워지며 상상하고, 계획을 수립하고, 놀고, 배우고, 다른 사람이 필요로 하는 것에 관심을 기울이는 능력도 약화된다는 의미다.

다윈은 신체와 뇌의 유대 관계에 대해서도 설명한다. 이 관계에 대해서는 지금까지도 계속 연구가 이루어지고 있다. 실제로 강렬한 감정에는 마음과 함께 위, 장과 심장까지 관여한다. "심장과 위, 장, 뇌는 인간과 동물의 감정 표현과 감정 관리에 관여하는 핵심 신경인 '폐위'

신경을 통해 서로 친밀한 대화를 주고받는다. 마음이 크게 흥분하면 두 내장기관에 즉각적인 영향을 미친다. 그 결과 신체의 가장 중요한 기관인 이 두 기관 사이에 상호 작용과 반응이 크게 증가한다."[4]

나는 이 구절을 처음 읽고 흥분되어 다시 한 번 읽어 보았다. 실제로 우리는 극도로 괴로운 감정 상태에서 속이 뒤틀린다거나 심장이 부서지는 기분을 느낀다. 감정이 주로 머릿속에서 존재한다는 사실을 알고 있는 한 통제력을 상당한 수준으로 유지할 수 있지만, 가슴이 무너지거나 복부를 한 방 맞은 것 같은 느낌은 견디기 힘들다. 그래서 이 끔찍한 내장 감각을 떨치려고 무엇이든 시도한다. 다른 사람에게 절박하게 매달리거나 약물 또는 알코올의 기운을 빌려 감각을 무디게 만들거나, 칼로 자기 피부를 그어 '감당할 수 없는 감정'을 '설명할 수 있는 감각'으로 대체하는 행동 등이 이에 포함된다. 약물 중독부터 자해 행동까지, 얼마나 많은 정신 건강 문제가 감정 때문에 발생한 이 견딜 수 없는 신체적 고통에 대처하려는 노력에서 시작될까? 다윈의 생각이 옳다면, 사람들이 자기 몸의 내적 감각 지형을 바꿀 수 있도록 도와줄 방법을 찾아야 한다.

서구 사회의 과학에서는 최근까지도 몸과 마음의 상호 소통이 크게 무시되어 왔지만, 인도와 중국을 중심으로 전 세계 여러 지역에서 이 소통을 전통적인 치유 과정의 핵심으로 여기며 오랫동안 지켜 왔다. 그리고 이 소통은 오늘날 트라우마와 회복에 관한 이해 수준을 바꾸어 놓고 있다.

신경계의 창문

상대방에게서 나타나는 근육의 변화와 상대방 얼굴에 떠오른 긴장감, 팽창된 동공, 음성의 높낮이와 말의 속도 등 대화를 나누면서 본능적으로 나타내는 사소한 징후들과 타액의 분비, 침 삼키기, 호흡, 심장 박동 수 등 몸 내부에서 일어나는 변화는 하나의 조절 체계를 통해서로 연계되어 있다.[5] 즉 이 반응들은 모두 자율신경계에서 뻗어 나온두 가지 동시성synchrony에서 비롯된 결과물이다. 신체의 가속장치 역할을 하는 교감 신경계와 브레이크로 작용하는 부교감 신경계가 그 주인공이다.[6] 다윈의 표현을 빌리면 이 두 신경계는 '서로 상반된' 관계에 있으며, 함께 작용하면서 한쪽은 소비를, 다른 한쪽은 보존을 준비하고 신체 에너지 흐름을 관리하는 데 중요한 역할을 수행한다.

교감 신경계는 싸움-도주 반응(다윈은 '두피 또는 회피 행동'으로 설명했다)을 포함한 자극 상태를 유도한다. '교감sympathetic'이라는 명칭은 지금으로부터 약 2천 년 전, 로마의 의사였던 갈레노스Galenos가 이신경계의 기능이 '감정sympathos'과 관련 있다는 사실을 관찰하고 붙인이름이다. 교감 신경계는 재빨리 행동을 취하도록 근육으로 혈액을 보낼 수 있게 부신*을 자극해 아드레날린을 분비하도록 함으로써 심장의 박동 속도와 혈압을 높인다.

자율신경계의 또 다른 가지인 부교감('감정에 반하는') 신경계는소화, 상처 치유 등 신체 보존 기능을 촉진시킨다. 아세틸콜린 분비를 촉진해 자극 상태에 브레이크를 걸고, 심장 박동을 늦추고 근육을이완시키고 호흡을 정상 수준으로 돌려놓는다. 다윈이 지적했듯이'먹이 공급, 쉴 곳 찾기, 짝짓기 활동'은 부교감 신경계가 좌우한다.

이 두 신경계의 기능을 체험해 볼 수 있는 간단한 방법이 있다. 심호흡을 하면 자율신경계가 활성화되고, 그 결과 아드레날린이 뿜어져나와 심장 박동이 빨라진다. 운동선수들이 시합에 출전해 경기를 시작

---

* 좌우의 콩팥 위에 있는 내분비샘

하기 전에 몇 번씩 짧고 깊게 호흡하는 이유도 이 때문이다. 반대로 숨을 내쉬면 부교감 신경계가 활성화되어 심장 박동이 진정된다. 요가나 명상 수업에서는 강사들이 숨을 내쉴 때 더욱 집중하라는 말을 하는데, 깊고 길게 숨을 내쉬면 마음을 안정시키는 데 도움이 되기 때문이다. 우리가 숨을 쉬는 동안 심장 박동은 빨라졌다 느려졌다를 계속 반복한다. 이로 인해 박동 간 간격은 절대 똑같을 수 없다. 이와 같은 시스템의 유연성은 심박 변이도HRV라는 척도로 측정할 수 있다. 변동성이 클수록 유연성은 우수하고, 신체의 자극 시스템에서 브레이크와 가속 장치가 적절히, 균형 있게 기능한다고 볼 수 있다. 심박 변이도를 측정할 수 있는 장비가 개발되면서 엄청난 발전이 따랐다. 16장에서 외상 후 스트레스 장애의 치료에 이 변이도를 어떻게 활용할 수 있는지 설명할 예정이다.

신경에 담긴 사랑의 암호[7]

노스캐롤라이나대학교의 스티븐 포지스Stephen Porges는 우리가 심박 변이도 연구를 시작한 1994년, 메릴랜드대학교에서 연구하면서 '다미주 신경 이론Polyvagal Theory'을 발표했다. 다윈의 관찰 결과를 토대로 삼아, 다윈 이후 140년 동안 과학적으로 밝혀진 결과를 추가하여 분석한 결과였다('다미주 신경'은 다윈이 '폐위 신경'이라 칭한 신경으로 뇌, 폐, 심장, 위, 장 등 수많은 신체 기관을 서로 연결하는 여러 갈래의 신경을 가리킨다). 다미주 신경 이론은 안전, 위험과 관련된 생물학적 특성을 상세히 밝힌 것으로, 우리 몸의 본능적인 경험과 주변 사람들의 목소리, 얼굴 사이에 발생하는 미묘한 상호 작용이 근본적인 영향을 준다고 본다. 친절한 얼굴이나 마음을 달래 주는 목소리 톤이 사람의 감정을 극적으로 바꿔 놓을 수 있는 이유도 이 이론으로 설명할 수 있다. 또 인생에 중요한 의미가 있는 사람을 보거나 그 사람의 목소리를 들으면 편안하고 안전하다고 느끼는 반면, 그 사람에게 무시당하거나 묵살당하면 분노 반응이 촉발되거나 정신적 붕괴 상태가 될 수 있는 이유를 명확하게 설명한다. 또한 다미주 신경 이론은 다른 사람과 조율하려고 집중적으로 노력하면 혼란스럽고 두려운 상태에서 벗어날 수 있는 이유를 제시한다.[8]

한마디로 포지스의 이론은 싸움-도주 반응의 영향 그 이상을 내다보고 트라우마를 이해할 때 사회적 관계를 무엇보다 우선시하고 중심에 두도록 변화를 가져왔다. 치유 방식에 있어서도 신체의 자극 조절 능력을 강화하는 쪽에 초점을 맞추는 새로운 접근법을 제시했다.

인간은 가까이 있는 사람(그리고 동물)의 미묘한 감정 변화에 맞추는 능력이 놀라울 정도로 뛰어나다. 눈썹에 나타난 긴장, 눈 주변의 주름, 입의 곡선, 목의 각도가 조금만 바뀌어도 우리는 상대방이 편안한지, 의심을 품고 있는지, 긴장이 풀린 상태인지, 겁을 먹었는지 재빨리 알아챈다.[9] 우리 몸의 거울 뉴런은 상대방의 내적 경험을 인식하며, 몸 전체는 인지한 정보에 따라 내적인 적응에 돌입한다. 이를 통해 우리 얼굴의 근육은 지금 얼마나 평온하고 얼마나 흥분된 상태인지, 심장은 빠르게 뛰고 있는지 잠잠한지, 곧 덤벼들어 물고 늘어질 태세인지 도망갈 준비 중인지 상대방에게 단서를 제공한다. 상대방에게서 '나와 있으면 안전합니다'라는 메시지를 받으면 우리는 마음이 편안해진다. 남들과 좋은 관계를 맺는 행운이 따르면, 우리는 격려와 지지를 받는다는 느낌을 받고 상대방의 얼굴과 눈을 들여다보면서 회복되기도 한다.

우리 사회의 문화는 개개인의 독특한 특성에 집중하도록 가르치지만, 자세히 들여다보면 실상은 개별적인 유기체로 간신히 존재할 뿐이다. 우리의 뇌는 우리가 한 집단의 구성원으로 기능하도록 구성되었다. 그래서 우리는 혼자 있을 때조차 집단의 한 부분이 된다. 음악을 듣거나(다른 사람이 만든 음악), 텔레비전으로 농구 경기를 시청하거나(선수가 달려가고 점프하면 우리의 근육도 긴장한다), 회의를 앞두고 엑셀로 자료를 정리하는 경우(상사가 어떤 반응을 보일지 추측한다)에도 마찬가지다. 가지고 있는 에너지의 대부분을 다른 사람들과의 유대 관계에 쏟는 것이다.

공식적인 정신의학적 진단 내용에 포함되는 특정 증상들의 이면을 살펴보면, 정신적 고통을 야기하는 대부분의 문제가 만족스러운 관계를 형성하지 못하거나 자극을 잘 조절하지 못하는 것(습관적으로 분노를 표출하고 마음을 닫아 버리고 과도하게 흥분하거나 정신없이 혼란스러워하는 상태가 되는 경우 등)이 원인임을 알 수 있다. 대체로 이 두 가지가 동시에 원인으로 작용하는 경우가 일반적이다. 특정 '장애'를 치료할 약물을 찾는 데 초점을 맞춘 의료계의 표준적인 접근법은, 집단의 일원으로 기능하지 못하게 만드는 문제가 무엇인가에 관한 관심을 흐리게 하는 경향이 있다.

안전과 상호 의존

나는 몇 년 전, 저명한 아동 심리학자이자 하버드대학교 명예교수인 제롬 케이건Jerome Kagan이 달라이 라마Dalai Lama에게 이 세상에서 잔인한 일이 하나 발생할 때마다 수백 가지의 소소한 친절과 유대가 생겨난다고 했다는 이야기를 들었다. 케이건 교수는 이런 결론을 내렸다. "악의적인 행동보다는 호의적인 행동이 우리 인간의 진정한 특성인지도 모른다."

정신 건강에서 가장 중요한 것을 한 가지만 꼽는다면, 다른 사람들과 함께 지내면서 안심하고 살 수 있는 것이라고 할 수 있다. 안전한 유대 관계는 의미 있고 만족스러운 삶을 만드는 필수 요소다. 재난을 겪고 나타나는 반응에 관해 전 세계에서 진행된 여러 연구를 통해서도 사회적 지지가 스트레스와 트라우마에 제압되지 않도록 지켜 주는 가장 강력한 힘이라는 사실이 밝혀졌다.

단지 다른 사람이 존재하기만 하는 상황은 사회적 지지와 다르다. 중요한 것은 '상호 의존'으로, 주변 사람들이 나와 나의 말을 제대로 보고 듣고 있으며 다른 사람의 생각과 마음속에 내가 존재한다는 느낌을 받을 수 있는 상태를 의미한다. 즉 생리학적인 측면에서 마음이 안정되고 치유받고 성장하려면, 지금 자신이 안전하다는 기분을 강하게 느낄 수 있어야 한다. 우정이나 사랑을 제공해 줄 처방전은 어떤 의사도 써 줄 수 없다. 우정과 사랑 모두 복잡하고 아주 힘든 과정을 거쳐 획득할 수 있다. 트라우마가 있어야 남의 시선을 의식하거나 모임에서 낯선 사람들을 보고 당황하는 건 아니지만, 트라우마는 이 세상 전체를 낯선 존재들이 모인 곳으로 바꿔 놓을 수 있다.

정신적 외상을 입은 사람들 중 많은 수가 만성적으로 주변 사람들과 잘 지내지 못한다. 그중에는 자신이 겪은 전쟁이나 성폭행, 고문당한 이야기를 비슷한 경험이나 배경을 가진 사람들이 모인 자리에서 이야기하면서 편안함을 느끼는 사람들도 있다. 공통적인 트라우마나 자신이 희생당한 이야기에 중점을 두면 지독한 고립감을 어느 정도 약화시킬 수 있지만, 문제는 개개인의 차이를 인정하지 않으려 한다는 점이다. 따라서 공통 코드가 있는 사람만 자신과 함께할 구성원이 될 수 있다.

좁은 범위로 한정한 희생자 집단 속에 자신을 고립시키면, 그 밖의 다른 사람들은 기껏해야 무관한 존재가 되고, 최악의 경우 위험한 대상으로 여기게 되어, 결국 고립감이 더욱 심해진다. 범죄 조직이나 극단주의 정당, 광신도 집단이 위안이 될지도 모르지만, 그런 관계 속에서는 삶이 제공하는 것들을 열린 마음으로 받아들이기 위해 반드시 필요한 정신적 유연성을 거의 기를 수 없고, 결국 그 구성원들은 트라우마에서 벗어나지 못한다. 정상적으로 기능하는 사람들은 개개인의 차이를 받아들일 줄 알고 타인의 인간성을 인정한다.

지나치게 전전긍긍하거나 관계가 단절된 상황을 오히려 편하게 느끼는 성인이나 어린이에게는 다른 포유동물과의 관계가 도움이 될 수 있다는 사실이 지난 20년 동안 널리 인정받았다. 덜 까다롭게 구는 개, 말, 심지어 돌고래와 우정을 쌓으면 안전한 느낌을 충분히 얻을 수 있다. 특히 개와 말은 현재 트라우마 환자의 치료에 광범위하게 활용되고 있다.[10]

3단계의 안전 감각

트라우마를 남긴 사건을 겪고 나면, 위험과 안전에 관한 인식이 바뀌고 이전과 다른 신경계로 세상을 경험하게 된다. 포지스는 사람들이 자신이 속한 환경에서 상대적인 위험과 안전을 평가하는 능력을 '신경 인지neuroception'라는 새로운 용어를 만들어서 설명했다. 이 신경 인지에 문제가 생긴 사람들을 도와주려면, 이들의 생존 기전이 방어 작용을 중단하도록 생리적 기능을 재설정할 수 있는 방안을 찾아야 한다. 즉 위험에 적절히 반응하면서도 안전하고 편안한 기분을 느끼고 진정한 상호 의존이 가능한 상태로 회복되도록 도와야 한다.

나는 비행기 충돌 사고 후 생존한 6명의 환자를 대상으로 폭넓은 면담과 치료를 실시한 적이 있다. 2명은 사고 당시 의식을 잃었다고

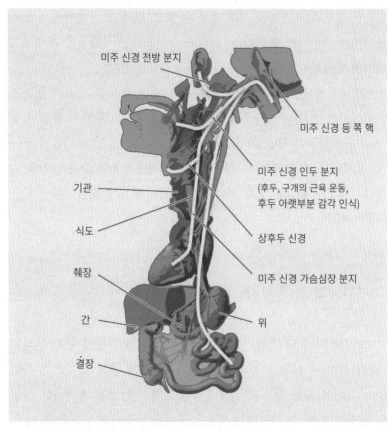

미주 신경 전방 분지

미주 신경 등 쪽 핵

미주 신경 인두 분지
(후두, 구개의 근육 운동,
후두 아랫부분 감각 인식)

상후두 신경

미주 신경 가슴심장 분지

기관

식도

췌장

간

결장

위

다분지 미주 신경

미주 신경은 가슴이 찢어지는 느낌, 속이 뒤틀리는 감정을 인식한다. 우리는 화나서 흥분하면
목이 건조해지고 목소리에 긴장이 담기며 심장은 빠르게 뛰고 호흡은 빨라지면서 얕아진다.

밝혔다. 몸은 다치지 않았지만 정신적으로 무너진 것이다. 다른 2명은 공황 상태에 빠져, 치료가 시작된 후에도 한참 동안 극도로 흥분한 상태였다. 또 다른 2명은 침착하게 기지를 발휘해 다른 승객들이 불붙은 비행기 잔해 속에서 빠져나올 수 있도록 도왔다. 환자들을 만나 보면 강간이나 자동차 사고, 고문 피해자들이 보이는 반응 수준이 유사하다는 사실을 확인할 수 있었다. 그러나 이전 장에서 설명한 것과 같이 차 안에 나란히 앉아서 가다가 고속도로에서 대형 참사를 겪은 스탠과 우트는 사고를 다시 떠올릴 때 확연히 다른 반응을 보였다. 집중력을 잃지 않는 사람도 있고, 정신적으로 무너지는 경우도 있고, 아예 정신이 나간 상태가 되는 이런 차이는 왜 발생할까?

포지스의 이론에서 그 설명을 찾을 수 있다. 자율신경계는 세 가지 핵심적인 생리학적 상태를 조절한다. 그리고 특정 시점에 이 세 가지 중 어느 쪽을 활성화할 것인지 결정하는 것은 안전하다고 느끼는 수준이다. 첫 단계인 '사회적 개입 유도'는 위험에 처했다고 느끼는 순간마다 본능적으로 가동된다. 이 단계에서는 주변 사람들에게 도움과 지원, 편안함을 구한다. 그런데 아무도 도와주러 오지 않거나 위험이 갑작스럽게 닥쳐 그대로 맞닥뜨리면 좀 더 원시적인 생존 방식이 되살아난다. 바로 '싸움-도주' 반응이다. 공격을 가한 대상과 맞서 싸우거나 안전한 장소로 달아나는 것이다. 그런데도 그 상황에서 빠져나가지 못하거나, 제압당하거나, 붙잡혀서 그 노력이 실패로 돌아가면, 이제 환경과 자신을 차단시키고 에너지 소모를 최소한으로 줄이는 방법으로 스스로를 지키려 한다. 이 상태를 '얼어붙은 상태', '붕괴 상태'라고 한다.

이와 같은 과정에는 여러 개의 가지로 형성된 미주 신경이 관여한다. 트라우마를 겪은 사람들이 어떻게 대처하는지 이해하려면 미주 신경에 대해 잘 알아야 하므로, 먼저 해부학적 특징을 간단히 살펴보도록 하자. 사회적 개입 유도 시스템은 뇌간의 조절 센터에 뿌리를 둔 신경들에 의해 작동된다. 이 조절 센터는 제10뇌신경으로도 알려진 미주 신경을 중심으로 얼굴 근육과 목, 중이, 그리고 목소리 상자로도 불리는 후두를 활성화시키는 인접한 신경들로 구성된다. '배 쪽 미주 신경 복합체ventral vagal complex: VVC'의 이 신경 단위가 작동하면 우리는 누가 미소 지으면 따라서 미소 짓고, 공감이 가면 머리를 끄덕이고, 친구가 불운한 일을 이야기하면 얼굴을 찌푸린다. 배 쪽 미주 신경 복합체가 개입하면 심장과 폐에도 신호가 전달되어 심장 박동이 느려지고 더 깊이 호흡하게 된다. 그 결과 우리는 침착하고 편안한 기분이 되어 중심을 잃지 않고 기분 좋은 쪽으로 고조된다.

안전이나 사회적 유대에 위험이 발생한 것을 감지할 때마다 배 쪽 미주 신경 복합체가 자극하는 영역에 변화가 발생한다. 뭔가 괴로운 일이 생기면 우리는 자동적으로 그 혼란스러움이 얼굴 표정과 목소리 톤에 나타나도록 신호를 보내는데, 이는 다른 사람들에게 와서 도와달라고 요청하는 역할을 한다.[11] 그러나 아무도 이 도움 요청에 반응하지 않으면 위험하다는 생각이 점차 커지면서 진화적으로 더 오래전에 형성된 변연계가 개입한다. 이어 교감 신경계가 책임을 넘겨받아 근육과 심장, 폐를 움직여 싸움 또는 도주 태세를 취한다.[12] 음성은 빠르고 거칠어지고, 심장은 더 빨리 뛰기 시작한다. 이때 개가 같은 공간에 있으면, 우리 몸에서 땀샘이 활성화된 것을 냄새로 감지해 같이 흥분하고 으르렁댄다.

빠져나갈 길이 없고 도저히 피할 수 없는 상황에 처하면, 마지막 응급 시스템이 활성화된다. 바로 등 쪽 미주 신경 복합체dorsal vagal complex: DVC다. 이 시스템은 횡격막 아래 위, 신장, 장까지 영향력을 행사해 몸 전체의 대사 작용을 대폭 감소시킨다. 심장 박동이 뚝 떨어지고(이때 우리는 심장이 '멎었다'고 느낀다), 숨을 쉬지 못하며, 소화계는

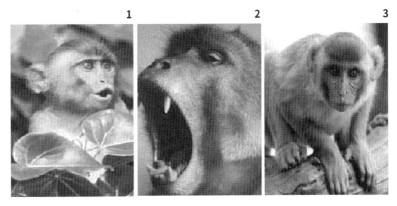

위험에 처하면 나타나는 세 가지 반응

1. 사회적 개입 유도 시스템: 불안해진 원숭이가 위험을 알리고 도움을 요청하고 있다(배 쪽 미주
   신경 복합체).
2. 싸움 또는 도주: 이빨을 드러내고, 얼굴에 극심한 분노와 공포가 나타난다(교감 신경계).
3. 붕괴: 신체가 물러서서 중단하라는 신호를 보낸다(등 쪽 미주 신경 복합체).

기능을 멈추거나 배출을 유도한다(말 그대로 '하도 겁나서 똥오줌을 지리는' 상황이 된다). 이 시점이 되면 우리는 상황과 분리되어 무너지고 얼어붙어 버린다.

싸움-도주 반응 vs. 붕괴 상태

스탠과 우트의 뇌 스캔에서 살펴보았듯이, 트라우마는 싸움 또는 도주 반응으로 표출될 뿐만 아니라 신체 기능이 중단되고 현실에 참여하지 못하는 상태로도 나타난다. 그 각각의 반응마다 뇌 활성 수준도 달라진다. 포유동물 뇌에 마련된 싸움-도주 시스템은 기능이 정지되지 않도록 보호하고 지켜 주는 기능을 하고, 파충류 뇌는 정지 반응을 유도한다. 이 두 시스템의 차이는 대형 애완동물 가게에 가면 확인할 수 있다. 새끼 고양이, 강아지, 생쥐, 모래쥐들은 쉼 없이 돌아다니며 놀다가 지치면 서로 껴안고 피부를 맞댄 채 한 덩어리로 모여 있다. 반면 뱀과 도마뱀들은 우리 한구석에 꼼짝 않고 누워서 주변 환경에 반응을 보이지 않는다.[13] 파충류의 뇌가 유도하는 이러한 일종의 부동 상태는 수많은 만성 트라우마 환자에게서 관찰되는 특징으로, 비교적 최근에 트라우마를 겪은 생존자들이 쉽게 화들짝 놀라고 두려워하면서 포유동물성 공황 상태와 극심한 분노를 표출하는 것과 상반된다.

운전 중에 도로 위에서 분노를 과도하게 표출하는 행동은 싸움-도주 반응의 전형이라 할 수 있다. 아마 대부분의 사람들이 어떤 기분에서 비롯된 행동인지 잘 알 것이다. 갑자기 위협을 느끼고, 행동을 취하거나 공격해야겠다는 강렬한 충동이 치솟는 바람에 나온 결과다. 위험을 느끼면 사회적 개입 유도 시스템이 꺼지고 사람의 음성에 대한 반응도가 감소하는 반면, 위협하는 소리에 더욱 민감하게 반응한다. 그래도 크게 화를 내고 분노하는 것이 그 정반대 반응, 즉 정지 상태가 되어 세상과 자신을 아예 단절시키는 것보다 나은 경우가 많다. 싸움-도주 반응이 활성화되면 최소한 몸에 에너지가 가득한 느낌이 든다. 그러나 학대받고 정신적 외상을 입은 사람들은 실질적인 위협과 마주하면 아주 팔팔한 반응을 보이면서도 생일 파티, 가족 식사처럼 더 복잡하고 객관적으로는 더 안전한 상황에서 오히려 멍해진다.

싸움 또는 도주 반응으로 위협이 해결되지 않으면, 이제 최후의 수단이 가동된다. 파충류 뇌가 관여하는 마지막 응급 시스템이다. 이 시스템은 대부분 가해자에게 꼼짝 못하고 잡혀 있거나 아이가 자신을 겁주는 양육자에게서 도망가지 못하는 상황처럼 신체를 마음대로 움직이지 못할 때 관여한다. 기능이 정지되고 세상과 분리되는 반응을 끌어내는 등 쪽 미주 신경 복합체는 진화상으로 봤을 때 고대에 해당하는 부교감 신경계의 한 부분으로, 설사나 구역질 등 소화기관 증상과 관련이 있다. 또 심장 박동을 늦추고 호흡을 얕아지게 만든다. 이 시스템이 가동되면 다른 사람들이나 자기 자신이 겪고 있는 일이 더 이상 중요하게 느껴지지 않는다. 인지 기능이 중단되면서 신체적 고통도 더 이상 인지하지 못한다.

우리는 어떻게 인간이 되었을까

포지스의 원대한 이론에 따르면, 포유동물은 점점 더 복잡해지는 사회적 삶을 잘 살아가기 위해 배 쪽 미주 신경 복합체가 발달했다. 인간을 비롯한 모든 포유동물은 다 함께 모여서 살고 짝짓기를 하고 아이를 기르고 공통의 적을 방어하고 힘을 모아 사냥을 하고 식량을 구한다. 배 쪽 미주 신경 복합체가 더 효율적으로 기능하고 이로 인해 교감 신경계와 부교감 신경계가 더 조화롭게 활성화될수록, 개개인의 생리적 특성은 같은 집단에 속한 다른 구성원들의 특성에 맞게 조율된다.

배 쪽 미주 신경 복합체의 이 같은 기능은 부모가 아이들 스스로 조절 능력을 갖추도록 자연스럽게 도와주는 과정을 설명해 준다. 갓 태어난 아기는 사회성이 그리 뛰어나다고 할 수 없다. 대부분의 시간을 자면서 보내고, 배가 고프거나 몸이 축축한 기분이 들면 잠에서 깬다. 젖을 먹고 나면 잠시 동안 주위를 둘러보고, 짜증도 내고, 어딘가를 응시하지만 곧 다시 체내 리듬에 따라 잠이 든다. 생애 초기에는 교감 신경계와 부교감 신경계가 번갈아 가며 활성화되는 흐름에 거의 그대로 맡긴 채 살아가고 파충류 뇌가 기능의 많은 부분을 운영한다.

하지만 시간이 흘러 우리가 아기를 보면서 다정하게 말을 건네고, 미소를 짓고, 관심을 나타내면 한창 발달 중이던 아기의 배 쪽 미주 신경 복합체의 동시성을 높이는 자극으로 작용한다. 부모와 아이의 이러한 상호 작용은 아기의 정서 자극 시스템이 주변 환경과 조화를 이루도록 도와준다. 배 쪽 미주 신경 복합체는 아기가 빨고 삼키는 행동과 얼굴 표정, 후두에서 나오는 소리를 조절한다. 자극이 주어지고 이와 같은 기능이 생겨나면, 아이는 즐겁고 안전한 기분을 느끼며 이 기분은 이후 발달하는 모든 사회적 행동의 토대 형성에 도움이 된다[14](내 친구인 에드워드 트로닉Edward Tronick은 오래전에 내게 뇌는 문화적인 기관이라고 가르쳐 주었다. 즉 경험이 뇌를 형성한다는 뜻이다).

배 쪽 미주 신경 복합체를 통해 같은 생물종에 속한 다른 구성원들과 조화를 이루면 엄청난 보상을 얻을 수 있다. 엄마와 아이 사이에 형성된 조화에서 출발하여 훌륭한 야구 경기를 만들어 내는 율동적 움직임이 이루어지고, 탱고 춤을 출 때 필요한 동시 동작과 합창, 재즈 연주, 실내악 연주에 필요한 하모니가 만들어진다. 그리고 이 모든 감각은 깊은 즐거움과 유대감을 길러 준다.

이 시스템이 망가지면 트라우마가 발생할 수 있다. 살려 달라고 애원했지만 가해자가 그 간곡한 청을 무시할 때, 어린아이가 침대에 누워서 잔뜩 겁에 질린 채 엄마가 남자 친구에게 맞으며 질러 대는 비명 소리를 들을 때, 친구가 쇳조각에 깔려 꼼짝 못하는데 도와주고 싶지만 도저히 들어 올리지 못할 때, 자신을 추행하는 목사에게서 벗어나고 싶지만 벌을 받을까 봐 걱정될 때가 그런 경우에 해당한다. 몸을 마음대로 움직이지 못하는 상황은 대부분의 트라우마에 근본 원인으로 작용한다. 그러한 상황이 되면 등 쪽 미주 신경 복합체가 지휘권을 넘겨받는 경우가 많고, 그 결과 심장 박동은 느려지고 호흡은 얕아지고, 좀비가 된 것처럼 자기 자신이나 주변 환경과의 연결이 끊어진다. 현실에서 분리되어 혼란스러워하며 기능이 정지된 상태가 되는 것이다.

방어냐 휴식이냐?

나는 스티븐 포지스의 이론을 통해 포유동물은 평소 자연스레 어느 정도 경계 태세를 갖추고 지낸다는 사실을 깨달았다. 하지만 다른 사람과 정서적인 친근감을 느끼기 위해서는 이 방어 시스템이 일시적으로 작동을 멈추어야 한다. 같이 놀고, 짝을 이루고, 아이를 키우려면 뇌가 이 자연스러운 경계 태세를 갖춘다.

트라우마 환자들 중에는 경계심이 지나치게 강해서 일상생활에서 마땅히 느껴야 할 소소한 즐거움을 못 느끼는 경우도 많지만, 반대로 지나치게 아무 감각이 없어서 새로운 경험을 받아들이거나 실제 위험 징후를 감지하지 못하는 사람들도 있다. 뇌의 화재 경보기가 오작동하면 위험에서 벗어나야 하는 상황에서도 달아나지 못하고, 스스로 방어해야 할 때 맞서 싸우지 못한다. 9장에서 자세히 설명하겠지만, 획기적인 연구로 인정받고 있는 '아동기의 부정적인 경험 연구'에서 어린 시절에 학대받고 방치된 여성들은 성인이 되어 성폭행당할 확률이 7배나 더 높은 것으로 나타났다. 또 어릴 때 엄마가 남편이나 애인에게 폭행당하는 모습을 목격한 여성들은 나중에 가정 폭력의 희생자가 되는 확률이 매우 높았다.[15]

사회적 접촉을 피상적인 대화로만 한정하면 안전하다고 느끼는 사람들이 많지만, 실질적인 신체 접촉은 더 강렬한 반응을 유발할 수 있다. 그러나 포지스가 지적했듯이 다른 사람과 꼭 끌어안거나 파트너와 함께 잠을 자고 섹스를 하는 등 어떤 형태로든 남과 깊은 친밀감을 느끼려면 부동 상태지만 공포를 느끼지 않는 상황을 직접 경험해봐야 한다.[16] 트라우마 환자들에게는 자신이 실제로는 안전한 상태이며 혹시라도 위험에 처할 경우 방어 기능을 활성화하면 된다는 사실을 깨닫는 일이 매우 어려운 과제다. 그렇게 되려면 신체가 안전하다는 느낌을 다시 회복할 수 있는 경험들이 필요하다. 이 주제에 대해서는 뒤에서 다시 여러 차례 논의할 예정이다.

치료에 대한 새로운 생각

트라우마에 시달리는 어린이와 성인들이 싸움-도주 반응에 갇혀버리거나 만성적인 기능 정지 상태가 된다면, 한때 이들의 생존을 보장해 준 이 방어 기술의 활성을 없앨 좋은 방법은 없을까?

트라우마 환자들을 치료하는 일부 유능한 사람들은 직관적으로 그 방법을 아는 것 같다. 트라우마센터에서 놀이 프로그램을 운영했던 스티브 그로스Steve Gross도 그런 사람 중 하나다. 스티브는 틈만 나면 밝은 색 비치볼을 들고 병원 안을 돌아다니다가, 대기실에서 잔뜩 화가 나 있거나 얼어붙은 아이들을 보면 일단 얼굴 가득 환한 미소를 짓는다. 그래도 아이들은 거의 반응을 보이지 않는다. 그러면 그로스는 조금 있다가 다시 돌아와서, 아이가 앉아 있는 곳 근처에 '실수로' 공을 떨어뜨린다. 스티브는 공을 집으려고 몸을 숙이면서 공을 아이 쪽으로 살짝 민다. 이럴 경우 아이들은 대체로 공을 밀어 주고 싶은 생각을 조금은 하게 된다. 그렇게 공을 주고받다 보면 곧 두 사람의 얼굴에 미소가 떠오른다.

스티브는 함께 리듬감을 느끼는 간단한 동작을 통해 뇌의 사회적 개입 유도 시스템이 되살아날 수 있는 작지만 안전한 장소를 만든 것이다. 이와 동일한 방식으로, 심각한 정신적 외상을 입은 사람들은 회의 전에 의자 놓는 일을 돕거나 의자에 앉아서 다른 사람들과 함께 리듬에 맞춰 의자를 손으로 톡톡 치는 동작을 해 보는 것이 그 의자에 앉아 인생에서 실패한 경험을 이야기하는 것보다 더 도움이 될 수 있다.

한 가지는 확실하다. 이미 통제 불능인 사람에게 소리를 질러 봐야 상태가 더 심해질 뿐이라는 사실이다. 애완견은 주인이 소리치면 몸을 웅크리고, 억양 없이 높은 음성으로 이야기하면 꼬리를 흔든다. 마찬가지로 우리 인간도 거친 음성을 들으면 공포와 분노를 느끼고 기능이 멈춰 버리지만, 즐거운 음성을 들으면 마음을 열고 편안한 기분을 느낀다.

안타깝게도 우리의 교육 제도나 트라우마를 치료할 수 있다고 주장하는 수많은 방법은 이 감정 개입 시스템을 무시하고 대신 마음의 인지적 기능을 끌어내는 데 주력한다. 분노, 공포, 불안이 이성적 사고 능력에 영향을 준다는 사실이 충분한 증거들로 입증되었음에도 불구하고, 새로운 사고방식을 촉진하기에 앞서 뇌의 안전 체계부터 재가동시켜야 하는 필요성을 간과하는 프로그램들이 많다. 합창과 체육 수업, 쉬는 시간, 몸을 움직이고 뛰놀고 즐겁게 참여할 수 있는 모든 활동은 아이들 교육 과정에서 절대 배제되지 말아야 한다. 어린이가 반항적이고 방어적인 태도를 보이거나 멍한 모습 또는 극도로 분노하는 모습을 보이면, 설사 아이가 극심하게 짜증을 내거나 당황스러워할지언정 이 '나쁜 행동'이 아이가 심각한 위협에서 살아남으려고 반복적으로 하는 행동임을 인지하는 것이 중요하다.

포지스의 연구 성과는 내가 일하던 트라우마센터에서 나와 동료들이 학대 아동들과 트라우마에 시달리는 성인들의 치료법을 마련하는 데 큰 영향을 주었다. 이어 요가가 여성들의 마음을 진정시키고 정신과 분리된 육체와 접촉하는 데 큰 도움이 된다는 사실이 밝혀진 후부터는 여성들을 위한 치료 요가 프로그램도 마련했다. 또 보스턴 시내에 있는 학교들을 대상으로 연극 프로그램을 실시하고, 강간 피해자들에게 가라데를 호신술로 가르쳐 주는 '노상강도 영향 모델' 프로그램도 마련했다. 놀이 치료, 감각 자극 등 신체 요법에 관한 연구 성과들도 현재 전 세계 생존자들에게 적용되고 있다(이 기술들을 비롯한 다양한 치료 방법은 5부에서 설명할 예정이다).

다미주 신경 이론은 무엇보다 이처럼 제각각 다르고 그리 오랜 전통을 가진 것도 아닌 이 기법들이 전부 '왜' 그토록 효과가 있는지 설명해 준다. 하향식 접근법(사회적 참여 기능의 활성화)과 상향식 접근법(신체의 긴장 완화)을 조합하는 것이 중요하다는 사실을 더 깊이 이해하면서 얻게 된 결과들이다. 이를 통해 호흡법(프라나야마), 기공 체조와 같은 무술, 합창, 춤 등 서구 의학계의 범위를 벗어난 곳에서 오랜 세월 활용되어 온 방법들, 고전적이고 약물을 사용하지 않는 건강법에도 더 열린 마음으로 접근할 수 있었다. 다른 사람과의 리듬과 본능적인 감각의 인지, 목소리와 얼굴로 나누는 의사소통이 필요한 이러한 활동들은 사람들이 싸움-도주 상태에서 벗어나 위험을 인지하는 현 상태를 재편하고 대인 관계를 다루는 능력을 키울 수 있도록 도와준다.

몸에는 비극적인 경험의 흔적이 남는다.17 트라우마의 기억이 내장 감각으로, 가슴을 찢고 속을 뒤틀리게 하는 감정으로, 자가 면역 문제와 골격계·근육계 건강 이상으로 암호화되어 남는다. 마음, 뇌, 내장 기관의 커뮤니케이션이 감정 조절에 성공하는 지름길이라면, 환자를 치료하는 방식에도 전면적인 변화가 필요하다.

6장

몸을 잃으면 자기self를 잃는다

해결되지 않고 마음에 남아 있는 모든 것에 인내를 가지고, 그 의문들 자체를
사랑하려고 노력하라. (…) 그 의문들이 현재를 살도록 하라. 훗날 언젠가, 자신
도 알아채지 못한 사이 조금씩 답을 가지고 살아가게 될 것이다.

라이너 마리아 릴케Rainer Maria Rilke, 『젊은 시인에게 보내는 편지Letters to a Young Poet』

셰리는 어깨를 축 늘어뜨리고 턱이 가슴팍에 닿을 만큼 웅크린 모습으
로 진료실에 들어섰다. 입을 열기도 전에 셰리는 세상과 마주하는 것
이 두렵다고 몸으로 말하고 있었다. 옷 소매로 가려지지 않은 팔뚝의
딱지가 눈에 들어왔다. 셰리는 자리에 앉은 후, 카랑카랑하지만 단조
로운 어조로 자신의 팔과 가슴 언저리를 자신도 모르게 피가 날 때까
지 긁고 잡아 뜯는 습관이 있는데 도저히 멈출 수가 없다고 말했다.

셰리가 기억하는 먼 과거부터 엄마는 보육 시설을 운영했고, 집에
서는 많을 땐 15명이나 되는 아이들이 한가득 함께 지내는 날이 많았
다. 낯설기도 하고 행동이 파괴적이기도 한 아이들, 겁을 먹은 아이들
도 있지만 자신에게 겁을 주기도 하던 그 아이들은 올 때만큼이나 갑
작스레 사라져 버리곤 했다. 임시로 머물다 가는 이 아이들을 돌보면
서 자란 셰리는 자신을 돌보거나 자신이 필요로 하는 걸 채울 여유가

없다고 느꼈다. 셰리는 내게 이렇게 이야기했다. "전 제가 원치 않는 존재였다는 걸 알아요. 언제 처음 깨달았는지는 확실하지 않지만, 엄마가 제게 하신 말씀들을 생각해 보면 늘 그런 메시지가 담겨 있었죠. 엄마는 '있잖아, 난 네가 우리 가족이 될 줄은 몰랐다. 사람들이 실수로 남의 집 아이를 건네준 것 같아.'라고 말씀하셨어요. 미소를 지으며 말씀하셨지만, 사람들은 뭔가 진지한 이야기를 그렇게 농담처럼 하는 경우가 많잖아요."

우리 연구진은 수년간 연구를 통해, 만성적인 정서적 학대와 방치가 신체적 학대와 성폭력만큼 파괴적인 영향을 줄 수 있다는 사실을 여러 차례 확인했다.[1] 셰리는 그 결과를 보여 주는 살아 있는 표본이었다. 남의 눈에 띄지 않고 인식되지도 못한 채 안심하고 지낼 곳이 아무 데도 없는 삶은 나이를 불문하고 커다란 악영향을 줄 수 있지만, 세상 속에서 자신의 위치를 찾으려고 한창 노력하는 어린아이들에겐 특히 심각한 파괴력을 발휘한다.

셰리는 대학을 졸업한 후 사무직 일자리를 얻었지만 일에 아무 재미도 느끼지 못했다. 고양이들을 키우며 혼자 사는 셰리에겐 가깝게 지내는 친구들도 없었다. 내가 남자관계에 대해서 묻자, 셰리는 살면서 남자와 엮인 유일한 '관계'는 대학 시절, 플로리다에서 방학을 보내다가 우연히 만나 그녀를 납치했던 사람이라고 말했다. 그 남자는 셰리를 가둬 놓고 5일간 수차례 강간했다. 셰리는 갇혀 있던 곳에서 대부분의 시간을 몸을 웅크린 채 두려움에 떨면서 꼼짝 못하고 있다가, 마침내 자신이 빠져나갈 수 있다는 사실을 깨달았다. 그래서 남자가 욕실에 있는 동안 유유히 걸어서 탈출했다. 도움을 요청하려고 엄마에게 전화를 걸었지만 엄마는 수신을 거절했다. 결국 셰리는 가정 폭력 피해자 쉼터의 도움을 받아 가까스로 집에 돌아올 수 있었다.

셰리는 피부를 쥐어뜯기 시작한 이유가 멍한 기분에서 벗어나 조금이나마 위안을 얻을 수 있기 때문이라고 설명했다. 몸으로 느껴지는 그 감각은 살아 있는 기분이 들게 해 주었지만 동시에 깊은 수치심도 들게 했다. 셰리는 자신이 이런 행동에 중독된 상태라는 걸 잘 알고 있었지만, 멈출 수가 없었다. 나를 찾아오기 전에도 여러 정신 건강 전문가들과 만나 상담을 받고 자신의 '자살 행동'에 대해서 물어보았다고 했다. 한 정신과 전문의는 두 번 다시 자해를 하지 않겠다고 약속하지 않으면 치료를 맡지 않겠다고 말하면서 셰리의 의지와 상관없이 입원을 시키기도 했다. 그러나 내 경험상 셰리처럼 피부에 상처를 내거나 칼로 자기 몸을 긋는 사람들은 자살을 하는 경우가 드물다. 그저 자신이 아는 그 유일한 방법으로 기분이 좀 나아지려고 노력하는 것이다.

하지만 많은 사람이 이 점을 잘 이해하지 못한다. 앞서도 설명했지만, 사람들이 괴로울 때 가장 일반적으로 보이는 반응은 자신이 좋아하고 믿고 도움을 받을 수 있는 사람, 계속 견디도록 용기를 줄 사람을 찾는 것이다. 또 자전거를 타거나 헬스장에 가서 운동을 하는 등 신체 활동으로 마음을 진정시킬 수도 있다. 세상에 태어나서 배가 고플 때 누군가가 먹을 것을 주고 추울 때 이불을 덮어 주고 다치거나 놀랐을 때 어르고 달래 줄 때의 기분을 처음 느낀 순간, 이와 같은 감정 조절 방식을 배운다.

그러나 사랑이 담긴 눈으로 바라봐 주는 사람이나 자신을 보면 미소가 번지는 사람을 한 번도 만난 적이 없다면, 필요할 때 도와주러 달려와 준 사람이 한 명도 없었다면(도움 대신 "그만 울어, 안 그러면 진짜 제대로 울게 만들어 줄 거다"라는 말을 들었다면), 자기 자신을 돌볼 다른 방법을 찾아야만 한다. 그래서 약물이나 알코올, 폭식, 몸에 상처를 내는 것 등 조금의 위안이라도 될 만한 일은 무엇이든 시도해 본다.

셰리는 상담이 예약된 날 꼬박꼬박 방문하고 내 질문에도 성심성의껏 대답했지만, 우리 둘 사이에는 효과적인 치료를 위해 필요한 환자와 의사의 유대감이 형성되지 않는 기분이 들었다. 유난히 굳은 자세로 꼿꼿하게 앉아 있는 셰리를 보고, 나는 예전에 함께 일한 적 있는 마사지 치료사 리즈를 만나 보라고 권했다. 리즈는 셰리와 처음 만난 날, 마사지 침대에 누우라고 한 뒤 침대 끝으로 가서 셰리의 발을 살짝 잡았다. 그런데 누워서 가만히 눈을 감고 있던 셰리가 갑자기 당황해서 소리를 지르기 시작했다. "선생님, 지금 어디 계세요?" 어찌 된 영문인지 셰리는 리즈가 같은 공간에서 자기 발을 잡고 있는데도 어디에 있는지 인식하지 못한 것이다.

셰리는 몸과 정신이 극심한 분리 상태가 될 수 있다는 사실을 내게 가르쳐 준 첫 번째 환자였다. 트라우마 환자와 버려져 방치된 경험이 있는 사람들 중에 이런 경우가 많다. 나는 내가 받았던 전문적인 교육이 이해와 통찰 수준에 집중할 뿐, 살아서 숨 쉬는 신체, 우리 자기의 기본 토대가 되는 몸과의 관련성은 크게 간과해 왔다는 사실을 깨달았다. 셰리는 피부를 잡아 뜯는 자신의 행동이 파괴적이라는 사실도 알고 그 행동이 엄마의 방치와 관련 있다는 것도 알았지만, 충동의 원인을 이해하는 것은 그 충동을 제어하는 데 아무런 도움이 되지 않았다.

몸을 잃어버리다

이 사실을 알고 나자, 얼마나 많은 환자들이 내게 몸 구석구석까지 아무 감각이 없다고 호소해 왔는지 떠올라 한 번 더 놀랐다. 때때로 나는 환자들에게 눈을 감고 손을 내밀어 보라고 한 후, 내가 손바닥에 올려놓는 물건이 무엇인지 맞혀 보라고 했다. 그들은 자동차 열쇠든, 동전이든, 병따개든 짐작조차 못하는 경우가 많았다. 감각 정보의 인식 기능이 작동하지 않은 것이다.

나는 친구인 알렉산더 맥팔레인Alexander McFarlane에게 이 사실을 이야기했다. 그는 같은 현상을 관찰한 적 있는 친구로, 호주 애들레이드에 있는 연구실에서 이와 관련한 몇 가지 의문을 떠올리고 연구했었다. 보통 사람들은 손에 자동차 열쇠를 쥐고 있으면 눈으로 보지 않고도 그게 뭔지 알아차리는데, 어떻게 이런 추측이 가능할까? 손바닥 위에 놓인 물건의 정체를 알려면 모양과 무게, 온도, 질감, 놓여 있는 방식을 느낄 수 있어야 한다. 이 각기 다른 감각 경험은 뇌의 각기 다른 부분으로 보내지고, 이 정보들이 하나로 통합되어야 단일한 인식이 가능하다. 맥팔레인은 외상 후 스트레스 장애 환자들의 경우 전체 그림을 만들어 내는 과정에 어려움을 겪는 경우가 많다고 밝혔다.[2]

감각이 선명하지 않으면 살아 있는 기분을 온전히 느낄 수 없다. 미국 심리학의 아버지인 윌리엄 제임스William James는 「감정이란 무엇인가? What Is an Emotion?」(1884)라는 논문에서[3] 직접 상담했던 한 여성에게서 '감각의 무지각'을 관찰했던 충격적인 사례를 보고했다. 그 환자는 이렇게 밝혔다.

"저는 (…) 인간이 가진 감각이 없어요. 인생을 행복하고 기분 좋게 살 수 있는 온갖 것들에 둘러싸여 있지만, 즐거워하고 느끼는 능력이 부족해요. (…) 제 감각 하나하나가, 저 자신이라 할 수 있는 몸 구석구석이 저와 분리된 것 같아요. 제겐 아무런 느낌도 들지 않아요. 머리 앞부분이 텅 빈 것 같고 제 몸의 표면 전체에 감각이 줄어든 것 같아서, 손을 뻗어도 아무것도 닿을 수 없을 것 같은 기분이 들어요. 전 이것이 제 몸에 느낌이 없는 것과 관련 있는 것 같아요. 사소한 일로 보일 수도 있지만, 결과는 엄청나요. 아무것도 느낄 수 없고 아무런 즐거움도 찾을 수가 없으니까요. 제가 아무리 필요로 하고 절박하게 원해도, 이 불가능 상태가 제 삶을 이해할 수 없는 고문으로 만들어 버렸어요."

트라우마로 발생하는 이러한 반응은 중요한 궁금증을 불러일으킨다. 정신적 외상을 입은 사람들이 평범한 감각 경험을 하나로 통합시켜서 자연스러운 감각을 느끼며 살아가고 몸이 안전하고 온전한 상태임을 느끼게 하려면, 어떻게 해야 할까?

지금 살아 있다는 건 어떻게 알까?

트라우마 환자들을 대상으로 실시된 초기 신경영상 연구들은 대부분 앞서 3장에서 살펴본 연구와 비슷했다. 즉 피험자들이 트라우마를 떠올릴 때 어떤 반응을 보이는지에 중점을 두었다. 이후 2004년, 스탠과 우트 로런스 부부의 뇌를 촬영했던 나의 동료 루스 라니우스는 새로운 의문을 던졌다. "트라우마 환자들이 과거를 생각하지 '않을 때' 뇌에서는 어떤 일이 벌어질까?" 휴지 상태의 뇌, 즉 '기본 상태 신경망'에 관한 라니우스 박사의 연구는 트라우마가 자기 인식, 특히 감각 정보의 자기 인식에 미치는 영향에 관한 지식의 완전히 새로운 장을 열었다.[4]

라니우스 박사는 '정상적인' 16명의 캐나다인을 모집하여 특별히 아무 생각도 안 하는 상태로 누워 있도록 하고 뇌 스캔을 촬영했다. 우리가 깨어 있는 동안 뇌에서는 거센 움직임이 지속되므로 아무 생각도 안 하는 건 결코 쉬운 과제가 아니었다. 그러나 박사는 참가자들에게 호흡에 집중하고 최대한 머릿속을 비우려 노력하라고 요청했다. 이어 어린 시절에 심각한 만성 학대 경험이 있는 18명을 대상으로 동일한 실험을 실시했다.

마음속으로 딱히 특별한 생각을 하지 않을 때, 뇌는 무엇을 하고 있을까? 바로 자기 자신에게 주의를 집중하는 것으로 밝혀졌다. 뇌가 이 기본 상태가 되면 '자기 자신'에 대한 감각을 키우는 뇌의 각 영역들

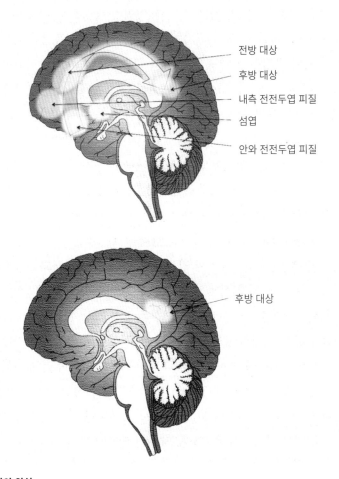

전방 대상

후방 대상

내측 전전두엽 피질

섬엽

안와 전전두엽 피질

후방 대상

자기의 위치

모히칸식 자기 인식 영역. 뇌의 전면에서 시작해(그림에서 우측), 안와 전전두엽 피질과 내측 전전두엽 피질, 전방 대상, 후방 대상, 섬엽으로 구성된다. 트라우마에 만성적으로 시달린 사람들은 해당 부위에 활성이 급격히 감소한 것으로 나타난다. 이로 인해 체내 상태를 잘 인지하지 못하고 유입되는 정보와 개인적 관련성을 파악하는 데 어려움을 겪는다.

이 활성화된다.

라니우스 박사는 일반 참가자들의 뇌 스캔 결과를 보고 이전 연구자들이 설명했던 기본 상태 신경망 영역이 활성화된 것을 확인했다. 나는 이 영역을 '모히칸식 자기 인식 영역'이라고 즐겨 부르는데, 눈 바로 위에서 시작해 뇌 중간을 거쳐 뒤통수 부위까지 중심선을 따라 쭉 이어지는 구조로 되어 있기 때문이다. 뇌 뒤쪽에서 가장 넓게 빛나는 영역은 후방 대상 영역으로, 위치에 관한 신체 감각을 제공하는 일종의 신체 GPS라 할 수 있다. 이 영역은 앞서 4장에서 설명했던 뇌의 감시탑인 내측 전전두엽 피질과 단단히 연결되어 있다(fMRI로는 이 연결을 확인할 수 없으므로 스캔 결과에는 나타나지 않는다). 또한 후방 대상 영역은 내장기관의 메시지를 감정 센터로 전달하는 섬엽, 감각 정보를 통합하는 두정엽, 감정과 생각을 조정하는 전방 대상 영역 등 신체 다른 부분에서 유입된 감각을 인지하는 뇌 영역과도 연결되어 있다. 모두 우리의 의식에 영향을 주는 영역들이다.

생애 초기에 심각한 트라우마를 겪은 만성 외상 후 스트레스 장애 환자 18명의 뇌 스캔에서는 깜짝 놀랄 만큼 상반된 결과가 나타났다. 뇌에서 스스로 감각을 인지하는 영역 대부분에 거의 아무런 활성이 나타나지 않은 것이다. 내측 전전두엽 피질과 전방 대상, 두정엽, 섬엽에는 전혀 불이 들어오지 않았고, 공간에서 기본적인 방향 감각을 제공하는 후방 대상 영역에서 유일하게 약간의 활성이 확인됐다.

이 결과는 한 가지로밖에 설명할 수 없다. 환자들은 트라우마 자체에 대한 반응으로, 그리고 트라우마를 겪은 후 오랜 세월 지속된 두려움에 대처하기 위해 신체의 직관적인 느낌과 감정을 전달하는 뇌 영역의 기능을 정지시키는 법을 습득한 것이다. 이 영역의 활성은 두려움을 동반할 수도 있고 두려움을 더 또렷하게 만들 수도 있기 때문이다. 그러나 우리의 일상생활에서 모든 감정과 감각을 인식하는 곳이 바로 이 영역이며, 자기 인식과 자신이 누구인지 느끼는 감각의 토대가 된다. 우리가 목격한 것은 비극적인 적응의 결과였다. 끔찍한 감각을 차단하기 위해 삶을 온전하게 느끼며 사는 기능마저 없애 버린 것이다.

내측 전전두엽의 활성이 사라진 결과는 그토록 많은 트라우마 환자들이 목적과 방향 의식을 잃어버리는 이유를 설명해 준다. 나는 환자들이 가장 일상적인 일들까지 내게 조언을 구하고, 조언을 해 줘도 거의 따르지 않는 것을 보며 자주 놀라곤 했었다. 그제야 나는 그 환자들과 그들의 내면적 현실 사이에 형성된 관계가 손상되었다는 사실을 알았다. 자신이 무엇을 원하는지 모르는데, 더 정확히 말하면 자기 몸에서 발생한 감각들, 모든 감정의 기반이 되는 그 감각이 지금 무엇을 이야기하는지 알 수가 없는데, 어떻게 결정을 하고 실행 계획을 세울 수 있단 말인가?

아동기에 만성 트라우마에 시달린 희생자들 중에는 자기 인식 능력이 심각하게 사라져 거울을 보고도 자신을 못 알아보는 경우가 종종 있다. 뇌 스캔 결과를 보면 이것이 결코 환자의 단순한 부주의로 생긴 결과가 아님을 알 수 있다. 자기 인식을 담당하는 영역이 자기 경험과 관련된 영역과 함께 기능을 못하는 상태이기 때문이다.

루스 라니우스 박사가 내게 연구 결과를 보여 줬을 때 나는 고등학생 시절 배운 어떤 문장이 떠올랐다. 지렛대의 원리에 관한 내용 중에 수학자 아르키메데스Archimedes가 한 말이었다. "서 있을 장소와 지렛대만 있으면, 지구도 들어 올릴 수 있습니다." 20세기의 위대한 신체 치료사로 꼽히는 모셰 펠든크라이스Moshe Feldenkrais가 한 말도 떠올랐다. "지금 자신이 무엇을 하고 있는지 알기 전까지는 원하는 걸 할 수 없습니다." 이 말들에 담긴 의미는 분명하다. 현실을 느끼려면 지금 자신이 어디에 있는지 알아야 하고, 지금 자신에게 무슨 일이 일어나고 있는지 인식해야 한다. 자기 감지 시스템이 망가졌다면 다시 활성화시킬 방법을 찾아야 한다.

자기 감지 시스템

셰리가 마사지 치료를 받으면서 크게 개선되는 모습은 내게 너무나 뿌듯한 기분을 안겨 주었다. 셰리는 일상적인 삶을 좀 더 편안하고 용기 있게 살게 되었고, 내게도 더 느긋하고 열린 마음으로 대했다. 치료에 제대로 참여하기 시작하면서 자신의 행동과 생각, 느낌에도 진심으로 호기심을 갖게 되었다. 피부를 잡아 뜯는 행동이 사라진 셰리는 여름이 되자 저녁이면 집 앞 현관으로 나와 이웃들과 수다를 떨기 시작했다. 심지어 교회 성가대에도 들어가 그룹 동시성을 훌륭하게 경험했다.

그즈음 나는 하버드대학교 심리학과 과장인 댄 섁터Dan Schacter가 조직한 소규모 연구자 모임에서 안토니오 다마지오Antonio Damasio를 만났다. 다마지오는 여러 편의 놀라운 논문과 저서를 통해 몸의 상태와 감정, 생존의 관계를 명확히 밝힌 인물이다. 신경학자인 그는 갖가지 유형의 뇌 손상 환자를 수백 명 치료하면서 인간의 의식과 개개인이 자신의 느낌을 인지하는 데 중요한 역할을 하는 뇌 영역을 찾아내는 일에 매료됐다. 그리하여 자신의 경력을 걸고 '자기'의 경험을 담당하는 영역을 파악하는 연구에 몰두했다. 안토니오 다마지오의 저서중에서 가장 중요한 업적이라고 생각되는 『현재 상황에 관한 느낌The Feeling of What Happens』에서 나는 생각지도 못한 새로운 사실을 발견했다.[5] 먼저 다마지오는 자기에 관한 감각과 우리 몸에 대한 감각은 완전히 분리된다고 지적하면서 다음과 같이 시적으로 설명했다. "때때로 우리는 사실을 발견하는 대신 사실을 숨기는 데 마음을 활용한다. (…)

이 차단막screen이 가장 효율적으로 숨길 수 있는 것 중 하나가 몸, 즉 우리 자신의 신체로, 몸의 안쪽, 내면으로부터 감출 수 있다. 피부에 베일을 드리워 품위를 유지하는 것처럼, 그 차단막은 몸의 내적 상태, 즉 매일 세상을 거닐며 삶의 흐름을 구성하는 마음을 부분적으로 없앤다."6

이어 다마지오는 이 '차단막'이 외부 세계에서 벌어진 긴급한 문제에 주의를 기울일 수 있도록 우리 편에 서서 기능할 수 있지만, 대신 다음과 같은 대가가 따른다고 덧붙였다. "우리가 자기라고 부르는 것의 기원과 특성을 느끼지 못하도록 하는 경향이 있다."7

다마지오는 윌리엄 제임스가 100년 전 구축한 사실들을 바탕으로, 자기 인식의 중심은 몸의 내적 상태를 전달하는 신체 감각에 좌우된다고 주장한다.

> 원시적 느낌은 살아 숨 쉬는 자신의 몸을 말없이, 있는 그대로, 순수한 존재 외에는 다른 무엇과도 연결되어 있지 않은 몸 그 자체를 직접 경험할 수 있도록 한다. 이 원시적 느낌에는 다양한 양상의 (…) 기쁨부터 즐거움까지 광범위한 신체의 현재 상태가 반영된다. 또한 이 느낌은 대뇌 피질이 아닌 뇌간에서 생겨난다. 감정에 따르는 느낌은 모두 원시적 느낌에 따른 근육의 복합적인 변화라 할 수 있다.8

인간의 감각 세계는 우리가 태어나기도 전에 형성된다. 자궁 속에서 우리는 피부에 닿는 양수를 느끼고 맹렬히 흐르는 혈액과 소화관이 움직이는 희미한 소리를 들으며 엄마의 움직임에 따라 몸이 이리저리 요동친다. 태어난 뒤에는 신체 감각이 자기 자신, 그리고 주변 환경과의 관계를 결정한다. 처음에는 몸 어딘가가 축축하고, 허기지고, 배부르고, 졸린 상태의 '존재'로 인식한다. 이해할 수 없는 소리와 이미지가 아직 원상태 그대로 남아 있는 신경계를 자극한다. 의식과 언어를 획득한 후에도 신체 감각 시스템은 우리의 움직임 하나하나에 따라 그 상태를 알려 주는 중대한 정보를 제공한다. 이 즉각적이고 활기찬 정보는 우리의 내장 기관과 얼굴, 몸통, 팔다리 근육의 변화를 유도하여 통증이나 편안함을 외부에 알리게 만들고, 동시에 허기와 성적 흥분 같은 욕구를 발생시킨다. 주변에서 일어나는 일도 신체 감각에 영향을 준다. 아는 사람을 보거나 어떤 음악 한 구절, 사이렌 소리 등 특정한 소리를 듣고 온도 변화를 감지하는 등 우리가 감지한 모든 변화는 우리가 집중하는 대상을 바꾸고, 스스로 인지하지 못한 사이 생각과 행동을 그 변화에 맞게 대비한다.

지금까지 살펴본 바와 같이 뇌의 역할은 우리 내부와 주변에서 일어나는 일을 계속 지켜보고 평가하는 것이다. 그 평가의 결과는 혈류를 따라 이동하는 화학적 메신저와 신경의 전기적 메시지를 통해 전달되어 신체와 뇌 전반의 미묘한 변화와 급격한 변화를 유발한다. 보통 이러한 변화는 의식적인 정보의 유입이나 인식 과정 없이 이루어진다. 뇌의 피질 아래에 놓인 각 영역들은 호흡과 심장 박동, 소화, 호르몬 분비, 면역 체계를 놀라울 만큼 효율적으로 관리한다. 그러나 지속적인 위협을 겪거나 위협을 그냥 인식하기만 해도 이러한 시스템의 기능이 제압될 수 있다. 그 결과 연구자들이 트라우마 환자들에게서 찾아내고 증명한 수많은 신체적 문제가 발생한다.

우리의 의식적인 자기는 내적 평형 상태를 유지하는 일에서도 중추적인 역할을 수행한다. 즉 우리가 몸을 안전하게 지키려면 신체 감각을 인식하고 그에 따라 행동해야 한다. 춥다고 느끼면 스웨터를 입고, 허기지거나 정신이 멍해지면 혈당이 낮아진 것을 깨닫고 간식을 찾아서 먹고, 방광이 꽉 차서 압박이 느껴지면 화장실에 가도록 하는 것이다. 다마지오는 기본적인 느낌을 인지하는 뇌 영역들이 모두 신체의 기본 생명 유지 기능인 호흡, 식욕, 배설, 수면과 기상 주기를 제어하는 영역과 가까이 위치한다고 지적한다.

"감정과 주의 집중의 결과는 유기체 내부에서 생명 유지를 위해 이루어지는 기본 기능들과 전적으로 관련이 있기 때문이다. 유기체의 몸이 현재 어떤 상태인지 알 수 있는 데이터가 없으면 삶을 통제하고 항상성을 유지하는 데 필요한 균형도 유지할 수 없다."[9] 다마지오는 기본 생명 유지를 담당하는 뇌 영역을 '원형 자기'로 명명하고, 우리가 의식적으로 인식하는 자기의 바탕이 되는 '말로 설명할 수 없는 지식'이 바로 이 영역에서 형성된다고 설명한다.

위험에 처한 자기

다마지오와 그의 연구진은 2000년 세계 최고의 과학 학술지 『사이언스Science』에 발표한 논문에서, 강렬하게 남아 있던 부정적 감정이 되살아나면 근육, 위와 장, 피부에서 시작된 신경 신호가 도달하는 뇌 영역, 즉 기본적인 신체 기능을 조절하는 영역에 커다란 변화가 발생한다고 밝혔다. 연구진이 제시한 뇌 스캔 결과에서, 정서적인 영향을 받았던 과거의 사건을 회상하면 신체가 그 당시에 느낀 직관적 감각을 그대로 다시 경험하는 것으로 나타났다. 또한 감정의 유형에 따라 각기 다른 특징적인 패턴이 나타났다. 가령 뇌간의 특정 부분은 '슬픔과 분노를 느끼면 활성화되지만 행복이나 공포를 느끼면 활성화되지 않는' 것으로 확인됐다.[10] 변연계 아래, 전통적으로 감정이 배정되는 장소로 알려진 영역들이 이 부분에 해당되는 것으로 나타났다. 실제로 우리는 강렬한 감정을 신체 반응으로 표현한 관용어를 즐겨 사용하면서 그 연관성을 인정하고 있다. "너 정말 역겨워", "그거 소름 끼치는데!", "정말 목이 멨어", "가슴이 덜컹 내려앉았지", "그 사람 때문에 짜증 나서 털이 다 곤두섰어"와 같이 말이다.

뇌간과 변연계의 기본적인 자기 시스템은 자신이 완전히 무너질 것만 같은 위험에 직면하여 공포, 두려움에 압도당하고 생리학적으로 크게 흥분한 상태가 되면 대폭 활성화된다. 트라우마가 되살아난 사람들에게는 이해하기 힘든 일이 벌어진다. 목숨이 위태로운 상황에 꼼짝 없이 갇힌 것처럼 공포로 온몸이 마비되고 분노로 눈이 먼 상태가 되고, 마음과 몸은 마치 지금 당장 위험에 처한 것처럼 끊임없이 자극을 받아 흥분한다. 아주 희미한 소리를 듣거나 조금 짜증 나는 일만 생겨도 소스라치게 놀란다. 만성적으로 잠도 제대로 들지 못하고 음식을 먹어도 감각적인 즐거움을 못 느끼는 경우가 많다. 그리고 이 느낌을 잠재우기 위해 몸이 굳어 버리거나 정신이 분열되는 절망적인 결과로 이어질 수 있다.[11]

동물적인 뇌 영역이 생존을 위해 싸우는 상태로 고착되어 버렸다면, 어떻게 해야 통제력을 되찾을 수 있을까? 동물적 뇌의 깊숙한 곳에서 벌어지는 일들이 우리의 느낌을 좌우한다면, 그리고 우리의 신체감각이 뇌의 피질하 영역(잠재의식)에 의해 조정된다면, 실제로 우리는 이 영역들을 어느 정도로 통제할 수 있을까?

행위 주체 의식: 자신의 삶을 소유하다

'주체 의식'이란 자기 삶이 자신의 것이라는 느낌을 나타내는 전문 용어다. 지금 어떤 위치에 있고, 지금 일어나는 일에 어떤 견해를 가져야 하는지 알고 주변 상황을 어느 정도 만들어 갈 수 있다는 사실을 아는 것을 의미한다. 보훈병원에서 대기실 벽에 주먹을 날린 참전 군인들도 자신의 주체성을 주장한 것이라 할 수 있다. 뭔가 일이 일어나도록 시도한 것이다. 그러나 그와 같은 행동은 통제력을 잃은 느낌만 더 강해지는 결과를 초래하고, 한때는 자신만만했던 사람들 중 다수가 광기 어린 행동을 보이다가 꼼짝도 못하는 상태를 오가는 악순환에 갇혀 버린다.

주체 의식은 과학자들이 내수용감각interoception이라 부르는, 신체가 느끼는 미묘한 감각과 느낌에 대한 인지에서 시작된다. 내수용감각 수준이 높을수록 삶을 통제할 가능성도 높아진다. 자신이 '무엇'을 느끼는지 알아야 '왜' 그렇게 느끼는지 알 수 있다. 우리의 내적, 외적 환경이 끊임없이 변화하고 있음을 인식하면 이를 관리하기 위해 유동적으로 반응할 수 있다. 그러나 뇌의 감시탑인 내측 전전두엽 피질이 우리 내부에서 무슨 일이 일어나는지 관찰하는 법을 익히지 못하면 그러한 반응도 불가능하다. 내측 전전두엽 피질을 강화하는 마음챙김 방식이 트라우마 치료에 초석이 되는 것도 바로 이런 이유에서다.[12]

어느 날 <펭귄 : 위대한 모험March of the Penguins>이라는 멋진 영화를 본 후, 내 머릿속에 환자들 몇 명이 떠올랐다. 펭귄은 극기심과 인내심이 뛰어난 동물들로, 태곳적부터 지상에 마련된 번식지까지 1백 킬로미터 넘는 거리를 터벅터벅 걸어서 이동하며 살아왔다. 그 과정에서 형언할 수 없는 고난을 겪고, 번식 후에는 수많은 알이 살아 있는 상태로 외부로 드러나 없어져 버리고, 다시 극심한 굶주림 상태로 새끼들을 데리고 바다로 돌아간다. 이런 사실을 영화에서 접하고는 정말 비극적이라고 생각했다. 만약 펭귄에게도 인간처럼 전두엽이 있다면 그 자그마한 두 발로 이글루를 짓고 좀 더 나은 분업 방식을 마련하고 식량 공급 체계도 재편할 수 있으리라. 내가 만난 많은 환자가 경이로운 용기와 인내로 트라우마를 이기고 살아가지만, 늘 똑같은 문제에 반복해서 빠져드는 것도 사실이다. 트라우마가 내면의 나침반을 차단하고,

보다 나은 무언가를 만들기 위해서 반드시 필요한 상상력도 가져가 버렸기 때문이다.

자기와 주체 의식에 관한 신경과학적 특성을 고려하면 나의 동료인 피터 러바인[13]과 팻 오그던[14]이 개발한 일종의 신체 치료법이 유효하다는 사실을 이해할 수 있다. 이 책의 5부에서 이 치료법과 감각 운동을 활용하는 접근 방식에 대해 좀 더 자세히 설명할 예정이다. 그 전에 먼저 두 사람의 치료에서 핵심이 되는 세 가지를 정리하면 다음과 같다.

- 트라우마로 차단되고 굳어 버린 감각 정보를 끄집어낸다.
- 환자가 내적 경험에서 나온 에너지에 친숙해지도록 (억누르지 않고) 도와준다.
- 환자가 공포심을 느껴 꼼짝 못하거나 억눌러 버렸거나, 몸을 움직이지 못해서 미처 실행하지 못했던 자기 보존을 위한 신체 활동을 완료할 기회를 제공한다.

직감은 안전한 것, 생명에 지장이 없는 것을 알려 주기도 하고 위협이 되는 것을 알려 주기도 한다. 하지만 우리는 왜 자신이 그렇게 느끼는지 제대로 설명할 수 없다. 우리의 내적 감각은 우리가 하나의 유기체로서 필요한 것이 무엇인지 미묘한 메시지로 계속해서 전달한다. 또한 직감은 우리 주변에서 일어나는 일에 대한 평가에도 도움을 준다. 저쪽에서 다가오는 사람이 왠지 느낌이 오싹하다고 경고하기도 하고, 창이 서향으로 나 있는 원추리*가 가득 장식된 방에 들어서면 평온하다는 메시지를 보내기도 한다. 내면의 감각과 편안한 관계를 맺으면, 즉 그 감각이 자신에게 정확한 정보를 제공한다고 신뢰할 수 있으

---

* 백합과의 여러해살이 풀

면 자신의 몸과 느낌, 자기 자신까지도 오롯이 느낄 수 있다.

그러나 트라우마에 시달리는 사람들은 내면에서부터 어딘가 안전하지 않다는 느낌에 고질적으로 시달린다. 그리고 과거의 일이 생생하게 살아나서 내면의 안락함을 갉아먹는다. 이들의 신체에는 폭탄처럼 쏟아지는 강력한 경고 신호가 쉼 없이 주어지고, 이 사태를 통제하기 위해 직감을 무시하고 몸의 내부에서 일어나는 일을 인식하지 않고 둔감해지는 능력이 크게 발달한다. 자기 자신으로부터 숨는 법을 익히는 것이다.

내부의 경고 신호를 밀어내고 무시하려 할수록 주도권을 잃고 당황하고 혼란스럽고 수치심을 느낄 확률도 높아진다. 자신의 내면에서 일어나는 일을 편안하게 인식하지 못하는 사람들은 기능이 차단되거나, 공황 상태에 빠져 모든 형태의 감각 변화에 반응성이 약해진다. 두려움 자체를 두려워하게 되는 것이다.

공황 증상은 공황 발작이 일어났을 때 발생하는 신체 감각을 두려워하게 되면서 지속되는 경우가 많다. 발작은 환자 스스로도 비논리적이란 사실을 알고 있는 무언가에 의해 촉발될 수 있지만, 그때 느끼는 감각에 대한 공포는 몸 전체를 응급 상황으로 만든다. '겁에 질려 몸이 굳어 버리다'와 '두려움에 몸이 얼어붙어 버렸다(기능 정지 상태가 되어 몸이 마비된 상황)'라는 표현에는 공포와 트라우마가 어떤 느낌인지 정확하게 담겨 있다. 그것들은 본능적인 느낌이며, 위협을 느끼지만 이유가 무엇이건 도망칠 수 없을 때 나타난 원시적인 반응에서 비롯된다. 그러한 사람들의 삶은 본능적인 경험이 바뀌기 전까지 마치 그 경험의 인질이 된 것처럼 붙들려 있다.

몸의 메시지를 무시하거나 왜곡하면 그 대가로 정말 위험한 것, 실제로 해가 되는 것을 감지할 수 없게 된다. 안전한 것, 자신의 발전에 도움이 되는 것도 알아보지 못하게 되는 것은 함께 치러야 하는 대가

다. 자기 조절을 위해서는 자신의 몸과 친밀한 관계가 형성되어야 한다. 이 관계가 형성되지 않으면 약이나 알코올, 끊임없는 재확인, 다른 사람의 소망에 충동적으로 응하는 행동 등 외부적인 조절에 의존해야 한다.

내가 만나는 수많은 환자가 스트레스를 느끼면 이를 인식하고 상태를 정확하게 파악하는 대신 편두통이나 천식 발작으로 반응한다.[15] 방문 간호사로 일하는 샌디라는 중년 여성은 내게 어린 시절 알코올에 중독된 부모 밑에서 방치된 채 자라 두려움과 외로움을 느꼈다고 말했다. 샌디는 자신이 기대고 의존하는 모든 사람(담당 의사인 나도 포함해서)을 정중하게 대하는 것으로 자신의 문제에 대처했다. 그런데 남편이 무심한 말을 던질 때마다 천식 발작에 시달렸다. 한번은 도저히 숨을 쉴 수도 없고, 제때 흡입기를 찾지 못해서 응급실로 실려 가야 했다.

내면에서 울부짖는 구조 요청을 억누른다고 해서 스트레스 호르몬이 몸 안을 떠돌지 못하게 막을 수는 없다. 샌디의 경우 대인 관계 문제를 무시하고 신체가 보내는 고통 신호를 차단하는 법을 습득했지만, 결국 관심을 요하는 다른 증상이 나타났다. 샌디의 치료는 신체 감각과 감정의 연관성을 인식하는 데 중점을 두었다. 이와 함께 나는 샌디에게 킥복싱을 배워 보라고 권유했다. 3년간 내 환자로 치료받는 동안, 샌디에게는 응급실에 갈 일이 생기지 않았다.

트라우마에 시달리는 어린이와 성인 모두에게서 신체상 뚜렷한 원인이 없는 신체 증상이 보편적으로 나타난다. 만성 요통과 목의 통증, 섬유 근육통, 편두통, 소화 불량, 대장 경련, 과민성 대장 증후군, 만성 피로, 다양한 천식 증상 등이 그러한 증상에 포함된다.[16] 정신적 외상을 입은 어린이는 그렇지 않은 또래 친구들에 비해 천식 발생률이 50배 더 높다.[17] 또 여러 연구를 통해 치명적인 천식 발작을 일으킨 성인과 어린이 중 다수가 발작이 찾아오기 전에는 호흡 문제를 인지하지 못한 것으로 밝혀졌다.

감정 인지 불능증: 느낌을 말로 표현할 수 없다면

내게는 우리 아이들에게 할머니 역할을 해 주신 이모가 한 분 계신다. 남편을 잃고 홀로 남은 이모는 과거에 가슴 아픈 트라우마를 경험하셨다. 이모는 우리 집에 자주 오셨다. 오실 때마다 커튼을 만들고, 주방 선반을 싹 정리하고, 아이들 옷을 직접 지어 주시는 등 굉장히 많은 일을 하셨지만 말씀은 거의 안 하셨다. 항상 즐겁게 지내고 싶어 하셨는데, 무엇이 이모를 즐겁게 할지 알아내기가 힘들었다. 기분 좋은 농담 몇 마디 주고받고 나면 대화가 뚝 끊기는 일이 며칠 동안 지속됐고, 나는 긴 침묵을 채우려고 안간힘을 써야 했다. 이모가 집으로 돌아가시던 날, 나는 공항까지 태워다 드렸다. 공항에 도착하자 이모는 잘 지내라고 하시며 뻣뻣하게 포옹을 해 주셨는데, 이모 얼굴에서 눈물이 흘러내렸다. 이모는 농담조의 비꼬는 기색 전혀 없이, 우리가 서 있던 로건 국제공항에 마침 불어온 찬바람 때문에 눈물이 났다고 불평하셨다. 꾸려진 지 얼마 되지 않아 아직 어설프고 어린 우리 가족들, 이모에게 가장 가까운 친척인 우리와 헤어져야 한다는 슬픔을 이모의 마음은 느끼지 못했지만 몸은 느꼈고, 그것이 눈물로 표현된 것이다.

정신의학자들은 이러한 현상을 감정 인지 불능증이라고 부른다. 영어로는 alexithymia라고 하며, 느낌을 말로 표현하지 못한다는 뜻의 그리스어에서 유래했다. 트라우마에 시달리는 아이들과 성인들은 자신의 느낌을 설명하지 못하는 경우가 많은데, 이들은 신체의 감각이 무슨 의미인지 알아챌 수 없기 때문이다. 그래서 굉장히 화가 난 모습이면서 자신은 화가 안 났다고 부인하고, 겁에 질린 것처럼 보이는데 괜찮다고 말한다. 몸 내부에서 벌어지는 일을 인식하지 못하니 자신의 욕구도 인식하지 못하고, 이로 인해 스스로를 잘 돌보지 못한다. 그래서 적정량의 음식을 적절한 시점에 먹거나 필요한 만큼 잠을 자는 일까지 영향을 받을 수 있다.

이모의 경우처럼, 감정 인지 불능증은 감정의 언어를 행동으로 대체한다. "시속 130킬로미터 속도로 돌진해 오는 차를 본다면 어떤 기분일까요?"라고 물으면, 대부분의 사람들은 "겁이 나겠죠."라고 하거나 "무서워서 몸이 굳어 버릴 것 같은데요."라고 대답하지만 감정 인지 불능증 환자들은 이렇게 대답한다. "어떤 느낌일 것 같으냐고요? 잘 모르겠어요. (⋯) 다른 곳으로 피하겠죠."[18] 이들은 감정을 관심 가져야 할 신호로 여기기보다는 신체적 문제로 인식하는 경향이 있다. 그래서 화가 나거나 슬픈 느낌 대신 근육통, 불규칙한 장운동, 또는 원인을 찾을 수 없는 증상들을 경험한다. 신경성 식욕부진(거식증) 환자의 4분의 3가량, 그리고 폭식증 환자의 절반 이상이 정서적인 느낌에 당혹스러워하면서도 그 감정 상태를 잘 설명하지 못한다.[19] 감정 인지 불능증 환자들에게 화가 난 얼굴, 고통스러워하는 얼굴을 보여 준 연구에서는 이들이 사진에 나온 사람의 감정을 잘 파악하지 못하는 것으로 나타났다.[20]

내게 감정 인지 불능증을 처음 가르쳐 준 사람 중 한 명인 정신의학자 헨리 크리스털Henry Krystal은 홀로코스트 생존자 1천 명 이상을 대상으로 엄청난 정신적 트라우마에 관한 연구를 실시했다.[21] 자신도 강제 수용소를 경험한 피해자인 크리스털은 환자들 대부분이 직업적으로는 성공했지만 친밀한 대인 관계 측면에서는 암울한 수준이며 사람들과 거리를 두고 있다는 사실을 발견했다. 비즈니스 세계에는 감정을 억누르고 발을 들일 수 있었지만 대가가 따랐다. 한때는 감당할 수 없을 정도로 넘쳐흐르던 감정을 아예 차단하는 법을 습득한 결과, 자신이 어떤 기분인지 더 이상 알지 못하는 상태가 된 것이다. 일부는 치료에 전혀 관심을 보이지 않았다.

웨스턴온타리오대학교의 폴 프리웬Paul Frewen은 외상 후 스트레스 장애로 감정 인지 불능증이 발생한 환자들을 대상으로 뇌 스캔을 촬영했다. 참가자 중 한 사람은 이렇게 말했다.

"제가 어떤 기분인지 모르겠어요. 마치 제 머리와 몸이 서로 연결이 안 된 것 같아요. 안개가 꽉 찬 터널 속에 살고 있는 것 같고, 무슨 일이 일어나든 늘 똑같이 반응하죠. 멍한 상태, 그것 말곤 없어요. 거품 욕조에 들어가든, 화상을 입든, 성폭행을 당하든 다 똑같은 느낌이에요. 뇌가 느끼지를 않아요."

프리웬과 그의 연구에 참여한 루스 라니우스는 환자들이 자신의 감정과 동떨어진 거리가 멀수록 뇌에서 자기 인지 영역의 활성도 감소한다는 사실을 확인했다.[22]

정신적 외상을 입은 사람들은 몸에서 일어나는 일을 잘 감지하지 못하는 경우가 많아서 실망스러운 일을 겪을 때 섬세하게 반응하지 못한다. 대신 그 스트레스로 인해 '멍해지는' 상태가 되거나 과도하게 분노를 표출한다. 어느 쪽의 반응이 나타나든 자신이 무엇 때문에 그렇게 언짢은지 말로 표현하지 못하는 경우가 많다. 이와 같은 상태는 신체에도 영향을 주고, 그 결과 자기 보호 능력이 사라져 또다시 희생자가 될 확률이 높아지는 것으로 널리 입증됐다.[23] 즐거움이나 성적 호기심도 크게 줄고 의미 파악에도 큰 어려움을 겪는다.

색맹인 사람들이 색이 있는 세상 속으로 들어오려면 회색의 음영을 구분하고 인식할 수 있어야 하는 것처럼, 감정 인지 불능증 환자들은 자신의 신체 감각과 감정의 관계를 인식할 수 있어야 나아질 수 있다. 하지만 나의 이모나 헨리 크리스털이 연구한 환자들처럼 대부분은 그런 노력을 꺼린다. 대다수의 환자들이 과거의 악령과 마주해야 하는 고통스러운 노력을 하느니 그냥 계속 병원에 다니며 나아질 희망이 없는 질병을 치료하는 편이 낫겠다고 무의식적인 결심을 하는 것 같다.

이인증

자기를 잊어버리는 몰아의 계단에서 한 단계 더 깊이 내려간 상태가 바로 이인증이다. 이인증은 자기 자신에 대한 감각을 잃어버리는 것을 의미한다. 4장에서 살펴본 우트의 백지처럼 텅 빈 뇌 스캔 결과는 이인증을 생생하게 보여 주는 예다. 이인증은 트라우마 사건을 경험할 때 흔히 발생한다. 나는 밤늦은 시간에 집과 가까운 공원에서 노상강도를 당한 적이 있다. 그때 나는 몸이 사건 현장에서 붕 떠올라, 칼을 빼든 10대 청소년 세 명에게 둘러싸인 채 머리에 작은 상처를 입고 쌓인 눈 위에 누워 있는 내 모습을 바라보는 것 같은 기분을 느꼈다. 그 아이들이 들고 있던 칼에 찔려서 손에 부상을 입고도 나는 그 통증과 분리되어 있었고, 조금의 두려움도 느끼지 못한 채 침착하게 텅 빈 지갑을 찾아서 집어 들었다.

그 일로 외상 후 스트레스 장애가 생기지는 않았다. 일단 환자들을 통해 열심히 연구했던 사건을 실제로 내가 경험했다는 사실에 깊은 호기심을 느꼈고, 강도들 얼굴을 그림으로 그려서 경찰에 제출할 수 있다고 혼자 굳게 믿었던 것이 도움이 된 것 같다. 물론 강도는 붙잡히지 않았지만 가해자들에게 복수하는 환상이 내게 만족스러운 주체 의식을 제공한 것은 틀림없다.

트라우마에 시달리는 사람들은 그런 행운을 얻지 못하고, 자신이 몸과 분리된 것처럼 느낀다. 이인증에 관한 설명은 독일의 정신분석 전문가인 파울 실더Paul Schilder가 1928년 베를린에서 쓴 글에 아주 상세히 나와 있다.[24]

"자기가 사라진 사람들에게 세상은 낯설고, 기이하고, 이질적이고, 꿈처럼 느껴진다. 때로는 물체가 이상할 정도로 크기가 줄어든 상태로 나타났다가 때로는 크게 부풀어진 형태로 나타난다. 소리는 어딘가 먼 곳에서 온 것처럼 들린다. (…) 마찬가지로 감정도 현격한 변화를 겪는다. 환자들은 아무런 고통도, 즐거움도 느낄 수 없다고 토로한다. (…) 자기 자신에게 낯선 이방인이 되는 것이다."

나는 제네바대학교의 신경과학자들이 이와 유사한 유체 이탈 체험을 인위적으로 유도한, 대단히 인상 깊은 연구 결과를 찾았다.[25] 이 연구에서는 뇌의 특정 부위, 즉 측두-두정 접합부에 약한 전류를 흘려보냈는데, 한 환자가 천장에 매달려 자기 몸을 내려다보는 것처럼 느꼈다고 밝혔다. 다른 환자는 누군가 옆에 서 있는 것 같은 오싹한 기분이 들었다고 말했다. 이 연구 결과는 내가 환자들에게서 확인한 사실을 입증해 준다. 즉 자기는 몸과 분리될 수 있으며, 따로 분리된 채 유령처럼 존재할 수 있다는 사실이다. 라니우스와 프리웬을 비롯해 네덜란드 흐로닝언대학교의 연구진[26]도 두려움과 분리된 사람들을 대상으로 뇌 스캔을 촬영한 결과, 과거의 사건을 떠올릴 때 이들의 뇌에서는 공포 센터의 기능이 정지된 것으로 나타났다.

몸과 친해지려면

트라우마 희생자들은 자기 몸의 감각에 익숙해지고 주의를 기울이지 않는 한 회복될 수 없다. 깜짝 놀란 상태로 산다는 건 늘 경계 태세에 있는 몸으로 살아간다는 걸 의미한다. 화가 난 사람들은 화난 몸으로 살아간다. 아동 학대 피해자들의 몸은 편안함과 안전감을 느끼는 방법을 찾지 못하는 이상 늘 긴장하고 방어한다. 변하기 위해서는 자신의 감각과 신체가 주변 세상과 상호 작용하는 방식을 인지할 수 있어야 한다. 신체적인 자기 인식은 폭군처럼 제멋대로 구는 과거를 흘려보내는 첫걸음이다.

자신의 감각과 감정이 존재하는 내적 세계를 어떻게 하면 활짝 열고 자세히 들여다볼 수 있을까? 나는 환자들을 치료할 때, 먼저 몸이 느끼는 감각을 인식하고 설명해 보라고 한다. 분노, 불안, 공포 같은 감정이 아니라 그 감정 아래에 놓인 신체 감각을 인식하는 것으로, 갑갑함, 열기, 근육의 긴장, 따끔거리는 느낌, 무너지는 기분, 공허함 등이 느껴질 수 있다. 이와 함께 나는 어떤 감각이 편안함이나 즐거움을 주는지 찾아보라고 한다. 그리고 환자가 자신의 호흡과 몸짓, 움직임을 인식하도록 한 후, 정작 자신이 아무렇지 않다고 주장하는 과거의 부정적인 사건에 대해 이야기할 때 가슴이 조인다거나, 배가 슬금슬금 아픈 것과 같은 미세한 변화가 일어나는지 집중해 보라고 한다.

감각 인식은 처음에 상당히 고통스러울 수 있고, 몸을 웅크리거나 방어 자세를 취하고 있던 옛 기억을 떠올리게 만들 수 있다. 해소되지 않은 트라우마가 신체로 재실현되는 것으로, 이 같은 반응을 유발하는 자세는 환자들이 그 사건이 일어났을 때 취했던 자세에 해당할 확률이 매우 높다. 이 시점에서 수많은 이미지와 신체 감각이 환자에게 물밀듯이 쏟아질 수 있으므로 치료사는 환자가 과거에 접근하는 과정에서 또다시 정신적 외상을 입지 않도록 그 거대한 감각과 감정의 파도를 저지할 수 있는 기술에 능통해야 한다(학교 교사나 간호사, 경찰관들은 두려움에 사로잡힌 행동을 진정시키는 기술이 매우 뛰어난 경우가 많은데, 이들은 통제 불능 상태나 극도로 혼란에 빠진 사람들을 거의 매일 만나기 때문이다).

그러나 환자들에게 그 고통스러운 신체 반응에 대처하는 기술을 가르쳐 주는 대신 아빌리파이나 자이프렉사, 세로켈 같은 약을 처방하는 경우가 너무 많다. 약물은 감각을 둔화시킬 뿐, 환자에게 해로운 영향을 발휘하는 원인을 해소하지 못하고 자신의 몸을 자기편으로 만들어 주지도 못한다.

마음이 혼란스러울 때 가라앉히려고 스스로 찾는 가장 자연스러운 방법은 다른 사람에게 의지하는 것이다. 그러나 신체적, 성적 폭력을 경험한 피해자들은 이 지점에서 딜레마에 부딪힌다. 누군가의 손길을 너무나 갈구하지만, 동시에 신체 접촉에서 두려움도 느끼기 때문이다. 이 경우 마음이 신체 감각을 느끼도록 해 줄 재교육이 필요하며, 신체가 접촉을 견디고 거기서 비롯되는 편안함을 즐기도록 도와주어야 한다. 감정을 인지하지 못하는 사람들도 훈련을 통해 신체 감각을 심리적 사건과 연계시킬 수 있다. 그 이후에는 서서히 자기 자신과 다시 연결될 수 있다.[27]

자신과의 유대, 타인과의 유대

몸을 잃어버린 대가가 얼마나 큰지 보여 주는 연구 결과를 소개하는 것으로 이번 장을 마무리하고자 한다. 루스 라니우스 박사와 그녀의 연구진은 휴지 상태의 뇌를 스캔한 후 일상생활에서 떠올릴 수 있는 또 다른 의문을 제기했다. '만성 트라우마에 시달리는 사람들에게는 타인과 면대면으로 접촉할 때 어떤 일이 발생할까?'

내 진료실을 찾아오는 환자들 중에는 눈을 마주치지 못하는 사람들이 많다. 내가 응시할 때 그 눈길을 마주 보기 힘들어하는 모습을 보면, 상대방이 얼마나 고통스러운 상태인지 바로 알 수 있다. 이런 환자들은 실제로 혐오감을 느끼고 내가 자신을 하찮은 존재라고 생각할까봐 전전긍긍하는 것으로 드러났다. 나는 이 강렬한 수치심이 뇌의 비정상적인 활성으로 나타날 거라곤 한 번도 생각하지 않았는데, 루스 라니우스 박사는 마음과 뇌가 따로 분리될 수 없다는 사실을 이 연구에서 다시 한 번 증명했다. 즉 마음과 뇌는 어느 한쪽에 일어난 일을 다른 한쪽도 느낀다.

루스는 뇌 스캔 장치에 누워 있는 사람에게 비디오 캐릭터를 보여 줄 수 있는 값비싼 장비를 구입했다(이 실험에서는 친절한 표정의 리처드 기어를 닮은 만화 캐릭터를 피험자에게 보여 주었다). 그림을 얼굴과 마주 보도록 정면에 제시할 수도 있고(누워 있는 사람 정면에) 45도 각도로 제시해 눈을 돌려야 보이도록 해서 직접적인 시선 접촉과 측면에서 본 시선이 뇌 활성에 주는 영향을 비교할 수 있었다.[28]

대조군으로 참가한 일반인들과 만성 트라우마 피해자 사이에서 확인된 가장 충격적인 차이는 정면 주시 상태에서 나타난 전전두엽 피질의 활성이었다. 정상적인 상태에서 전전두엽 피질은 우리에게 다가오는 사람을 평가하도록 도와주며, 거울 뉴런은 그 사람의 의도를 포착하도록 도와준다. 그러나 외상 후 스트레스 장애 환자들의 경우 전두엽의 어느 부위도 활성화되지 않았다. 즉 낯선 사람에게 전혀 호기심을 느낄 수 없다는 의미다. 이들은 정서적인 뇌의 깊숙한 곳, 원시적인 영역에 해당하는 중뇌 수도관 주위 회색질이 강하게 활성화되었고 그에 따라 반응할 뿐이었다. 이곳은 깜짝 놀라고, 지나친 경계심을 갖고, 몸을 움츠리는 것과 같은 방어 행동을 유도하는 뇌 영역에 해당한다. 사회적 개입과 관련된 뇌 영역은 어느 곳도 활성화되지 않았다. 이들은 누군가의 눈길을 받는 것만으로 생존 모드에 돌입한 것이다.

이 결과는 이들이 친구를 사귀고 다른 사람들과 잘 지내는 능력과 어떤 관련이 있을까? 치료에는 어떤 의미가 있을까? 외상 후 스트레스 장애 환자들은 이처럼 내면 가장 깊숙한 곳에 두려움이 내재된 상태로 의사를 신뢰할 수 있을까? 다른 사람과 제대로 관계를 맺기 위해서는 상대방을 개별적인 인격체로, 그 사람에게서 나타나는 특정 동기와 의도를 별개로 경험할 수 있어야 한다. 혼자 힘으로 버틸 수 있는 사람이 되려면 다른 사람도 나름의 계획이 있다는 사실을 인지해야 한다. 트라우마는 이 모든 능력을 뿌옇고 흐릿하게 만들 수 있다.

3부
아이들의 마음

7장

애착과 조율 :
동일한 파장을 일으키다

회복력의 바탕은 (…) 자신을 사랑해 주고 맞춰 주는 듬직한 사람에게 이해받는다는 느낌에서 찾을 수 있으며, 그 사람의 생각, 가슴속에 자신이 존재한다는 사실을 깨달을 때 얻을 수 있다.

다이애나 포샤Diana Fosha

매사추세츠 정신건강센터의 아동 클리닉에는 불안해하는 아이들과 남들을 불안하게 만드는 아이들로 가득했다. 아주 제멋대로인 이 아이들은 가만히 앉아 있지를 못하고, 다른 아이들과 치고받기 일쑤였으며, 때로는 직원들까지 괴롭혔다. 막 달려와서 매달리다가도 어느 순간 겁을 먹고 달아나기도 했다. 갑자기 자위행위를 하는 아이들도 있고, 보이는 물체나 애완동물, 자기 몸을 마구 후려갈기는 아이들도 있었다. 하나같이 애정을 갈구하면서도 화를 내고 반항하는 성향을 드러냈다. 여자아이들은 극도로 고분고분한 모습이 두드러졌다. 반항하는 아이건 사람에게 들러붙는 아이건, 그중에 같은 또래 아이들에게서 볼 수 있는 전형적인 모습으로 주변을 탐색하거나 놀 수 있겠구나, 하고 생각되는 아이는 한 명도 없었다. 몇몇은 자기 감각이 거의 발달하지 않아서, 거울을 봐도 자신을 알아보지 못했다.

당시 나는 집에서 유치원생 아이 두 명을 키우면서 알게 된 사실 외에는 어린이에 대해 아는 것이 거의 없었다. 하지만 참 운 좋게도 내 겐 니나 피시머레이Nina Fish-Murray라는 동료가 있었다. 그녀는 제네바에서 장 피아제Jean Piaget와 함께 연구한 경력도 있고, 직접 아이 다섯을 키우고 있었다. 피아제는 자신의 어린 자녀들을 관찰하는 것으로 시작해 아이들을 직접 세심하게 관찰하면서 발달 과정을 파악해 이론을 정립했고, 니나는 당시 갓 문을 연 매사추세츠 정신건강센터의 트라우마센터에 피아제의 정신을 그대로 들여왔다.

니나의 남편은 하버드대학교 심리학과 학장을 지낸 헨리 머레이Henry Murray로, 성격 이론의 창시자 중 한 사람이다. 니나는 후배 연구자 중 자신의 연구에 관심 있는 모든 사람에게 적극적으로 내용을 공유하던 학자이기도 했다. 내가 참전 군인들과 만났던 이야기를 들려주자, 니나는 보스턴 공립학교에서 만났던 문제 아동들을 떠올리며 큰 흥미를 보였다. 니나의 직책과 인간적인 매력 덕분에, 우리 연구진은 매사추세츠 정신건강센터의 아동 클리닉에 발을 들일 수 있었다. 아동 클리닉은 아동 정신의학자들이 운영하고 있었지만 트라우마에 대해서는 거의 관심을 두지 않았다.

헨리 머레이는 다른 업적도 많지만 '주제 통각 검사TAT'라는 유명한 검사법을 설계한 것으로 널리 알려진 인물이었다. 투사 검사로도 불리는 TAT는 카드를 이용해 피험자의 세계관이 내면에 어떻게 형성되어 있는지 파악하는 검사다. 우리가 참전 군인들에게 보여 준 로르샤흐 검사 카드와 달리 TAT 카드에는 한 남자와 한 여자가 서로 다른 곳을 응시하는 모습, 망가진 바이올린을 바라보는 소년 등 현실적이면서 애매모호하고 다소 문제가 있는 장면이 담겨 있다. 피험자는 사진을 보고 지금 무슨 일이 일어나고 있는지, 이전에 어떤 일이 있었던 것 같은지, 또 다음에 어떤 일이 일어날 것 같은지 이야기를 만들어 달라는 요청을 받는다. 대부분의 경우 그 해석 속에 피험자가 몰두하고 있는 주제가 드러난다.

니나와 나는 어린이들에게 제시할 검사용 카드를 따로 만들기로 결정하고, 아동 클리닉 대기실에 있던 잡지에서 사진을 선별했다. 첫 번째 연구에서는 아동 클리닉에 다니던 여섯 살부터 열한 살까지 어린이 12명의 결과를 비교했다. 인근 학교에 다니고 나이와 인종, 지능수준, 가족 구성이 최대한 비슷한 아이들을 피험자로 선정했지만,[1] 가족 내에서 겪은 학대의 유형은 각기 달랐다. 엄마가 수시로 때려 심하게 멍이 든 남자아이부터 네 살 때 아빠에게 성추행을 당한 여자아이, 수차례 의자에 묶여 채찍으로 맞아야 했던 남자아이 둘이 포함됐고, 엄마(매춘부)가 강간당하고 시신이 훼손된 후 불에 타서 차 트렁크에 담기는 장면을 목격한 다섯 살짜리 여자아이도 우리 연구의 피험자로 참여했다. 죽은 엄마의 포주는 소녀를 성적으로 학대한 혐의를 받고 있었다.

마찬가지로 보스턴의 우울한 빈곤 지역에 살면서 충격적인 폭력 상황을 자주 목격한 아이들을 따로 선별하여 통제군을 구성했다. 연구가 진행되는 동안에도 이 아이들이 다니는 학교에서 한 남자아이가 같은 반 친구에게 휘발유를 끼얹고 불을 붙이는 사건이 벌어졌다. 또 어떤 소년은 아빠, 친구 한 명과 학교로 걸어가던 중 총격전에 휘말렸다. 이 사고로 소년은 사타구니 부위에 부상을 입고 친구는 죽고 말았다. 이처럼 기본적으로 폭력에 노출 수준이 높은 아이들은 클리닉에서 입원 치료를 받는 아이들과 카드 검사에서 다른 반응을 보일까?

우리가 사용한 카드 중에는 가족의 모습이 담긴 사진이 있었다. 아빠가 차를 고치고 두 아이가 웃으며 그 모습을 바라보는 장면이었다. 이 사진을 본 아이들은 전부 다 차 밑에 들어가 있는 남자가 위험하다고 말했다. 그러나 통제군 아이들은 이야기의 결말로 아빠가 차를

무사히 고치고 아이들과 함께 그 차를 몰고 맥도날드로 갈 것이라는 등 유쾌한 내용을 언급한 반면, 정신적 외상을 입은 아이들은 섬뜩한 내용으로 끝을 맺었다. 한 소녀는 사진에 나온 여자아이가 망치로 아빠의 두개골을 꽝 내려칠 거라고 했다. 심각한 신체 학대를 당한 적 있는 아홉 살짜리 남자아이는 사진 속 남자아이가 아빠 몰래 차 시동을 걸어 아빠의 몸을 짓이기고 차고와 온 사방에 피가 튈 거라고 구체적으로 설명했다.

피험자들은 이런 이야기를 하면서 굉장히 흥분하고 수선스러운 모습을 보였다. 밖으로 잠깐 데리고 나가서 물을 마시고 산책을 하며 한참 시간을 보낸 뒤에야 다음 카드를 보여 줄 수 있을 정도였다. 대부분이 주의력결핍 과잉행동 장애ADHD 진단을 받은 적 있고, 리탈린을 복용한다는 사실이 전혀 놀랍지 않을 정도였다. 하지만 그 약도 실험 상황에서 그렇게 흥분하는 반응까지 누그러뜨리는 효과는 없는 것 같았다.

학대당한 아이들은 임신한 여성의 실루엣이 창에 비친, 위험 요소가 전혀 없는 사진을 보고도 그와 비슷한 반응을 보였다. 네 살 때 성적 학대를 당한 적 있는 일곱 살짜리 여자아이는 이 사진을 보여 주자 성기와 질에 대해 이야기하더니 니나에게 "몇 명하고 자 봤어요?"라는 질문을 반복해서 던졌다. 성적 학대를 경험한 다른 피험자들과 마찬가지로, 이 여자아이도 그만하라는 소리를 듣자 굉장히 불안해했다. 통제군에 포함된 일곱 살 여자아이는 같은 사진을 보고 서글픈 이야기를 떠올렸다. 남편을 잃고 창밖을 슬프게 내다보며 남편을 그리워한다는 내용이었다. 하지만 마지막에는 나중에 사랑하는 남자를 만나고, 그 남자가 태어난 아이에게 좋은 아빠가 되어 줄 거라고 결론지었다.

카드를 한 장씩 차례로 보여 주면서, 우리는 학대 경험이 없는 아

이들은 문제가 생길까 봐 경계하는 태도를 보일지언정, 세상이 본질적으로 좋은 곳이란 믿음을 여전히 갖고 있다는 사실을 알 수 있었다. 이 아이들은 나쁜 상황을 빠져나갈 방법을 상상할 수 있었고, 가족 안에서 보호받고 안전하다고 느끼고 있었다. 또 최소한 부모 중 한 사람에게 사랑받고 있다고 느꼈는데, 이는 학교 숙제와 학습에 열심히 임하려는 자세에 큰 차이를 만드는 요소로 분석됐다.

클리닉에서 치료를 받는 아이들에게서는 우려스러운 반응이 나타났다. 가장 순수한 이미지도 이들에겐 위험, 공격, 성적 흥분, 공포의 감정을 강렬히 발생시켰다. 우리가 선택한 사진은 뭔가 숨겨진 의미가 있어서 민감한 사람들이 그 의미를 포착할 수 있는 종류의 사진이 아니었다. 그저 일상생활의 모습이 담긴 평범한 이미지였다. 니나와 나는 학대받은 아이들에게 이 세상 전체가 격한 반응을 촉발하는 요소로 가득 차 있다는 결론을 내릴 수밖에 없었다. 비교적 평화로운 상황을 보고도 끔찍한 결과만 상상할 수 있다면, 방에 들어온 사람이든 낯선 사람이든 화면이나 게시판에 걸린 모든 이미지가 재앙의 조짐으로 인식될 수 있다. 이러한 관점에서 보면 아이들이 클리닉에서 보인 괴상한 행동들을 완벽히 이해할 수 있었다.[2]

의료진 회의에서 이 아이들이 실제로 경험한 잔혹한 일과 그 트라우마가 아이들의 감정, 생각, 자기 통제에 끼치는 영향을 거의 논하지 않는다는 사실을 알고 나는 깜짝 놀랐다. 대신 아이들의 진료 기록에는 온갖 진단명으로 가득했다. 화내고 반항하는 아이들에게는 '행동 장애', '적대적 반항 장애' 또는 '양극성 장애'라는 진단명이 부여되고 대부분의 아이들에게 '공존질환'으로 ADHD 진단이 내려졌다. 근본 문제가 된 트라우마는 이 진단 폭격에 가려져 뚜렷하게 드러나지 못한 것일까?

우리는 두 가지 심각한 문제에 봉착했다. 한 가지는 정상적인 아이들이 가진 세계관이 회복력에 영향을 줄 수 있을까 하는 점이다. 더 심층적으로는 아이들 한 명 한 명이 세상을 보는 자신만의 지도를 어떻게 만드는지 알아야 했다. 다른 하나는 첫 번째만큼 중대한 문제로, 끔찍한 일을 겪은 아이들의 마음과 뇌에서 내면의 지도가 새로 그려지고, 미래에 대한 신뢰와 자신감을 가질 수 있도록 도와줄 수 있을까 하는 의문이었다.

엄마 없이 자란 남자아이들

유아와 엄마 사이에 반드시 형성되어야 하는 관계에 관한 과학적인 연구가 맨 처음 주목한 대상은 영국 상류층 남성들이었다. 이들은 어린 소년일 때 가족들에게서 떨어져 기숙학교로 보내졌고, 그곳에서 엄격히 동성에게 둘러싸여 자란 공통점이 있었다. 런던의 저명한 타비스톡 클리닉에 처음 방문한 날, 나는 존 볼비John Bowlby, 윌프레드 비온Wilfred Bion, 해리 건트립Harry Guntrip, 로널드 페어베언Ronald Fairbairn, 도널드 위니콧Donald Winnicott 등 중앙 계단을 따라 벽에 걸려 있는 위대한 20세기 정신의학자들의 모습을 흑백 사진으로 볼 수 있었다. 생애 초기의 경험이 이후 타인과의 관계에 어떤 원형으로 작용하는지, 그리고 양육자와 시시각각 주고받는 관계 속에서 자기 자신에게 느끼는 깊은 친밀감이 어떻게 형성되는지 각자의 방식으로 연구한 학자들이다.

과학자들은 가장 이해할 수 없는 것을 연구하는 사람들이고, 이런 특성상 남들이 당연시하는 일을 주제로 삼아 전문가가 되는 경우가 많다(애착 관계를 연구한 베아트리체 비브Beatrice Beebe는 이런 말을 남겼다. "대부분의 연구는 자신에 관한 연구다"). 영유아기에 엄마의 역할을 연구한 위의 학자들은 가장 영향받기 쉬운 나이에 학교로 보내졌다. 보통 여섯 살에서 열 살 사이, 혼자서 충분히 세상과 마주하기엔 한참 어린 나이였다. 볼비는 내게 그런 기숙학교에 다닌 경험이 조지 오웰George Orwell의 소설 『1984』가 탄생하도록 작가에게 영감을 주었을지도 모른다고 이야기한 적이 있다. 이 소설은 인간이 권위를 가진 누군가에게 사랑받고 인정받기 위해 자신이 아끼고 소중히 여기는 것, 자기 감각까지 포함해 모든 것을 희생하는 과정을 기가 막히게 그리고 있다.

볼비가 헨리 머레이와 가까운 친구 사이인 덕분에, 나는 그가 하버드를 방문할 때마다 연구에 대해 대화를 나눌 수 있었다. 그는 귀족 가문에서 태어나(볼비의 부친은 영국 왕가의 담당 의사였다), 영국에서 가장 권위 있는 기관들에서 심리학, 의학, 정신분석학을 공부했다. 케임브리지대학교를 졸업한 후에는 1940년 독일 공습 이후 처참히 파괴되어 험악하고 범죄율이 높기로 악명 높은 런던 이스트엔드에서 비행 청소년들과 상담을 진행했다. 그 과정에서 군인으로 복무했던 제2차 세계 대전 시기와 그 이후 전쟁의 참화를 피해서 가족들과 떨어져 집단 보육원에 머물러야 했던 어린아이들에게 어떤 영향이 나타나는지 관찰할 수 있었다. 더불어 입원 치료의 영향도 연구하여 아이들이 부모와 잠깐만 떨어져도 (그 당시에는 부모가 병실에서 함께 잠을 잘 수 없었다) 고통이 악화된다는 사실을 확인했다. 1940년대 후반, 볼비는 아이들에게 나타나는 혼란스러운 행동은 유아기의 성적 환상 때문이 아니라 실제 생활에서 경험한 일들, 즉 방치되거나 잔인한 일을 경험하거나 분리되면서 나타난 반응이라는 파격적인 주장을 펼쳐 영국 정신분석 분야에서 '달갑지 않은 인물'이 되었다. 그러나 그는 전혀 개의치 않고 나중에 애착 이론으로 알려진 이론을 정립하는 일에 남은 일생을 바쳤다.[3]

안정적인 기반

우리는 이 세상에 등장하자마자 크게 울부짖는 것으로 우리의 존재를 알린다. 등장 즉시 누군가 우리에게 집중하며 씻겨 주고 담요로 꽁꽁 싸 주고 배 속도 든든하게 채워 준다. 그중에 가장 좋은 건 엄마가 배나 가슴팍에 올려놓고 살과 살이 맞닿는 달콤한 기분을 느끼게 해 줄 때다. 인간은 지극히 사회적인 존재고, 우리의 삶은 사람들로 구성된 사회 속에서 자신의 자리를 찾는 것으로 이루어진다. 프랑스의 위대한 정신의학자 피에르 자네는 이를 다음과 같이 멋지게 표현했다. "모든 인생은 한 편의 예술이고, 얻을 수 있는 조각을 다 조합해야 완성된다."

성장하면서 우리는 신체적으로나 정서적으로 스스로를 돌보는 법을 점차 배워 가지만, 자기 관리를 맨 처음 배우는 건 바로 우리가 돌봄을 '받는' 방식을 통해서다. 자기 통제 기술을 습득하는 수준은 생애 초기에 양육자와 얼마나 조화롭게 상호 작용했느냐에 따라 크게 좌우된다. 부모가 안락함과 힘을 충분히 제공해 준 아이들은 평생 그 효과를 누린다. 즉 운명이 건네는 최악의 순간도 견디는 일종의 완충제를 확보하는 것이다.

존 볼비는 아이들이 얼굴과 음성에 사로잡히며, 특히 얼굴 표정과 자세, 목소리 톤, 생리적 변화, 움직임의 속도, 초기 행동에 굉장히 민감하다는 사실을 깨달았다. 그는 이 타고난 능력이 진화의 산물이며, 인간이라는 힘없는 존재가 생존하려면 꼭 필요하다고 보았다. 또한 아이들은 특정한 어른 한 명(또는 최대 몇 명)을 선택해 자연스러운 의사소통 체계를 발달시키도록 되어 있고, 이를 위해 1차적인 애착 관계를 형성한다. 그 어른이 아이에게 보이는 반응성이 높을수록 더 깊은 애착이 형성되고 아이가 주변 사람들에게 건강하게 반응할 확률도 높아진다.

볼비는 런던 리젠트공원을 자주 찾아가서 아이들이 엄마와 어떻게 상호 작용하는지 체계적으로 관찰했다. 엄마가 공원 벤치에 앉아서 뜨개질을 하거나 신문을 읽으며 가만히 있으면 아이들은 주변을 돌아다니며 탐색하고 가끔 어깨너머로 엄마가 아직 그 자리에서 자신을 보고 있는지 확인한다. 그러나 이웃 사람이 엄마에게 최근 돌아다니는 소문을 전하기 시작하고 엄마의 관심이 거기에 쏠리면, 아이들은 엄마 곁으로 돌아와 꼭 붙어서 계속 관심을 얻으려고 한다. 영유아들은 엄마가 자신에게 충분히 몰두하지 않는다는 사실을 눈치채면 불안해한다. 엄마가 시야에서 사라지면 울면서 슬픔을 주체하지 못하고, 엄마가 돌아오면 즉시 진정되고 다시 하던 놀이를 계속한다.

볼비는 애착 관계가, 아이가 세상으로 나오는 안정적인 기반이 된다고 보았다. 이후 50년간 이어진 그의 연구를 통해, 아이에게 안전한 안식처가 제공되면 독립성이 증대되고 공감할 줄 알고 고통에 빠진 사람들을 도울 수 있게 된다는 사실이 명확히 증명되었다. 아이들은 친근하게 서로 주고받는 애착 관계에서 다른 사람도 감정과 생각을 가지고 있으며 이는 자신의 감정이나 생각과 비슷할 수도 있고 다를 수도 있다는 사실을 배운다. 즉 주변 환경, 주변 사람들과 '조화'를 이루고 자기 인식, 공감, 충동 조절, 자발성이 발달하여 더 큰 사회적 문화 속에서 사회의 일원으로 기여할 수 있게 되는 것이다. 그러나 아동 클리닉에서 본 아이들은 이러한 능력이 너무나 부족한 상태였다.

자연스러운 조율 과정

아이들은 누구든 자신을 1차적으로 돌봐 주는 사람에게 애착을 갖는다. 이 애착 관계는 든든한 형태든 불안전한 형태든, 한 아이의 일생 전반에 엄청난 차이를 만든다. 든든한 애착 관계는 정서적 조율이 포함된 보살핌을 받을 때 형성된다. 조율은 맨 처음 아기와 양육자 사이에서 일어나는 가장 미세한 신체적 상호 작용에서 시작된다. 이를 통해 아기는 누군가에게 대접받고 이해받는 기분을 느낀다. 에든버러에서 애착 관계를 연구한 콜린 트레바튼Colwyn Trevarthen은 다음과 같이 설명했다. "뇌는 신체의 리드미컬한 움직임을 조정하여 다른 사람의 뇌에 공감하고 작용하는 방법을 일러준다. 유아는 태어나기도 전부터 엄마의 말에 담긴 음악성을 듣고 배운다."[4]

앞서 4장에서 거울 뉴런의 발견에 대해 설명했다. 거울 뉴런은 뇌와 뇌를 이어 주는 연결고리로, 공감 능력을 부여한다. 아기가 태어난 직후부터 이 거울 뉴런은 기능하기 시작한다. 오리건대학교의 앤드루 멜트조프Andrew Meltzoff라는 연구자는 태어난 지 여섯 시간 지난 아기를 향해 입술을 오므리거나 혀를 내밀었을 때 아기들이 즉각 자신의 행동을 거울 보듯 따라 한다는 사실을 확인했다[5](신생아들은 눈앞 20~30센티미터 내에 있는 물체에만 초점을 맞출 수 있다. 자신을 안고 있는 사람을 볼 수 있을 정도의 거리에 해당한다). 모방은 인간의 가장 기본적인 사회적 기술이다. 이 기술 덕분에 우리는 부모님과 선생님, 친구들의 행동을 자동으로 인지하고 반영할 수 있다.

대부분의 부모들은 아이와 자연스럽게 관계를 맺기 때문에 조율이 어떻게 이루어지는지 거의 인지하지 못한다. 내 친구이자 애착 연구가인 에드워드 트로닉은 내게 그 과정을 좀 더 자세히 관찰할 수 있는 기회가 있다며 초대해 주었다. 그리하여 나는 하버드대학교의 인간발달연구소에서 한쪽에서만 보이는 거울 너머로 한 엄마가 유아용 시트에 앉은 생후 2개월 된 아들과 노는 모습을 지켜보았다.

둘은 말과 옹알이를 주거니 받거니 하며 즐거운 시간을 보냈다.

그러다 엄마가 아기에게 다가가 코를 비비자, 아기는 신나서 엄마 머리카락을 확 잡아당겼다. 머리카락을 붙잡힐 줄 몰랐던 엄마는 아파서 꺅 소리를 지르며 아기의 손을 떼어 냈고, 화가 나서 얼굴 표정이 일그러졌다. 아기는 즉시 손을 놓았고 두 사람은 각자 뒤로 물러났다. 재밌자고 한 일이 괴로움을 주고 말았다. 아기는 깜짝 놀라서 두 손으로 얼굴을 가리고는 화가 난 엄마를 보지 않으려고 했다. 아기가 당황했다는 사실을 깨달은 엄마는 다시 아이에게 집중하고 아이를 달래 주는 소리를 내며 상황을 진정시키려고 노력했다. 아기는 계속 눈을 가리고 있었지만 유대감을 얻고 싶은 욕구가 다시 살아났다. 아이가 이제 괜찮아졌는지 궁금해서 손가락 사이로 슬쩍 내다보는 동안 엄마는 걱정스러운 표정으로 아이를 바라보았다. 그러다 엄마가 배를 간질이자 아기는 팔을 내리고 행복한 웃음을 터뜨리며 두 사람은 다시 화음을 만들어 냈다. 아기와 엄마 사이에 다시 조율이 이루어진 것이다. 즐거움, 불화, 회복, 새로운 기쁨으로 이어진 이 모든 과정은 12초도 안 되는 시간 동안 이루어졌다.

트로닉과 다른 연구자들은 아기가 양육자와 정서적으로 조화를 이룰 때 신체적인 조화도 이루어진다고 밝혔다.[6] 아기들은 자신의 감정 상태를 조절할 수 없고, 하물며 감정에 수반되는 심장 박동, 호르몬 수치, 신경계의 활성 변화는 더더욱 조절이 불가능하다. 아이가 양육자와 조화를 이루면서 즐거움과 유대감을 느끼면 일정한 심장 박동과 호흡, 스트레스 호르몬의 감소로 반영되어 나타난다. 몸이 감정처럼 편안한 상태가 되는 것이다. 일상생활에서 흔히 있는 일이지만 이 편안한 음악이 방해받는 순간이 찾아오면, 생리적 지표도 변화한다. 그리고 생리학적으로 진정되면 평형 상태가 다시 회복된다.

우리는 신생아들을 달래 주지만, 얼마 지나지 않아 부모들은 아이에게 더 큰 자극을 견디라고 가르친다. 그리고 이 임무는 아빠에게 주어지는 경우가 많다(심리학자 존 가트맨John Gottman은 이렇게 표현했다. "엄마들은 쓰다듬어 주고 아빠들은 들쑤신다."). 자극을 관리하는 것은 생명 유지에 꼭 필요한 기술이므로, 아기가 스스로 할 수 있는 시기가 오기 전에는 부모가 대신해 주어야 한다. 아기가 뱃속의 괴로운 느낌 때문에 울어 버리면 엄마 젖이나 젖병이 주어진다. 겁이 나면 누군가가 안아 주고 진정될 때까지 얼러 준다. 오줌이나 똥을 싸면 누군가 와서 씻겨 주고 말려 준다. 안전한 기분, 편안함, 통제력을 강렬하게 느끼는 것은 자기 조절과 자기 위로, 자기 스스로를 보살피는 능력의 기반이 된다. 이 주제에 대해서는 이 책 전반에 걸쳐 다시 설명할 예정이다.

확고한 애착 관계가 형성되고 자기 관리 능력을 갖추게 되면, 평생 동안 건강한 대처 능력을 발휘하는 데 반드시 필요한 요소인 '내적 통제 소재'가 구축된다.[7] 애착 관계가 확실히 형성된 아이들은 어떻게 해야 기분이 좋아질 수 있는지 배운다. 또 무엇이 자신을 (그리고 다른 사람을) 기분 나쁘게 하는지 알고, 주체 의식도 가진다. 이 아이들은 자신의 느낌과 다른 사람의 반응에 따라 행동을 바꿀 줄 안다. 애착 관계가 튼튼하게 형성된 아이들은 자신이 통제할 수 있는 상황과 도움이 필요한 상황을 구분할 수 있다. 또 어려운 상황에 처하면 자신이 적극적인 역할을 할 수 있다는 사실도 배운다. 반면 학대받고 방치된 경험이 있는 아이들은 자신의 두려움과 애원, 울음을 양육자가 인식하지 못한다는 사실을 깨닫는다. 폭력을 멈추게 하고 관심과 도움을 받고 싶지만 할 수 있는 말이나 행동이 없다. 그 결과 이 아이들은 포기에 길들여져 시간이 흘러도 어려움에 직면하면 그냥 포기한다.

현실감

볼비와 동시대에 활동한 소아과 전문의이자 정신분석가인 도널드 위니콧은 조율 관계 연구의 아버지로 일컬어진다. 그는 엄마가 아기를 안는 방식에 관한 관찰에서 출발해 엄마와 아이를 굉장히 면밀하게 관찰했다. 위니콧은 두 사람의 물리적 상호 작용은 아기의 자기 감각, 즉 평생 지속되는 정체성의 밑바탕이 된다고 제안했다. 또 엄마가 아이를 안는 방식이 토대가 되어 '신체를 정신이 사는 장소로 느끼는 능력'이 발달한다고 설명했다.[8] 우리의 몸에 발생하는 이 본능적인 감각과 운동 감각은 우리가 '현실'을 경험하는 기초를 형성한다.[9]

위니콧은 대다수의 엄마들이 아기와 충분히 조율할 줄 안다고 보았다. 그가 '충분히 괜찮은 엄마'라고 칭한 수준에 이르기 위해 각별한 재능이 필요한 것은 아니라는 것이다.[10] 하지만 아기가 느끼는 신체의 현실에 엄마가 맞추지 못하면 상황은 심각하게 틀어질 수 있다. 엄마가 아기의 충동과 욕구를 충족시켜 주지 못하면 "아기는 엄마의 생각을 자기 자신의 생각으로 여기는 법을 배운다". 아기가 내적 감각을 무시해야 하고 양육자의 욕구에 적응하려 노력한다는 것은 곧 아이가 '뭔가 잘못된' 상황을 그대로 인식하고 있음을 의미한다. 신체의 조율이 이루어지지 않은 아이들은 즐거움, 목표 의식, 방향성의 뿌리가 되는 신체의 직접적인 피드백이 중단되면 쉽게 영향을 받는다.

볼비와 위니콧의 생각이 알려지고 수년 동안 전 세계적으로 애착 연구가 진행된 결과, 대다수의 아이들은 확고한 애착 관계를 형성하는 것으로 나타났다. 이 아이들이 자라면, 의지할 수 있고 책임감 있는 양육을 경험한 것이 두려움과 불안감을 물리칠 수 있는 힘을 준다. 자기 조절 시스템을 무너뜨릴 만큼 상당히 압도적인 사건, 즉 정신적 외상을 입을 만한 사건에 노출되지 않는 한 전 생애에 걸쳐 기본적으로 안정적인 감정 상태가 유지된다. 확고한 애착 관계는 아이들의 인간관계에서도 본보기로 활용된다. 다른 사람의 감정 상태를 인식할 줄 알고 장난과 진지한 행동을 구분할 줄 알며, 속임수가 포함된 상황이나 위험한 사람을 가려내는 눈도 발달한다. 애착 관계가 튼튼하게 형성된 아이들은 보통 같이 놀고 싶은 친구가 되고 또래와 지내면서 자기 확신을 느끼는 경험도 많이 한다. 다른 사람들과 조율하는 법을 배우면서 목소리와 얼굴 표정의 미세한 변화를 감지하고 그에 맞게 자신의 행동을 조절한다. 이렇게 자란 아이들은 서로가 서로를 이해하는 세상에서 사는 법을 알고, 한 사회에서 소중한 존재가 된다.

이처럼 꼬리에 꼬리를 무는 상승 작용은 학대나 방치로 인해 거꾸로 뒤집힐 수 있다. 학대당한 아이들은 목소리와 얼굴 표정의 변화에 굉장히 민감한 경우가 많지만 이를 서로 조율하기 위한 신호보다는 위협으로 인식하는 경향이 나타난다. 위스콘신대학교의 세스 폴락Seth Pollak 박사는 평범한 여덟 살짜리 아이들에게 여러 개의 얼굴을 보여주고 그 아이들이 보이는 반응과 학대받은 동갑 아이들이 보인 반응을 비교했다. 학대당한 경험이 있는 아이들은 화가 나 있다가 슬픈 표정으로 변하는 얼굴 표정을 연속으로 보여 주자, 아주 미세하게 화난 표정에도 과도한 경계심을 나타냈다.11

이는 학대 피해 아동들이 걸핏하면 방어적인 태도를 보이고 겁을 먹는 이유 중 하나에 해당한다. 여러분이 학교 복도를 걸어가면서 만나는 수많은 얼굴을 보며 누가 폭력을 가할 수 있는지 찾아내려 한다

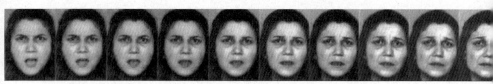

고 상상해 보라. 친구들이 공격적이라고 생각하며 과잉 반응을 보이는 아이들, 친구의 요구를 알아채지 못하는 아이들, 금세 아무것도 못하는 상태가 되거나 충동을 조절하지 못하는 아이들은 친구들이 꺼리는 대상이 될 가능성이 높고, 밤샘 파티나 같이 모여서 놀 때 배제될 확률도 높다. 그러다 폭력을 앞세워 두려움을 숨겨 버리는 법을 배우기도 하고, TV를 보거나 컴퓨터 게임을 하는 등 혼자 있는 시간이 점점 늘어나 대인 관계 기술과 감정 조절 능력이 한층 더 약화된다.

애착을 향한 욕구는 결코 수그러들지 않는다. 대부분의 인간은 다른 사람과 동떨어진 상태로 그리 오랜 시간을 버티지 못한다. 직장 생활이나 친구들, 가족들에게 유대감을 형성하지 못하는 사람은 질병, 법적 소송, 가족 간의 불화 등 서로 연결될 수 있는 뭔가 다른 방법을 찾으려 한다. 그것이 어떤 방법이든 무관함, 소원함이 주는 지독한 우울함보다는 낫기 때문이다.

몇 년 전 어느 크리스마스 전날, 나는 서포크 카운티교도소에 수감된 열네 살짜리 소년을 검사해 달라는 요청을 받았다. 이웃이 휴가를 떠난 동안 그 집에 침입했다가 체포된 잭이라는 소년이었다. 출동한 경찰은 침입자 경보가 울려 퍼지는 소음 속에서 거실에 있던 잭을 발견했다.

나는 잭에게 제일 먼저 크리스마스에 누가 면회를 올 것 같으냐고 질문했다. "아무도 안 올걸요. 한 번이라도 저한테 관심 보인 사람이 아무도 없어요." 잭의 대답이었다.

그 아이는 예전에도 수차례 남의 공간을 침입했다가 붙들린 일이 있는 것으로 드러났다. 잭과 경찰이 서로 아는 사이일 정도였다. 잭은 즐거움이 묻어나는 음성으로, 이웃집 거실 한복판에 서 있는 자신을 경찰들이 발견했을 때의 일을 내게 들려주었다. "오, 세상에. 또 잭 너냐. 이 망할 꼬맹이 녀석아!" 경찰들이 이렇게 소리쳤다고 했다. 누군가가 잭을 알아보고, 이름도 알고 있었다. 잠시 후 잭은 내게 고백했다. "있잖아요, 그것 때문에 일 저지를 만하다니까요." 아이들은 아주 잠시라도 시선을 받고 유대감을 느끼고 싶어 한다.

이미 정해진 부모와 산다는 것

아이들은 생물학적인 본능에 따라 애착 관계를 형성하려고 한다. 선택의 여지가 없는 일이다. 부모나 양육자가 사랑을 주고 관심을 주는지, 아니면 거리를 두고 무신경하고 자신을 거부하고 폭력적인지에 따라 아이들은 자신의 필요를 최소한 얼마간이라도 충족시키기 위해 필요한 노력을 생각하고 대처 방식을 마련한다.

이러한 대처 방식을 평가하고 구분할 수 있는 정확한 방법들이 마련되어 있는데, 그 과정에 두 과학자 메리 에인즈워스Mary Ainsworth 와 메리 메인Mary Main과 이들의 연구진이 실시한 연구가 큰 몫을 했다. 이들 연구진은 수년에 걸쳐 엄마와 아기의 관계를 수천 시간 동안 관찰했고, 에인즈워스는 이 연구 결과를 토대로 '낯선 상황'이라는 연구 툴을 개발했다. 아이가 엄마와 일시적으로 분리되면 어떤 반응을 보이는지 살펴보는 툴로, 볼비가 관찰한 것처럼 애착 관계가 확고히 형성된 아이들은 엄마가 떠나자 괴로워하지만 엄마가 돌아오면 다시 기뻐하고 짤막한 재확인 시간을 가진 뒤 진정하고, 다시 하던 놀이를 계속한다.

그러나 애착 관계가 불안정하게 형성된 아이들은 더욱 복잡한 반응을 보인다. 아이의 주된 양육자가 무심하거나 아이를 거부하는 성향을 보인 경우, 아이들은 각기 다른 두 가지 방식으로 불안감에 대처하는 법을 배운다. 연구자들은 이러한 아이들 중 일부는 계속 언짢아하고 엄마를 찾는 반면, 소극적이고 내성적인 모습을 보이는 아이들도 있다는 것을 확인했다. 두 그룹 모두 엄마가 돌아와도 진정되지 않았다. 애착 관계가 잘 형성된 아이들처럼 만족스러워하며 다시 놀이를 시작하지도 않았다.

아이가 전혀 상관없어하는 반응을 보이는 경우, 즉 엄마가 가 버려도 울지 않고 다시 돌아와도 무시하는 양상을 보이는 유형을 '회피성 애착'이라고 한다. 이 경우에도 아이가 영향을 받지 않는 것은 아니며, 심장 박동이 계속 증가하는 것을 보면 과잉 흥분 상태가 유지되고 있음을 알 수 있다. 나와 동료들은 이와 같은 패턴을 '대처 중이지만 자신은 느끼지 못하는' 상태라고 부른다.[12] 회피성 애착을 보이는 아이의 엄마들은 대부분 자기 아이와 접촉하는 것을 좋아하지 않는 모습을 보인다. 아이와 바짝 붙어 있거나 꼭 안아 주는 것을 힘들어하고, 아이와 즐겁고 리드미컬하게 얼굴 표정과 목소리를 주고받는 의사소통을 하지도 않는다.

'불안성 애착' 또는 '양면성 애착'으로 불리는 또 다른 유형의 아이들은 울고, 소리 지르고, 매달리고, 비명을 지르며 계속 관심을 붙잡아 두려고 한다. '느끼지만 대처하지 못하는' 유형이라 할 수 있다.[13] 이 아이들은 뭔가 구경거리가 될 만한 행동을 하지 않으면 아무도 관심을 주지 않는다고 확신한 듯한 행동을 보인다. 엄마가 눈에 안 보이면 엄청나게 당황하고, 엄마가 돌아와도 별로 안심하지 못한다. 심지어 엄마가 곁에 있는 상황을 달가워하지 않는 것처럼 보일 때도 있어서, 다른 아이들은 그냥 놀이에 집중할 때도 떠밀리듯 혹은 화가 난 채 엄마를 계속 주시한다.[14]

애착 관계를 연구하는 학자들은 이렇게 세 가지로 '체계화된' 애착 전략(안정, 회피, 불안)이 아이에게 작용하는 이유는 양육자가 제공할 수 있는 최선의 방안이기 때문이라고 본다. 즉 아이는 특정한 양육 패턴을 일정하게 접하면, 그 유형이 정서적인 거리감이나 무관심이 두드러지는 형태라 할지라도 양육자와의 관계를 유지하려고 거기에 적응한다. 그렇다고 해서 전혀 문제가 되지 않는다는 의미는 아니다. 애착 관계의 유형은 성인기까지 이어지는 경우가 많다. 불안한 유아기를 보낸 아이는 늘 불안해하는 성인으로 자라는 경향이 나타나고, 회피적 성향을 보인 유아들은 자신과 다른 사람들의 감정을 잘 파악하지 못하는 어른이 될 확률이 높다("좋은 뜻에서 때리는 건 괜찮다고 생각해요. 전 맞으면서 컸지만 그 덕분에 지금 성공했으니까요."라고 말하는 경우처럼 말이다). 학창 시절에 회피성 아이들은 다른 친구를 괴롭히는 경우가 많고, 불안해하는 아이들은 그 희생양이 되는 경우가 빈번하다.15 그러나 발달 과정이 일직선으로만 진행되는 건 아니므로, 인생의 다양한 경험을 통해 결과가 바뀔 수도 있다.

이들 외에, 적응의 안정성이 더 떨어지는 또 다른 집단이 있다. 우리가 치료하는 아이들 대다수를 차지하고, 정신과에서 보는 성인 환자 중에도 상당 비율을 차지하는 유형에 해당한다. 20여 년 전, 메리 메인이 이끄는 버클리 연구진은 양육자와 관계를 형성하는 법을 찾지 못하는 것으로 보이는 아이들을 구분하기 시작했다(연구진이 조사한 전체 아이들 중에서 약 15퍼센트를 차지했다). 그리고 양육자가 아이들의 고통이나 두려움의 원천이라는 사실이 이 그룹의 핵심적인 문제로 드러났다.16

이러한 상황에 놓인 아이들은 의지할 대상이 없고 해결할 수 없는 딜레마에 봉착한다. 생존을 위해서는 반드시 엄마가 필요한데, 그 엄마가 두려움을 주기 때문이다.17 이 아이들은 "접근하지도 못하고(안정적인 애착과 양면성 애착 '전략'), 다른 곳에 관심을 두지도 못하고(회피 '전략'), 달아나지도 못한다".18 유치원이나 애착 관계 연구소에서 이러한 유형의 아이들을 관찰해 보면, 부모가 방에 들어서면 아이가 쳐다보다가 곧바로 돌아서는 모습을 보인다. 부모와 친밀해지고 싶은 마음과 피하고 싶은 마음 중에 선택하지 못하고, 무아지경에 빠진 듯 손을 흔들고 무릎을 떨거나 팔을 들어 올린 채 그대로 굳어 버리거나 부모를 맞이하려고 일어서다가 바닥에 넘어지기도 한다. 누가 안전한 사람이고 자신이 누구에게 속해 있는지 알 수 없어서 낯선 사람에게 지나칠 정도로 다정하게 대하기도 하지만 아무도 믿지 않는다. 메인은 이와 같은 유형을 '혼란 애착'이라고 칭했다. 이런 혼란 애착은 '답 없는 싸움'과 같다.[19]

내면의 무질서

성실한 부모들은 애착 관계 연구를 접하면 깜짝 놀라면서 자신이 가끔 인내심을 잃거나 일상 중에 아이들과 제대로 조율하지 못한 일이 자녀에게 영구적인 손상을 입힌 건 아닌지 염려한다. 실제 우리 삶에서는 오해가 생기거나 부적절하게 반응하고 의사소통에서 실패가 발생할 수밖에 없다. 엄마와 아빠가 아이가 보낸 신호를 놓치거나 다른 일에 신경 쓰는 경우도 있으므로, 아이들이 자기 힘으로 혼자 안정을 찾는 경우가 많다. 그래도 어느 정도까지는 문제가 되지 않는다. 아이들은 좌절과 실망감을 해결하는 법을 익힐 필요가 있다. '그런대로 괜찮은' 양육자라면, 아이들은 관계가 어그러지더라도 회복될 수 있다는 사실을 배운다. 가장 중요한 문제는 아이가 부모나 다른 양육자에게서 본능적으로 안전하다는 기분을 느낄 수 있느냐 하는 것이다.[20]
'평범한' 중산층 가정에서 자라는 유아 2천 명 이상을 대상으로 애착 관계의 유형을 조사한 연구에서 62퍼센트가 안정적인 애착 관계를 형성한 것으로 나타났다. 그리고 15퍼센트는 회피, 9퍼센트는 불안(또는 양면성), 15퍼센트는 혼란 애착 유형으로 확인됐다.[21] 이 대규모 연구에서 밝혀진 흥미로운 사실은 아이의 성별과 기본적인 기질은 애착 유형에 거의 영향을 주지 않았다는 점이다. 예를 들어 성질이 '까다로운' 아이라고 해서 혼란 애착이 형성된 비율이 더 높지는 않았다. 그러나 사회경제적 수준이 낮고 부모가 경제적 불안정과 가족 문제로 심한 스트레스에 시달리는 일이 많은 집단에 속한 아이들은 혼란 애착이 형성될 확률이 높다.[22]

유아기에 안전한 기분을 느끼지 못하는 아이들은 커서도 기분과 정서적 반응을 제대로 조절하지 못한다. 혼란 애착이 형성된 아이들은 유치원에 다니면서 공격적이거나, 멍하니 있거나, 무관심한 태도를 보이고 성장 과정에서 다양한 정신의학적 문제가 발생하는 경우가 많다.[23] 이들에게는 심장 박동, 심박 변이도,[24] 스트레스 호르몬 반응, 면역 인자 감소[25] 등 생리학적인 스트레스 징후도 나타난다. 그런데 이런 생물학적인 기능 이상은 아이가 성장하거나 안전한 환경에서 지내면 자동으로 정상 수준으로 돌아올까? 지금까지 밝혀진 바로는, 그렇지 않다.

부모의 학대만 혼란 애착을 유발하는 것은 아니다. 부모가 가정폭력, 성폭행 같은 일을 겪고 트라우마에 사로잡혀 있거나 부모, 형제자매가 얼마 전 세상을 떠나 그 일에 정신을 빼앗긴 상태인 경우 정서적으로 불안정해지고, 자연히 아이에게 충분한 수준의 안락함과 보호를 일관되게 제공하지 못한다.[26, 27] 어떤 부모든 아이가 안정적으로 자랄 수 있도록 도움이 필요한 경우가 얼마든지 생길 수 있지만, 정신적 외상을 입은 부모는 특히 아이의 요구에 맞춰 조율할 수 있도록 도움을 받아야 한다.

양육자가 아이와 조율하지 못하면서도 그 사실을 깨닫지 못하는 경우가 많다. 베아트리체 비브가 내게 보여 준 비디오 영상 하나가 지금도 생생하게 떠오르는데,[28] 그 영상에는 젊은 엄마가 생후 3개월 된 아기와 노는 모습이 담겨 있었다. 모든 것이 순조롭게 흘러가다가, 아기가 살짝 뒤로 물러나더니 머리를 다른 쪽으로 돌리며 쉬고 싶다는 신호를 보냈다. 하지만 엄마는 그 신호를 알아채지 못하고, 얼굴을 아기에게 더 가까이 대고 목소리도 더 크게 내면서 아기가 관심을 가지게끔 더 열심히 노력했다. 아기가 놀라며 더 움츠러들자, 엄마는 얼굴을 더 들이대면서 아이를 쿡쿡 찔렀다. 결국 아기가 비명을 지르기 시작하자, 엄마는 아기를 내려놓고는 풀 죽은 얼굴로 물러났다. 분명 아주 괴로운 심정이었겠지만, 신호를 제대로 포착하지 못해서 벌어진 일이었다. 이와 같은 잘못된 조율이 계속 반복해서 발생하면, 두 사람의 관계는 서서히 만성적인 단절 상태가 될 것임을 쉽게 예상할 수 있다(수시로 울음을 터뜨리거나 지나치게 활발한 아기를 키워 본 사람은 자신이 어떻게 해도 상황이 달라지지 않는다고 느끼고 그럴 때마다 얼마나 단시간에 스트레스가 치솟는지 잘 알 것이다). 아기를 진정시키지 못하고 서로 얼굴을 바라보며 즐거운 의사소통을 나누지 못하는 상황이 장기화되면, 엄마는 자기 아이를 너무 까다롭고 자신에게 패배감 안겨 주는 존재로 인지할 확률이 높고, 그로 인해 아이를 달래려는 노력을 포기해 버릴 수 있다.

임상에서는 환자가 겪는 문제가 혼란 애착에서 비롯된 결과인지, 아니면 트라우마로 인한 것인지 구분하기가 어려운 경우가 많다. 그리고 이 두 가지 원인이 뒤엉킨 경우도 빈번하다. 내 동료 중 한 사람인 레이철 예후다는 뉴욕에 거주하는 성인 중에서 폭행이나 강간을 당한 피해자 가운데 외상 후 스트레스 장애 환자의 비율이 어느 정도인지 조사했다.[29] 조사 결과, 홀로코스트를 겪고 외상 후 스트레스 장애 환자가 된 엄마를 둔 피해자들은 폭력이나 강간이라는 충격적인 일을 겪은 후 심각한 정신적 문제가 발생한 비율이 훨씬 더 높은 것으로 나타났다. 이들이 양육된 방식이 생리학적으로 취약해지는 원인이 되었을 뿐 아니라, 폭력을 당한 후 다시 평형을 되찾기 힘든 사람으로 만들었다고 보는 것이 가장 합당한 설명이리라. 예후다는 2001년 세계무역센터가 폭격당한 그 운명의 날, 그 건물에 있었던 임신 여성의 아이들에게도 이와 유사한 취약성이 나타났다고 밝혔다.[30]

마찬가지로 아이들이 괴로운 사건을 접할 때 보이는 반응은 부모의 침착성이나 스트레스 수준에 따라 크게 좌우된다. 내 제자이자 현재 뉴욕대학교 아동청소년정신의학과 과장을 맡고 있는 글렌 색스 Glenn Saxe는 심각한 화상을 입고 입원 치료를 받는 아이들이 외상 후 스트레스 장애를 겪게 될 것인지 여부는 엄마와 있을 때 안전하다고 느끼는 수준을 토대로 예측 가능하다고 밝혔다.[31] 엄마와의 애착 관계가 얼마나 안정적이냐에 따라 아이들의 통증 관리에 꼭 필요한 모르핀 투여량도 예측할 수 있었다. 즉 애착 관계가 안정적일수록 필요한 진통제의 양도 줄었다.

뉴욕대학교 랭곤의료센터에서 가족 트라우마 연구 프로그램을 이끌고 있는 또 다른 동료 클라우드 쳄톱 Claude Chemtob은 9·11 테러 현장을 직접 목격한 뉴욕시 거주 어린이 112명을 연구했다.[32] 그 결과 사건 이후 어머니가 외상 후 스트레스 장애나 우울증 진단을 받은 아이들은 정서적으로 심각한 문제를 겪는 확률이 6배 더 높고, 자신이 겪은 일이 떠오를 때 과도한 공격성을 보이는 비율도 11배 더 높은 것으로 나타났다. 아버지가 외상 후 스트레스 장애 진단을 받은 아이들도 행동 문제가 나타났지만, 쳄톱은 간접적인 영향에 해당하며 아버지의 영향이 엄마를 통해 아이에게 전달된다는 사실을 확인했다(화를 잘 내거나 내향적인 배우자, 또는 겁에 질린 배우자와 함께 사는 사람은 우울증 등 중대한 심리적 문제가 발생할 가능성이 높다).

내면에서 안정감을 느끼지 못하면 안전과 위험을 잘 구분하지 못한다. 수시로 정신이 멍해지는 사람은 아주 위험한 상황에서 자신이 살아 있다는 느낌을 받을 수도 있다. 자기 자신이 끔찍한 사람이라고 결론 내린 경우(그렇지 않고서야 부모가 그렇게 대할 리 없다고 생각하면서), 다른 사람들도 자신을 형편없게 대할 거라고 예상한다. 마음이 무질서한 사람들에게 이와 같은 자기 인식이 확립되면, 뒤이은 경험들로 쉽게 정신적 외상을 입을 수 있다.[33]

혼란 애착의 장기적인 영향

1980년대 초반, 내 동료이자 하버드에서 애착 관계를 연구하던 칼렌 라이언스루스Karlen Lyons-Ruth는 아이가 생후 6개월, 12개월, 18개월일 때 각각 엄마와 얼굴을 마주 보며 어떤 상호 작용을 하는지 비디오로 촬영하기 시작했다. 그리고 아이가 다섯 살이 되었을 때 다시 촬영하고, 일곱 살이나 여덟 살 때 또 한 번 촬영했다.[34] 대상자는 전부 고위험군에 속하는 가족으로, 연방 정부가 정한 빈곤층 기준을 100퍼센트 충족했다. 또 아이 엄마의 절반가량은 아이를 혼자서 길렀다.

이들에게서 혼란 애착은 각기 다른 두 가지 형태로 나타났다. 한쪽은 엄마가 자기 일에 사로잡혀 있느라 아기에게 충분히 관심을 기울이지 못했다. 이 엄마들은 제멋대로 굴거나 적대적인 경우가 많았고, 아기에게 거부 행동을 보이거나 '엄마 자신'의 요구를 아이가 들어줄 것으로 기대하는 것처럼 행동했다. 다른 한쪽은 엄마들이 무기력하고 두려워했다. 이 엄마들은 땀을 흘리거나 허약한 경우가 많았고, 어른으로서 아이와 어떤 관계를 맺어야 할지 모르는 것처럼 보였으며, 아이가 자신을 달래 주길 원하는 것 같은 모습을 보였다. 이들은 아이와 떨어져 있다가 다시 만나면 반갑게 인사를 나누지 않았고 아이가 괴로워해도 안아 주지 않았다. 하지만 고의적으로 이런 행동을 하는 것 같지는 않았다. 그저 아이와 어떻게 조화를 이루어야 하는지, 아이가 보내는 신호에 어떻게 반응할지 모르고 그로 인해 아이를 달래거나 안심시키지 못했다. 적대적이고 제멋대로인 엄마들은 어린 시절 신체적 학대를 경험했거나 가정 폭력을 목격한 경우가 많았고, 내향적이고 의존적인 엄마들은 성적 학대를 당했거나 부모를 잃은 경우가 많았다(신체적 학대는 해당되지 않았다).35

부모가 어떻게 자기 아이를 학대할 수 있을까 하는 의문이 항상 나를 따라다녔다. 다른 걸 떠나서 건강한 자손을 길러 내는 일은 인간의 가장 핵심적인 목적과 삶의 의미 아닌가. 무엇이 부모로 하여금 자기 아이를 일부러 다치게 하거나 방치하게 만들까? 칼렌의 연구 결과에서 나는 한 가지 답을 얻었다. 칼렌이 촬영한 영상을 보면서, 나는 아이들이 자신과 조화를 이루지 못하는 엄마로 인해 점점 더 서글퍼하고, 시무룩해지고, 저항하게 된다는 사실을 확인했다. 동시에 그 엄마들은 아이와의 관계에서 점점 더 크게 좌절하고, 목적을 이루지 못하고, 무기력해졌다. 엄마가 자신의 아이를 '서로 조화로운 관계를 형성할 상대'로 보지 않고 좌절감을 주고, 분노를 유발하고, 유대감을 못 느끼는 낯선 존재로 느끼기 시작하면 학대가 이어지는 건 시간문제다.

그로부터 18년 정도 지나 아이들이 스무 살 무렵 되었을 때 칼렌은 이들이 어떻게 대처하며 살고 있는지 후속 연구를 수행했다. 생후 18개월에 엄마와 나누는 정서적 의사소통이 심각하게 파괴된 양상을 보였던 아이들은 불안정한 자기의식과 스스로를 해치는 충동(과도한 소비, 난잡한 성생활, 물질 남용, 무모한 운전 습관, 폭식 등)과 부적절하고 강렬한 분노, 반복되는 자살 행동에 시달리는 젊은이가 되어 있었다.

칼렌과 연구진은 아이가 성인이 되었을 때 정신적 불안정을 겪게 되는 가장 강력한 원인이 적대적이고 제멋대로인 엄마일 것으로 예상했으나, 결과는 정반대였다. 오히려 정서적인 위축 상태가 가장 심각하고 장기적인 영향을 준 것이다. 정서적 거리감과 역할의 역전(엄마가 아이에게 자신을 돌봐 주길 기대하는 것)은 특히 청년기에 자기 자신과 다른 사람에게 공격적인 행동을 보이는 것과 연관되어 있었다.

해리 : 아는 것과 알지 못하는 것

칼렌은 특히 해리 현상에 관심이 많았다. 해리 현상은 상실감과 감당할 수 없는 기분, 방치된 느낌, 세상과 분리된 느낌, 자기 자신을 사랑받지 못하고 공허하며 무기력하고 꼼짝 못한 채 짓눌린 존재로 여기는 태도로 나타난다. 칼렌은 생후 첫 2년 동안 엄마가 아이에게 무관심하고 아이와 제대로 조율하지 못하면 그 아이가 성인기 초반에 해리성 증상을 보일 수 있다는 사실을 발견했다. 그러므로 엄마가 아이를 진심으로 바라보고 잘 파악하지 못한 경우, 그 아이는 다른 사람을 잘 이해하거나 파악하지 못하는 청년으로 자랄 위험이 높다는 결론을 내렸다.[36]

안정적인 관계를 맺고 사는 아이들은 좌절, 고통과 함께 새로이 형성된 자기, 즉 자신의 관심사, 선호하는 것, 목표를 전달하는 법도 습득한다. 공감 어린 반응은 아이로 하여금(성인도 마찬가지) 극도로 놀라게 만드는 자극이 주어져도 다치지 않게 보호해 주는 쿠션 역할을 한다. 양육자가 자신의 요구를 무시하거나 존재 자체에 분개하면, 거부당할 것을 예상하고 포기하는 법을 배운다. 아이는 엄마의 적대감을 차단하거나 무시하고, 아무렇지 않은 듯 행동하는 것으로 나름대로 최대한 그 일에 대처하지만, 아이의 몸에서는 고도의 경계 태세가 유지되며 언젠가 크게 한 방 맞거나 결핍되고 방치될 상황을 대비한다. 그러나 해리는 상황을 알기도 하고 모르기도 하는 상태를 의미한다.[37]

볼비는 다음과 같이 설명했다.

"엄마와 소통할 수 없으면 자기 자신과도 소통할 수 없다."[38]

자신이 알고 있는 것, 또는 자신이 느끼는 것을 더 이상 견딜 수 없다면 거부하고 분리시키는 방법밖에 없다.[39] 이와 같은 정지 상태가 장기적으로 주는 가장 심각한 악영향은 아동 클리닉에서 본 아이들이나 트라우마센터를 찾은 어린이, 성인 환자들에게서 나타나듯 그 무엇도 마음속 깊이 느낄 수 없다는 점이다. 그 무엇도 제대로 느낄 수 없다면, 스스로를 위험으로부터 보호할 수도 없다. 또는 '뭐라도' 느끼려는 극단적인 노력이 면도칼로 자기 몸을 베거나 낯선 사람과 주먹다짐을 하는 시도로 이어질 수 있다.

칼렌의 연구를 통해 해리는 생애 초기에 학습된다는 사실이 확인됐다. 청년기에 나타나는 해리 증상은 다 자란 후에 겪은 학대나 다른 트라우마와 무관했다.[40] 학대와 트라우마는 수많은 문제를 일으키지만, 고질적인 해리 반응이나 자기 자신에게 공격적인 태도와는 관련이 없다. 여기서 드러나는 중요한 문제는, 이러한 환자들은 어떻게 해야 안전함을 느낄 수 있는지 모른다는 사실이다. 생애 초기에 양육자와의 관계에서 안전을 느끼지 못하면 자신의 내적 상태를 감지하는 능력이 손상되고, 과도한 의존성이나 자해 행동으로 이어진다. 가정 형편이 좋지 않거나 한 부모 가정, 정신의학적 문제가 있는 엄마에게서 자란 아이들의 경우 그러한 환경이 해리 증상으로 이어지지는 않았다.

그렇다고 해서 아동 학대가 전혀 무관하다는 뜻은 아니다.[41] 다만 생애 초기 양육의 질적 특성은 다른 트라우마와 상관없이 아이의 정신적 건강 문제를 예방하는 데 매우 중요한 역할을 한다는 의미다.[42] 그러므로 치료를 통해 트라우마가 된 특정 사건의 흔적을 해결하는 동시에, 누군가 관심을 주고 조율해 주지 않는 환경에서 일정한 관리와 애정을 받지 못해서 생긴 해리 증상과 자기 관리력의 상실 문제를 함께 해결해야 한다.

동시성의 회복

우리가 다른 사람에게 기대하는 관계와 더불어 현재를 살면서 느끼는 편안함과 즐거움 수준 등 우리의 인생 전반에서 경험하는 관계는 내적 지도로 기록되며, 애착 유형마다 각기 다른 내적 지도가 형성된다. E. E. 커밍스E. E. Cummings가 쓴 시 중에 그의 기쁨이 느껴지는 구절이 있다. "나는 당신의 몸과 함께 있는 내 몸이 좋아. (…) 근육은 더 강해지고 신경은 더 예민해져." 나는 이 구절을 보고 혹시 그가 생애 초기에 잔뜩 굳은 얼굴과 적대적인 눈길을 가진 사람과의 관계를 경험한 것 아닌가 하는 의구심이 들었다.[43] 우리의 관계 지도는 함축적이며, 정서적인 뇌에 각인된다. 그리고 지도가 어떻게 형성됐는지 안다고 해서 쉽게 바뀌지도 않는다. 친밀한 관계에 대한 두려움이 엄마의 산후우울증이나 엄마가 어릴 때 당한 추행과 관련 있다는 사실을 알게 되더라도, 그걸 안다는 사실 하나만으로 다른 사람과 행복하고 서로 신뢰하는 관계를 형성할 가능성은 낮다.

그러나 그 사실을 알면, 타인과 관계를 맺는 다른 방법을 탐구해 볼 수 있다. 이는 자기 자신을 위한 노력이자 자신의 아이에게 불안정한 애착 관계를 물려주지 않기 위한 노력이기도 하다. 5부에서는 리듬감과 상호 관계 훈련을 통해 망가진 조율 시스템을 회복하는 여러 가지 방법에 대해 논의할 것이다.[44] 자신 그리고 다른 사람과 조화를 이루려면 시각, 청각, 촉각, 균형 감각 등 신체 감각이 통합되어야 한다. 유아기와 아동기 초기에 통합이 이루어지지 않으면 성장 후 감각 통합 문제(트라우마와 방치로만 발생하는 문제가 아니다)가 발생할 확률이 높다.

　조화를 이룬다는 건 서로 연결되어 있는 소리와 움직임을 통해 공명한다는 뜻이다. 일상생활 속에서 요리하고 청소하고 잠자리에 들고 아침에 일어나는 감각의 리듬 속에 바로 그 소리와 움직임이 들어가 있다. 웃긴 표정을 짓고 같이 웃음을 터뜨리고, 포옹하고, 적시에 기쁨을 표현하거나 거절하는 것, 공을 서로 주고받는 것, 함께 노래하는 것도 조화를 이루는 것이다. 트라우마센터에서 우리는 부모들이 아이와 유대감을 형성하고 조율하는 방법을 배울 수 있는 다양한 프로그램을 개발해 왔다. 그리고 여러 환자들이 합창이나 사교 댄스, 농구 팀이나 재즈 밴드, 실내악단 등 자신이 조화를 이루는 데 도움이 되었던 다양한 방법을 내게 말해 주었다. 이런 활동들은 모두 조화 감각과 공동의 즐거움을 향상시킨다.

8장

관계의 덫 :
학대와 방임의 대가

> 쪼개지고, 거부당하고, 알지 못하고, 원치 않고 의식의 곳곳 지하 세계로 쫓겨
> 나고 추방당한 우리 자신의 일부, 그 일부를 찾아 떠나는 여행을 '밤바다 여
> 행'이라고 한다. (…) 이 여행의 목표는 우리 자신과 재결합하는 것이다. 놀랄
> 만큼 고통스럽고 잔혹한 귀향이 될 수도 있다. 이 과정에 돌입하려면, 먼저 '무
> 엇도 내쫓지 않겠다'고 동의해야 한다.
>
> 스티븐 코프Stephen Cope

큰 키에 운동선수 느낌이 나는 메릴린은 가까운 시내 병원에서 수술실 간호사로 일하는 30대 중반의 여성이었다. 몇 달 전부터 마이클이라는 보스턴 출신 소방관과 스포츠클럽에서 함께 테니스를 치기 시작했다고 내게 말했다. 그러면서 원래는 남자를 가까이 하지 않는데 점점 마이클이 많이 편해져서 운동이 끝나고 마이클이 피자 먹으러 가자고 제안하면 받아들일 정도가 되었다고 설명했다. 두 사람은 테니스며 영화, 조카들 이야기를 나누었지만, 개인적인 이야기는 그리 깊이 나누지 않았다. 마이클은 함께 보내는 시간을 분명 즐거워하는 것 같았지만, 메릴린은 그가 자신을 제대로 모른다는 느낌이 들었다고 했다.

8월 어느 토요일 저녁, 테니스를 치고 나서 함께 피자를 먹은 뒤 메릴린은 그에게 자신의 아파트에서 하루 자고 가라고 했다. 그러나

막상 둘이서만 한 공간에 있게 되자, 메릴린은 즉각 '긴장되고 현실이 아닌 것 같은' 기분이 들었다. 마이클에게 진도를 천천히 나가자고 부탁한 것까지는 기억이 나는데, 그 뒤에 일어난 일은 거의 기억나지 않았다. 와인을 몇 잔 마시며 〈로앤오더Law & Order〉 재방송을 본 뒤, 두 사람은 나란히 침대에 누워 잠이 든 것 같았다. 새벽 2시경, 마이클이 잠든 채 몸을 뒤척이다 그만 자기 몸에 닿는 걸 느낀 메릴린은 순간 폭발해 버렸다. 그를 주먹으로 마구 때리고, 할퀴고, 물어뜯고, 비명을 지르기까지 했다. "야, 이 나쁜 놈아, 나쁜 자식아!" 당황하며 잠에서 깬 마이클은 얼른 자기 물건을 챙겨서 달아났다. 그가 떠나고 메릴린은 망연자실한 채 몇 시간 동안 침대에 그대로 앉아 있었다. 자신이 저지른 일이 너무나 창피하고 스스로가 증오스러워서 나를 찾아온 것이었다. 메릴린은 내게 남성을 향한 공포심과 납득할 수 없는 분노 발작을 해결할 수 있도록 도와달라고 했다.

나는 참전 군인들을 치료하면서 깨달은 사실들을 떠올렸다. 곧바로 환자의 문제를 해결하려 드는 대신 메릴린과 같은 문제를 겪는 환자들과 만나면 고통스러운 이야기에 귀 기울일 준비를 했다. 치료는 한밤중에 남자 친구를 공격하거나, 누가 눈을 똑바로 쳐다보면 두려움을 느끼거나, 유리조각으로 몸에 상처를 내고 피 범벅이 된 자신을 발견하거나, 밥을 먹고 나면 항상 일부러 토하는 도저히 설명하기 힘든 행동을 계기로 시작되는 경우가 많다. 그러한 증상 뒤에 숨어 있는 실상이 모습을 드러내려면 시간과 인내가 필요하다.

두려움과 무감각

이야기를 이어 가면서 메릴린은 마이클이 지난 5년 동안 집에 처음으로 데려온 사람이라고 말했다. 하지만 그녀가 함께 밤을 보내던 남자에게 이성을 잃은 건 처음이 아니었다. 남자와 단둘이 있게 되어 긴장감이 고조되고 정신이 아득해질 때마다 그런 행동이 반복됐다. 자기 집에 있다는 사실을 '알아차리고' 나면 무슨 일이 일어났는지 또렷하게 기억하지 못하고 방구석에서 몸을 웅크리고 있었던 적도 있다고 했다.

더불어 메릴린은 자신이 평범하게 살고 있는 척 '시늉을 하는' 것 같다고 이야기했다. 스포츠클럽에서 테니스를 치거나 수술실에서 일하는 시간을 제외하면 대부분 무감각한 상태로 지냈다. 몇 년 전에는 그 멍한 상태에서 깨어나려고 면도날을 들고 스스로 자기 몸에 상처를 낼 수도 있다는 사실을 직접 확인했다. 심지어 마음의 안정을 찾고 싶다는 이유로 점점 더 깊이, 더욱 자주 자기 몸에 상처를 내고 있다는 사실을 깨닫고 깜짝 놀랐다. 술의 도움도 받았지만, 고삐 풀린 듯 술을 마셔 대던 아버지의 음주 습관과 아버지가 동시에 떠올라 구역질이 났다. 그래서 술 대신 시간 날 때마다 온 힘을 다해 테니스를 쳤다. 그러면 살아 있는 기분이 들었다.

내가 과거에 대해 묻자, 메릴린은 행복한 어린 시절을 '보낸 것이 틀림없겠지만' 열두 살 이전의 기억은 거의 없다고 했다. 그리고 원래 소심한 여학생이었지만 열여섯 살에 알코올에 중독된 아버지의 폭력과 마주한 뒤 바로 집을 나왔다고 이야기했다. 혼자 힘으로 돈을 벌어서 전문대학에 다니고 부모님에게 아무런 도움도 받지 않고 간호학 학위를 취득했다. 그 시절 이 남자 저 남자와 잠자리를 가졌던 일을 수치스러워하면서, "완전히 잘못된 곳에서 사랑을 찾아 헤맸다"고 묘사했다.

새로운 환자가 찾아오면 자주 하던 절차대로, 나는 메릴린에게 가족의 초상화를 그려 보라고 했다. 그리고 그 그림을 보고는 (228쪽에 나와 있다) 이 문제를 천천히 해결해야겠다고 결심했다. 메릴린은 분명

뭔가 끔찍한 기억을 갖고 있는데, 자신이 그린 그림에 드러난 진실을 스스로 인지하지 못했다. 그림 속에는 단단히 겁에 질려 날뛰는 아이가 어떤 우리에 갇혀 있고, 섬뜩한 모습을 하고 있는 세 명의 사람(그중 한 명은 눈이 없다)과 아이가 있는 공간을 침범한 커다랗게 발기된 성기에 둘러싸여 위협을 받고 있었다. 그런데도 그림을 그린 당사자는 행복한 어린 시절을 '보낸 것이 틀림없다'고 말한 것이다.

W. H. 오든W. H. Auden이 쓴 시 중에 이런 구절이 있다.

> 진실은, 사랑처럼 잠처럼, 분개하며
> 너무나 강렬하게 다가온다.[1]

나는 오든이 말한 이 원칙을 떠올리고, 메릴린에게 기억나는 걸 이야기하라고 강요하지 않기로 했다. 사실 그간의 경험으로 환자의 트라우마를 아주 세세하게 다 아는 것은 그리 중요하지 않다는 걸 알고 있었다. 중요한 건 환자 자신이 자기가 느낀 감정을 견디고, 자신이 알고 있는 사실을 인지하는 법을 배우는 것이다. 그 과정이 몇 주일 걸릴 수도 있고 길게는 몇 년이 걸리기도 한다. 우선 메릴린에게 틀이 잘 잡힌 공동 치료 그룹에 들어오라고 초대했다. 그룹 치료는 불신과 수치심, 분노의 원동력과 마주하기 전에 그녀를 지지해 주고 수용해 줄 힘을 찾을 수 있는 방법으로 생각됐다.

예상대로 처음 그룹 모임에 나온 메릴린은 겁을 먹은 모습이었다. 자신이 그린 가족 초상화 속 소녀와 굉장히 닮은 얼굴로, 내향적인 태도를 보이며 그 누구에게도 가까이 가지 않았다. 메릴린을 초대하기로 선택한 그룹은 말도 제대로 못 할 만큼 두려워하는 새 멤버를 항상 도와주고 잘 받아 주는 사람들이 모인 그룹이었다. 다들 자신이 경험한 일들을 토대로, 속에 간직한 비밀을 공개하는 건 점진적으로 이루어지는 과정임을 잘 알고 있었다. 하지만 내가 메릴린의 그림 속에서 폭력을 당하던 어린 소녀를 언급하자, 모두 굉장히 놀라면서 메릴린의 애정 생활에 관한 질문을 지나치게 쏟아 내기 시작했다. 메릴린은 자신도 모르게 충격적인 과거를 재차 설명할 뻔했지만, 내가 끼어들어 이야기에 어느 정도 경계를 지어 주자 비로소 안심하기 시작했다.

3개월 뒤, 메릴린은 그룹 상담에 나와서 전철역과 병원을 오가다가 그만 발을 헛디뎌 넘어진 적이 몇 번 있다고 이야기했다. 그러면서 시력이 나빠지고 있는 건 아닌지 염려했다. 최근 들어 테니스를 칠 때도 공을 못 보고 놓친 적이 많다고 했다. 나는 다시 그 그림 속에서 날뛰던 아이의 커다랗고 겁에 질린 두 눈이 떠올랐다. 혹시 메릴린이 경험한 증상이, 환자가 겪는 심리적 갈등이 신체 일부분의 기능을 잃는 형태로 나타나는 '전환 반응'은 아닐까? 제1차, 2차 세계 대전에 참전했던 군인들 중에는 신체 부상과 관련 없는 마비에 시달린 사례가 많았고, 실제로 나는 멕시코와 인도에서 '히스테리성 시각 상실' 사례를 본 적이 있다.

그래도 나는 의사이기에 구체적인 검사 절차도 없이 그 증상이 다 '머릿속에서 일어나는 일'이라고 결론지을 생각은 없었다. 그래서 '매사추세츠 눈과 귀 치료소'에 있는 동료들에게 메릴린을 보내고 아주 정밀한 검사를 요청했다. 몇 주일 뒤 검사 결과가 도착했다. 망막에 홍반성 낭창이 있다는 진단이었다. 자가 면역 질환의 일종인 그 문제 때문에 시력이 나빠진 것으로 드러나 즉시 치료를 받아야 한다는 진단이 내려졌다. 그런데 나는 그 결과에 큰 충격을 받았다. 근친 성폭력 피해자로 의심되는 사람 중에 자가 면역 질환, 즉 신체가 자신을 공격하는 그 질환으로 진단받은 환자가 그해에만 벌써 세 명째였기 때문이다.

메릴린이 적절한 치료를 받도록 한 뒤, 나는 매사추세츠종합병원에서 면역연구소를 운영하던 정신의학과 동료 스콧 윌슨Scott Wilson, 리처드 크래딘Richard Kradin과 만나 의논했다. 두 사람에게 메릴린의 이야기를 들려주고 그 그림을 보여 준 뒤 함께 연구를 시작하자고 제안했다. 둘 다 기꺼이 시간을 내주고 어마어마한 양의 면역학 검사를 도맡아서 처리해 주었다. 우리는 근친 성폭력 경험이 있고 아무런 약도 복용하지 않는 여성 12명과 트라우마를 경험한 적 없고 아무 약도 먹지 않는 여성 12명을 모집했다. 이 통제군 조건에 해당하는 사람을 찾는 일이 얼마나 힘들었는지 모른다(메릴린은 연구 대상자에 포함되지 않았다. 보통 우리는 임상에서 치료 중인 환자에게는 연구 참여를 요청하지 않는다).

연구가 끝나고 데이터 분석이 완료된 뒤에, 리처드는 근친 성폭력 피해 여성들은 정신적 외상을 입은 적 없는 여성들과 달리 CD45RA 항체와 CD45RO 항체의 비율이 비정상적이라고 밝혔다. CD45 세포는 면역 체계에서 '기억 세포'에 해당하며, 이들 중 RA로 불리는 세포는 과거에 노출된 적 있는 독소와 만나면 활성화된다. 즉 예전에 접한 적 있는 환경적 위협에 노출되면 재빨리 반응하는 것이다. 반면 RO 세포는 새로 발생할지 모르는 문제에 대비하며 보존된다. 신체가 만나 본 적 없는 위협을 처리하는 역할을 하는 것이다. RA와 RO의 비율은 이미 알고 있는 독소를 인식하는 세포와 새로운 정보가 유입되면 활성화되려고 대기 중인 세포의 균형을 나타낸다. 근친 성폭력 경험이 있는 환자들은 활성을 나타내기 직전 상태인 RA 세포의 비율이 정상 수준보다 훨씬 높다. 이로 인해 면역 체계는 위협에 과잉 반응을 하게 되므로, 전혀 불필요한 방어 태세가 갖추어지는 경향이 나타나고 급기야 자기 몸의 세포들을 공격하는 일도 발생한다.

우리 연구를 통해 근친 성폭력 피해자들의 신체는 심층적 수준에서 위험과 안전을 제대로 구분하지 못하는 것으로 확인됐다. 이는 곧 과거의 트라우마가 남긴 흔적이 외부에서 유입되는 정보를 왜곡하여 인지하는 문제에 국한되지 않는다는 걸 의미한다. 그 일을 겪은 유기체 자체도 안전한 기분이 무엇인지 알지 못하는 문제에 시달리는 것이다. 그 과거는 마음에 깊은 영향을 남겨 전혀 문제 될 것이 없는 일도 잘못 해석하게 만들 뿐만 아니라(메릴린이 잠든 동안 모르고 몸이 닿았다는 이유로 마이클을 공격한 것처럼), 존재를 형성하는 핵심, 즉 몸의 안전 감각에도 영향을 남긴다.[2]

망가진 세계관

안전한 것과 안전하지 않은 것, 내면에 존재하는 것과 외부에 존재하는 것, 저항해야 하는 것과 안전하게 받아들여도 되는 것을 우리는 어떻게 알까? 아동 학대와 방치의 영향을 이해하는 가장 좋은 방법은 바로 메릴린과 같은 사람들이 우리에게 알려 주는 정보에 귀를 기울이는 것이다. 내가 메릴린을 좀 더 알게 되면서 분명히 확인한 사실은, 그녀가 세상이 어떻게 돌아가는지에 대해 자신만의 독특한 관점을 가지고 있다는 점이었다.

어릴 때 우리는 무엇이든 자신만의 우주 한가운데에서 삶을 시작하며 어떤 일이든 자기중심적인 시각으로 해석한다. 부모나 할머니, 할아버지가 끊임없이 "넌 세상에서 가장 귀여운 아이"라거나 "가장 사랑스러운 존재"라고 말하면 그 판단에 의문을 갖지 않는다. 분명 그 말이 사실이라고 생각하는 것이다. 그리고 자신에게서 그 말과 어울리지 않는 부분을 찾더라도 내면 저 깊은 곳에는 그 느낌, 즉 자신이 근본적으로 사랑스러운 존재라는 생각이 남아 있다. 따라서 나중에 자신이 좋아하게 된 누군가가 형편없는 태도로 대하면 크게 분노한다. 그가 하는 말은 뭔가 맞지 않고 익숙하지 않은 말들로 들리고 익숙하지 않은 감정도 느낀다. 그러나 어린 시절 학대를 당하거나 방치된 사람,

또는 성적인 것을 혐오스럽게 생각하는 가정에서 자란 사람은 내면의 지도에 그와 전혀 다른 메시지가 기록된 상태로 살아간다. 경멸과 수치심이 자기 자신에 대한 대표적인 느낌이 되고, '그는(혹은 그녀는) 내 운명이야'라고 생각하면 잘못된 대우를 받아도 저항하지 못할 가능성이 높다.

메릴린의 과거는 인간관계를 바라보는 시각 전체에 영향을 주었다. 남자는 타인의 감정에 관심이 없다고 단정 짓고, 남자들이 원하는 것이라면 뭐든 거부했다. 상대가 여자라고 해서 다 신뢰한 것도 아니었다. 여자는 홀로 살아가기에 너무 약한 존재고, 그래서 몸을 팔아서라도 자신을 돌봐 줄 남자를 찾는 존재라고 생각했다. 자신에게 문제가 생겨도 여자들은 절대 도와줄 리 없다고 확신했다. 이와 같은 세계관은 메릴린이 직장에서 동료들을 대할 때도 그대로 적용됐다. 친절하게 대하는 사람은 전부 의도를 의심했고, 다른 간호사들이 간호 규정의 아주 사소한 부분만 어겨도 지적하며 문제 삼았다. 메릴린은 떡잎부터 잘못된 사람이자, 근본적으로 주변 사람들에게 나쁜 일이 일어나게 만드는 해로운 사람이 되었다.

나는 처음 메릴린과 같은 환자들을 만났을 때만 해도 그들의 생각에 문제를 제기하고 세상을 좀 더 긍정적으로, 유연하게 볼 수 있도록 도우려고 했다. 그러다 캐시라는 여자 환자와 만나고 나서 내 잘못을 깨달았다. 함께 그룹 상담을 받던 환자 하나가 병원에 오던 길에 차가 고장 나는 바람에 상담 시간에 지각했는데, 캐시가 그 일로 자신을 비난한 것이다. "어쩐지 지난주에 봤을 때 차가 위태위태하더라고요. 오늘 제가 태워 드린다고 할걸 그랬어요." 이 자기비판의 시각은 몇 분 뒤 한층 더 고조됐다. 자신이 당한 성적 학대가 자기 책임이라고 말한 것이다. "제가 그렇게 만들었어요. 전 일곱 살이었고 아빠를 사랑했죠. 아빠도 절 사랑해 줬으면 하고 바랐어요. 그래서 아빠가 원하는 걸 해 줬죠. 다 제 잘못이에요." 내가 끼어들어 진정시키려고 했다. "저런, 그땐 너무 어린아이였잖아요. 경계를 지키는 건 아빠가 해야 할 몫이었고요." 캐시는 몸을 돌려 나를 쳐다보며 말했다. "저기요 선생님, 유능한 의사가 되는 일이 선생님께 얼마나 중요한지 저도 잘 알아요. 그래서 그런 멍청한 소리를 하셔도 대체로 너무나 감사하게 생각해요. 그래도 어쨌든 전 근친 성폭력 피해자예요. 어른들, 불안정한 남자들의 요구에 신경 쓰게끔 길들여진 사람이죠. 2년 동안 만나면서 선생님을 충분히 믿게 되어 드리는 말인데, 지금 하신 것 같은 말을 들으면 기분이 정말 끔찍해져요. 네, 정말 그래요. 저는 제 주변 사람들에게 나쁜 일이 생기면 본능적으로 전부 다 제 탓을 해요. 전혀 이성적인 생각이 아니란 것도 알고, 저 역시 그런 죄책감이 말도 못하게 싫지만, 그렇게 된다고요. 선생님께서 제게 더 합리적인 사람이 되라고 이야기하실 때마다 전 훨씬 더 외롭고 고립된 기분이 들어요. 그리고 이 세상에 어느 누구도 제가 어떤 기분인지 절대 이해해 주지 못할 거라는 확신이 들어요."

나는 캐시에게 진심으로 고마운 마음이 들었다. 그리고 그 이후부터는 환자들에게 지금 느끼는 방식대로 느끼면 안 된다고 말하지 않는다. 캐시는 의사인 내게 주어진 책임이 훨씬 더 심오하다는 사실을 깨우쳐 주었다. 환자들의 내면에 세상에 대한 지도가 다시 형성되도록 돕는 것, 그것이 내가 해야 할 일이다.

앞서 설명했듯이, 애착 관계 연구에서 인간이 태어나 처음 만나는 양육자는 먹이고, 입히고, 혼란스러워할 때 다독여 줄 뿐만 아니라, 빠른 속도로 성장하는 뇌가 현실을 인식하는 방법을 형성시켜 준다는 사실이 밝혀졌다. 양육자와의 상호 관계는 무엇이 안전하고 무엇이 위험한지 알려 주고, 우리가 기댈 수 있는 사람과 우리를 실망시킬 사람을 알아보게 하며, 필요한 것을 얻으려면 무엇을 해야 하는지 알려 준다. 이러한 정보는 뇌 회로의 가장 기본적인 요소에 저장되어 있고 자기 자신과 주변 세상을 생각하는 방식의 틀을 형성한다. 이 내적 지도는 시간이 흘러도 매우 안정적으로 유지된다.

그렇다고 해서 이 지도가 경험을 통해서도 바뀔 수 없다는 이야기는 아니다. 진지한 사랑의 관계, 특히 뇌가 또 한 번 급격한 변화를 겪는 시기인 청소년기에 경험한 깊은 사랑의 관계는 사람을 바꿔 놓을 수 있다. 아이를 낳는 것도 마찬가지 경험으로, 자식을 통해 사랑하는 법을 배우는 경우가 많다. 어릴 때 학대를 당하거나 방치된 후 성인이 된 사람들도 친밀감, 상호 신뢰의 장점을 배우고 깊은 영적 경험을 통해 마음을 열고 보다 넓은 세상을 바라볼 수 있다. 반대로 어린 시절에 멀쩡한 지도가 형성된 사람도 성인기에 겪은 성폭행이나 폭력 때문에 지도가 크게 왜곡되어 모든 길이 공포나 절망으로 이어지도록 바뀔 수 있다. 세상에 대한 지도는 정서적 뇌 안에 저장되어 있고, 이 지도를 바꾼다는 것은 중추신경계의 일부를 재편성한다는 의미다. 나중에 치료에 관한 부분에서 이 내용을 다루게 될 것이다.

그러한 특징을 고려해 우선 비합리적인 생각과 행동을 인지하는 법을 배우는 것이 유익한 첫 단계가 될 수 있다. 메릴린과 같은 사람들은 자신이 하는 억측이 친구들과 같지 않다는 사실을 깨닫는 경우가 많다. 운이 좋으면 친구들과 동료들로부터 행동이 아닌 말로, 그 불신과 자기 증오심이 협력하기 힘들게 만든다는 의견을 들을 수도 있다. 하지만 그런 경우는 드물고, 메릴린이 겪은 것과 같은 일들이 더 일반적으로 일어난다. 폭행 사건 이후 마이클은 그 사건을 이해하고 싶은 마음이 손톱만큼도 들지 않았고, 결국 메릴린은 친구도 잃고 좋은 테니스 파트너도 잃고 말았다. 메릴린처럼 똑똑하고 용기 있는 사람들, 반복되는 실패 속에서도 호기심과 결단력을 잃지 않는 사람들은 그 시점이 되면 도와줄 사람을 찾기 시작한다.

두려움이 완전히 장악하지 않는 한, 일반적으로 이성적인 뇌가 정서적인 뇌보다 우위에 있다(예를 들어 도로에서 경찰관이 정지 신호를 보내면 왠지 두려워지지만, 경찰이 앞에 사고가 났으니 조심하라고 설명하면 그 말을 듣자마자 두려움이 고마움으로 바뀐다). 그러나 덫에 걸린 기분이나 극심한 분노를 느낄 때, 또는 거부당했다는 생각이 들면 우리는 오래전에 형성된 지도를 활성화시켜 지도가 알려 주는 방향대로 따라가지 못하는 상태가 되기 쉽다. 자신의 정서적 뇌를 '소유'하는 법을 알아야 변화가 시작된다. 즉 상황을 지켜보고, 절망과 수치심을 주는 비통함과 속이 뒤틀리는 느낌을 견뎌 내는 법을 배워야 한다는 뜻이다. 내면에서 일어나는 일을 잘 견딜 줄 알아야만 내적 시도가 뿌리내리고 변형되지 않게 보존하는 여러 감정을 삭제해 버리는 대신 잘 돌볼 수 있게 된다.

기억하는 법을 배우려면

메릴린이 그룹 상담을 시작하고 1년쯤 지났을 때 메리라는 다른 환자가 그 그룹에 들어왔다. 메리는 첫 모임에서 열세 살 때 겪은 일을 말해도 되겠냐고 묻는 것으로 말문을 열었다. 교도관으로 일하고, 다른 여성과 가학피학적인Sadomasochistic 관계를 맺고 있는 메리가 굳이 과거 이야기를 꺼낸 것은, 앞으로 아주 사소한 자극에도 완전히 경직되거나 격렬한 분노를 표출하는 극단적인 반응이 나오더라도 다른 사람들이 좀 더 이해해 주기를 바라는 마음 때문이었다.

한참을 주저한 끝에, 메리는 열세 살이던 어느 날 저녁에 일어난 일을 우리에게 털어놓았다. 오빠와 오빠 친구들 한 무리에게 강간을 당했다는 이야기였다. 그 일로 메리는 임신을 했고, 엄마는 부엌 식탁에 메리를 눕혀 놓고 낙태 시술을 했다. 상담 그룹의 환자들은 메리의 이야기에 세심하게 귀를 기울이고 그녀가 흐느끼자 달래 주었다. 나는 환자들이 보여 준 공감의 표현에 깊은 감동을 받았다. 그들 자신이 트라우마가 된 사건을 맨 처음 당했을 때 누군가가 해 주기를 바랐던 바로 그 방식대로 메리를 위로한 것이다.

상담 시간이 끝나고, 메릴린은 그날 떠올린 생각을 얘기해도 되겠냐고 물었다. 모두가 그러라고 하자, 메릴린이 이야기했다. "메리의 이야기를 들으면서, 제가 성적으로 학대받은 건 아닐까 하는 의문이 들었어요." 나도 모르게 놀라 입이 쩍 벌어졌다. 메릴린이 그린 가족의 모습을 토대로 나는 항상 메릴린이 최소한 마음속으로 아주 약간은 그 일을 인지하고 있으리라 생각했는데, 정말 그랬던 것이다. 마이클에게 근친 성폭력 피해자들이 할 법한 방식으로 반응했고, 세상을 아주 끔찍한 곳이라고 여기며 행동하는 일에 익숙해진 상태인 것만 봐도 그랬다.

메릴린은 성폭력에 희생당하는 소녀를 그리고도 그녀 자신, 혹은 그녀의 인식, 즉 말을 하는 자기는 무슨 일이 있었는지 알지 못했다. 면역 체계, 근육, 뇌의 공포 시스템 모두에 그 흔적이 남아 있었지만 메릴린의 의식적인 마음에는 그 일을 전달할 수 있는 이야기가 남아 있지 않았다. 메릴린의 트라우마는 그녀의 삶 속에서 재현되었지만 자신은 그에 대해 할 말이 없었다. 12장에서 설명하겠지만 트라우마 기억은 일반적인 회상과 다른 복잡한 특성이 있고, 마음과 뇌에서 여러 부분이 관여한다. 메리의 이야기와 그 뒤 이어진 악몽에 자극을 받은 메릴린은 나와 개별 치료를 시작했다. 과거의 일에 대처할 준비를 하기로 결심한 것이다. 처음에 메릴린은 두려운 기분이 굉장히 강렬하고 걷잡을 수 없는 파도처럼 쏟아지는 것을 느꼈다. 그 후 몇 주일 동안 치료를 받지 않으려고 하다가, 잠을 잘 수도 없고 회사도 쉬어야만 하는 상태까지 가자 다시 치료를 이어 갔다. 나중에 메릴린은 내게 이렇게 말했다. "어떤 상황이 해로운지 아닌지 제가 판단하는 유일한 기준은요, '도망가지 않으면 죽을지도 몰라'라는 느낌이에요."

나는 메릴린에게 마음을 진정하는 법을 가르쳐 주었다. 숨을 깊이 들이마시고, 내쉬고, 다시 들이마시고, 내쉬며 1분에 6회 깊이 호흡하면서 숨이 몸에 들어가고 나가는 느낌을 느껴 보는 것도 그중 하나였다. 꾹꾹 누르면 감정에 압도되지 않는 데 도움이 되는 지압점도 알려주었다. 마음챙김 훈련도 시작했다. 마음이 깨어 있는 상태에서 두려워하는 감정을 몸이 느끼도록 하는 이 연습을 통해, 메릴린은 무서운 감정이 조금씩 엄습하자마자 그 감정에 장악되는 대신, 한발 물러나서 자신이 겪은 일을 관찰할 수 있게 되었다. 예전에는 그런 감정을 술과 운동으로 약화시키거나 아예 없애 버리려 했지만, 충분히 안전한 기분을 느끼게 되자 어릴 때 겪은 일도 떠오르기 시작했다. 자신의 몸에 생긴 감각에 자신이 주도권을 잡으면서 과거와 현재의 차이도 깨닫기 시작했다. 이제는 한밤중에 자다가 다른 사람의 다리털이 느껴지면 그건 잘생긴 테니스 파트너이자 자신이 집에 초대한 마이클의 다리지 다른 사람의 다리가 아니며, 다리가 닿았다고 해서 자신을 추행하려는 의도가 있는 건 아님을 인지할 줄 알게 된 것이다. 그리고 자신은 서른네 살 여성이며 어린 여자아이가 아니라는 사실도 완전히, 신체적으로 완전하게 인지할 수 있게 되었다.

메릴린이 마침내 자신의 기억에 다가서기 시작하자, 어릴 때 살았던 그녀의 방 벽지 모양이 떠올랐다. 메릴린은 그 모양이 자신이 여덟 살 때 아빠에게 성폭행당하면서 주시했던 벽지의 무늬라는 걸 알아보았다. 아빠의 성폭행으로 감당할 수 없는 두려움을 느꼈고, 결국 기억 창고에서 그 일을 완전히 없애 버려야 했다. 그런 일을 당하고도 자신을 해한 그 남자가 아버지라는 사실은 변함이 없었고, 그 사람과 한집에서 살아야 했다. 메릴린은 엄마가 보호해 주길 바랐지만, 엄마에게 달려가 엄마의 치마에 얼굴을 파묻고 숨으려고 했던 날 기운 없이 안아 주던 엄마의 팔이 떠올랐다. 엄마는 어떤 때는 아무 말도 없이 침묵으로 일관하고, 또 어떤 때는 울음을 터뜨리거나 화를 내며 "왜 아빠를 저렇게 화나게 했느냐"며 메릴린을 다그쳤다. 겁에 질린 아이는 자신을 보호해 줄 사람도, 힘을 얻거나 피할 수 있는 사람도 찾지 못했다.

롤런드 서밋Roland Summit은 고전이 된 연구서 『아동 성 학대 순응 증후군The Child Sexual Abuse Accommodation Syndrome』에서 이렇게 밝혔다. "시작, 협박, 비난, 고립, 무기력은 아동 성 학대에서 발생하는 끔찍한 현실이다. 그 비밀을 밝히려는 아이의 모든 노력은 침묵하고 불신하는 어른 때문에 가로막힌다. '그런 일 같은 건 걱정하지 마라. 우리 집에선 절대 그런 일 안 생겨', '넌 어떻게 그런 끔찍한 일을 생각할 수 있는 거니?', '다시는 그런 소리가 내 귀에 들리지 않게 해라!' 보통 아이들은 이런 말을 듣는 상황에 처하면 두 번 다시 물어보지도, 이야기하지도 않는다."[3]

나는 정신과 전문의로 일한 지 40년이 넘었지만, 아직도 환자들이 어린 시절 이야기를 들려주면 속에서 "믿을 수 없는 일이야."라고 말하는 내 목소리가 자주 들린다. 이야기하는 당사자도 나만큼 의아해하는 경우가 많다. 대체 부모가 어떻게 자기 자식에게 그런 고문을 행하고 공포를 안겨 준단 말인가? 일부는 자신이 지어낸 일이 틀림없다거나 과장해서 말한 것 같다고 주장하기도 한다. 모두가 자신에게 일어난 일을 수치스러워하고, 스스로를 탓한다. 그리고 모두 어느 정도까지는 그 끔찍한 일들이 일어난 건 자신이 끔찍한 사람이기 때문이라고 확고히 믿는다.

메릴린은 힘없는 아이가 어쩌다 외부 세계를 차단하고 무엇이든 하라는 대로 순순히 따르는 법을 배우게 되었는지 탐색하기 시작했다.

어린 메릴린은 자신을 없애는 방법을 택했다. 침실 밖 복도에서 아빠가 걸어오는 발소리가 들리면, 메릴린은 '머리를 구름 속에 넣어' 버렸다. 비슷한 일을 겪은 다른 환자 한 명이 직접 그림을 그려서 그 방식을 설명해 준 적이 있다. 아버지가 손을 대기 시작하면 그녀 역시 자신을 사라지게 만들었다. 천장을 지나 하늘로 붕 떠올라서 저 위 높은 곳에서 침대에 누운 어린 소녀를 남처럼 내려다보았다.[4] 그러면 자신이 저 일을 겪지 않아서 다행이라는 생각이 들었다. 성폭행을 당하고 있는 저 소녀는 자신이 아닌 다른 누군가가 되는 것이다.

앞이 안 보이는 안개를 사이에 두고 머리와 몸이 분리되는 이야기를 접한 후, 나는 근친 성폭력 피해자들에게서 너무나 빈번하게 나타나는 해리의 실체를 제대로 알게 된 느낌이었다. 메릴린의 경우 성인이 되어서도 성적인 상황에 놓이면 머리가 지붕 위에 떠올라 있는 상태였음을 깨달았다. 성생활을 활발히 하던 시기에는 메릴린과 함께한 남성이 침대에서 얼마나 대단했는지 모른다고 이야기한 적도 있었다. 자신이 알던 메릴린이 맞나 싶을 정도로 말도 전혀 다른 사람처럼 했다며 놀라워했다. 하지만 정작 메릴린 자신은 무슨 일이 일어났는지 거의 기억하지 못했고, 어쩌다 기억이 나면 화를 내며 상대에게 공격적인 반응을 보였다. 성적인 관계를 맺는 자신이 누구인지 전혀 감이 오지 않았고, 결국 서서히 데이트 자체를 아예 하지 않고 지냈다. 그게 마이클과 만나기 전까지 택한 방법이었다.

집을 향한 증오

아이들은 부모를 선택할 수도 없고, 부모가 굉장히 우울해하거나 격분하거나 같이 있어도 정신이 멍할 수 있다거나 부모의 행동이 자신과 거의 아무런 관련이 없을 수도 있다는 사실을 이해하지 못한다. 다른 선택의 여지없이 자신이 속한 가족 안에서 살아남을 방법을 스스로 찾아갈 뿐이다. 성인들처럼 도움을 요청할 다른 권위자를 찾을 수도 없다. 아이들에게 권위자는 부모다. 아파트를 얻어서 나갈 수도 없고, 다른 사람 집에 들어가 함께 살 수도 없다. 아이들의 생존은 전적으로 자신을 양육해 주는 사람에게 달려 있다.

아이들은 선생님에게 자신이 맞았다거나 성폭행을 당했다고 이야기하면 혼난다는 걸 느낌으로 안다. 대놓고 혼난다는 위협을 받은 적이 없더라도 마찬가지다. 그래서 자신에게 일어난 일에 대해 '생각하지 않고' 몸에 남아 있는 공포와 혼란의 잔재를 느끼지 않으려고 온 에너지를 집중한다. 자신이 겪은 일을 알고 있는 상태로는 견딜 수가 없어서, 왜 그 일과 관련된 건 무엇이든 화가 나고, 무섭고, 기운이 다 빠져 버리는지 스스로 이해하지 못한다. 그 일에 대해 말하지 않고, 격렬히 화를 내고, 기능을 멈춰 버리고, 순응하거나 반응하는 행동으로 자신이 느끼는 감정에 대처한다.

또한 아이들은 기본적으로 자신을 양육하는 사람에게 충성을 다하도록 정해진 상태로 태어난다. 양육자가 학대하더라도 이 특성은 변하지 않는다. 편안함의 근원이 되는 대상이 두려움을 주더라도, 공포는 애착 관계에 대한 욕구를 증대시킨다. 나는 열 살 미만 어린이 중에서 집에서 고문을 당하고도(뼈가 부러지고 피부에 화상을 입은 흔적으로 학대 사실을 보여 준 아이들), 가족들과 함께 사는 쪽과 보육 시설에서 사는 쪽 중 하나를 선택하라고 할 때 후자를 택한 아이를 단 한 명도 만나 보지 못했다. 물론 가해자에게 더 들러붙는 경향이 아동기에만 나타나는 건 아니다. 인질로 잡혔던 사람들 중에는 가해자가 풀려날 수 있도록 보석 보증인을 자처하거나 그와 결혼하고 싶다는 소망을 드러내는 경우도 있고, 가해자와 성관계를 맺기도 한다. 가정 폭력 희생자들도 학대를 가한 사람을 감싸는 경우가 많다. 판사들은 가정 폭력을 당한 피해자를 보호하려고 접근 금지 명령을 내렸더니 나중에 그 피해자가 몰래 가해자인 파트너를 다시 집에 들인 걸 알고 민망했던 적이 얼마나 많은지 내게 종종 이야기한다.

메릴린이 자신의 학대에 대해 이야기하기까지는 오랜 시간이 걸렸다. 가족에 대한 충성심에 반하는 일을 할 준비가 되어 있지 않았고, 마음 깊은 곳에서는 아직도 가족들이 자신이 느낀 두려움으로부터 보호해 주길 바란 것이다. 이 충성심의 대가는 견딜 수 없는 외로움과 절망 그리고 무기력함을 느낄 때마다 치솟는 분노였다. 갈 곳을 잃은 분노는 다시 메릴린 자신을 향해 달려들어 우울증, 자기 증오, 자기 파괴적 행동으로 나타났다. 환자 중 한 명은 내게 이렇게 말한 적이 있다. "집도 싫고, 내 집 부엌도 싫고, 냄비도, 침대도, 의자도, 테이블도, 러그도 다 싫은, 그런 느낌이에요." 무엇도 안전하게 느껴지지 않을 뿐 아니라, 자기 몸에서 가장 강렬하게 그런 기분을 느끼는 것이다.

신뢰하는 법을 배우는 건 특히 어려운 일이다. 환자 중에 여섯 살도 되기 전에 할아버지로부터 반복적으로 성폭행을 당한 적 있는 어느 학교 교사가 내게 이메일을 한 통 보내왔다. "선생님과 상담을 끝내고 집에 돌아오면서, 저를 선생님께 드러내는 것이 위험한 것 같다는 생각을 골똘히 했어요. 그러다 124번 도로로 진입한 순간, 선생님과 제 학생들에게 절대 정을 붙이지 않겠다고 결심했던 제 다짐이 깨졌다는 걸 깨달았어요."

다음 상담에서 이 환자는 내게 대학 시절, 같은 연구실 강사에게도 성폭행을 당했다고 털어놓았다. 나는 도움을 구하거나 가해자에게 항의를 해 봤느냐고 물었다. "병원 가까이까지 갔지만 바로 앞에서 길을 건널 수가 없었어요. 정말 절박하게 도움을 받고 싶었지만, 마음 깊은 곳에서 그래 봐야 나만 더 상처받을 거라는 생각이 고개를 들더군요. 정말 그럴지도 모르겠다 싶었죠. 부모님께는 당연히 아무 말도 못 했어요. 다른 그 누구에게도 마찬가지고요."

자신이 앞으로 어떻게 지낼지 걱정된다고 염려한 뒤, 그 환자는 다시 이메일을 보내왔다. "제가 그런 취급을 받아야 할 이유는 전혀 없었다는 걸 계속 떠올리려고 노력 중이에요. 지금까지 한 번도 선생님처럼 절 쳐다보면서 걱정된다고 말한 사람이 없었던 것 같아요. 그래서 그때의 느낌을 보물처럼 간직하고 있답니다. 제가 존경하고, 제가 얼마나 힘든지 깊이 이해하는 사람이 제 걱정을 할 만큼 제가 소중한 존재구나, 하고 생각했던 그때의 느낌을요."

우리 자신을 아는 것, 즉 정체성을 갖기 위해서는 반드시 '현실'이 무엇이고 과거에는 무엇이었는지 알아야 한다(혹은 최소한 자신이 안다는 걸 느낄 수 있어야 한다). 주변에서 일어나는 일을 관찰하고 그 일을 제대로 분류할 수 있어야 하며, 자신의 기억을 믿고 상상과 분리해서 이야기할 수 있어야 한다. 그 구분 능력을 잃어버렸다면, 정신분석가 윌리엄 니더랜드William Niederland가 말한 '영혼의 살해'를 나타내는 징후 중 하나가 나타난 것으로 볼 수 있다. 인식을 지우고 부인하는 능력을 키우는 것은 살아남기 위해 반드시 필요한 일인 경우가 많지만, 그 대가로 자신이 누구인지, 어떤 느낌이 드는지, 무엇을 믿고 누구를 신뢰할 수 있는지 길을 잃어버리는 사태가 발생한다.[5]

트라우마의 재현

메릴린이 어린 시절에 겪은 트라우마의 기억 중 하나는 꿈으로 나타났다. 목이 졸리고 숨을 쉬지 못할 것처럼 느껴졌던 꿈이었다. 하얀색 마른 수건이 손에 감겨 있었는데, 그 수건이 목에 감기더니 몸을 공중으로 들어 올렸고 발이 땅에 닿지 않았다. 메릴린은 크게 놀란 상태로 잠에서 깨어나면서 이제 곧 죽는구나, 하고 확신했다. 메릴린의 꿈 이야기를 듣고 나는 참전 군인들이 내게 들려준 악몽이 떠올랐다. 전투 중에 본 얼굴들과 신체의 일부가 그때 그 모습 그대로, 전혀 바뀌지 않은 상태로 떠올랐다고 설명했었다. 꿈이 얼마나 무서웠던지 밤이 되어도 잠들지 않으려고 애쓸 정도였다. 낮 시간에 잠깐 조는 것으로 대신했는데, 낮에 잠이 들면 주로 야간에 실시하던 매복 작전과 무관한 시간대라 그런지 어느 정도는 안전하다고 느꼈다.

메릴린은 치료 과정 중 그런 꿈을 꾸던 기간에, 질식할 것 같던 그 꿈과 관련된 이미지와 감각이 머릿속에 반복해서 물밀듯이 밀어닥치기 시작했다고 이야기했다. 그리고 네 살 때, 눈은 퉁퉁 붓고 목은 벌겋게 상처 입고 코에 피가 묻은 채 주방에 앉아 있는데 아빠와 오빠가 비웃으며 "멍청아, 이 멍청한 애야."라고 불렀던 일을 기억해 냈다. 하루는 내게 이렇게 설명했다.

"어제저녁에 양치질을 하는데, 갑자기 막 몸부림치는 것 같은 기분에 사로잡혔어요. 물 밖에 나온 물고기처럼, 몸을 거칠게 홱 틀면서 숨이 막혀서 어떻게든 숨을 쉬려고 안간힘을 썼어요. 계속 양치질을 하면서 흐느끼고 동시에 목이 졸리는 기분이 들었어요. 허우적대는 기분 때문에 가슴 가득 불안감이 엄습해서 비명을 지르지 않으려고 얼마나 애썼는지 몰라요. 세면대 앞에 서서 '안 돼, 안 돼 안 돼 안 돼…….' 하고 있었다니까요."

그리고 잠자리에 들어 곧 잠들었지만, 밤새 알람이라도 맞춘 것처럼 두 시간마다 번쩍 잠이 깼다고 했다.

트라우마는 한 편의 이야기처럼 시작과 중간, 끝이 차례로 이어지는 형태로 저장되지 않는다. 11장과 12장에서 자세히 설명하겠지만, 그 기억들은 처음에 메릴린이 경험한 것처럼, 즉 그 일에 대한 기억의 파편이 담긴 회상, 분리된 이미지와 소리, 공포와 충격 외에 아무것과도 연결 지을 수 없는 신체 감각으로 다가온다. 메릴린은 어릴 때 입에 담기도 힘든 그 일들을 토로할 방법이 없었다. 설사 말을 했다고 하더라도 달라지는 건 없었을 것이다. 아무도 들어 주지 않았을 테니까.

수많은 아동 학대 피해자들처럼 메릴린도 생명력과 살아가려는 의지, 자신의 삶을 스스로 소유하겠다는 의지와 트라우마를 완전히 없애려는 힘을 증명해 보였다. 나는 트라우마 치료가 효과를 나타낼 수 있는 유일한 길은, 환자가 살아남기 위해 몰두했던 노력을 경외하는 것뿐이라는 사실을 조금씩 깨달았다. 그 노력이 환자들로 하여금 학대의 기억으로부터 견디게 해 주고, 회복으로 나아가는 과정에서 불가피하게 발생하는, 영혼까지 고통받는 그 숱한 밤들을 견디게 한다.

9장

사랑과는 거리가 먼

시작, 협박, 비난, 고립, 무기력은 아동 성 학대에서 발생하는 끔찍한 현실이다. 그 비밀을 밝히려는 아이의 모든 노력은 침묵하고 불신하는 어른 때문에 가로막힌다. "그런 일 같은 건 걱정하지 마라. 우리 집에선 절대 그런 일 안 생겨.", "넌 어떻게 그런 끔찍한 일을 생각할 수 있는 거니?", "다시는 그런 소리가 내 귀에 들리지 않게 해라!" 보통 아이들은 이런 말을 듣는 상황에 처하면 두 번 다시 물어보지도, 이야기하지도 않는다.

롤런드 서밋, 『아동 성 학대 적응 증후군』 중에서

메릴린, 메리, 캐시와 같은 사람들에 대해 우리는 생각을 어떻게 정리하고, 그들을 어떻게 도울 수 있을까? 치료 방식은 그들이 가진 문제를 정의하는 방식, 즉 진단에 좌우된다. 이들과 같은 환자들은 보통 정신과 치료를 시작하면 대여섯 가지나 되는 서로 무관한 진단을 받는다. 급격한 기분 변화에 중점을 두는 의사와 만나면 양극성 장애로 진단받고, 리튬이나 발프로에이트^{Valproate} 같은 약을 처방받는다. 의사가 환자가 나타내는 절망에 가장 깊은 인상을 받으면 주요 우울증 때문에 괴로운 것이라는 설명과 함께 항우울제가 제공된다. 잠시도 가만있지 못하고 주의력이 크게 떨어진다는 사실에 초점을 맞춘 의사들은 주의력결핍 과잉행동 장애^{ADHD}로 분류하고 리탈린이나 다른 자극제로 치료한다. 그러다 병원 관계자 중 누군가 우연히 그 환자가 트라우마를 경험한 적이 있다는 사실을 알게 되고, 환자가 자진해서 그에 관한 정보를 제공하면 비로소 외상 후 스트레스 장애로 진단받는다. 이 중에 완전히 빗나간 진단은 없지만, 이 환자들이 지금 어떤 상태고 무엇 때문에 괴로워하는지 의미 있는 설명을 해 줄 수 있는 진단 역시 없다.

의학의 세부 분야 중 하나인 정신의학은 정신 질환을 췌장에 암이 생겼다거나 폐에 연쇄상 구균이 감염됐다거나 하는 식으로 최대한 정확하게 정의하기를 열망한다. 하지만 마음과 뇌, 인간의 애착 관계에서 나타나는 복잡한 특성상 그 정도 수준의 성확성은 손톱만큼도 이루지 못했다. 최근 들어서는 정신의학 전문가들이 (그리고 보험 회사들이 돈을 지불하는 그 밖의 사람들이) 증명할 수 있는 객관적인 사실보다는 환자에게 무엇이 '잘못됐는지' 파악하는 일에 더 관심을 두는 추세다.

정신의학에서 체계적인 진단 매뉴얼을 만들어 보자는 최초의 진지한 시도는 1980년에 시작되었고 그 결과 탄생한 것이 『정신 질환 진단 및 통계 편람DSM』 제3판이다. 미국정신의학회가 인정하는 정신 질환 전체가 담긴 공식적인 목록이다. DSM 3판의 머리말에는 이 편람에 나온 분류가 범죄 수사나 보험료 지급 목적으로 사용하기에는 정확하지 않다는 사실을 분명하게 경고한다. 그럼에도 불구하고 DSM 3판은 점점 더 막대한 영향력을 가진 도구가 되기 시작했다. 보험 회사들은 보상을 받으려면 DSM 진단서를 내라고 요구하고 최근까지도 연구 지원금은 모두 DSM 진단을 토대로 할당되었다. 의대에서도 DSM 분류를 기준 삼아 교육 프로그램을 정한다. DSM이라는 라벨은 문화적으로도 재빨리 영역을 넓혔다. 토니 소프라노Tony Soprano가 공황 발작과 우울증으로 고통받고, 드라마 〈홈랜드Homeland〉에 나오는 캐리 매티슨Carrie Mathison이 양극성 장애를 앓았다는 사실을 수백만 명이 알 정도다. 그리고 이 편람은 미국정신의학회가 1억 달러를 벌어들이게 만들며 사실상 하나의 산업이 되었다.[1] 여기서 한 가지 떠오르는 의문이 있다. DSM은 처음 만들어질 때 정한 목표만큼 환자들에게 도움이 되었을까?

정신과 진단은 중대한 영향력을 발휘한다. 진단에 따라 치료가 정해지고, 잘못된 치료는 환자에게 처참한 결과를 안겨 줄 수 있다. 또한 진단명이라는 라벨은 환자의 남은 생애 동안 내내 따라다니고 환자가 자신을 정의할 때 지대한 영향을 준다. 나는 자신이 '지금' 양극성 장애나 경계성 인격 장애, 혹은 외상 후 스트레스 장애를 '앓고 있다'고 이야기하는 환자들을 수도 없이 만났다. 이들은 몬테크리스토 백작처럼, 남은 평생을 지하 감옥에서 살아야 한다는 선고라도 받은 것처럼 이야기한다.

이런 진단에는 수많은 환자가 증명해 보인 이례적인 재능이나 살아남기 위해 발휘한 창의적인 에너지가 전혀 고려되지 않는다. 진단이 그저 증상을 기록한 것에 지나지 않는 경우가 너무나 빈번하고 메릴린, 캐시, 메리 같은 환자들을 얼른 바로잡아 주어야 하는 통제 불능 환자로 여기기 쉽다.

사전에서는 진단이 다음과 같이 정의되어 있다. "a. 질병이나 부상의 특성과 원인을 환자의 이력, 검사 결과를 평가하고 분석 데이터를 검토해 찾아내거나 결정하는 행위 또는 그 과정. b. 그러한 평가에서 도출된 의견"[2] 이번 장과 다음 장에서는 공식적인 진단과 환자들이 실제로 겪는 고통에 얼마나 큰 차이가 있는지 살펴보고, 만성 트라우마에 시달린 환자들에 대한 진단법을 바꾸기 위해 나와 동료들이 어떤 노력을 했는지 설명한다.

트라우마 경험을 어떻게 처리하고 살까?

1985년, 나는 정신의학자이자 『근친 성폭력, 감춰진 진실Father-Daughter Incest』이라는 저서를 당시 갓 발표한 주디스 허먼Judith Herman 과 공동 연구를 시작했다. 우리 두 사람 다 케임브리지병원(하버드에서 지도하는 여러 병원 중 한 곳)에서 근무하던 시기였고, 트라우마가 환자 의 삶에 주는 영향에 관심이 많다는 공통점이 있었다. 우리는 정기적 으로 만나 서로의 연구 노트를 비교해 보았다. 그러다 경계성 인격 장 애로 진단받은 환자 중 어린 시절에 끔찍한 일을 겪었다고 털어놓은 경우가 너무 많다는 아주 놀라운 사실을 발견했다. 경계성 인격 장애 는 사람에게 매달리지만 대인 관계가 굉장히 불안정하고, 기분 변화가 극심하며, 자해를 비롯해 자신을 해치는 행동을 하고, 자살 시도를 반 복하는 것이 특징이다. 실제로 어릴 때 경험한 트라우마와 경계성 인 격 장애 사이에 관련이 있는지 밝히기 위하여 우리는 공식적인 연구를 설계하고 국립 보건원에 연구 지원금을 신청했다. 결과는 거절이었다.

하지만 주디스와 나는 좌절하지 않고 사비를 털어서 연구를 진행 하기로 결정했다. 같은 케임브리지병원에서 연구 책임자로 일하던 크 리스 페리Chris Perry도 합세했다. 크리스는 경계성 인격 장애를 비롯해 그와 연관된 다른 진단들, 소위 성격 장애로 분류되는 질병 연구를 위 해 국립 정신건강연구소로부터 지원금을 받아 케임브리지병원에서 모집한 환자들을 대상으로 연구를 진행하던 중이었다. 크리스는 자신 의 연구 참가자들로부터 귀중한 자료를 상당량 수집했지만, 아동 학대 와 방치 경험에 대해서는 한 번도 물어본 적이 없다고 했다. 주디스와 내가 내민 제안서를 보고 처음에는 의구심이 든다는 의견을 숨기지 않 고 말했지만, 우리가 병원 외래 환자로 찾아온 55명의 환자를 인터뷰 할 수 있도록 자리를 마련해 주는 큰 친절을 베풀었다. 그리고 우리가 얻은 결과를 자신이 구축한 대규모 데이터베이스의 기록과 비교해 주기로 했다.

주디스와 내가 해결해야 할 첫 번째 문제는, 환자들이 트라우마 경험을 어떻게 처리하고 사는지 어떤 식으로 물어볼까 하는 것이었다. "어릴 때 성폭행을 당하셨나요?"라든가 "아버지에게 맞은 적이 있나요?"와 같은 질문을 대놓고 단도직입적으로 할 순 없었다. 초면에 이런 민감한 정보를 질문해 대는 사람을 과연 누가 신뢰할 수 있겠는가? 사람들은 보편적으로 자신이 겪은 트라우마에 대해 수치심을 느낀다는 사실을 유념하면서, 우리는 인터뷰 도구로 활용할 '정신 외상성 선행 사건 질문지TAQ'를 마련했다.[3] 인터뷰는 다음과 같은 간단한 질문들로 시작했다. "사는 곳은 어딘가요? 누구와 함께 살고 있나요?", "세금은 누가 내나요? 식사 준비와 빨래는 누가 담당하나요?" 그리고 조금씩 정보를 얻기 위한 질문으로 넘어갔다. "일상생활에서 마음을 의지하는 사람은 누구인가요?" 가령 아플 때 누가 대신 장을 보는지, 혹은 병원에 데려가 주는 사람은 누구인지와 같은 세부 설명이 이어졌다. "마음이 혼란스러울 때 누구와 대화를 나누나요?"라는 질문에서는 누가 정서적, 실질적으로 버팀목이 되는지 물어보았다. 환자들 중에는 "제 애완견요."라고 하든가 "담당 치료사요" 혹은 "아무도 없는데요"와 같이 깜짝 놀랄 만한 대답을 하는 사람들도 있었다.

그런 다음, 우리는 어린 시절에 대해 그와 비슷한 질문을 던졌다. 집에 누구와 함께 살았는지, 이사를 몇 번 다녔는지, 주로 돌봐 준 사람은 누구인지와 같은 질문들이었다. 많은 환자가 이사를 자주 다녀서 학기 중간에 전학을 가야 했다고 말했다. 몇몇은 1차적인 양육자가 감옥에 들어갔거나 정신병원에 들어갔거나 군대에 입대했다고 답했다. 보육 시설 이곳저곳을 옮겨 다녔다고 답한 사람도 있고, 온갖 친척집을 옮겨 다니며 살았다고 답한 사람들도 있었다.

질문지의 다음 단계는 어린 시절의 관계에 관한 내용이 담겼다. "가족 중에 각별히 다정하게 대해 준 사람은 누구인가요?", "특별한 존재로 대해 준 사람은 누구인가요?" 이런 질문에 이어, 중요한 질문이 이어졌다. 내가 알기로는 이전까지 과학적인 연구에서 한 번도 제시된 적 없는 질문이었다. "크면서 함께 있으면 안전하다고 느낀 사람이 있었나요?" 우리가 인터뷰한 환자들은 4명 중 1명이 어릴 때 안전하다고 느꼈던 사람을 단 한 명도 떠올리지 못했다. 그런 경우 우리는 '아무도 없음' 칸에 체크하고 아무 말도 하지 않았지만, 굉장히 놀랐다. 아직 어린아이가, 안심할 수 있는 대상이 한 명도 없는 상황에서 아무런 보호도 받지 못하고 돌봐 주는 사람도 없이 세상에 나온다고 상상해 보라.

그리고 다음 질문이 이어졌다. "집에서 규칙을 만들고 규율을 잘 지키는지 단속한 사람은 누구인가요?", "그 사람은 어떤 식으로 아이들이 규칙을 지키도록 했나요? 말로 하거나, 꾸짖거나, 엉덩이를 때리거나, 손으로 때리거나, 방 안에 가둬 놓는 방식 등이 사용됐나요?", "부모님은 의견이 다르면 어떻게 해결하셨나요?" 이즈음 되면 수문이 열리듯 많은 환자가 자진해서 자신의 어린 시절에 관한 정보를 자세히 이야기했다. 한 여성은 여동생이 강간당하는 장면을 목격했다고 했고, 첫 성관계를 여덟 살에 경험했는데 대상이 할아버지였다고 말한 환자도 있었다. 한밤중에 누워서 가구가 부서지는 소리며 부모님이 질러대는 고함 소리를 듣고 있었다고 전한 환자들도 여럿 있었다. 한 젊은 남성은 주방에 내려갔다가 엄마가 흘린 피가 잔뜩 고여 웅덩이가 된 상태로 쓰러져 있는 걸 발견했다고 했다. 초등학교에 다닐 때 하교 시간에 데리러 오는 사람이 아무도 없었다는 사람, 집에 돌아오면 늘 아무도 없어서 텅 비어 있었고 밤에도 혼자 집을 지켰다는 환자도 있었다. 요리사로 일한다는 한 여성은 엄마가 마약을 거래하다 감옥에 간 후로 가족들을 위해 음식 만드는 법을 배웠다고 말했다. 아홉 살 때 엄마가 운전하던 차 조수석에 앉아 있었는데, 러시아워에 엄마가 술에 취해서 4차로 고속도로를 달리다 차로를 이탈하는 바람에 자신이 자동차 핸들을 붙들고 대신 운전했다는 사람도 있었다.

우리가 만난 환자들은 달아나거나 피할 방법을 찾을 수 없었다. 도움을 청할 사람도 없었고 숨을 곳도 없었다. 그럼에도 어떤 식으로든 두려움과 절망에 대처했다. 아침에 일어나면 학교에 가서는 아무 일도 없었던 듯 지냈을 것이다. 주디스와 나는 양극성 성격 장애 환자들에게서 발견된 해리 증상과 누구든 도움을 요청할 만한 사람에게 보이는 과도한 의존성이 스스로 감당할 수 없는 감정과 피할 수 없는 잔혹한 현실에 대처하던 경험에서 시작된 것일 수 있음을 깨달았다.

인터뷰를 끝마치고 주디스와 나는 환자들의 답변을 코드화했다. 즉 컴퓨터로 분석할 수 있도록 숫자로 변환하는 작업이었다. 크리스 페리는 이 자료를 하버드 컴퓨터에 저장해 둔 동일 환자들에 관한 광범위한 정보와 맞춰 보았다. 4월의 어느 토요일 아침, 그는 우리에게 연구실로 와 달라는 메시지를 남겼다. 연구실에 들어서니, 산더미같이 쌓인 인쇄물과 함께 맨 위에 크리스가 올려 둔 게리 라슨 Gary Larson의 만화가 눈에 띄었다. 과학자 여럿이 모여 돌고래를 연구하다가 "오 블라 어쩌고저쩌고"로 들리는 돌고래의 낯선 소리에 혼란스러워하는 모습을 그린 만화였다. 크리스는 데이터를 분석해 본 결과, 트라우마와 학대의 언어를 이해하지 않는 한 양극성 성격 장애를 제대로 파악할 수 없다는 확신이 들었다고 말했다.

우리가 나중에 『미국정신의학회지』에 보고한 그 결과를 설명하면, 케임브리지병원에서 양극성 성격 장애로 진단받은 환자의 81퍼센트가 심각한 아동 학대와 방치를 겪었고 거의 대다수가 일곱 살 이전에 학대받았다.[4] 학대 영향의 최소한 일정 부분은 학대가 시작된 연령에 좌우된다는 사실을 나타낸다는 점에서 특히 중요한 의미가 있는 결과다. 이후 매클린병원의 마틴 테이처Martin Teicher는 학대의 종류마다 아이의 발달 단계별로 각기 다른 뇌 영역에 제각각 다른 영향이 발생한다는 연구 결과를 발표했다.[5] 우리가 밝힌 결과는 수많은 연구진을 통해 재확인됐지만,[6] 아직도 나는 다른 논문들을 읽다가 "경계성 성격 장애 환자는 아동기 트라우마를 경험했을 가능성이 있다는 가설이 제기되어 왔다" 같은 내용을 자주 접한다. 대체 어느 정도가 되어야 가설이 과학적으로 입증된 사실이 될 수 있을까?

우리의 연구 결과는 존 볼비가 내린 다음과 같은 결론을 명확히 뒷받침한다.

> 아동이 극심한 분노나 죄책감을 느끼고 방치될지도 모른다는 두려움을 만성적으로 느낀다면, 그것은 있는 그대로의 느낌이다. 즉 경험으로 얻은 느낌이다. 가령 아이가 방치를 두려워하면, 이는 내재된 살인 충동에 반하는 역반응이 아니라 신체적으로 또는 정신적으로 방치된 경험이 있거나 방치되리란 협박을 반복적으로 받았을 가능성이 높다. 또 아이가 수시로 격한 분노에 사로잡히면 거부당했거나 가혹한 취급을 받은 경험이 원인이다. 아이가 분노를 느끼면서도 내적으로 극심한 갈등을 겪는다면, 화를 표출하는 것을 제지당했거나 표출하면 위험하다고 생각하기 때문일 가능성이 있다.

볼비는 아이들이 어떤 강렬한 경험을 자신에게서 완전히 끊어 내야만 하는 경우, "타인에 대한 만성적인 불신, 호기심 억제, 자신의 감각에 대한 불신, 무엇이든 비현실적인 것을 찾으려는 경향"과 같은 심각한 문제가 발생한다고 보았다.[7] 뒤에 설명하겠지만 이 특성은 치료에 중대한 영향을 준다.

우리는 이 연구를 통해 외상 후 스트레스 장애 진단 시 어떤 끔찍한 사건의 영향에만 초점을 두지 않고 시각을 양육자와의 관계에서 발생한 가혹 행위와 방치의 장기적 영향까지 넓힐 수 있었다. 그리고 또 한 가지 중요한 의문이 들었다. 학대받은 경험이 있는 사람들, 특히 지속적으로 자살 충동을 느끼고 고의로 스스로를 해치는 사람들에겐 어떤 치료가 효과적일까?

자해

의과대학 재학 시절, 나는 3일 연속 새벽 3시에 호출을 받고 한 여성 환자의 상처를 봉합해 준 적이 있다. 손에 쥘 수 있는 날카로운 물건이라면 뭐든지 쥐고 목을 그어 버린 환자였다. 그 환자는 내게 몸에 상처를 내면 기분이 훨씬 나아진다고 다소 의기양양한 말투로 이야기했다. 그 일 이후 나는 계속 왜 그런 기분이 들까 궁금했다. 마음이 혼란스러우면 테니스를 세 판 내리 치거나 독한 마티니를 마시는 사람들이 있는가 하면, 그런 것 대신 면도칼로 팔을 그어 버리는 사람들이 생기는 까닭은 무엇일까? 우리 연구에서, 아동기에 성적·신체적 학대를 경험한 경우 반복적인 자살 시도와 자해 확률이 매우 높다는 사실이 밝혀졌다.[8] 나는 자살을 심각하게 고민하는 사람은 아주 어릴 때부터 그런 고민을 해 왔는지, 그리고 삶을 마감하거나 자기 몸을 해치면 자신이 처한 상황에서 도망갈 수 있다는 생각에 위안을 얻는지 궁금했다. 스스로 해를 가하는 행동은 자신에 대한 통제력을 조금이라도 되찾으려는 절박한 시도일까?

크리스 페리가 구축한 데이터베이스에는 병원에 외래 환자로 다녀간 모든 환자의 경과에 관한 정보가 모여 있었다. 자살과 자기 파괴적 행동에 관한 내용도 포함됐다. 환자의 3분의 2가량은 3년 정도 치료받으면 크게 개선됐다. 이제 문제는 치료로 도움을 받은 사람들과 계속해서 자살하고 싶고 자신을 해하고 싶다고 느끼는 사람들의 차이를 파악하는 일이었다. 우리가 개발한 정신 외상성 선행 사건 질문지에서 얻은 결과와 환자들이 지속적으로 보이는 행동을 비교하자 어느 정도 답을 얻을 수 있었다. 자기 파괴적 행동을 이어 가는 환자들은 어릴 때 누구에게도 함께 있으면 안전하다고 느낀 적이 없었다고 말했다. 또한 이들은 방치되고, 거처를 이곳저곳 옮겨 다니고, 대체로 아무도 신경 써 주지 않았다고 밝혔다.

아주 오래전에 누군가와 함께 있으면서 안전하다고 느낀 기억이 있다면 그때 느낀 애정의 흔적이 성인이 되어 일상생활 속에서, 혹은 훌륭한 치료를 통해서 다른 사람들과 조화를 이룰 때 다시 활성화된다는 결론을 얻을 수 있었다. 그러나 깊이 사랑받고 안전하다고 느낀 기억이 없으면 뇌에서 사람의 친절에 반응하는 수용체가 아예 발달하지 않는다.[9] 이런 경우 어떻게 해야 마음을 진정시키고 신체적으로 안전하다고 느끼는 법을 배울 수 있을까? 이 부분 역시 치료에 중요한 영향을 주는데, 그 내용에 대해서는 5부에서 다시 다루기로 하자.

진단의 영향력

우리 연구 결과는 외상 후 스트레스 장애라는 진단이 처음 만들어진 계기가 된 참전 군인이나 사고를 당한 희생자들과 상당히 다른 유형의 트라우마 환자가 존재한다는 사실도 입증했다. 메릴린, 캐시를 비롯해 주디스와 내가 함께 연구한 환자들, 그리고 7장에서 설명했던 매사추세츠 정신건강센터에 외래 환자로 찾아온 아동 환자들은 자신이 겪은 트라우마를 거의 기억하지 못하고(이는 외상 후 스트레스 진단 기준의 하나다), 학대와 관련된 특정 기억에 사로잡혀 있지 않은데도 여전히 위험한 상태에 처한 것처럼 행동한다. 이들은 극과 극의 양상을 보인다. 주어진 과제를 꾸준히 처리하지 못하면서도 자신이나 다른 사람에게 끊임없이 채찍을 휘두르려 한다. 이들이 겪는 문제는 참전 군인들의 문제와 어느 정도 겹치는 부분이 있지만 성인인 군인들의 경우 트라우마가 생기기 전에 이미 가지고 있던 정신적 기능이, 이들의 경우 아동기에 겪은 정신적 외상 때문에 제대로 발달하지 못했다는 큰 차이가 있었다.

이 사실을 깨닫고, 나를 비롯한 연구자 몇 명이 모여**10** 로버트 스피처Robert Spitzer와 만났다. 『정신 질환 진단 및 통계 편람 DSM』 제3판의 개발을 이끈 그는 당시 DSM 3판 개정 작업을 한창 진행 중이었다. 그는 우리의 설명에 진지하게 귀를 기울였다. 그리고 특정한 환자 집단을 치료하는 일에 많은 시간을 보내는 임상 의사들은 그 환자들을 괴롭히는 문제가 무엇인지 파악할 수 있는 아주 뛰어난 전문적 지식을 갖추게 될 가능성이 높다는 이야기를 했다. 그러면서 우리에게 각기 다른 트라우마 환자군에게서 나타나는 차이를 소위 현장 연구를 통해 비교해 볼 것을 제안했다.**11** 스피처는 내게 그 프로젝트의 책임자 자리를 맡겼다. 그리하여 우리는 먼저 논문에 보고된 다양한 트라우마 증상 전체에 대한 평가 척도를 개발한 후, 미국 전역에 설치된 다섯 곳의 시설에서 총 525명의 성인 환자와 인터뷰를 실시하고 환자군마다 서로 다른 증상을 겪고 있는지 조사했다. 환자들은 아동기에 양육자로부터 신체적·정신적 학대를 당한 경험이 있는 환자, 최근에 가정 폭력을 당한 환자, 최근 자연재해로 피해를 입은 환자까지 총 세 그룹으로 나뉘었다.

그 결과 환자군별로 뚜렷한 차이가 확인되었고, 특히 전체 범위의 양극단에 있는 환자들, 즉 아동 학대 희생자 그룹과 자연재해 피해자 그룹에서 그 차이가 명확했다. 어릴 때 학대를 경험한 성인들은 집중력이 떨어지고 늘 궁지에 몰린 듯 초조해하고 극심한 자기혐오를 호소하는 경우가 많았다. 이들은 타협하거나 친밀한 관계를 맺는 일에 극히 서툴고, 무분별하고 굉장히 위험하고 만족을 느끼지 못하는 성적 관계를 형성하다가도 돌연 성적 욕구가 완전히 사라지는 경험을 했다. 기억에도 편차가 심했고, 자해 행동을 하는 경우도 많았으며, 각종 의학적 질환에 시달렸다. 자연재해 생존자들에게서는 이와 같은 증상이 비교적 드물게 나타났다.

DSM에 포함된 주요 진단마다 새로 마련될 개정판에 참고할 내용을 제안하는 연구단이 조직되어 있었다. 나는 이 현장 연구 결과를 DSM 4판의 외상 후 스트레스 장애 연구단에 제출했고, 대인 관계 트라우마 희생자를 '극도의 스트레스로 인한 장애, 다른 별도의 원인이 없는 경우' 또는 줄여서 '복합 외상 후 스트레스 장애PTSD'라는 새로운 트라우마 진단명으로 분류하자는 안건이 투표에 부쳐져 찬성 19표, 반대 2표로 승인됐다.[12,13] 그러나 연구단이 이만큼 압도적인 표차로 승인한 이 진단명이 최종 완성된 개정판에는 포함되지 않는 상당히 놀라운 일이 벌어졌다. 우리 중에서 이 일과 관련하여 협의에 참여한 사람은 한 사람도 없었다.

새로운 진단이 배제된 것은 비극적인 일이었다. 엄청난 수의 환자들이 정확한 진단을 받지 못하고, 임상 의사나 연구자 모두 그에 맞는 적절한 치료를 과학적으로 개발할 수 없다는 의미였기 때문이다. 존재하지 않는 질병은 치료법을 개발할 수도 없다. 진단할 수 없는 문제는 의사들에게도 새로운 딜레마를 안겨 주었다. 학대, 배신, 방치로 인한 문제에 대처하려는 사람들에게 하는 수 없이 우울증, 공황 장애, 양극성 질환, 경계성 성격 장애와 같은 진단을 내려야 한다면, 환자가 해결하려는 문제를 제대로 다룰 수 없다.

양육자의 학대와 방치가 낳은 결과는 허리케인이나 자동차 사고가 남긴 영향보다 훨씬 더 보편적이고 복합적이다. 이런 상황인데도 진단 체계의 구성을 정하는 의사 결정자들이 그 증거를 인정하지 않기로 결정한 것이다. 20년 동안 네 차례의 개정이 진행된 오늘날까지 DSM과 DSM을 토대로 마련된 진단 체계 어디에도 아동 학대와 방치 희생자가 들어설 곳은 없다. 외상 후 스트레스 장애라는 진단이 도입되기 전, 1980년 무렵 참전 군인들이 겪는 고통을 무시할 때와 꼭 닮은 양상이다.

눈에 보이지 않는 유행병

모든 가능성과 무한한 능력을 갖고 갓 태어난 아기가 서른 살이 되어 주정뱅이 노숙자가 되게 만드는 원인은 과연 무엇일까? 여러 가지 훌륭한 사실을 밝혀낸 내과 전문의 빈센트 펠리티Vincent Felitti는 이 의문에 대한 답을 우연히 발견했다.

1985년, 펠리티는 샌디에이고의 카이저 퍼머넌트Kaiser Permanente 병원에서 예방의학과 과장으로 일했다. 당시 세계 최고 규모의 의학적 스크리닝 프로그램이 갖추어진 곳이었다. 이곳에서 펠리티는 비만 클리닉도 함께 운영하면서 '영양 보충이 병행된 절대 단식'이라는 프로그램을 운영했다. 수술 없이 체중을 대폭 줄일 수 있는 기술이었다. 어느 날 스물여덟 살인 간호조무사 한 명이 펠리티의 진료실을 찾아와 자신에게 비만은 가장 중요한 문제라고 호소했다. 펠리티는 체중 감량 프로그램에 등록하도록 했고, 185킬로그램이던 그녀의 체중은 51주일 후 60킬로그램으로 확 줄었다.

그런데 몇 개월 지난 뒤 다시 만났을 때, 펠리티는 그 간호조무사가 다시 체중이 불어났다는 사실을 확인했다. 게다가 불어난 수준은 그토록 짧은 기간에 일어난 일로는 도저히 믿기 힘들 정도였다. 대체 무슨 일이 있었던 걸까? 알고 보니 감량에 성공한 뒤 날씬해진 몸매에 반한 남자 동료가 치근대기 시작하더니 섹스를 하자고 제안했다는 것이다. 그런데 그 말을 듣고, 그녀는 집에 돌아가서 음식을 먹어 대기 시작했다. 하루를 꼬박 먹고, 밤에 자다가 몽유병 상태로 또 먹었다. 펠리티의 이 극단적인 반응이 어디서 나왔는지 조사해 보니 그녀는 할아버지에게 장기간 성폭행당한 적이 있는 것으로 드러났다.

23년간 의사로 일하면서 두 번째로 접한 근친 성폭력 사례였는데, 불과 10일 후에 비슷한 이야기를 또 접했다. 펠리티가 이끄는 의료진은 좀 더 면밀히 조사를 시작했다. 그리고 클리닉을 찾아온 질병 수준의 비만 환자들 대다수가 어릴 때 성적 학대를 당한 경험이 있다는 충격적인 사실을 발견했다. 각종 가정 문제도 함께 밝혀졌다.

1990년, 펠리티는 애틀랜타에서 열린 북미비만연구연합회의에서 286명의 환자를 인터뷰해 그와 같은 사실을 알게 되었다고 발표했다. 그런데 일부 전문가들이 보인 냉담한 반응에 그는 깜짝 놀랐다. "그런 환자들 말을 어떻게 믿을 수 있나?", "인생이 실패한 이유를 설명하려고 그런 이야기를 지어냈을 거란 생각을 못했단 말인가?" 이런 반응들이었다. 그러나 질병통제예방센터[CDC]에서 나온 한 역학 전문가가 펠리티에게 더 일반적인 인구 집단을 대상으로 표본 수를 더 크게 늘려서 대규모 연구를 해 보라고 격려하고, CDC 소속 연구자들로 형성된 소규모 회의에 펠리티를 초대했다. 그리하여 '아동기의 부정적 경험 연구('ACE 연구'로 알려져 있다)'라는 기념비적인 연구가 시작됐다. CDC와 카이저 퍼머넌트가 협력하여 의사 로버트 앤더[Robert Anda]와 의사 빈센트 펠리티가 주요 연구를 맡았다.

포괄적인 검진을 받기 위해 카이저 퍼머넌트병원의 예방의학과를 찾아오는 환자는 매년 5만 명 이상이고, 이들은 검진의 일부로 전반적인 의학적 상태를 파악하기 위한 질문지를 작성했다. 펠리티와 앤더는 1년 이상의 시간을 들여 아동기의 신체적·성적 학대와 신체적·정서적 방치 그리고 부모님의 이혼, 정신 질환, 중독, 수감 등 가족 기능의 문제 등 아동기에 경험한 부정적인 경험을 세밀하게 분류할 수 있는 새로운 질문 열 가지를 개발했다.[14] 2만 5천 명의 환자들에게 아동기에 관한 정보를 제공할 의향이 있느냐고 물어보았고, 17,421명으로부터 동의를 얻었다. 그리고 이 환자들이 제공한 답변을 카이저 퍼머넌트병원이 보관해 온 전체 환자의 상세한 의료 기록과 비교했다.

ACE 연구에서 아동기와 청소년기에 정신적 외상을 남긴 사건을 경험하는 일이 생각보다 훨씬 더 많다는 사실이 드러났다. 연구에 참여한 응답자들은 대부분 중산층 백인에, 나이는 중년기에 접어들었고, 교육 수준이 높았으며, 괜찮은 의료보험에 가입할 정도로 재정적으로 안정적인 사람들이었다. 그러나 이들 중 아동기에 부정적인 경험을 한 적이 없다고 대답한 사람은 겨우 3분의 1밖에 되지 않았다.

- "부모나 집에 있는 다른 어른이 욕을 하거나 모욕하거나 심하게 무시한 경우가 자주 또는 굉장히 자주 있었습니까?"라는 질문에 10명 중 1명이 "그렇다"고 답했다.
- "부모 중 한 명이 떠밀고, 붙잡고, 때리고, 자신을 향해 물건을 던진 일이 자주 또는 굉장히 자주 있었습니까?"라는 질문과 "부모 중 한 명이 몸에 흔적이 남거나 부상을 당할 정도로 심하게 때린 일이 자주 또는 굉장히 자주 있었습니까?"라는 질문에 응답자의 4분의 1 이상이 "그렇다"고 답했다. 이는 곧 미국 전체 인구의 4분의 1 이상이 어릴 때 신체 학대를 반복적으로 당했을

가능성이 높다는 의미다.

- "어른이나 자신보다 최소 다섯 살 많은 사람이 몸을 성적으로 건드린 일이 있었습니까?"라는 질문과 "어른이나 자신보다 최소 다섯 살 많은 사람이 구강, 항문, 질을 통한 성교를 하려고 시도한 적이 있습니까?"라는 질문에 여성 응답자의 28퍼센트, 남성 응답자의 16퍼센트가 "그렇다"고 답했다.
- "어릴 때 엄마가 떠밀리거나, 붙들리거나, 맞거나, 엄마를 향해 던져진 물건에 맞는 모습을 가끔 또는 자주, 혹은 굉장히 자주 목격한 적이 있습니까?"라는 질문과 "어릴 때 엄마가 발에 차이고, 맞고, 수먹으로 폭행당하고, 단단한 물건에 맞는 모습을 가끔 또는 자주, 혹은 굉장히 자주 목격한 적이 있습니까?"라는 질문에 응답자 8명 중 1명이 "그렇다"고 답했다.[15]

각 질문마다 "그렇다"는 대답에 1점을 부여하여 0점부터 10점 범위로 ACE 점수를 도출했다. 예를 들어 언어적인 학대를 경험하고, 엄마가 알코올 중독이고, 부모가 이혼한 사람은 ACE 점수가 3점이었다. 전체 응답자의 3분의 2가 아동기에 부정적인 경험을 한 적이 있다고 밝혔고, 이 중 87퍼센트는 점수가 2점 이상이었다. 또 전체 응답자 6명 중 1명은 ACE 점수가 4점 이상으로 나타났다.

요약하면, 펠리티 연구진은 부정적인 경험들은 대부분 개별적으로 연구되어 왔지만 실제로는 서로 연관되어 있다는 사실을 밝힌 것이다. 보통 오빠가 감옥에 들어간 가정에서 아무 문제 없이 성장하는 경우는 없다. 엄마가 주기적으로 얻어맞는데 그것 말고는 더할 나위 없이 행복한 생활을 하는 경우도 없다. 학대는 결코 단독으로 일어나는 사건이 아니다. 그리고 부정적인 경험이 하나 추가될 때마다 나중에 발생하는 손상도 늘어난다.

펠리티와 그의 연구진은 아동기 트라우마가 학교에 다니면서 맨 처음 뚜렷하게 나타난다는 사실을 확인했다. ACE 점수가 4점 이상인 환자들의 절반 이상이 학습이나 행동에 문제가 있었지만, 0점인 사람은 그와 같은 문제가 발생한 비율이 3퍼센트에 불과했다. 성숙한 후에도 어릴 때 겪은 일의 영향에서 '벗어나지' 못했다. 펠리티는 "트라우마가 된 경험은 잃어버린 시간으로 남아 수치심, 숨기려는 마음, 사회적 금기 때문에 은폐되는 경우가 많다"고 설명했지만, 이 연구 결과를 보면 트라우마의 영향은 성인이 된 환자의 삶 속으로 파고드는 것을 알 수 있다. 가령 ACE 점수가 높으면 직장에 결근이 잦고 재정적인 문제에 시달리거나 경제적 소득 수준이 낮은 삶과 상관관계가 있는 것으로 밝혀졌다.

개인적인 고통 측면에서도 결과는 참혹했다. ACE 점수가 높으면 성인기에 만성 우울증을 앓을 확률도 급격히 증가한다. ACE 점수가 4점 이상인 사람들은 우울증 발병률이 여성의 경우 66퍼센트, 남성은 35퍼센트인 데 반해 ACE 점수가 0점인 사람들은 전체적인 우울증 비율이 12퍼센트 정도였다. 항우울제나 처방받은 진통제를 복용할 확률도 이와 비례하여 증가했다. 펠리티가 지적한 것처럼, 우리가 지금 치료하려는 문제는 50년 전에 겪은 일인지도 모른다. 그리고 그로 인해 치러야 할 대가는 사상 유례없이 늘어난 상황이다. 미국 전체의 건강 관리 지출액 중에서 항우울제와 진통제가 차지하는 비율이 급격히 증가해 온 것을 봐도 알 수 있다[16](아이러니하게도 과거 학대나 방치 경험이 없는 우울증 환자들은 그러한 경험이 있는 환자들에 비해 항우울제가 훨씬 더 잘 듣는다는 사실이 연구를 통해 밝혀졌다[17]).

환자 본인이 밝힌 자살 시도도 ACE 점수가 높으면 기하급수적으로 증가한다. 0점인 사람과 6점인 사람이 자살을 시도할 확률은 약 5천 배 차이가 난다. 고립되고 보호받지 못한다고 느낄수록 죽음이 유일한 도피처라고 생각할 가능성도 크다. 언론 매체에서는 어떤 환경 문제가 일부 암의 발생 위험을 30퍼센트 증대시킨다고 보도하고 이런 뉴스는 헤드라인을 차지하지만, 그보다 수치가 훨씬 더 큰 이 문제는 간과되고 있다.

위의 연구 참가자들은 초반 건강 평가 항목의 하나로 "자신을 알코올 중독자라고 생각한 적이 한 번이라도 있습니까?"라는 질문을 받았다. ACE 점수가 4점인 환자들은 0점인 환자들보다 "그렇다"고 답한 비율이 7배 더 높았다. 몸에 주사하는 약물의 사용 비율도 점수가 높을수록 급격히 증가해, ACE 점수가 6점 이상인 사람들은 0점인 사람들보다 성백 두어 약물을 사용히는 확률이 4,600배나 더 높았다.

여성 참가자들에게는 성인기에 겪은 성폭행에 관한 질문도 주어졌다. ACE 점수가 0점인 경우 성폭행 발생률은 5퍼센트였으나 4점 이상인 환자들 중에서는 33퍼센트로 늘어났다. 학대당하거나 방치됐던 소녀들이 다 자란 후 강간을 당할 확률이 훨씬 더 높은 이유는 대체 뭘까? 이 의문에 대한 답은 강간이 아닌 다른 곳에서 찾을 수 있다. 예를 들어 자라면서 가정 폭력을 목격한 여자아이들은 나중에 폭력적인 대인 관계를 형성할 위험성이 훨씬 큰 반면, 가정 폭력을 목격한 남자아이들은 커서 자신의 파트너를 학대할 위험이 7배 더 높다는 사실이 다수의 연구를 통해 밝혀졌다.[18] 위 연구에서 참가자의 12퍼센트 이상이 엄마가 두드려 맞는 모습을 본 적이 있다고 답했다.

ACE 점수가 높을 때 나타날 것으로 예측할 수 있는 고위험 행동에는 흡연, 비만, 계획하지 않은 임신, 한 번에 여러 명의 성적 파트너를 만나는 행동, 성병 등이 포함되는 것으로 나타났다. 전반적인 건강 상태는 가히 놀라울 정도였다. ACE 점수가 6점 이상인 사람들은 0점인 사람들에 비해 만성 폐쇄성 폐 질환, 허혈성 심장병, 간 질환 등 미국 국민 전체의 사망 원인 1위부터 10위에 해당하는 문제에 시달리는 비율이 15퍼센트 더 높았다. 암 발생률은 2배 더 높았으며, 폐기종* 발생률은 4배 더 높았다. 지속적인 스트레스로 인해 신체가 계속 큰 타격을 입은 것이다.

문제가 좋은 해결책이 될 수도 있다

펠리티는 체중이 대폭 줄었다가 다시 늘어서 이 연구를 시작한 계기가 되었던 그 여성 환자를 처음 치료한 지 2년 뒤에 다시 만났다. 그 여성은 비만 수술을 받고 체중을 44킬로그램이나 감량했지만 그 사이 자살을 시도했다고 말했다. 그리고 자살 충동 문제를 해결하기 위해 정신의학 병원 다섯 곳을 전전하며 전기 충격 치료 프로그램을 세 번이나 받았다고 설명했다. 펠리티는 공중 보건의 중대한 문제로 여겨지는 비만이 실제로는 개인이 선택한 문제의 해결책인 경우가 많다고 지적한 바 있다. 그렇다면 그 결과를 생각해 보자. 중독 치료에서 자주 발생하는 상황처럼, 문제를 해결하려고 떠올린 해결책을 없애려 한다면 치료가 실패하는 것은 물론이고 또 다른 문제들이 생길 수 있다.

성폭행 피해자인 한 여성은 펠리티에게 이렇게 말했다. "체중이 많이 나가면 눈길을 안 받잖아요. 저한테 필요한 게 바로 그거예요."**19**

남성들도 체중으로 보호를 받으려고 할 수 있다. 펠리티는 자신의 비만 프로그램에 참가했던 주 정부 교도소 소속 경비요원 두 명을 떠올렸다. 두 사람 다 체중을 줄여도 즉시 다시 늘어났는데, 그 이유는 독방을 지킬 때 그 공간에서 자신이 덩치가 제일 큰 사람이 되는 편이 더

• 비정상적이며 영구적인 말초 기도 및 허파꽈리의 확장 상태를 말한다.

안전하다고 느껴졌기 때문이다. 어떤 남성 환자는 부모님이 이혼하고 폭력과 음주를 일삼는 할아버지 댁으로 옮겨 와 함께 살면서 비만이 됐다. 그는 당시를 이렇게 설명했다. "단순히 배가 고파서 먹은 건 아니었어요. 먹어야 안전하다고 느껴졌을 뿐이죠. 저는 유치원을 마치고 돌아오는 길에 수시로 얻어맞곤 했는데, 살이 찐 다음에는 그런 일이 두 번 다시 일어나지 않았거든요."

ACE 연구진은 다음과 같은 결론을 내렸다. "흡연, 음주, 약물 사용, 비만과 같은 각각의 적응 행동은 건강에 해롭다는 인식이 널리 퍼져 있지만 당사자로선 포기하기가 굉장히 어렵다. 장기적으로 건강에 해로운 일도 개인적인 수준에서는 단기적으로 도움이 될 수 있다는 사실이 현실에서는 별로 고려되지 않는다. 우리는 환자들로부터 그러한 '건강 위험 요소'가 준 이점에 관한 이야기를 수차례 접했다. 문제가 누군가에게는 해결책이 될 수 있다는 생각은 물론 많은 사람에게 혼란을 줄 수 있겠지만, 생물학적인 시스템에는 반작용이 항상 공존한다는 사실과도 일치한다. (…) 겉으로 드러난 문제들은 환자가 가진 수치심과 숨기려는 마음, 때로는 기억 상실로 인해 오랜 시간 은폐된 진짜 문제의 표식일 뿐인 경우가 많다. 그리고 이로 인해 많은 의사가 난감함을 느낀다."

미국 공중 보건의 최대 문제, 아동 학대

로버트 앤더가 발표한 ACE 연구 결과를 내가 처음 접했을 당시, 앤더는 흘러나온 눈물을 감추려 하지 않았다. 질병통제예방센터CDC에서 근무하면서 과거에도 담배나 심혈관 질환 같은 몇 가지 중대한 위험 분야에 대해 연구해 왔지만, ACE 연구 데이터들을 보면서 그는 미국의 공중 보건에서 가장 거대하고, 가장 큰 비용이 발생하는 문제는 다름 아닌 아동 학대임을 여실히 깨달았다. 계산 결과 그로 인한 비용은 암이나 심장 질환으로 인한 비용을 초과하며, 미국에서 아동 학대가 근절되면 우울증은 절반 이상, 알코올 중독은 3분의 2까지, 자살과 정맥 투여용 의약품의 사용량과 가정 폭력은 4분의 3까지 감소할 수 있다는 추정 결과를 얻었다.[20] 직장에서의 업무 능력 향상에도 막대한 영향을 주고 수감자 비율도 대폭 감소할 것이다.

미국 공중위생국장이 1964년에 발표한 흡연과 건강에 관한 보고서는 이후 10여 년간 이어진 법적 소송과 건강 캠페인을 촉발시켜 수백만 명의 일상생활과 장기적인 건강에 변화를 가져왔다. 1965년 미국 성인의 42퍼센트를 차지하던 흡연자 비율은 2010년 19퍼센트로 감소했고, 1975년부터 2000년까지 예방된 폐암 사망자는 80만 명에 이를 것으로 추정된다.[21]

그러나 ACE 연구는 그런 영향력을 발휘하지 못한 상태다. 전 세계에서 후속 연구들과 논문이 지금도 발표되고 있지만, 메릴린과 같은 일상을 하루하루 살아가야 하는 어린이들과 외래 병동에서 만난 아이들, 미국 전역의 입원 치료 센터에서 보는 아이들은 그때나 지금이나 거의 제자리에 머물러 있다. 심지어 지금은 과량의 향정신성 약물이 투여되는데, 이런 약은 환자들을 더 고분고분하게 만들지만 즐거움과 호기심을 느끼는 능력, 정서적·지적으로 성장하고 발전할 기회 그리고 사회의 일원으로 공헌할 수 있는 능력을 손상시킨다.

10장

발달 과정의 트라우마:
숨겨진 유행병

아동기 초기의 부정적인 경험이 발달 과정에서 심각한 문제로 이어진다는 생각은 연구 결과를 바탕으로 한 사실이기보다는 임상에서 도출된 직관적 판단에 가깝다. 트라우마 증후군에 속하는 어떤 유형도, 트라우마를 겪기 전 발달 과정에서 경험한 일상적인 문제로 인해 발생했다는 증거는 확인된 바 없다.

2011년 5월, '트라우마성 발달 장애' 진단을 거부한 미국소아과학회의 의견 중에서

생애 초기에 발생한 학대의 영향을 조사한 연구 결과는 우리에게 새로운 이야기를 들려준다. 즉 어릴 때 경험한 학대는 뇌 발달에 지속적으로 부정적인 영향을 준다는 사실이다. 우리의 뇌는 생애 초기의 경험들에 의해 조각된다. 학대라는 끔찍한 문제가 있어도 괜찮은 것처럼 뇌를 조각할 수 있지만, 그 대가로 뇌 깊숙한 곳에 상처를 안고 있어야 한다. 아동 학대는 '이겨 낼 수 있는' 일이 아니다. 이 나라에서 제멋대로 방치된 그 폭력의 악순환을 끊고 싶다면, 아동 학대는 우리가 반드시 인정하고 직면해야 할 악마임을 알아야 한다.

마틴 테이처, 『사이언티픽 아메리칸*Scientific American*』

이제부터 나는 막대한 자원을 흡수하고 있지만 수긍할 만한 투자 효과는 거의 나타나지 않는 경우가 많은 수십만 명의 아이들에 대해 이야기하려고 한다. 이 아이들은 결국 감옥에 들어가거나 복지 수혜자, 병원을 찾는 환자가 되고 만다. 일반 대중은 대부분 그 존재들을 통계적 수치로만 알 뿐이다. 수만 명에 달하는 학교 교사들과 보호관찰관들,

사회복지사들, 판사들, 정신 건강 전문가들이 많은 시간을 들여 이들을 도우려 하고, 납세자들이 그 비용을 지불한다.

앤서니는 겨우 생후 30개월에 한 보육 시설에서 우리 트라우마센터로 보내졌다. 끊임없이 사람들을 물고 때리는 데다 낮잠을 거부하고, 한 번 울기 시작하면 달래기가 너무 힘들고, 머리를 과격하게 휘두르고 흔드는 통에 시설 직원들이 도저히 감당할 수 없다고 했다. 앤서니는 어느 직원과 있어도 안전하다고 느끼지 못했고, 잔뜩 풀이 죽어 쓰러져 있다가도 화가 나서 격렬히 반항하는 혼란스러운 상태였다.

우리가 앤서니와 엄마를 만난 날, 아이는 불안한 듯 엄마에게 꼭 매달리며 얼굴을 파묻었고, 엄마는 계속 "아기처럼 굴지 마."라고 말했다. 복도 저쪽에서 문이 꽝 닫히는 소리가 나자 앤서니는 깜짝 놀라며 엄마의 무릎 사이로 더 심하게 파고들었다. 엄마가 떼어 내자 방구석에 앉아서 머리를 격하게 흔들기 시작했다. "제가 겁내라고 저러는 거예요." 앤서니의 엄마가 말했다.

그동안 살아온 이야기를 해 달라고 요청하자, 앤서니 엄마는 부모에게 버림받고 여러 친척들 손에 컸는데, 그 과정에서 맞고 방치된 채 자랐으며 열세 살 때는 성적 학대를 당하기 시작했다고 설명했다. 그러다 술 취한 남자 친구 때문에 임신을 했는데, 아이를 가졌다고 말하자 그가 떠나 버렸다고 했다. 앤서니는 제 아빠와 똑같다고, '아무짝에도 쓸모없는' 아이라고도 말했다. 이후 여러 남자 친구를 만났지만 다들 폭력을 휘둘렀다. 하지만 밤늦은 시간에 벌어진 일들이라 앤서니가 알 리 없다고 확신했다.

앤서니가 병원을 찾는다면 제각기 다른 진단을 받을 가능성이 높다. 우울증, 적대적 반항 장애, 불안증, 반응성 애착 장애, 외상 후 스트레스 장애, 주의력결핍 과잉행동 장애ADHD 등 다양한 정신의학적 질환명이 나올 것이다. 그러나 이 중에서 앤서니에게 겪는 문제를 명확히 말해 줄 수 있는 건 하나도 없다. 아이는 죽을까 봐 두려워서 살기 위해 맞서고 있었다. 그리고 엄마가 자신을 도와줄 수 있다고 믿지 않았다.

마리아라는 열다섯 살짜리 남아메리카계 소녀는 미국의 보육원에서 자라는 약 50만 명의 아이 중 한 명으로, 거주형 치료 시설에서 치료를 받았다. 비만에 공격적인 성향을 보이는 마리아는 성적, 신체적, 정서적 학대를 겪은 적이 있으며 여덟 살 때부터 주거지가 20곳 넘게 바뀌었다. 내가 마리아와 처음 만난 날, 수북한 의료 기록이 함께 전해졌다. 기록을 훑어보니 마리아는 말을 못하는 벙어리이며, 강한 복수심을 품고 있고, 충동적이고, 무모하고, 자해 행동을 보이고, 기분 변화가 극심하며, 급격히 화를 내는 성향이 있다는 설명들이 적혀 있었다. 마리아는 자신을 '쓰레기, 쓸모없는 존재, 거부당한 애'로 묘사했다.

몇 차례 이어진 자살 시도 끝에 마리아는 우리 병원에 설치된 거주형 치료 센터 중 한 곳에 들어왔다. 처음에는 입을 꾹 다물고 내성적인 모습을 보이면서 누가 너무 가까이 다가가면 폭력성을 드러냈다. 몇 가지 치료가 시도되었지만 다 실패로 돌아가고, 마침내 말을 이용한 치료 프로그램이 효과를 나타내기 시작했다. 마리아는 자기 말을 매일 손질해 주기도 하고 말을 다루는 간단한 기술도 익혔다. 2년 뒤, 나는 고등학교 졸업을 앞둔 마리아와 대화를 나누었다. 4년제 대학에 입학 허가도 받은 상태였다. 내가 가장 도움이 된 것이 무엇이었냐고 묻자, 마리아는 이렇게 대답했다.

"제가 돌본 그 말이요."

말과 함께 있으면서, 마리아는 처음으로 안전하다는 기분을 느꼈다고 했다. 늘 그 자리에 있으면서 참을성 있게 자신을 기다리고, 다가가면 기뻐하는 기색도 느낄 수 있었다. 마리아는 다른 존재와 처음으로 깊은 감정적 유대감을 느꼈고 친구를 대하듯 말에게 이야기하기 시작했다. 그리고 서서히 같은 프로그램에 참여한 다른 아이들과도 말을 나누기 시작했고, 마침내 담당 상담사와도 대화를 나누었다.

열세 살 버지니아는 입양된 백인 소녀다. 버지니아를 낳은 엄마는 약물 중독자라 엄마에게서 분리되었고, 아이를 입양한 첫 번째 엄마가 병이 나서 세상을 떠나자 이 보육원에서 저 보육원을 떠돌다가 다른 집으로 입양됐다. 아무 남자나 눈에 띄기만 하면 유혹하려고 하던 버지니아는 아이 돌봐 주는 사람들이며 임시 양육자 등 여러 명으로부터 성적, 신체적 학대를 받았다고 이야기했다. 열세 번이나 자살을 시도하고 입원 치료를 받은 후 우리 거주형 치료 프로그램을 찾았다. 예전 병원의 의사는 버시니아가 고립되어 지내고 자기 마음대로 하려고 하며 감정을 폭발적으로 표출하고 성적으로 눈길을 끌려고 행동한다고 기록했다. 또 방해 행동을 하고 복수심이 강하며 자기 도취 성향이 있다고 설명했다. 버지니아는 자신을 역겨운 존재로 묘사하면서, 자신이 죽었으면 좋겠다고 말했다. 차트에는 양극성 장애, 간헐적 폭발 장애, 반응성 애착 장애, 주의력결핍 과잉행동 장애 하위 유형, 적대적 반항 장애, 물질 사용 장애라는 진단명이 적혀 있었다. 대체 버지니아는 실제로 어떤 아이일까? 그 아이가 자기 인생을 살아가게 하려면 어떻게 도와주어야 할까?[1]

이 아이들이 무슨 일을 겪고 있는지 올바르게 정의할 수 있다면, 그리고 이 아이들을 통제할 수 있는 신약을 개발할 수 있다면, 또는 이들의 '병'을 일으킨 '특정한 유전자'를 찾을 수 있다면 문제가 해결될 거라는 희망을 가질 수도 있다. 중요한 것은 이 아이들이 생산적인 삶을 살 수 있도록 도와줄 방법을 찾는 것이다. 그래야 수억 달러 규모에 달하는 세금을 아낄 수 있다. 그리고 그 모든 과정은 사실과 마주하는 것에서 시작된다.

유전자가 안 좋은 탓?

그처럼 포괄적인 문제와 그 정도로 무능력한 부모들을 보면, 사람들은 그 문제의 원인을 나쁜 유전자 탓으로 돌리고 싶은 충동을 느낀다. 기술은 항상 연구에 새로운 방향을 제시해 주고, 유전자 검사가 가능해지자 정신의학 분야에서는 정신 질환의 유전적 원인을 찾는 일에 착수했다. 특히 조현병(정신분열증)은 상당히 흔한 질병이기도 하고 (전체 인구 중 1퍼센트가 앓고 있다) 증상이 심각하며 모두를 난처하게 만드는 질병인데, 사람들은 이 질환에 유전적 연관성이 있을 것으로 생각했다. 분명 집안 내력이 있을 거라고 생각한 것이다. 그러나 30년이 흐르고 수백만 달러의 돈이 연구비로 사용됐지만, 조현병의 공통된 유전적 패턴은 아직도 찾지 못했다. 다른 정신의학적 질환들도 마찬가지다.[2] 나와 같은 분야에서 일하는 동료들 중에는 트라우마 스트레스를 예측할 수 있는 유전적 요인을 찾기 위해 열심히 연구한 사람들도 있다.[3] 그 여정은 아직도 계속되고 있지만, 현재까지 확실한 답을 얻지 못했다.[4]

최근에 특정 유전자를 '보유하면' 정해진 결과가 나온다는 단순한 생각을 일축하는 결과들이 발표됐다. 여러 개의 유전자가 함께 작용해 한 가지 결과에 영향을 주는 것으로 밝혀진 것이다. 이보다 더 중요한 사실은 유전자가 고정되어 있지 않다는 점이다. 살면서 일어나는 사건들은 유전자의 외부에 메틸기(탄소와 수소 원자로 구성된 하나의 단위)를 결합시키고, 이를 통해 몸이 보내는 메시지에 어느 정도 더 민감하게 반응하도록 함으로써 유전자의 발현을 활성화하거나 활성을 중단시키는 생화학적 메시지가 생성될 수 있다(이 과정을 메틸화라고 한다). 일생의 중대한 사건은 이렇듯 유전자의 동태에 변화를 가져올 수 있지만 기본적인 구조는 바꿀 수 없다. 그러나 메틸화의 패턴은 자손에게도 전달될 수 있으며 그러한 현상을 후생유전이라고 한다. 유기체의 가장 깊숙한 단계까지 신체에 흔적이 남는 사례를 또 한 가지 확인한 셈이다.

후생유전학 분야에서 가장 많이 인용되는 연구 중 하나로, 맥길대학교의 마이클 미니Michael Meaney가 갓 태어난 래트 새끼와 모체를 대상으로 실시한 연구를 들 수 있다.5 그는 새끼가 태어난 후 첫 열두 시간 동안 어미가 새끼를 얼마나 핥아 주고 몸을 다듬어 주는지에 따라 스트레스에 반응하는 뇌의 화학 물질에 영구적인 영향이 발생하며, 1천 종 넘는 유전자의 배열도 변형된다는 사실을 발견했다. 어미가 열심히 핥아 준 새끼는 어미가 관심을 덜 준 새끼에 비해 스트레스 환경에서 더 용감하게 행동하고 스트레스 호르몬도 더 적게 생성된다. 또한 회복 속도도 더 빠르고, 일생 동안 침착한 태도를 유지한다. 학습과 기억을 담당하는 중추인 해마에도 더 두꺼운 연결망이 형성되어, 설치류가 익혀야 하는 중요한 기술 중 하나인 미로 찾기에서 더 뛰어난 수행력을 보인다.

스트레스 경험이 인간의 유전자 발현에도 영향을 준다는 사실이 이제 막 밝혀지는 단계다. 퀘벡 지역에서 임신 기간에 눈보라로 난방이 안 되는 집에 장기간 갇혀 있던 엄마들이 낳은 아이들은 난방이 하루 내에 복구된 집에서 지낸 엄마들이 낳은 아이들과 비교할 때 후생유전학적으로 중대한 변화가 발생했다.6 맥길대학교의 연구자 모셰 스지프Moshe Szyf는 영국에서 사회적 특권을 기준으로 양극단에 해당하는 가정에서 태어난 아동 수백 명의 후생유전학적 특성을 조사하고, 양쪽 그룹에서 아동 학대가 어떤 영향을 주었는지 연구했다. 사회적 지위에 따라 아이들의 후생유전학적 특성도 두드러지게 다른 것으로 나타났으나, 양쪽 그룹에서 학대받은 아이들은 공통적으로 73가지 유전자에서 특정 변화가 발생한 것으로 확인됐다. 스지프는 이렇게 표현했다. "우리 몸에서 일어나는 중대한 변화는 화학 물질이나 독성 물질 뿐만 아니라, 사회적 세계와 유전적으로 결정된 세계가 나누는 대화의 방식에 의해서도 발생할 수 있다." 7, 8

본성 vs. 양육:
원숭이에게서 해묵은 논쟁의 확실한 답을 찾다

양육 방식과 환경이 유전자 발현에 어떤 영향을 주는지 분명하게 확인할 수 있는 연구 중 하나가 바로 국립 보건원의 비교행동연구소 대표인 스티븐 수오미Stephen Suomi가 실시한 연구다.9 수오미는 인간과 유전자가 95퍼센트 동일한 붉은털원숭이를 대상으로 40년 넘게 성격의 세대 간 전달에 관한 연구를 해 왔다. 사람과 유전자가 그보다 더 비슷한 동물은 침팬지와 보노보(피그미 침팬지) 정도밖에 없다. 붉은털원숭이는 인간과 마찬가지로 거대한 사회적 관계 속에서 복잡한 동맹을 맺고 지위에 따른 관계를 형성하면서 살아가며, 소속된 집단에서 요구하는 기준에 잘 맞추어 행동할 수 있는 구성원만 살아남아서 성장할 수 있다.

애착 유형도 사람과 비슷하다. 붉은털원숭이가 낳은 새끼는 엄마와 나누는 친근한 신체 접촉에 의존한다. 또한 볼비가 사람에게서 관찰한 것처럼 이 새끼들도 자신이 처한 환경 속에서 자신의 반응을 탐구해 보고, 겁이 나거나 길을 잃었다고 느껴질 때마다 엄마에게 얼른 돌아오는 과정을 거치면서 발달한다. 어미에게서 독립한 후에는 친구들과의 놀이가 삶을 지속하는 법을 배우는 주된 역할을 한다.

수오미는 지속적인 문제를 일으키는 두 가지 성격 유형을 발견했다. 한 가지는 긴장하고 불안한 성격으로, 이에 해당되는 원숭이들은 다른 원숭이들이 놀고 탐험하는 상황에서도 겁을 잘 먹고, 내성적이고 우울한 성향을 보였다. 다른 하나는 굉장히 공격적인 성격으로, 이 유형에 해당하는 원숭이들은 극심한 말썽꾼이 되어 소외당하거나 목숨을 잃는 경우가 많았다. 이 두 가지 성격 유형의 원숭이들은 또래 동물들과 생물학적인 특징이 다르다. 출생 후 첫 몇 주 내에 측정한 흥분 수준, 스트레스 호르몬, 세로토닌 같은 뇌 화학 물질의 대사에 비정상적인 양상이 나타나며, 성숙해도 그러한 생물학적 특성이나 행동이 바뀌지 않는 경향을 보인다. 수오미는 유전학적으로 발생하는 공통 행동들도 발견했다. 예를 들어 초조해하는 원숭이들은 (생후 6개월 시점에 나타난 행동과 높은 코르티솔 수치를 토대로 이같이 분류한다) 네 살 때 실험 환경에서 알코올이 제공되면 다른 개체들보다 알코올을 더 많이 섭취한다. 또 유전적으로 공격적인 원숭이들 역시 과음하는 모습을 보인다. 차이가 있다면 공격적인 원숭이들은 의식을 잃을 때까지 술을 마셔 대는 반면, 초조해하는 원숭이들은 마음을 진정시키기 위해 술을 마시는 것으로 보인다는 점이다.

그러나 사회적 환경도 행동과 생물학적 특성에 중대한 영향을 준다. 겁이 많고 불안해하는 암컷 원숭이들은 다른 원숭이들과 잘 놀지 않고 그로 인해 새끼를 낳을 때 사회적인 도움을 받지 못하는 경우가 많으며, 첫 새끼를 방치하거나 학대할 위험성도 높다. 그러나 이 암컷들이 안정적인 사회적 그룹에 속하면 새끼를 세심하게 돌보는 부지런한 어미가 되는 경우가 많다. 특정 환경에서는 불안한 어미라도 반드시 해야 하는 보호자 역할을 해낼 수 있는 것이다. 이와 반대로 공격적인 어미들은 사회적 측면에서 아무런 장점이 없었다. 새끼에게는 굉장히 가혹하게 굴며, 새끼를 때리고 발로 차고 깨무는 일이 많다. 새끼가 살아남더라도 이들 어미는 보통 새끼가 또래 동물들과 친해지지 못하게 막는다.

우리의 실제 생활 속에서 공격적인 행동이나 초조한 행동을 보이는 사람이 부모에게서 물려받은 유전자 때문인지, 엄마에게 학대받고 자라서인지, 아니면 그 둘 다인지 알아내기란 불가능하다. 하지만 원숭이 연구에서는 취약한 유전자를 가진 새끼를 낳아 준 어미와 분리하여 자상한 다른 어미나 또래 친구들이 있는 놀이집단과 어울리도록 키울 수 있다.

낳아 준 어미와 출생 직후 떨어져 또래 개체들 사이에서만 자란 어린 원숭이는 주변 원숭이들에게 깊은 애착을 보인다. 어느 개체건 절박하게 매달리고, 건강한 탐색 활동이나 놀이에 충분히 몰두할 수 있는 시간만큼은 그들과 떨어지지 않으려 한다. 사소한 놀이에서도 일반적인 원숭이들에게서 나타나는 복합성이나 상상력이 결여된 모습을 볼 수 있다. 이런 원숭이들은 초조해하는 성격으로 자란다. 새로운 환경을 두려워하고, 호기심이 부족하다. 유전적 소인과 상관없이 또래들 사이에서만 자란 원숭이들은 사소한 스트레스에도 과잉 반응을 보인다. 큰 소음이 들리면, 어미에게서 자란 원숭이들보다 이들의 체내 코르티솔 수치가 훨씬 더 높게 증가한다. 세로토닌 대사도 유전적으로 공격적인 소인을 갖고 태어났지만 자기 어미에게서 자란 원숭이들보다 훨씬 더 비정상적인 양상이 나타난다. 이와 같은 특징을 토대로, 최소한 원숭이에게 생애 초기의 경험들이 생물학적 특성에 주는 영향력은 적어도 유전적 소인과 비슷한 수준이라는 결론을 내릴 수 있다.

원숭이와 인간은 공통적으로 두 종류의 세로토닌 유전자를 보유하고 있다(짧고 긴 세로토닌 수송체가 대립 형질을 이룬 것으로 알려져 있다). 사람에게서는 이 유전자의 대립 형질이 짧으면 충동성과 공격성, 자극을 찾는 성향, 자살 시도, 심각한 우울증과 연관된 것으로 밝혀졌다. 수오미는 원숭이의 경우 환경이 이 유전자가 행동에 끼치는 영향을 좌우한다고 밝혔다. 즉 세로토닌 수송체 유전자의 대립 형질이 짧지만 정상적으로 행동하는 어미에게서 자란 원숭이들은 세로토닌 대사에 문제가 없었다. 반면 부모와 떨어져 또래 사이에서 자란 원숭이들은 위험을 두려워하지 않는 공격적인 성향을 보였다.[10] 뉴질랜드의 알렉 로이Alec Roy라는 연구자도 이와 마찬가지로 대립 형질이 짧은 사람은 긴 대립 형질을 가진 사람보다 우울증이 발생할 확률이 높지만, 이들이 아동기에 학대나 방치 경험이 있는 경우에만 그런 일이 발생한다고 밝혔다. 이로써 명확한 결론을 얻을 수 있다. 아이와 조율하고 아이에게 주의를 기울여 주는 부모 밑에서만 태어나도 유전학적으로 연관된 이 같은 문제가 발생하지 않는다는 것이다.[11]

수오미의 연구 결과는 사람의 애착 관계를 비롯해 임상에서 조사한 내용들, 즉 아동이 장기적으로 문제를 겪지 않도록 하려면, 생애 초기에 아이가 안전하고 보호받는다고 느낄 수 있는 관계가 형성되는 것이 중요하다는 점 등 우리 동료들이 조사하여 습득한 모든 내용을 뒷받침한다. 또한 유전적으로 취약한 부모 할지라도 자녀를 올바르게 양육하면 다음 세대에는 자손을 보호해 줄 수 있는 유전자를 물려줄 수 있다.

전국 아동 트라우마 스트레스 네트워크

암부터 색소성 망막염까지, 의학적인 질병들은 거의 대부분 특정 질환에 관한 연구와 치료법을 알리는 압력 단체가 존재한다. 그러나 2001년 미 의회의 법률로 '전국 아동 트라우마 스트레스 네트워크'가 설립되기 전까지는 정신적 외상을 입은 아이들에 관한 연구와 치료 문제만 다루는 포괄적인 단체가 없었다.

1998년, 나는 네이선 커밍스 재단Nathan Cummings Foundation의 애

덤 커밍스Adam Cummings로부터 트라우마가 학습에 주는 영향에 관심이 있다는 연락을 받았다. 나는 그 주제에 관한 굉장히 훌륭한 연구들이 어느 정도 진행됐지만,12 이미 파악된 그 결과들을 어떻게 실행에 옮길 것인지 논의하는 토론회는 열린 적이 없다고 설명했다. 보육업계 종사자들, 소아과 전문의들, 혹은 심리학이나 사회복지학 대학원에서도 트라우마 아동의 정신적·생물학적·도덕적 발달에 관한 내용을 체계적으로 가르치지 않았다.

애덤과 나는 이 문제를 해결해야 한다는 데 뜻을 같이했다. 그로부터 약 8개월 후, 우리는 미국 보건복지부와 법무부 대표자들, 의료 보건 분야 고문을 맡고 있던 테드 케네디Ted Kennedy 상원의원, 아동 트라우마 전문가인 내 동료들이 포함된 일종의 두뇌 집단을 조직했다. 참석자 모두 트라우마가 마음과 뇌의 발달 과정에 얼마나 영향을 주는지 기본 지식이 있고, 아동기 트라우마는 완전히 성숙한 성인이 겪는 트라우마 스트레스와 확연히 다르다는 사실을 잘 아는 사람들이었다. 우리 그룹은 아동기 트라우마가 제대로 알려지려면 아동 트라우마의 연구와 교사, 판사, 장관, 양부모, 의사, 보호관찰관, 간호사, 정신의학 전문가 등 학대받고 정신적으로 외상을 입은 아이들의 문제를 다루는 모든 사람을 대상으로 교육을 실시할 전국적인 기관이 마련되어야 한다는 결론을 얻었다.

실행 집단으로 참여한 빌 해리스Bill Harris는 아동과 관련된 법률 제정에 폭넓은 경험이 있는 사람으로, 케네디 의원과 함께 우리의 생각을 법안으로 작성하는 일에 동참했다. 이렇게 마련된 '전국 아동 트라우마 스트레스 네트워크'의 설립에 관한 법안은 상원에서 양당의 압도적인 지지를 받아 승인됐고, 2001년 설립 이후 미국 전역 17개 지역 150곳 넘는 기관이 참여하는 협력 네트워크로 성장했다. 듀크대학교와 UCLA의 협력 센터가 이끄는 아동 트라우마 스트레스 네트워크에는 대학교, 병원, 약물 재활 프로그램, 정신 건강 클리닉, 대학원 등이 동참하고 있다. 이 각각의 기관이 소속 지역 학교들과 병원, 복지 기관, 노숙자 쉼터, 청소년 사법 관리 프로그램, 가정 폭력 피해자 쉼터 등 총 8,300명이 넘는 파트너들과 협력한다.

전국 아동 트라우마 스트레스 네트워크가 처음 설립되어 운영을 시작할 당시, 우리는 미국 전 지역에 살고 있는 트라우마 피해 아동의 특성을 더 명확히 파악할 수 있는 방법을 마련했다. 트라우마센터에서 내 동료로 일하던 조지프 스피나졸라 Joseph Spinazzola가 담당한 이 연구에서는 네트워크 소속 기관 전체에서 관리하는 아동과 청소년 2천 명가량의 기록을 조사했다.[13] 그리고 얼마 지나지 않아 우리가 의구심을 가졌던 사실을 확인했다. 대다수가 정상적인 기능이 크게 망가진 가정에서 자란 것이다. 절반이 넘는 아이들이 정서적 학대를 받거나 자신이 필요로 하는 것을 주기에는 너무 문제가 많은 양육자 밑에서 자랐다. 또 양육자가 감옥에 들어가거나, 치료 프로그램을 시작하거나, 입대하는 바람에 낯선 사람이나 양부모, 먼 친척들 손에서 자란 비율도 약 50퍼센트였다. 이 아이들 절반은 가정 폭력을 목격했다고 밝혔고, 4분의 1은 성적·신체적 학대를 당한 경험이 있었다. 다시 말해 조사가 이루어진 아동과 청소년들은, 카이저 퍼머넌트병원을 찾은 중산층의 중년 남녀 환자들에게 빈센트 펠리티가 실시한 '아동기의 부정적 경험 연구(ACE 연구)'에서 ACE 점수가 높았던 사람들과 마치 쌍둥이처럼 꼭 닮은 양상을 보였다.

진단의 영향력

1970년대에는 베트남 전쟁에서 돌아와 광범위한 증상을 보이던 수십만 명의 참전 군인들을 따로 분류하는 기준이 없었다. 이 책의 첫머리에서 살펴보았듯이, 그로 인해 의사들은 자신을 찾아온 이들 환자들을 임시변통으로 치료할 수밖에 없었고, 어떤 접근 방식이 효과 있는지에 관한 체계적인 연구도 이루어지지 않았다. 그러다 1980년 『정신 질환 진단 및 통계 편람DSM』제3판에서 외상 후 스트레스 장애의 진단이 도입되자 폭넓은 과학적 연구와 효과적인 치료법 개발을 위한 시도가 줄을 이었다. 그리고 이 진단이 참전 군인뿐만 아니라 성폭행, 폭행, 자동차 사고 등 사람에게 정신적 외상을 주는 다양한 사건의 피해자들과도 관련 있다는 사실이 드러났다.[14] 이처럼 세부적인 진단명이 발생시킨 지대한 영향력은 2007년부터 2010년까지 이루어진 실제 지원 사례에서도 확인할 수 있을 만큼 장기적으로 이어졌다. 이 기간 동안 국방부는 참전 군인들의 외상 후 스트레스 장애 치료와 연구비로 27억 달러 이상을 제공했으며, 보훈청은 회계 연도 2009년에만 외상 후 스트레스 장애에 관한 자체 연구비로 2450만 달러를 사용했다.

DSM에는 외상 후 스트레스 장애가 상당히 간단하게 정의되어 있다. "실제 죽음이나 죽음의 위협, 심각한 부상, 또는 자신이나 다른 사람의 신체적 온전성이 손상될 수 있는 위협'이 포함된 대단히 충격적인 사건을 겪고 '극심한 분노, 무기력, 두려움'을 느끼고 이로 인해 다음의 다양한 소견이 나타나는 경우 : 해당 사건을 부지불식간에 다시 경험함(장면의 재현, 악몽, 그 사건이 일어나고 있다는 느낌), 매우 심각한 수준의 지속적인 회피(사람, 장소, 생각, 해당 트라우마와 관련된 느낌을 회피하며 때때로 해당 사건의 중요한 부분에 관한 기억이 상실되어 떠오르지 않음), 흥분 고조(불면증, 과도한 경계심, 쉽게 화를 냄).

이와 같은 설명 속에서 우리는 명확한 사실을 발견할 수 있다. 갑자기, 예기치 못한 순간에 끔찍한 사건을 겪고 큰 충격에 빠진 사람은 결코 이전과 같은 사람이 아니라는 의미다. 트라우마가 된 사건 자체는 종료될 수 있지만, 계속해서 되돌아오는 기억과 재편성된 신경계에서 그 사건은 반복해서 재현된다.

그렇다면 우리가 만난 아이들에게는 이 정의가 얼마나 적용될까? 개에게 물리거나, 사고를 당하거나, 학교에서 총격 사고를 목격하는 등 트라우마 사건을 한 가지만 겪은 아이들은 실제로 안전하고 보살핌을 잘 받는 가정에 살아도 기본적인 외상 후 스트레스 장애 증상이 성인과 유사한 수준으로 나타난다. 그래도 외상 후 스트레스 장애라는 진단이 생긴 덕분에 이제는 이런 문제들을 상당히 효과적으로 치료할 수 있다.

학대와 방치 경험이 있는 말썽 많은 아이들은 클리닉이나 학교, 병원, 경찰서에서 만나도 그런 행동이 트라우마로 인한 것인지 뚜렷하게 드러나지 않는다. 물어보아도 자신이 맞고 버려졌다거나 성폭행을 당했다는 사실을 말하는 경우가 거의 없기 때문이다. 전국 아동 트라우마 스트레스 네트워크에서 조사한 트라우마 피해 아동의 82퍼센트는 외상 후 스트레스 장애 진단 기준을 충족하지 않는다.[15] 이 아이들은 세상과 벽을 쌓은 채 의심이 많거나 공격적인 특성을 보이고, 그로 인해 "얘는 절 미친 듯이 싫어해서 제가 하라는 건 아무것도 안 해요"라는 특징 때문에 '적대적 반항 장애'로 분류되거나 짜증 부리고 떼를 쓰는 특징을 토대로 '파괴적 기분 조절 장애'로 분류되는 등 비과학적인 진단을 받게 된다. 시간이 갈수록 이 아이들에게 주어지는 진단명도 아이들 각자가 겪고 있는 수많은 문제만큼 점점 늘어난다. 그래서 아이가 스무 살도 되기 전에, 이처럼 인상적이지만 아무 의미 없는 딱지를 네 가지, 다섯 가지, 여섯 가지 이상 받아 오는 부모가 많다. 이 아이들은 약물 치료며 행동 교정, 노출 요법 등 '특별한 관리법'으로 사람들에게 널리 알려진 방법들로 관리를 받는다. 그러나 효과는 거의 나타나지 않고 오히려 상처만 더 깊어지는 경우가 빈번하다.

　전국 아동 트라우마 스트레스 네트워크에서 치료하는 아이들의 숫자는 점차 늘어났다. 이에 따라 이 아이들이 겪고 있는 현실이 그대로 집약된 진단명이 필요하다는 인식도 점차 명확해졌다. 우리는 네트워크 소속 여러 기관에서 치료받던 약 2만 명의 아동에 관한 데이터베이스를 구축하고, 학대 아동과 방치 아동에 관한 연구 결과를 모두 수집했다. 이 자료들 중에서 전 세계 아동과 청소년 100명 이상을 대상으로 진행된 관련 연구 130편을 추렸다. 그리고 임상 의사 겸 연구자로 활동하는 아동 트라우마 전문가 12명으로 구성된 핵심 실무단을 조직해[16] 4년간 한 해에 두 차례씩 모임을 갖고 적절한 진단명을 제안하기 위한 초안을 마련했다. 우리가 제안하기로 최종 결정한 진단명은 '트라우마성 발달 장애'였다.[17]

　우리는 결과를 정리하면서 일관된 특성을 발견했다. 이 진단에 해당하는 아이들은 (1) 조절 장애가 신체에 범발*적으로 일어난다는 점, (2) 주의력과 집중력에 문제가 발생한다는 점, (3) 자기 자신을 비롯해 다른 사람들과도 잘 지내지 못한다는 점이었다. 트라우마를 겪은 이 아이들은 감정과 기분이 한쪽 극단에서 다른 쪽 극단으로 급속히 바뀐다. 폭발적으로 짜증을 내고 혼란스러워하다가 무심하고 기복 없는 상태, 혹은 해리 상태가 된다. 화가 나면 (상당한 시간을 화난 채로 보낸다) 스스로 진정하지 못하고 어떤 기분인지 설명하지도 못한다.

　실제 위협이 발생하거나 위협을 상상해 신체가 스트레스 호르몬을 계속 뿜어 대는 생물학적 시스템이 구축되면 수면 방해, 두통, 원인

---

* 병이 몸의 특정 부위에만 일어나는 것이 아니라 모든 기관과 부위에 널리 발생함

을 알 수 없는 통증, 신체 접촉이나 소리에 대한 과잉 반응 등 신체에 여러 가지 문제가 생긴다. 심하게 불안해하거나 외부 세상에서 자신을 차단해 버리면 무언가에 주의를 기울이고 집중하기 힘들다. 그리고 이 긴장을 해소하기 위해 자위나 몸을 흔드는 행동, 스스로를 해치는 행동(자기 몸을 깨물고 베고 화상을 입히거나 때리는 행동, 머리카락 뽑기, 피가 날 때까지 피부 쥐어뜯기)이 만성적으로 나타난다. 또한 언어 처리와 소근육의 협응에도 문제가 발생한다. 가지고 있는 모든 에너지를 통제력을 유지하는 데 쓰다 보니 학교 숙제처럼 집중해야 하지만 생사와 직접적으로 관련 없는 일을 처리하기 힘들어하는 경우가 많고 과도하게 흥분하는 일이 빈번하여 금세 다른 대상으로 주의가 흩어진다.

이 아이들은 무시당하고 방치되는 일을 워낙 자주 겪다 보니 다른 사람에게 매달리고 절박하게 도움을 구하려고 한다. 심지어 자신을 학대한 사람들에게조차 그와 같은 행동을 보인다. 오랜 시간 맞고, 성폭행당하고, 그 밖에 다른 여러 가지 방식으로 학대를 받으면서 자신은 결함이 있고 아무 가치 없는 존재라는 생각밖에 할 수 없는 상태가 되어 자신에 대한 혐오감과 불완전성, 무가치함을 쉽게 느낀다. 이런 상황을 고려하면, 이 아이들이 다른 사람을 신뢰하지 못하는 것도 전혀 놀랍지 않다. 무엇보다 사소한 절망에도 자신을 비루하다고 느끼는 감정과 과도한 반응성이 한꺼번에 나타나므로 친구를 사귀기가 어려울 수밖에 없다.

우리는 조사 결과를 논문으로 발표하고 평가 척도를 개발한 후 유효성 검증을 마치는 한편,[18] 350여 명의 아동과 그 부모 또는 양부모에 관한 데이터를 수집했다. 모두 이 아이들의 문제를 포괄적으로 담을 수 있는 '트라우마성 발달 장애' 진단이 마련되도록 하기 위한 노력이었다. 이 진단이 마련되면 우리는 이 아이들에게 수많은 딱지를 붙이는 대신 한 가지 진단명을 줄 수 있고, 아이들이 겪는 문제의 근원도 트라우마와 애착 관계 형성의 문제가 결합된 것으로 확고하게 지정할 수 있다.

2009년 2월, 우리는 다음과 같은 설명을 첨부해 미국정신의학회에 '트라우마성 발달 장애'라는 새로운 진단을 마련하자는 제안서를 제출했다.

> 지속적인 위험과 학대, 불안한 양육 환경에서 발달한 아이들이 대인 관계 트라우마에 대한 인식 없이 행동 조절을 강조하는 현행 진단 체계에서 적절한 관리를 받지 못하고 있습니다. 양육자의 학대나 방치가 원인인 아동기 트라우마의 후유증에서는 감정 조절, 충동 조절, 주의력과 인지 능력, 해리, 대인 관계, 자기 자신과 대인 관계에 대한 사유의 틀(스키마)에 만성적이고 심각한 문제가 발생한다는 사실이 연구를 통해 일관되게 입증되었습니다. 트라우마에 중점을 둔 세밀한 진단이 없는 현 상황에서, 이 아이들은 평균 3~8가지 장애를 동반 질환으로 진단받고 있습니다. 트라우마를 겪은 아이들에게 지금과 같이 여러 가지 개별 진단을 내릴 경우 심각한 결과가 초래될 수 있습니다. 간결성의 원칙을 저해하고 명확해야 할 병의 원인을 모호하게 만들며, 포괄적인 치료법을 마련하는 대신 해당 아동에게서 나타나는 정신병리학적인 증상의 일부만 치료하고 중재하게 되는 위험이 발생합니다.

이 제안서를 제출한 직후, 워싱턴 DC에서 열린 미국 전역의 정신 건강 분야 행정관들이 모인 회의에서, 나는 '트라우마성 발달 장애'에 대해 이야기했다. 참석자들은 우리의 뜻을 지지하면서 미국정신의학회에 서신을 보내 그 의견을 밝혔다. 이들이 보낸 서신은 '전국 주 정신보건 프로그램 관리자협회'가 매년 관리하는 지원 대상자가 610만 명에 이르고 295억 달러의 예산이 소요된다는 사실을 밝히는 것으로 시작하여 다음과 같은 결론으로 마무리되었다. "우리는 미국 정신의학회에 발달상의 정신적 외상에 대한 진단을 진단 목록에 추가하여 이 문제의 발생 과정과 임상적 후유증을 명확히 규명하고 특성을 정확히 밝히는 한편, 환자 진단 시 발달 외상에 주목해야 할 필요성을 더욱 강력하게 강조할 수 있도록 해 줄 것을 촉구합니다."

나는 이 서신을 계기로 미국정신의학회도 우리의 제안서를 진지하게 받아들이리라 자신했다. 그러나 제안서를 제출하고 몇 개월이 지난 뒤 '전국 외상 후 스트레스 장애 센터'의 대표이자 DSM 분과위원회 중 관련 위원회의 위원장을 맡고 있던 매슈 프리드먼^{Matthew Friedman}은 정신 외상 장애 진단이 DSM 5판에 포함될 가능성은 낮다고 알려 왔다. 그의 설명에 따르면, '진단 체계에서 빠진 틈새'를 채워야 할 새로운 진단명은 필요치 않다는 의견 일치가 이루어졌다는 것이다. 미국에서만 매년 학대받고 방치되는 아동이 100만 명인데, 이들이 그저 '빠진 틈새'란 말인가?

이런 내용도 이어졌다. "아동기 초기의 부정적인 경험이 발달 과정에서 심각한 문제로 이어진다는 생각은 연구 결과를 바탕으로 한 사실이기보다는 임상에서 도출된 직관적 판단에 가깝습니다. 자주 제시되는 주장이나 전향적 연구들로 뒷받침된 사실은 아닙니다."

하지만 우리는 제안서를 보내면서 여러 편의 전향적 연구 결과도 함께 제출했었다. 그 가운데 두 건만 살펴보자.

관계 형성은 발달 과정에 어떤 영향을 줄까

앨런 스루프Alan Sroufe와 그 연구진은 1975년부터 시작해 30년 가까운 세월 동안 '위험과 적응에 관한 미네소타 종단 연구'를 진행하면서 180명의 아동과 그 가족을 추적 조사했다.[19] 이 연구가 처음 시작된 당시 인간의 성장 발달에 본성과 양육, 기질과 환경의 역할에 관한 뜨거운 논쟁이 벌어졌다. 이 연구는 바로 이 의문에 답을 찾기 위해 시작됐다. 트라우마는 당시 많이 알려진 주제가 아니었고, 이 연구에서 중점을 둔 것도 아동 학대와 방치가 아니었다. 최소한 연구가 시작된 시점에는 그랬다. 하지만 나중에는 성인기에 한 개인의 기능 수준을 예측할 수 있는 가장 중요한 요소에 관한 연구로 바뀌었다.

스루프 연구진은 지역 의료기관, 사회복지기관과 협력하여 아이를 처음 임신한 여성들(백인) 중에서 공적 지원 대상 자격에 해당되는 사람들을 찾았다. 형편이 좋지 않다는 공통점이 있지만 살아온 배경이 각기 다르고 자녀 양육 과정에서 얻는 지원의 종류나 수준이 각기 다른 여성들을 대상자로 모집했다. 연구는 출산 3개월 전부터 시작되어 30년간 아이가 성인이 될 때까지 진행하면서 성인기에 나타나는 기능 중 중요한 요소들, 삶에 중대한 영향을 주는 환경 조건들을 평가했다. 또 아이가 흥분 상태에서 주의를 집중하는 법(가령 극단적으로 흥분하거나 기분이 가라앉지 않도록 조절하는 법 등)을 어떻게 습득하고 충동을 조절하는지, 그리고 아이들이 어떤 도움을 필요로 하며 그 도움을 언제 필요로 하는지 같은 몇 가지 근본적인 문제에 대한 결과도 조사했다.

연구진은 예비 부모들을 대상으로 광범위한 인터뷰와 검사를 시작해 갓 태어난 아이가 양육될 환경을 충분히 파악했고, 신생아 관찰과 아이를 돌본 간호사들에 대한 인터뷰도 진행했다. 이어 출산 후

7일에서 10일 사이에 아이의 집을 방문했다. 그리고 아이가 초등학교에 입학하기 전까지 총 15차례에 걸쳐 아이와 부모에 대한 상세 평가를 실시했다. 초등학교 입학 후부터 스물여덟 살이 될 때까지는 일정한 간격으로 아이들을 인터뷰하고 검사를 진행하는 한편, 엄마와 선생님들로부터 아이에 관한 정보를 지속적으로 수집했다.

그 결과, 스루프 연구진은 양육의 질과 생물학적 요소가 서로 밀접하게 연관되어 있다는 사실을 발견했다. 이 연구는 도출된 결과가 상당히 복잡한 수준임에도 불구하고 큰 반향을 일으켰다. 스티븐 수오미가 영장류 연구에서도 연관성을 발견했다는 사실을 감안하면 더욱 놀라울 뿐이었다. 미리 결정되어 있는 요소는 하나도 없었다. 엄마의 성격, 출생 당시 아이의 신경학적 이상, 아이의 IQ, 활동 수준과 스트레스 반응성을 비롯한 아이의 기질 중 어떤 요소도 청소년기에 심각한 행동 문제를 겪을 것인지 예견할 수 없었다.[20] 핵심이 되는 요소는 바로 부모와 아이의 관계였다. 즉 부모가 아이에게 어떤 감정을 느끼고, 아이와 어떻게 상호 작용하는지가 열쇠였다. 수오미의 원숭이 연구 결과와 마찬가지로 취약한 아기가 유연하지 못한 양육자에게서 자라면 사람에게 매달리고 초조해하는 아이로 자랐다. 아이가 생후 6개월일 때 부모에게서 무신경하고, 강압적이고, 끼어드는 행동이 나타난 경우 그 아이에게는 유치원기부터 시작하여 이후 계속 과잉 행동과 주의력 결핍 문제가 나타났다.[21]

스루프 연구진은 아동 발달의 수많은 측면, 특히 양육자, 선생님, 또래 친구들과의 관계에 주목한 결과 양육자가 아이로 하여금 감정이 흥분되더라도 감당할 수 있는 범위 내에서 유지하도록 도와줄 뿐만 아니라 아이가 자신의 흥분된 감정을 스스로 조절할 수 있는 능력을 발달시키도록 도와준다는 사실을 확인했다. 반면 과도하게 흥분하고 정신없이 어수선해지는 상태가 되도록 수시로 떠밀린 아이들은 뇌의 억제 시스템과 흥분 시스템이 제대로 조율되지 못하고 커서도 뭔가 화날 만한 일이 생기면 통제력을 잃었다. 이 아이들은 취약한 집단으로 분류했는데, 이들 중 절반에게서 청소년기 후반에 접어들기 전에 이미 정신 질환 진단을 받을 만한 수준의 문제가 나타났다. 결과에는 뚜렷한 패턴이 있었다. 일관성 있게 양육된 아이들은 자기 조절력이 뛰어난 아이로 자라고, 일정치 않은 양육 방식에 따라 자란 아이들은 만성적·생리학적으로 흥분성이 높은 아이로 자랐다. 예측하기 힘든 부모에게서 자란 아이들은 관심을 얻기 위해 큰 법석을 만드는 경우가 많고 작은 어려움만 접해도 심하게 좌절했다. 흥분된 상태가 오래 지속되다 보니 만성적인 불안에도 시달렸다. 놀이하고 탐험하면서도 끊임없이 주변을 재확인했고, 커서도 만성적으로 긴장하고 모험과 거리가 먼 사람이 되었다.

생애 초기에 부모가 방치하거나 거칠게 다룬 아이들은 학교에서 행동 문제가 발생했으며, 또래 친구들과 문제를 일으키고 다른 사람의 고통에 공감하지 못하는 특징이 나타났다.[22] 이는 악순환으로 이어졌다. 만성적인 흥분 상태지만 부모에게서 위안을 얻지 못하는 상황이 더해지면서 다른 사람에게 방해가 되고, 적대적이고 공격적인 아이가 된 것이다. 남에게 방해가 되고 공격적인 아이들은 인기와 거리가 멀 수밖에 없고, 결국 양육자뿐만 아니라 선생님, 또래 친구들에게도 더 많이 거부당하고 벌도 더 많이 받는다.[23]

스루프 연구진은 이와 함께 회복력, 즉 역경을 겪은 후 다시 제자리로 돌아오는 능력에 대해서도 중요한 사실을 깨달았다. 삶에서 발생할 수밖에 없는 실망스러운 일에 얼마나 잘 대처할 수 있는지 예측할 수 있는 가장 중요한 요소는, 생후 첫 2년 동안 1차 양육자로부터 얻은 안정감 수준이었다. 현재까지 인정되는 사실이다. 스루프가 내게 비공식적으로 전한 바에 따르면, 성인기의 회복력은 두 살 때 엄마가

아이를 얼마나 사랑스러워했는지를 알면 예측할 수 있다고 한다.[24]

근친 성폭력의 장기적인 영향

프랭크 퍼트넘은 국립 정신건강연구소의 동료인 페넬로페 트리켓Penelope Trickett과 함께 1986년, 성적 학대가 여성의 성장 발달에 주는 영향에 관한 최초의 종단 연구를 시작했다.[25] 이 연구 결과가 발표되기 전까지는 근친 성폭력이 주는 영향을 직접 학대당한 아이들이 밝힌 이야기나, 수년 혹은 수십 년이 지난 후에 근친 성폭력이 자신에게 어떤 영향을 주었는지 밝힌 어른들의 이야기를 통해서만 파악할 수 있었다. 성적 학대가 아이의 학교 성적이나 친구들과의 관계, 자기 개념, 연애 생활에 어떤 영향을 주는지 추적 조사한 연구는 한 편도 없었다. 퍼트넘과 트리켓은 그와 같은 요소에 발생한 변화와 더불어 연구 참가자들의 스트레스 호르몬과 생식 기능 관련 호르몬, 면역 기능 등 생리학적 지표의 변화도 함께 조사했다. 또 지능, 가족과 친구들의 지지 등 보호 요소로 작용할 수 있는 부분들도 분석했다.

연구진은 컬럼비아 특별구 사회복지부를 통해 가족에게 성적 학대를 받은 사실이 확인된 84명의 소녀들을 만나 이 가슴 아픈 연구의 대상자로 선정했다. 그리고 나이, 인종, 사회경제적 지위, 가족 구성이 같지만 학대 경험이 없는 82명의 다른 소녀들을 대조군으로 선정하여 결과를 비교했다. 연구 시작 당시 평균 연령은 11세였다. 연구진은 이 두 그룹의 소녀들을 대상으로, 첫 3년간은 1년에 한 번씩, 이후 18세, 19세, 25세에 총 6회의 평가를 실시하는 등 20년간 세밀한 평가를 실시했다. 초기 평가는 아이들의 엄마가 참여하고 당사자인 아이들은 나중에 연구에 참여하도록 했다. 무려 96퍼센트에 해당하는 소녀들이 여성으로 자란 후에도 이 연구에 계속 참여했다.

결과는 분명했다. 나이와 인종·사회적 환경이 동일한 소녀들과 비교할 때 성적 학대를 당한 여자아이들에게서는 인지 기능의 문제, 우울증, 분열 증상, 성적 발달 문제, 높은 비만율, 자해 행동 등 상당히 다양하고 심각한 악영향이 나타났다. 고등학교를 자퇴하는 비율도 대조군보다 높았으며 중대한 질병에 시달리는 경우도 많고 의료기관 이용도도 높았다. 스트레스 호르몬도 비정상적인 반응성을 보였으며 사춘기가 일찍 시작되었다. 언뜻 보기에는 무관해 보이는 각종 정신 질환도 누적되는 경향을 확인할 수 있었다.

추적 조사를 통해 학대가 아이들의 발달에 어떤 영향을 주었는지 세부적인 결과가 밝혀졌다. 한 예로 두 그룹의 소녀들에게 작년에 일어난 일 중 가장 안 좋았던 일에 대해 묻는 질문이 주어졌다. 연구진은 아이들이 답변하는 동안 생리학적 지표를 측정하고 동시에 어느 정도로 언짢아하는지 관찰했다. 첫 평가 시 모든 소녀가 괴로워하는 반응을 보였다. 3년 후 같은 질문이 주어지자 학대를 받은 적 없는 아이들은 다시 괴로워하는 징후를 보였지만 학대받은 아이들은 기능이 멈춰 버린 듯 멍한 상태가 되었다. 생물학적 상태도 눈으로 관찰한 반응과 일치했다. 첫 평가 때는 모든 아이의 몸에서 스트레스 호르몬인 코르티솔의 수치가 증가했는데, 3년 후 학대받은 소녀들의 경우 지난해 가장 스트레스받았던 일을 이야기해 달라는 질문에 대답하는 동안에도 코르티솔 수치는 감소했다. 신체는 만성적인 트라우마에 점점 적응한다. 이렇게 정신이 멍한 상태가 되면 선생님이며 친구들, 다른 사람들은 아이가 지금 언짢다는 사실을 알아차리지 못한다. 심지어 자기 자신도 감정을 인식하지 못할 수 있다. 아무 감각도 느껴지지 않으니 아이는 괴로움을 느낄 때 자연히 나타나는 방어적인 행동 등 당연한 반응도 더 이상 하지 않는다.

퍼트넘의 연구는 근친 성폭력이 장기적으로 친구 관계와 연인 관계에 얼마나 깊은 영향을 주는지도 밝혀냈다. 학대 경험이 없는 소녀들은 사춘기가 시작되기 전에 대체로 동성의 친구들을 여럿 사귀고, '남자아이'라는 낯선 존재에 대해 접하게 해 주는, 일종의 스파이 역할을 담당하는 소년과도 알고 지낸다. 그러다 청소년기에 접어들면 남자아이들과 접하는 수준이 점차 확대된다. 반면 학대당한 소녀들은 사춘기 이전에 동성이든 이성이든 친한 친구를 사귀는 경우가 드물고, 청소년이 되면 남자아이들과 관계를 형성하지만 그 관계는 대체로 혼란스럽고, 그로 인해 큰 충격을 입는 경우가 빈번하다.

초등학교 시절에 친구가 없으면 나중에 중대한 차이가 발생한다. 3학년, 4학년, 5학년 때 만나는 여자 친구들이 얼마나 중요한지 우리는 잘 알고 있다. 이 시기는 아주 복잡하고 변화가 극심해서 친구로 지내다가 갑자기 등을 돌리기도 하고, 서로 배척하고 배신하며 동맹이 깨지기도 한다. 그래도 얻는 것이 있다. 중학교에 들어갈 즈음이면 소녀들은 자신이 어떤 기분인지 알고, 다른 사람과의 관계를 위해 타협하고 싫어하는 사람도 좋아하는 척 할 줄 아는 등 사회적 기술을 습득하기 시작한다. 또한 대부분은 각자의 스트레스를 이야기할 수 있는 친구들로 구성된, 상당히 탄탄한 지지 기반이 되는 네트워크를 형성한다. 더 나이가 들어 섹스와 데이트의 세계에 서서히 진입하면 이 친구들과의 관계는 스스로를 반성하고 소문을 나누고 생각을 토론할 수 있는 통로가 된다.

성적 학대를 받은 소녀들은 이와 완전히 다른 경로로 발달한다. 사람을 신뢰하지 못하므로 동성이든 이성이든 친구가 없다. 자기 자신을 증오하고, 생물학적인 변화도 도움이 되지 않는 방향으로 흘러가서 쉽게 과잉 반응을 보이거나 완전히 멍해지는 상태가 되고 만다. 시기심이 동력이 되어 누구는 끼워 주고 누구는 배척하는 치열한 게임을 하려면 참가자가 스트레스를 받더라도 침착하게 행동해야 하는데, 이들은 이런 상황을 견딜 수 없어 한다. 이 소녀들을 너무 이상하다고 손가락질하면서 어느 것도 절대로 같이 하지 않으려 하는 아이들도 생긴다.

하지만 이런 문제들은 시작에 불과하다. 근친 성폭력을 당한 적 있는 이 학대받고 고립된 아이들은 학대받은 적이 없는 소녀들보다 1년 반 정도 성적으로 더 일찍 성숙한다. 성적 학대는 생체 시계가 빨리 돌아가게 만들고 성호르몬의 분비도 촉진시킨다. 사춘기 초반이 되자, 학대받은 아이들은 성욕을 증대시키는 호르몬인 테스토스테론과 안드로스테네디온의 수치가 대조군에 비해 3~5배 더 높은 것으로 나타났다.

퍼트넘과 트리켓이 현재까지 진행 중인 이 연구의 결과는 계속 발표되고 있지만, 성적 학대를 받은 소녀들을 치료하는 의사들에게는 이미 너무나 귀중한 로드맵이 되었다. 우리 트라우마센터에서는 어느 월요일 아침, 소속 의사 중 한 사람이 아이샤라는 이름의 환자가 주말 동안 또 강간을 당했다고 보고했다. 아이샤는 주말에 머물고 있던 공동 수용 시설에서 빠져나와 마약 중독자들이 모이는 보스턴의 어느 장소로 가서 마리화나와 이런저런 마약을 이용하고는 한 무더기의 남자와 차 한 대에 들어가 있었다. 일요일 새벽 5시경, 그 남자들이 아이샤를 성폭행한 것이다. 우리가 살펴본 수많은 청소년처럼 아이샤 역시 자신이 원하는 것, 혹은 필요한 것을 분명하게 표현하지 못하고 어떻게 해야 자신을 보호할 수 있는지도 생각할 줄 모른다. 그녀가 사는 세상엔 오직 행위만 존재한다. 그런 아이샤의 행동을 희생자와 가해자의 관점에서 설명하려 하거나, '우울증', '적대적 반항 장애', '간헐적 폭발성 장애', '양극성 장애' 등 현재 진단 매뉴얼에 담긴 병명으로 분류하는 것 또한 아무 도움이 되지 않는다. 퍼트넘의 연구는 아이샤가 세상을 어떻게 경험하는지, 즉 자신에게 벌어진 일을 왜 설명하지 못하는지, 왜 그토록 충동적이고 스스로를 지키지 못하는지, 왜 의사들을 도와주려는 사람으로 보는 대신 자신을 겁 주고 참견하는 사람으로 보는지 이해할 수 있게 해 준다.

DSM 5판 : 어수선한 '진단 뷔페'

2013년 5월에 발표된 『정신 질환 진단 및 통계 편람』 제5판DSM-5 에는 945쪽에 걸쳐 300여 종의 장애가 실렸다. '파괴적 기분 조절 장애',[26] 비자살성 자해 행동, 간헐적 폭발성 장애, 탈억제성 사회 참여 장애, 파괴적 충동 조절 장애[27] 등 몇 가지 새로운 문제들을 비롯해, 생애 초기에 발생하는 중증 트라우마 관련 문제들까지 분류한 진정한 '진단 뷔페'라 할 수 있다.

19세기 후반까지는 의사들이 열이 나거나 고름집이 생기는 것처럼 겉으로 나타나는 징후를 보고 질병을 분류했다. 그런 방식 외에는 병을 파악할 수 있는 방법이 거의 없었으니 그리 비합리적인 방법은 아니었다.[28] 그러다 루이 파스퇴르Louis Pasteur와 로베르트 코흐Robert Koch가 육안으로 확인할 수 없는 세균에 의해 발생하는 질병이 아주 많다는 사실을 발견하면서 큰 변화가 일었다. 이후 의학계는 세균 때문에 생긴 종기나 열만 치료하는 대신 세균 자체를 없애는 방법을 찾는 방향으로 나아가는 전환기를 맞았다. DSM 5판은 정신의학계를 19세기 초반의 의학계 상황으로 완전히 퇴보시킨 것이나 다름없다. 그 속에 포함된 병명들 중에는 문제의 원인이 이제 다 밝혀졌음에도 불구하고, 병의 바탕이 된 그 원인을 철저히 무시한 채 표면에 드러난 현상을 '진단명'이라는 이름으로 명시해 놓은 것들을 찾을 수 있다.

심지어 DSM 5판이 발표되기 전에 『미국정신의학회지』에는 여러 가지 새로운 진단 기준에 대해 유효성을 평가한 결과가 게재됐다. 그 내용에는 DSM에 과학계 전체에서 '신뢰성'으로 알려진 요소, 즉 일정하고 재현 가능한 결과가 도출될 수 있는 가능성이 크게 결여되어 있다는 결론이 포함되어 있었다. 다시 말해 과학적 유효성이 떨어진다는 의미였다. 신뢰성이나 유효성이 부족하다는 결론과 함께 DSM 5판이 기존의 진단 체계를 전혀 개선하지 못한다는 의견이 거의 보편적으로 일치했지만, DSM 5판은 예정된 발표 일자에 딱 맞춰 나왔으니 참 이해할 수 없는 일이다.[29] 미국정신의학회가 DSM 4판으로 1억 달러의 수익을 올렸고, DSM 5판으로 그와 비슷한 규모의 수익을 올리려 한다는(정신의학 전문가, 수많은 변호사들, 기타 전문가들은 DSM 최신 버전을 살 수밖에 없으므로) 혹평이 정말 사실 아닐까?

진단의 신뢰성은 결코 추상적인 문제가 아니다. 의사들이 환자가 겪는 문제가 무엇인지 의견을 일치시킬 수 없다면 적절한 치료도 제공할 수 없다. 진단과 치료 사이에 연결고리가 없으면 환자는 잘못된 분류에 따라 잘못된 치료를 받을 수밖에 없다. 신장에 결석이 생겼는데 맹장이 제거되기를 원할 사람은 아무도 없는 것처럼, 진짜 위협을 느껴서 자신을 보호하려는 행동에 '적대적' 행동이라는 딱지가 붙기를 원하는 사람도 없으리라.

영국심리학회는 2011년 6월에 성명을 내고, 미국정신의학회의 DSM 5판 초안에 실려 있는 심리적 문제들의 원인을 '개인의 내면에서 찾을 수 있다'는 사실이 밝혀졌다고 설명하면서, '수많은 문제에서 나타나는 부정할 수 없는 사회적 인과관계'를 간과하고 있다는 불만을 드러냈다.[30] 미국심리학회와 미국상담협회 대표들을 포함한 미국의 전문가들도 DSM 5판에 반대하는 의견을 쏟아냈다. 인간관계나 사회적 조건을 대체 왜 간과한 것일까?[31] 생물학적 요소에 문제가 생기거나 결함 있는 유전자를 보유한 것이 정신적 문제의 원인이라는 생각에만 초점을 맞추고 방치나 학대, 결핍과 같은 요소를 무시한다면, 이전 세대들이 아이의 모든 잘못을 형편없는 엄마 탓으로만 돌렸던 것처럼 막다른 골목을 향해 달려가는 것이나 다름없다.

DSM 5판에 대한 반대 의견 중에서도 가장 뜻밖의 반대로 충격을 준 곳은 바로 미국에서 이루어지는 정신의학 분야의 연구 보조금 대부분을 제공하는 국립 정신건강연구소였다. DSM 5판이 공식적으로 발표된 날로부터 몇 주 전인 2013년 4월, 정신건강연구소 소장 토머스 인셀Thomas Insel은 자신이 대표로 있는 기관이 DSM의 '증상 기반 진단' 방식을 더 이상 지지할 수 없다고 발표했다.[32] 대신 정신건강연구소는 현행 진단 분류를 넘어설 수 있는 연구가 진행될 수 있는 체계적인 틀을 마련하기 위해 '연구 영역 기준(Research Domain Criteria, 줄여서 RdoC)'[33]으로 불리는 분야에 지원을 집중할 것이라고 밝혔다. 정신건강연구소가 지정한 연구 영역 중 하나는 '흥분/조절 체계(흥분, 24시간 주기 리듬, 수면, 각성 상태)'로, 수많은 환자가 이 체계에 발생한 다양한 수준의 문제로 고통받고 있다.

연구 영역 기준도 DSM 5판처럼 정신 질환을 뇌 질환으로만 간주하고 그에 맞추어 개념을 정립한다. 이는 곧 앞으로는 연구 보조금이 정신 질환의 기반이 된 뇌 회로와 '기타 신경생물학적 요소'를 탐구하는 연구에 지급될 것이라는 의미로 해석할 수 있다. 인셀은 이를 정신 의학이 '암 진단과 치료를 바꾸어 놓은 정밀 의학'을 향해 나아가는 첫걸음으로 본다. 하지만 정신 질환은 암에 비유할 수 없다. 인간은 사회적 동물이고, 정신적인 문제는 다른 사람들과 어울리지 못하는 것, 적응하지 못하는 것, 귀속되지 못하는 것, 그리고 전체적으로 다른 사람들과 의기투합하지 못하는 것과 관련이 있다.

우리 자신의 모든 것, 즉 우리의 뇌와 마음, 신체는 모두 사회적 시스템 속에서 협력할 수 있도록 설계되었다. 이는 인간이 가진 가장 강력한 생존 전략이자 인간이라는 생물종이 성공을 거둔 열쇠이며, 다양한 형태의 정신적 문제는 구체적으로 바로 이 부분이 망가질 때 발생한다. 앞서 2부에서 살펴보았듯이 뇌와 신체의 신경 연결은 인간이 겪는 고통을 이해하려면 꼭 필요하고 중요한 부분이지만, 동시에 인간성의 기반을 간과하지 않아야 한다. 그 기반이란 바로 어릴 때 우리의 마음과 뇌를 구성하고 삶 전체의 본질이 되며 삶에 의미를 부여하는, 타인과의 관계와 상호 작용이다.

앨런 스루프의 다음 경고에 귀를 기울이지 않는 한 학대받고 방치되고 심각한 결핍에 시달린 사람들은 앞으로도 수수께끼 같은 존재로 남아 거의 치료받지 못한 상태로 살아야 할 것이다. "우리가 어떻게 지금과 같은 사람이 되었는지, 즉 시간이 흐르면서 관계와 능력, 행동이 복잡하고도 단계적으로 진화해 온 그 과정을 완전히 이해하려면, 제아무리 중요한 구성 요소라 하더라도 그 구성 요소를 몽땅 아는 것만으론 부족하다. 발달 과정을 이해할 수 있어야 하며, 그 모든 요소가 시간이 흘러도 어떻게 지속적으로 함께 작용할 수 있는지 알아야 한다."[34]

일이 감당 못할 정도로 많은데 제대로 된 보수를 받지 못하고 일하는 사회복지사들이나 정신 질환을 치료하는 의사들처럼 정신의학 분야 일선에서 일하는 사람들은 이와 같은 우리의 접근 방식에 동의하는 것 같다. 미국정신의학회가 '트라우마성 발달 장애' 진단을 DSM에 포함시킬 수 없다고 거절한 직후, 미국 전역에서 수천 명의 의사가 현장 연구로도 알려진, 대규모 연구를 통해 트라우마성 발달 장애를 더 깊이 연구할 수 있도록 우리 트라우마센터로 십시일반 연구비를 기부했다. 그 지원 덕분에 우리는 지난 수년 동안 과학적으로 체계화된 인터뷰 툴을 활용하여, 총 다섯 곳의 네트워크 기관과 힘을 모아 수백 명의 아이들과 부모, 양부모, 정신의학 분야 종사자들을 인터뷰할 수 있었다. 이 연구에서 얻은 첫 번째 결과는 얼마 전 발표됐고, 이 책이 출판되면 더 많은 결과들이 추가로 발표될 예정이다.[35]

트라우마성 발달 장애 진단, 무엇이 달라질까?

신체적·정서적으로 파급력이 큰 조절 장애와 애착 관계가 아예 형성되지 않았거나 제대로 형성되지 못해서 발생한 문제와 집중하고 바르게 살지 못하는 문제, 일관된 정체성을 거의 느끼지 못하고 자신의 능력도 대부분 인지하지 못하는 문제 등 만성적인 트라우마에 시달리는 아이들과 성인들에게서 나타나는 변화무쌍한 증상의 핵심 원인을 해결하기 위한 연구와 치료에(그리고 자금 지원은 말할 것도 없고) 집중할 수 있다는 것이 이 질문에 대한 답이 될 것이다. 위와 같은 문제들은 정신 질환으로 분류된 문제와 거의 대부분 일치하거나 겹치는 부분이 있다. 그러나 이 문제들을 전면에, 중심에 내건 치료가 이루어지지 않는다면 목표한 치료 성과를 얻지 못할 가능성이 크다. 다른 사람들을 위협적인 존재로, 자기 자신을 무기력한 존재로 여기는 사람들에게 신경 가소성과 뇌 회로의 유연성에 관해 밝혀진 사실들을 적용하여 뇌 회로가 재연결되도록 이끌고, 마음이 체계적으로 정리되도록 도와줄 방법을 찾는 것이 우리가 해결해야 할 중요한 과제다.

사회적인 지지 기반은 선택적인 요소가 아니라 생물학적으로 반드시 필요한 요소다. 그리고 이 사실이 모든 예방과 치료의 기본 골격이 되어야 한다. 트라우마와 아동의 발달 과정에 발생한 결핍이 남긴 엄청난 영향을 인지한다고 해서 꼭 부모를 비난해야만 하는 것은 아니다. 나름대로 최선을 다하겠지만, 어떤 부모든 아이를 키울 때 누군가의 도움이 필요하다는 생각이 들 수 있다. 미국을 제외한 거의 대부분의 산업 국가가 바로 이 사실을 인지하고 각 가정에 여러 가지 형태의 지원을 보장한다. 2000년 노벨 경제학상을 수상한 제임스 헤크먼 James Heckman은 부모들이 참여할 수 있는 아동기 초기의 프로그램과 불우 아동에게 기본 기술을 가르치는 일이 그 사람들에게 돈을 지급하는 것보다 더 나은 성과를 가져온다고 밝혔다.[36]

1970년대 초, 심리학자 데이비드 올즈David Olds는 볼티모어의 한 양육 센터에서 연구를 진행했다. 그곳을 찾는 취학 전 연령의 아이들은 가난과 가정 폭력, 약물 남용으로 엉망이 된 가정에서 생활하는 경우가 많았다. 그는 아동에게 나타나는 문제를 학교에서 해결하는 것만으로는 가정의 환경 조건을 개선하기에 충분치 않다고 생각해 가정 방문 프로그램을 시작했다. 전문 간호사들이 엄마들로 하여금 아이에게 안전하고 긍정적인 자극이 될 만한 환경을 조성할 수 있도록 도와줌으로써 점진적으로 그들 스스로 더 나은 미래를 꿈꿀 수 있도록 하는 프로그램이었다. 20년 뒤, 이 프로그램에 참가한 가정의 아이들은 그렇지 않은 가정의 아이들보다 신체도 더 건강했고 학대나 방치를 경험했다고 밝힌 비율도 낮았다. 또한 학교를 끝까지 마치고 감옥에 수감되지 않고 보수가 괜찮은 직장에서 일하는 비율도 더 높았다. 경제학자들도 양질의 가정 방문 프로그램이나 보육 시설, 취학 전 프로그램에 투자하면 복지 지출금과 의료 비용, 물질 남용 치료비, 수감 비용을 7배 절약할 수 있고 급여가 괜찮은 일자리에 종사하는 사람이 늘어나 세금도 더 늘릴 수 있다는 분석을 내놓은 바 있다.[37]

학생들을 가르치러 유럽에 갈 때면, 나는 종종 스칸디나비아 국가들이나 영국, 독일, 네덜란드 보건 당국의 관계자들로부터 언제 한 번 만나서 트라우마를 겪은 아동과 청소년, 그 가족들의 치료에 관한 최신 연구 결과를 듣고 싶다는 연락을 받는다. 나와 같은 일을 하는 여러 동료들도 비슷한 제안을 한다. 이들 국가에서는 이미 보편적인 의료

보건 서비스에 집중하여 최소 임금을 보장하고 아이를 낳으면 부모 둘 다 육아휴가를 낼 수 있도록 휴가비를 지원한다. 또한 일하는 여성들 누구나 이용할 수 있는 양질의 보육 서비스도 제공하고 있다.

수감자 비율이 노르웨이의 경우 인구 10만 명당 71명, 네덜란드는 81명인데, 미국은 781명인 점 그리고 이들 국가의 범죄 발생률이 미국보다 훨씬 낮고 의료 비용은 거의 절반밖에 안 된다는 사실이 그와 같은 공중 보건 정책과 관련 있지 않을까? 캘리포니아의 경우 수감자의 70퍼센트가 위탁 보호를 받으며 자란 것으로 밝혀졌다. 미국은 매년 840억 달러의 비용을 사람을 수감시키는 일에 쓰고 있다. 수감자 한 사람당 약 4만 4천 달러에 해당되는 금액이다. 북유럽 국가들이 같은 일에 쓰는 돈은 그 금액의 극히 일부에 지나지 않는다. 대신 부모가 자기 아이를 안전하고 예측 가능한 환경에서 키울 수 있도록 도와주는 일에 더 많이 투자한다. 이 투자의 결과는 아이들의 학업 성적과 범죄율로 고스란히 나타난다.

4부
트라우마의 흔적

11장

비밀의 발견:
트라우마 기억의 문제점

> 모든 기억에 이러한 두 가지 특성이 있다니 이상한 일이다. 그 기억들은 항상 너무 고요하기만 한데, 그 점이 가장 놀랍다. 심지어 현실에서 일어날 것 같지 않은 일들도 그런 특징을 똑같이 갖고 있는 듯하다. 소리 없는 환영처럼, 아무 말 없이 고요한 가운데, 내게 모습과 몸짓으로 말을 건다. 나를 괴롭히는 건 바로 그 고요함이다.
>
> 에리히 마리아 레마르크Erich Maria Remarque,
> 『서부 전선 이상 없다All Quiet on the Western Front』

2002년 봄, 나는 한 청년을 검사해 달라는 요청을 받았다. 매사추세츠 뉴턴 교구의 폴 섄리Paul Shanley라는 신부 밑에서 자라면서 성적 학대를 받았다고 주장하는 청년이었다. 스물다섯 살이던 그는 섄리 신부가 어린 소년들을 성추행한 혐의로 조사받고 있다는 소식을 접하기 전까지 자신이 학대당한 사실을 까맣게 잊고 있었다. 학대에서 벗어난 뒤 10여 년 넘는 세월 동안 그 기억을 '억눌러' 온 것 같은데, 이런 경우에도 그의 기억을 신뢰할 수 있을까? 그리고 그 사실을 판사 앞에서 증명해 보일 수 있을까? 나는 이런 의구심이 들었다.

이제부터 그 청년을 줄리언이라 부르기로 하고, 그 당시 내가 작성한 진료 기록을 토대로 줄리언에게 일어난 일을 이야기하려고 한다 (그의 실명은 공문서에 나와 있지만, 시간이 많이 흘렀고 그도 사생활을 찾고 평화롭게 지내길 희망하기에 가명을 쓰기로 했다[1]).

줄리언의 경험을 살펴보면 트라우마 기억이 얼마나 복잡한지 알 수 있다. 또한 샌리 신부를 둘러싼 논란은, 정신의학자들이 19세기 말까지 몇십 년에 걸쳐 트라우마 기억의 이례적인 특성을 맨 처음 밝힌 이후, 그 특성을 둘러싸고 끊이지 않았던 극심한 혼란의 전형을 보여준다.

홍수처럼 밀려오는 감각과 이미지

2001년 2월, 줄리언은 한 공군 기지에서 헌병으로 복무하고 있었다. 여자 친구인 레이철과 평소처럼 전화로 대화를 나누다가, 문득 레이철이 아침에 「보스턴 글로브」에서 읽은 머리기사를 언급했다. 샌리라는 신부가 아이들을 성폭행한 혐의를 받고 있다는 내용이었다. 줄리언이 뉴턴에 살던 당시 교구의 담당 신부가 샌리였다는 것을 기억하고 있던 레이철이 그에게 물었다. "당신한텐 아무 짓도 안 한 거지?"

처음에 줄리언의 머릿속에 떠오른 샌리 신부는 부모님이 이혼한 후 자신을 굉장히 많이 도와준 좋은 사람이라는 기억이었다. 그런데 레이철과 대화를 이어 갈수록 혼란스러워지기 시작했다. 느닷없이, 문가에 나타난 샌리 신부의 실루엣과 그가 팔을 45도 각도로 뻗어 올린 채 소변을 보고 있던 자신을 응시하던 모습이 떠올랐다. 감정이 격해진 그는 레이철에게 "이만 끊어야겠어."라고 말하고 다급히 전화를 끊었다. 그러고는 자신의 상사에게 면담을 요청했고, 상사와 함께 온 선임하사와 만났다. 이 두 사람은 줄리언의 이야기를 듣고 그를 군 기지 소속 신부에게 데려갔다. 줄리언은 그 신부에게 이야기했다. "지금 보스턴에서 일어난 사건을 아십니까? 저도 그 일을 당했습니다." 줄리언은 자기 입에서 흘러나온 이 말을 들으면서 세세한 내용은 기억나지 않지만 샌리 신부가 자신을 성폭행했다는 사실을 확신했다. 줄리언은 감정이 격해졌다는 것 자체가 극도로 창피하게 느껴졌다. 어릴 때부터 그는 무슨 일이든 남들에게 잘 이야기하지 않는 강한 아이였다.

그날 밤, 줄리언은 침대 모퉁이에 웅크리고 앉아 혹시 자신이 정신 나간 건 아닌가 생각했다. 그리고 잡혀가면 어쩌나 하는 두려움도 느꼈다. 이후 일주일 동안 수많은 이미지가 머릿속에 홍수처럼 밀려왔고, 이러다 완전히 신경쇠약에 걸리겠다는 걱정마저 들었다. 심지어 칼을 쥐고 다리에 꽂으면 머릿속에 떠오르는 그 이미지들이 멈춰질까 하는 생각이 들 정도였다. 이 공황발작은 급기야 경련으로 이어져, 그가 '간질 발작'이라 표현한 증상까지 나타나기 시작했다. 그는 피가 날 때까지 자기 몸을 할퀴었다. 몸에선 계속 열이 나고 땀이 나는 느낌이 들고 자꾸만 초조했다. 공황발작이 다시 시작되기 전에는 '좀비 같은' 상태가 되어 자기 자신을 먼발치에서 바라보는 것처럼, 자기가 하는 일이 마치 다른 사람에게 일어난 일처럼 느껴졌다.

결국 줄리언은 제대 군인에게 주어지는 모든 혜택을 받을 수 있는 만기 제대를 고작 10일 남겨 두고, 4월에 행정상 제대 조치를 받았다.

그로부터 1년여가 지나 내 진료실에 들어선 그는 잘생긴 외모와 근육질 몸매가 눈에 띄는 청년이었지만 아주 우울하고 낙심한 모습이 역력했다. 그는 앉자마자 내게 공군을 떠난 일만 생각하면 기분이 너무 안 좋다고 말했다. 평생 직업으로 삼고 싶었고, 항상 우수한 평가를 받았다고도 했다. 힘든 일에 도전하고 동료들과 힘을 모아 협력하는 일을 워낙 좋아하는 성격이라 군대 특유의 체계적인 생활 방식이 그립다고 이야기했다.

줄리언은 보스턴 교외 지역에서 다섯 형제 중 둘째로 태어났다. 아버지는 줄리언이 여섯 살 때 집을 나갔다. 정서적으로 불안정한 엄마와 도저히 같이 살 수 없다는 이유였다. 줄리언은 이후로도 아버지와 그럭저럭 잘 지냈지만, 아버지 대신 자신이 힘들게 일해서 가족들을 부양해야만 한다는 사실이나 불안정한 엄마에게 자신을 방치한 일을 떠올리며 가끔씩 아버지를 원망했다. 줄리언의 부모나 다른 형제들 중 누구도 정신과 치료를 받거나 약물 치료를 받은 적이 없었다.

고등학교 시절, 줄리언은 인기도 많고 운동도 잘하는 학생이었다. 주위에 친구들이 많았지만 그는 자기 자신을 굉장히 별로라고 느꼈고, 술을 마시고 파티를 즐기며 가난한 형편을 감췄다. 높은 인기와 훌륭한 외모 덕분에 많은 여학생과 섹스를 할 수 있다는 사실도 창피하게 느껴졌다. 줄리언은 내게 그 여자들 중 몇몇에겐 전화를 걸어 나쁘게 대해서 미안하다고 사과하고 싶은 생각이 든 적도 있다고 이야기했다.

줄리언은 항상 자기 몸을 싫어했다. 고등학교 재학 시절에는 근육을 부풀리려고 스테로이드를 사용했고 거의 매일 마리화나를 피웠다. 대학에는 진학하지 않았으므로 고등학교 졸업 후에는 약 1년 동안 노숙자처럼 지냈다. 엄마와는 더 이상 같은 집에 살 수 없었기 때문이다. 그리하여 다시 인생을 제자리로 돌려놓자고 결심하고 군에 입대했다.

줄리언은 지역 교구의 성당에서 교리문답 수업을 받으면서 샌리 신부를 처음 만났다. 샌리 신부가 교실 밖으로 자신을 데려가 고해성사를 하도록 했던 일도 기억했다. 신부는 신부복을 거의 입지 않았다. 줄리언의 기억에 그는 짙은 푸른색 코듀로이 바지를 입고 있었다. 신부와 함께 줄리언은 의자 하나와 무릎을 대고 앉아 기도할 수 있도록 만든 벤치가 서로 마주 놓인 넓은 방으로 가곤 했다. 의자에는 붉은색 천이 덮여 있었고 벤치에는 빨간 벨벳 쿠션이 대어져 있었다. 두 사람은 카드 게임도 했는데, 지는 사람이 옷을 벗는 규칙이 있었다. 줄리언은 그 방에 거울이 하나 있었고, 자신이 그 앞에 서 있는 모습도 기억했다. 샌리 신부는 몸을 숙이라고 했고, 신부가 항문에 손가락을 집어넣은 것을 기억했다. 신부가 자신의 성기를 집어넣은 적은 없지만, 줄리언은 그가 수차례에 걸쳐 손가락을 집어넣었다고 했다.

그 밖에 다른 기억들은 서로 연결되지 않고 단편적이었다. 샌리 신부의 얼굴과, 개별적인 일들이 한 장면씩 줄리언의 머릿속에 떠올랐다. 욕실 문간에 신부가 서 있던 모습, 신부가 몸을 숙여 자신의 무릎 사이로 가더니 '그것'에 혀를 댔던 일 등이 그 장면 속에 있었다. 줄리언은 그런 일들이 일어났을 때 자신이 몇 살이었는지는 기억하지 못했다. 그리고 신부가 구강성교를 어떻게 하는지 말해 준 건 기억하지만 실제로 그대로 했는지는 기억이 안 난다고 했다. 성당에서 자신이 팸플릿을 나눠 주던 일, 신도들이 앉는 의자에 샌리 신부와 나란히 앉아 있었는데 그가 한 손으론 자신의 손을 잡고 다른 한 손으로 쓰다듬어 주던 일도 떠올랐다. 그리고 나중에는 샌리 신부가 더 바싹 다가와 자신의 성기를 애무하던 일도 기억했다. 줄리언은 신부가 그러는 게 싫었지만, 어떻게 해야 그걸 못하게 할 수 있는지 알지 못했다. "샌리 신부는 제가 살던 마을에선 하느님과 가장 가까운 존재였거든요." 줄리언은 그 이유가 거기에 있었다고 설명했다.

조각난 기억들과 함께 성적 학대의 흔적이 되살아나 현실에서 재현되는 징후도 뚜렷하게 나타났다. 여자 친구와 섹스를 할 때 가끔씩 신부의 이미지가 불쑥 머릿속에 떠올랐고, 그럴 때면 '욕구가 싹 사라진다'고 했다. 나와 상담을 하러 오기 일주일 전, 여자 친구가 그의 입 속에 손가락을 집어넣고는 장난스럽게 "당신은 참 애무를 잘해."라고 말했는데, 줄리언은 펄쩍 뛰며 고함을 쳤다. "한 번만 더 그런 소리 하면 죽여 버릴 거야!" 서로 깜짝 놀란 두 사람은 동시에 겁에 질려 울음을 터뜨렸다. 이어 줄리언은 '간질 발작'을 일으켰다. 태아처럼 몸을 웅크리고 덜덜 떨면서 아기처럼 울기 시작한 것이다. 내게 이 이야기를 하는 동안 줄리언은 굉장히 작아지고 무척이나 겁먹은 모습이었다.

샌리 신부가 그렇게 나이 든 노인이 된 사실이 안쓰럽다는 생각과 '그를 닫힌 공간으로 데려가 죽이고 싶은' 마음이 번갈아 가며 들었다. 그리고 줄리언은 자기 스스로를 보호하지 못한 사실이 얼마나 수치스러운지, 그 자체를 인정하기가 얼마나 힘든지 여러 번 이야기했다. "세상 그 누구도 절 건드릴 수 없는데, 지금 이런 이야기를 선생님께 해야만 하네요." 줄리언이 원하는 자기상은 듬직하고 거친 남성이었다.

오랜 세월 까맣게 잊고 있다가, 조각나고 혼란스러운 이미지가 떠오르고 극심한 신체 증상이 나타나면서 갑작스럽게 과거 일이 재현되는 현상, 줄리언이 겪은 이와 같은 상황을 우리는 어떻게 이해해야 할까? 트라우마의 흔적에 시달리는 사람들을 치료하는 의사로서 내가 가장 신경 쓰는 부분은 이 사람들에게 정확히 무슨 일이 일어났는지 판단하는 것이 아니라, 그들이 그 감각과 감정, 반응을 견디고 순식간에 제압당하지 않도록 돕는 것이다. 가장 우선적으로 해결해야 하는 중요한 문제는 이들 대부분이 느끼는 자책감이다. 트라우마가 자신의 잘못이 아니고, 자신에게 뭔가 문제가 있어서 생긴 일도 아니며, 그런 일을 당해도 될 만한 사람은 세상에 아무도 없다는 사실을 받아들이도록 해야 한다.

하지만 법적인 절차가 관련된 일에서는 과실 여부에 대한 판단과 증거로 인정할 수 있는지 여부에 가장 큰 무게가 실린다. 나는 줄리언을 만나기 전에 버몬트주 벌링턴의 한 가톨릭 고아원에서 어릴 때 사디스트적인 학대를 당했던 12명의 사람을 검사한 적이 있었다. 40년 넘는 세월이 지나 마침내 세상에 나선 사람들이었다(12명 외에도 재판 청구인은 더 많았다). 첫 번째 고소장이 제출되기 전까지 다들 서로 단 한 번도 연락하지 않고 지냈지만 학대의 기억은 깜짝 놀랄 정도로 비슷했다. 모두 똑같은 이름을 말했고, 수녀나 신부 각각이 저지른 구체적인 학대의 내용을 똑같이 말했으며, 그 일이 일어난 방, 방 안의 가구, 고아원의 일상적인 생활 내용도 모두 동일하게 진술했다. 이들 대부분은 버몬트주의 해당 교구가 재판 없이 합의하자는 제안을 받아들였다.

보통 사건이 발생하면 재판이 열리기 전에 담당 판사가 '다우버트 기준Daubert standard'에 따라 배심원단에게 제시할 전문가 증언의 기준을 마련하기 위한 심리를 연다. 1996년에 열린 한 재판에서 나는 보스턴의 연방순회법원 판사 앞에서, 트라우마를 겪은 사람들이 문제가 되는 사건의 기억을 모두 잃은 상태로 살다가 아주 긴 시간이 지난 후에 그 일의 일부가 단편적으로 떠오르는 현상은 흔히 발생하는 일이라고 확신 있게 설명했다. 줄리언의 경우도 이와 같은 설명을 적용할 수 있다. 내가 줄리언의 변호사에게 제출한 보고서는 아직 기밀 정보지만, 당시 나는 수십 년간 쌓은 임상 경험과 트라우마 기억에 관한 오랜 연구 그리고 현대 정신의학의 위대한 선구자들이 남긴 업적을 토대로 결론을 내릴 수 있었다.

정상적인 기억 vs. 트라우마 기억

기억이 얼마나 변덕스러운지는 모두가 잘 알 것이다. 기억은 바뀌기 일쑤고 계속해서 고쳐지고 다듬어진다. 우리 집 형제자매들이 모두 모여서 함께 어릴 때 이야기를 하다 보면 혹시 다들 다른 집에서 자란 것 아닐까 하는 기분이 들 정도다. 그만큼 기억이 서로 일치하지 않는 부분이 너무나 많다. 자전적 기억에는 현실이 절대 정확하게 반영되지 않으며, 우리가 겪은 일 중에서 개인적으로 중요하게 생각한 부분을 전하는 이야기에 더 가깝다.

기억을 고쳐 쓰는 인간의 능력이 얼마나 탁월한지는 '성인의 발달에 관한 지원 연구' 결과에 잘 나와 있다. 1939년부터 1944년 사이 하버드대학교 2학년에 재학 중이던 2백 명 이상을 대상으로 심리적·신체적 건강 상태를 추적 조사한 이 연구는 현재도 계속 진행되고 있다.² 물론 이 연구를 처음 설계한 사람들은 참가자 대다수가 제2차 세계 대전이 발발하자 전쟁터로 떠날 거란 사실을 전혀 예측하지 못했지만, 연구 결과를 통해 참가자들의 전쟁 기억이 어떻게 바뀌었는지 추적할 수 있다. 전쟁터로 나간 참가자들에 대한 인터뷰는 1945~1946년에 한 차례 실시된 뒤 1989~1990년에 다시 진행됐다. 45년이 흐른 뒤에 실시된 두 번째 인터뷰에서, 참가자 대부분은 종전 직후에 했던 첫 인터뷰에 기록된 것과 굉장히 다른 이야기를 했다. 처음에 극심했던 공포는 시간이 흐르면서 퇴색됐다. 그러나 전쟁에서 트라우마를 경험하고 외상 후 스트레스 장애까지 겪은 사람들의 기억은 변형되지 않았다. 이들의 기억은 전쟁이 끝나고 45년이 지나도 전혀 바뀌지 않고 고스란히 남아 있었다.

특정 사건을 기억하게 될 것인지 여부, 어느 정도로 정확하게 기억할 것인지는 대체로 당사자가 그 일에 얼마나 의미를 두었는지, 그리고 그 당시 정서적으로 어떤 기분이었는지에 따라 좌우된다. 가장 핵심이 되는 요소는 흥분의 수준이다. 누구나 어떤 사람이나 노래, 냄새, 장소에 대한 특별한 기억을 가지고 있고 그 기억은 오랫동안 남아 있다. 미국인 대부분은 2001년 9월 11일 화요일 자신이 어디에 있었고 무엇을 보았는지 아직도 정확히 기억하고 있지만, 그 전날인 9월 10일의 일을 일부라도 기억하는 사람은 별로 없다.

일상에서 겪는 일들은 대부분 곧바로 잊힌다. 평상시와 다름없던 날은 저녁에 집에 돌아오면 별로 할 얘기가 없다. 마음은 계획 혹은 지도에 따라 작용하며, 정해진 패턴에서 벗어난 사건이 우리의 관심을 사로잡을 가능성도 높다. 월급이 오르거나 친구가 뭔가 흥미진진한 소식을 전하면 우리는 그 내용을 최소 얼마 동안은 상세히 기억한다. 그 중에서 기억에 가장 잘 남는 일은 모욕당하고 상처 입은 일이다. 이런 일을 겪으면 잠재적 위협을 느끼고 신체를 방어하기 위해 분비된 아드레날린이 그 사건이 마음 깊이 새겨지지 않도록 도와준다. 그래서 보통 상처 입은 말의 내용은 서서히 희미해지지만, 그 말을 한 사람을 싫어하는 마음은 지속된다.

모르는 사람이나 친구가 사고를 당하고 다치는 장면을 목격하는 것처럼 뭔가 끔찍한 일이 벌어지면 그 사건에 관한 강렬한 기억이 대체로 아주 정확하게 오랫동안 남는다. 제임스 맥고우James McGaugh 연구진이 밝힌 것처럼 분비된 아드레날린의 양이 많을수록 기억도 더 정확하게 남는다.[3] 하지만 이것도 어느 정도 범위까지만 적용된다. 공포감을 느끼면, 특히 '피할 수 없는 충격'으로 두려움을 느끼면 이 시스템도 제압되어 망가져 버린다.

정신적 외상이 발생하는 실제 상황에서 몸에 무슨 일이 벌어지고 있는지 상세히 살펴보는 일은 당연히 불가능하지만, 앞서 3장과 4장에서 살펴본 것처럼 실험실에서 그 트라우마를 다시 활성화시켜 뇌 스캔으로 확인할 수 있다. 사건 당시의 소리와 이미지, 감각에 관한 기억이 다시 활성화되면 감정을 말로 표현할 때 활성화되어야 하는 영역[4]과 현재 자신의 위치를 인지하는 영역이 포함된 전두엽과 새로 유입되는 감각의 원형 정보를 통합하는 시상이 작동을 멈춘다. 이와 같은 상태가 되면 의식적인 조절이 불가능하고 언어로 소통할 수 없는 정서적 뇌가 지휘권을 장악한다. 정서적 뇌(변연계와 뇌간)는 정서적 흥분 상태, 신체의 생리학적 변화, 근육의 작용을 바꾸는 방식으로 뇌 활성 상태가 바뀌었다는 사실을 드러낸다. 정상적인 상황에서는 이성적 뇌와 정서적 뇌로 구성된 두 가지 기억 체계가 협력하여 하나로 통합된 반응을 만들지만, 이처럼 과잉 흥분된 상태에서는 두 기억 체계의 균형이 바뀔 뿐만 아니라 해마, 시상 등 새로 유입된 정보를 적절히 저장하고 통합하려면 꼭 필요한 다른 뇌 영역과의 연결이 끊어진다.[5] 그 결과 트라우마 경험의 흔적들은 서로 연관된 논리적인 이야기로 정리되지 못한 채 파편적인 감각과 이미지, 소리, 신체 감각 등 정서적 흔적으로 남는다.[6] 줄리언은 한 남자가 팔을 뻗어 올린 모습과 신도들이 앉는 좌석, 벌칙으로 옷을 벗는 포커 게임 장면을 보았고, 자신의 성기에 주어진 감각과 겁에 질린 두려움을 느꼈다. 그러나 연결된 이야기는 거의, 혹은 아예 없었다.

트라우마의 비밀을 발견하다

의학계가 최초로 정신적 문제를 체계적으로 연구하기 시작한 19세기 말, 트라우마 기억의 특성은 중요한 논의 주제 중 하나였다. 프랑스와 영국에서는 철도 사고를 겪은 사람들에게서 기억을 잃는 것과 같은 심리학적 문제가 발생한다는 사실을 인지했다. 그리고 '철도 사고 증후군railway spin Syndrome'이라는 명칭이 붙으면서, 관련 논문이 엄청나게 쏟아져 나왔다.

그러나 가장 큰 발전은 정신적 장애의 하나인 히스테리 연구에서 이루어졌다. 히스테리는 감정의 분출이 심하고 암시에 취약하며 근육의 수축과 마비가 나타나지만 그 원인을 해부학적으로는 설명할 수 없다는 것이 특징이다.[7] 한때는 불안정한 여성이 호소하는 고통이라거나 꾀병으로 여겨졌으나(히스테리라는 용어는 그리스어로 '자궁'을 뜻하는 단어에서 유래한다), 히스테리를 마음과 몸의 수수께끼를 들여다볼 수 있는 창으로 여기게 된 것이다. 장 마르탱 샤르코Jean Martin Charcot, 피에르 자네, 지그문트 프로이트 등 신경학과 정신의학 분야에서 최고의 선구자로 꼽히는 인물들 중 일부가 트라우마의 근원을 히스테리와 연관시켜 생각했으며, 특히 아동기에 겪은 성적 학대에서 생긴 트라우마와 관련이 있다고 본다.[8] 이 초기 연구자들은 트라우마 기억으로 고통받는 사람들이 자신에게 일어난 그 일을 모조리 잊고 싶어 한다는 점, 그리고 그 기억들이 강제로 의식 속에 계속 떠올라 현 시점에 당시의 위협이 끊임없이 되살아나는 것처럼 느낀다는 점에 주목하여 그러한 기억들을 '병원성 비밀'[9] 또는 '정신의 기생충'[10]이라고 칭했다.[11]

프랑스에서는 특히 히스테리에 관심이 많았다. 히스테리 환자가 유난히 프랑스에서 많이 발생하기도 했는데, 당시 그곳의 정치적 특성에서 원인을 찾을 수 있다. 장 마르탱 샤르코는 신경학의 아버지로 널리 알려진 학자로, 질 드 라 투레트Gilles de la Tourette를 비롯한 그의 제자들도 수많은 신경학적 질환 명칭에 이름이 들어갈 정도로 유명했다. 샤르코는 정계 활동에도 활발히 참여했다. 나폴레옹 3세가 1870년 왕위에서 물러난 후, 프랑스에서는 군주제를 지지하는 세력(성직자들이 지원하는 구세력)과 갓 탄생한 프랑스 공화국을 지지하며 과학과 세속적인 민주주의를 믿는 세력 사이에 갈등이 벌어졌다. 샤르코는 이 갈등에 여성들이 중추적인 역할을 한다고 믿었고, 그의 히스테리 연구는 '악마가 소유한 국가, 마녀, 퇴마 의식, 종교적 무아지경 같은 현상에 관한 과학적인 설명'을 제공했다.[12]

샤르코는 남성과 여성 모두를 대상으로 히스테리와 생리학적·신경학적으로 연관된 요소에 관한 세부적인 연구를 진행했다. 모두 기억이 뚜렷하게 체현되지만 말로 설명할 수 없는 사람들이었다. 한 예로 1889년 샤르코는 마차를 타고 가다 사고를 당한 후 다리가 마비된 르록이라는 이름의 환자에게서 발견한 사례를 발표했다. 르록은 땅바닥에 떨어져 의식을 잃었지만 다리는 전혀 다치지 않았고 마비 증상을 일으킨 신체적 원인을 파악할 수 있는 신경학적 징후도 나타나지 않았다. 샤르코는 르록이 마차에서 떨어지기 직전 반대편에서 다가오는 다른 마차를 보았고, 곧 자신과 부딪치리란 사실을 확신했다는 사실을 알아냈다. "이 환자에게는 (…) 아무 기억도 남아 있지 않다. (…) 현재까지 그에게 제시한 질문으로는 아무런 결과도 얻을 수 없었다. 그는 아무것도 모르거나, 거의 아무것도 모른다."[13] 당시 살페트리에르병원에 입원한 다른 수많은 환자처럼, 르록도 자신이 겪은 일이 신체로 표출되어, 사고를 기억하는 대신 다리가 마비된 것이다.[14]

그러나 진정한 영웅은 샤르코를 도와 살페트리에르병원에 히스테리 전용 연구소를 설립한 피에르 자네였다는 것이 나의 견해다. 에펠탑이 건립된 해이기도 한 1889년, 자네는 트라우마 스트레스에 관한 책 한 권 분량의 과학적 분석 결과를 「심리적 자동주의L'automatisme psychologique」라는 논문으로 처음 발표했다.[15] 그는 현재 외상 후 스트레스 장애로 불리는 증상의 원인이 '격렬한 감정' 또는 강도 높은 정서적 흥분에서 비롯된다고 제안했다. 또한 이 논문에서 트라우마를 경험한 사람들은 그 일과 관련된 행동, 감정, 감각을 자동으로 계속 반복해서 경험한다고 설명했다. 환자의 신체 증상을 측정하고 기록하는 일에 1차적으로 관심을 기울였던 샤르코와 달리 피에르 자네는 환자들과 엄청난 시간을 들여 대화를 하고 그들의 마음속에서 무슨 일이 벌어지고 있는지 찾아내려 노력했다. 또한 샤르코의 연구가 히스테리 현상을 이해하는 데 집중된 반면, 자네는 환자 치료를 목표로 삼은 최초의, 그리고 최고의 의사였다. 바로 이와 같은 이유로 나는 자네의 사례 보고서를 상세히 연구해 왔고, 그는 내게 가장 중요한 스승 중 한 사람이 되었다.[16]

히스테리 환자의 사례를 발표하는 장 마르탱 샤르코

샤르코는 파리 빈민들을 수용하던 유서 깊은 정신병원이던 살페트리에르를 현대식 병원으로 탈바꿈시켰다. 이 그림에서는 특히 환자의 극적인 자세가 눈에 띈다. 앙드레 브루이(André Brouillet) 작.

프랑스 심리학자 피에르 자네

기억 상실, 해리, 재현

　자네는 사람들이 트라우마에 관해서 하는 이야기, 즉 '서사적 기억'과 실제 트라우마 기억의 차이를 맨 처음 집어 낸 인물이기도 하다. 그의 사례에 등장하는 환자 중에 엄마가 결핵으로 세상을 떠난 후 입원한 이렌이라는 젊은 여성이 있었다.[17] 이렌은 수개월 동안 엄마를 간호하면서 알코올 중독자인 아버지를 뒷바라지하고, 엄마의 치료비를 마련하기 위해 바깥일도 병행했다. 결국 엄마가 숨을 거두자, 이렌은 스트레스와 수면 부족에 완전히 녹초가 된 상태로 몇 시간 동안이나 시신을 붙들고 엄마를 불러 댔다. 엄마의 목구멍에 약을 억지로 밀어 넣으면서 살려내려고 애를 쓰기도 했다. 그러다 온기를 잃은 엄마의 시신이 침대에서 떨어졌는데, 만취한 아버지가 그 근처에 쓰러져 누웠다. 이모가 도착해서 장례식 준비를 하는 동안에도 이렌의 현실부정은 계속됐다. 사람들은 그녀를 장례식에 오게 만드느라 설득해야 했고, 이렌은 장례식 내내 크게 웃었다. 몇 주일 뒤 결국 그녀는 살페트리에르병원으로 보내졌고 자네가 담당 의사가 되었다.

　이렌은 엄마가 돌아가신 사실을 기억하지 못했고, 다른 증상에도 시달렸다. 일주일에 몇 시간씩 아무것도 없는 침대를 최면에 걸린 사람처럼 멍하니 응시하고 주변에서 일어나는 일들을 다 무시하고는 상상 속의 누군가를 간호하기 시작했다. 엄마의 죽음을 기억하는 대신, 돌아가실 때의 상황이 상세히 재현된 것이다.

　정신적 외상을 입은 사람들에게는 어떤 건 너무 적게 기억하고 어떤 건 너무 과하게 기억하는 특징이 동시에 나타난다. 그런데 이렌에겐 엄마의 죽음에 관한 의식적인 기억이 전혀 없었다. 즉 무슨 일이 일어났는지 아무 이야기도 하지 못했다. 대신 엄마가 돌아가신 일을 마치 누군가에게 떠밀리듯 행동으로 표현한 것이다. 자네가 '자동주의'라고 표현한 용어 속에는 이렌의 행동에서 나타나는 비자발적이고 무의식적인 특징이 담겨 있다.

자네는 수개월 동안 주로 최면 요법을 이용해 이렌을 치료했다. 그리고 어느 날, 그가 엄마의 죽음에 대해 이렌에게 물었을 때 그녀는 울면서 이렇게 말했다. "제발 그 끔찍한 일을 떠올리게 하지 마세요……. 엄마가 돌아가셨는데 아버지는 항상 그랬듯 완전히 취해 있었어요. 제가 죽은 엄마의 몸을 밤새도록 돌봐 드렸어요. 엄마를 살려내려고 온갖 바보 같은 일들도 했어요……. 그리고 아침에 전 정신이 나가 버렸어요." 이렌은 그 일을 이야기할 수 있게 되었을 뿐만 아니라 감정도 회복했다. "너무나 슬프고, 버려진 기분이 들어요." 자네는 이렌의 기억에 적절한 감정이 동반된 것을 보고 '완전히 돌아왔다'고 설명했다.

자네는 일반적인 기억과 트라우마 기억의 현격한 차이에 주목했다. 트라우마 기억은 특정한 자극이 주어지면 갑자기 떠오른다. 줄리언의 경우에는 여자 친구가 던진 유혹의 말이, 이렌의 경우에는 침대가 그 자극제였다. 또한 트라우마가 된 경험의 한 부분이 떠오르면 다른 부분들이 자동으로 함께 떠오른다.

트라우마 기억은 요약되지 않는다. 처음에 이렌은 자신의 이야기를 서너 시간에 걸쳐 재연해 보였지만 마침내 이야기할 수 있게 되자 말로 하는 데 채 1분도 걸리지 않았다. 트라우마가 재연된 말과 행동에는 아무런 기능이 없다. 반면 일반적인 기억은 조정이 가능해서, 유연한 이야기로 전달되고 상황에 따라 바뀌기도 한다. 또한 일반적인 기억은 본질적으로 사회적이다. 즉 어떤 목적을 위해 이야기한다고 할 수 있다. 이렌의 경우 의사로부터 도움과 위안을 얻기 위해, 줄리언의 경우 정의를 찾아 복수하려는 노력에 나를 동참시키기 위해 자신의 이야기를 한 것이다. 그러나 트라우마 기억에는 특별한 것이 전혀 없다. 줄리언이 여자 친구에게 던진 분노의 말은 유익한 목적이 하나도 없다. 재연된 기억은 그 당시 그대로 얼어붙은 것, 변하지 않은 것이며 당사자에게 외로움, 굴욕감을 주고 낯설게 느껴지는 경험으로 남아 있다.

자네는 환자들에게서 발견한 분리되고 서로 동떨어진 기억들을 설명하기 위해 '해리^{dissociation}'라는 용어를 만들었다. 또한 그는 트라우마 기억을 아예 거부해 버리면 얼마나 큰 대가를 치러야 하는지에 대한 선견지명이 있었다. 나중에 발표한 글에서, 자네는 환자가 트라우마가 된 경험을 자신과 분리시키면 "도저히 감당할 수 없는 장애와 맞닥뜨리며"[18] "트라우마 기억을 통합하지 못하면 새로운 경험을 흡수하는 능력을 잃어버리는 것 같다. (⋯) 마치 환자의 개인적 특성이 어느 지점에서 멈춰 버리고, 새로운 요소를 덧붙이거나 흡수하여 특성을 키우는 일이 불가능해진 것 같다"고 밝혔다.[19] 그는 환자들이 각기 분리된 기억의 조각을 인지하고 하나의 이야기로 통합하여 모두 과거에 일어난 일이고 지금은 끝난 일임을 깨닫지 못하는 한, 특유의 성격과 전문적인 기능이 서서히 줄어든다고 예견했다. 이와 같은 현상은 현대에 진행된 연구를 통해 충분히 입증된 사실이다.[20]

자네는 원래 기억이란 바뀌고 왜곡되는 것이 정상이지만, 외상 후 스트레스 장애에 시달리는 사람들은 실제 일어난 사건, 즉 기억의 원천인 그 사건을 떨쳐 버리지 못한다는 사실을 발견했다. 자전적인 기억은 거대한 집합체를 이루며 계속해서 변경되면서 저장되고 이것이 이중 구조의 기억 체계를 형성하는 핵심이 되지만 해리 현상으로 인해 트라우마는 이 기억에 통합되지 못한다. 일반적인 기억은 복잡한 연상 과정을 통해 각각의 경험을 구성하는 요소들을 멈추지 않고 흘러가는 자기 경험의 한 부분으로 통합시킨다. 밀도가 높지만 유연한 그 네트워크에서 각 요소는 다른 요소에 미묘한 영향력을 발휘한다. 그러나 줄리언의 경우 트라우마의 감각과 생각, 감정이 얼어붙어 포괄적으로 정리되지 못한 조각 상태로 분리된 채 저장됐다. 외상 후 스트레스 장애 환자가 겪는 문제가 '해리'라면, 치료의 목표는 '결합'이다. 즉 따로 떨어진 트라우마 기억의 조각을 계속 이어지는 삶의 이야기로 통합시킴으로써 뇌가 '그건 예전 일이고 이건 지금 일어난 일'임을 인지할 수 있도록 하는 것이다.

'면담 치료'의 유래

정신분석은 살페트리에르병원에서 탄생했다. 1885년, 프로이트는 샤르코와 함께 일하기 위해 파리로 건너갔다. 나중에 프로이트는 장 마르탱 샤르코의 명예를 기리며 첫째 아들에게 장 마르탱이라는 이름을 붙이기도 했다. 1893년, 프로이트는 자신의 멘토였던 오스트리아 빈 출신의 요제프 브로이어Josef Breuer와 함께 발표한 히스테리의 원인에 관한 놀라운 논문에서 장 마르탱 샤르코와 자네의 연구를 모두 인용했다. 두 사람은 "히스테리 환자들은 주로 회상 때문에 괴로워한다"고 주장하고, 이러한 기억은 일반적인 기억처럼 '퇴색 과정'을 거치는 대신 "놀라울 정도로 생생한 상태로 오랜 시간 존속한다"고 밝혔다. 트라우마 환자들은 그 기억이 언제 되살아날지 통제할 수도 없다. "이러한 기억에 관한 또 한 가지 놀라운 사실을 언급하자면 (…) 과거의 다른 기억들처럼 환자가 마음대로 활용할 수 없다는 점이다. 오히려 **이러한 경험들은 환자가 정상적인 정신 상태일 때 환자의 기억에서 완전히 자취를 감추거나 크게 압축된 형태로만 존재한다.**"[21](굵은 글자 부분은 브로이어와 프로이트가 쓴 글을 인용한 내용이다.)

브로이어와 프로이트는 트라우마 기억이 정상적인 의식 속에 자리하지 못하며, 이는 '반응할 수 없는 상황'이었거나, 그 기억이 '깜짝 놀라는 반응처럼 심각하게 마비된 반응'으로 시작되었기 때문이라고 생각했다. 1896년, 프로이트는 "히스테리의 궁극적인 원인은 항상 성인이 아동을 유혹한 일에서 찾을 수 있다."라고 강력히 주장했다.[22] 이어 그는 빈에서 가장 잘 사는 부류에 속한 여러 가정에서 학대가 만연해 있다는 증거를 확인했다. 게다가 다름 아닌 자신의 아버지도 그 일에 연루되었을 수 있다는 사실을 깨닫고는 서둘러 한발 물러서기 시작했다. 이후 프로이트의 정신분석은 무의식적인 소망과 환상을 강조하는 방향으로 전환되었지만, 가끔씩 성적 학대의 실상을 알렸다.[23] 제1차 세계 대전의 공포가 찾아온 후 프로이트는 전쟁 신경증의 실상과 마주하고 트라우마의 핵심은 서술적 기억이 존재하지 않는 것임을 재확인했다. 그리고 기억하지 못하는 일이 행동으로 나타날 가능성이 크다고 지적했다. "기억하는 대신 행동으로 재연한다. 물론 자신이 그 일을 반복한다는 사실을 모르는 상태로 반복하고, 결국 우리는 이것이 그가 기억하는 방식임을 알게 된다."[24]

브로이어와 프로이트의 1893년 논문은 현재 우리가 '면담 치료'라 부르는 형태로 오랫동안 남게 되었다.

"우리는 **히스테리의 각 증상이 그 사건에 대한 기억을 촉발시켜 기억이 명확히 드러나게 하고 그에 수반되는 영향도 나타나도록 할 때, 그리고 환자가 그 사건을 최대한 상세히 설명하고 그 기억으로 나타난 영향을 말로 설명할 수 있게 되면 즉각, 영원히 사라진다는 아주 놀라운 사실을 처음으로 깨달았다**'(굵은 글자 부분은 해당 논문에 명시된 문장이다). 영향을 주지 않는 기억은 대부분 아무런 결과도 발생시키지 않는다."

브로이어와 프로이트는 트라우마 사건에 대한 '강력한 반응'이 나오지 않는 한 이 영향이 '기억에 남아 존속하며' 떼어 버릴 수 없다고 설명했다. 반응은 '눈물을 흘리는 것부터 복수를 실행하는 것에 이르기까지' 다양한 행동으로 분출될 수 있다. 그러다 "언어가 행동을 대체할 수 있으며, 언어의 도움을 받아 그 영향에서 매우 효과적으로 '해방'될 수 있다"라는 설명과 함께, "우리가 본 논문에서 설명한 심리 치료 방식이 어느 정도 치유 효과가 있는지 이해할 수 있을 것이다. '첫 순간[트라우마가 발생한 시점]에는 벗어날 수 없었던 영향력을 (…) 꽉 막힌 상태로 발휘되던 그 힘이 말을 통해 빠져나갈 수 있는 길을 찾아줌으로써 종결시킨다. 그리고 그 영향을 정상적인 의식 속으로 끄집어냄으로써 결합 상태가 수정되도록 한다.'"

오늘날 정신분석은 쇠퇴기를 맞고 있지만 '면담 치료'는 여전히 살아남았다. 그리고 보통 심리학자들은 트라우마를 굉장히 세밀하게 이야기하는 것이 그 일에서 벗어날 수 있도록 돕는 길이라고 생각한다. 인지행동 치료에서도 이를 기본 전제로 삼아 전 세계 심리학 대학원의 석사 과정에서 면담 치료를 가르치고 있다.

진단 분류는 변화해 왔지만 우리는 지금도 환자들을 샤르코와 자네, 프로이트가 설명한 환자들과 비슷하다고 여긴다. 나는 1986년에 동료 연구진들과 함께, 1942년에 화재로 무너진 보스턴 '코코넛 그루브 나이트클럽'에서 담배 파는 일을 했던 한 여성의 사례를 논문으로 작성했다.[25] 이 여성은 1970년대와 1980년대에 매년, 화재 현장에서 탈출했던 날의 일을 실제 사건 현장과 몇 블록 떨어진 뉴베리 거리에서 되풀이해 재현하다가 조현병과 양극성 장애 등의 진단을 받고 입원했다. 이어 나는 1989년에 베트남전에 참전했던 한 군인이 친구가 죽은 날마다 매년 '무장 강도' 연극을 벌인 사례도 보고했다.[26] 이 남성은 바지 주머니에 손가락을 찔러 넣고 권총이라고 주장하면서 가게 점원에게 현금을 몽땅 내놓으라고 했다. 그러면서 경찰에 연락할 수 있는 시간까지 주었다. '경찰의 힘을 빌려 자살하려는' 이 무의식적인 시도는 한 판사가 치료를 받을 수 있도록 내게 인계하면서 끝났다. 그는 나와 함께 친구의 죽음에 대해 느낀 죄책감을 해결하자 더 이상 그런 행동을 하지 않았다.

이와 같은 사건을 보면 중대한 의문을 제기할 수 있다. 의사, 경찰관, 사회복지사는 상대방이 트라우마 스트레스에 시달리는 사람이라는 사실을, 무언가를 기억하는 대신 그저 행동을 재현하고 있을 뿐이라는 사실을 어떻게 알아차릴 수 있을까? 환자는 자신의 행동이 어디에서 비롯된 것인지 어떻게 찾을 수 있을까? 이들이 과거에 어떤 일을 겪었는지 끝내 드러나지 않는다면, 그 과거를 통합할 수 있도록 도움을 받는 대신 그저 정신 나간 사람으로 여겨지거나 범죄자로 처벌받게 될 가능성이 크다.

재판정에 선 트라우마 기억

최소 24명이 폴 섄리에게 성추행을 당했다고 주장했고, 그들 중 여럿이 보스턴 대교구와 민사 합의를 했다. 섄리의 재판에서 증언 요청을 받은 피해자는 줄리언이 유일했다. 2005년 2월, 한때 신부였던 섄리는 아동 성폭행 두 건과 아동 폭행과 구타에 대해 유죄가 인정되어 최소 12년, 최대 50년 형을 선고받았다.

2007년, 섄리의 변호사 로버트 F. 쇼 주니어^{Robert F. Shaw Jr}는 유죄 선고가 오심이라며 판결 기각 신청서를 제출했다. 쇼는 '억압된 기억'은 과학계에서 널리 인정받는 사항이 아니며, '근거 없는 과학'을 바탕으로 유죄가 선고되었다고 주장하면서 섄리 재판이 열리기 전에 억압된 기억을 과학계가 얼마나 수용하고 있는지 진술할 만한 기회가 충분히 주어지지 않았다고 밝혔다. 최초 판결을 내린 판사가 항소를 기각했지만, 2년 뒤 매사추세츠주 대법원은 항소를 받아들였다. 미국 전역에서 거의 백 명 가까운 일류 정신의학자, 심리학자들이 '억압된 기억'이 존재한다는 사실은 한 번도 밝혀진 적이 없으며, 따라서 증거로 채택되어서는 안 된다는 법정 의견서에 서명했다. 그러나 2010년 1월 10일, 대법원은 만장일치로 샌리의 유죄 판결을 유지하기로 결정하고, 다음과 같은 판결문을 발표했다. "종합하면, 과학적인 검사 방법이 없다고 해서 해리성 기억 상실을 경험할 수 있다는 이론 자체를 신뢰할 수 없는 것은 아니라는 원심 판사의 결론은 기록을 통해 뒷받침되었다. (⋯) 해리성 기억 상실에 관한 전문가 증언을 채택한 부분에 있어서 판사가 재량권을 남용한 사실은 없었다."

다음 장에서는 기억과 망각에 대해 좀 더 자세히 설명하고, 프로이트로부터 시작된 억압된 기억에 관한 논란이 현재까지 어떻게 이어져 왔는지 살펴보도록 하자.

12장

참을 수 없는 기억의 무거움

우리의 몸은 기억을 담고 있는 텍스트고, 그렇기에 기억해 내는 일은 환생과
같다.

케이티 캐넌Katie Cannon

트라우마에 관한 과학계의 관심은 지난 150년간 격렬하게 바뀌는 양
상을 보였다. 샤르코가 1893년 세상을 떠나고 프로이트가 내적 갈등
과 방어, 본능을 정신적 고통의 뿌리로 강조하는 쪽으로 방향을 튼 것
은 주류 의학계가 트라우마라는 주제에 총체적으로 흥미를 잃은 것을
보여 주는 한 가지 사례에 지나지 않는다. 반면 정신분석의 인기는 빠
르게 상승했다. 1911년, 윌리엄 제임스, 피에르 자네와 함께 연구했던
보스턴의 정신의학자 모턴 프린스Morton Prince는 트라우마의 영향에
관심 있는 사람들은 마치 "밀물 때 보스턴 항에 가라앉아 버린 조개들
같다"고 불평했다.

그러나 이처럼 무시받던 상황은 몇 년 만에 끝이 났다. 1914년 제
1차 세계 대전이 발발하자 의학계와 심리학계는 심리학적으로 기이한
증상이나 의학적으로 설명할 수 없는 증상을 보이고 기억을 잃은 수십
만 명의 남성과 마주하게 되었기 때문이다. 새로운 촬영 기술이 등장한

덕분에 이 군인들의 모습을 필름으로 기록할 수 있었고, 오늘날에도 유튜브로 이들이 보인 기묘한 신체 자세와 이상한 언어 표현, 겁에 질린 얼굴 표정과 틱 증상을 직접 확인할 수 있다. 모두 "마음과 내면의 이미지, 말, 신체에 동시에 새겨진 기억"[1]인 트라우마가 체화된 결과다.

제1차 세계 대전 초기에 영국은 '포탄 충격shell shock'이라는 진단명을 고안하여 참전 군인들이 치료를 받고 장애 연금을 받을 수 있는 자격의 기준으로 삼았다. 그와 유사한 '신경 쇠약' 진단이 따로 마련되어, 이 진단을 받을 경우에는 치료도 연금도 받을 수 없었다. 군인을 진료하는 담당 의사가 어느 쪽으로 보느냐에 달린 문제였다.[2]

100만 명 넘는 영국군이 서부 전선에서 복무했다. 1916년 7월 1일은 솜 전투에서 단 몇 시간 만에 영국군 19,240명이 사망하는 등 총 57,470명에 달하는 사상자가 발생해 영국 역사상 가장 참혹했던 날로 기억된다. 역사가 존 키건John Keegan은 자신의 지휘관이자 현재 런던 화이트홀 광장에 동상으로 세워진 필드 마셜 더글러스 헤이그Field Marshal Douglas Haig에 대해 다음과 같이 언급했다. "과거에나 지금이나 공식 석상이든 사적인 기록이든 인간의 고통에 관심을 기울인 흔적은 찾을 수 없지만, 그는 솜 전투에서 목숨을 잃거나 불구가 된 영국의 젊은이들에게 꽃을 보낸 인물이었다."[3]

전쟁이 계속되자 포탄 충격이 전투력에 주는 악영향이 점차 증가했다. 영국의 작전참모본부는 자국 군인들이 겪고 있는 고통도 진지하게 받아들이고 독일군에게 반드시 승리를 거둬야 하는 두 가지 문제에 봉착하자, 1917년 6월 다음과 같은 내용이 담긴 '일일 일반명령 2384호'를 발표했다.

"어떠한 상황에서도 '포탄 충격'이라는 표현을 구두로 사용하지 말아야 하며 연대 보고서나 기타 부상자 보고서, 병원 기록과 기타 의료 기록 등 어디에도 이 표현을 기록하지 말아야 한다."

이후 정신의학적 문제가 있는 병사들에게는 모두 'NYDN(진단 보류, 긴장)'이라는 진단명이 일괄 부여됐다.[4] 이와 함께 참모본부는 전장에서 부상당한 병사들을 위해 병원 네 곳을 운영하던 찰스 새뮤얼 마이어스Charles Samuel Myers가 1917년 11월, 포탄 충격에 관한 논문을 『영국의학협회지』에 제출하려고 하자 승인을 거부했다. 독일군의 반응은 이보다 훨씬 가혹해서, 포탄 충격을 성격 결함으로 보고 전기 충격을 비롯해 온갖 고통스러운 치료법을 동원하여 해결하려고 했다.

1922년, 영국 정부는 「사우스버러 보고서Southborough Report」를 발표했다. 향후 포탄 충격이라는 진단이 사용되지 않도록 하고 피해 보상 요구가 더 이상 나오지 않게 하는 것이 보고서의 목적이었다. 이 보고서에서는 포탄 충격이라는 용어를 공식적인 명칭에서 제외시키자고 제안하는 한편, 포탄 충격에 해당하는 사례들을 '다른 병이나 질환으로 여기지 않고 전투로 인한 피해'로 분류해서는 안 된다고 주장했다.[5] 훈련이 잘된 군인은 적절한 지휘가 주어지면 포탄 충격에 시달리지 않으며, 그와 같은 장애에 제압된 군인은 제대로 훈련되지 않고 의지가 부족한 병사라는 것이 공식적인 입장이었다. 이후에도 포탄 충격의 타당성을 놓고 정치적 논쟁이 수년간 거세게 일어났지만, 과학계에서는 그와 같은 환자들을 어떻게 치료하는 것이 최선인지 이야기하는 보고서들이 자취를 감추었다.[6]

미국에서도 참전 군인들의 운명 앞에 온갖 문제가 도사리고 있었다. 1918년 프랑스와 플랑드르 지역의 전장에서 고향으로 돌아온 군인들은 나라의 영웅으로 큰 환영을 받았다. 오늘날 이라크와 아프가니스탄 전쟁에서 돌아온 군인들을 대하는 분위기와 똑같았다. 미 의회는 1924년, 해외에서 복무한 군인들에게 매일 1.25달러의 보너스로 포상하자는 안을 통과시켰지만 실제 지급은 계속 연기되다 1945년이 되어서야 실행됐다.

미국이 대공황의 중심에 놓여 있던 1932년 5월, 일자리도 연금도 없는 참전 군인 1만 5천여 명이 워싱턴 DC의 '내셔널 몰'에 진을 치고 포상금 지급을 즉각 실행하라고 요구했다. 그러나 상원의 지급 실행안 투표에서 반대 62표, 찬성 18표의 결과가 나와 무효가 되고 말았다. 그리고 한 달 뒤 후버Hoover 대통령은 노숙 투쟁 중이던 참전 군인들에게 철수하라고 명령했다. 육군 참모총장이던 더글러스 맥아더Douglas MacArthur 장군이 탱크 여섯 대를 몰고 군대를 지휘하며 농성장 철수를 지휘했다. 드와이트 D. 아이젠하워Dwight D. Eisenhower 소령은 워싱턴 경찰에 연락을 취했고, 조지 패턴George Patton 시장은 기병대를 이끌고 현장에 들이닥쳤다. 총과 칼로 무장한 군인들이 쇼핑몰에 모여 있던 참전 군인들에게 최루 가스를 던지며 공격을 감행했고, 다음날 아침이 되자 쇼핑몰은 텅 비고 농성장은 화염에 휩싸여 재만 남았다.7 군인들에게 지급된 연금은 한 푼도 없었다.

정치계와 의학계는 고국에 돌아온 군인들에게 등을 돌렸지만, 문학과 예술 작품들이 전쟁의 공포를 기억했다. 독일의 작가 에리히 마리아 레마르크가 전선에서 군인들이 겪은 전쟁의 실상에 대해 쓴 소설 『서부 전선 이상 없다』8에서는 주인공 폴 보머가 참전 군인 전체를 대신해 이야기한다. "나는 인식할 순 없지만, 감정을 잃어버렸다는 사실을 안다. 나는 더 이상 여기에 속해 있지 않고 낯선 세상에서 살고 있다. 누구에게도 방해받지 않고 혼자 있는 게 좋다. 다들 말이 너무 많은데 나는 그들과 관계를 맺을 수가 없다. 사람들은 그저 표면적인 일을 하느라 정신이 없다."9

이 소설은 1929년 출간되자마자 22개 언어로 번역되며 전 세계적인 베스트셀러가 되었다. 1930년에는 할리우드에서 영화로도 제작되어 아카데미 최고작품상을 수상했다.

그러나 몇 년 후 히틀러가 정권을 잡자 『서부 전선 이상 없다』는 나치가 지정한 '타락한' 도서에 맨 처음 포함되어 베를린 홈볼트대학교 앞 광장에서 불태워졌다.[10] 또 한 차례 광기 어린 전쟁에 뛰어들려던 나치는 전쟁이 군인들의 마음에 남긴 파괴적인 영향이 위협이 될 수 있음을 인식한 것이 분명하다.

트라우마로 인한 결말을 부인하면 한 사회를 구성하는 사회 구조에도 엄청난 혼란이 발생할 수 있다. 전쟁으로 발생한 피해를 마주하지 않으려 하고 '나약함'이라는 편협한 판단을 내리려는 태도는, 1930년대 전 세계적인 파시즘과 군국주의의 부상에도 중요한 역할을 했다. 베르사유 조약에 명시된 어마어마한 전쟁 배상금은 이미 망신을 톡톡히 당한 독일에 더 큰 굴욕감을 안겨 주었다. 그러자 독일 사회에서는 트라우마에 시달리던 자국의 참전 군인들을 열등한 존재로 간주하며 가혹하게 대했다. 힘없는 상대에게 잇따라 굴욕을 안겨 주는 이 같은 조치들은 나치 체제가 인권을 가차 없이 저하시키게 한 발판이 되었다. 즉 강한 자가 열등한 자를 격파하는 건 당연하다는 도덕적 정당성을 부여하여, 전쟁을 실행하는 근거가 되고 만 것이다.

트라우마의 새로운 얼굴

제2차 세계 대전이 발발하자 찰스 새뮤얼 마이어스와 미국의 정신의학자 에이브럼 카디너는 서둘러 제1차 세계 대전 참전 군인들에 관한 연구 결과를 발표했다. 이들이 내놓은 「1914~1918년 프랑스의 포탄 충격Shell Shock in France 1914-1918」(1940)[11]과 「트라우마성 전쟁 신경증The Traumatic Neuroses of War」(1941)[12]은 '전쟁 신경증'이라는 새로운 문제에 시달리던 군인들을 치료하던 정신의학자들에게 중요한 지침서 역할을 했다. 미국이 전쟁에 기울인 노력은 실로 엄청났고, 일선에 나선 정신의학계가 거둔 발전에 그 노력이 그대로 담겨 있다. 할리우드에서 감독으로 활약하던 존 휴스턴John Huston이 제작해 현재 유튜브로도 볼 수 있는 다큐멘터리 〈빛이 있으라Let There Be Light〉(1946)에서는 당시 전쟁 신경증 환자들에게 가장 많이 사용되던 치료법인 최면술 장면을 볼 수 있다.[13]

휴스턴이 통신 부대에서 복무하는 동안 제작한 그 영상 속에 등장하는 의사들은 가부장적인 태도를 보이고 환자들은 겁에 질린 젊은 청년들이지만, 새로운 모습으로 나타난 트라우마의 징후를 볼 수 있다. 제1차 세계 대전 참전 군인들은 팔다리가 마구 흔들리고 얼굴에 틱 증상이 나타나며 몸이 마비된 채 쓰러지는 증상을 보인 반면, 그다음 세대 군인들은 말을 하면서 몸을 움츠린다. 이들의 신체에도 흔적이 그대로 남아 있다. 위장은 동요하고, 심장은 급격히 뛰고, 공포에 압도당한 모습이다. 트라우마가 신체에만 영향을 준 것은 아니었다. 최면에 빠져 가수*상태가 되자, 너무 두려워 기억해 내지 못했던 일들이 말로 표현되기 시작한다. 그들이 느낀 공포, 살아남은 자의 죄책감, 흔들리는 충성심 등이 드러나는 것이다. 또 한 가지 내가 깜짝 놀란 부분은 이들이 내가 치료했던 전 세대 군인들보다 자신의 분노와 적대감을 훨씬 더 꽁꽁 동여매고 눌러 놓은 것처럼 보인다는 점이다. 트라우마 스트레스는 문화에 따라 표현되는 방식도 달라지게 마련이다.

페미니스트이자 이론가인 저메인 그리어Germaine Greer는 제2차 세계 대전이 끝나고 외상 후 스트레스 장애 치료를 받았던 아버지에 대해 다음과 같이 묘사했다. "극도로 혼란스러워하는 사람을 검사하는 사람들[군의관]은, 대부분 그 원인을 전쟁 이전의 경험에서 찾으려 한다. 병이 난 군인은 우수한 전투 도구가 아닐 뿐이다. (…) 군대에서는,

---

* 의식이 반쯤 깨어 있는 옅은 잠

병사를 병들게 한 건 전쟁이 아니며 병든 사람은 전쟁에 나와 싸울 수 없다고 전제한다."**14** 의사들은 그리어의 아버지에게 전혀 도움을 못 준 것 같지만, 아버지가 겪는 고통과 어떻게든 맞서 싸우려고 했던 노력은 이후 그리어가 성폭행, 근친 성폭력, 가정 폭력이라는 일그러진 형태로 표현되는 성적 우월감에 관한 탐구에 몰두하게 된 계기가 된 것으로 보인다.

보훈병원에서 일하던 당시, 내가 정신의학과에서 만나는 환자들은 거의 대부분 베트남 전쟁에 참가했다가 제대한 젊은이들인데, 다른 과로 이어지는 병원 복도며 엘리베이터에는 온통 나이 든 사람들로 가득하다는 사실을 깨닫고 의아한 생각이 들었다. 왜 이런 차이가 나타나는지 호기심이 생긴 나는 1983년, 병원을 찾은 제2차 세계 대전 참전 군인들에 대해 조사했다. 검사 결과 대다수가 외상 후 스트레스 장애 평가 척도에 양성으로 나타났으나, 이들이 받는 치료는 정신의학적인 증상보다는 신체 증상에 집중되어 있었다. 이 환자들은 위경련, 가슴 통증을 말하고 있었지만, 내가 조사한 결과에 따르면 악몽, 극심한 분노도 호소했다. 의사는 환자가 자신의 고통을 어떻게 전하느냐에 따라 치료한다. 무시무시한 악몽을 호소하면 의사는 흉부 엑스선 촬영을 지시하고, 환자는 신체 증상에 집중하면 의사가 더 세심하게 치료해 준다는 사실을 깨닫는다. 제2차 세계 대전에서 전투에 참여했거나 적에게 붙잡힌 적이 있는 사람들은 내 친척들이 그렇듯 그때의 경험을 다른 사람들과 이야기하는 걸 극도로 꺼린다. 나는 의사도 환자도 그 전쟁에 대해 다시 이야기하고 싶어 하지 않는다는 느낌을 받았다.

그러나 제2차 세계 대전에서 군대와 민간인을 이끌다가 돌아온 지도자들은 지난 세대가 깨닫지 못한 중요한 교훈을 얻었다. 나치 독일과 제국주의 일본이 패망한 후, 미국은 마셜 계획이라는 방법으로 유럽의 재건을 도왔다. 이후 50년간 경제적 기반이 비교적 평화롭게 형성되도록 이끈 계획이었다. 미국에서는 '제대군인원호법'이 마련되어 수백만 명의 참전 군인들에게 교육과 주택 융자금을 지원해 경제가 전반적으로 탄탄해지고, 교육 수준이 높은 중산층이 폭넓게 형성되는 계기가 되었다. 군대는 나라 전체에 인종 통합과 기회를 이끌었다. 보훈부는 참전 군인의 건강 관리를 지원하기 위한 시설을 미국 전역에 설치했다. 그러나 이 모든 사려 깊은 관심에도 불구하고, 고국에 돌아온 군인들에게 남은 전쟁의 심리적 상처는 계속 간과되었다. 그리고 트라우마성 신경증은 정신의학 분야의 공식적인 진단명에서 완전히 자취를 감추었다. 제2차 세계 대전 후 발생한 전투 트라우마에 관한 과학적인 문헌은 1947년을 미지막으로 사라졌다.[15]

트라우마의 재발견

앞서 언급했지만, 내가 베트남 전쟁에 참전했던 군인들을 연구하기 시작한 당시 보훈병원 도서관에는 전쟁 트라우마에 관한 책이 단한 권도 없었다. 그러나 베트남 전쟁은 수많은 연구가 시작된 계기가되었을 뿐만 아니라 학계에 관련 단체가 구성되고 트라우마 진단인 외상 후 스트레스 장애가 전문적인 학술지에 등장하는 발판이 되었다.

1974년, 앨프리드 프리드먼Alfred Freedman과 해럴드 캐플런Harold Kaplan이 쓴 『정신의학 종합 교과서Comprehensive Textbook of Psychiatry』는 "근친 성폭력은 굉장히 드물게 발생하며, 110만 명당 1명 이상의 비율로는 일어나지 않는다."라고 밝혔다.[16] 게다가 2장에서 살펴보았듯이, 이 권위적인 교과서는 근친 성폭력이 오히려 이로울 수 있다며 극찬했다. "그와 같은 근친끼리의 성적 행위는 정신병이 발생할 확률을 약화시키며 외부 세계에 더 원만하게 적응하도록 해 준다. (…) 그러한 경험을 한 사람들은 아무 문제 없이 멀쩡하다."

이와 같은 설명이 얼마나 그릇된 내용인지는 페미니스트 운동이 활성화되고 전쟁터에서 돌아온 군인들이 겪은 트라우마에 대한 인식이 증대된 데 이어 어린 시절 성적으로 학대받은 사람, 가정 폭력과 성폭행 피해자들이 용기를 내어 세상에 나오면서 점차 명백히 드러나기 시작했다. 의식 개선에 나선 단체들, 생존자 단체들이 형성되고 관련 책들도 다수 발표되어 큰 관심을 얻었다. 근친 성폭력 피해자들이 쓴 자기계발서 『아주 특별한 용기*The Courage to Heal*』(1988)는 베스트셀러에 올랐고, 주디스 허먼은 『트라우마: 가정 폭력에서 정치적 테러까지*Trauma and Recovery*』(1992)에서 트라우마 치료와 회복 단계를 아주 상세히 설명했다.

나는 지나온 흐름을 기억하기에, 또다시 1895년, 1917년, 1947년의 일처럼 트라우마의 실상을 인정하지 않으려는 반발이 일어나지 않을까 하는 우려가 들기 시작했다. 그리고 그 걱정을 입증하는 일이 일어났다. 1990년대 초반까지 미국과 유럽의 유명한 신문과 잡지에 소위 '거짓 기억 증후군*False Memory Syndrome*'에 관한 글이 등장하기 시작한 것이다. 정신 질환을 앓는 환자들이 정신적 학대를 당했다는 거짓 기억을 정교하게 지어낼 수 있으며, 환자들은 학대 기억이 어느 날 깨닫기 전까지 수년 동안 잠재해 있었다고 주장한다는 내용이었다.

그와 같은 글들에 사람들이 평범한 사건과 정신적 외상을 입은 사건을 다르게 기억한다는 증거가 없다고 확신하는 내용이 담긴 것을 보고 나는 깜짝 놀랐다. 런던의 아주 유명한 주간지에서 전화를 걸어 다음 호에 트라우마 기억에 대한 기사를 실을 계획인데 내게 의견을 구할 수 있겠냐고 문의했는데, 나는 그때의 일이 지금도 생생하게 떠오른다. 나는 상당히 적극적으로 요청에 응하고, 영국에서 백 년도 더 전에 트라우마 사건의 기억 상실에 관한 연구가 처음 이루어졌다고 설명했다. 나는 1860년대와 1870년대에 철도 사고 피해자들을 연구했던 존 에릭 에릭슨John Eric Erichsen과 프레더릭 마이어스Frederic Myers, 제1차 세계 대전 전투 군인들의 기억 문제를 광범위하게 연구했던 찰스 새뮤얼 마이어스와 W. H. R. 리버스W. H. R. Rivers를 언급하는 한편 1944년 학술지『란셋The Lancet』에 발표된 논문 한 편을 읽어 보라고 제안했다. 1940년 프랑스 됭케르크 해변에서 구조된 영국군 전체를 연구한 결과가 담긴 논문으로, 조사한 군인의 10퍼센트 이상이 중대한 기억 상실로 고통받았다는 내용이다.[17] 마침내 다음 주에 출간된 그 잡지를 보니, 독자들에게 트라우마 사건에 관한 기억 중에 일부 혹은 전부를 다 잃을 수 있다는 증거는 없다는 설명이 나와 있었다.

마이어스와 카디너가 함께 쓴 저서에서 제1차 세계 대전 후 전투 신경증에 대해 처음 설명했을 당시에는 트라우마 기억이 뒤늦게 떠오를 수 있다는 사실이 특별한 논란을 일으키지 않았다. 됭케르트 해안에서 구조된 병사들에게서 중대한 기억 상실이 관찰됐을 때도, 내가 베트남전 참전 군인들과 '코코넛 그루브 나이트클럽' 생존자의 사례를 발표했을 때도 마찬가지였다. 그러나 1980년대와 1990년대 초반까지 가정에서 학대당한 여성들과 아동들에게서도 비슷한 기억 문제가 나타났다는 사실이 입증되기 시작하자, 학대 피해자들을 가해자로부터 보호하고 정의를 추구하려는 노력이 과학적인 관점을 벗어나 정치와 법의 세계로 넘어갔다. 이는 가톨릭 성당의 소아성애자 스캔들로 이어지고, 기억 전문가들은 미국 전역, 나중에는 유럽과 호주 곳곳의 법정에서 서로 맞붙어 설전을 벌였다.

성당의 입장을 대변하고 나선 전문가들은 아동기의 성적 학대에 관한 기억은 신뢰할 수 없으며, 자신을 피해자라고 하는 사람들의 주장은 과도하게 공감하고 남의 말을 잘 믿고 주어진 소임을 다하려는 생각에 몰두한 치료사들이 환자의 마음에 각인시킨 틀린 기억일 가능성이 높다고 증언했다. 이 시기에 나는 줄리언처럼 신부에게 학대당한 기억을 갖고 있는 성인을 50명 이상 검사했다. 이들이 펼친 피해 주장 가운데 절반은 법정에서 사실로 인정받지 못했다.

억눌린 기억의 과학적 특성

트라우마의 기억이 억눌려 있다가 수년 혹은 수십 년이 지나서야 되살아날 수 있다는 사실을 입증한 과학적 논문은 지난 한 세기 동안 수백 편 넘게 발표됐다.[18] 기억 상실은 자연재해나 사고, 전쟁 트라우마, 납치, 고문, 강제 수용 시설, 신체적 학대나 성적 학대를 경험한 사람들에게서 나타나며, 발생 비율은 19~38퍼센트에 이르는 것으로 보고된다.[19] 이 문제는 특별한 논란거리가 아니었다. 1980년대 초에 나온 『정신 질환 진단 및 통계 편람』 제3판 DSM-Ⅲ에서도 다음과 같이 설명하며 해리성 기억 상실의 진단 기준으로 트라우마 사건에 대한 기억 상실을 인지했다. "자신에 관한 중요한 정보, 특히 정신적 외상이나 스트레스가 많은 정보를 기억해 내지 못하며, 일반적인 망각으로 설명하기에는 그 범위가 너무 방대하다." 기억 상실은 외상 후 스트레스 장애라는 진단이 처음 도입된 때부터 해당 질환의 진단 기준 중 하나로 포함된 것이다.

억눌린 기억에 관한 연구 중에서 가장 흥미로운 사례로는 린다 마이어 윌리엄스Linda Meyer Williams 박사가 1970년대 초 펜실베이니아대학교에서 사회학 석사 과정을 공부하면서 시작한 연구를 꼽을 수 있다. 윌리엄스는 성적 학대를 받고 응급실로 실려 온 10~12세의 소녀 206명을 대상으로 인터뷰를 실시했다. 아이들의 검사 결과와 아이들, 그 부모들과 나눈 인터뷰 내용은 병원의 의료 기록으로 보관되었다. 윌리엄스는 이 가운데 17년 후 성인이 된 136명을 추적하여 광범위한 후속 인터뷰를 진행했다.[20] 그 결과 3분의 1(38%)이 의료 기록에 버젓이 남아 있는 학대 사실을 기억하지 못했으며, 15명(12%)은 자신이 어릴 때 한 번도 학대받은 적이 없다고 말했다. 또한 3분의 2 이상(68%)은 아동기에 겪은 다른 성적 학대 사례를 이야기했다. 사건 당시 나이가 어릴수록, 그리고 알고 지내던 사람에게 추행을 당한 경우일수록 학대 사실을 잊어버린 비율도 높았다.

이 연구에서는 되살아난 기억의 신뢰도에 대해서도 조사했다. 10명 중 1명(학대를 기억하는 여성들 중 16%)은 학대 사실을 잊고 살다가 나중에 그런 일이 있었다는 사실이 기억났다고 말했다. 사건을 계속 기억하고 있었던 여성들에 비해, 잊고 지낸 기간이 있는 여성들은 학대를 당한 시점에 나이가 더 어리고 엄마에게 도움을 받지 못한 경우가 더 많은 것으로 나타났다. 윌리엄스는 회복된 기억이 그 기억을 전혀 잊지 않았던 사람들의 기억과 정확도 면에서 비슷하다는 사실을 확인했다. 여성들이 밝힌 기억은 모두 사건의 핵심적인 사실이 정확하게 포함되어 있었지만, 진료 기록에 명시된 세부적인 사항까지 똑같이 일치한 경우는 없었다.[21]

윌리엄스의 연구 결과는 기억 저장소로 되돌아온 기억이 변형되는 경향이 나타난다고 밝힌 최근의 신경과학 연구로도 뒷받침된다.[22] 기억에 접근할 수 없는 한, 마음도 기억을 바꾸지 못한다. 그러나 이야기가 다시 들려오기 시작하면, 특히 반복해서 들리면 기억은 변화한다. 기억을 이야기하는 행위가 이야기를 바꾸는 것이다. 마음은 알고 있는 사실에서 어떻게든 의미를 끌어내려고 하며, 우리의 삶을 형성하는 그 의미가 기억의 방식, 기억하는 것을 변화시킨다.

트라우마 기억이 잊혔다가 수년이 지나 다시 떠오를 수 있다는 증거가 많은데도 불구하고, 왜 세계 여러 나라에서 큰 명성을 얻고 있는 백여 명의 기억 전문가들은 그 명성을 걸고 샌리 신부에게 선고된 유죄를 뒤집으려는 항소에 뜻을 함께할까? 이들은 왜 '억눌린 기억'은 '근거 없는 과학'을 바탕으로 한다고 주장할까? 바로 기억 상실과 트라우마 경험에 대한 기억이 뒤늦게 떠오르는 현상은 실험으로 입증된 적이 없다는 이유에서다. 일부 인지과학자들은 이 이유를 들며 그와 같은 현상이 존재한다는 사실 자체에 반대하거나,[23] 되살아난 트라우마 기억이 정확할 수 있다는 가능성을 인정하지 않는다.[24] 그러나 의사들이 응급실이며 정신과 병동에서, 혹은 전쟁터에서 보는 일들은 과학자들이 안전하고 잘 정돈된 실험실에서 목격하는 것과 확연한 차이가 있다.

예를 들어 '쇼핑몰 미아lost in the mall' 실험으로 알려진 연구를 한번 살펴보자. 학자들은 어릴 때 쇼핑몰에서 길을 잃은 일처럼 실제로는 한 번도 일어난 적 없는 사건을 비교적 쉽게 기억에 심을 수 있다는 사실을 증명해 왔다.[25] 이 연구에서 기억을 심은 피험자 중 약 25퍼센트가 나중에 자신이 아주 무서웠다는 '기억을 떠올렸으며', 심지어 당시 상황을 상세히 설명했다. 그러나 이 피험자들 가운데 실제로 길을 잃은 아이가 느끼는 본능적인 공포를 느낀 사람은 한 명도 없었다.

목격한 사실에 관한 진술의 불확실성을 입증한 연구들도 있다. 피험자들에게 자동차 한 대가 도로를 달리는 장면이 담긴 영상을 보여주고, 나중에 정지 표지판이나 신호등을 보았느냐고 물어보는 등의 방식으로 진행된다. 어린이들에게는 교실에 한 남성이 찾아가도록 한 후 나중에 그 남성이 무슨 옷을 입었는지 기억해 보라고 한다. 이러한 형태의 연구들은 경찰과 법정에서 행해지는 절차에 문제를 제기했다는 점에서는 충분히 가치가 있지만, 트라우마 기억과의 연관성은 거의 찾을 수 없다.

가장 근본적인 문제는 실험실에서 일어나는 사건을 트라우마 기억이 남을 때의 상황과 동일하다고 볼 수 없다는 사실이다. 외상 후 스트레스 장애와 관련된 두려움과 무기력감은 그러한 환경에서 '새롭게' 만들어 낼 수 없다. 나와 동료들이 대본을 활용하여 기억의 재현을 뇌 영상 촬영으로 연구했던 것처럼 이미 생긴 트라우마의 영향을 실험실에서 연구할 수는 있지만, 트라우마로 발생하는 흔적을 새로 만들어 낼 수는 없다. 하버드대학교의 로저 피트먼은 학부생들에게 <죽음의 얼굴들Faces of Death>이라는 영화를 보여 주는 실험을 실시했다. 잔인하게 죽거나 처형당하는 장면이 담긴 뉴스 영화였다. 어느 심의위원회도 상영을 허가하지 않을 정도로 워낙 강도가 높아서 이제는 금지된 영화지만, 피트먼의 연구에 자발적으로 참가한 일반인들에게 외상 후 스트레스 장애를 일으키지는 않았다. 트라우마 기억을 연구하고 싶다면 이미 실제로 정신적 외상을 입은 사람들의 기억을 연구해야 한다.

재미있는 사실은 트라우마 기억에 대한 '과학적인' 논란도 법정에서 진술하는 흥미진진함과 짭짤한 수익이 줄자 어느새 사라졌고, 의사들만 남아서 트라우마 기억의 잔재를 처리하게 됐다는 점이다.

일반 기억 vs. 트라우마 기억

1994년, 나는 매사추세츠종합병원의 동료들과 함께 사람들이 평범한 경험과 두려웠던 일에 관한 기억을 어떻게 떠올리는지 비교하는 체계적인 연구를 진행하기로 결정했다. 우리는 지역 신문과 빨래방, 학생회관 게시판에 광고를 했다. "끔찍한 일을 겪었는데 그 일이 머릿속에서 떠나질 않나요? 727-5500으로 전화 주세요. 이 연구에 참가하시면 10달러를 드립니다." 이 광고를 내자 76명의 자원자가 찾아왔다.[26]

참가자들에게 우리가 누구인지 소개한 후, 개별적으로 질문을 시작했다. "살면서 겪은 일 중에서, 트라우마가 아닌데 항상 기억나는 일이 있습니까?" 한 참가자는 얼굴이 환해지며 대답했다. "우리 딸이 태어난 날이죠." 결혼식 날이라고 답한 사람도 있었고, 운동 팀에 들어가 경기에 참가해서 우승한 일, 고등학교 졸업식에 졸업생 대표로 참석했던 일이라는 대답도 있었다. 우리는 그 일을 떠올릴 때 특정 감각에 상세히 집중해 보라고 요청했다. 가령 "결혼식 날 남편분의 모습이 어땠는지 생각해 보세요, 생생하게 떠오르는 장면이 있나요?"와 같은 질문이 주어졌다. 다들 없다고 답했다. "결혼식 날 밤에 남편의 몸은 어떤 느낌이었나요?"(이 질문에는 우리를 아주 이상하게 쳐다보는 눈길을 감수해야 했다.), "졸업생 대표로 했던 연설 중에서 생생하게, 정확하게 기억나는 내용이 있나요?", "첫아이가 태어난 날 느꼈던 감각 중에 특별히 강렬하게 남은 감각이 있나요?" 모두들 없다는 대답이 돌아왔다.

다음으로 우리는 이 연구에 참가하게 된 계기인 트라우마에 대해 질문했다. 성폭행을 당한 사람이 많았다. "성폭행범에게서 났던 냄새가 느닷없이 떠오른 적이 있나요?", "성폭행을 당할 때 느낀 것과 똑같은 신체 감각을 느낀 적이 있나요?" 우리는 이런 질문을 했고, 참가자들은 그동안 축적되어 있던 감정을 강하게 표출했다. "제가 두 번 다시 파티에 못 가게 된 이유가 바로 그것 때문이에요. 누군가의 숨결에서 술 냄새가 날 때마다 다시 성폭행을 당하고 있는 것 같은 기분이 계속 들거든요"라거나, "남편과 더 이상 잠자리를 하지 못해요. 남편이 제 몸을 만지면 다시 성폭행을 당하는 기분이 들 때가 있거든요."

사람들이 좋았던 경험과 트라우마 사건의 기억을 이야기할 때는 두 가지 큰 차이가 있었다. 그것은 기억이 정리된 방식과 그 기억에 대한 신체 반응이었다. 결혼식, 출산, 졸업과 같은 일은 과거의 일로 회상했고 이야기에 처음과 중간, 끝이 있다. 이 일을 완전히 잊어버리고 살았던 시기가 있다고 밝힌 사람은 아무도 없었다.

반면 트라우마 기억은 정리가 안 된 상태였다. 어떤 부분은 굉장히 또렷하게 상세히 기억하지만(성폭행범의 냄새, 죽은 아이의 이마에 남은 상처), 사건의 순서나 중요한 세부 사항(맨 처음 도와주러 온 사람이 누구인지, 병원에 구급차와 경찰차 중 무엇을 타고 갔는지)은 기억하지 못했다.

우리는 참가자들에게 트라우마 기억을 세 가지 시점으로 나누어 그 일을 어떻게 기억하고 있었는지 물어보았다. 사건이 일어난 직후, 트라우마 증상으로 가장 힘들 때, 이 연구에 참가하기 전 일주일 동안으로 각각 나누었다. 참가자 모두 사고 직후에는 누구에게도 자신이 겪은 일을 정확히 말할 수 없었다고 답했다(응급실 업무나 긴급 구조 업무를 해 본 사람들에겐 그리 놀라운 일이 아닐 것이다. 교통사고를 당하고 아이나 친구가 죽은 후 실려 온 사람들은 망연자실해서 우두커니 앉아서 겁에 질려 말을 못하는 모습을 보인다). 참가자 거의 전체가 사고 장면이 반복해서 재현되는 증상을 겪었고 이미지, 소리, 감각, 감정에 압도당하는 기분이 들었다고 밝혔다. 시간이 흐를수록 더욱 세부적인 감각과 느낌이 깨어났지만, 대부분의 참가자는 그 와중에 상황을 어느 정도 이해하기 시작했다고 말했다. 무슨 일이 일어났는지 '알기' 시작했고, 다른 사람들에게 우리가 '트라우마의 기억'이라고 부르는 이야기를 할 수 있게 된 것이다.

과거의 이미지가 떠오르고 되살아나는 빈도는 점차 줄었는데, 우리가 이들에게 나타난 가장 놀라운 발전은 바로 자신이 겪은 사건에 관한 세부 내용과 순서를 짜 맞추는 능력을 발휘한 일이었다. 연구가 진행되면서 참가자의 85퍼센트가 시작과 중간, 끝이 구분되는, 일관성 있는 이야기를 할 수 있게 되었다. 사건의 중요한 사항을 기억하지 못하는 사람은 몇 명에 불과했다. 우리는 어릴 때 학대를 당했다고 밝힌 5명의 참가자가 하는 이야기가 파편성이 가장 높다는 사실에 주목했다. 이들의 기억은 계속해서 이미지와 신체 감각, 강렬한 감정으로 떠올랐다.

우리 연구는 피에르 자네와 그 연구진이 살페트리에르병원에서 백 년도 더 전에 밝힌 기억의 이중 체계, 즉 트라우마 기억은 일반적인 과거 이야기와 근본적으로 다르다는 사실을 확인한 셈이다. 트라우마 기억은 분해되어 있다. 트라우마 사건이 발생한 당시 뇌로 유입된 각기 다른 감각이 하나의 이야기로, 한 편의 자전적 기록으로 적절히 조합되지 못했기 때문이다.

우리 연구에서 찾은 가장 중요한 결과는, 1893년에 브로이어와 프로이트가 주장했듯이 트라우마 사건과 그 사건으로 발생한 모든 영향을 모조리 기억해 낸다고 해서 반드시 문제가 해결되는 건 아니라는 사실이다. 연구 결과를 보면 언어가 행동을 대체할 수 있다는 그들의 생각과 거리가 멀었다. 우리가 만난 연구 참가자 대부분은 일관된 이야기를 할 수 있게 되었고, 그 이야기에서도 고통을 느꼈지만 견디기 힘든 이미지나 신체 감각도 계속해서 떠오른다고 했다. 최근 인지행동 치료의 핵심으로 등장한 노출 치료도 실망스러운 결과를 내놓고 있다. 이 방법으로 치료를 받은 환자들 대다수가 치료 완료 후 3개월이 지나도 심각한 외상 후 스트레스 장애 증상에 계속해서 시달리는 것으로 나타났다.[27] 앞으로 살펴보겠지만, 자신에게 일어난 일을 설명할 말을 찾는 과정에는 변화를 줄 수는 있지만 그것이 항상 과거 사건의 재현을 막지는 못하며 집중력을 향상시키거나 주변에서 일어나는 중요한 일에 참여하도록 자극을 주지도 못한다. 또 낙심할 일이 생기거나 부상을 입었을 때 과민하게 반응하는 경향을 약화시키지도 못한다.

희생자들의 이야기

트라우마가 된 일을 계속 기억하고 싶어 하는 사람은 아무도 없다. 그 점에 있어서는 피해자나 사회가 같은 입장이다. 누구나 안전하고 통제 가능하고 예측할 수 있는 세상에서 살고 싶어 하지만, 트라우마 희생자들은 우리에게 세상이 꼭 그렇지만은 않다는 사실을 상기시킨다. 트라우마를 이해하려면, 그런 현실과 직면하기를 꺼려하는 우리의 자연스러운 거부감을 이겨 내고 생존자들의 증언에 귀를 기울일 용기부터 키워야 한다.

로런스 랭거Lawrence Langer는 저서 『홀로코스트에 관한 증언: 기억의 잔해Holocaust Testimonies: The Ruins of Memory』(1991)에서 예일대학교 포턴오프 영상 기록 보관소Fortunoff Video Archive의 자료를 연구한 결과에 대해 다음과 같이 밝혔다. "홀로코스트를 겪은 이야기를 들으면, 끝이 보이지 않는 미완성의 저 깊은 바닥으로 끊임없이 사라져 가는 증거 조각들을 발견하게 된다.[28] 영원히 끝나지 않는 이야기의 서두, 불완전한 그 사이 수많은 간격들을 이해하려고 애쓰지만, 저 아래에 묻힌 기억의 간청에 저항하지 못하고 괴롭게 침묵해 버린 불안정한 목격자와 마주하게 된다."

그가 본 목격자 중 한 사람은 이렇게 말했다. "거기 없었던 사람에게 그 일을 설명하고 어떠했다고 말하기는 힘들어요. 사람이 그런 스트레스 속에서 제대로 기능을 하는 것도 어려운 일인데, 그토록 잔혹한 일이 존재했다는 사실조차 모르는 사람에게 그 일을 전하고 설명하는 건 상상 속에서나 가능한 일 같습니다."

샬럿 델보Charlotte Delbo라는 이름의 또 다른 생존자는 아우슈비츠에서 자신의 존재는 두 종류였다고 설명한다. "그 수용소에 있었던 '나'는 지금 여기에, 여러분과 마주 보고 있는 사람이 아니었어요. 그럼요, 그렇지 않고서야 도저히 믿을 수가 없어요. 그때의 '나'에게, 아우슈비츠의 나에게 일어난 모든 일은 저에게, 그러니까 지금의 저에겐 아무 느낌도 없고 아무 신경도 쓰이지 않아요. 그 깊은 기억들은 평범한 기억과 아주 뚜렷하게 구분되어 있답니다. (…) 이렇게 분리하지 않았다면, 전 다시 살아갈 수 없었을 거예요."²⁹ 이 여성은 심지어 말에도 두 가지 의미가 있다고 설명한다. "[수용소에서] 몇 주 동안이나 갈증으로 고문당한 사람은 두 번 다시 '나 목말라. 차 한 잔 하자.'라고 말할 수 없어요. 목마르다는 표현은 [전쟁이 끝난 후에] 자주 쓰는 말이 된 것 같은데, 전 그 말을 들으면 비르케나우[아우슈비츠에 설치된 몰살 시설]에서 내가 느꼈던 갈증이 떠올라 다시 그때의 초췌하고 이성을 잃은 채 비틀댔던 내 모습처럼 된 것같이 느껴집니다."³⁰

랭거의 결론에는 이 연구를 하면서 그의 뇌리에 새겨진 느낌이 생생하게 담겨 있다. "이렇게 상처 입은 마음의 조각들이, 조각난 상태로 편히 쉴 수 있을 만한 무덤을 어떻게 찾을 수 있을까? 생은 이어지지만 두 개의 시간을 향해 동시에 나아간다. 그리고 미래는 슬픔으로 뒤덮인 기억의 손아귀에서 벗어날 수 없다."³¹

압도적이고, 믿을 수 없고, 견딜 수도 없다는 점이 트라우마의 핵심적인 특징이다. 모든 환자들이, 우리에게 무엇이 정상인가에 관한 생각을 접고 이중의 현실을 수용하라고 회고한다. 즉 비교적 안전하고 예측 가능한 현재와 그 바로 곁에서 붕괴된 채 현재로 남아 있는 과거와 마주해야 하는 현실을 받아들이라고 호소하는 것이다.

낸시의 이야기

이 이중성을 낸시만큼 말로 생생하게 전달할 수 있는 환자는 별로 없다. 낸시는 미드웨스턴병원에서 간호부장으로 일하던 중 나와 상담하기 위해 보스턴을 몇 차례 방문했다. 셋째 아이를 출산한 직후, 낸시는 복강경 난관결찰술을 받았다. 보통 외래 수술로 많이 실시되는 이 수술은 임신이 되지 않도록 난관을 소작하는 수술이다. 그런데 낸시는 수술 당일 마취가 충분히 되지 않아서, 수술이 시작된 후 곧 깨어나 그 상태로 수술이 거의 끝날 때까지 있어야 했다. '얕은 잠' 혹은 '꿈을 꾸는' 것 같았다고 설명한 그 상태로, 낸시는 수술 상황의 공포를 고스란히 겪었다. 수술이 진행되는 동안 근육이 수축되지 않도록 근육 이완제가 투여된 후라 정신은 깨어 있었지만 몸을 움직이거나 소리를 질러 자신이 깨어 있다는 사실을 알릴 수도 없었다.

이 '마취 중 각성'은 매년 미국에서 수술 환자 3만 명 정도가 경험하는 것으로 추정된다.32 나는 이 일로 트라우마에 시달리는 사람들을 대신해 법정에서 증언을 한 적이 몇 번 있다. 하지만 낸시는 수술을 집도한 의사나 마취의사를 소송하지 않았다. 그보다는 트라우마를 의식의 영역으로 끌어내어 매일 일상을 침범하는 그날의 기억으로부터 자유로워지는 데 전적으로 집중했다. 회복으로 가는 그 험난한 여정을 꾸준히 내게 전해 주었던 낸시의 이메일 가운데 인상적인 내용을 소개하고 이번 장을 마무리하려고 한다.

처음에 낸시는 무슨 일이 벌어졌는지 깨닫지 못했다.

"집에 돌아와서도 전 계속 어리둥절한 상태였어요. 집안일을 열심히 하다 보면 자주 그럴 때가 있긴 했지만, 제가 살아 있다거나 현실이라는 느낌이 전혀 들지 않더군요. 그날 밤엔 잠을 제대로 자지 못했어요. 그렇게 며칠 동안 저만 세상에서 뚝 떨어진 것처럼 분리된 느낌으로 지냈어요. 그런데 헤어드라이어나 토스터기, 가스레인지처럼 열을 내는 물건을 전혀 쓸 수가 없었어요. 다른 사람들이 하는 일이나 제게 하는 말에도 집중할 수 없었고요. 그냥 아무 신경도 쓰이지 않았어요. 불안감이 점점 커지고, 잠자는 시간이 계속 줄었어요. 내가 이상하게 행동하고 있다는 걸 알았어요. 그래서 무엇이 절 겁나게 만드는지 알아내려고 애썼어요. 수술한 날로부터 4일이 지난 날 밤, 새벽 3시경까지 전 꿈을 꾸는 것 같은 상태로 누워 있었는데 갑자기 그런 제 상태가 수술실에서 들었던 대화와 관련 있다는 사실을 깨달았어요. 제 몸이 돌연 그 수술실로 돌아간 것처럼 느껴지더니, 몸이 마비된 상태로 불타고 있는 느낌이 들었어요. 공포와 두려움의 세상이 절 집어 삼켜 버렸어요."

낸시는 그 뒤부터 기억과 재현이 생활 속에서 마구 터져 나오기 시작했다고 말했다.

"침입하라고 문을 살짝 열고 허락한 것 같은 기분이 들었어요. 호기심과 피하고 싶은 마음이 뒤섞였죠. 비이성적인 공포에 계속 시달렸어요. 잠들기가 죽을 만큼 두려웠고요. 파란색만 보면 두려움을 느꼈어요. 불쌍하게도 남편이 가장 많은 공격을 받아야 했죠. 전혀 그럴 의도가 없었는데 남편에게 비난을 퍼부어 버렸죠. 잠은 길어야 두세 시간밖에 못 자고, 낮 시간은 그날의 상황들이 몇 시간씩 재현되면서 채워졌어요. 극도로 경계한 상태로 머릿속에 떠오르는 생각에 위협을 느끼고 제발 벗어나기만을 바라면서 지냈어요. 3주일 만에 몸무게가 10킬로그램 넘게 빠졌죠. 사람들이 저더러 외모가 참 보기 좋아졌다고 계속 칭찬하더군요. 그러다 죽음을 생각하기 시작했어요. 내 인생을 보는 눈도 크게 왜곡된 것 같아요. 살면서 잘했던 일들은 줄어들고, 예전에 실패했던 일들은 크게 부풀려져서 다가오더군요. 남편에게도 계속 상처를 주고, 내 분노에서 아이들을 보호하지 못할 수도 있다는 사실도 깨달았어요. 수술받고 3주일 만에 제가 일하던 병원으로 돌아갔어요. 그리고 엘리베이터 안에서 그날 이후 처음으로 수술복 입은 사람을 봤어요. 당장 내리고 싶었지만 그럴 수가 없었죠. 갑자기 달려들어서 그 사람을 사정없이 때려눕히고 싶은, 그런 말도 안 되는 충동이 솟구쳐서 정말 겨우 억눌렀어요. 그때부터 사고 순간이 재현되는 일이나 공포감, 해리 상태는 더 심각해졌어요. 결국 내내 울면서 집으로 돌아왔죠. 그

후론 회피하는 방법을 택했어요. 엘리베이터에는 발도 들이지 않고, 병원 식당에도 절대 안 가고 수술실이 있는 층은 피해 다녔어요."

낸시는 서서히 재현되는 사건의 조각들을 맞추고 마침내 수술의 기억을, 그 끔찍함을 이해할 수 있게 되었다. 수술실 간호사들이 자신의 마취 상태를 확인했던 일, 마취가 시작된 후 잠깐 잠들었던 일도 기억이 났다. 그리고 잠에서 어떻게 깨어나기 시작했는지도 떠올랐다.

"수술실에 있던 의료진 전체가 간호사 한 명이 바람난 이야기를 하면서 웃고 있었어요. 그러면서 동시에 첫 번째 절개가 시작됐죠. 메스가 절 찌르고, 피부를 가르고, 따뜻한 피가 제 피부에 흘러나오는 것이 느껴졌어요. 어떻게든 몸을 움직이고 말을 하려고 필사적으로 애썼지만 몸이 말을 듣지 않았어요. 이해할 수가 없었죠. 의사들 손에 근육이 한 겹씩 벌어질 때 더 깊은 통증을 느껴야 했죠. 이건 내가 느끼면 안 되는 고통이란 걸 알았어요."

그러곤 누군가가 배 속을 '이리저리 뒤적거리고' 있다는 느낌이 들어서 복강경 기구가 들어갔다는 걸 알 수 있었다고 낸시는 이야기했다. 왼쪽 난관이 꽉 조이는 것도 느꼈다.

"갑자기 살이 그을리는 강렬한 느낌이, 타는 듯한 통증이 덮쳤어요. 고통에서 벗어나려고 했지만 소작기*는 절 계속 찔러 대고 무자비하게 태우는 과정이 이어졌죠. 그때의 공포는 도저히 말로 설명할 수가 없습니다. 그전까지 제가 경험했거나 직접 물리쳐 본 그 어떤 통증에도 비할 수 없는, 가령 뼈가 부러지거나 자연 분만을 하는 것과 전혀 다른 종류의 고통이었어요. 극심한 통증은 난관을 서서히 태워 가는 동안 가차 없이 이어졌어요. 처음에 메스로 살갗을 자를 때 느낀 고통은 이것에 비하면 아무것도 아닐 정도였죠. 다음 순간, 돌연 우측 난관

---

* 전류를 이용하여 지지는, 지혈하는 데 사용되는 수술 기구

에도 그 뜨거운 기구의 끝이 처음 느껴졌어요. 사람들이 웃는 소리를 들으면서, 잠시 제가 어디에 있는지 떠올릴 수가 없었어요. 고문실에 있다는 확신이 들고, 왜 이 사람들이 아무것도 묻지 않고 절 고문하고 있는지 모르겠다고 생각했죠……. 세상이 수술대 주변 공간으로 작게 줄어들었어요. 시간도, 공간도 느낄 수 없었고 미래도 생각할 수가 없었어요. 오로지 고통과 공포, 두려움뿐이었죠. 주위에 사람들이 있는데도 고립되고 철저히 혼자 남은 것 같은 기분이 들었어요. 세상 모든 공간이 저만 남기고 닫혀 버린 것 같았어요. 그 고통 속에서 제가 몸 어딘가를 움직인 게 분명해요. 간호사가 마취의사에게 제가 '깨어 있다'고 말하는 소리를 들었어요. 의사는 약을 더 주라고 하더니 조용히 말하더군요. '이 일을 차트에 기록할 필요는 없습니다.'라고요. 그게 제가 아는 마지막 기억이에요."

낸시는 그 후에 보낸 이메일에서, 트라우마의 실체를 좀 더 상세히 설명하려고 애썼다.

"선생님께 기억의 재현이 어떤 건지 말씀드리고 싶어요. 그건 마치 시간이 접히거나 휘어져서, 과거와 현재가 하나로 합쳐지고 제 몸이 과거로 이동하는 것과 같아요. 트라우마 사건을 떠올리게 하는 상징은 실제로 아무런 해가 될 것 없는 것이라도 철저히 오염되고 말아요. 그 상징이 되는 물체는 무조건 증오하고, 두려워하고, 파괴해 버리거나 그럴 수 없다면 피해야 하는 물건이 되어 버리죠. 예를 들어 다리미는, 장난감 다리미든 의류를 다리는 물건이든 머리카락에 컬을 넣는 도구든 전부 다 제겐 고문 기구로 보여요. 수술복 입은 사람을 아주 잠깐 마주치기만 해도 정신이 분리되고 혼란스럽고 몸이 아프고 때로는 화가 치밀어 오르는 걸 느껴요. 결혼 생활이 서서히 망가지고 있어요. 남편을 보면 절 두고 무정하게 웃던 사람들[수술 의료진]이 떠오르기 시작해서 너무 괴로워요. 전 두 가지 상태로 살고 있어요. 무감각함이 담요처럼 저를 푹 덮고 있다가, 어떤 작은 아이가 살짝 건드리면 다시 세상으로 돌아와요. 그럴 땐 관찰자에서 벗어나 잠시나마 현재를 살고, 인생의 한 부분으로 들어오게 되죠. 흥미로운 사실은 직장에서 제 몫을 정말 잘 해내고 있다는 점이에요. 칭찬도 계속 듣고 있어요. 인생은 지금 허위로 흐르고 있다는 걸 저 스스로가 인지하더라도 계속 흘러가네요. 이런 이중생활은 낯설고 기이하게 느껴져요. 전 지쳤어요. 하지만 삶을 포기할 수도 없고, 괴물이 나타나도 무시하면 곧 가 버릴 거라고 저 자신을 계속 속일 수도 없어요. 그날 수술실에서 벌어진 사건이 제 머릿속에 다시 떠오른 건 뭔가 새로운 걸 찾기 위해서가 아닐까 하는 생각을 자주 하게 돼요. 제 인생에서 그날 45분 동안 일어난 일 중에서 아직 못 찾은 조각이 너무 많아요. 기억은 여전히 불완전하고 조각난 상태지만, 이제는 모든 걸 다 알아야 무슨 일이 있었는지 이해할 수 있다는 생각을 하지 않아요. 두려움이 가라앉으면, 제가 그 감정을 해결할 수 있다는 생각이 들어요. 하지만 제 일부는 그 가능성에 의구심을 던져요. 과거가 끌어당기는 힘은 엄청나요. 제 인생의 어두운 면이 된 그 시점에 저는 수시로 머물러야만 해요. 지금 이 발버둥도 제가 살아 있음을 깨닫는 하나의 방법이겠죠. 살아남으려는 싸움이 그렇게 반복되고, 분명히 제가 이긴 것 같지만 끝낼 수는 없어요."

작은 회복의 징후는 낸시가 좀 더 큰 수술을 받게 되었을 때 찾아왔다. 수술받을 병원으로 보스턴병원을 택한 낸시는 수술 전에 의사들, 마취의사들에게 사전 회의를 열고 자신이 겪었던 일에 대해 이야기할 수 있도록 해 달라고 요청했다. 그리고 내가 수술실에 함께 들어가 있게 해 달라고도 부탁했다. 그리하여 나는 아주 오랜만에 수술복을 입고 낸시와 함께 수술실에 들어가서 마취가 이루어지는 과정을 지켜보았다. 그날 수술에서는 낸시도 안전한 기분으로 잠에서 깰 수 있었다.

2년이 흐른 뒤, 나는 낸시에게 수술 중 각성에 관한 이야기를 이 책에서 해도 되겠느냐고 양해를 구했다. 낸시는 답장에서 회복 과정을 전해 왔다.

"선생님께서 큰 친절을 베풀어 동행해 주신 두 번째 수술로 제 고통이 다 끝났다고 말씀드리면 얼마나 좋을까요. 하지만 슬프게도 그렇게 되진 않았어요. 수술 후 6개월 정도 지나서 전 두 가지 결정을 내렸답니다. 한 가지는 원래 받고 있던 인지행동 치료를 그만두고 정신역학 분야의 정신의학자와 상담을 시작한 것이고, 다른 한 가지는 필라테스 수업을 받기 시작했다는 거예요."

"지난달 치료 시간에는 상담 선생님께, 다른 의사들은 다 실패로 돌아가긴 했지만 처음엔 절 고치려고 했는데 왜 그러지 않으시냐고 물어보았어요. 그 선생님께선 그동안 제가 아이들 키우는 일이나 직장에서 성취한 일들로 볼 때, 스스로 치유할 수 있는 회복력을 충분히 가지고 있다고 하시더군요. 그리고 치료 과정이 제가 계속 스스로 회복할 수 있도록 받쳐 주는 환경이 되었으면 좋겠다고 하셨어요. 매주 한 시간씩 그렇게 상담하는 시간은 제가 어쩌다 그렇게 큰 상처를 받았는지 수수께끼를 풀고 다시 분리되지 않은 온전한 나, 고문당하지 않는 평화로운 나 자신을 다시 만들어 가는 일종의 도피처가 되었어요. 그리고 필라테스를 하면서 더 강해진 제 몸의 중심도 발견하고, 절 받아 주고 사회적인 지지를 기꺼이 제공하려는 친구들도 만났어요. 트라우마 사건 이후 제 삶에서 아예 배제됐던 일들이죠. 이렇게 심리적, 사회적, 신체적인 중심이 함께 강화되면서 안전한 느낌도 들고 저 자신을 통제하는 기분도 들어요. 그리고 그 일의 기억들은 먼 과거의 일로 밀어내 버리고, 현재와 미래의 일이 앞으로 나설 수 있도록 만들 수 있었어요."

5부
회복으로 가는 길

13장

트라우마로부터의 회복:
트라우마의 치유

내가 괴짜라는 걸 확인하려고 치료받는 게 아냐
나는 매주 그곳에서 딱 하나밖에 없는 답을 찾아
내가 치료받는다고 하면, 사람들은 생각해
널 이기적으로 만들 뿐이라고, 의사와 사랑에 빠질 거라고
하지만 아, 내가 다른 사람들을 사랑할 수 있었던 건
나에 관한 이야기를 마침내 그만큼 많이 한 이후부터였지

다 윌리엄스Dar Williams,
「당신은 이 소리에서 무엇을 듣나요What Do You Hear in These Sounds」

전쟁이나 학대, 성폭력, 추행, 그 밖에 다른 끔찍한 사건을 '치료'할 수 있는 사람은 아무도 없다. 이미 일어난 일은 되돌릴 수 없다. 하지만 몸과 마음, 영혼에 남은 트라우마의 흔적들을 해결할 수는 '있다'. 불안감이나 우울증이라고 치부한 가슴을 조이는 느낌이나 통제력을 잃을 것 같은 두려움, 위험과 마주치거나 거부당할지도 모른다는 경계심, 자기혐오, 악몽, 되살아나는 과거, 일에 전념하지 못하고 하고 있는 일에 완전히 몰입하지도 못하게 막는 머릿속의 뿌연 안개, 다른 사람에게 마음을 활짝 열지 못하는 상태가 바로 그런 흔적이다.

트라우마는 자기 자신에 대한 책임감을 앗아 가고 이번 장부터

설명할 '자기 리더십'도 앗아 간다.[1] 회복하려면 자신의 몸과 마음에 대한 소유권을 되찾아야 한다. 자신이 알고 있는 사실을 편안하게 받아들이고, 자신이 느끼는 것을 그 일에 압도되거나 분노하거나 수치스러워하거나 주저하지 않고 그대로 느끼는 상태를 의미한다. 대부분의 사람은 이를 위해 (1) 침착하게 집중할 수 있는 방법을 찾고, (2) 과거를 상기시키는 이미지와 생각, 소리, 신체 감각을 접해도 계속 침착함을 유지하는 법을 배우고, (3) 현재를 충실히 살고 주변 사람들의 일에 관심 갖는 법을 배우고, (4) 살아남기 위해 택한 방법을 포함해 자기 자신에게 비밀을 만들지 않으려고 노력한다.

이러한 목표들을 하나하나 정해진 순서에 따라 모두 달성할 필요는 없다. 겹치는 부분도 있고, 개개인의 상황에 따라 어떤 건 다른 것보다 실천하기 더 어려울 수도 있다. 이번 장부터는 이 목표들을 이룰 수 있는 구체적인 방법 혹은 접근 방식을 각 장별로 이야기하려고 한다. 트라우마를 겪은 생존자들과 그들을 치료하는 사람들 모두에게 도움이 될 수 있도록 마련한 내용들이지만, 일시적인 스트레스를 해소하는 목적으로도 유용하게 쓰일 것이다. 모두 내가 환자들을 치료하면서 폭넓게 활용하는 방법들이며, 개인적으로도 적용해 보고 경험해 보았다. 이 가운데 한 가지 방법만 적용해도 나아지는 사람들이 있지만 대부분은 회복 단계에 따라 각기 다른 방법에서 도움을 얻는다.

나는 여기에 소개한 치료법들 가운데 다수에 대해 과학적인 연구를 실시하고 전문가들이 검토하는 학술지에 결과를 발표했다.[2] 이번 장은 치료법들의 바탕이 되는 기본 원리를 정리하고 소개할 치료법들을 미리 살펴본 후, 나중에 따로 상세히 소개하지 않는 치료법들을 간략히 언급하는 순서로 구성했다.

회복에 관한 새로운 초점

트라우마에 대해 이야기할 때, 우리는 이런 이야기나 질문으로 시작하는 경우가 많다. "전쟁터에서 무슨 일이 있었나요?", "추행당한 적이 있습니까?", "제가 그 사고나 성폭행에 대해 한 번 이야기해 보겠습니다.", "가족 중에 술 때문에 말썽 피우던 사람이 있었나요?" 하지만 트라우마는 오래전에 일어난 어떤 일을 이야기하는 것과 전혀 다르다. 그 일을 겪는 동안 각인된 감정과 신체 감각은 기억이 아니라 현시점에 나타나는 와해된 신체 반응으로 경험한다.

자신에 대한 통제력을 되찾으려면 트라우마와 다시 만나야 한다. 그리고 머잖아 자신에게 벌어진 일과 직면해야 하는 단계도 필요하다. 그러나 이 단계는 충분히 안전하다는 느낌이 들고 또다시 정신적 외상을 입지 않는 상태가 된 후에야 가능하다. 전체 과정에서 가장 먼저 해야 할 일은 과거의 일과 연관된 감각이나 감정에 휩싸이지 않고 대처할 수 있는 방법을 찾는 것이다.

앞서 설명했듯이 트라우마 경험 이후에 나타나는 반응은 정서적 뇌에 자리한 엔진으로부터 나온다. 이성적 뇌는 자기를 생각으로 표현하지만, 정서적 뇌는 이와 달리 자기를 신체 반응으로 표현한다. 속이 뒤틀리는 느낌, 심장이 쿵쾅대는 반응, 호흡이 빠르고 얕아지는 변화, 비통한 심정, 잔뜩 긴장한 새된 목소리, 쓰러지는 반응, 뻣뻣하게 굳어 버리는 반응, 분노하며 방어적인 행동 등의 특징적인 신체 움직임이 그 대표적인 반응에 속한다.

합리적으로 행동하지 못하는 이유는 무엇일까? 그 이유를 알게 된다면 과연 도움이 될까? 실행을 담당하는 이성적인 뇌는 감정이 어디에서 비롯된 것인지 우리가 이해할 수 있도록 도와주는 능력이 탁월하다(가령 "남자와 가까워지면 겁이 나는데, 그건 아버지에게 추행당한 적이 있기 때문이야"라든가, "아들에게 사랑하는 마음을 제대로 표현할 수가 없어. 이라크에서 죽인 아이가 떠올라 죄책감이 들기 때문이야"라든가). 그러나 이성적인 뇌는 감정이나 감각, 생각을 '없애지' 못한다(예를 들어 성폭행을 당한 게 자기 잘못이 아니라는 사실을 이성적으로는 알지만, 자신이 형편없는 사람이라는 생각이 시종일관 머릿속에 깔려 있어서 위협에 대한 감각이 대체로 낮은 상태로 살아가는 경우). '왜' 그런 느낌을 받는지 이해한다고 해서 '느끼는 방식'이 바뀌지는 않는다. 하지만 그 이유를 알면 격렬한 반응에 어쩔 수 없이 끌려가지 않도록 (가령 가해자를 떠올리게 한 직장 상사를 폭행하거나, 연인과 처음 의견 충돌을 겪자마자 관계를 끝내 버리거나, 낯선 사람을 덥석 믿어 버리는 등) 대처할 수 있다. 문제는 지치고 힘들수록 이성적인 뇌가 감정에 자리를 내주는 일도 더 빈번히 생긴다는 사실이다.**3**

변연계 치료

트라우마 스트레스를 해소하려면, 기본적으로 이성적인 뇌와 정서적 뇌 사이에 적절한 균형을 회복하여 자신의 반응과 처세 방식에 스스로 책임감을 느낄 수 있어야 한다. 어떤 자극으로 과도하게 흥분하거나 지나치게 위축되면, '인내의 창' 바깥으로, 즉 최상으로 기능할 수 있는 범위에서 벗어나도록 떠밀린다.**4** 이 상태에서는 과민하고 정신이 산만해지며, 여과 기능이 중단되어 소리나 빛이 거슬리고 원치 않는 과거의 이미지들이 머릿속에 끼어든다. 또 혼란스러워하고 극도로 화를 낸다. 세상과 자신을 차단해 버린 경우에는 몸도 마음도 멍한 상태가 되어 생각도 느려지고 제자리에서 벗어나지 못한다.

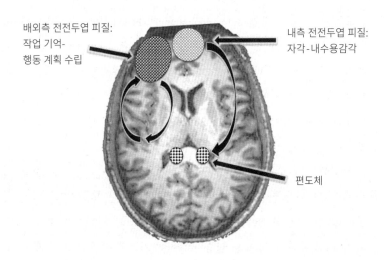

배외측 전전두엽 피질:
작업 기억-
행동 계획 수립

내측 전전두엽 피질:
자각-내수용감각

편도체

조지프 르두, 2003년: 동의 후 수정한 사진

가까이에서 살펴본 정서적 뇌

이성적이고 분석적인 뇌 영역은 배외측 전전두엽 피질에 집중되어 있으며, 트라우마가 남긴 흔적의 대부분이 간직된 정서적 뇌와 직접적으로 연결되어 있지 않다. 그러나 정서적 뇌는 자각센터인 내측 전전두엽과 바로 이어져 있다.

그림 : 루시아 스카이Lucia Sky

과잉 흥분 상태든 세상과 차단된 상태든 그러한 상태에서는 경험에서 아무것도 배울 수 없다. 가까스로 통제력을 유지한다 해도 지나치게 경직되어('익명의 금주 동맹'[알코올 중독자 모임]은 이런 사람들을 '바짝 긴장한 맨 정신 상태'라고 부른다), 융통성이 없고 고집 세고 우울한 모습을 보인다. 트라우마 회복을 위해서는 실행 기능의 회복이 필요하다. 그래야 자신감과 명랑함, 창의력을 회복할 수 있다.

　　트라우마 사건 후에 나타난 반응을 변화시키려면 정서적 뇌에 접근하여 '변연계 치료'를 실시해야 한다. 즉 고장 난 알람을 수선하고 정서적 뇌가 다시 원래대로 조용히 배경에 머무르면서 신체의 기본 기능을 유지하는 일에 신경 쓰도록 하여 잘 먹고, 잘 자고, 사람들과 친밀하게 지내고, 아이들을 보호하고, 위험 요소로부터 방어하는 기능을 회복해야 한다.

　　신경학자인 조지프 르두와 연구진은 정서적 뇌에 의식적으로 접근할 수 있는 유일한 방법은 자각을 통해서, 즉 내면에서 일어나는 일을 인지하고 감정을 느끼게 하는 뇌 영역인 내측 전전두엽 피질의 활성화가 필요하다는 사실을 입증했다[5](이 기능을 전문 용어로 '내수용감각'이라고 한다. '안쪽을 살펴보다'라는 뜻을 가진 라틴어에서 유래했다). 의식적인 뇌 영역은 대부분 다른 사람들과 어울리고, 미래 계획을 세우는 등 외부 세계에서 일어나고 있는 일들에 집중할 뿐 우리 스스로를 관리하는 일에는 도움을 주지 않는다. 신경과학 연구 결과들을 보면, 우리가 무언가를 느끼는 방식에 변화를 줄 수 있는 방법은 '내적' 경험을 인지하고 내면에서 일어나는 일들을 돌보는 법을 익히는 것밖에 없다는 사실을 알 수 있다.

정서적 뇌를 돌보려면

1. 과도한 흥분을 잠재워라

지난 수십 년 동안 정신의학계에서는 약물을 이용해 감정을 느끼는 방식을 바꾸는 데 초점을 맞춰 왔다. 그리고 그 방식은 과잉 흥분이나 낮은 각성 상태를 해결할 수 있는 방법으로 수용되었다. 이번 장 뒷부분에서 여러 약물에 대해 설명하겠지만, 먼저 우리에겐 냉정하고 침착한 상태를 유지할 수 있는 수많은 기능이 내재되어 있다는 사실부터 알아야 한다. 앞서 5장에서 우리는 감정이 몸에 어떻게 기록되는지 살펴보았다. 미주신경*의 감각섬유(뇌와 다양한 장기를 이어 주는 신경) 중 약 80퍼센트는 구심신경**이다. 즉 정보가 신체에서 뇌를 향해 전달된다.[6] 그러므로 우리는 호흡하고 노래하고 움직이는 활동을 통해 각성 체계를 직접 훈련시킬 수 있다. 중국과 인도에서 아주 먼 옛날부터 이 원칙을 활용해 왔으며 내가 아는 모든 종교에서 이 원칙을 적용한 활동을 해 왔다. 그러나 이러한 접근 방식은 주류 문화의 '대안'이라는 의심스러운 시선을 받고 있다.

다른 동료들과 함께 국립 보건원의 지원을 받아 요가의 효과를 연구한 결과, 10주간 요가를 하면 약물 치료에 반응을 보이지 않고 다른 어떤 치료도 효과가 없었던 외상 후 스트레스 장애 증상이 크게 감소하는 것으로 나타났다[7](요가에 대해서는 16장에서 다시 설명할 예정이다). 19장에서 소개할 뉴로피드백(뇌파 신경 치료)도 과도한 각성이나 저조한 각성 상태로 인해 집중력이 약하고 우선순위를 정하는 일을 힘들어하는 어린이와 성인에게 특히 도움이 될 수 있다.[8]

• 심장, 인두, 성대, 내장기관 등에 넓게 분포해 부교감 신경 및 감각·운동신경 역할을 수행하는 신경
•• 감각 수용기로부터 중추신경계로 신호를 전달하는 역할을 하는 신경

평온하게 호흡하고 신체가 대체로 이완된 상태를 유지하도록 만드는 법을 배우는 것, 심지어 고통스럽고 두려운 기억에 접근하는 순간에도 그 상태를 유지하는 법은 회복을 위해 반드시 터득해야 할 기술이다.[9] 일부러 천천히, 깊이 몇 번 호흡하면 몸의 부교감 신경계가 정신의 각성 상태에 제동을 거는 효과가 바로 나타난다(5장에서도 이에 대해 설명했다). 호흡에 집중할수록 효과도 더 크다. 특히 숨을 내쉴 때 마지막까지 집중해서 내뱉고, 잠시 기다렸다가 다시 숨을 들이쉬면 더 효과적이다. 계속 호흡하면서 폐로 공기가 들어오고 나가는 것을 느끼면 산소가 몸속으로 들어와 신체를 건강하게 하고 각 조직에 에너지를 선사하여 살아 있는 기분, 현재에 충실한 기분을 준다는 생각이 들게 된다. 16장에서 이 간단한 방법으로 몸 전체가 큰 효과를 얻는 방법에 대해 설명할 예정이다.

감정 조절은 트라우마와 방치 경험으로 생긴 영향을 관리하는 데 중요한 역할을 하므로, 교사들과 군 부사관들, 아이를 입양한 부모들, 정신건강 전문가들이 감정 조절 기술에 대한 교육을 철저히 받는다면 엄청난 변화를 이끌 수 있다. 현재는 아직 뇌가 미성숙하고 충동적으로 행동하는 취학 전 아이들과 유치원생들을 매일 만나고 그런 일에 상당히 익숙한 교사들에게 이러한 교육이 집중되어 있다.[10]

서양의 주류 정신의학계와 심리학계에서는 전통적으로 치료 과정에서 자기 관리에 거의 관심을 기울이지 않았다. 서구 사회가 약물과 면담 치료에 의존한 반면, 전 세계 다른 문화권에서는 전통적으로 마음챙김과 운동, 리듬, 활동에 중점을 두었다. 인도의 요가, 중국의 태극권과 기공 체조, 아프리카 전역에서 발달한 리드미컬한 북치기 등은 몇 가지 예에 지나지 않는다. 일본과 한국 문화에서는 목적이 담긴 움직임과 현재에 집중하는 것, 바로 트라우마 환자들에게서 손상된 이 능력의 발달에 중점을 둔 다양한 무술이 번성했다. 합기도, 유도, 태권도, 검도, 주짓수, 브라질의 카포에이라 등이 이에 해당되며, 모두 신체의 움직임과 호흡, 명상이 포함되어 있다. 이와 같은 비서구적인 전통적 치유법들은 수많은 사람에게 알려졌지만, 요가 외에는 외상 후 스트레스 장애 치료와 연관시켜 체계적으로 연구된 사례가 거의 없다.

2. 마음챙김이 없으면 마음도 없다

회복의 핵심은 자각이다. 트라우마 치료에서 가장 중요하게 여겨지는 문구는 "그 점을 인식하라"와 "다음엔 무슨 일이 일어날까?"이다. 트라우마를 겪은 사람들은 견디기 힘든 감각 속에서 살아간다. 심장이 부서지고 배 속 저 깊은 곳에서 밀려오는 참을 수 없는 느낌과 가슴을 조여 오는 감각에 고통스러워한다. 그러나 이러한 감각을 느끼지 않으려고 피하기만 하면 그 감각에 쉽게 제압되는 확률만 높아진다.

신체의 인식은 우리 내부의 세상, 인간이라는 유기체의 전체적인 상황과 접촉할 수 있게 해 준다. 짜증, 초조함, 불안감을 그저 깨닫는 것만으로도 즉각 인식을 바꾸고 습관처럼 나오는 반응 대신 다른 선택을 향해 문을 활짝 열 수 있게 된다. 마음챙김은 순간순간 변화하는 것이 특징인 우리의 감정, 그리고 인식과 닿을 수 있게 해 준다. 신체 감각에 주의를 집중하면 시시각각 변화하는 감정을 인지할 수 있고, 그 감정들을 통제할 수 있는 능력도 향상된다.

트라우마를 겪은 사람들은 무언가를 느끼는 일 자체를 두려워하는 경우가 많다. 나중에는 가해자보다 자신의 신체 감각이 훨씬 더 무서운 적이 된다(가해자는 더 이상 피해자들 주변에 머물며 괴롭히지 않으므로). 불편한 감각이 불쑥 찾아와 자신이 거기에 사로잡혀 버리면 어쩌나 계속 불안해하면 몸은 굳어 버리고 마음은 닫혀 버린다. 트라우마는 이미 지나간 과거의 일이지만, 정서적 뇌는 희생자가 겁먹고 무기력해지게 만드는 감각을 계속해서 만들어 낸다. 트라우마를 겪은 생존자들 중에 충동적으로 폭식하고 술을 마시고 사랑을 두려워하고 사회적 활동을 피하려는 사람이 많은 것도 당연한 일이다. 이들의 감각 세계는 대부분 출입 금지 구역이 되어 버렸기 때문이다.

변화하려면, 마음을 열고 자신의 내적 경험을 받아들일 수 있어야 한다. 그 첫 단계는 마음이 자신이 느끼고 있는 감각에 집중할 수 있도록 허락하고, 끝없이 존속하는 트라우마의 경험과 달리 몸의 자세가 바뀌거나 호흡의 변화, 생각의 이동에 따라 신체 감각이 얼마나 순간순간 바뀌고 변화하는지 인지할 수 있어야 한다. 일단 신체 감각에 집중하게 되면, 그다음 단계는 그 감각을 분류하는 것이다. "불안감을 느끼면 가슴이 으스러지는 느낌이 들어요" 같이 구체적으로 묘사하는 것을 의미한다. 이 단계가 되면 나는 환자에게 다음과 같이 이야기할 수 있다. "그 감각에 집중하세요. 그리고 숨을 깊이 내쉬거나, 쇄골 바로 아래를 손으로 치거나, 그냥 마음 놓고 울면서 그 감각이 어떻게 변하는지 느껴 보세요."

마음챙김을 연습하면 교감 신경계를 진정시킬 수 있고, 이를 통해 싸움-도주 반응으로 끌려갈 확률도 줄어든다.[11] 자신의 신체 감각을 관찰하고 견딜 수 있어야 안전하게 다시 과거와 마주할 수 있다. 지금 찾아온 느낌도 견디지 못하는 상태에서 과거의 문을 열면 절망만 깊어지고 또다시 정신적으로 외상을 입을 가능성이 커진다.[12]

우리는 몸에서 소란이 일어나더라도 그 상태가 끊임없이 바뀐다는 사실을 계속 인지하는 한 아주 큰 불편함도 견딜 수 있다. 갑자기 가슴이 조여 오더라도 심호흡을 한 번 하고 나서 나아지는 걸 느끼면 이제 다른 것, 가령 어깨에 쌓인 긴장을 인식할 수 있다. 그런 다음에 심호흡을 한 번 하고, 흉곽이 얼마나 크게 팽창될 수 있는지 느끼면서 몸에 어떤 변화가 일어나기 시작하는지 살펴보라.[13] 점차 마음이 안정되고 무슨 변화가 일어날까 호기심이 들기 시작하면, 다시 아까 느꼈던 그 어깨의 긴장에 집중할 수 있다. 그러다 어깨와 어떤 식으로든 관련 있는 기억이 불쑥 솟아나더라도 놀라면 안 된다.

다음 단계는 생각과 신체 감각 사이에서 일어나는 상호 작용을 관찰하는 것이다. 특정한 생각이 신체 반응으로 각기 다르게 표현되는가?('우리 아빠는 날 사랑하셔'라는 생각과 '여자 친구가 날 차 버렸어'라는 생각을 떠올리면 각기 다른 감각이 느껴지는가?) 신체에 특정한 감정이나 기억이 어떻게 정리되어 있는지 인지하면, 감각을 표출할 수 있는 가능성이 열리고 어느 시점부터 살아남기 위해 차단해 버렸던 자극도 다시 일깨울 수 있다.[14] 20장에서 연극 치료의 장점에 대해 이야기하면서 이 방법을 좀 더 자세히 알아보자.

심신의학의 선구자 중 한 사람인 존 카밧진Jon Kabat-Zinn은 1979년 매사추세츠대학병원에 '마음챙김을 바탕으로 한 스트레스 감소 프로그램Mindfulness-Based Stress Reduction: MBSR'을 도입했다. 그가 마련한 이 프로그램에 대해서는 지난 30년 넘게 철저한 연구가 진행되었다. 그는 마음챙김을 다음과 같이 설명한다. "마음챙김은 변화의 과정이며, 렌즈에 비유할 수 있습니다. 흩어지고 반응성이 높은 마음의 에너지를 인생을 살고, 문제를 해결하고, 치유할 수 있는 일관된 에너지원으로 모으는 렌즈죠."[15]

마음챙김은 우울증, 만성 통증을 비롯해 정신의학, 심신의학 분야의 수많은 문제와 스트레스 관련 증상에 긍정적인 효과가 있는 것으로 입증되었다.[16] 면역 반응, 혈압, 코르티솔 수치 등 신체 건강에도 광범위한 효과를 발휘한다.[17] 또한 감정 조절과 관련된 뇌 영역을 활성화시키고[18] 신체의 지각, 공포와 관련된 뇌 영역에도 변화를 일으키는 것으로 밝혀졌다[19]. 하버드대학교의 내 동료인 브리타 휠첼Britta Hölzel과 사라 라자르Sara Lazar는 마음챙김으로 뇌에서 화재 경보기 역할을 하는 편도체의 활성을 약화시킬 수 있으며, 그로 인해 잠재적 자극에

대한 반응성도 줄일 수 있다고 밝혔다.[20]

3. 관계

훌륭한 지원군들로 구성된 네트워크가 트라우마를 겪지 않도록 보호해 주는 기능이 가장 강력한 단일 요소라는 것은 연구가 거듭될수록 재차 입증된 사실이다. 안전한 느낌과 두려움은 공존할 수 없다. 겁이 날 때 신뢰할 수 있는 사람에게서 나온 안심시켜 주려는 음성과 든든한 포옹만큼 마음을 진정하는 데 큰 효과를 발휘하는 건 없다. 다 큰 어른도 깜짝 놀라면 겁에 질린 아이들이 반응하는 것과 똑같은 위안 요소에 반응한다. 즉 부드럽게 안고 달래 주는 손길, 자신보다 덩치도 크고 더 강한 누군가가 그 문제를 해결해 줄 테니 안심하고 잠들어도 된다는 확신에서 위안을 느낀다. 회복되려면 몸과 마음, 뇌가 이제 안심하고 놓아도 된다고 확신할 수 있어야 한다. 본능적인 감정까지 안전하다고 느끼고, 그 안전한 기분을 과거 무기력했던 기억과 스스로 연결할 수 있을 때만 확신할 수 있다.

폭행, 사고, 자연재해와 같은 급작스러운 사건으로 트라우마를 겪은 생존자들에게는 친숙한 사람들과의 시간과 잘 아는 얼굴, 목소리, 신체 접촉, 식량, 안전하게 쉴 곳, 잠자는 시간이 필요하다. 가까이 있든 멀리 있든 사랑하는 이들과 소통하고, 자신이 안전하다고 느끼는 곳에서 가족, 친구들과 되도록 빨리 다시 만나는 것도 중요하다. 애착 관계는 위협으로부터 우리를 가장 강력하게 보호해 준다. 예를 들어 트라우마를 겪고 부모와 떨어진 아이들은 장기적으로 심각한 악영향이 나타나 고통받을 확률이 높다. 제2차 세계 대전 당시 잉글랜드에서 독일군의 기습 공격 기간 동안 런던에 살던 아이들을 대상으로 한 연구 결과들을 보면, 부모와 함께 도시에 남아 대피 공간에서 여러 밤을 견디고 파괴된 건물들, 죽은 사람의 시체 같은 무서운 장면을 목격한 이 아이들보다 폭격을 피해 부모에게서 떨어져 먼 시골 지역으로 보내진 아이들에게서 오히려 훨씬 더 심각한 악영향이 나타난 것을 알 수 있다.[21]

정신적으로 외상을 입은 사람은 관계를 통해서, 가족과 사랑하는 사람들, 익명의 알코올 중독자 모임, 참전 군인 단체, 종교 집단, 치료 전문가와의 관계 속에서 회복된다. 이러한 관계들은 신체적·정서적으로 안심하게 해 주고, 이를 통해 수치스러운 기분, 누군가의 책망이나 판단에서 벗어나 주위에서 일어나는 현실의 일들을 견디고, 마주하고, 처리할 수 있는 용기를 키울 수 있다.

앞서 살펴보았듯이 우리 뇌의 회로 대부분은 다른 사람들과 조화를 이루도록 하는 기능에 집중되어 있다. 트라우마로부터 회복되려면 같은 인류, 다른 사람들과의 (재)연결이 필요하다. 일반적으로 자동차 사고나 자연재해에서 트라우마를 겪은 사람들보다 누군가와의 관계에서 트라우마를 경험한 사람들을 치료하기가 더 까다로운 이유도 바로 이 때문이다. 우리 사회에서 여성과 어린이들이 가장 흔히 겪는 트라우마는 다름 아닌 자신의 부모나 애정 관계에 있는 친밀한 사람들에게서 발생한다. 아동 학대, 추행, 가정 폭력 모두 자신을 사랑해 주어야 할 사람들에 의해 벌어진다. 트라우마로부터 가장 강력한 보호 효과를 발휘해야 할 관계, 사랑하는 사람들로 이루어져야 할 보호막이 무너지는 사건이다.

사람들은 자연스레 관심과 보호를 구하던 상대방에게 두려움을 느끼고 거부당하면, 세상을 차단한 채 자신의 감정을 무시하는 법을 터득한다.[22] 앞서 3부에서 살펴보았듯이 양육자가 자신을 공격하면 두렵고, 화나고, 좌절한 감정을 해소할 수 있는 다른 방법을 찾아야 한다. 공포를 혼자 처리하다 보면 해리, 절망, 중독, 만성적인 혼란, 타인을 낯설게 느끼고 관계를 맺지 못하고 타인에게 감정을 폭발적으로 분출해 버리는 것과 같은 또 다른 문제가 발생한다. 이런 일을 겪은 환자들은 아주 오래전에 일어났던 일과 현재 자신이 느끼고 행동하는 것을 거의 연계시키지 못한다. 전부 다 그저 해결할 수 없는 일로 느낄 뿐이다.

일어난 일을 인정하고, 자신이 분투를 벌이는 대상이 눈에 보이지 않는 악마라는 사실을 깨닫지 못하면 안도감도 느낄 수 없다. 11장에서 소개했던, 소아성애자 신부에게 학대받은 남성들을 떠올려 보면 알 것이다. 이들은 헬스장에도 꼬박꼬박 나가고 스테로이드도 복용하면서 황소처럼 힘센 사람이 되었다. 그러나 상담 과정에서는 흡사 겁에 질린 어린애 같은 모습을 보였다. 내면에 숨어 있던 상처받은 소년은 여전히 무기력한 상태로 남아 있었던 것이다.

사람과의 접촉과 조화는 심리학적인 자기 통제감을 찾는 원천이자 상처 받고 배신당하고 버려질 수 있다는 두려움을 종결시키는 효과도 뛰어나다. 수치심은 이러한 상황에서 중요한 역할을 담당한다. "제가 얼마나 썩어 빠지고 역겨운 사람인지 곧 알게 되실 거예요. 그리고 저라는 사람을 제대로 알게 되자마자 절 버리실걸요."

해소되지 못한 트라우마는 대인 관계에 끔찍한 악영향을 줄 수 있다. 사랑했던 사람에게 폭행당하고 아직도 망가진 마음이 회복되지 않은 사람은 또다시 상처받을지도 모른다는 생각에 사로잡혀 새로운 사람에게 마음 여는 걸 두려워할 가능성이 크다. 그로 인해 상대방이 자신에게 상처를 주기도 전에, 의도치 않게 자신이 먼저 상대방에게 상처를 주려는 경향이 나타난다.

그러한 특성은 회복에 큰 걸림돌이 된다. 트라우마를 겪은 후 나타나는 반응들이 살아남기 위한 노력에서 시작되었다는 사실을 인지하면, 용기를 끌어 모아 내면에서 울리는 소리(혹은 불협화음)와 마주할 수 있다. 그러나 그렇게 되려면 도움을 받아야 한다. 함께할 수 있을 만큼 믿을 수 있는 사람, 자신의 감정을 편안하게 드러낼 수 있고 정서적 뇌가 보내는 고통스러운 메시지에 귀 기울이도록 이야기를 들어 줄 수 있는 사람이 필요하다. 자신이 느끼는 공포에 두려워하지 않고, 가장 극심하게 뿜어져 나올지 모를 분노도 참아 주고, 너무나 오랜 세월 자기 자신에게조차 비밀로 간직해야만 했던 조각난 과거의 일들을 탐색하는 동안 자신을 온전하게, 안전하게 지켜 줄 수 있는 가이드가 필요하다. 트라우마를 겪은 사람들은 대부분 정신적인 지주를 필요로 하고, 그 대상에게서 상당한 도움을 받아 가며 그와 같은 과정을 이겨 나간다.

전문 치료사 선택하기

유능한 트라우마 치료사들은 트라우마와 학대, 방치의 영향을 배우는 한편, (1) 환자가 침착하게 안정을 찾도록 하는 기술과 (2) 트라우마 기억, 과거 사건의 재현을 잠재우는 기술, (3) 환자가 주변 사람들과 다시 관계를 형성하도록 도와주는 기술 등 다양한 기술을 연마한다. 자신이 활용하는 치료법을 직접 환자 입장에서 받아 본 경험이 있는 치료사라면 더욱 이상적이라 할 수 있다.

치료사가 개인적으로 겪은 고생담을 환자에게 상세히 이야기하는 건 부적절하기도 하고 비윤리적인 행동에 속하지만, 자신이 어떤 형태의 치료법을 훈련받았고 그 기술을 어디에서 배웠으며 환자에게 제안하는 치료법으로 치료사 자신도 도움을 받은 적이 있는지는 환자 입장에서 얼마든지 물어볼 수 있다.

트라우마에는 '최우선 치료'가 없으므로, 자신이 활용하는 방법이 환자의 문제를 해결하는 유일한 해답이라고 믿는 치료사와 만났다면 환자를 확실히 치유하는 일보다 이론가 쪽에 더 가까운 사람이 아닌지 의심해 볼 필요가 있다. 어떤 치료사도 효과 있는 모든 치료법을 전부 능숙하게 활용할 수는 없으므로, 자신이 제공하는 치료법 외에 환자가 다른 방법을 얼마든지 탐색해 볼 수 있다는 자세를 가지고 있어야 한다. 더불어 환자를 통해 치료사 자신이 배울 수도 있다는 사실을 받아들일 수 있는 사람이어야 한다.

치료사와 만나면 일단 편안한 기분이 드는가? 치료사의 태도와 사람을 대하는 방식은 편안하고 자신감이 넘치는가? 환자를 자신과 동등한 위치에서 대하는가? 환자가 공포와 불안과 직면하려면, 반드시 안전하다고 느끼는 상태여야 한다. 완고하고, 비판적이고, 불안해하고 태도가 거친 사람과 있으면 겁이 나고, 방치된 기분이 들고, 창피함을 느낄 수 있으며, 이는 트라우마 스트레스를 해소하는 데 아무런 도움도 되지 않을 수 있다. 치료사가 자신을 해치거나 학대한 사람과 닮았다는 의심이 들 경우, 환자는 과거에 느낀 해묵은 감정에 휩싸일 수 있다. 다행스러운 사실은 이러한 문제를 환자와 치료사가 함께 해결해 나갈 수도 있다는 점이다. 지난 세월의 내 경험상, 환자가 담당 치료사에게 마음 깊이 긍정적인 느낌을 받을 때 비로소 상태가 호전된다. 또한 환자가 자신을 치료하는 사람으로부터 아무런 영향도 받지 않는다면 성장할 수도, 변화할 수도 없다는 것이 나의 개인적인 생각이다.

환자가 '어떤 사람인지', 그리고 포괄적인 '외상 후 스트레스 장애 환자'가 필요로 하는 것 말고 '자신의 환자'가 필요로 하는 것이 무엇인지 치료사가 호기심을 가지고 알아내려고 노력하는지가 가장 중요하게 생각해야 할 문제다. 환자의 상태가 진단용 질문지에 나와 있는 증상 목록으로 정의되는지, 아니면 치료사가 충분히 시간을 들이고 환자가 하는 행동의 이유가 무엇인지 찾으려 하고, 환자가 하는 생각에 대해 생각해 보는지도 중요하다. 치료는 협력의 과정이며, 환자에 대한 두 사람 모두의 탐색이 필요하다.

어릴 때 양육자에게 잔혹한 취급을 받은 사람은 그 누구와 있어도 안전하다는 느낌을 받지 못하는 경우가 많다. 나는 종종 환자들에게, 성장 과정에서 함께 있으면 안전하다고 느낀 사람이 있었느냐고 물어

본다. 많은 환자가 선생님이나 이웃, 상점 주인, 코치, 목사님 등 자신에게 신경 써 주는 모습을 보였던 사람의 기억을 간직하고 있다. 그리고 이 기억이 세상과 다시 관계 맺는 법을 배우는 토대가 되는 경우가 많다. 인간은 희망을 잘 품는 존재다. 트라우마 치료에서는 무엇이 무너졌는지 알아내는 것만큼 자신이 어떻게 살아남을 수 있었는지 기억하는 것도 중요하다.

나는 환자들에게, 다시 태어난다면 신생아가 된 자신이 어떤 모습일지, 사랑스럽고 용기 가득한 아이인지 한 번 상상해 보라고 하기도 한다. 그러면 모든 환자가 자신이 그런 모습일 거라 믿고, 상처받기 전에 분명히 존재했을 자신의 이미지들을 떠올린다.

함께 있을 때 안전하다고 느낀 사람이 한 명도 떠오르지 않는다고 말하는 사람들도 있다. 이들은 사람보다 말이나 개와 친해지는 것을 훨씬 더 안전하게 느낀다. 이 원리는 현재 교도소와 거주형 치료 시설, 참전 군인 재활 시설 등에서 치료 목적으로 활용되고 있으며 상당한 효과를 발휘하고 있다. 열네 살 때 통제 불능에다 말을 못하는 소녀였던 제니퍼는 반 데어 콜크 트라우마센터[23] 1회 졸업생이 되었다. 제니퍼는 졸업식에서, 말을 돌보는 책임을 맡은 덕분에 안전한 기분을 느낄 수 있었고, 이후 병원 직원들과 관계를 맺을 수 있었으며, 수업에도 집중할 수 있게 되어 대학 입학 시험도 치르고 대학에도 합격할 수 있었다고 이야기했다.[24]

4. 공동의 리듬과 동시성

다른 사람과의 관계는 세상에 태어나는 순간부터 나에게 반응하는 얼굴들, 몸짓들, 타인과의 접촉을 통해 구체화되기 시작한다. 이 과정은 7장에서 살펴보았듯이 애착 관계가 형성되는 토대가 된다. 트라우마는 신체의 조화로운 동시성을 망가뜨린다. 외상 후 스트레스 장애

클리닉에 마련된 환자 대기실에 들어서면, 얼어붙은 얼굴 표정과 힘없이 늘어진(그러면서 동시에 불안해하는) 모습만 봐도 누가 환자고 누가 병원 직원인지 바로 구분할 수 있다. 하지만 수많은 치료사가 이러한 신체의 메시지를 무시하고 환자가 하는 말에만 집중하니 참으로 안타깝다.

1997년 봄, 나는 남아프리카공화국 '진실과 화해 위원회'에서 음악과 리듬으로 표현되는 집단의 치유력에 대해 깨닫고 돌아왔다. 남아프리카공화국에서 우리는 끔찍한 폭력이 계속되던 곳들을 방문했다. 일정 중 하루는 요하네스버그 외곽, 한 시골 마을에 자리한 흑인 거주 지역의 클리닉에서 성폭행 피해자들과 만나는 자리가 마련되었다. 한참 대화를 하는 동안 저 먼 곳에서 총알이 발사되는 소리가 들리는가 하면 허물어진 건물 벽을 통해 어딘가에서 피어오른 불꽃이 새어 들어오고 공기 중에서 최루탄 냄새가 났다. 나중에 들은 소식에 따르면 그날 40명이 목숨을 잃었다.

주변 환경은 낯설고 무서웠지만, 거기 모인 사람들은 내게 너무나 친숙했다. 아무 기력 없이 슬픔 가득 찬 굳은 얼굴로 앉아 있는 여성들은 보스턴에서 수없이 만났던 성폭행 그룹 치료 환자들과 다르지 않았다. 나는 익숙한 무력감을 느꼈고, 정신이 무너진 사람들에게 둘러싸여 함께 무너지는 느낌을 받았다. 그런데 한 여성이 갑자기 노래를 낮게 흥얼대며 몸을 살짝 앞뒤로 흔들기 시작했다. 조금씩 리듬이 더해지고, 다른 여성들이 하나둘 노래에 동참했다. 금세 그들 전체가 노래하고 몸을 움직이더니 일어나서 춤을 추고 있었다. 너무나 놀라운 대전환이었다. 다시 현실의 삶으로 돌아와 얼굴에도 조화를 이룬 표정이 나타나고, 몸에도 생기가 돌았다. 그날 나는 내가 본 일을 돌아가서 적용해 보고 리듬, 노래, 율동이 트라우마 치료에 어떤 도움이 되는지 연구해 보리라 다짐했다.

뒤에 20장에서는 연극 치료에 대해 알아본다. 청소년 범죄자들, 위태로운 입양아들이 포함된 젊은 청년들이 셰익스피어 작품에서 서로 짝을 이뤄 검을 맞대거나 뮤지컬 한 편을 창작하고 배우로 참여하는 과정을 통해 협력하고 서로에게 의지하는 법을 서서히 배워 가는 과정을 볼 수 있다. 실제로 다양한 환자들이 내게 합창이나 합기도, 탱고, 킥복싱을 하면서 큰 도움을 받았다고 이야기해 왔고, 나는 그 이야기들을 다른 환자들에게도 기쁘게 전하고 있다.

리듬의 치유 효과가 얼마나 강력한지 깨달은 경험은 또 있다. 트라우마센터의 의사들이 내게 벙어리가 된 다섯 살 소녀 잉메이를 치료해 달라고 요청했을 때의 일이었다. 잉메이는 중국의 한 고아원에서 살다가 입양된 소녀였다. 내 동료인 데보라 로젤Deborah Rozelle과 리즈 워너Liz Warner는 수개월 동안 이 아이와 친해지려고 노력했지만 진전이 없었다. 그러다 잉메이의 몸속에서 리드미컬하게 관계를 맺는 시스템이 작동하지 않는다는 사실을 깨달았다. 즉 주변 사람들의 목소리와 얼굴이 이 소녀에게는 아무런 울림을 주지 못하는 것이다. 이 사실을 알고 두 사람은 감각 운동 치료를 시작했다.[25]

이들이 잉메이를 데려간 곳은 매사추세츠주 워터타운의 감각 통합 클리닉이었다. 그네와 각양각색의 고무공이 몸을 완전히 숨길 수 있을 만큼 가득 채워진 깊은 풀, 평균대, 플라스틱으로 만든 터널 사이를 기어서 이동하고 사다리도 타면서 이동하다가 스티로폼 매트 위로 훌쩍 뛰어내릴 수 있는 도약대와 연결된 시설 등이 마련된 이곳 클리닉의 내부를 보면 누구나 감탄을 자아낸다. 의료진은 잉메이가 피부 감각을 느낄 수 있도록 고무공 풀에 들어가도록 했다. 그네도 태워 주고, 한쪽으로 기울어진 담요 아래를 기어 다닐 수 있게 도와주었다. 그렇게 6주일이 흐른 뒤, 변화가 일어났다. 잉메이가 말을 하기 시작한 것이다.[26]

이 극적인 개선을 계기로 삼아 우리 트라우마센터에도 감각 통합 클리닉을 마련해 현재 거주형 치료 프로그램에 이 클리닉을 활용하고 있다. 트라우마를 경험한 성인들에게 감각 통합 과정이 얼마나 효과 있는지는 아직 연구해 보지 않았지만, 나는 세미나를 통해 감각 통합 과정과 춤의 효과를 자주 소개하고 있다.

부모들은 (아이들과) 조화를 이루는 법을 배우고 나면 서로 주고받는 관계가 주는 본능적인 느낌을 경험하게 된다. 트라우마센터의 내 동료들이 개발한 부모와 아이의 상호 작용 치료PCIT는 감각 운동 각성 조절 치료Sensory motor arousal regulation treatment: SMART와 마찬가지로 그 느낌이 향상되도록 하는 것이 목적이다.**27**

우리는 다른 사람들과 함께 놀면 신체가 서로 조율되는 느낌을 받고 유대감과 즐거움을 경험한다. 즉흥 연주도 사람들이 재미와 탐구심을 동시에 느끼면서 서로 연결되도록 도와주는 신기한 방법 중 하나다 (http://learnimprov.com에서 그 예를 확인할 수 있다). 우울한 표정 일색이던 사람들이 웃음을 터뜨리는 모습을 보면, 그들이 절망의 저주에서 풀려났다는 것이 그대로 느껴진다.

5. 몸과 몸 닿기

트라우마 치료의 주를 이루는 방법들은 겁에 질린 사람들이 자신의 감각과 감정을 안전하게 경험하도록 돕는 일에 거의 관심을 기울이지 않는다. 세로토닌 재흡수 억제제, 리스페리돈Risperidone, 세로켈 같은 약물이 등장하면서, 환자가 자신의 감각 세계와 마주할 수 있도록 도와주는 역할을 약물이 대신하는 경우가 점차 증가해 왔다.**28** 그러나 우리 인간이 자신의 고통을 진정시키는 가장 자연스러운 방법은 다른 사람과 접촉하고, 포용하고 가볍게 달래 주는 손길을 느끼는 것이다. 이 과정은 과도한 각성 상태를 누그러뜨리는 데 도움이 되며, 자신이 온전하고 안전하고 보호받고 있다는 느낌, 그리고 어떤 책임을 지고 있다는 느낌을 일깨운다.

손이 닿는 접촉은 마음을 진정시켜야 할 때 가장 기본적으로 활용되는 도구지만, 대부분의 치료법에서는 환자와의 접촉을 금지한다. 하지만 안전한 기분을 피부로 느끼지 못한다면 완전히 회복될 수 없다. 그래서 나는 모든 환자들에게 지압 요법, 즉 펠든크라이스^{Feldenkrais} 혹은 두개천골요법^{craniosacral therapy}으로 불리는 치료 목적의 마사지를 받도록 권유한다.

내가 즐겨 찾는 지압 전문가 리시아 스카이^{Licia Sky}에게 트라우마를 겪은 사람들도 치료해 보았느냐고 물어본 적이 있다. 그녀의 대답을 그대로 전하면 다음과 같다.

"전 개인적인 유대감이 형성되지 않은 상태로는 지압 요법을 시작하지 않아요. 그렇다고 과거를 조사하지는 않아요. 트라우마를 겪은 사람이 얼마나 괴로웠고 무슨 일을 겪었는지 찾아내려고 하지는 않죠. 대신 그 사람의 몸이 현재 어떤 상태인지 확인해요. 그리고 집중적으로 마사지를 해 줬으면 하는 부분이 있느냐고 물어보죠. 그렇게 대화를 나누는 동안 자세를 보면 상황을 파악할 수 있어요. 내 눈을 바로 쳐다보는지, 긴장했는지 편안해하는지, 나와 교감이 이루어지고 있는지 아닌지 알 수 있죠."

"전 먼저 환자가 정면을 향해 눕는 자세와 엎드린 자세 중에 어느쪽을 더 편하게 느끼는지부터 파악해요. 알 수 없으면 보통 정면으로 누워서 시작하고요. 몸에 천을 덮을 때는 굉장히 신중을 기해요. 안전한 기분을 느낄 수 있도록, 환자가 원하는 종류의 천을 덮어 주려고 신경을 많이 써요. 이런 부분들은 지압을 처음 시작할 때 설정하는 중요한 부분들이에요."

"처음으로 제 손이 몸에 닿을 때는 확고하면서도 안전한 접촉이

렘브란트 반 라인(Rembrandt van Rijn), 「병자를 고치는 예수」
상대를 안심시키려는 몸짓에 담긴 의미는 보편적으로 누구에게나 전해지며, 서로 조화를 이룬 접촉이 지
닌 치유력을 보여 준다.

되게 하려고 노력해요. 너무 강하지도, 너무 날카롭지도 않게요. 또 너무 빨리 진행하지도 않아요. 천천히 접촉하면서 환자가 그 느낌을 쉽게 따라올 수 있도록, 부드럽고 리드미컬하게 진행하죠. 강도는 악수할 때와 비슷해요. 처음에는 환자의 손과 팔뚝부터 접촉하는데, 누군가 만졌을 때 가장 안전하게 느끼는 부위이기 때문이죠. 환자가 상대를 만질 수 있는 부위이기도 하고요."

"마사지를 하면서 저항이 일어나는 지점을 찾아야 해요. 긴장이 가장 많이 뭉친 곳이죠. 그 부위도 동일한 에너지를 들여서 마사지해요. 그러면 굳어 있던 긴장이 풀어져요. 망설여서는 안 돼요. 망설이면 내 신뢰도가 약하다는 것이 상대방에게 그대로 전해지거든요. 천천히 움직이고 신중하게 환자와 조화를 이루어 나가는 과정은 망설이는 것과 달라요. 엄청난 자신감과 공감으로 무장한 상태에서 환자를 대하고, 내 손이 가하는 압박이 환자의 몸에 갇혀 있던 긴장과 만날 수 있도록 해야 해요."

지압이 어떤 효과를 발휘하느냐고 묻자, 리시아는 이렇게 대답했다.

"목이 마르면 물을 마시고 싶은 것처럼, 손길도 그만큼 간절해질 수 있어요. 자신감 있고, 깊고, 확고하고, 부드럽고, 자신에게 반응하는 손길을 느끼면 마음이 편안해져요. 마음이 담긴 손길과 움직임은 사람들에게 든든한 땅이 되어 주고, 너무나 오랫동안 품고 있으면서도 있는지도 몰랐던 긴장을 발견하게 해 주죠. 누군가의 손길이 닿으면, 손이 닿은 그 부위가 깨어나요."

"감정이 속에 묶여 있으면 몸에도 물리적인 한계가 생겨요. 어깨는 굳고, 얼굴 근육은 긴장을 하죠. 눈물을 감추는 데도 엄청난 에너지를 써야 하고요. 내면의 상태를 거스르는 소리나 움직임을 무시하는 것도 마찬가지예요. 몸의 긴장이 해소되면 감정도 해소될 수 있어요.

몸을 움직이면 좀 더 깊이 숨 쉴 수 있게 되고, 긴장이 풀리면 그 표현이 소리로 흘러나올 수도 있어요. 몸은 더 자유로워지고, 호흡도 자유로워지고 자연스럽게 흐르죠. 손길은 몸이 움직이는 대로 반응하며 움직이면서 살아갈 수 있게 해 줘요."

"겁에 질린 사람들은 자신의 몸이 어느 공간에 있고 경계가 어디인지 인식할 수 있어야 해요. 확고하고 확신이 담긴 손길은 그 경계가 어디인지 알게 해 줘요. 자기 몸 바깥이 어디인지, 몸이 어디에서 끝나는지 알 수 있어요. 그러면 끝도 없이 자신이 누구이며 어디에 있는지 의문을 품지 않아도 된다는 사실을 깨달아요. 자신의 몸이 단단하고, 계속 경계를 세우고 있지 않아도 된다는 사실도요. 신체 접촉은 환자들에게 안전하다는 사실을 알게 해 주죠."

6. 행동하기

신체는 극단적인 일을 경험하면, 스트레스 호르몬을 분비하는 것으로 반응한다. 이 반응을 병이나 질환 탓으로 돌리는 경우가 많지만, 스트레스 호르몬의 역할은 평소와 크게 다른 상황에서도 힘을 내고 견딜 수 있도록 하는 것이다. 재난이 닥쳤을 때 적극적으로 무언가를 '하는' 사람들, 즉 사랑하는 사람들이나 낯선 사람들을 구조하고 사람들을 병원으로 옮기고 의료 팀으로 참여하고 텐트를 설치하고 식사를 만드는 등의 활동을 하는 사람들은 스트레스 호르몬을 적절한 목적에 활용한다. 그러므로 정신적으로 외상을 입을 위험성이 훨씬 낮다(그러나 모든 사람은 한계점이 있고, 가장 철저하게 만반의 준비를 한 사람도 맞닥뜨린 문제의 규모에 따라 압도당할 수 있다).

무기력하고 꼼짝도 하지 않는 상태에서는 스트레스 호르몬을 자기 자신을 방어하는 목적으로 활용할 수 없다. 고난이 닥쳤을 때 호르몬은 계속 뿜어져 나오지만, 이 호르몬을 연료로 삼아 반드시 해야 할 활동은 하지 않는 상태가 되는 것이다. 결국 문제를 이겨 낼 수 있도록 마련된 활성 과정이 오히려 자신을 공격하는 작용을 해, 상황에 맞지 않는 싸움-도주 반응과 얼어붙어 버리는 반응을 촉진한다. 정상적인 기능을 되찾기 위해서는 응급 상황에서나 나와야 할 이러한 반응이 지속되는 상태가 종결되어야 한다. 신체가 기본적인 안전 상태로 회복되고 충분히 이완되어 실제 위험이 닥쳤을 때 행동을 취할 수 있도록 움직일 수 있어야 한다.

내 친구이자 교사인 팻 오그던과 피터 러바인은 각자 굉장히 효과적인 신체 기반 치료법을 개발했다. 감각 운동 심리 치료[29]와 신체 경험 치료[30]라 불리는 방법들로, 모두 위와 같은 문제를 해결하는 치료법이다. 이와 같은 방식에서는 환자에게 일어난 일을 이야기하기보다는 환자의 신체 감각을 파악하고, 과거의 트라우마가 남긴 흔적이 신체 어디에 어떤 형태로 남아 있는지 찾아내는 데 주력한다. 트라우마 자체를 속속들이 파악하는 과정에 뛰어드는 대신, 트라우마가 발생한 당시 환자를 집어삼켰던 감각과 감정에 안전하게 접근할 수 있는 내적 자원이 구축되도록 돕는다. 내부 감각과 트라우마 기억의 안팎을 오가며 조심스레 접근한다는 점에서, 피터 러바인은 이와 같은 과정을 '진자 운동'이라고 칭한다. 이와 같은 방식으로 환자가 견딜 수 있는 범위를 점차 확대해 나가도록 돕는 것이다.

환자가 트라우마로 발생한 신체 경험을 인지하고 그것을 견딜 수 있게 되면, 때리고 밀고 달려가는 행동 등 트라우마 상황에서 솟구쳤다가 살아남기 위해 억지로 억눌러야 했던 강력한 신체적 충동이 깨어날 확률도 높아진다. 이러한 충동이 깨어나면, 환자가 몸을 비틀거나 방향을 바꾸거나 뒷걸음질 치는 것과 같은 미세한 신체의 움직임으로 표현된다. 이와 같은 움직임을 증폭시키고 변형시킬 수 있는 여러 방법을 실험하면, 트라우마와 관련된 불완전한 '행동 경향'을 완전한 형태로 바꾸고 궁극적으로는 트라우마에서 해소될 수 있는 과정이 시작된다. 신체 치료사들은 환자가 움직여도 안전하다는 사실을 경험하도록 하고, 현재 느끼는 위치가 바뀌도록 도와준다. 효과적인 행동을 취하고 그로 인해 즐거움을 느끼면, 행위 주체 의식과 자신을 적극적으로 방어하고 보호할 수 있다는 느낌도 회복된다.

트라우마 연구를 맨 처음 개척한 위대한 학자 피에르 자네는 1893년에 '완결된 행동이 주는 기쁨'에 관한 글을 썼다. 나는 감각 운동 심리 치료와 신체 경험 치료를 환자들에게 적용하면서 그가 말한 기쁨을 자주 목격한다. 환자들은 맞서 싸우거나 달아날 때 어떤 기분이 드는지 몸으로 느낄 수 있게 되면 동작의 완결이 주는 느낌을 편안함이 물씬 느껴지는 미소로 표현한다.

학대당한 아이들, 가정 폭력의 덫에 갇힌 여성들, 감금당한 사람들 대부분이 경험하듯 감당할 수 없는 힘에 강제로 굴복해야 하는 사람들은 체념하고 순응하면서 생존하는 경우가 많다. 이처럼 뿌리 깊게 자리한 습관적 굴복에서 벗어날 수 있는 가장 효과적인 방법은 상황에 참여하고 방어하는 신체 능력을 회복하는 것이다. 신체에 중점을 두고 효과적인 싸움-도주 반응을 할 수 있도록 도와주는 방법은 여러 가지가 있는데, 나는 그중에서도 한 지역 센터에서 운영하는 '노상강도 대응 모델링 프로그램'을 굉장히 좋아한다. 강도가 공격하는 상황을 가상으로 만들어서 여성들에게 적극적으로 맞서 싸우는 법을 가르쳐 주는 프로그램이다(남성 참가자들도 늘어나고 있다).31 이 프로그램은 1971년, 가라데 5단으로 검은 띠를 보유한 여성이 성폭행당한 사건을 계기로 캘리포니아주 오클랜드에서 처음 시작됐다. 맨손으로 사람을 죽일 수도 있는 능력을 갖춘 사람에게 어떻게 이런 일이 생길 수 있는지 의아해하던 피해자의 친구들은, 공포 상황에 익숙하지 않은 것이 원인이라는 결론을 내렸다. 이 책에서 설명한 방식대로 이야기하자면,

피해 여성의 실행 기능을 담당하는 전두엽이 기능을 멈추는 바람에 그만 얼어붙어 버린 것이다. 노상강도 모델링 프로그램에서는 '행동 개시 시점(군대에서 '공격을 개시하는 정확한 순간'을 가리키는 말로 쓰이는 용어이기도 하다)'을 반복적으로 경험하도록 하여, 여성들이 그 자리에 얼어붙어 버리는 반응에서 벗어나 공포를 긍정적인 반격의 에너지로 전환하는 법을 가르친다.

내가 만난 환자 중에서 어릴 때 무자비한 학대를 경험한 한 대학생이 이 프로그램에 참여한 적이 있다. 첫 상담일에 이 환자는 축 처지고 우울한 모습에 지나치게 고분고분하게 행동했다. 3개월 뒤 졸업식이 있던 날, 그녀는 몸집이 거대한 가상의 남성 가해자를 바닥에 때려 눕히는 데 성공했다(다행히 그 남성은 두툼한 보호복을 착용한 상태였다). 자신을 공격하는 사람을 똑바로 쳐다보면서, 가라데 자세로 팔을 높이 들고 침착하고 또렷하게 "안 돼!"라고 말하는 모습도 볼 수 있었다.

그로부터 얼마 지나지 않아, 이 여학생은 자정 무렵 도서관에서 나와 집으로 걸어가던 길에 풀숲에서 튀어나온 남자 세 명과 맞닥뜨렸다. 이들은 여학생을 향해 소리쳤다. "야, 돈 가진 거 다 내놔!" 이 여학생은 나중에 내게, 졸업식 날과 똑같은 가라데 자세를 취하고 이렇게 맞받아 소리쳤다고 이야기했다. "그래 좋다, 이 녀석들아. 내가 이 순간을 얼마나 기다린 줄 아냐? 누가 먼저 덤빌래?"

놈들은 모두 달아났다. 몸을 잔뜩 구부린 채 걱정스러운 눈으로 주변을 두리번대면서 다니면 먹잇감을 노리는 사람의 표적이 되기 쉽다. 반대로 "나 건들지 마."라고 말하는 듯한 자세로 다니면 괴롭힘당할 확률도 낮다.

트라우마 기억의 통합

트라우마를 겪은 사람들은 자신이 겪은 일을 인정하고 현재 싸우는 대상이 실체가 없는 악마임을 깨닫지 못하는 한 그 일에서 벗어날 수 없다. 전통적인 심리 치료에서는 피해자가 왜 남들과 다른 방식으로 무언가를 느끼는지 설명할 수 있을 만한 이야기를 완성하는 데 주로 초점을 맞추었다. 지그문트 프로이트가 1914년에 쓴 『기억, 반복, 치료Remembering, Repeating and Working Through』32에도 그러한 내용이 나와 있다. "환자는 [트라우마를] 지금도 현실에서 실제로 일어나고 있는 일로 여기며 살아가지만, 우리는 치료라는 과업을 달성해야만 한다. 그 일을 과거 표현으로 다시 번역하는 것이 그 주된 과정이 된다."

이야기하는 것은 중요한 일이다. 이야기가 없으면 기억은 멈춰 버리고, 기억이 없으면 상황이 달라질 수 있다는 생각도 할 수 없다. 그러나 4부에서 설명했듯이 어떤 사건을 이야기한다고 해서 그 트라우마 기억에서 벗어날 수 있다고 보장할 수는 없다.

그 이유는 이렇다. 평범한 일을 상기할 때는 그 일과 관련된 신체 감각이나 감정, 이미지, 냄새, 소리가 재현되지 않는다. 반면 트라우마를 겪은 사람들은 그 일을 전부 떠올리면 다시 그 일을 '경험한다'. 4장에서 교통사고를 당한 스탠과 우트 로런스 부부의 뇌 스캔을 보면 어째서 이런 일이 발생하는지 알 수 있다. 스탠이 그 끔찍했던 사고를 기억할 때 뇌에서 중요한 영역 두 곳이 활성을 잃었다. 한 곳은 시간 감각과 통찰력을 제공하여 '그건 과거 일이고 지금 나는 안전하다'는 사실을 깨닫게 해 주는 영역이고, 다른 한 곳은 트라우마 사건의 이미지, 소리, 감각을 통합하여 하나의 일관된 이야기로 만드는 영역이다. 이 두 영역이 기능하지 못하면 처음과 중간, 끝이 있는 일로 경험하는 것이 아니라 감각, 이미지, 감정이 흩어지고 분산된 어떤 사건을 경험하게 된다.

트라우마 기억이 제대로 처리되려면, 뇌의 그 기능을 하는 모든 영역이 활성화되어야 한다. 스탠의 경우 안구 운동 민감소실 및 재처리 요법EMDR을 통해 기억에 억눌리지 않는 상태로 사고 당시의 기억에 접근할 수 있었다. 제대로 활성화되지 못했기 때문에 과거 사건을 재현시켜 온 뇌 영역이 제대로 활성화되고 무슨 일이 있었는지 기억할 수 있어야 그 트라우마 기억을 과거의 일로 통합할 수 있다.

해리 상태였던 우트는 (여러분도 기억하겠지만 사고 이후 기능이 완전히 멈춰진 상태였다) 스탠과 다른 이유로 인해 회복하기가 더 어려웠다. 현실에 참여하려면 반드시 활성화되어야 하는 뇌 영역 중 어느 한 곳도 기능하지 않는 상태라, 트라우마를 해결하는 일 자체가 불가능했다. 뇌가 깨어 있고 현재를 인식하지 못하면 통합이나 해결 과정도 진행될 수 없다. 우트는 외상 후 스트레스 장애 증상을 해결하기 전에 먼저 내성 범위부터 넓혀야 했다.

최면은 피에르 자네와 지그문트 프로이트가 활동했던 1800년대 후반부터 제2차 세계 대전이 끝난 후까지 트라우마 치료에 널리 활용됐다. 할리우드의 거장 감독 존 휴스턴이 제작한 〈빛이 있으라Let There Be Light〉라는 다큐멘터리를 유튜브에서 검색해 보면, '전쟁 신경증' 치료를 위해 최면에 걸린 남성 환자들을 볼 수 있다. 최면 요법의 인기는 1990년대 초반에 사라졌고, 최근까지 최면이 외상 후 스트레스 장애 치료에 효과 있다는 연구 결과는 나온 적이 없다. 그러나 최면으로 환자가 트라우마 기억에 제압되지 않고도 다시 그 경험을 관찰할 수 있는 비교적 평온한 상태가 되도록 유도할 수는 있다. 침착하게 자신을 관찰하는 능력은 트라우마 기억을 통합하는 데 필요한 중요한 요소라는 점에서, 어쩌면 최면이 다시 인기를 되찾을 수도 있다.

인지행동 치료CBT

심리학자들은 대부분 교육 과정의 하나로 인지행동 치료를 배운다. 인지행동 치료는 거미나 비행기, 높은 곳 등에 대한 공포증을 치료하고 환자가 전혀 해될 것이 없는 현실과 자신의 비이성적인 두려움을 살펴볼 수 있도록 도와주려는 목적으로 처음 개발된 방법이다. 환자는 자신의 이야기나 이미지를 통해 가장 두려워하는 대상을 머릿속에 떠올리거나('상상 노출'이라고 한다), 불안감을 촉발시키는 상황(실제로는 안전한 상황)에 놓이게 된다('실제 노출'). 혹은 컴퓨터로 제작한 가상의 장면을 통해 가상 현실에 노출되기도 하는데, 전쟁으로 외상 후 스트레스 장애를 겪는 사람의 경우 [이라크 중부의 도시] 팔루자의 거리를 누비며 싸우는 장면에 노출된다. 이런 방식으로 비이성적으로 두려워하는 감각을 점차 약화시키는 것이다.

인지행동 치료의 바탕이 되는 원리는, 환자가 실제로 나쁜 일이 일어나지 않는 상태로 자극이 되는 대상에 반복적으로 노출되면 그 대상에게 느끼는 혼란스러움이 점차 약화된다는 것이다. 즉 안 좋은 기억을 안전한 상황이라는 '올바른' 정보와 결합시키는 방식이다.[33] 또한 인지행동 치료에서는 환자가 "그 일에 대해선 말하고 싶지 않아요."라고 답하며 회피하려는 태도를 버리도록 돕는다.[34] 그러나 지금까지 살펴보았듯이 트라우마가 재현되면 뇌의 경보 시스템이 다시 활성화되고 그 일을 과거의 일로 통합하기 위해 꼭 기능해야 할 영역은 오히려 활성을 잃는다. 그러니 이 방법을 트라우마 환자에게 적용한다면, 트라우마가 해결되기보다는 그냥 재현될 가능성이 높다.

외상 후 스트레스 장애 치료에 관한 연구에서는 지속적인 노출 혹은 '홍수 요법flooding'에 관한 연구가 가장 활발히 진행되었다. 환자가 "트라우마의 내용에 정신을 집중하도록 하고 (…) 다른 생각이나 활동으로 주의가 분산되지 않도록 해야 하는" 방식이다.**35** 연구 결과들을 보면, 불안감을 감소시키려면 홍수 요법이 100분간 지속되어야 하는 것으로 밝혀졌다(이 시간 동안 불안감을 초래하는 자극이 강력하고 지속적인 형태로 환자에게 제공된다).**36** 때로는 노출이 공포와 불안을 해소하는 데 도움이 되는 경우도 있지만, 죄책감이나 기타 복합적인 감정에 도움이 된다고 입증된 적은 없다.**37**

인지행동 치료는 거미 공포증*처럼 비이성적인 두려움을 효과적으로 해소시킬 수 있지만 트라우마를 겪은 사람들, 특히 아동 학대를 경험한 사람들에게는 그리 큰 도움을 주지 못했다. 외상 후 스트레스 장애 환자들 가운데 이 방식을 적용한 연구에 참여해 끝까지 치료를 받고 어느 정도 개선된 비율은 세 명 중 한 명 정도에 불과하다.**38** 인지행동 치료를 마친 환자들은 대체로 외상 후 스트레스 장애 반응 증상들이 몇 가지로 줄어들지만, 완전히 회복되는 경우는 드물다. 대부분 건강이나 일, 정신적 행복 측면에서 심각한 문제가 남은 상태로 살아간다.**39**

외상 후 스트레스 장애에 인지행동 치료를 적용한 연구들 가운데 현재까지 발표된 가장 큰 규모의 연구에서는 참가한 환자의 3분의 1 이상이 중도에 포기했다. 남은 환자들은 상당히 심각한 부작용을 겪었다. 이 연구에 참가한 여성 환자 대부분은 3개월간 연구에 참여한 후에도 외상 후 스트레스 장애의 모든 증상이 그대로 남아 괴로워했고, 주된 증상이 사라진 환자는 15퍼센트에 불과했다.**40** 인지행동 치료가 적용된 과학적인 연구들을 전체적으로 상세히 분석한 결과를 보면, 보조 치료법으로 적용될 때 효과가 있다는 사실을 알 수 있다.**41** 특히 노출 치료에서 가장 형편없는 결과는 포기한 채 살면서 '정신적 패배감'에 시달리는 환자에게 적용할 때 나올 수 있는 것으로 확인됐다.**42**

• 특정 공포증(특수한 상황 또는 대상에 대해 심한 불안과 공포를 느끼며 이러한 상황이나 대상을 피하게 되는 심리적 상태) 중 하나로, 거미에 대해 특별한 공포감을 갖는 것을 말한다.

정신적 외상을 단순히 과거에 발이 묶여 버리는 것으로 볼 수는 없다. 그보다 현재를 제대로 살아가지 못하는 것이 훨씬 더 큰 문제다. 노출 치료의 형태 중에 가상 현실 치료를 살펴보면, 전쟁에 나갔던 군인들에게 최첨단 고글을 씌우고, 팔루자 거리로 돌아가 실제 상황과 세세한 부분까지 똑같은 환경 속에서 다시 전투를 경험하도록 한다. 하지만 내가 알기로 미국 해군은 전쟁터에서 매우 뛰어난 전투 실력을 발휘했다. 문제는 고국에서 보내는 일상생활을 견디지 못한다는 것이다. 최근 호주에서 전투 군인들을 대상으로 실시한 연구 결과를 보면, 이들의 뇌는 긴급 상황을 대비해 각성된 상태로 재연결되었고, 대신 일상생활의 소소한 일들에 집중하고 관심을 두지 못하게 된 것으로 나타났다[43](이 내용은 19장의 뉴로피드백에 관한 부분에서 좀 더 상세히 설명할 예정이다). 트라우마 환자들에게는 가상 현실 치료보다는 '현실 세계' 치료가 더 절실히 필요하다. 즉 바그다드의 어느 거리에서 지낼 때처럼 가까운 슈퍼마켓으로 걸어갈 때나 아이들과 놀아 주는 순간에도 자신이 살아 있다는 기분을 느낄 수 있도록 도와줄 수 있는 그런 치료가 필요하다.

트라우마 기억에 제압되지 않을 때만, 기억의 재현이 치료에 도움이 될 수 있다. 내 동료인 로저 피트먼이 1990년대 초 베트남전 참전 군인들을 대상으로 실시한 연구가 좋은 예가 될 것이다.[44] 당시 로저와 나는 2장에서 소개한 외상 후 스트레스 장애와 뇌에서 분비되는 모르핀 유사 물질에 관한 연구를 진행하던 중이라, 나는 그의 연구실에 매주 찾아갔다. 로저는 군인들과의 상담 과정이 담긴 비디오 영상을 내게 보여 주었고, 우리는 발견한 사실들을 함께 논의했다. 로저와 연구진은 참전 군인들에게 베트남에서 겪었던 일을 하나하나 전부 상세히 이야기해 보라고 반복해서 요청했지만, 재현되는 기억 때문에 공황 상태에 빠지거나 상담이 끝난 후에도 계속 겁에 질려 있는 환자들이 많아서 결국 그 연구를 중단해야 했다. 일부 참가자는 중도 포기하고 다시 돌아오지 않았고, 남아서 연구에 계속 참가한 군인들도 많은 수가 우울해지고 폭력적인 행동을 보이며 두려워했다. 몇몇은 증상이 악화되자 음주량이 늘었고, 그로 인해 폭력을 행사하거나 굴욕감을 느낄 만한 일을 더 많이 겪어서, 급기야 가족들이 경찰에 연락해 병원에 데려가도록 조치하는 경우까지 발생했다.

탈민감화

지난 20년간 심리학을 배우는 학생들에게는 체계적 탈민감화를 토대로 한 몇 가지 형태의 치료법들이 가장 많이 소개됐다. 특정 감정과 감각에 환자가 덜 반응하도록 도와주는 방법들이 이에 해당된다. 이런 접근 방식은 과연 올바른 목표라 할 수 있을까? 중요한 건 감각을 둔화시키는 것이 아니라 통합시키는 것인지도 모른다. 즉 한 개인의 인생 전체를 펼쳐 놓았을 때 트라우마 사건이 그 전체 속에서 적절한 자리를 찾아 들어갈 수 있도록 해야 한다.

탈민감화에 대해 이야기하니 내 머릿속에는 작은 소년이 떠오른다. 다섯 살쯤 된 아이인데, 최근에 우리 집 건물 앞에서 만났다. 아이가 세발자전거를 타고 우리 집 앞의 거리를 지나는데, 덩치가 산만 한 아이 아버지가 자신이 낼 수 있는 가장 큰 목소리로 아이에게 고함을 빽 질렀다. 그 소리를 듣고 나는 심장이 벌렁벌렁 뛰고 그 아버지란 사람을 당장 때려눕히고픈 생각이 치솟았는데, 정작 아이는 전혀 동요하지 않았다. 도대체 평소 아버지의 잔혹함이 어느 정도였기에 저렇게 어린아이가 그 무지막지한 태도에도 무감각해질 수 있단 말인가? 아빠가 고함치는 소리에 무관심한 아이의 태도는 분명 오랫동안 그런 환경에 노출된 결과인데, 대신 아이는 어떤 대가를 치러야 할까? 궁금한 생각이 들었다. 약을 이용해 감정을 약화시킬 수도 있고, 스스로 감각을 둔화시키는 법을 습득할 수도 있다. 의대 재학 시절에는 3도 화상을 입은 어린이를 치료할 때 아이의 정신 상태에 대한 분석도 놓치지 말아야 한다고 배웠다. 그러나 시카고대학교의 신경학자 장 데세티 Jean Decety가 밝혔듯이, 자신의 고통이나 다른 사람의 고통을 둔감하게 만들면 정서적 민감도가 전체적으로 둔화되는 경향이 나타난다.[45]

이라크 전쟁과 아프가니스탄 전쟁에 참전한 후 보훈병원에 치료받으러 왔다가 외상 후 스트레스 장애 진단을 받은 군인 49,425명을 조사한 2010년의 보고서를 보면, 의료진이 권한 치료를 끝까지 마친 환자는 10명 중 채 1명이 안 되는 것으로 나와 있다.[46] 피트먼이 베트남전 군인들에게서 확인한 것처럼, 노출 치료는 최근까지도 활용되고 있지만 이 군인들에게는 거의 효과가 없었다. 끔찍한 경험에 제압되지 않을 때에만 그 경험을 '처리'할 수 있다. 이와 같은 결과는 곧 다른 접근 방식이 필요하다는 것을 의미한다.

트라우마를 안전하게 다룰 수 있는 마약이 있을까?

의대 재학 시절, 나는 1966년 여름을 네덜란드 레이던대학교의 얀 바스티안 Jan Bastiaans 교수와 함께 연구하면서 보냈다. 얀 바스티안 교수는 홀로코스트 생존자들을 리세르그산 디에틸아미드 LSD로 치료한 연구로 알려진 인물이다. 그는 놀라운 결과를 확인했다고 주장했지만, 동료 연구자들이 연구 기록들을 확인한 결과 그 주장을 뒷받침할 수 있는 데이터는 별로 없었다. 트라우마 치료에 향정신성 물질이 활용될 수 있다는 가능성은 이후 계속 주목받지 못하다가, 2000년에 사우스캐롤라이나의 마이클 미토퍼Michael Mithoefer와 그의 동료들이 미국식품의약국FDA에 MDMA(엑스터시)를 이용한 연구를 허가해 달라고 신청하면서 흐름이 바뀌었다. MDMA는 기분 전환용 마약으로 수년간 사용되다가 1985년에 관리 대상으로 분류된 물질이었다. 프로작을 비롯한 다른 향정신성 물질처럼 MDMA도 정확한 작용 기전은 밝혀지지 않았으나 옥시토신, 바소프레신, 코르티솔, 프로락틴 등 각종 중요한 호르몬의 수치를 높이는 것으로 알려진다.[47] 트라우마 치료와 가장 관련성이 큰 부분을 꼽자면 자기 자신에 대한 인식력을 높이는 점을 들 수 있다. 또한 이 방식으로 치료를 받은 환자들은 남을 배려하는 기능이 증대되고 이와 함께 호기심, 명료한 사고, 자신감, 창의성, 유대감도 더 많이 느낀다고 이야기하는 경우가 많다. 미토퍼 연구진은 심리 치료의 효과를 높일 수 있는 약물을 찾던 중 MDMA가 공포와 방어하는 태도, 멍한 상태를 약화시키고 내적 경험에 접근하는 데 도움이 된다는 점에 주목하여 관심을 갖게 되었다.[48] 이들은 MDMA를 이용하면 환자가 견딜 수 있는 내성 범위에 머무를 수 있도록 도와줄 것이고, 그 결과 생리학적·정서적 각성 상태에서 트라우마 기억에 제압되지 않고 그 기억에 접근할 수 있게 되리라 기대했다.

초기 시범 연구에서는 이 같은 기대를 뒷받침하는 결과들이 확인됐다.[49] 먼저 외상 후 스트레스 장애 진단을 받은 전투 군인, 소방관, 경찰관을 대상으로 실시한 후, 폭행 피해자 20명을 대상으로 한 두 번째 연구가 실시됐다. 이 폭행 피해자들은 다른 치료법에 반응을 보이지 않았던 환자들로, 연구진은 이 중 12명에게 MDMA를 투약하고 8명은 아무 활성이 없는 위약을 투약했다. 그리고 모든 참가자들은 두 차례에 걸쳐 편안한 방 안에서 여덟 시간 동안 심리 상담 치료를 받았다. 주로 내면 가족 체계 치료IFS가 적용되었는데, 이 치료법에 대해서는 17장에서 더 자세히 다룰 예정이다. 2개월 후, MDMA 치료와 심리 치료를 함께 받은 환자의 83퍼센트가 완전히 치유된 것으로 간주되었다. 위약 그룹에서는 완전 치유가 이루어진 환자 비율이 25퍼센트에 머물렀다. 심각한 부작용이 발생한 환자는 한 명도 없었다. 그리고 가장 흥미로운 사실은, 치료가 끝나고 1년이 지난 뒤 다시 참가자들을 인터뷰한 결과 효과가 그대로 남아 있었다는 점이다.

자신의 트라우마를 침착하게 상세히 들여다보는 상태, 즉 내면 가족 체계 치료에서 이야기하는 '자기Self'의 상태로(17장에서 더 자세히 설명할 것이다) 관찰할 수 있게 되면 마음과 뇌는 삶의 전체적인 구조 속에 트라우마를 통합할 수 있게 된다. 과거에 겪은 끔찍한 사건에 대한 반응 자체를 무뎌지게 민드는 전통적 탈민감화 기법과는 굉장히 다른 방식이다. 자신을 압도하는 악몽 같은 과거의 사건을 아주 예전에 일어난 일로 만드는 연계와 통합의 방식이다.

그러나 환각 성분은 역사적으로 많은 문제를 일으킨 강력한 물질이다. 투약이 세심하게 이루어지지 않고 치료라는 목적의 경계가 제대로 유지되지 않으면 오용되기 쉽다. MDMA가 판도라의 상자에서 흘러나온 또 하나의 만병통치약이 되지 않았으면 하는 바람이다.

약물 치료는 어떨까?

사람들은 트라우마 스트레스에서 벗어나기 위해 오래전부터 약물을 이용해 왔다. 문화권마다, 세대마다 특히 선호하는 종류가 있다. 진, 보드카, 맥주, 위스키인 경우도 있고 해시시, 마리화나, 칸나비스, 간자 등으로 불리는 대마초를 이용하거나 옥시콘틴oxycontin 같은 오피오이드opioids 물질, 또는 바륨Valium, 재낵스Xanax, 클로노핀Klonopin 같은 진정제도 이용된다. 절박한 사람들은 평온한 기분을 느끼고 통

제력을 찾으려고 거의 가리지 않고 무엇이든 시도하게 된다.[50]

주류 정신의학계에서도 이런 전통을 따르고 있다. 지난 10년간 미국 국방부와 보훈부가 항우울제, 정신병 치료제, 불안 치료제에 들인 돈을 합치면 45억 달러에 이른다. 2010년, 샌안토니오의 포트 샘 휴스턴에 위치한 국방부 산하 '약물 경제 센터'의 내부 보고서에는 현역 군인 110만 명을 대상으로 조사한 결과 20퍼센트인 21만 3,972명이 향정신성 의약품을 복용 중인 것으로 나와 있다. 항우울제, 정신 질환 치료제, 수면 안정제, 기타 통제 대상 물질들이 포함되어 있었다.[51]

하지만 약은 트라우마를 '치유'할 수 없다. 그저 생리학적인 측면에서 발현되는 혼란스러운 증상들을 약화시킬 뿐이다. 또한 약으로는 자기 조절이 가진 장기적인 효과를 깨달을 수도 없다. 감정과 행동 조절에는 도움이 될 수 있지만, 반드시 그에 대한 대가가 따른다. 약물의 효과는 곧 참여, 동기 부여, 고통, 기쁨을 조절하는 신체의 화학적 시스템을 차단한 결과이기 때문이다. 그래도 내 동료들 중에는 여전히 낙관적인 생각을 고수하는 사람들이 있다. 뇌의 공포 회로를 기적적으로 재설정해 줄 특효약(트라우마 스트레스에 뇌 회로가 딱 하나만 관여한다고 생각하나 보다)이라는 도달하기 힘든 목표를 이루기 위해 노력하는 과학자들이 있고, 그 문제를 진지하게 논의하는 회의가 있으면 나는 지금도 계속 참석하고 있다. 나 역시 환자들에게 약을 처방하는 경우가 많다.

향정신성 효과가 있는 약물들은 거의 다 외상 후 스트레스 장애의 특정한 부분을 치료하는 목적으로 사용된 적이 있다.[52] 그중에서도 가장 상세한 연구가 진행된 약물은 선택적 세로토닌 재흡수 억제제SSRI에 속하는 프로작, 졸로프트, 이펙사Effexor, 팍실 등으로, 이와 같은 약물은 격렬한 감정을 약화시키고 삶을 조금 더 통제할 수 있다고 느끼게 한다. 선택적 세로토닌 재흡수 억제제를 복용한 환자들은 평온하고 통제력을 더 많이 확보한 기분을 느끼는 경우가 많다. 무언가에 제압된 기분도 덜 들고, 치료 과정에도 더 수월하게 참여한다. 이와 달리 그와 같은 약물을 복용하고 무뎌진 기분이 든다고, 즉 '판단력이 둔해진' 느낌이 든다고 이야기하는 환자들도 있다. 나는 이와 같은 차이에 실증적인 방식으로 접근한다. 즉 어떤 약물이 효과 있는지는 환자만이 판단할 수 있다고 본다. 그리고 선택적 세로토닌 재흡수 억제제가 효과 없다면, 약물마다 효과는 조금씩 다르므로 다른 약물을 시도하는 편이 낫다. 한 가지 재미있는 사실은 선택적 세로토닌 재흡수 억제제가 우울증 치료에 널리 사용되고 있지만 외상 후 스트레스 장애 환자를 대상으로 프로작과 안구 운동 민감소실 및 재처리 요법EMDR의 효과를 비교한 연구 결과를 보면 참가자들이 우울증도 함께 앓고 있는 경우가 많았음에도 불구하고 치료 효과는 프로작보다 EMDR이 더 높다는 사실이 입증되었다는 점이다.[53] 이 내용에 대해서는 15장에서 다시 이야기할 예정이다.[54]

프로프라놀롤propranolol이나 클로니딘clonidine처럼 자율신경계를 표적으로 삼는 약물은 과도한 각성 상태와 스트레스 반응성을 줄이는 데 도움이 될 수 있다.[55] 이러한 계통의 약은 각성을 일으키는 아드레날린의 생리적 작용을 차단하므로, 악몽과 불면증, 트라우마를 되살리는 자극에 대한 반응성을 약화시키는 효과가 있다.[56] 또한 아드레날린의 작용을 차단하면 이성적인 뇌가 활성 상태를 유지하는 데 도움이 되므로 "이것이 정말 내가 원하는 일인가?"라는 질문을 스스로 던지고 선택할 수 있게 된다. 내 치료 과정에서는 마음챙김 명상과 요가를 포함시킨 후부터 가끔 환자가 더 편안하게 수면을 취하도록 도와주어야 할 때 외에는 이와 같은 약물을 처방하는 빈도가 줄었다.

트라우마를 겪은 환자들은 신경 안정제에 해당하는 클로노핀, 바륨, 재낵스, 아티반Ativan 등 벤조디아제핀계benzodiazepines 약물을 선호하는 경향을 보인다. 이와 같은 약물은 편안한 기분을 느끼게 하고 걱정에서 벗어나도록 하므로 여러 가지 면에서 알코올과 비슷하게 작용한다(카지노 사장들은 벤조디아제핀계 약물을 복용하는 손님들을 아주 좋아한다. 돈을 잃어도 화를 내지 않고 계속 도박을 하기 때문이다). 아끼는 사람에게 상처 주는 말들을 하지 않도록 저지하는 기능을 약화시킨다는 점도 알코올과 비슷하다. 일반 시민들을 치료하는 의사들은 대부분 벤조디아제핀계 약물이 중독성도 높고 트라우마 기억 처리에도 방해가 될 수 있다고 여겨 처방하기를 꺼린다. 이 약물을 장기간 복용하다가 끊은 환자들은 대부분 금단 증상에 시달리며 불안감을 느끼고 외상 후 스트레스 장애 증상도 증대되는 양상을 보인다.

나도 필요한 환자들에게는 벤조디아제핀계 약물을 저용량으로 처방하지만, 하루에 일정량을 복용할 정도만 처방한다. 환자가 얼마 안 되는 약을 언제 복용할 것인지 스스로 선택하도록 하고, 복용하기로 결심한 날 무슨 일이 있었는지 기록해 오라고 요청한다. 그 기록을 토대로 어떤 특정한 사건이 약을 먹도록 자극했는지 환자와 함께 이야기할 수 있다.

리튬이나 발프로에이트 같은 항경련제와 기분 안정제가 과도한 각성과 공황 상태에서 벗어나게 해 주는 긍정적인 효과가 어느 정도 있다는 사실도 일부 연구를 통해 확인됐다.[57] 가장 논란이 되는 약물은 소위 2세대 항정신성 약물로 불리는 리스페달과 세로켈로, 미국에서 가장 많이 판매된 정신병 치료제다(2008년 기준 146억 달러 규모). 이 약물들은 저용량으로 사용하면 전투 군인들이나 아동 학대를 겪고 외상 후 스트레스 장애에 시달리는 여성들에게 진정 효과를 발휘한다.[58] 환자가 완전히 통제력을 잃고 잠 못 자거나 다른 치료법이 듣지 않는 경우에는 이 약물들을 사용할 이유가 충분하다고 여겨지기도 한다.[59] 그러나 반드시 기억해야 할 사실은, 이 약물들의 효과는 곧 뇌 보상 시스템이자 즐거움, 동기 유발을 일으키는 엔진인 도파민 시스템을 차단하여 나타난 결과라는 사실이다.

리스페달, 아빌리파이, 세로켈과 같은 정신 질환 치료제는 정서적 뇌의 기능을 크게 약화시킬 수 있고, 그로 인해 환자는 전전긍긍하거나 격렬히 분노하는 감정이 사그라질 수 있지만, 동시에 즐거움, 위험, 만족감을 느끼게 하는 미묘한 신호를 인지하는 기능에 문제가 생긴다. 또한 체중과 당뇨병 발생률을 높이는 작용과 함께 환자가 신체적으로 둔해진 기분을 더 크게 느끼므로 세상과의 소외감이 더욱 악화될 수 있다. 학대를 받고 양극성 장애나 기분 조절 장애라는 잘못된 진단이 내려진 아이들에게 이러한 약물이 치료제로 널리 사용된다. 현재 미국에서는 50만 명 넘는 아동과 청소년들이 항정신성 약물을 복용한다. 이러한 약물은 아이들이 차분해지도록 만들 수도 있지만 그 나이대에 반드시 배워야 하는 기술을 익히고 다른 아이들과 우정을 형성하는 능력에 지장을 줄 수 있다.[60] 최근 컬럼비아대학교에서 실시한 연구 결과에 따르면, 2007년 민간 의료보험 혜택을 받아 2~5세 어린이에게 처방된 정신 질환 치료제의 양은 2000년 대비 두 배 증가했다고 한다.[61] 정신적 건강 상태를 제대로 평가받은 아이들은 40퍼센트에 불과했다.

제약 회사인 존슨앤드존슨은 특허 문제가 걸림돌이 되기 전까지만 해도 어린이 전문 정신의학과 병원의 대기실마다 '리스페달'이라는 단어가 찍힌 레고 블록을 나누어 주었다. 저소득층 가정의 아이들은 민간 의료보험을 통해 정신병 치료제를 처방받는 비율이 4배나 더 높다. 텍사스주의 저소득층 의료보험 제도를 통해 십 대 청소년과 어린이에게 처방된 항정신성 약물은 단 1년 동안 9600만 달러 규모인 것으로 집계됐다. 신원이 밝혀지지 않았지만, 돌도 안 된 갓난아기에게 투약한 사례도 3건이나 포함되어 있었다.[62] 아직 발달 중인 뇌에 항정신성 약물이 어떤 영향을 주는지 연구한 자료는 없다. 또한 해리 증상, 자해, 조각난 기억, 기억 상실과 같은 증상에는 이러한 약물이 전반적으로 아무 도움이 되지 않는다.

앞서 2장에서 소개한 프로작 연구에서, 트라우마를 겪은 일반인들이 전쟁에 나갔다 온 군인들보다 약물에 훨씬 더 크게 반응한다는 사실이 처음으로 밝혀졌다.[63] 이후 다른 연구들을 통해 그와 비슷한 차이가 확인되었다. 이런 특징을 고려할 때, 국방부와 보훈부가 전투 군인들과 제대한 참전 군인들에게 어마어마한 양의 약물을 처방하고 다른 치료 없이 약물을 바로 제공하는 경우가 많다는 사실은 우려할 만한 일이다. 2001년 발표된 한 연구 논문에서 리스페달은 외상 후 스트레스 장애 치료에 위약보다 더 큰 효과가 없다는 사실이 밝혀졌지만,[64] 보훈부가 2001년부터 2011년까지 세로켈과 리스페달에 들인 비용은 15억 달러에 달하고, 국방부도 같은 기간 동안 약 9000만 달러를 지출했다. 마찬가지로 벤조디아제핀류 약물에도 보훈부는 2001년부터 2012년까지 7210만 달러를, 국방부는 4410만 달러를 썼다.[65] 의사들이 외상 후 스트레스 장애를 겪는 일반인 환자들에게 중독 가능성과 증상 완화에 특별한 효과가 없다는 점을 고려하여 일반적으로 처방을 꺼리는 약물에 거액을 들인 것이다.

회복의 길은 인생의 길이다

이 책 1장에서 나는 30여 년 전 보훈병원에서 만난 빌이라는 환자를 소개했다. 빌은 내게 환자이자 선생님이었고, 우리 두 사람의 관계에는 나의 트라우마 치료가 발전한 과정이 담겨 있다.

1967년부터 1971년까지 베트남에서 위생병으로 복무했던 빌은 제대 후 군에서 배운 기술을 활용할 수 있는 일을 찾다가 지역 병원에 마련된 화상 병동에서 근무하게 되었다. 환자를 돌보는 일은 빌을 계속 기진맥진하게 만들고 성질이 폭발하거나 안절부절 못하게 만들었다. 하지만 그런 상태가 베트남에서 겪은 일과 연관성이 있으리라고는 전혀 생각지 못했다. 무엇보다 그 당시엔 아직 외상 후 스트레스 장애라는 진단명도 없었고, 빌처럼 아일랜드 노동자 계급 출신으로 미국 보스턴에 살던 남성들이 정신과 의사를 찾아가 상담을 받는 일은 거의 없었다. 그러나 간호 업무를 그만두고 목사가 되려고 신학대학에 진학한 후에도 빌을 괴롭히던 악몽과 불면증은 사라지지 않았다. 1978년 첫째 아이가 태어나기 전까지 빌은 그대로 아무 도움도 받지 않고 살았다.

그런데 갓 태어난 아기의 울음소리를 듣자, 베트남에서 직접 보고, 듣고, 냄새까지 기억하고 있는, 불에 타고 불구가 된 어린아이들이 끊임없이 머릿속에 되살아났다. 빌의 상태는 도저히 통제할 수 없는 상황에 이르러서 당시 보훈병원에서 함께 일하던 내 동료들은 정신병이라고 판단해 병원에 입원시키고 치료해야 한다고 했다. 그러나 빌은 나와 상담을 시작하고 그 시간을 안전하다고 느끼자 조금씩 베트남에서 목격한 일들을 털어놓았다. 그리고 서서히 자신의 감정에 제압되지 않고 견디기 시작했다. 덕분에 빌은 다시 가족들을 돌보는 일에 주력하고, 목사가 되기 위한 공부도 끝마칠 수 있었다. 2년 뒤 빌이 교구를 배정받고 목사가 되자, 우리는 이제 상담을 끝낼 시점임을 깨달았다.

그 이후 빌과 따로 연락을 하지 않고 지냈는데, 우리가 처음 만난 날로부터 꼭 18년이 지난 어느 날 그가 전화를 걸어 왔다. 그는 첫아이가 태어난 직후 느꼈던 증상들, 즉 과거의 재현, 끔찍한 악몽, 미쳐 버릴 것 같은 느낌에 똑같이 시달린다고 말했다. 아들은 열여덟 살이 되었고, 빌은 아들이 입대 신청서를 내러 가는 길에 동행했는데, 그곳은 바로 빌이 베트남으로 출발하던 날 군인들을 실은 배가 출발했던 곳이었다. 그 일로 나는 트라우마 스트레스의 치료에 관한 더 많은 사실을 알게 되었다. 그리고 빌과 함께 맨 처음 우리가 만났던 당시 너무 두려워 떠올리기도 힘들어했던 베트남에서의 그 일, 그가 보고 듣고 냄새 맡았던 그 일을 상세히 되짚어 보기로 했다. 그리고 그 기억을 안구 운동 민감소실 및 재처리 요법EMDR을 통해 빌의 기억 중 하나로 통합해, 떠올리자마자 지옥 같았던 베트남으로 그를 데려가 버리는 대신 아주 오래전에 벌어진 일로 남아 있도록 했다. 빌은 안정을 되찾자 어린 시절에 겪은 일도 해결하고 싶다고 했다. 그는 폭력이 난무하는 환경에서 자라났고, 베트남전에 가게 되어 조현병을 앓고 있던 남동생이 아버지가 쏟아 내는 폭력에 아무런 보호 장치도 없이 당할 것을 뻔히 알고도 그대로 남겨 두었던 일에 대한 죄책감이 남아 있었다.

그리고 우리가 다룬 또 한 가지 중요한 주제는 빌이 목사로 일하면서 일상적으로 느끼는 고통이었다. 빌은 직접 세례를 해 준 지 불과 몇 년 만에 차 사고로 죽은 아이를 묻어야 했고, 결혼 서약을 지켜본 부부들이 가정 폭력으로 위기를 겪는 일들도 겪어야 했다. 빌은 자신과 비슷한 트라우마에 시달리는 동료 성직자들을 모아 서로 도와줄 수 있는 모임을 조직했으며, 자신이 속한 지역 사회에서 큰 영향력을 발휘하는 인물이 되었다.

그로부터 5년 뒤, 빌의 세 번째 치료가 시작됐다. 나이가 쉰셋이 된 빌에게 중증 신경 질환이 찾아온 것이다. 몸 여기저기가 가끔씩 마비되는 증상이 나타나기 시작했다. 빌은 이제 남은 생을 휠체어에서 지내야 할지도 모른다는 사실을 받아들이기 시작했다. 나는 그 증상들이 다발성 경화증이라는 생각이 들었지만, 빌의 담당 신경 전문의들은 특별한 병변*을 찾지 못해 달리 치료할 방도가 없다고 했다. 빌은 내게

• 병이 원인이 되어 일어나는 생체의 변화

아내의 지지와 도움이 얼마나 고마운지 모른다고 이야기했다. 빌의 아내는 이미 집 부엌 쪽 현관에 휠체어가 드나들 수 있는 경사로까지 만들어 둔 상태였다.

빌의 예후가 썩 좋지 않다는 사실을 듣고, 나는 전쟁에서 얻은 가장 힘든 기억을 견디고 함께 살아가는 법을 배웠던 것처럼 몸의 괴로운 느낌을 온전히 느끼고 거기에 익숙해질 수 있는 방법을 찾아보라고 조언했다. 그리고 신체 감각과 근육의 움직임을 재정비할 수 있도록 손으로 부드럽게 마사지하는 요법인 펠든크라이스를 내게 맨 처음 소개해 주었던 지압사에게 상담을 받아 보라고 권했다. 얼마 후 빌은 경과를 알려 주면서 통제력이 향상된 것 같다며 기뻐했다. 당시 요가를 막 시작했던 나는 그 이야기도 전하고, 트라우마센터에 요가 프로그램이 도입되었으니 와서 한 번 경험해 보라고 초대했다.

빌은 집 근처에서 비크람 요가 수업을 받을 수 있는 곳을 찾았다. 더운 환경에서 강도 높게 진행되는 수업이라 주로 젊고 에너지 넘치는 사람들이 찾는 수업이었다. 수업을 받다가 몸 이곳저곳이 제대로 따라가지 못하는 경우도 있었지만 빌은 아주 흡족해했다. 신체에 장애가 발생한 상태인데도 그는 이전까지 한 번도 느껴 본 적 없는 신체적 즐거움, 신체의 통제력을 얻을 수 있었다.

심리 치료는 빌이 베트남에서 겪은 끔찍한 경험을 과거의 일로 남겨 두는 데 도움이 되었다. 자신의 몸과 친해지자, 신체 통제력을 잃은 후에도 삶을 조직적으로 살아갈 수 있는 힘을 얻었다. 빌은 정식으로 요가 지도자가 되기로 결심했고, 나중에는 인근 군부대에서 이라크, 아프가니스탄 전쟁을 겪고 돌아온 군인들에게 요가를 가르치기 시작했다.

다시 10년이 지난 지금까지 빌은 아이들과 손자손녀들과 더불어 참전 군인들과 함께하는 일, 그가 맡고 있는 교회 일을 열심히 하면서 인생을 충분히 즐기며 살고 있다. 신체적인 제약은 조금 불편한 부분으로 여기며 극복했다. 현재까지 그가 요가를 가르친 제대 군인들은 1천 3백 명이 넘는다. 갑자기 팔다리에 힘이 풀려 앉거나 누워야 하는 순간이 수시로 찾아오지만, 빌의 어린 시절이나 베트남에서의 기억처럼 그런 일들이 빌의 존재 자체를 지배하지는 않는다. 지금도 계속되고 앞으로도 발전해 나갈 빌의 인생 이야기, 그 이야기의 한 부분을 차지할 뿐이다.

14장

언어, 기적이자 고통

슬픔을 말하시오. 비탄이 입을 못 열면 미어지는 가슴에 터지라고 속삭이는 법이니.

윌리엄 셰익스피어, 『맥베스』

차마 눈 뜨고 볼 수가 없다. 그 그림자 속에, 아직 살아 본 적 없는 인생 최고의 순간이 담겨 있을 수도 있다. 지하실로, 다락방으로, 쓰레기통 속으로 가 보자. 거기서 금덩이를 찾아보자. 배곯고 목마른 동물을 찾아보자. 바로 당신 자신이다! 방치되고 쫓겨나, 관심에 목마른 동물, 그 동물이 바로 여러분 자신의 일부분이다.

매리언 우드먼Marion Woodman

(스티븐 코프의 저서, 『인생의 위대한 업적The Great Work of Your Life』에서 인용한 내용)

2001년 9월, 세계무역센터 공격 이후 정신적 외상에 시달리는 사람들에게 가장 효과적인 치료법을 제안하기 위해 미국 국립 보건원과 화이자 제약, 뉴욕 타임스 컴퍼니 재단 등 여러 기관과 단체가 참여한 전문가 모임이 조직되었다. 다양한 분야에서 트라우마 치료법으로 널리 활용되는 방법은 많지만 한 번도 세밀한 평가를 받은 적이 없었으므로 (정신의학적인 도움을 얻고자 하는 환자들의 의지와 상반되는 일이었다), 나는 그 모임이 다양한 치료법의 효과를 비교할 수 있는 절호의 기회라고 생각했다. 나와 같은 일을 하지만 좀 더 보수적인 이 전문가 위원회는 기나긴 숙고 끝에 단 두 가지 치료법을 권고했다. 그것은 바로 정신 분석을 중심으로 하는 치료와 인지행동 치료였다. 분석적인 면담 치료가 선정된 이유는 무엇일까? 맨해튼은 프로이트식 정신분석이 시행되는 마지막 보루였기에, 이 지역에서 정신 건강 분야의 일을 하는 상당수 사람들을 배제하기엔 부담이 컸을 것으로 추측된다. 그렇다면 인지행동 치료는 왜 선정되었을까? 행동 치료는 구체적인 세부 단계들로 구성되고 적용 방식도 한 가지로 통일된 '매뉴얼화' 형태라 학계 연구자들이 선호하는 치료법이다. 이들 또한 무시할 수 없는 집단이리라. 이 권고가 발표된 후 우리는 얼마나 많은 뉴욕시민이 상담을 받으러 오는지 보자며 기다렸다. 하지만 찾아오는 사람은 거의 없었다.

지금은 없어진 그리니치빌리지 성 빈센트병원에서 정신의학과를 운영하던 스펜서 에스Spencer Eth 박사는 사고 이후 생존자들이 도움을 받으러 어디로 갔는지 호기심을 느끼고, 의대생 몇 명과 함께 세계무역센터 탈출자 225명을 대상으로 2002년 초에 조사를 실시했다. 연구진이 그 경험이 남긴 여파를 극복하는 데 가장 많은 도움이 된 것이 무엇이었느냐고 묻자, 생존자들은 침술, 마사지, 요가, 안구 운동 민감소실 및 재처리 요법 순서로 꼽았다.[1] 구조대원들 사이에서는 특히 마사지의 인기가 높았다. 에스 박사의 조사 결과를 보면, 이들이 가장 큰 도움을 받았다는 방법은 트라우마로 발생한 신체적 부담을 해소하는 데 주력하는 방법들임을 알 수 있다. 생존자들이 밝힌 경험과 전문가들이 권고한 내용 사이의 격차는 아주 흥미롭다. 물론 전체 생존자 가운데 더 전통적인 치료를 받은 사례가 얼마나 되는지는 알 수 없다. 그러나 대화 요법에 대한 관심이 저조한 건 뚜렷하게 드러나고, 이는 기본적인 의문을 제기한다. 트라우마를 말로 이야기하는 방법은 어떤 점에서 유익할까?

말할 수 없는 진실

심리 치료사들은 대화가 트라우마 해소에 효과가 있다는 굳건한 믿음을 갖고 있다. 이런 확신은 1893년, 프로이트(그리고 그의 멘토인 브로이어)가 트라우마에 대해 "그 사건에 대한 기억을 촉발시켜 기억이 명확히 드러나게 하고 그에 수반되는 영향도 나타나도록 할 때, 그리고 환자가 그 사건을 최대한 상세히 설명하고 그 기억으로 나타난 영향을 말로 설명할 수 있게 되면 즉각, 영원히 사라진다."[2]라고 썼던 때로 거슬러 올라간다.

하지만 안타깝게도 그렇게 간단한 문제가 아닌 것이, 트라우마 사건을 말로 표현할 수 있는 가능성은 거의 없기 때문이다. 외상 후 스트레스 장애에 시달리는 사람들뿐만 아니라 우리 모두 마찬가지다. 9·11 사태 직후에는 그 흔적이 이야기가 아니라 미친 듯이 거리를 내달리던 사람들과 그 얼굴에 재가 뒤덮인 모습, 비행기가 세계무역센터의 타워 한쪽을 들이받는 장면, 저 먼 곳에서 찍힌, 수많은 점처럼 사람들이 서로 손을 붙들고 달려가는 모습 등 이미지로 남았다. 이러한 이미지가 사람들의 머릿속이며 TV 화면에 끊임없이 반복해서 등장했고, 줄리아니 시장과 대중매체를 통해 모두가 공유할 수 있는 하나의 이야기가 만들어졌다.

T. E. 로런스 T. E. Lawrence는 『지혜의 일곱 기둥 Seven Pillars of Wisdom』에서 자신의 참전 경험을 이렇게 설명했다.

"인간이라는 유한한 존재가 나타내기에는 너무나 강렬한 아픔, 너무나 깊은 슬픔, 너무나 높은 엑스터시가 존재한다는 사실을 알게 됐다.

감정이 최고조에 이르면, 마음은 질식해 버린다. 기억은 다시 평범한 상황이 올 때까지 하얀 백지로 남아 있다."**3**

트라우마는 할 말을 잃게 만든다. 단어들이 보도블록처럼 하나씩, 조심스럽게, 마침내 모든 이야기가 드러날 때까지 배열되는 과정을 통해 그 상태에서 빠져나가는 길이 만들어진다.

침묵을 깬다는 것

초창기의 에이즈 인식 개선 캠페인에서는 '침묵＝죽음'이라는 표어로 사람들에게 강렬한 인상을 남겼다. 트라우마의 경우에도 침묵은 죽음, 즉 영혼의 죽음으로 이어진다. 트라우마로 인해 고립된 상황을 침묵이 더욱 악화시킨다. "나 강간당했어.", "남편한테 두드려 맞았어요." 혹은 "부모님은 규율이라고 하셨지만 그건 학대였어요.", "이라크에서 돌아온 후부터 이 지경이야." 이런 말을 다른 사람에게 크게 이야기할 수 있다는 것은 치유될 수 있다는 신호와 같다.

우리는 침묵을 유지하면 슬픔과 공포, 수치심을 스스로 제어할 수 있다고 생각하지만, 이름을 부여해야 또 다른 통제 가능성이 생긴다. 창세기에서 아담이 모든 동물을 책임져야 할 위치가 되자 맨 처음 한 일은 그 각각의 생명체들에게 이름을 부여한 것이었다.

상처 입은 일이 생기면, 자신에게 일어난 일을 인지하고 그 일이 무엇이었는지 정확히 지정할 필요가 있다. 나는 개인적인 경험으로 그 사실을 확인했다. 세 살 때, 이런저런 규칙을 어겼다는 이유로 아버지가 우리 집 지하 창고에 나를 가두셨는데, 나는 대체 내가 겪은 그 일이 무엇이었는지 스스로 정의를 내리기 전까지 늘 쫓겨나면 어쩌나, 버림받으면 어쩌나 하는 걱정에 만성적으로 사로잡혔다. 아직 너무 어린

꼬마였던 내가 어떤 기분을 느꼈는지 말할 수 있게 되었을 때, 그리고 그 상황에서 그렇게 겁을 집어먹고 고분고분하게 굴었던 나 자신을 용서할 수 있게 된 후에야 비로소 나는 내 주변 사람들과 함께 지내는 기쁨을 느낄 수 있었다. 누군가 내 말을 들어 주고 이해해 주는 기분을 느끼면 몸의 생리 상태가 변화하고, 복잡한 감정을 분명하게 표현할 수 있게 된다. 또한 자신의 감정을 누군가 알아주는 기분을 느끼면 뇌 변연계가 활성화되어 "아하!" 하고 상황을 이해하는 능력도 생긴다. 반면 침묵하고 자신을 이해하지 못하는 반응은 정신을 죽게 만든다. 존 볼비가 남긴 인상적인 표현처럼, "남들[엄마]에게 말하지 못한 것은 스스로에게도 말하지 못한다".

가령 어릴 때 삼촌에게 추행을 당했고, 그 사실을 혼자 숨긴 채 지내면 어떤 자극 요소가 주어졌을 때 천둥번개에 놀라는 동물처럼 반응하기 쉽다. 즉 '위험' 신호를 보내는 호르몬이 분비되자마자 온몸이 격하게 반응하는 것이다. 설명이나 정황 정보를 모두 제외한다면 그와 같은 인식 상태를 "나는 겁이 나"라는 말 한마디로 축약할 수 있을 것이다. 하지만 통제력을 잃지 말자는 굳은 다짐 때문에 자신의 트라우마를 아주 희미하게나마 떠올리게 만드는 사람이나 물건은 뭐든 피하려 하고, 기가 팍 죽은 상태와 아주 초조한 상태, 민감하게 반응하다가 감정이 폭발해 버리는 상태가 번갈아 가며 나타날 수 있다. 그러면서 정작 자신은 왜 그런지 이유를 알지 못한다.

비밀로 감추고 정보를 억눌러 버리는 한, 자기 자신과 전쟁을 벌일 수밖에 없다. 현재 자신에게 가장 중요한 감정을 숨기려면 어마어마한 에너지가 소진된다. 가치 있는 목표를 향해 나아가야겠다는 의욕을 키울 에너지도 다 빼앗기고, 늘 지루하고 세상과 단절된 기분만 남는다. 그 상태에서 스트레스 호르몬이 온몸을 계속 떠돌아다니면서 두통, 근육통을 야기하고 소화 기능이나 성 기능에 문제를 일으킨다. 이성을 잃은 행동으로 자신을 부끄럽게 만들고 주변 사람들에게 상처를 준다. 이와 같은 반응이 어디에서 비롯된 것인지 찾아낸 후에야, 뭔가 문제가 생겼으니 얼른 주의를 집중시켜야 한다는 신호로 자신의 감정을 믿고 활용할 수 있다.

내적 현실을 무시하면 자기 자신에 대한 감각, 정체성, 목표 의식도 그 속에 먹혀 버린다. 임상 심리학자인 에드나 포아Edna Foa는 동료 연구자들과 함께 외상 후 스트레스 장애 환자가 자기 자신에 대해 어떻게 생각하는지 평가할 수 있는 '외상 후 인지 검사'를 고안했다.[4] 외상 후 스트레스 장애 환자들은 "내면이 죽은 것 같아요", "두 번 다시 평범한 감정을 느끼지 못할 것 같아요", "선 안 좋은 쪽으로 영원히 변해 버렸어요", "전 사람이 아니라 그냥 물건이 된 것 같아요", "제게 미래는 없어요", 혹은 "이젠 제가 누구인지도 전혀 모르겠어요"와 같은 증상을 자주 호소한다.

가장 중요한 문제는 환자가 스스로 어떤 사람인지 인식할 수 있어야 한다는 점이다. 그러려면 엄청난 용기가 필요하다. 베트남전에 참전했던 칼 말런테스Karl Marlantes는 저서 『전쟁에 나간다는 건What It Is Like to Go to War』에서 굉장히 유능한 해군 전투부대 장병으로 복무했던 기억과 씨름하며, 자신의 내면에서 발견한 전혀 상반된 두 가지 감정을 해결하려고 노력한다.

지난 수년 동안 나는 이 분리된 감정을 치유해야 한다는 필요성을 인식하지 못했고, 내가 전쟁에서 돌아온 이후에 어느 누구도 그 필요성을 집어 주지 않았다. (⋯) 왜 나는 내 속에 단 한 명만 존재한다고 생각했을까? (⋯) 나에게는 남의 몸을 망가뜨리고, 남을 죽이고, 고문하는 일을 즐기는 부분도 있다. 하지만 이 부분이 나의 전체는 아니다. 그 모습과 정반대인, 내가 자랑스럽게 생각하는 또 다른 부분들도 있다. 나는 살인자일까? 아니, 하지만 내 일부분은 그렇다. 나는 고문관일까? 아니, 하지만 내 일부분은 그렇다. 학대당한 아이에 관한 신문 기사를 읽으면 두렵고 슬픈가? 그렇다. 하지만 과연 나는 그 일에 마음을 완전히 빼앗기는가?[5]

말런테스는 회복하기 위해서는 아주 잔인할 만큼 끔찍한 진실일지언정 진실을 말하는 법을 배워야 한다고 이야기한다.

죽음, 파괴, 고통은 그 괴로움을 뒷받침할 수 있는 대단히 중요한 의미가 있거나 곧바로 정당화되어야 한다. 그런 중대한 의미가 없다면 말을 지어내고 거짓말하며 그 듬성듬성한 의미를 채우려고 애쓰게 된다.[6]

나는 내 속에서 무슨 일이 벌어지고 있는지 단 한 번도 남에게 이야기할 수가 없었다. 그래서 오랜 세월, 그 이미지들을 억지로 저 멀리 밀치며 살았다. 그러다 그 아이를 한 아이로, 아마도 내 아이로 상상하기 시작한 후에야 나의 경험 중 쪼개져서 분리된 그 부분을 다시 통합할 수 있었다. 그러자 감당하기 힘든 슬픔이 밀려왔고, 치유가 찾아왔다. 슬픔, 격렬한 분노, 혹은 다른 어떤 행동에서 비롯되는 모든 감정을 통합하는 절차. 이 절차는 사람을 직접 죽여야 하는 모든 군인이 표준 작업 지침처럼 알고 있어야 한다. 정교한 심리학적 교육이 필요한 것도 아니다. 그냥 같은 부대나 소대원들끼리 그룹을 형성하고, 그룹 지도 교육을 며칠 받고 온 리더와 함께 모여서 그냥 말을 하도록 하면 된다.[7]

자신이 느낀 공포를 인식하고 그 감정을 다른 사람들과 공유하면 자신이 인류 집단의 한 일원임을 다시금 깨달을 수 있다. 내가 집단 치료를 실시하면서 만난 베트남전 참전 군인들은 전장에서 목격하고 자행한 잔혹한 일들을 서로 공유한 후에야 여자 친구에게 마음을 열 수 있게 되었다고 얘기했다.

자기 발견이 낳는 기적

자기 자신을 발견하고 이를 언어로 표현하는 일은 통찰을 얻는 것과 같다. 물론 내적 현실을 표현할 말을 찾는 일은 매우 고통스러운 과정이 될 수도 있다. 자신은 "언어 속에서 태어났다"[8]는 헬렌 켈러Helen Keller의 말에 내가 큰 영감을 얻은 것도 바로 이런 이유에서다.

헬렌은 생후 19개월이 되어 말을 막 시작하던 시기에 바이러스에 감염되어 시력과 청력을 잃었다. 귀머거리에 맹인, 벙어리가 된 이 사랑스럽고 생기 넘치는 아이는 길들여지지 않은 독특한 존재가 되었다. 헬렌의 가족들은 5년간 절망적인 나날을 보낸 후, 당시 보스턴에 살고 있던 시력을 일부 잃은 앤 설리번을 헬렌의 가정교사로 구해서 앨라배마 시골에 있던 집까지 초대했다. 앤은 오자마자 헬렌에게 점자부터 가르치기 시작했다. 아이의 손바닥에 글자를 한 자 한 자 써 가며 노력했지만 이 왈가닥 아이에게 큰 변화가 찾아온 건 10주가 지나서였다. 앤이 헬렌의 한쪽 손에 '물'이라는 단어를 쓰면서 동시에 반대쪽 손은 물을 퍼 올리는 펌프를 잡고 있도록 한 순간이었다.

나중에 헬렌은 자신의 자서전『헬렌 켈러 자서전The Story of My Life』에서 그 순간을 회상했다.

"물! 그 단어가 내 영혼을 깜짝 놀라게 만들고 흔들어 깨워서 그날 아침의 모든 정신으로 가득 채웠다. (…) 그 전까지 내 마음은 단어들이 들어와서 전등에, 즉 생각에 불이 들어올 날을 기다리는 컴컴한 방과 같았다. 그날 나는 여러 가지 위대한 단어들을 배웠다."

사물의 이름을 배운 뒤, 이 작은 아이는 볼 수도 없고 들을 수도 없는 자기 주변의 물리적 현실을 내적으로 표현할 수 있게 되었을 뿐만 아니라 자기 자신의 존재도 발견했다. 그로부터 6개월 뒤, 헬렌은 '나'라는 1인칭 표현을 사용하기 시작했다.

나는 헬렌의 이야기 속에서 입원 치료를 받고 있는 우리 병원의 학대받은 아이들, 무척이나 다루기 힘들고 의사소통이 잘 되지 않는 아이들을 떠올렸다. 언어를 알기 전에 헬렌은 어디로 튈지 모르는 자기중심적인 아이였다. 헬렌 자신도 그 시절을 되돌아보면서 그때의 자신을 '유령'이라고 칭했다. 실제로 우리가 만나는 아이들도 스스로 자신이 누구인지 발견하기 전까지, 그리고 충분히 안전하다고 느끼고 자신에게 무슨 일이 벌어지고 있는지 말로 전하기 전까지는 유령 같은 인상을 준다.

헬렌은 나중에 『내가 사는 세상*The World I Live In*』이라는 다른 저서에서 출생 후 자기를 찾기까지의 과정을 다시 한 번 이야기한다.

"선생님이 찾아오기 전까지, 나는 내가 누구인지 몰랐다. 나는 존재하지 않는 세상 속에 살았다. (⋯) 영리하지도 않았고 영리해질 가능성도 없었다. (⋯) 내가 이 사실을 기억하는 건 그랬다는 사실을 알고 있어서가 아니라, 내겐 촉각의 기억이 있기 때문이다. 그 기억 속에서 나는 머리로 생각이라는 행위를 전혀 해 본 적이 없던 때를 떠올릴 수 있다."[9]

헬렌이 이야기한 '촉각' 기억, 즉 오로지 접촉을 통해 생긴 기억은 남들과 공유할 수 없지만, 언어는 한 사회의 일원이 될 수 있도록 가능성을 열어 주었다. 헬렌은 여덟 살 때 앤과 함께 보스턴의 퍼킨스 맹인 학교에 입학해 (설리번이 교육을 받은 곳이기도 하다) 처음으로 다른 아이들과 대화를 했다.

"오! 얼마나 행복한지! 다른 아이들과 자유롭게 대화를 하다니! 멋진 세상 속에서 편안한 마음을 느꼈다!" 헬렌은 그때의 일을 이렇게 썼다.

앤 설리번의 도움을 받아 헬렌이 언어를 알게 된 과정에는 관계 속에서 발휘되는 치료의 핵심이 담겨 있다. 존재하지 않았던 말을 찾게 되면, 그 말을 통해 가장 깊은 상처와 가장 깊은 감정도 다른 사람과 나눌 수 있다는 사실이다. 이것은 인간이 할 수 있는 가장 심오한 경험이며, 한 번도 말해 본 적 없는 말에서 발생하는 울림을 발견하고 입밖으로 말하고 누군가 그 말을 듣는 과정은 트라우마로 고립된 상태로부터 회복되는 밑기름이 된다. 함께 살아가는 다른 사람들에게 무시당하거나 침묵해야만 했던 경우라면 특히 중요한 의미가 있는 과정이다. 온전히 의사소통하는 것은 트라우마가 생기는 것의 정반대 개념이라 할 수 있다.

두 가지 자기 인식 체계

하지만 면담 치료를 시작한 사람들은 거의 대부분 곧바로 언어의 한계라는 문제에 직면한다. 내가 심리 분석을 받을 때 경험했던 일이기도 하다. 나는 말을 수월하게 잘하는 편이고 재미있는 이야기도 할 수 있지만, 내 감정들을 깊이 있게 전부 한꺼번에 누군가에게 이야기하는 것이 얼마나 힘든지 곧 깨달았다. 살면서 가장 내밀한 일, 가장 고통스러운 일, 혹은 가장 혼란스러웠던 순간이 떠오르면 두 가지 선택 앞에서 갈등하는 경우가 많았다. 내 마음의 눈앞에 펼쳐진 오래전 그 일의 장면들을 되살리고 그 당시 내가 어떤 기분이었는지 느끼도록 둘 것이냐, 아니면 분석을 담당할 사람에게 과거의 일을 논리적으로 일관성 있게 전달하느냐 하는 갈림길에 선 것이다. 후자를 택하면 곧바로 나 자신과의 접촉이 끊어지고 내가 하는 말에 '상담사'가 어떤 의견을 보이는지에 초점이 맞춰지기 시작한다. 그가 약간이라도 의심하거나 옳고 그름을 판단하려는 기미를 보이면 나는 차단 상태가 되어 다시 그에게 인정받으려고 애쓰게 된다.

신경과학 분야의 연구를 통해 인간에게는 각기 다른 두 가지 형태의 자기 인식이 존재하는 것으로 밝혀졌다. 시간의 흐름에 따라 자기를 추적하는 인식과 현재의 자기 상태에 대한 인식이다. 자전적 자기라고 불리는 첫 번째 자기는 다양한 경험들을 연결하고 하나의 일관된 이야기로 조합한다. 이 시스템의 기반은 언어로, 이야기는 인식이 변하고 새로운 정보를 통합하고 말을 하면서 계속 변화한다.

두 번째 시스템은 순간순간 인식하는 자기로, 대부분 신체 감각을 바탕으로 형성되지만, 안전한 기분을 느끼고 쫓기지 않는 상황이라면 그 경험을 말로 표현할 수도 있다. 이 두 가지 자기 인식은 뇌의 각기 다른 부분에서 이루어지며 이 부분들은 서로 연결되지 않은 상태로 존재한다.[10] 그리고 내측 전전두엽에 위치하면서 자기 인식 기능만 담당하는 시스템만이 정서적 뇌를 변화시킬 수 있다.

참전 군인들을 대상으로 그룹 상담을 실시하면서, 나는 때때로 이 두 시스템이 나란히 작용하는 것을 볼 수 있었다. 죽음과 파괴에 관한 끔찍한 이야기를 하고 있는 군인들의 몸에서 자연스레 긍지와 소속감이 퍼져 나올 때가 종종 있었던 것이다. 이와 마찬가지로 내게 자신이 행복한 가정에서 자랐다고 이야기하는 환자들 중에는 몸을 푹 숙인 채 목소리에 불안과 초조함이 묻어나는 경우가 많다. 한 사람을 이루는 시스템 중에서 한 곳은 일반적으로 소비될 수 있는 이야기를 만들어 내고, 그런 이야기를 자주 하다 보면 스스로 그 이야기에 담긴 내용들이 전부 사실이라고 믿게 될 수 있다. 하지만 또 다른 시스템에는 진실이 기록된다. 즉 내면 깊은 곳에서 그 상황을 어떻게 경험했는지가 기록되는 것이다. 우리가 접근하고, 친숙해지고, 조화를 이루어야 하는 시스템은 바로 이 두 번째다.

아주 최근에 나는 학생들을 가르치고 있는 병원에서 정신의학과 레지던트들과 함께 한 젊은 여성의 상담을 실시했다. 측두엽 간질을 앓고 있는 이 환자는 자살을 시도했다가 정신의학과 검사를 받는 중이었다. 레지던트들은 증상이나 현재 복용 중인 약, 간질 진단을 받은 나이, 스스로 목숨을 끊으려 했던 이유와 같은 표준적인 질문들을 던졌다. 환자는 덤덤하게 사무적인 말투로 대답했다. 다섯 살 때 처음 진단을 받았고, 직장을 잃었으며, 병이 있다는 사실을 숨긴 채 살았다는 사실을 자신도 알고 있고 스스로가 쓸모없는 존재로 느껴진다고도 이야기했다. 그러다 레지던트 한 명이 무슨 이유인지, 이 환자에게 혹시 성적으로 학대를 받은 적이 있느냐고 물었다. 나는 깜짝 놀랐다. 환자는 애정이나 성적 관계에 문제가 있다는 징후를 전혀 보이지 않았기 때문이다. 나는 그 레지던트가 개인적으로 따로 염두에 둔 부분이 있나 보다고 생각하며 의아해했다.

환자가 우리에게 해 준 이야기로는 직장을 잃고 왜 그토록 심하게 절망했는지 충분히 납득할 수 없기는 했다. 그래서 나는 다섯 살짜리 소녀가 뇌에 뭔가 문제가 있다는 이야기를 들었을 때 어떤 기분이었냐고 물었다. 미리 대답할 말을 준비해 두지 않은 질문이었기에, 그녀는 하는 수 없이 자기 자신과 접촉해야 했다. 착 가라앉은 음성으로, 그 환자는 의사에게 진단을 받은 이후에 생긴 최악의 결과는 아버지가 더 이상 자신과 아무것도 하지 않으려 한 일이라고 설명했다. "아버진 절 그저 결함 있는 아이로만 생각했어요." 누구도 그녀를 도와주지 않았고, 그녀는 스스로 돌봐야만 했다.

나는 다시 갓 간질 진단을 받은 어린 여자아이가 홀로 남겨진 상황을 생각하면 어떤 기분이 느껴지느냐고 질문을 던졌다. 그러자 그간 자신이 겪은 고독을 울부짖거나 아무 도움도 받지 못한 상황을 떠올리며 화를 내는 대신, 그녀는 내게 사납게 쏘아붙였다. "전 멍청하고 징징대면서 남에게 의존하려는 아이였어요. 더 씩씩하게 책임 의식을 갖고 상황을 받아들여야 한다고 생각해요."

이런 격한 감정은 절망을 이겨 내려고 부단히 애써 온 그녀의 일부분에서 나온 것이 분명했다. 나는 그 당시 그녀를 생존할 수 있게끔 해 준 것이 바로 이 시스템이라는 사실을 이해할 수 있었다. 나는 그녀에게, 겁먹고 사람들에게 버려진 작은 소녀가 혼자 견디며 느낀 기분과 가족들의 거부로 병이 깊어졌다는 이야기를 그냥 하게끔 허락하라고 말했다. 그녀는 흐느끼기 시작했고, 한참 침묵을 지키다가 겨우 이야기했다. "그래요, 그 아이는 그런 대접을 받을 이유가 없었어요. 도움을 받아야 했고, 누군가 그 아이를 돌봐 줘야 했다고요."

말을 마친 그녀는 다시 방향을 바꾸어, 아무 도움도 받지 못했지만 그동안 얼마나 많은 일을 성취했는지 내게 자랑스레 이야기하기 시작했다. 대중을 위한 이야기와 내적 경험이 마침내 만난 것이다.

몸은 가교다

트라우마 사건에 관한 이야기는 그 일을 겪은 후 느끼는 고립감을 덜어 주고, 왜 스스로 고통스러워하는 방법을 택하는지 '설명'해 준다. 의사들은 그 이야기를 통해 진단을 내리고 불면증, 분노, 악몽, 정신이 멍해지는 증상 등 환자가 겪는 문제를 해결해 나갈 수 있다. 이야기는 비난 대상을 집어 주기도 한다. 비난은 모든 인간이 공통적으로 갖고 있는 성향이고 기분이 안 좋을 때 나아지도록 도와준다. 오래전 나의 선생님이신 엘빈 셈라드는 이런 말을 자주 하셨다. "증오는 세상이 돌아가게 만듭니다." 반면, 트라우마를 겪은 사람에게는 급격한 변화가 일어나며, 이 변화는 사실상 더 이상 '나'라고 할 수 없을 만큼 커다란 수준이다. 이 중요한 사실이 이야기에 가려져 제대로 드러나지 못하는 문제가 발생할 수도 있다.

내가 더 이상 나같이 느껴지지 않는다는 감정을 말로 표현하기란 대단히 어렵다. 언어가 발전해 온 이유는 주로 '바깥에 나와 있는 것'을 남들과 공유하기 위해서지, 우리 내면의 기분, 내적인 면에 대해 이야기하기 위해서가 아니다(다시 한 번 설명하지만, 뇌의 언어 센터는 자기를 경험하는 센터외 거리싱 가능한 범위에서 가장 멀리 떨어진 곳에 자리한다). 대부분의 사람들은 자기 자신보다는 다른 사람을 묘사하는 능력이 더 뛰어나다. 하버드대학교의 심리학자인 제롬 케이건은 이런 말을 한 적이 있다. "가장 사적인 경험을 설명하는 건, 두툼한 가죽 벙어리장갑을 낀 손으로 깊은 우물 바닥에 손을 뻗어 자칫 잘못하면 부서져 버릴 크리스털 장식 인형을 집으려 하는 것과 같다."[11]

잡힐 듯 미끄러져 나가는 단어들로 이루어진 과거는 자기 관찰과 감각, 목소리의 톤, 몸의 긴장도로 이야기하는 신체 기반 자기 시스템의 참여를 유도하면 꽉 붙잡을 수 있다. 본능적인 감각을 스스로 인지할 줄 아는 능력은 정서적 인식의 가장 기본적인 토대가 된다.[12] 어떤 환자가 내게 아버지가 가족을 버리고 떠났을 때 겨우 여덟 살이었다고 이야기하면, 나는 하던 이야기를 멈추고 그에게 자신을 확인해 보라고 이야기한다. 두 번 다시 보지 못한 그 아버지에 대해 내게 이야기할 때 내면에서 어떤 일이 벌어지는가? 몸 어느 위치에 그 흔적이 남아 있는가? 직감을 활성화시키고 자신의 심장 박동 소리에 귀를 기울일 때, 즉 내면 가장 깊숙한 곳으로 이어지는 내수용감각의 경로를 따라갈 수 있을 때 비로소 변화가 시작된다.

나에게 쓰는 글

내면의 감정에 다가가는 다른 방법들도 있다. 가장 효과적인 방법은 바로 글쓰기다. 대부분 배신을 당하거나 버려지고 난 후 분노와 원망, 서글픈 심정 혹은 슬픈 감정을 상대방에게 보낼 편지로 쏟아낸 경험이 있을 것이다. 편지를 보내지 않더라도 기분이 한결 나아지는 효과는 거의 확실히 얻을 수 있다. 자기 자신에게 글을 쓰면 누가 뭐라고 할지 걱정하지 않아도 된다. 그냥 자신의 생각에 귀를 기울이면서 흘러나오는 대로 내버려 두면 된다. 그리고 나중에 다시 그 글을 읽어 보면, 깜짝 놀랄 만한 진실을 발견하는 경우가 많다.

한 사회의 일원으로 살아가는 우리는 일상적인 교류 속에서 '아무렇지 않게' 지낼 수 있어야 하고, 당장 해결해야 할 일을 처리하느라 감정은 무시하며 지낸다. 전적으로 안심할 수 없는 누군가와 대화를 나눌 때면 우리 몸에서 사회적 관계를 담당하는 에디터가 전력을 다해 기능을 발휘하고 방어막을 최대치로 둘러친다. 글쓰기는 이와 다르다. 그 에디터에게 잠시만 혼자 있고 싶다고 부탁하면, 그동안 어디에 보관되어 있었는지도 몰랐던 생각들이 흘러나온다. 자유롭게, 일종의 무아지경 상태가 되어, 펜(또는 키보드)을 연결고리로 삼아 속에서 방울방울 솟아오르는 감정을 무엇이건 꺼낼 수 있다. 이와 같은 자기 관찰과 뇌에서 이야기를 담당하는 부분이 내놓는 이야기들을 어떤 반응을 받을까 염려할 필요 없이 서로 연결시킬 수 있다.

자유로운 글쓰기로 불리는 이 방법에서는 무엇이건 자신만의 로르샤흐 검사지로 활용하여 그 풍성한 연관성의 세계로 입장할 수 있다. 아무거나 바로 눈앞에 있는 물건을 보며 마음속에 맨 처음 떠오르는 생각을 써 보자. 그런 다음 멈추거나 쓴 내용을 읽거나 지우지 말고 쭉 계속해서 써 나가라. 싱크대 위에 놓인 나무 스푼을 보고 할머니랑 토마토소스를 만들던 기억이 떠오를 수도 있고, 어릴 때 맞았던 기억이 떠오를 수도 있다. 대대로 물려받은 찻주전자는 마음속 가장 깊은 곳 어딘가, 이제는 없는 사랑하는 이를 간직한 곳으로 정처 없이 데려갈 수도 있고, 사랑과 갈등을 동시에 느꼈던 가족들과의 휴일 풍경이 떠오를 수도 있다. 이미지가 떠오르고, 이어 기억이 나고, 그 내용을 기록할 수 있는 문장이 떠오를 것이다. 종이 위에 어떤 글이 등장하건, 그 글은 오로지 자신만이 연상할 수 있는 이야기가 표현된 것이다.

내가 만나는 환자들은 종종 자신의 기억이 담긴 글이나 그림의 일부를 가지고 온다. 아직 나와 함께 이야기할 준비가 안 된 것들이라 큰 소리로 읽으면 어쩔 줄 몰라하지만, 어떤 문제를 이겨 내려 싸우는 중인지 내게 알려 주고 싶은 마음에 가지고 오는 자료들이다. 나는 가장 내밀한 부분에 내가 접근할 수 있도록 허락해 준 그 용기와 나를 그만큼 믿어 주어서 정말 고맙다고 이야기한다. 이와 같은 일종의 실험적인 커뮤니케이션은 내가 치료 계획을 수립하는 데 도움이 된다. 가령 신체 감각의 처리 과정을 추가할지, 뉴로피드백(뇌파 신경 치료)이나 안구 운동 민감소실 및 재처리 요법 중에 어떤 치료법을 적용할지 결정하는 데 활용할 수 있다.

내가 알기로 언어의 힘을 활용하여 트라우마의 영향을 진정시키는 체계적인 검사가 최초로 개발된 것은 1986년으로, 텍사스대학교에서 연구하던 제임스 페니베이커James Pennebaker가 기초 심리학 교실을 일종의 실험실로 활용하면서부터다. 페니베이커는 혼자서만 간직하려는 성향을 억제하는 것이 문명을 만들어 내는 접착제 역할을 한다고 보고, 그 순기능을 존중하는 견해를 밝혔다.[13] 동시에 방 안에 코끼리가 있는데 이를 알고도 모른 척하려 한다면 그 대가를 치러야 한다고 보았다.

페니베이커는 학생들에게 스트레스를 굉장히 많이 느끼거나 정신적인 외상을 남긴 아주 내밀한 개인적인 경험을 생각해 보라고 했다. 그리고 학생들을 세 그룹으로 나눈 후, 한 그룹은 지금 현재 삶에 대해 글로 쓰라고 하고 다른 그룹에는 트라우마나 스트레스를 준 그 일을 상세히 쓰라고 했다. 나머지 그룹은 그 경험과 그 일에 관한 느낌과 감정, 그 사건이 지금까지의 삶에 어떤 영향을 주었다고 생각하는지 상세히 쓰도록 했다. 학생들은 4일 동안 심리학과 건물에 마련된 작은 방 안에 혼자 앉아서 매일 15분간 글을 작성했다.

학생들은 이 연구에 굉장히 진지하게 참여했다. 그 누구에게도 말해 본 적 없는 비밀을 발견한 경우도 많았다. 글을 쓰면서 우는 학생도 많았고, 연구 조교에게 자신이 얼마나 몰입해서 글을 쓰고 있는지 털어놓은 학생도 많았다. 200명의 참가 학생 가운데 65명이 어린 시절의 트라우마에 관한 글을 썼다. 가장 많이 등장한 글의 주제는 가족 중 누군가의 죽음이었지만, 여학생의 22퍼센트, 남학생의 10퍼센트가 열일곱 살 전에 겪은 성적 트라우마를 글로 밝혔다.

연구진은 학생들의 건강 상태에 대해서도 질문했다. 그 결과 암, 고혈압, 울혈, 독감, 두통, 귓병을 비롯해 크고 작은 건강 문제를 경험한 학생들이 많다는 사실을 알고[14] 모두 깜짝 놀랐다. 어린 시절 성적인 트라우마 사건을 겪었다고 밝힌 학생들은 그 전년도에 평균 1.7일 입원한 것으로 나타나 다른 학생들과 거의 두 배의 차이를 보였다.

이어 연구진은 참가자들이 연구 전 한 달 동안 교내 보건소를 방문한 횟수와 다음 달에 방문한 횟수를 비교했다. 그 결과 트라우마 경험 사실과 감정을 모두 글로 쓴 그룹이 가장 큰 도움을 받았다는 사실이 뚜렷하게 나타났다. 이 그룹은 다른 두 그룹에 비해 의사의 진료를 받은 비율이 50퍼센트 감소했다. 마음속 가장 깊은 곳에 간직하고 있던 트라우마와 관련된 생각과 감정을 글로 쓰자 기분이 나아지고 보다 긍정적인 태도를 갖게 되었으며 신체 건강도 개선됐다.

참가한 학생들에게 연구를 직접 평가해 달라고 요청하자, 학생들은 자기 자신을 더 많이 이해하게 되었다는 사실에 주목했다. "그 당시 제가 어떤 감정이었는지 생각해 볼 수 있었어요. 그 전까진 그 일이 제게 어느 정도로 영향을 주었는지 전혀 몰랐어요.", "지나간 일을 생각하고 해결해야 했어요. 그러고 나니 마음의 평화를 얻었죠. 감정과 느낌을 글로 써 보니, 제가 어떻게 느끼고 왜 그렇게 느끼는지 이해할 수 있었어요."[15]

페니베이커는 연이어 또 다른 연구를 실시했다. 이번에는 72명의 학생을 모집해서 절반에게는 살면서 겪은 트라우마 경험을 직접 이야기하면서 녹음기에 녹음하도록 하고, 나머지 절반에게는 수업이 끝나면 무엇을 하며 보낼 것인지 계획을 말해 보라고 했다. 학생들이 각자 이야기하는 동안 연구진은 혈압, 심장 박동 수, 근육 긴장도, 손의 체온 등 생리적인 반응을 확인했다.[16] 그 결과 앞서와 비슷한 결과가 도출됐다. 자신의 감정을 직접 느낀 그룹의 학생들은 즉각 생리학적으로 큰 변화가 발생했고 오랫동안 지속됐다. 이들이 과거 경험을 털어놓는 동안 혈압, 심장 박동 수, 그 밖에 자율신경계가 조절하는 기능들이 증가했지만 시간이 지나자 연구를 처음 시작할 때와 같은 수준으로 다시 떨어졌다. 이렇게 낮아진 혈압은 실험이 종료되고 6주일이 지난 뒤에도 그대로 유지됐다.

이혼이든, 기말고사든, 외로움이든 스트레스를 느끼는 일이 면역 기능에 악영향을 준다는 사실이 지금은 널리 받아들여지고 있지만 페니베이커가 연구하던 당시만 해도 굉장한 논란을 일으켰다. 오하이오 주립대학교 의과대학에서는 한 연구진이 페니베이커의 연구 방법을 토대로 학생들을 두 그룹으로 나누고, 한쪽은 개인적인 트라우마 경험에 대해, 다른 한쪽은 추상적인 주제에 대해 글로 쓰도록 했다.[17] 그 결과 개인적인 트라우마 경험을 쓴 학생들은 교내 보건소 방문 횟수가 줄고 건강이 개선되었으며, T 림프구(자연 살해 세포)와 기타 혈액의 면역 기능 지표를 통해 면역 기능이 향상된 것을 다시 한 번 확인할 수 있었다. 이와 같은 효과는 실험이 종료된 직후에 가장 뚜렷하게 나타났지만 6주일이 지나도 지속됐다. 대학원 학생들, 요양원에서 거주하는 사람들, 의과대학 학생들, 가장 엄격한 경비 대상으로 지정된 수감자들, 관절염 환자들, 첫 출산을 마친 산모들, 성폭행 피해자들을 대상으로 전 세계에서 글쓰기 효과를 확인하기 위한 실험이 진행되었고, 혼란스러운 사건을 글로 쓰는 일은 신체 건강과 정신 건강을 개선시킨다는 일관된 결과가 확인됐다.

　　나는 또 한 가지 면에서 페니베이커의 연구에 주목했다. 그의 실험에 참가한 학생들은 사적인 문제나 곤란한 이야기를 할 때 목소리 톤과 말하는 방식이 바뀌는 경우가 많다는 점이었다. 그 차이가 워낙 두드러져서, 페니베이커가 혹시 녹음 테이프가 뒤섞였나 착각할 정도였다. 예를 들어 한 여학생은 수업이 끝나고 할 일에 대해서는 어린아이처럼 높은 음성으로 말했지만, 몇 분 뒤 열려 있던 금전 등록기에서 1백 달러를 훔쳤던 일에 대해 이야기할 때는 목소리의 크기나 높이 모두 급격히 낮아져서 마치 다른 사람이 말하는 것 같았다. 감정 상태의 변화는 글씨체에도 반영됐다. 글의 주제가 바뀌면 필기체로 쓰던 글씨가 또박또박 쓴 글씨체로 바뀌지만, 다시 필기체로 넘어갔다. 글자의 기울기, 펜에 힘을 주고 가한 압력도 다양하게 바뀌었다.

So many times I find parts of myself fighting each other. It (the abuse) happened, it didn't happen — if it did happen how can I live with a truth that is so horrific.

with my left hand

Listen to me. I want t tell you and I want you to listen to you tink you're too good t hear it. I hear what

임상에서는 이와 같은 변화를 '전환switching'이라고 부른다. 트라우마를 경험한 사람들은 이 전환 반응을 보이는 경우가 많다. 즉 환자가 한 가지 주제에서 다른 주제로 넘어가면 완전히 다른 감정적·생리학적 상태가 활성화된다. 전환 반응은 확연히 다른 목소리 패턴으로도 나타나지만 얼굴 표정, 몸의 움직임도 달라진다. 소심한 태도를 보이다가 단호하고 공격적인 태도로 돌변하거나, 불안해하며 고분고분하게 있다가 돌연 유혹하는 태도를 보이는 등 성격이 변하는 환자들도 있다. 이와 같은 환자들이 가장 내밀한 두려움을 글로 쓰면 유독 어린아이가 쓴 듯한 원시적인 글씨체가 나타나는 경우가 많다.

I want to hurt myself because I feel like I'm bad. My mother calls and leaves me sad messages and I don't call her back. When I think about being little I remember never wanting her to find me and I feel like she's looking for me now. She knows things about me no one else knows.

이처럼 환자의 상태가 급격하게 바뀌는 것을 지어낸 행동으로 치부하거나 환자 자신도 예상치 못한 순간에 화를 내는 모습을 보고 그만 하라고 하면, 환자는 할 말을 잃어버리는 경우가 많다. 계속해서 도움을 얻으려 하겠지만, 일단 침묵하기로 작정하면 도움을 요청하는 울부짖음이 말이 아닌 행동으로, 즉 자살 시도, 우울증, 급작스러운 공격성 등으로 나타날 수 있다. 17장에서 살펴보겠지만 이처럼 전혀 다른 모습들이 환자를 생존하게 해 주는 기능임을 환자와 의사 모두 인정할 수 있어야 비로소 환자도 개선될 수 있다.

그림, 음악, 춤

수없이 많은 그림 치료나 음악 치료, 춤 치료가 학대당한 아이들과 외상 후 스트레스 장애로 고통받는 군인들, 근친 성폭력 희생자들, 난민들, 고문을 겪은 생존자들에게 굉장한 성과를 낳고 있고, 이와 같은 표현 치료의 효과를 직접 밝힌 증언들도 무수히 접할 수 있다.[18] 그러나 현시점에서는 표현 치료가 트라우마 스트레스 중 정확히 어떤 부분에 영향을 주는지 알려진 내용이 거의 없다. 또한 그와 같은 치료의 가치를 과학적으로 입증하려 해도 논리적·재정적으로 넘어야 할 산이 상당히 높은 상황이다.

그림과 음악, 춤이 전 세계 여러 문화권에서 트라우마 치료에 활용되는 이유는 환자가 두려움으로 말을 못하는 문제가 있더라도 전혀 걸림돌이 되지 않는다는 점 때문일 것이다. 언어를 사용하지 않는 예술적 표현과 글쓰기를 체계적으로 비교한 몇 안 되는 연구 가운데 하나는 제임스 페니베이거와 샌프란시스코에서 춤과 동작 치료사로 활동 중인 앤 크란츠Anne Krantz를 통해 이루어졌다.[19] 두 사람은 64명의 학생을 모집해 3분의 1은 개인적으로 겪은 트라우마를 3일 연달아 매일 최소 10분씩 몸의 움직임으로 표현하고 다시 10분간 그 일을 글로 쓰도록 했다. 두 번째 그룹은 트라우마를 춤으로 표현하되 글로는 표현하지 않도록 했고, 세 번째 그룹은 규칙적으로 운동 프로그램에 참여하도록 했다. 3개월이 지난 후 모든 참가자가 전보다 더 행복하고 건강해진 기분이라고 밝혔다. 그러나 그 변화가 객관적인 사실로 확인된 그룹은 움직임으로 표현하고 동시에 글을 쓴 그룹뿐이었다. 이 그룹의 학생들은 신체적으로도 더 건강해지고 평균 성적도 향상됐다(이 연구에서 외상 후 스트레스 장애에 해당하는 특정 증상을 평가하지는 않았다). 페니베이커와 크란츠는 다음과 같은 결론을 내렸다. "트라우마를 그저 표현하기만 하는 것으로는 충분치 않다. 건강해지려면 경험을 언어로 바꾸어 표현할 수 있어야 하는 것으로 보인다."

치유되려면 반드시 언어가 필요하다는 이 결론이 일반적인 사실인지는 아직까지 밝혀지지 않았다. 외상 후 스트레스 장애 증상에 초점을 맞춘 (전반적인 건강이 아닌) 글쓰기 연구에서는 실망스러운 결과가 확인됐다. 내가 이 문제를 페니베이커에게 제기하자, 그는 외상 후 스트레스 장애 환자들을 대상으로 한 글쓰기 연구들이 대부분 참가자가 자신의 이야기를 공유한다는 전제로 시작한다는 점에 주의해야 한다고 설명했다. 앞서 내가 이야기한 부분, 즉 글쓰기를 하는 이유가 자기 자신에게 글을 쓰기 위해서이며, 지금껏 피하려고 했던 것이 무엇인지 스스로 깨닫도록 하는 것임을 그가 다시 한 번 강조한 셈이다.

언어의 한계

트라우마 경험에 관한 이야기는 말하는 당사자뿐만 아니라 듣는 사람도 압도한다. 폴 퍼셀Paul Fussell이 제1차 세계 대전을 연구하고 위대한 성과를 담아서 펴낸 저서 『세계 대전과 현대의 기억The Great War in Modern Memory』에는 트라우마가 만들어 낸 침묵의 공간이 너무나 생생하게 묘사되어 있다.

> 전쟁의 핵심 중 한 가지는 (…) 여러 사건들과 그 일을 표현할 수 있는 언어, 혹은 적절한 생각이 서로 충돌한다는 사실이다. (…) 논리적으로 따지자면 영어가 전쟁의 실재를 완벽하게 표현하지 못할 이유가 없다. '피, 공포, 고통, 광기, 빌어먹을, 잔인함, 살인, 변절, 통증, 장난질' 같은 어휘는 물론이고 '두 다리가 날아가 버리다', '장이 손바닥 위로 줄줄 흘러나오다', '밤새도록 비명을 지르다', '항문에서 피가 흘러나와 죽고 말았다'와 같은 문장도 충분히 만들 수 있다. (…) 문제는 고상하고 긍정적인 '언어'가 하나도 없다는 사실이다. (…) [군인들이 침묵에 빠져 버리는] 진짜 이유는, 자신들이 입 밖으로 내야 하는 기분 나쁜 이야기에 크게

관심을 갖는 사람이 없다는 사실을 알아차렸기 때문이다. 가슴
이 미어지고 덜덜 떨리는 기분을 굳이 느끼고 싶은 사람이 누가
있을까? 우리는 '말할 수 없는'이라는 말의 의미를 '형언하기 힘
든'의 뜻으로 만들어 버렸지만, 그 말의 진짜 뜻은 '지독히 끔찍
한'이다.[20]

고통스러운 사건을 이야기한다고 해서 반드시 공동체가 형성되
는 것도 아니다. 오히려 그 반대인 경우가 많다. 가족들이나 기관, 단
체들이 치부를 드러낸 사람을 거부하는 경우도 있고, 슬픔이나 상처에
꼼짝없이 붙들린 친구나 가족에게 인내심을 잃고 마는 경우도 있다.
트라우마 희생자들이 움츠러든 채 최대한 거부당하지 않을 형태로 이
야기를 편집해서 기계처럼 줄줄 쏟아내는 일이 많은 까닭에는 바로 이
런 문제도 포함된다.

  트라우마의 고통을 표출할 수 있는 안전한 장소를 찾기는 참으로
힘들다. 그래서 '익명의 금주 동맹', '알코올 중독자의 성인 자녀들', '익
명의 약물 자조 집단' 같은 단체는 굉장히 중요한 역할을 한다. 진실을
말할 수 있고 잘 들어 주는 집단을 만나면 회복도 가능해진다. 마찬가
지 이유에서 트라우마 생존자들에게는 삶에서 겪은 괴로운 일들을 세
세한 부분까지 귀 기울일 수 있도록 훈련받은 전문 치료사가 필요하
다. 나는 한 참전 군인으로부터 베트남에서 어린아이를 죽인 일을 처
음 들었던 날을 기억한다. 그의 이야기를 들으면서, 내 머릿속에는 일
곱 살 무렵 아버지에게 들었던 이야기가 떠올랐다. 옆집 아이가 존경
심을 보이지 않았다는 이유로 바로 우리 집 앞에서 나치 군인들 손에
맞아 죽고 말았다는 이야기였는데, 군인의 이야기를 들으며 내가 아버
지에게 이야기를 듣던 그 순간이 생생하게 되살아난 것이다. 결국 도
저히 견딜 수가 없었던 나는 그날 상담을 중단해야 했다. 이와 같은 이

유 때문에 심리 치료사들은 자기 자신을 보살피고 환자들이 하는 이야기가 분노나 혐오감을 일으키더라도 적절한 감정 상태를 유지할 수 있도록 집중적으로 치료받는다.

트라우마 희생자들이 문자 그대로 말문이 막힌 상태가 되면, 즉 뇌에서 언어를 담당하는 영역의 기능이 멈춰 버리면 또 다른 문제가 발생한다.[21] 나는 불법 이민 사건을 처리하는 법정에서도 이런 경우를 수없이 목격했고, 르완다에서 대량 살상을 저지른 가해자를 처벌하는 재판 현장에서도 같은 사례를 보았다. 어떤 일을 겪었는지 증언해야 하는 상황이 되면, 피해자들은 감정에 크게 압도되어 거의 아무 말도 못하거나 엄청난 두려움에 휩싸여 어떤 일이 있었는지 명료하게 설명하지 못한다. 증언이 워낙 무질서하고, 혼란스럽고, 파편적이라 신빙성이 떨어지는 경우가 많다.

자신이 겪은 일을, 지나치게 큰 자극을 받지 않으려고 애쓰면서 이야기하는 사람들도 있다. 이런 노력 역시 말을 얼버무리거나 신뢰성이 떨어지는 증언으로 이어질 수 있다. 망명 신청자들이 왜 도망을 와야만 했는지 그 이유를 법정에서 일관되게 진술하지 못해 결국 신청이 거부되는 사례를 나는 수십 건도 넘게 목격했다. 또 전쟁에 나갔던 수많은 군인이 무슨 일을 겪었는지 정확하게 이야기하지 못해 재향군인관리국을 상대로 요구하려던 일이 거부당한 사례들도 잘 알고 있다.

상담 치료실에서는 혼란이나 침묵을 흔히 접한다. 우리 의사들은 환자에게 더 자세히 이야기해 달라고 계속 재촉하면 그들이 어찌할 바를 몰라 당황한다는 사실을 충분히 알고 있다. 따라서 내 친구 피터 러바인이 만들어 낸 표현처럼, '진자 운동을 하듯' 트라우마에 접근하는 법을 배운다. 상세한 내용과 마주하는 것 자체를 피하지는 않되, 환자들에게 물에 먼저 발가락 하나를 살짝 담가 안전한 기분이 드는지 느껴 보고 발을 다시 꺼내는 방식으로 진실에 조금씩 서서히 접근하는 방법을 가르쳐 준다.

몸속, 자신의 내면에 먼저 '안전한 섬'을 만들면 좋은 출발점이 된다.[22] 환자가 꼼짝 못하고 갇힌 기분이 들거나 두려울 때, 또는 극심한 분노가 치솟을 때 언제든 안착할 수 있는 몸의 부분, 특정한 자세, 움직임을 찾도록 도와주는 것을 의미하며 보통은 이에 해당되는 신체 부위가 미주신경이 닿지 않는 곳에 위치한다. 미주신경은 두려움이라는 메시지를 가슴과 복부, 목으로 전달하는 역할을 한다. 그리고 이 메시지를 받은 곳들이 공동으로 트라우마를 하나로 통합한다. 안전한 섬을 찾으려면 먼저 환자에게 손의 느낌이 괜찮냐고 묻고, 그렇다고 하면 손을 움직여 보면서 가벼운 느낌, 손의 온기, 유연함을 느껴 보라고 이야기한다. 가슴팍이 긴장하고 호흡이 거의 느껴지지 않을 만큼 얕은 환자에게는 일단 하던 것을 멈추고 손에만 집중하며 이리저리 움직여 보면서 트라우마와 분리된 기분을 느껴 보라고 한다. 호흡에 집중하고 호흡이 어떻게 변하는지 느껴 보거나, 숨을 한 번 들이쉬고 내쉴 때마다 팔을 들어 올렸다 내리는 기공 체조 동작을 해 보도록 하는 방법도 있다.

지압점을 꾹꾹 누르면 큰 효과가 나타나는 환자들도 있다.[23] 의자에 얹어진 몸의 무게를 느끼고 발을 뿌리내리듯 바닥에 디뎌 보라고 할 수도 있다. 침묵에 빠져 푹 수그리고 앉은 환자에게는 자리에서 일어나 똑바로 서 보고 어떤 변화가 일어나는지 느껴 보라고 한다. 자신만의 '안전한 섬'을 직접 찾아내는 환자들도 있다. 이들은 통제력을 잃었다고 느낄 때면 그 섬에 '가서' 격해진 감정을 누그러뜨리고 균형을 찾아주는 신체 감각을 스스로 일으킨다. 탐색과 안전, 언어와 몸, 과거를 기억하는 것과 현재 살아 있음을 느끼는 것, 그 사이를 진자 운동을 하듯 오가는 이 모든 과정은 트라우마를 해소하는 바탕이 된다.

현실을 받아들이려면

그러나 트라우마 기억에 대처하는 것은 치료의 시작일 뿐이다. 수많은 연구를 통해, 외상 후 스트레스 장애 환자들은 일반적으로 주의 집중력이나 새로운 정보의 학습 능력 같은 문제에 시달리는 것으로 밝혀졌다.[24] 알렉산더 맥팔레인은 간단한 검사를 하나 실시했다. 한 무리의 사람들에게 1분 동안 B로 시작하는 단어를 최대한 많이 대 보라고 한 실험이었다. 일반인 참가자들은 평균 15개의 단어를 제시한 반면, 외상 후 스트레스 장애 환자들은 평균 3~4개의 단어를 떠올렸다. 또 일반인들은 '피', '상처', '강간'과 같은 험악한 단어가 제시되면 어딘가 망설인 반면, 외상 후 스트레스 장애 환자들은 그러한 단어나 '양털', '아이스크림', '자전거'와 같은 평범한 단어와 마주했을 때 망설이는 태도가 크게 다르지 않았다.[25]

외상 후 스트레스 장애 환자 대부분은 어느 정도 시간이 지나면 과거에 겪은 일에 대처하는 데 긴 시간을 들이거나 크게 노력하지 않는다. 이들에게는 하루하루를 헤쳐 나가는 일이 더 문제이기 때문이다. 학생들을 가르치는 일이나 사업, 의학계, 예술 분야에서 큰 공헌을 한 사람들이나 아이들을 잘 키워 낸 사람들 중에도 트라우마 환자들이 있는데, 이들은 평범한 다른 사람들에 비해 일상적인 생활 속 소소한 일들에 훨씬 더 많은 에너지를 들이는 경향이 있다.

'말이 안 된다'는 판단이 내려지면, 우리의 생각이 쉽게 수정될 수 있다는 착각은 언어로 인해 어떤 함정에 빠질 수 있는지 보여 준다. 인지행동 치료에서 '인지' 기능에 중점을 둔 과정에서는 그와 같은 '고장 난 생각'을 바꾸는 데 주력한다. 이는 곧 환자가 부정적으로 인지한 내용에 상담사가 이의를 제기하거나 '재구성'하려는 하향식 접근 방식이라 할 수 있다. "그 성폭행에 대한 원망과 실제 사실을 비교해 봅시다"

라든가 "운전대만 잡으면 솟구치는 두려움을 도로 안전에 관한 최근 통계 자료와 비교해 봅시다."라고 제안하는 식이다.

한번은 어떤 여성이 완전히 제정신이 아닌 상태로 우리 병원을 찾아와서는 두 살배기 아기가 '너무 이기적'이라며 도와달라고 했다. 이 여성에게 아동의 발달 과정에 관한 정보를 제공하거나 이타심의 개념을 설명했다면 도움이 됐을까? 깜짝 놀라고 방치된 그 여성의 일부, 의존성을 두려움으로 표출한 그 부분에 직접 접근하지 않는 한 그런 정보들이 도움이 될 가능성은 낮다.

트라우마에 시달리는 사람들이 비합리적으로 사고한다는 사실은 분명하다. "전 너무 섹시해서 욕을 먹었어요"라거나 "저 말고 다른 사람들은 걱정을 안 하더군요. 그런 사람들이야말로 진짜 남자죠", "제가 좀 덜 어리석었다면 그 길을 지나가지 않았겠죠"와 같은 생각들은 인지적인 재현으로 보고 치료하는 것이 최선이다. 끔찍한 사고를 겪고 그때의 상황이 시각적으로 계속 재현되는 증상을 당연한 반응이라고 인정하듯이, 비합리적인 사고도 의구심 없이 수용해야 한다. 비합리적인 사고는 트라우마 사건의 잔재다. 즉 그 트라우마 사건이 일어난 상황 혹은 그 직후에 했던 생각들은 스트레스가 높은 상황에서 다시 활성화된 결과다. 그리고 이런 경우 안구 운동 민감소실 및 재처리 요법 EMDR이 보다 효과적인 치료법이 될 수도 있다. EMDR에 대해서는 다음 장에서 자세히 알아보자.

내가 아닌 다른 누군가가 된다는 것

자신의 일을 말하면서 압도당하고 인지적인 재현에 시달리는 이유는 뇌가 변화했기 때문이다. 프로이트와 브로이어가 관찰한 것처럼,

트라우마는 단순히 증상을 발현시키는 매개체로만 작용하지 않는다. "정신적 트라우마, 더 구체적으로 트라우마의 기억은 처음 유입된 시점에서 오랜 시간이 지나도 계속해서 영향을 주는 이물질과 같다."[26] 어쩌다 찔린 작은 파편 하나가 감염을 일으키듯, 그 이물질에 노출된 신체가 보이는 반응은 유입된 이물질 그 자체보다 훨씬 큰 문제가 될 수 있다.

현대 신경과학은 인간의 의식적인 사고 중 많은 부분이 물밀듯 쏟아지는 본능적 반응과 반사적인 반응, 행동의 동기, 무의식에서 생겨난 고질적인 기억이 복잡하게 합리화된 결과라고 보았던 프로이트의 생각을 확고히 지지한다. 그러나 지금까지 살펴보았듯이 트라우마로 인해, 뇌에서 경험을 관리하고 해석하는 영역은 제대로 기능하지 못하게 된다. "내 생각은 이렇고, 나는 이런 기분이야."라고, "나는 이런 일을 겪었어요."라고 확신 있게 이야기하려면 자기 자신에 대한 확고한 감각이 필요한데, 이 감각은 뇌에서 바로 그 영역들이 건강하게 역동적으로 상호 작용할 때 형성된다.

트라우마 환자들의 뇌 영상을 촬영하면 대부분 섬엽에서 비정상적인 활성이 발견된다. 섬엽은 근육, 관절, 균형(고유수용감각) 시스템을 비롯한 내부 장기를 통해 우리 몸에 유입되는 정보를 통합하고 해석하여 체현 감각을 만들어 낸다. 또한 섬엽은 편도체에 신호를 전달하여 싸움-도주 반응을 유발할 수 있다. 뭔가 엉망진창이 되었다는 인지적인 정보나 의식적인 인지가 반드시 있어야 이런 반응이 가능한 것은 아니다. 초조하고 불안하고 집중이 잘 안 되고 최악의 경우 지금 당장 세상이 끝날 것만 같은 기분에 사로잡힐 수도 있다. 이와 같은 강력한 기분은 뇌의 깊숙한 곳에서 생성되며, 이성적인 사고나 이해로는 없앨 수 없다.

신체 감각의 근원을 망가뜨리는 일이 계속해서 발생하거나 그 근원을 끊임없이 무시해 버리면 감정 인지 능력이 상실된다. 즉 자기 자신에게 일어나는 일을 느끼지도, 전달하지도 못하는 상태가 되는 것이다. 자신의 몸과 접촉하고 본능적인 부분까지 깊숙이 연결된 상태에서만 내가 누구인지, 내가 얼마나 중요한 존재이고 가치 있는 존재인지 다시 느낄 수 있다. 감정 인지 불능증이나 해리, 특정 기능 상실과 같은 문제들은 모두 무언가에 집중하고 지금 어떤 느낌인지 알고 보호 행동을 하는 뇌 영역과 관련이 있다. 이 중요한 구조가 피할 수 없는 충격을 받아 영향을 받으면 혼란과 불안이 발생하고 정서적으로 분리된 느낌을 받을 수 있다. 또한 유체 이탈의 경험, 즉 먼 곳에서 자신을 바라보고 있는 듯한 기분을 느끼는 경우도 많다. 한마디로 트라우마는 내가 '다른 누군가'가 된 것처럼, '그 누구도 아닌' 것처럼 느끼게 만든다. 트라우마를 극복하려면 자신의 몸, '자기 자신'과 다시 접촉할 수 있도록 도움을 받아야 한다.

언어가 반드시 필요하다는 사실에는 논란의 여지가 없다. 자기를 인식하려면 기억을 하나의 일관되고 완전한 형태로 체계화할 수 있어야 한다.[27] 이를 위해서는 의식을 담당하는 뇌와 자기의 체계가 형성된 신체를 원활하게 이어 주는 연결고리가 마련되어야 한다. 트라우마를 겪으면 바로 이 연결고리가 손상되는 경우가 많다. 이 구조가 수선된 후에, 기초공사가 다 끝난 뒤에, 즉 그 아무도 아닌 것 같던 존재가 '누군가'가 된 뒤에야 비로소 트라우마에 관한 모든 이야기를 할 수 있다.

15장

과거를 떠나보내는 방법:
안구 운동 민감소실 및 재처리 요법EMDR

환상이었나, 아니면 꿈속을 거닐었던가?
사라졌구나, 그 노랫소리는
나는 깨어 있는가, 자고 있는가?

존 키츠John Keats

하청업체 관리자로 일하는 중년의 데이비드는 폭력이 동반되는 분노 발작이 덮치면 집을 그야말로 지상의 지옥으로 만들어 버리는 문제로 나를 찾아왔다. 첫 상담일에 그는 스물세 살 여름에 겪었던 어떤 일에 대해 이야기했다. 데이비드가 안전요원으로 근무하던 그 시절 어느 오후, 수영장에 한 무리의 아이들이 놀러 와서 난장판을 벌이며 맥주까지 마셔 댔다. 데이비드는 아이들에게 술은 마실 수 없다고 말했다. 그러자 남자아이들이 그를 공격해 왔고, 한 명은 깨진 맥주병으로 데이비드의 왼쪽 눈을 찔러 빼내 버렸다. 그로부터 30년이 지났지만 눈이 찔리던 그때의 일은 악몽으로 남아 계속해서 생생히 재현됐다.

데이비드는 십 대가 된 아들을 가차 없이 꾸짖고 아주 사소한 일만 어겨도 고함을 질러 대는 일이 잦았다. 아내에게는 아무런 애정 표현도 할 줄 모르는 사람이었다. 가끔 한쪽 눈을 잃었으니 남을 학대해도 되는 것 아닌가, 하는 생각이 들 때도 있었지만 화나고 복수심에 가득 찬 자신의 모습이 혐오스럽게 느껴진다고 했다. 극심한 분노를 잠재우려 노력하다가 결국 시시각각 긴장을 놓지 못하며 살고 있다는 사실을 깨달았고, 통제력을 잃을까 두려워 사랑도 우정도 나누지 못하는 존재가 될 수도 있다는 불안감이 든다는 이야기도 했다.

데이비드가 두 번째 상담을 받으러 온 날, 나는 '안구 운동 민감소실 및 재처리 요법EMDR'이라는 치료를 실시했다. 먼저 데이비드에게 눈을 공격받았던 날의 일을 상세한 부분까지 되살려 보라고 했다. 사고 당시의 장면과 그때 들었던 소리, 그 순간 마음속에 들던 생각을 끄집어내 보라고 했다. "그 순간이 그대로 다시 일어나도록 해 보세요." 나는 이렇게 말했다.

그런 다음, 내 검지를 주시하고 눈으로 따라오라고 말한 뒤 데이비드의 오른쪽 눈앞에 30센티미터 정도 거리를 두고 검지를 들어 올렸다. 그리고 천천히 천천히 좌우로 움직였다. 몇 초 후, 데이비드의 머릿속에 분노와 공포가 수면 위로 떠오르고 통증과 볼을 타고 흐르는 피, 그리고 눈이 안 보인다는 사실을 깨달았을 때의 느낌이 생생하게 살아났다. 데이비드가 내게 이런 느낌이 든다고 말하자, 나는 잘하고 있다고 한 번씩 격려하면서 손가락을 계속 좌우로 움직였다. 그리고 몇 분 주기로 멈춰서 데이비드에게 심호흡을 한 번 하라고 했다. 잠깐 쉬면서 지금 무엇이 떠오르는지 집중해 보라고 하자, 그는 학교에서 싸움을 벌인 일이 생각난다고 했다. 나는 이제 그 기억에 집중하고 그대로 떠올려 보라고 말했다. 이어 다른 기억들도 떠올랐다. 눈을 공격한 놈들을 찾으려고 헤매며 복수를 불태웠던 일, 술집에서 난동을 부린 일 등이 대체로 무작위로 떠올랐다. 데이비드가 새로운 기억이 떠오르거나 감각이 느껴진다고 할 때마다 나는 마음속에서 어떤 일이 벌어지는지 집중하라고 한 뒤 다시 눈으로 손가락 움직임을 따라오도록 했다.

그날 상담이 끝날 무렵, 데이비드는 더 침착해지고 겉으로 보기에도 마음이 놓인 모습이었다. 그는 병에 찔린 기억이 강렬함과 생생함을 잃었다고 내게 이야기했다. 그저 아주 오래전에 일어난 불쾌한 일 정도로 느껴진다고도 했다. 그러고는 깊은 생각에 잠긴 얼굴로 말했다. "정말 기분 나쁜 일이었죠. 그 일이 몇 년 동안이나 저를 제정신 아닌 상태로 살게 만들었어요. 하지만 결국은 이겨 내고 지금 이렇게 괜찮은 인생을 살게 되다니, 저 스스로가 놀라울 따름이군요."

그다음 주에 세 번째 상담을 하면서 우리는 트라우마가 된 그 사건 이후에 벌어진 일들을 다루었다. 데이비드가 분노를 잠재우려고 수년 동안 약물과 술의 힘을 빌렸던 일들이 주로 등장했다. EMDR을 반복할수록 계속 새로운 기억들이 떠올랐다. 데이비드는 교도관으로 일하는 지인과 만나 수감 중이던 가해자를 죽이고 싶다고 털어놓고 구체적인 방법에 대해 대화를 나누었지만, 결국 마음을 바꾼 일을 떠올렸다. 결심을 바꾼 그 기억은 데이비드에게 큰 해방감을 안겨 주었다. 당시 자기 자신을 거의 통제가 안 되는 괴물처럼 느꼈고, 복수 계획을 접으면서 원래 자신이 가지고 있던 사려 깊고 인자한 면을 되살릴 수 있었다는 사실도 깨달았다.

여기까지 진행되자, 데이비드는 자신을 공격했던 십 대 아이들에게 느낀 감정을 담아서 아들을 대해 왔다는 사실도 자연스레 깨닫기 시작했다. 상담을 마치면서 그는 과거의 사고에 대해 아들에게 이야기하고 용서를 구하고 싶으니 내게 가족들과 함께 만나 줄 수 있겠느냐고 부탁했다. 다섯 번째이자 마지막이 된 상담일에 데이비드는 잠도 잘 자고 태어나서 처음으로 마음속 깊은 곳에서 평온함을 느끼게 되었다고 이야기했다. 1년 후, 그는 내게 전화를 걸어 아내와 한층 더 가까워지고 둘이 함께 요가 수련을 시작했다고 전했다. 더 많이 웃고, 정원을 가꾸는 일이나 목공 일을 하면서 진정한 즐거움을 느끼고 있다고도 했다.

안구 운동 민감소실 및 재처리 요법^{EMDR}이란

데이비드의 사례는 지난 20년 넘는 동안 내가 안구 운동 민감소실 및 재처리 요법^{EMDR}을 통해 환자의 고통스러운 트라우마 기억을 되살려서 과거의 일로 만들 수 있었던 수많은 사례 중 하나다. 처음 이 방법을 직접 실시하게 된 계기는 넘치는 투지로 성적 학대를 받은 소녀들의 사회 복귀를 돕는 시설을 운영 중이던 젊은 심리학자 매기를 알게 된 일이었다. 매기는 사사건건 남들과 대립하고 만나는 사람마다 부딪치며 살았지만, 자신이 돌보는 열서너 살 된 소녀들은 예외였다. 그 일을 하기 전, 매기는 마약도 하고 남자도 걸핏하면 폭력을 휘두르는 위험한 사람들을 주로 만났다. 직장에서는 상관과 언쟁을 벌이기 일쑤였고 룸메이트를 견디지 못해 (혹은 그쪽에서 매기를 못 견뎌 해서) 주거지도 이곳저곳 옮겨 다녔다. 그렇게 살던 사람이 어떻게 심리학 박사 학위를, 그것도 명성이 자자한 유명 대학원에서 취득할 만큼 안정과 집중력을 얻게 되었는지, 나는 전혀 이해할 수가 없었다.

당시 나는 매기와 비슷한 문제를 겪는 여성들을 모아 그룹 치료를 진행했는데, 그 치료 그룹에 매기가 들어왔다. 모임에 두 번째로 참석한 날, 그녀는 나와 그룹 구성원들에게 아버지로부터 두 차례 강간을 당했으며 한 번은 다섯 살 때, 다른 한 번은 일곱 살 때였다고 털어놓았다. 매기는 그 일이 자신의 잘못이라고 확신했다. 아버지를 너무 좋아해서 자신이 유혹한 것이 분명하며 그 바람에 아버지가 통제력을 잃었을 것이라는 설명이 이어졌다. 매기의 이야기를 들으면서, 나는 이런 생각이 들었다. '아버지를 비난하지 않지만, 대신 다른 모든 사람을 비난하고 있어.' 매기는 이전에도 다른 치료사들을 만나 봤지만 별로 도움이 안 됐다고 했다. 트라우마 피해자들에게서 자주 볼 수 있는 것처럼 매기도 겉으로 드러나는 행동에 말로 이야기하는 과거의 경험이 반영되어 나타났다. 트라우마 사건의 여러 가지 측면을 반복해서 계속 체감하고 있다는 징후였다.

그러던 어느 날, 매기는 뭔가 서둘러 할 이야기가 있다는 얼굴로 등장해서 그 전 주말에 전문가들을 대상으로 하는 EMDR 세미나에 참석했다가 깜짝 놀란 경험을 했다면서 우리에게 그 이야기를 들려주었다. 당시만 해도 나는 EMDR이 새로 유행하는 치료법이고 환자의 눈앞에서 치료사가 손가락을 이리저리 움직이는 것 정도로만 알고 있었다. 나나 학계 동료들은 늘 그래 왔듯 정신의학계에 불어닥친 또 하나의 열풍이겠거니 생각했다. 매기도 곧 그저 해프닝일 뿐이었음을 깨닫게 되리라 확신했다.

매기는 세미나에서 EMDR 세션 중에, 일곱 살 때 아버지가 자신을 성폭행하던 순간이 생생하게 떠올랐다고 말했다. 어린아이의 몸속에서 일어난 일로 기억났다는 것이다. 그 일을 당할 당시 자신의 몸이 얼마나 작았었는지 느낄 수 있었고, 아버지의 거대한 몸이 자신의 몸 위에 올라왔을 때의 느낌과 아버지의 숨결에 묻어 나온 술 냄새까지 맡을 수 있었다고 했다. 그리고 그 당시의 사건이 재현되고 있었지만 스물아홉 살이 된 현재 시점에서 그 일을 관찰할 수 있었다고 설명했다. 그러고는 눈물을 쏟아냈다. "전 정말이지 조그마한 아이였어요. 어떻게 그토록 거대한 남자가 작은 아이에게 그런 짓을 할 수 있죠?"

한동안 울던 매기는 다시 말을 이었다. "이제 됐어요. 무슨 일이 있었는지 이제 다 알겠어요. 그건 제 잘못이 아니었어요. 전 작은 아이였고 아버지가 그런 짓을 못하게 막기 위해서 제가 할 수 있는 일은 하나도 없었어요."

나는 아주 큰 충격을 받았다. 트라우마를 겪은 사람들이 그 일을 떠올리더라도 또다시 트라우마를 경험하지 않도록 도울 방법이 없는지 오랫동안 찾고 있던 터였다. 매기의 이야기대로라면 과거의 일이 현재 일어나는 일처럼 재현됐지만 그 일에 또다시 사로잡히지는 않은 것 같았다. EMDR이 트라우마의 흔적에 안전하게 접근할 수 있도록 해 준 것일까? 그리고 그 일을 아주 먼 옛날에 벌어진 사건의 기억으로 바꾸어 놓을 수 있었던 걸까?

매기는 그 이후로도 EMDR 치료를 몇 차례 더 받았다. 동시에 우리 상담 치료에도 계속 참석해 모두 그녀가 변해 가는 모습을 충분히 확인할 수 있었다. 분노는 훨씬 줄어들었지만 내가 아주 좋아하던 특유의 냉소적인 유머 감각도 잃지 않았다. 몇 개월 지나자 매기는 그 전까지 마음이 끌렸던 유형과 전혀 다른 남자와 교제를 시작했고 트라우마에서 벗어났다고 선언하며 우리 그룹을 떠났다. 이 일로 나는 EMDR을 배워야겠다고 결심했다.

EMDR과의 첫 만남

과학을 발전시킨 수많은 사례처럼 EMDR도 우연한 관찰에서 비롯된 치료법이다. 심리학자인 프랜신 샤피로Francine Shapiro는 1987년 어느 날, 공원을 산책하던 중 괴로운 기억들이 떠올라 정신이 완전히 사로잡혔는데, 안구를 빠르게 움직이자 괴로움이 급격히 가라앉는다는 사실을 깨달았다. 어째서 그토록 간단한 방법이 그렇게나 큰 치료 효과를 줄 수 있을까? 이 단순한 방법이 여태까지 주목받지 못한 이유는 무엇일까? 이런 의구심이 든 프랜신은 자신이 찾아낸 그 방법에 대해 수년간 실험과 연구를 거듭하면서, 남들에게도 가르쳐 주고 통제된 상황에서 시험해 볼 수 있는 치료법으로 조금씩 표준화했다.[1]

내가 처음 EMDR 훈련을 받게 된 건 나 스스로 극복해야 할 트라우마 사건을 겪었기 때문이다. 첫 훈련을 받기 몇 주일 전, 예수회 목사이자 내가 근무하던 매사추세츠종합병원 정신의학과 과장이 느닷없이 우리 트라우마 클리닉을 정리한다는 결정을 내렸다. 게다가 낯설고 비좁은 공간에서 기존과 확 달라진 예산 규모로 환자를 치료하고 학생들을 가르치고 연구를 수행하라고 하면서, 한마디로 우리를 방치해 버렸다. 비슷한 시기에, 앞서 10장에서 성적 학대를 받은 여성들을 대상으로 장기 연구를 진행한 학자로 소개했던 나의 친구 프랭크 퍼트넘도 국립 보건원에서 해고당했다. 미국에서 정신적 해리 분야의 최고 전문가인 리처드 클루프트Richard Kluft까지 펜실베이니아병원의 연구소 내에서 지휘하던 연구 팀이 해산되는 일이 벌어졌다. 모두 우연의 일치일 수도 있지만, 나는 내가 살고 있는 세계 전체가 공격받은 듯한 기분이 들었다.

트라우마 클리닉이 문 닫고 심적 고통에 시달리던 나는 EMDR을 한 번 시험해 보기에 딱 좋은 기회라는 생각이 들었다. 나와 함께 EMDR 훈련을 받던 동료가 내 눈앞에서 움직이는 손가락을 좇아가다 보니, 흐릿한 어린 시절의 장면들이 연달아 빠르게 떠오르기 시작했다. 저녁 식탁에서 가족들이 주고받았던 긴장 섞인 대화들, 학창 시절 쉬는 시간에 동급생들과 싸웠던 일, 형과 함께 어느 오두막 유리창에 조약돌을 던지던 일들까지 모두 생생하게 되살아났다. 일요일 오전에 늦잠을 잘 때 '비몽사몽' 머릿속에 떠올랐다가 잠이 완전히 깨면 모두 잊어버리는 이미지들과 비슷했다.

훈련 동료와 함께 시작한 치료가 30분가량 흘렀을 때, 내 머릿속에 과장님이 우리 클리닉을 정리한다고 말하던 장면이 되살아났다. 이어 단념해야겠다는 마음이 들었다. '그래, 이미 일어난 일이니 이제 잊어버릴 때가 됐어.' 그 뒤로 나는 한 번도 뒤돌아보지 않았다. 트라우마 클리닉은 나중에 다시 문을 열었고 지금까지 번창해 왔다. 당시 내가 느낀 분노와 괴로움을 놓아 버릴 수 있었던 이유가 오로지

EMDR 덕분일까? 물론 그 답은 앞으로도 정확히 알 수 없으리라. 하지만 그때 경험한 정신의 여행, 아무 관련 없는 어린 시절의 장면들이 등장했다가 괴로운 사건을 뒤에 남겨 두고 올 수 있었던 그 여행은 면담 치료에서는 전혀 해 보지 못한 종류의 경험이었다.

순서를 바꿔서 이제 내가 다른 동료에게 EMDR을 적용하고 확인한 결과는 훨씬 더 놀라웠다. 수업은 그룹을 바꿔 가며 진행됐고, 나는 처음 본 수강생과 한 조가 되었다. 그는 어린 시절 아버지와 관련해 겪은 고통스러운 기억에서 벗어나고 싶다고 설명하면서, 그 일에 대해서 말하고 싶지는 않다고 했다. 사건의 '이야기'를 모르는 상태에서 트라우마를 치료해 본 적이 한 번도 없었던 나는 그 말에 조금 짜증이 났다. 문제를 상세히 말해 주지 않으려는 그의 거부 반응이 당황스럽기도 했다. 내가 그의 눈앞에서 손가락을 움직이자 그는 극도로 괴로워하는 모습을 보였다. 흐느끼고 호흡이 가빠지면서 얕은 숨을 내쉬기 시작했다. 나는 EMDR 진행 순서에 따라 정해진 질문을 했지만 그는 머릿속에 무엇이 떠오르는지 말해 주지 않았다.

45분간 이어진 치료 시간이 끝나자, 그는 내가 상당히 불쾌해했다는 사실을 다 알고 있으며 앞으로 나 같은 의사에게 환자를 보낼 일은 절대 없을 거라고 말했다. 그러면서도 EMDR로 아버지의 학대와 관련된 자신의 기억이 가라앉았다고 말했다. 괜히 자신의 아버지에 대한 감정이 다 해소되지 않아서 내게 무례한 태도로 말한 건 아닐까 하는 의구심을 지울 수 없었다. 하지만 그가 치료 전보다 훨씬 더 편안해진 것처럼 느껴지는 건 부정할 수 없었다.

나는 EMDR 교육을 담당하던 제럴드 푹Gerald Puk을 찾아가 내가 그 일로 얼마나 당황스러웠는지 설명했다. 그리고 내 치료 파트너가 나를 싫어한 것이 분명하며, EMDR을 진행하는 동안 굉장히 괴로워하는 모습을 보이더니 오랫동안 자신을 괴롭히던 절망에서 벗어났다는 말을 전했노라고 이야기했다. 치료하는 동안 무슨 일이 벌어졌는지 말하지 않는데, 그가 고통에서 벗어났는지 어떤지 내가 어떻게 알 수 있단 말인가?

제럴드는 씩 웃더니 내게 정신 건강 분야의 전문가가 된 까닭이 혹시 개인적인 문제를 해결하기 위해서였느냐고 물었다. 나는 아마 나를 아는 대부분의 사람들이 그렇지 않느냐고, 나 역시 그렇다고 답했다. 이어 제럴드는 사람들이 트라우마 경험에 대해 이야기하는 것이 내게 큰 의미 있는 일이냐고 물었다. 이번에도 나는 그렇다고 대답했다. 그러자 그는 이렇게 이야기했다. "베셀, 내 생각에 자네는 그 관음증적인 성향을 좀 내려놓는 법을 배워야 할 것 같네. 트라우마 이야기를 듣는 일이 자네에게 그토록 중요하면, 그냥 술집에 가서 테이블에 몇 달러 올려놓고 옆에 앉은 사람한테 '내가 한 잔 살 테니 트라우마 이야기 좀 해 줘요.'라고 말하면 되지 않겠나? 그런데 정말 중요한 건, 이야기를 듣고 싶은 자네의 욕망을 환자들의 마음속에서 일어나는 치유 과정과 구분할 줄 알아야 한다는 거야."

나는 제럴드의 꾸짖음을 깊이 받아들이고, 두 번 다시는 학생들 앞에서 그런 일이 반복되지 않도록 노력했다.

EMDR 훈련을 마치고 나는 세 가지 핵심을 깨달았다. 지금까지도 내 마음을 사로잡는 특징들이다.

- EMDR은 마음과 머릿속에 있던 무언가를 풀려나게 만들고, 서로 헐겁게 연결되어 있던 기억과 과거의 이미지에 재빨리 접근할 수 있게 한다. 그리하여 트라우마의 경험을 보다 넓은 맥락과 관점에서 바라볼 수 있다.
- 트라우마 기억을 말로 이야기하지 않더라도 그 기억에서 치유될 수 있다. EMDR은 상대방과 말을 주고받는 과정 없이도 자신

이 겪은 일을 새로운 방식으로 관찰할 수 있게 한다.

- EMDR은 환자와 의사 사이에 서로 신뢰하는 관계가 구축되지 않더라도 환자에게 도움이 될 수 있다. 트라우마를 겪은 사람들이 마음을 열어 남을 신뢰하는 경우는 드물고 그런 반응은 당연하다는 점에서, 이것은 특히 흥미로운 부분이다.

이후 지금까지 나는 EMDR을 스와힐리어, 중국어, 브르타뉴어를 사용하는 환자들을 비롯해 수많은 환자에게 적용해 왔다. 어떤 언어를 사용하는 환자건 EMDR의 핵심 지시어인 "거기에 주목해 보세요"라는 말만 할 수 있으면 된디(통역사가 항상 도와주지만 주로 치료 과정과 단계를 설명하는 일을 맡는다). EMDR에서는 환자가 견디기 힘든 기억을 이야기하거나 의사에게 왜 자신이 극도로 흥분하는지 설명할 필요가 없으므로, 자신의 내부에서 벌어지는 일에만 온전히 집중할 수 있다. 그 결과 때때로 아주 이례적인 결과가 나타난다.

EMDR에 관한 연구

우리 트라우마 클리닉은 매사추세츠주 정신보건부 덕분에 회생했다. 어린이들을 대상으로 진행했던 우리의 연구 성과를 알게 된 관리자 한 사람이 보스턴 지역에 지역 사회 트라우마 대응 팀을 꾸려야 하는데 그 일을 맡아 달라고 요청한 것이다. 그 덕분에 우리 클리닉이 기본적으로 해 오던 업무를 그대로 지속할 수 있게 되었다. 게다가 당시 우리가 진행하던 일에 찬사를 아끼지 않던 정신보건부의 한 열혈 직원 덕분에 추가 지원도 받을 수 있었다. 그전까지 다른 방법이 없어서 도와주지 못했던 일부 환자들을 새로 들인 기술인 EMDR의 힘을 빌려 치료할 수 있었다.

나는 동료들과 함께 외상 후 스트레스 장애 환자들을 대상으로 한 EMDR 치료 장면을 영상에 담아 비디오로 함께 확인하면서 매주 환자들이 크게 개선되는 과정을 관찰했다. 이어 우리는 외상 후 스트레스 장애 표준 평가 척도를 적용해 환자의 개선 수준을 공식적으로 측정하는 한편, 뉴잉글랜드 여신도병원New England Deaconess Hospital에서 뇌 영상 전문가로 활동 중이던 젊은 학자 엘리자베스 매슈Elizabeth Matthew를 초빙해 EMDR 치료 전후 환자 12명의 뇌 영상을 촬영했다. 12명 중 8명이 EMDR을 단 3회 실시한 뒤 외상 후 스트레스 장애 지수가 큰 폭으로 감소했다. 이들의 뇌 영상에서 우리는 치료 후 전두엽 부위의 활성이 증가하고 전측 대상과 기저핵 활동도 크게 증가한 결과를 확인할 수 있었다. 이와 같은 변화 속에 이 환자들이 트라우마를 어떻게 경험하고 있는지 모두 담겨 있었다.

한 남성 환자는 이렇게 설명했다. "실제 기억이긴 한데, 더 멀리 있는 것처럼 느껴집니다. 보통 전 그 기억 속에 빠져 버리곤 했는데 이번에는 그 기억 위에서 떠다닌 것 같아요. 제가 통제력을 쥔 것 같은 기분을 느꼈습니다."

어떤 여성 환자는 우리에게 이렇게 설명했다. "예전에는 그 일이 하나하나 모든 단계마다 다 느껴졌어요. 이제는 세세한 단위들이 아니라 큰 덩어리로 느껴져요. 그래서 처리할 수 있다는 기분도 더 강하게 들고요." 트라우마가 직접성을 잃고, 아주 오래전에 일어난 어떤 일로 바뀐 것이다.

이어 우리 연구진은 국립 정신건강연구소로부터 연구비를 받아 EMDR의 효과를 프로작이나 위약을 표준량만큼 투여할 때 나타나는 효과와 비교했다.[2] 총 88명의 피험자 중 30명이 총 3회에 걸쳐 EMDR 치료를 받았고 28명은 프로작을, 나머지는 설탕으로 만든 위약을 복용했다. 종종 일어나는 결과지만 위약군 환자들도 증상이 개선됐다. 8주의 연구 기간이 지난 후 위약군의 증상은 42퍼센트나 개선되어 '증거로 확인된' 치료법이라고 광고하는 수많은 치료법들보다 더 우수한 효과를 나타냈다.

프로작을 복용한 그룹은 위약군보다 약간 더 나은 결과가 나왔지만 거의 차이가 없었다. 외상 후 스트레스 장애에 대한 약물 치료 연구들은 대부분 이와 같은 결과가 나온다. 보통 30퍼센트에서 42퍼센트 정도 호전되고, 약물이 효과를 발휘하면 5퍼센트에서 15퍼센트 정도 더 나아지는 수준이다. 그러나 EMDR 치료를 받은 환자들은 프로작이나 위약을 복용한 환자들보다 개선 폭이 훨씬 더 컸다. 총 8회에 걸쳐 실시된 EMDR이 끝난 후 4명 중 1명은 완쾌되어(외상 후 스트레스 장애 지수가 무시해도 될 만한 수준으로 감소했다), 프로작 치료군에서 동일한 결과가 10명 중 1명의 비율로 나타난 것과 큰 차이를 보였다. 시간이 경과할수록 차이는 더 크게 벌어졌다. 8개월 후 다시 피험자들과 면담한 결과 EMDR 치료를 받은 사람들 중 60퍼센트는 완쾌된 상태였다. 위대한 정신의학자 밀턴 에릭슨Milton Erickson의 말처럼, 통나무를 발로 차니 강물이 다시 흐르기 시작한 것이다. 즉 트라우마 기억을 일단 통합할 수 있게 되자 환자들의 상태는 자연스레 호전됐다. 반면 프로작을 복용했던 환자들은 약을 끊자 모두 증상이 재발했다.

이 같은 결과는 EMDR과 같이 외상 후 스트레스 장애에 초점을 둔 맞춤형 치료가 약물 치료보다 훨씬 더 큰 효과를 얻을 수 있음을 증명했다는 점에서 큰 의미가 있다. 다른 연구들을 통해서도 프로작이나 셀렉사, 팍실, 졸로프트 같은 약물을 복용하면 외상 후 스트레스 장애 증상이 개선되는 경우가 많지만, 그 효과는 약물을 복용하는 기간 동안에만 나타난다는 사실이 확인됐다. 장기적으로 볼 때 이와 같은 약물 치료는 훨씬 더 많은 비용이 든다(프로작이 주요 항우울제라는 사실에도 불구하고 우리 EMDR 연구에서 환자들의 우울증 지수는 이 항우울제를 복용한 경우보다 EMDR 치료 후에 더 크게 감소하는 흥미로운 결과가 나왔다).

우리 연구에서 주목해야 할 또 한 가지 결과는, 아동기에 트라우마 사건을 겪은 성인들은 성인이 되어 트라우마를 겪은 사람들과 EMDR에서 나타나는 반응이 크게 달랐다는 점이다. 8주간의 치료를 종료한 후 성인기에 트라우마를 경험한 환자군에서는 거의 절반이 EMDR 척도에서 완치됐음을 확인할 수 있었지만 아동 학대를 받은 환자들은 이처럼 확연한 개선을 보인 환자가 9퍼센트에 불과했다. 또한 8개월 후 실시한 추가 면담에서도 성인기에 환자가 된 사람들의 73퍼센트가 치유된 것으로 확인된 반면, 아동기에 학대를 경험한 사람들은 이 비율이 25퍼센트에 머물렀다. 이 아동 학대 피해자들은 프로작 치료에도 작지만 일관된 양성 반응을 보였다.

이와 같은 결과는 9장에서 내가 전했던 연구 결과들을 더욱더 확실히 뒷받침해 준다. 즉 아동기에 만성적인 학대에 시달린 사람들은 성인기에 개별적인 트라우마 사건을 경험한 사람들과 비교할 때 정신적·생물학적 적응 양상이 매우 다르다는 사실이다. EMDR은 트라우마 기억에 사로잡힌 사람들에게 강력한 치료 효과를 발휘하지만, 아동기에 신체적 혹은 성적 학대와 함께 겪은 배신당하고 버려진 기억까지 전부 해결해 주지는 못한다. 또한 어떤 치료든 8주일은 대부분의 환자들에게 오랜 세월 남아 있던 트라우마의 흔적을 지우기에 충분치 않다.

2014년까지 성인기에 트라우마 사건을 겪고 외상 후 스트레스 장애에 시달리는 환자를 대상으로 진행된 연구 결과 전체를 통틀어 우리 연구진의 EMDR 연구만큼 개선 폭이 큰 결과는 없었다. 그러나 그 사실이나 다른 수십 건의 연구에서 확인된 결과들에도 불구하고 나와 같은 분야에서 일하는 사람들은 EMDR에 회의적인 태도를 보이는 경우가 많다. 사실이라고 믿기엔 효과가 너무 뛰어나고, 그토록 강력한 효과가 나타난다고 믿기엔 너무 단순한 치료법으로 보일지도 모른다. 그런 의구심을 갖는 건 당연한지도 모른다. 그만큼 EMDR은 이례적인 방법이기 때문이다. 그러나 재미있는 사실이 확인된 연구가 하나 있다. 전쟁에 참가한 후 외상 후 스트레스 장애에 시달리는 전직 군인들을 대상으로 EMDR을 적용한 최초의 견실한 과학적 연구로, 바이오피드백이 포함된 이완 요법과 그 효과를 비교한 결과, EMDR의 효과가 이완 요법과 견줄 수 없을 만큼 형편없으리란 예상을 뛰어넘고 총 12회 실시한 후 가장 효과적인 치료법으로 확인되어 연구를 진행한 당사자들도 놀라게 만들었다.[3] 이 연구 결과가 나온 뒤, EMDR은 재향군인관리국이 외상 후 스트레스 장애 치료법으로 승인하는 방법에 포함되었다.

EMDR은 노출 요법의 하나일까?

일부 심리학자들은 EMDR이 트라우마가 된 요소에 대해 환자가 느끼는 감각을 약화시킨다고 가정하면서 노출 요법과 관련이 있다고 이야기한다. 그러나 EMDR은 감각을 약화시킨다기보다 '통합'한다는 설명이 더 정확하다. 우리의 연구 결과로도 확인되었듯이 EMDR이 실시된 후 환자들은 트라우마의 특정 측면에서 분리된 감각이나 이미지를 경험하는 대신 그 사건이 과거에 일어난 일이라는 논리적인 생각을 하게 된다.

기억은 진화하고 변한다. 하나의 기억이 유입되면 그 즉시 통합과 재해석이라는 기나긴 과정이 시작된다. 이 과정은 의식적인 자기로부터 어떠한 정보를 제공받지 않아도 우리 마음과 뇌에서 자동으로 진행되고, 이 절차가 끝나면 그 일에 대한 경험은 살면서 일어난 다른 사건들과 통합된다. 따라서 그 경험 자체의 생은 끝이 난다.[4] 앞서 살펴보앞듯이 외상 후 스트레스 장애가 발생하면 바로 이 과정이 진행되지 못하고 기억은 그대로 고정되어 버린다. 소화되지 않은 채 날 것 그대로 남아 있는 것이다.

심리학자를 양성하는 교육 과정에 뇌의 기억 처리 시스템을 배울 기회가 별로 없다는 사실은 참 안타까운 일이다. 그 내용을 배우지 못하면 나중에 잘못된 치료법을 택할 수 있다. 공포증(거미 공포증처럼 특정 대상에 비이성적인 공포를 느끼는 문제)과 달리 외상 후 스트레스 장애는 실제로 자신이 절멸할지도 모른다고 느꼈던 위협적인 상황을 재경험하고 그로 인해 중추신경계가 근본적으로 재편성된 결과다. 자기의 경험은 새롭게 정리되고(무기력하게 대처했던 기억), 현실에 대한 해석도 바뀐다(온 세상이 위험하다는 생각).

환자들은 트라우마 기억에 노출되면 초기에는 극도로 혼란스러워한다. 그 경험이 되살아나면 심장 박동과 혈압, 스트레스 호르몬이 급격히 치솟는다. 그러나 가까스로 치료를 받고 꾸준히 트라우마의 기억을 되살리면 서서히 반응성이 줄고 나중에는 그 일을 떠올려도 폭삭 무너져 버리는 경향이 줄어들기 시작한다. 그리하여 외상 후 스트레스 장애 평가 척도에서도 더 낮은 점수가 나온다. 하지만 현재까지 밝혀진 사실대로라면, 오래된 트라우마 기억에 노출되는 것만으로는 그 기억을 생애 전체의 기억 속에 통합할 수 없으며 환자가 사람들과 즐겁게 생활하고 트라우마 사건을 겪기 전에 추구하던 목표를 다시 설정하고 나아갈 정도로 회복되는 경우도 드물다.

반면 EMDR은 이 책에서 뒤이어 설명할 내면 가족 체계 치료나 요가, 뇌파 신경 치료, 심리 운동 치료, 연극 치료 등의 치료법들처럼 트라우마로 인해 활성화된 강렬한 기억을 조절하는 일에만 중점을 두지 않고 자신이 행위의 주체라는 의식, 타인과 관계를 맺고 몸과 마음의 주체가 되어 행동하는 능력을 회복시키는 일에도 주목한다.

EMDR을 통한 트라우마 기억의 처리

캐시는 지역 대학에 다니는 스물한 살 대학생이었다. 처음 만났던 당시에 캐시는 잔뜩 겁먹은 모습이었다. 3년간 심리 치료를 받았고, 담당 치료사를 신뢰하고 그가 자신을 잘 이해한다고 느꼈지만 상태가 호전되지 않았다고 설명했다. 세 차례나 자살 시도를 한 끝에 재학 중이던 대학의 보건진료소에서 내가 적용하는 새로운 치료법이 도움이 되기를 바라는 마음으로 캐시를 내게 보냈다.

다른 트라우마 환자들에게서도 나타나는 특징이지만 캐시는 학입 면에서는 아무런 영향도 받지 않았다. 책을 읽거나 논문을 쓸 때면 삶의 다른 모든 것을 자신과 차단할 수 있었다. 그리하여 우수한 학생으로 인정받았지만, 정작 캐시 자신은 다른 사람과 애정을 나누는 관계를 전혀 맺을 수 없고 어떻게 해야 자기 자신을 사랑할 수 있는지도 전혀 모른 채 살았다.

나는 캐시로부터 아버지가 수년 동안 자신에게 아동 매매춘을 시켰다는 이야기를 들었다. 평소 같았으면 이 사실을 토대로 EMDR을 부차적인 치료법으로만 활용했을 것이다. 그러나 캐시는 EMDR에 그 어떤 환자보다 큰 반응을 보이더니 8회 만에 완전히 회복됐다. 심각한 아동 학대를 겪은 환자를 치료했던 모든 사례를 통틀어 가장 단시간에 완쾌된 것이다. 캐시를 치료한 지도 벌써 15년이나 흘렀다. 최근에 만나 캐시가 셋째 아이를 입양한 사연도 듣고 입양의 장단점에 대해 이야기를 나누었다. 캐시는 밝고, 똑똑하고 재치 넘치는 사람이 되어, 가족들과의 생활도 안정적으로 유지하면서 아동 발달 분야를 연구하는 조교수로 즐겁게 지내고 있다.

내가 이 책에서 공유하고 싶은 부분은 캐시의 네 번째 EMDR 치료에 관한 내용으로, EMDR 치료에서 일반적으로 일어나는 일들과 함께 트라우마 경험이 통합될 때 인간의 마음속에서 무슨 일이 벌어지는지도 확인할 수 있다. 뇌 영상이나 혈액 검사, 평가 척도로는 그 변화를 측정할 수 없고 영상 기록으로는 EMDR이 마음의 상상력을 어떻게 촉발시키는지 일부만 전달된다.

네 번째 EMDR 치료를 받던 날 캐시는 나와 1.2미터 간격을 두고, 45도 각도로 비스듬하게 마주 보도록 놓인 의자에 앉았다. 나는 유난히 고통스러운 기억을 끄집어내고, 그 일을 겪을 때 듣고 보고 생각했던 것, 몸이 느꼈던 감각을 회상해 보라고 했다(이때 캐시가 무슨 기억이 떠올랐다고 내게 이야기했는지는 기록에 남아 있지 않다. 내가 써 놓지 않은 것을 보면, 말하지 않은 것으로 추측된다).

캐시에게 이제 '기억 속에 있느냐'고 묻자 그렇다는 대답이 돌아왔고, 나는 얼마나 생생하게 느껴지는지 1부터 10의 척도로 매겨 보라고 했다. 캐시는 9 정도 되는 것 같다고 했다. 나는 캐시에게 내 손가락을 움직일 테니 눈으로 좇아오라고 했다. 시간이 흐르고, 약 25회의 안구 운동이 끝난 후 나는 심호흡을 한 번 하라고 한 뒤 질문했다. "지금 무슨 생각이 듭니까?" 또는 "지금 머릿속에 무엇이 떠오릅니까?"라는 질문이었다. 그러면 캐시는 떠오른 생각을 이야기했고, 목소리 톤이나 얼굴 표정, 몸의 움직임, 호흡 패턴을 토대로 정서적으로 중요한 주제라는 징후가 나타날 때마다 나는 "거기에 집중하세요."라고 이야기한 뒤 다시 안구 운동을 유도했다. 안구 운동을 하는 45분 동안 캐시도 말을 하지 않았고 나도 몇 마디 외에는 침묵을 유지했다.

캐시는 첫 번째 안구 운동 세션이 끝난 뒤 이렇게 설명했다. "내가 다쳤다는 걸 깨달았어요. 그가 제 팔을 등 뒤로 돌리게 하고 손을 묶어서 생긴 상처였어요. 그가 저를 자기 소유물이라고 주장하면서 표시한 상처도 있었어요. 이건 [손으로 가리키면서] 그가 깨문 자국이에요." 너무 놀라서 좀 멍해진 얼굴이었지만, 캐시는 놀라울 정도로 침착하게 기억을 꺼냈다. "석유에 절 담갔던 기억이 나요. 그는 그런 내 모습을 폴라로이드 사진으로 남겼어요. 그런 다음 절 물속에 담갔어요. 아버지와 친구 두 명이 절 집단으로 강간했어요. 제가 탁자 위에 묶여 있고 그 사람들이 버드와이저 술병으로도 절 성폭행한 기억이 나요."

나는 속이 뒤틀리는 기분이 들었지만 그 기억을 계속 떠올리라고 말하는 것 외에 다른 말은 하지 않았다. 손가락을 좌우로 이동하는 운동을 30회 더 진행한 뒤, 캐시가 미소 짓는 것을 보고 나는 움직임을 멈추었다. 내가 무슨 생각을 하느냐고 묻자, 캐시가 대답했다. "가라데 수업을 받았는데, 정말 대단한 일이 벌어졌어요! 제가 크게 한 방 닐렸거든요! 전 그놈들이 물러서는 걸 보면서 소리쳤죠. '지금 날 괴롭히고 있다는 걸 모르겠어? 난 당신들 애인이 아니야'라고요."

나는 그 기억에 주목하라고 한 뒤, 다시 안구 운동을 유도했다. 그 세션이 끝난 뒤 캐시가 이야기했다. "두 가지 이미지가 떠올라요. 똑똑하고, 예쁘고 작은 제 모습과 (…) 난잡한 제 모습이에요. 둘 다 자기 자신이든 만나는 남자들이든 아무도 돌보지 못해요. 그냥 다 저한테 떠맡기고 그 남자들을 상대하게 해요."

다시 안구 운동이 이어지자 캐시는 흐느끼기 시작했고, 세션이 끝나자 말했다. "제가 얼마나 작은 아이였는지 봤어요. 그 작은 아이가 얼마나 짐승 같이 되어 버렸는지 느꼈어요. 그건 제 잘못이 아니었어요."

나는 고개를 끄덕이며 말했다. "맞아요, 그 생각에 집중하세요."

다시 한 차례 안구 운동이 끝나자 캐시는 이야기했다. "지금 제 삶을 보고 있어요. 큰 제가 작은 저를 붙잡고, '넌 이제 안전해.'라고 말하고 있어요."

나는 힘내라는 뜻을 담아 고개를 끄덕이고 나서 손가락 운동을 이어 갔다.

캐시는 다른 이미지들을 계속 떠올렸다. "불도저가 어릴 때 살던 집을 뭉개고 납작하게 으깨는 장면이 떠올라요. 다 끝났어요!" 그러고 나서 캐시는 다른 기억을 좇기 시작했다. "제가 제프리[캐시와 같은 과 남학생]를 얼마나 좋아하는지 생각하고 있어요. 그 아인 저와 데이트하고 싶지 않을지도 모른다는 생각이 들어요. 제가 감당할 수 없는 일이란 생각도 들고요. 전 한 번도 누군가의 여자 친구였던 적이 없어요. 어떻게 해야 하는지 모르겠어요."

나는 캐시에게 꼭 알고 싶은 일에 대해 생각해 보라고 하고는 다음 안구 운동을 시작했다.

"어떤 사람이 저와 함께 있고 싶다고 해요. 아주 단순하게 말해요. 저는 남자들과 어떻게 어울려야 하는지 모르겠어요. 완전히 겁에 질려 있어요." 캐시는 내 손가락을 눈으로 좇으면서 흐느끼기 시작했다. 내가 움직임을 멈추자, 캐시는 이야기했다. "제프리와 함께 카페에 앉아 있던 장면이 떠올라요. 아버지가 문을 열고 들어오더니, 있는 힘을 다해 고함을 지르면서 도끼를 휘둘러요. '내가 말했지, 넌 내 거라고!' 그리고 절 테이블에 올려놓고, 절 강간하고, 제프리도 강간해요."

캐시는 울음을 터뜨렸다. "아버지가 절 강간하고 저와 함께 있는 사람까지 강간하는 장면이 이렇게 떠오르는데, 어떻게 다른 사람에게 마음을 열 수가 있느냐고요."

나는 다독여 주고 싶었지만, 연상 과정을 유지하는 일이 더 중요하다는 사실을 알고 있었다. 나는 캐시에게 몸에 느껴지는 감각에 집중해 보라고 말했다.

"팔뚝과 어깨에, 오른쪽 가슴에서 감각이 느껴져요. 그냥 누가 꼭 안아 줬으면 좋겠어요." 우리는 EMDR을 이어 갔고, 잠시 멈췄을 때 캐시는 편안한 얼굴로 이야기했다. "제프리가 괜찮다고 이야기하는 걸 들었어요. 그리고 여기로 와서 절 챙겨 줬어요. 제 잘못이 아니라고,

저를 위해 함께 있어 주고 싶다고 말했어요."

나는 다시 몸에 어떤 감각이 느껴지느냐고 물었다.

"정말 편안해진 기분이에요. 약간 떨리기도 하는데, 안 쓰던 근육을 썼을 때랑 비슷해요. 좀 안심이 되기도 하고요. 제프리는 제가 겪은 일들을 이미 다 알고 있어요. 살아 있는 기분이 들고, 다 끝났다는 느낌이 들어요. 하지만 아버지가 또 어떤 작은 소녀를 데리고 있는 건 아닌가 걱정이 돼요. 그 생각을 하면 정말 너무, 너무 슬퍼요. 그 아이를 구해 주고 싶어요."

하지만 치료가 계속 이어지자 트라우마는 되살아났고, 다른 생각과 이미지들도 등장했다. "토할 것 같아요……. 너무 많은 냄새가 쏟아져요. 싸구려 향수, 술, 구토한 것들에서요."

몇 분 후 캐시는 울음을 쏟아냈다. "엄마가 여기 와 있는 게 느껴져요. 제게 용서를 바라고 있어요. 엄마도 똑같은 일을 겪었다는 걸 전느낄 수 있어요. 제게 용서해 달라고 빌고 또 빌어요. 엄마도 그 일을 당했다고, 할아버지에게 당했다고 말해요. 할머니가 엄마에게 지켜 주지 못해서 너무나 미안해했다는 말도 해요."

나는 심호흡을 하라고 말하고, 무엇이 떠오르든 붙잡아 보라고 이야기했다.

다음 세션이 끝나자, 캐시는 이야기했다. "이제 다 끝난 기분이 들어요. 할머니가 지금의 저를 안아 주는 걸 느꼈어요. 할아버지와 결혼해서 미안하다고 하세요. 할머니와 엄마는 이 일이 여기서 끝나게 만들겠다고 이야기해요."

마지막 안구 운동 세션이 끝난 뒤, 캐시는 웃음을 지어 보였다. "아까 그 카페에서 아버지를 쫓아내고 제프리가 문을 잠그는 장면이 보여요. 아버지는 바깥에 서 있고요. 창문을 깨고 들어오자, 사람들이 다 비웃어요."

EMDR의 도움을 받아 캐시는 트라우마 기억을 통합하고, 상상력을 동원해 그 일을 과거로 남긴 채 이제 다 끝난 일로 여기고 모든 것이 통제된 기분에 도달할 수 있었다. 내가 해 준 이야기는 거의 없었고 캐시가 겪은 일을 세세하게 이야기하지도 않았지만 이와 같은 결과를 얻은 것이다(캐시가 하는 이야기가 정확한지 물어봐야 할 필요성은 전혀 느끼지 못했다. 캐시가 현실로 느끼고, 현시점에서 그 일을 처리할 수 있도록 도와주는 것이 내 역할이니까). 치료 과정에서 캐시의 마음과 뇌에서 무언가가 풀려나 새로운 이미지와 느낌, 생각을 불러일으켰다. 마치 생명력이 샘솟아 미래에 새로운 가능성이 생긴 것 같았다.[5]

앞서 설명했듯이 트라우마 기억은 변형되지 않은 채 쪼개진 이미지와 감각, 느낌으로 존속한다. 일부러 찾으려 한 것도 아니고 언뜻 보기에는 무관해 보이는 감각과 감정, 이미지, 생각들이 실제 기억과 함께 활성화되어 떠오르게 한다는 점이 내가 생각하는 EMDR의 가장 놀라운 특성이다. 이를 통해 일상적인 경험들, 평범하고 충격적이지 않은 일들을 통합하듯이 오래전에 유입된 정보를 새로운 기억의 꾸러미로 정리할 수 있다.

수면과의 연계

EMDR을 배우고 얼마 지나지 않아, 나는 매사추세츠 정신건강센터의 수면연구소를 이끌던 앨런 홉슨으로부터 내 연구 내용을 주제로 강연을 해 달라는 요청을 받았다. 홉슨은 (스승인 미셸 주베Michel Jouvet와 함께) 뇌의 어느 영역에서 꿈이 만들어지는지 발견한 학자로 유명하다.[6] 홉슨의 연구조교인 로버트 스틱골드Robert Stickgold는 당시 꿈의 기능에 대한 연구를 막 시작했다. 나는 이 연구진에게 13년 전 끔찍한 자동차 사고를 당한 후 계속 심각한 외상 후 스트레스 장애로 고통받았던 한 환자의 치료 영상을 보여 주었다. 환자는 EMDR을 단 2회 받고 무기력하게 공황 상태로 지내던 사고 피해자에서 자신감 있고 적극적인 여성으로 바뀌었다. 로버트는 그 결과에 완전히 매료됐다.

그로부터 몇 주일 뒤, 로버트의 가족들과 친구로 지내던 한 여성이 고양이가 죽고 너무 우울해진 나머지 병원에 입원까지 해야 하는 일이 생겼다. 정신과 전문의는 고양이의 죽음이 이 여성이 열두 살 때 돌아가신 어머니에 대한, 뭔가 해소되지 못한 기억을 촉발시켰다고 결론지었다. 의사는 이 환자를 EMDR 훈련가로 유명한 로저 솔로몬 Roger Solomon에게 소개했고, 결과는 성공적이었다. 나중에 그녀는 로버트 스틱골드에게 전화를 걸어 이렇게 말했다고 한다. "로버트, 이거 정말 연구해 봐야 해요. 아주 새로워요, 마음이 아니라 뇌에 뭔가 변화를 줘야 해결되나 봐요."

얼마 후 학술지 『꿈Dreaming』에 EMDR이 수면 중 꿈을 꾸는 단계인 급속 안구 운동REM 단계와 관련 있다는 논문이 한 편 발표됐다.[7] 특히 꿈이 포함된 수면이 기분 조절에 중요한 역할을 한다는 사실은 이미 그전에도 연구 결과로 밝혀졌다. 『꿈』에 게재된 논문이 지적한 것처럼, 렘REM수면• 단계에 진입하면 안구가 빠르게 움직인다. EMDR의 원리와 일치하는 부분이다. 렘수면 시간이 길어지면 우울증이 감소하지만 렘수면 시간이 줄면 우울해질 확률도 높아지는 것으로 밝혀졌다.[8]

외상 후 스트레스 장애는 수면을 방해하기로 아주 악명이 높다. 또한 환자가 술이나 약으로 그 문제를 직접 해결하려다 보면 렘수면 단계에 진입하기가 더욱 힘들어지는 문제가 발생한다. 보훈병원에 근

• 몸은 자고 있으나 뇌는 깨어 있는 수면 상태. 보통 안구가 신속하게 움직이고 꿈을 꾸는 경우가 많다.

무하던 시절, 나는 동료들과 함께 외상 후 스트레스 장애를 겪는 참전 군인들은 렘수면 단계에 진입한 직후 스스로 잠에서 깨는 경우가 많다는 사실을 발견했다.[9] 꿈을 꾸는 동안 트라우마 기억 중 일부가 활성화된 것이 원인인 것 같았다.[10] 다른 연구자들도 이와 같은 현상을 확인했지만, 외상 후 스트레스 장애와는 무관한 일로 여겨져 왔다.[11]

기억은 시간이 가면서 변화하고, 깊은 수면과 렘수면 단계 모두 이 기억에 중요한 영향을 준다는 사실도 밝혀졌다. 잠을 자는 동안, 뇌는 정서적으로 중요한 정보는 더 선명하게 남기고 무관한 정보는 흐릿하게 만들며 기억을 재형성한다.[12] 스틱골드 연구진이 연이어 발표한 명쾌한 연구 결과들을 보면, 깨어 있는 동안에는 의미를 명확히 파악하지 못했던 정보도 잠을 자는 동안 뇌가 그 의미를 파악해 더 넓은 범위의 기억 체계에 통합한다는 사실을 알 수 있다.[13]

오래된 기억들은 수개월, 길게는 수년 동안이나 꿈속에서 계속 재현되고 조합되고 재통합된다.[14] 그 과정에서 숨어 있던 현실을 끊임없이 반영하여 깨어 있는 동안 우리 마음이 어디에 집중해야 하는지 결정한다. 렘수면 단계에서는 다른 수면 단계나 평상시 깨어 있을 때보다 서로 동떨어진 정보들을 연계시키는 기능이 더욱 활성화되고, EMDR에서도 이 점이 의미가 가장 큰 부분일 것이다. 예를 들어 렘수면이 아닌 수면 단계에서 깨어난 피험자들은 단어 연상 검사를 실시하면 '뜨겁다/차갑다', '딱딱하다/부드럽다'와 같은 조합으로 단어들을 연결하는 반응이 일반적인데, 렘수면 단계에서 깨어난 피험자들은 '도둑/잘못이다'와 같이 덜 보편적인 형태로 단어를 연결하는 경향이 나타난다.[15] 간단한 단어를 이용한 단어 구성 검사도 렘수면 이후에 실시하면 문제 풀이가 더 수월해진다. 서로 거리가 먼 정보들을 연결시키는 기능이 활성화되는 이 같은 변화를 생각하면, 꿈이 다소 황당한 내용으로 전개되는 까닭도 이해할 수 있다.[16]

스틱골드와 홉슨이 이끈 연구진은 꿈은 겉으로 보기에 서로 무관한 기억들 사이에 새로운 관계가 형성되도록 돕는다는 사실을 밝혀냈다.[17] 새로운 연관성을 발견하는 능력은 창의력의 가장 기본적인 요소다. 그리고 앞서 살펴보았듯이 치유의 핵심이기도 하다. 여러 경험들을 조합하지 못하는 것은 외상 후 스트레스 장애 환자들에게서 나타나는 가장 놀라운 특징들 중 하나다. 4장에서 소개한 다섯 살 놈이 나중에 테러가 발생하면 사람들을 구할 수 있도록 트램펄린을 놓아야겠다고 상상한 것과 달리 트라우마를 겪은 사람들은 연상 기능이 굳어 버린 상태로 갇혀 지낸다. 터번을 쓴 사람은 전부 자신을 죽이려 들고, 호감을 표시하는 남자는 전부 자신을 성폭행하려 든다고 생각하는 식이다.

스틱골드는 EMDR과 꿈에서 벌어지는 기억의 처리 과정 사이에 뚜렷한 연관성이 있다는 사실을 다음과 같이 설명했다. "EMDR의 양측성 자극이 뇌의 상태를 렘수면 단계에서 관찰되는 상태와 비슷하게 바꿀 수 있다면, 외상 후 스트레스 장애 환자들에게서 차단되어 있거나 제대로 기능하지 못하는 수면 의존적 기억 처리 과정이 EMDR을 통해 재개될 수 있다는 타당한 근거가 된다. 이를 통해 환자의 기억이 효과적으로 처리되고 트라우마가 해결될 수 있다."[18] EMDR의 기본적인 지시문은 '그 이미지를 마음속에 유지하면서 좌우로 움직이는 제 손가락을 계속 눈으로 따라오세요'인데, 이는 뇌가 꿈을 꾸는 동안 일어나는 현상을 상당히 흡사하게 재현시킨다. 지금 이 책을 집필하는 동안에도 나는 루스 라니우스 박사와 함께 트라우마 사건을 기억할 때와 평범한 경험을 기억할 때 뇌가 어떻게 반응하는지 파악하고자 피험자들이 단속성 안구 운동이 일어날 때의 변화를 fMRI로 연구하고 있다. 어떤 결과가 나올지 여러분도 관심을 가져 주기 바란다.

연상과 통합

일반적인 노출 치료와 달리 EMDR에서는 트라우마가 된 사건에 관한 최초의 기억을 되살리는 시간이 굉장히 짧다. 또한 치료 시작점은 분명 트라우마지만 연상 작용을 자극하고 활성화시키는 것에 중점을 둔다. 프로작과 EMDR의 효과를 비교한 우리 연구 결과에서 밝혀졌듯이 약물은 공포를 안겨 주는 이미지와 감각을 둔화시킬 수 있지만, 두려움을 일으킨 정보들은 마음과 몸에 그대로 박힌 채 남아 있다. 프로작을 복용하고 개선된 피험자들은 기억이 단순히 흐릿해졌을 뿐 과거에 일어난 일로 통합되지 않아서 여전히 불안감을 느낀 반면, EMDR을 받은 피험자들은 트라우마의 흔적을 더 이상 또렷하게 느끼지 않았다. 그 기억은 아주 오래전에 일어난 끔찍한 사건이 되었기 때문이다. 내 환자 중 한 명은 손을 저어 가며 이렇게 말했다. "이제 다 끝났어요."

EMDR이 어떻게 작용하는지 아직은 정확하게 밝혀지지 않았지만, 그 점은 프로작도 마찬가지다. 프로작이 세로토닌에 영향을 준다는 사실은 알지만 세로토닌 수치를 높이는지 낮추는지, 어떤 뇌세포에 작용하는지, 왜 이 약을 복용하면 걱정을 덜 하는지는 불분명하다. 마찬가지로 우리가 믿고 의지하는 친구와 이야기를 나누면 왜 그토록 깊은 위안을 얻는지도 정확히 밝혀지지 않았다. 나로선 이를 진지하게 파헤쳐 보려는 사람들이 별로 없다는 사실이 놀라울 뿐이다.[19]

의사의 의무는 딱 한 가지다. 할 수 있는 방법은 뭐든 동원해서 환자를 낫게 해 주는 것. 그래서 임상은 늘 실험이 이루어지는 현장이 된다. 어떤 실험은 실패하고 또 어떤 실험은 성공한다. EMDR이나 변증법적 행동 치료, 내면 가족 체계 치료 같은 방법들은 기존 치료 방식에 변화를 가져온다. 이 모든 치료법이 얼마나 효과 있는지 검증하려면 수십 년이 걸리고, 이미 효과가 입증된 방법들이 다시금 효과가 증명 되었다는 연구 결과가 계속 등장하는 바람에 평가가 제대로 이루어 지기도 힘들다. 하지만 페니실린의 역사를 떠올리면 큰 위안이 된다. 알렉산더 플레밍Alexander Fleming이 페니실린이 항생 물질이라는 사실 을 발견한 것은 1928년이지만, 그 작용 기전이 완전히 규명된 것은 약 40년이 지난 1965년이었다.

16장

내 몸에서 살아가는 법을
배우다: 요가

우리 몸과의 본능적인 연결이 다시 이루어지고 몸이 필요로 하는 것을 다시 느끼기 시작하면, 자기 자신을 열심히 사랑할 줄 아는 새로운 능력이 생긴다. 자기 몸을 돌보는 진정성 수준이 달라지면 건강 상태와 식생활, 몸의 에너지, 시간 관리 방식에 대한 관심도 달라지고 재설정된다. 자신을 더욱 잘 돌보게 만드는 이 변화는 '그래야만 한다'는 생각 때문이 아니라 자발적으로, 자연스럽게 이루어진다. 그리하여 자신을 돌볼 때 찾아오는 즉각적이고 본질적인 기쁨을 경험하게 된다.

스티븐 코프, 『요가, 그리고 진정한 자기를 찾기
위한 탐구 Yoga and the Quest for the True Self』

애니는 나와 처음 만난 날, 빛바랜 청바지와 지미 클리프가 그려진 보라색 티셔츠 차림으로 병원 대기실 의자에 푹 쓰러져 앉아 있었다. 진료실로 들어오라고 하자 후들후들 떨리는 다리로 시선은 바닥에 고정한 채 걸어왔다. 나이가 마흔일곱 살이고 특수 아동들을 가르치는 교사라는 사실 말고는 아는 정보가 거의 없었다. 하지만 애니는 대화를 나누기가 너무 두렵다고 온몸으로 말하고 있었다. 주소나 의료보험처럼 지극히 일상적인 정보를 말하는 것마저 힘들어 보였다. 이 정도로 겁에 질린 사람들은 논리적으로 사고하지 못하며, 무언가를 하라고 요구하면 더욱 아무것도 못하는 상태가 되고 만다. 그런데도 계속 요구하면 결국 달아나 버리고 두 번 다시 나타나지 않는다.

느릿느릿 진료실로 들어서서 숨도 제대로 쉬지 못하고 가만히 서 있는 애니의 모습은 꼭 얼어붙은 한 마리 새 같았다. 나는 일단 안심시키지 못하면 아무것도 도와줄 수 없다는 사실을 잘 알고 있었다. 그래서 일단 2미터 정도 간격을 두고 서서, 원하면 얼마든지 문밖으로 나갈 수 있다고 알려 주고 숨을 조금 더 깊게 쉬어 보라고 했다. 나도 같이 호흡을 하면서 따라 해 보라고 한 다음, 애니가 숨을 들이쉴 때 내 팔을 양쪽으로 살짝 들어 올렸다가 숨을 내쉴 때 다시 내렸다. 중국 출신 학생 한 명이 내게 가르쳐 준 기공 체조 동작이었다. 애니는 아주 조심스럽게 내 동작을 따라 했지만 시선은 여전히 바닥에 고정되어 있었다. 우리는 30분가량 이 상태로 서 있었다. 나는 한 번씩 애니에게 두 발이 바닥과 맞닿은 느낌과 호흡을 한 번 할 때마다 가슴이 팽창되고 수축되는 것을 느껴 보라고 조용히 이야기했다. 애니의 호흡이 서서히 느려지고 깊어지더니 얼굴 표정이 조금 풀리고, 등도 약간 곧게 펴지고, 고개도 내 목 부분을 볼 수 있을 정도로 조금 들어 올렸다. 그러자 한 사람을 압도해 버린 두려움 뒤에 가려져 있던 존재가 보이기 시작했다. 마침내 애니는 더 편안해진 얼굴로 내게 희미한 미소를 지어 보였다. 우리가 같은 공간에 있다는 사실을 이제야 알아차린 것 같았다. 나는 오늘은 여기까지 하고(이미 충분히 무언가를 요구했다는 판단이 들었다), 원하면 일주일 뒤에 다시 찾아오라고 말했다. 애니는 고개를 끄덕이면서, 작은 소리로 웅얼거렸다. "선생님은 분명히 아주 묘한 분이시군요."

애니에 대해 점점 알게 되면서, 나는 애니가 직접 쓴 글이나 내게 건네는 그림을 통해 어린 시절 아버지와 어머니 두 사람 모두로부터 끔찍한 학대를 당했다는 사실을 추론할 수 있었다. 애니는 불안감이 통제하기 힘들 정도로 엄습해도 신체가 완전히 압도되지 않도록 제어하고 겪은 일들을 떠올리는 방법을 아주 서서히 배워 나갔고, 애니가 겪은 일들도 아주 천천히 하나씩 밝혀졌다.

애니가 특수 아동들을 돌보는 일에 아주 유능한 실력자라는 사실도 알게 되었다(애니가 말해 준 몇 가지 방법을 우리 클리닉에 찾아온 아이들에게 직접 적용해 보았는데, 굉장히 도움이 됐다). 애니는 자신이 가르치는 아이들에 대해서는 자유롭게 이야기하다가도 성인들과의 관계로 대화 주제가 넘어가면 즉각 입을 다물어 버렸다. 결혼한 것으로 알고 있었지만 남편에 대해서는 거의 언급이 없었다. 의견 충돌이 생기거나 대립을 겪으면 생각 자체를 지워 버리려 애쓰면서 해결하려는 경우가 많다고 했다. 감당할 수 없는 기분에 사로잡히면 팔이나 가슴을 면도날로 그어 버릴 때도 있었다. 수년 동안 온갖 방법과 수많은 약물로 치료를 받아 봤지만 끔찍한 과거의 흔적을 해결하는 데 별로 도움이 되지 않았다. 자해 행동을 다스리려고 정신병원 몇 곳을 찾아가 입원 치료도 받았으나 뚜렷한 효과가 없었다고 했다.

모든 기능이 멈추고 온몸이 굳어 버리기 전에 어떤 느낌이나 생각이 드는지 아주 희미한 힌트만 얻을 수 있어, 치료 초반에는 몸 내부에서 일어나는 생리학적 혼돈 상태를 잠재우는 데 집중했다. 아무것도 못하고 온몸이 굳어버리기 전에 어떤 느낌이나 생각이 떠오르는지, 애니는 아주 희미한 힌트만 내게 전할 수 있었기 때문이다. 호흡에 정신을 집중해서 몸을 편안하게 만들어 주는 부교감 신경계를 활성화시키는 방법을 비롯해 내가 오랫동안 습득한 모든 방법을 적용해 보았다. 손가락으로 몸 이곳저곳의 지압점을 연속해서 눌러 보라고도 했다. '감정 자유 기법'으로 불리는 이 방법은 외상 후 스트레스 장애 환자가 자신이 견딜 수 있는 범위 내에 머물 수 있도록 도와주고 증상 완화에도 효과가 있는 것으로 밝혀졌다.[1]

피할 수 없었던 충격이 남긴 흔적

신체 경고 시스템과 연결된 뇌 회로가 밝혀진 현시점에서는, 내 진료실을 찾아온 첫날 애니의 뇌에서 무슨 일이 벌어졌는지 어느 정도 알 수 있다. 화재 경보기 역할을 하는 편도체가 특정한 상황을 생명을 위협할 위험 요소로 해석해 생존을 담당하는 뇌 영역에 긴급 신호를 보내 싸우거나 얼어붙어 버리거나 도망가라는 메시지를 전달한 것이다. 애니에게서는 그 세 가지 반응이 한꺼번에 나타나, 눈에 띄게 불안한 모습을 보이는 동시에 정신적 기능도 정지돼 버렸다.

앞서 설명했듯이 경고 시스템이 고장 나면 그 결과가 다양한 형태로 나타난다. 그리고 화재 경보기가 제대로 기능하지 못하면 자신이 인식한 정보가 정확한지 신뢰할 수 없다. 실제로 애니는 나에게 호감을 갖기 시작하고 상담 시간을 고대하게 된 후에도 극도의 공황 상태로 진료실에 들어왔다. 어느 날은 아버지가 집에 일찍 와서 신났던 옛 기억이 재현됐다고 전했다. 애니가 유난히 들떠 있던 그날 저녁, 아버지는 그녀를 성폭행했다. 애니는 마음에 신나는 감정이 들면 자동으로 자신이 좋아하는 사람을 가해자로 인식하고 공포를 느낀다는 사실을 난생처음 깨달았다.

어린아이들은 각기 분리된 경험에 적응하는 능력이 특히 뛰어나다. 이로 인해 애니가 자연스레 아버지에게 느낀 사랑의 감정과 아버지가 자신을 해칠 수 있다는 두려움은 서로 다른 의식 상태로 남아 있었다. 성인이 된 후에도 자신이 당한 폭행을 자기 탓으로 돌리면서, 당시 그 사랑스럽고 신난 어린 소녀가 분명 아버지를 자극했으리라 믿었다. 애니 자신이 성폭행이 일어나게 만들었다고 생각한 것이다. 애니의 이성적인 뇌는 이치에 맞지 않다고 말해 주었지만, 그 확고한 믿음은 감정과 생존을 담당하는 애니의 뇌 깊은 곳, 변연계와 연결된 그곳에서부터 생겨났다. 그리고 이와 같은 믿음은 애니가 스스로 안전하다고 느끼는 상태에서 의식적으로 과거의 경험으로 돌아가 그때 그 작은 소녀가 어떤 기분이었는지, 학대당하면서 어떻게 행동했는지 제대로 깨닫기 전까지는 바뀌지 않는다.

내적 감각의 마비

무기력했던 기억은 근육의 긴장이나 사건 당시 영향을 받았던 몸의 부위가 따로 노는 것 같은 기분으로 저장될 수도 있다. 사고를 당한 사람들은 머리와 등, 팔다리에, 그리고 성적 학대를 받은 희생자들은 질과 항문에 그런 느낌이 남아 있다. 트라우마 사건을 겪고 살아남은 수많은 희생자가 원치 않는 감각 경험을 없애고 약화시키려는 노력을 삶 전체의 중심에 놓은 상태로 살아간다. 실제로 내가 만난 대부분의 환자는 감각이 마비된 상태로 만드는 일에 통달한 모습을 보이며 주로 비만이 되거나 거식증에 시달리고, 운동이나 일에 중독되는 경우를 볼 수 있다. 트라우마를 겪은 사람들 중 최소 절반이 약물이나 알코올로 그 견딜 수 없는 내적 감각을 둔화시키려 애쓴다. 그러나 둔화된 감각의 이면에는 감각에 대한 갈구가 자리한다. 많은 이가 아무 감각 없는 상태가 너무 싫어서 떨쳐 버리려고 스스로를 베어 버린다. 번지점프나 매춘, 도박처럼 위험성이 높은 활동을 시도하는 사람들도 있다. 그러나 이러한 방식들로는 기껏해야 자기 통제력을 얻었다고 착각하거나 자기모순만 느낄 뿐이다.

화가 나거나 겁을 먹는 상태가 만성적으로 지속되면 일시적인 근육 긴장이 근육 경련이나 요통, 편두통, 섬유 근육통, 기타 다양한 형태의 만성 통증으로 이어진다. 그러면 각종 전문가들을 찾아가 광범위한 진단 검사를 받고 온갖 종류의 약을 처방받는다. 그중에는 일시적으로 증상을 해소시켜 주는 것도 있겠지만 어느 것도 근본 원인을 해결하지는 못한다. 그렇게 받아 든 진단은 환자의 몸에 나타난 증상이 트라우마에 대처하려는 노력의 결과인지 여부는 전혀 가늠하지 않은 채 그냥 현 상태에 나타나는 현상에만 주목한다.

애니의 치료가 시작되고, 나는 우선 첫 2년 동안 애니가 느끼는 신체 감각을 견딜 수 있도록 도와주는 것에 중점을 두었다. 그 감각이 지금 현재 나타나는 것이고 시작과 중간, 끝이 있는 감각임을 깨닫도록 했다. 애니가 자신에게 찾아온 느낌을 아무런 가치판단 없이 인식하고 침착한 상태를 유지하도록 이끌면서 내면에 숨겨져 있던 이미지와 감각들을 현재까지 끝나지 않은 위협이 아닌, 끔찍한 과거의 잔류물로 여기며 관찰할 수 있도록 도와주었다.

애니와 같은 환자들과 접하면, 우리 의사들은 환자가 자신의 각성 상태와 생리적 상태를 스스로 조절하도록 도와줄 새로운 방법은 없는지 고민하게 된다. 나와 트라우마센터의 동료들이 우연히 요가를 접한 것도 그 고민 과정에서 얻은 결과였다.

요가의 발견 : 상향식 조절

우리가 요가와 처음 인연을 맺은 것은 1998년, 짐 호퍼Jim Hopper와 내가 '심박 변이도heart rate variability: HRV'라는 새로운 생물학적 지표를 처음 알게 된 때였다. 자율신경계가 제대로 기능하고 있는지 측정할 수 있는 유용한 측정 기준으로 심박 변이도를 활용할 수 있다는 사실이 갓 밝혀진 시기였다. 5장의 내용을 되짚어 보면, 자율신경계는 우리 뇌의 가장 기본적인 생존 체계이며, 여기서 갈라져 나온 두 하위 체계가 몸 전체의 각성 상태를 조절한다. 간략히 요약하면 교감 신경계는 아드레날린과 같은 화학 물질을 이용해 몸과 뇌가 작용할 수 있는 에너지를 공급하고 부교감 신경은 아세틸콜린을 이용해 소화, 상처 치유, 수면과 꿈의 주기 등 신체 기본 기능의 조절을 돕는다. 최적의 상태에서는 이 두 시스템이 서로 면밀히 협력하면서 주변 환경 및 다른 사람들과 원만한 관계를 맺고 유지하도록 한다.

심박 변이도는 교감 신경계와 부교감 신경계의 상대적 균형을 측정한 결과다. 숨을 들이쉬면 교감 신경계가 자극을 받아 심장 박동 수가 증가하고, 숨을 내쉬면 부교감 신경계가 자극을 받아 심장이 뛰는 속도가 감소한다. 건강한 사람은 들숨과 날숨으로 심장 박동이 일정하고 리드미컬하게 변화하므로, 심박 변이도는 기본적인 건강의 지표라 할 수 있다.

심박 변이도가 중요한 이유는 무엇일까? 자율 신경계가 충분한 균형을 유지하면 아주 조금 좌절하거나 실망할 일이 생겨도 반응을 적절히 유지할 수 있고, 모욕감을 느끼거나 버려졌다는 생각이 들더라도 침착하게 지금 무슨 일이 벌어지는지 파악할 수 있다. 각성 상태가 효과적으로 조정되면 충동과 감정의 제어가 가능하다. 차분한 상태를 유지할 수 있는 한, 어떻게 반응할 것인지도 스스로 선택할 수 있다. 자율 신경계의 조절 능력이 떨어지는 사람들은 정신적으로나 육체적으로 모두 균형을 잃기 쉽다. 자율 신경계는 우리 몸과 뇌 모두의 각성 상태를 체계화하므로, 심장 박동이 호흡에 맞추어 변화하지 못해 심박 변이도가 적정 수준을 유지하지 못하면 생각과 감정에 부정적인 영향을 미칠 뿐만 아니라 심장 질환, 암을 비롯한 다양한 신체 질병과 우울증, 외상 후 스트레스 장애와 같은 정신적인 문제에도 취약해진다.[2]

우리 병원 연구진은 이 문제를 좀 더 연구하기 위해 심박 변이도를 측정할 수 있는 장비를 구입하고, 외상 후 스트레스 장애 환자와 일

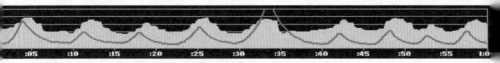

조절 능력이 우수한 사람의 심박 변이도　회색 선은 호흡의 증가와 감소를 나타낸다. 이 결과에서는 들숨과 날숨이 천천히 일정하게 이어지는 것을 볼 수 있다. 옅은 회색으로 칠해진 넓은 부분은 심장 박동의 변화를 나타낸다. 피험자가 숨을 들이쉴 때마다 심장 박동도 상승하고, 숨을 내쉴 때마다 심장 박동도 감소한다. 이와 같은 심박 변이도는 피험자의 생리학적 건강 상태가 우수하다는 사실을 알려 준다.

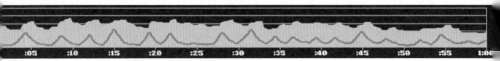

당황할 때 나타나는 반응　속상하고 놀란 경험을 떠올리면 호흡 속도가 빨라지고 불규칙해지며 심장 박동도 그에 따라 변화한다. 심장 박동과 호흡이 정확히 일치하지 않는 것을 볼 수 있는데, 이는 정상적인 반응이다.

외상 후 스트레스 장애 환자의 심박 변이도　호흡은 빠르고 얕게 흐른다. 심장 박동은 느리게 일어나지만 호흡과 조화를 이루지 못한다. 만성적인 외상 후 스트레스 장애로 뇌 기능이 차단된 사람에게서 나타나는 전형적인 패턴이다.

만성 외상 후 스트레스 장애 환자가 트라우마 기억을 떠올릴 때 반응　초반에 호흡이 아주 힘들고 깊게 이루어진 부분은 전형적인 공황 반응에 해당한다. 심장 박동은 호흡과 무관하게 빠른 속도로 내달린다. 이후 호흡은 빠르고 얕아지며 심장 박동은 느려지는데, 이 단계는 뇌 기능이 차단되고 있다는 징조다.

반인으로 구성된 피험자들을 모집하여 호흡의 깊이와 리듬을 기록했다. 더불어 각 피험자의 귓불에 소형 측정 기구를 부착해 심장 박동을 파악했다. 약 60명을 대상으로 조사한 결과, 외상 후 스트레스 장애 환자들은 심박 변이도가 크게 낮다는 사실이 분명하게 확인됐다. 다시 말해 외상 후 스트레스 장애가 발생하면 교감 신경계와 부교감 신경계가 서로 조화를 이루지 못하는 것이다.[3] 이와 같은 결과는 그러잖아도 복잡한 트라우마의 특징에 또 한 가지 난제를 더했다. 마땅히 해내야 할 기능을 제대로 수행하지 못하는 뇌의 조절 체계가 추가적으로 확인된 것이다.[4] 이 시스템이 균형을 찾지 못한다는 사실은 애니와 같은 트라우마 환자들이 비교적 사소한 스트레스에도 왜 그토록 과잉 반응을 보이는지 설명해 준다. 살면서 맞닥뜨리는 예측 불허의 변화에 대처할 수 있도록 도와주는 생물학적 시스템이 제대로 대처하지 못하는 것이다.

그다음으로 우리가 제기한 과학적 의문은 심박 변이도를 개선시킬 수 있는 방법이 있는가 하는 문제였다. 나의 심박 변이도를 측정해 보니 장기적인 신체 건강을 확신할 만큼 충분히 적절한 수준은 아니어서, 개인적인 차원에서도 이 궁금증을 꼭 풀고 싶었다. 인터넷 검색을 해 보니 마라톤을 하면 심박 변이도가 크게 증가한다는 연구 결과들을 찾을 수 있었지만 나를 비롯한 우리 환자들은 보스턴 마라톤과 아주 거리가 멀어 현실성이 거의 없었다.

구글 검색을 해 보니 요가가 심박 변이도를 향상시켜 준다고 주장하는 1만 7천여 곳의 요가 관련 사이트가 나왔다. 하지만 그 주장을 뒷받침할 수 있는 연구 결과는 찾을 수 없었다. 요가 수행자들은 사람들이 내적 균형과 건강을 되찾도록 도와줄 수 있는 훌륭한 방법을 개발한 것 같았지만, 1998년 당시에는 서구 의학계의 전통적인 평가 도구를 적용해 그 효과를 평가한 연구가 거의 없었다.

하지만 이후 과학적인 평가 방식을 통해 호흡법이 바뀌면 분노, 우울증, 불안 같은 문제가 개선될 수 있다는 사실이 입증되었고,[5] 요가로 고혈압, 스트레스 호르몬 분비량 증가,[6] 천식, 요통[7] 같은 광범위한 의학적 문제에 긍정적인 영향을 줄 수 있다는 사실도 밝혀졌다. 하지만 정신의학 분야의 학술지에는 요가를 과학적으로 연구한 결과가 여전히 한 건도 발표되지 않았고, 마침내 우리 연구진이 2014년에 첫발을 내디뎠다.[8]

그 연구는 인터넷 검색을 하고 며칠 뒤 우연히 시작됐다. 데이비드 에머슨David Emerson이라는 호리호리한 요가 강사가 우리 트라우마 센터 현관에 뚜벅뚜벅 들어와서, 자신이 외상 후 스트레스 장애 환자들을 위해 하타 요가를 변형시킨 새로운 요가를 개발했다고 소개한 것이다. 그는 지역 참전 군인 센터에서 강좌를 열고 '보스턴 지역 성폭력 위기 센터'에서도 여성들을 지도하고 있다고 설명하면서 우리에게 함께 일할 생각이 있느냐고 물었다. 그날 데이비드의 방문을 시작으로 우리 센터는 요가 프로그램을 정기적으로 운영하게 되었다. 그리고 같은 시기에 국립 보건원으로부터 요가가 외상 후 스트레스 장애에 끼치는 영향에 관한 연구 지원금도 받을 수 있었다. 데이비드 덕분에 나도 요가를 규칙적으로 하게 되었고, 나중에는 매사추세츠주 서부 지역 버크셔산에 자리한 크리팔루Kripalu라는 요가 센터에서 직접 요가를 가르치게 되었다(이후 내 심박 변이도는 크게 개선됐다).

우리는 요가가 심박 변이도를 향상시키는지 확인하기 위해 아주 폭넓은 방식으로 접근했다. 호흡 속도를 늦추고 심장 박동과 호흡을 조화시켜 462쪽의 첫 번째 그림처럼 심장이 '일관된 상태'를 유지하도록 도와주는 소형 기기들이 이미 시중에서 적당한 가격에 판매되고 있어 우리는 이 기기들을 이용했다.[9] 최근에는 스마트폰을 이용하면 다양한 애플리케이션으로 심박 변이도 개선에 도움을 받을 수 있다.[10]

우리 병원에는 환자들이 직접 심박 변이도를 개선시켜 주는 운동을 할 수 있는 공간이 따로 마련되어 있다. 나는 모든 환자에게 어쩔 수 없는 사정으로 요가나 무술, 기공 체조를 할 수 없는 경우 집에서 심박 변이도를 훈련하도록 권고한다(책 마지막 부분의 참고 자료에 상세한 정보가 나와 있다).

요가의 탐구

요가를 연구하기 시작하면서, 우리는 트라우마가 신체에 남긴 영향을 더욱 깊이 이해할 수 있었다. 첫 번째 요가 실험은 병원 근처에 있는 한 요가원에서 흔쾌히 공간을 내준 덕분에 그곳에서 진행됐다. 데이비드 에머슨과 그의 동료인 데이나 무어Dana Moore, 조디 케어리Jodi Carey가 강사로 자원했다. 나를 비롯한 연구진은 요가가 정신 기능에 미치는 영향을 어떻게 하면 가장 잘 측정할 수 있을지 고민한 끝에, 우선 지역 슈퍼마켓과 빨래방에 요가 수업 광고 전단을 붙이고 이 광고를 보고 찾아온 수십 명을 대상으로 면담을 실시했다. 심각한 트라우마를 겪고 수년 동안 여러 가지 치료를 받았으나 별로 효과를 얻지 못한 37명의 여성이 최종 참가자로 선정됐다. 다시 이들 중 절반을 무작위로 선정해 요가 그룹에 배정했다. 나머지는 효과가 충분히 입증된 정신 건강 치료법 중 하나인 변증법적 행동 치료를 받으며 자신의 마음을 들여다보고 평온하게, 통제력을 유지하는 법을 배울 수 있도록 했다. 더불어 우리 연구진은 MIT의 한 공학자에게 8명의 심박 변이도를 동시에 측정할 수 있는 정교한 컴퓨터 프로그램을 개발해 달라고 의뢰했다(각 그룹의 참가자들은 다시 여러 조로 나뉘어 여러 차례에 걸쳐 정해진 수업을 받았다. 한 조는 8명을 넘지 않도록 구성했다). 연구 결과, 요가는 외상 후 스트레스 장애로 인한 각성 문제를 크게 개선시키고 피험자와 신체의 관계를 극적으로 향상시킨 것으로 나타났다("이제 전 제 몸에 관심을 갖게 됐어요.", "제 몸이 뭘 원하는지 귀를 기울이게 되었어요."). 변증법적 행동 치료를 받은 그룹은 8주일간의 연구 기간이 지난 뒤에도 각성 수준이나 외상 후 스트레스 장애 증상에 변화가 나타나지 않았다. 이에 따라 우리 연구진의 관심은 요가가 심박 변이도를 바꿀 수 있는지 파악하는 것에서 (바꿀 수 있는 것으로 확인됐다)[11] 트라우마를 겪은 사람들이 학대당한 자신의 몸과 함께 편안하게 살아가는 법을 배울 수 있도록 돕는 효과 쪽으로 점차 발전해 갔다.

얼마 후부터 우리 센터는 해군 기지인 갬프 레준Camp Lejeune에 수둔 중인 해군 병사들을 위한 요가 프로그램을 시작하는 한편, 여러 가지 다양한 프로그램들과 협력해 외상 후 스트레스 장애에 시달리는 참전 군인들을 위한 요가 프로그램을 마련했다. 정식 연구 데이터로 남기지는 않았지만, 참전 군인들이 요가를 통해 얻은 효과는 최소한 우리 연구에 참가한 여성들이 느낀 효과와 비슷한 수준인 것 같았다.

요가 프로그램은 모두 호흡(프라나야마)과 스트레칭, 특정한 자세(아사나), 명상으로 구성된다. 요가 종류에 따라 더 중요하게 강조하는 부분에는 차이가 있지만 이 핵심 요소에서 벗어나지 않는다. 세부적으로 들어가면 호흡의 속도와 깊이를 달리하고 입, 콧구멍, 목구멍을 어떻게 사용하는가에 따라 각기 다른 효과가 나타나는 데 주목하는 방식도 있고, 신체 에너지 증대에 강력한 효과를 주는 방법에 주력하기도 한다.[12] 우리 클리닉의 요가 수업은 일반적이고 단순한 방식으로 진행된다. 환자 대부분이 자신의 호흡을 거의 인식하지 못하므로, 숨이 들어오고 나가는 과정에 집중하고 호흡이 빠른지 느린지 스스로 느껴 보면서 몇 가지 자세를 취하고 호흡을 세어 보는 것만으로도 큰 효과를 얻을 수 있다.[13]

또한 우리 수업에서는 기본적인 요가 동작을 몇 가지로 한정해 조금씩 가르친다. 자세를 '올바르게' 취하는 것보다는 환자가 자기 몸의 근육들이 시시각각 어떻게 활성화되는지 느끼도록 돕는 것이 핵심이다. 또한 환자들이 일상생활에서도 긴장과 이완이 리드미컬하게 바뀌는 리듬을 인지하기 바라는 마음에서, 리듬에 따라 몸의 긴장과 이완이 바뀌는 연속 동작을 고안해 수업에 활용한다.

명상은 그만큼 집중적으로 가르치지 않지만, 수강생들에게 자세가 바뀌면 몸의 각 부분에서 어떤 변화가 일어나는지 집중하고 관찰하도록 한다. 여러 연구를 통해 트라우마를 겪은 사람들에게는 몸을 완전히 이완시키고 몸이 안전하다고 느끼는 일이 얼마나 어려운지 꾸준히 밝혀졌다. 대부분의 요가 수업에서는 바닥에 누워 천장을 보고 손바닥을 위로 향하게 내려놓은 뒤 팔과 다리를 편안하게 이완하는 시체 자세(샤바사나)를 마지막으로 하루 수업을 마무리한다. 우리는 환자들에게 이 시체 자세를 취하도록 한 뒤 팔에 소형 측정기를 부착해서 심박 변이도를 측정한 적이 있다. 그 결과 이완 상태가 아닌, 과도한 근육 활성 신호가 또렷하게 잡혔다. 이처럼 트라우마 환자들이 고요한 휴식 상태로 돌입하지 못하고 보이지 않는 적과 싸울 태세를 놓지 않는 이 같은 결과를 우리는 자주 확인할 수 있다. 완전한 휴식과 안전하게 마음을 놓는 상태에 도달하는 것, 이것이 트라우마에서 회복되려면 꼭 해결해야 할 주요 과제다.

자기 조절 능력의 습득

몇 차례 시범 연구에서 성공적인 결과를 확인한 뒤, 우리는 트라우마센터에 치료용 요가 프로그램을 마련했다. 나는 이 프로그램이 애니에게 신체에 좀 더 깊이 관심 가질 수 있는 기회가 될 것이라고 여겨 참가해 보라고 권했다. 첫 수업은 아주 힘들어했다. 애니는 강사를 보면서 따라 하는 것 자체에 큰 두려움을 느꼈고, 결국 그날 집에 돌아가 자해를 했다. 애니의 고장 난 경고 시스템은 강사가 등을 살짝 건드린 것도 폭력으로 해석한 것이다. 하지만 애니는 요가가 자신의 몸에서 끊임없이 느껴지는 위험 신호에서 해방시켜 줄 수도 있다는 사실을 깨달았다. 나도 용기를 불어넣어 주었고, 애니는 그다음 주에도 요가 수업에 참여했다.

애니는 자신이 겪은 일을 말보다는 글로 쓰는 것이 더 수월하다는 사실을 알게 된 뒤라서, 그 두 번째 요가 수업을 받은 후 감상을 글로 써서 보냈다.

"왜 요가가 저를 그토록 두렵게 했는지 그 이유를 전부 알 수는 없지만, 아주 놀라운 치유의 길이 될 수 있다는 걸 알게 됐어요. 그래서 저도 노력하고 있어요. 요가는 외면이 아닌 내면을 들여다보고 제 몸에 귀를 기울이는 과정 같아요. 그동안 생존 기능은 내내 가동되어 있었지만 실제로 그렇게 귀 기울여 본 적은 한 번도 없었어요. 오늘 요가 수업에 가니 문 앞에서 심장이 빠르게 뛰고 그냥 돌아서서 나오고 싶다는 생각이 들었지만, 저는 한 발 한 발 문 안으로 들어섰어요. 수업이 끝난 뒤 집에 돌아와서 내리 네 시간을 잤어요. 이번 주에는 집에서도 요가를 하려고 노력했어요. 제 속에서 '네 몸이 뭔가 할 말이 있대'라는 소리가 들리더군요. 전 '귀 기울이려고 노력할게.'라고 대답했답니다."

며칠 후 애니는 다시 글을 써서 보냈다.

"오늘 요가를 하는 동안, 그리고 끝나고 나서도 몇 가지 생각이 들었어요. 제가 제 몸과 얼마나 단절되고 분리되어 있었는지 깨달았거든요. 요가 동작을 하는 동안, 턱과 제 다리 끝에서부터 배꼽까지 단단하게 굳어서 잔뜩 긴장한 상태로 고통과 기억을 담고 있다는 느낌을 받앉어요. 가끔씩 선생님께서 감각이 몸 어느 부위에서 느껴지느냐고 물으실 때면 전혀 그 부위를 느낄 수가 없었는데, 오늘 전 아주 분명하게 느꼈어요. 조용히 울고 싶어지더군요."

그다음 달에는 애니의 휴가 기간이었다. 계속 연락해도 된다고 말해 두었더니, 다시 편지가 왔다.

"호수가 내려다보이는 방에서 혼자 요가를 하면서 지내고 있어요. 선생님께서 빌려 주신 책도 계속 읽고 있고요[스티븐 코프의 『요가, 그리고 진정한 자기를 찾기 위한 탐구』라는 책이다]. 그동안 제 몸에 아예 귀를 기울이려 하지 않았다는 것 자체가 흥미롭게 느껴져요. 몸은 저라는 사람을 이루는 아주 중요한 부분인데 말이에요. 어제는 요가를 하다가 제 몸이 하고 싶은 이야기를 하게 해 주자는 생각이 들었어요. 그리고 고관절 여는 자세를 취했는데, 극심한 통증과 슬픔을 느꼈어요. 집에서 멀리 떠나 있으면 이미지들이 지나치게 생생하게 떠오르지는 않을 거라는 걸 미리 예상하고 있었으니, 참 다행이란 생각이 들어요. 이제는 제가 얼마나 균형을 잃고 살았는지, 그리고 제 진정한 자기의 한 부분인 과거를 얼마나 부인하려고 애쓰면서 살았는지 생각해요. 그 일에 다가선다면 제가 배울 수 있는 것도 참 많을 것이고, 그렇게 되면 매일, 매 순간 저 자신과 싸우지 않아도 되겠죠."

애니가 가장 견디기 힘들어했던 요가 자세 중 하나는 일명 '행복한 아기 자세'로 불리는 동작이다. 바닥에 등을 대고 누워서 다리를 들고 무릎을 깊게 몸 쪽으로 구부려 양 발바닥이 천장을 향해 있는 상태에서 양손으로 발가락을 잡는 자세다. 골반을 회전시켜 넓게 열리도록 하는 자세이므로 성폭행 피해자들이 왜 이 동작을 극도로 힘들어하는지 충분히 이해할 수 있다. '행복한 아기 자세'(그리고 이 동작과 유사한 다른 자세들)는 극도의 공황 상태를 잠재우는 효과가 있지만 친숙해지기 힘들다. 우리 병원의 요가 강좌에 참가한 많은 환자도 이런 자세를 편안하게 취하는 법을 힘겹게 배워 나간다.

나를 알아가는 것 : 내수용감각 키우기

현대 신경과학에서 가장 확실하게 밝혀진 사실 중 하나는, 자기 자신에 대해 느끼는 감각이 몸에 뿌리내리고 깊이 연관되어 있다는 점이다.[14] 신체 감각을 느끼고 해석하지 못하면 자기 자신을 제대로 알수가 없다. 즉 우리는 그 감각을 인지하고 그에 따라 행동하면서 안전한 방향을 찾아 나아가야 한다.[15] 감각이 둔화되면 (혹은 보상해 줄 감각을 찾아 헤매는 상태가 되면) 삶을 조금 더 쉽게 견딜 수 있다고 느낄 수도 있다. 하지만 그 대신 자신의 몸 내부에서 벌어지는 일을 인지하지 못하고 그로 인해 온전하게, 감각을 느끼며 살고 있다는 느낌까지 잃는다.

6장에서 감정 인지 불능증에 대해 설명했다. 자신의 내부에서 무슨 일이 일어나는지 알지 못하는 상태를 가리키는 전문 용어다.[16] 이 증상에 시달리는 사람들은 몸이 어딘가 불편하다고 느끼지만 정확히 뭐가 문제인지 설명하지 못한다. 그래서 환자 자신은 애매하면서도 괴로운 여러 가지 신체 문제를 겪지만 의사는 아무런 진단도 내릴 수 없다. 감정 인지 불능증이 생기면 특정 상황에서 어떤 느낌인지 스스로 파악하지 못하며, 어떻게 해야 기분이 더 나아지거나 더 나빠지는지도 알지 못한다. 몸의 일상적인 요구를 조용히 의식해 개입하고 반응하지 못하는 감각 상실 상태가 되면 이와 같은 문제가 발생한다. 또한 감정 인지 불능증은 음악, 신체 접촉, 빛처럼 삶을 특별한 가치로 가득 채워 주는 일상적이고 기분 좋은 감각을 약화시킨다. 요가는 자기와의 관계를 (재)형성해 주는 효과가 뛰어나, 자기가 내적 세계를 돌보고 사랑해 주고 감각을 느낄 수 있도록 해 주는 것으로 밝혀졌다.

몸이 원하는 것을 인식하지 못한다면 몸을 돌볼 수도 없다. 배가 고픈 느낌이 들지 않으면 영양분을 공급할 수 없고, 허기를 느낄 때 불안감이라는 잘못된 감각이 발생하면 지나치게 많은 양을 먹게 된다. 또한 배가 부르다는 사실을 느끼지 못하면 계속 먹게 된다. 감각의 인식이 트라우마 회복에서 중요한 부분을 차지하는 이유도 바로 이런 점 때문이다. 전통적인 치료 방식들은 대부분 신체 내부의 감각 세상에서 순간순간 일어나는 변화를 경시하거나 무시한다. 하지만 바로 이 변화가 반응의 핵심이 된다. 정서적 상태는 신체의 화학적 상태와 내장기관, 얼굴과 목, 몸통, 팔다리의 가로무늬근 수축으로 나타나기 때문이다.[17] 트라우마를 겪은 사람들은 자신이 느끼는 감각을 견디고, 내적 경험과 친숙해지고, 새로운 행동 패턴을 마련해 나가는 방법을 익혀야 한다.

요가에서는 호흡과 순간순간 발생하는 감각에 집중한다. 요가를 통해 감정과 몸이 연결되어 있다는 사실을 깨달을 수 있고, 어떤 자세를 취했을 때 불안하고 균형을 잃게 되는지도 알 수 있다. 감각이 어떻게 바뀌는지 실험해 볼 수도 있다. 심호흡을 하면 어깨의 긴장이 풀어지는가? 숨을 내쉴 때 집중하면 마음이 평온해지는가?[18]

자신의 감각을 인지하는 것만으로도 감정 조절 능력이 향상되며, 내면에서 일어나는 일을 무시하려는 노력이 중단되는 효과가 있다. 내가 요가 수강생들에게 자주 하는 말이자 환자를 치료하는 과정에서 가장 중요하다고 생각하는 두 문장은, 바로 "인식하세요"와 "이제 어떤 일이 벌어지나요?"이다. 자신의 몸에 두려움이 아닌 호기심으로 접근하기 시작하면 모든 것이 변화한다.

신체의 지각은 시간 감각도 변화시킨다. 트라우마는 무기력하게 두려움을 느끼던 상태가 영원히 굳어 버린 것처럼 느끼게 만든다. 요가를 하면 감각이 점점 상승해 최대치에 이르렀다가 다시 감소한다는 사실을 배운다. 가령 요가 강사가 아주 힘든 동작을 해 보도록 이끌면, 처음에는 그 동작 때문에 발생할 느낌을 도저히 못 견디리란 생각부터 들어 패배감과 저항감을 느낀다. 훌륭한 요가 강사라면 어떤 긴장이 느껴지든 가만히 느껴 보라고 독려하고 호흡의 흐름을 통해 감정이 시시각각 어떻게 바뀌어 가는지 지켜보라고 할 것이다. "이 자세 그대로 열 번 호흡합시다"와 같은 지시어는 불편한 감각이 언제 끝날 것인지 예측하고 신체적·정서적 고통과 견디는 능력을 강화시킨다. 그 모든 과정을 경험하면서 인지한 것들이 자기 자신에 대한 인식을 일시적으로나마 변화시킨다.

그렇다고 해서 내수용감각을 되찾는 과정이 혼란스럽다는 이야기는 아니다. 가슴으로 새로운 감각이 느껴질 때는 어떤 기분이 들까? 분노? 두려움? 불안감? 우리 클리닉에서 실시한 첫 번째 요가 연구에서 참가자의 중도 포기 비율은 50퍼센트였다. 그전까지 우리가 실시한 모든 연구를 통틀어 가장 높은 비율이었다. 그만두겠다는 의사를 밝힌 환자들과 면담한 결과, 우리는 요가 프로그램의 강도가 너무 높다는 사실을 깨달았다. 골반과 관련된 모든 자세가 참가자들에게 극도의 혼란을 일으키거나 성폭력의 기억을 재현시킬 수도 있다는 사실 또한 알게 됐다. 신체가 느끼는 강렬한 감각은 감각을 상실하거나 무시하면서 너무나 힘겹게 억눌러 두었던 과거의 악몽이 마구 풀려나도록 만들었다. 우리는 더 천천히, 달팽이처럼 느리게 진행해야 한다는 사실을 배웠다. 그리고 새로운 접근 방식은 효과가 있었다. 가장 최근에 실시한 요가 연구에서는 34명의 참가자 중 연구를 끝까지 마치지 못한 사람이 단 한 명뿐이었다.

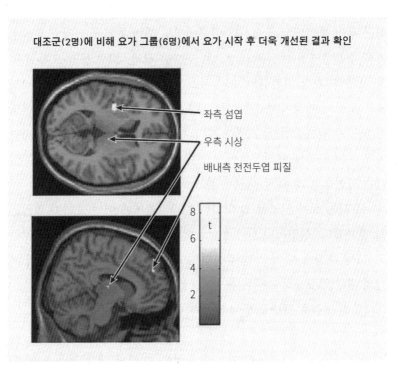

대조군(2명)에 비해 요가 그룹(6명)에서 요가 시작 후 더욱 개선된 결과 확인

좌측 섬엽

우측 시상

배내측 전전두엽 피질

주 1회 요가 수업을 받은 후 나타난 결과
20주 동안 요가 수업을 받은 만성 트라우마 여성 환자들은 자기 조절에 중요한 역할을 하는 뇌 구조인 섬엽과 내측 전전두엽 피질의 활성이 증가했다.

요가와 자기 인식에 관한 신경과학 연구

최근 몇 년 동안 하버드대학교의 사라 라자르와 브리타 휠첼을 포함한 뇌 연구자들은 강도 높은 명상이 생리학적인 자기 조절에 중요한 역할을 하는 뇌 영역에 긍정적인 영향을 준다는 사실을 밝혀냈다.[19] 최근 우리 클리닉에서 실시한 연구에서도 생애 초기에 심각한 트라우마를 겪은 6명의 여성을 대상으로 조사한 결과, 20주 동안 요가 수업을 받은 후 가장 기본적인 자기 시스템인 섬엽과 내측 전전두엽 피질(6장 참고)에 활성이 증가한다는 징후를 확인할 수 있었다. 좀 더 면밀한 연구가 필요하지만, 몸에서 생겨나는 감각을 인식하고 친숙해지면 마음과 뇌 모두에 트라우마에서 벗어나게 할 큰 변화가 일어날 수 있다는 사실을 알게 해 준 새로운 결과였다.

우리는 요가 연구를 할 때마다 참가자들에게 어떤 효과가 있었는지 질문했다. 섬엽이나 내수용감각 같은 내용은 전혀 언급하지 않았고, 그냥 대화를 이어 가면서 설명은 최소한으로 줄여 참가자들이 자신의 내부에 집중하도록 했다.

우리가 들은 답변들 중에 몇 가지를 예로 들면 아래와 같다.

- 감정이 더 강렬해진 기분이 들어요. 이제야 제 감정을 느낄 수 있게 된 것 같기도 하고요.
- 감정을 더 많이 표현할 수 있게 됐어요, 제 감정을 더 많이 인식할 수 있게 됐으니까요. 제 몸속에서 그 감정들을 느끼고, 인식하고, 대처해요.
- 다양한 선택과 길이 보여요. 제가 결정할 수 있고, 제 인생을 선택할 수 있죠. 반복할 필요도 없고 어린애처럼 살지 않아도 돼요.

- 몸을 움직이고 안전한 장소에 머물 수 있도록 돌보게 됐어요. 그리고 스스로를 해치지도, 몸을 다치게 하지도 않아요.

의사소통의 학습

몸이 안전하다고 느끼면, 예전에는 압도당하기만 했던 기억을 언어로 표현할 수 있게 된다. 애니는 1년 남짓 일주일에 세 번씩 요가를 하고 난 뒤 자신이 겪은 일을 내게 훨씬 더 편안하게 이야기할 수 있게 되었다는 걸 깨달았다. 애니 자신은 이 변화를 거의 기적에 가까운 일로 생각했다. 어느 날 상담을 하다가 애니가 물이 담긴 컵을 넘어뜨려서 나는 일어나 티슈 상자를 가지고 오면서 이렇게 말했다. "자, 내가 닦을게요."

그러자 애니는 일순간 극도로 당황하는 반응을 보였다. 하지만 재빨리 스스로 감정을 누르고는, 왜 내가 한 말이 자신을 그토록 당황하게 만들었는지 설명했다. 아버지가 애니를 성폭행하고 나서 똑같은 말을 했던 것이다. 그날 상담이 끝난 후, 애니는 내게 글을 써서 보냈다.

"제가 입 밖으로 크게 말할 수 있게 되었다는 사실을 눈치채셨겠지요? 제게 무슨 일이 있었는지 굳이 글로 쓰지 않고 말이에요. 그 말을 하셨다고 해서 선생님에 대한 믿음이 사라지지도 않았어요. 그 말이 저를 자극한 것은 사실이지만 절대 누구도 해선 안 되는 끔찍한 말이 아니라는 걸 이해할 수 있었어요."

그 후로도 애니는 요가를 계속했고, 자신이 겪은 일을 글로 전해 주었다.

"오늘 전 새로 등록한 요가원에 아침 수업을 들으러 갔어요. 강사님께서 할 수 있는 최대 한계까지 호흡하는 법에 대해 설명하시고, 그렇게 호흡해 봐야 어디가 한계인지 알 수 있다고 하셨어요. 자신의 호흡을 인식한다는 건 지금 현재에 머물러 있다는 걸 인식하는 것이라고도 하셨죠. 미래나 과거에 호흡을 할 수는 없으니까요. 선생님과 일전에 상담하면서 그런 대화를 나눈 다음 이렇게 새로운 방식으로 호흡을 해 보니 아주 놀라운 기분이 들고, 선물을 받은 것처럼 느껴졌어요. 요가 자세 중 몇 가지는 저를 자극해요. 오늘 수업에서도 그런 동작이 두 가지 있었어요. 하나는 다리를 개구리처럼 들어 올리는 동작이고 다른 하나는 골반까지 아주 깊게 호흡하는 동작이었어요. 전 혼란스러운 감정이 꿈틀대는 걸 느꼈고, 특히 그 호흡 동작에서 강한 조짐을 느꼈죠. '안 돼, 내 몸의 일부지만 느끼고 싶지 않은 감정이야'라는 기분이 솟구치더군요. 하지만 전 그런 생각을 멈추고, '그 감정에 내가 겪은 일들이 저장되어 있어. 그걸 인식하고, 그냥 동작을 해. 반드시 해야 하는 것도 아니지만 하지 말아야 하는 것도 아니야. 그냥 정보를 얻는 수단으로 활용해.'라고 저에게 말했어요. 그 정도로 의식을 기울여서 그 동작들을 해 본 적이 있었나 싶을 정도였죠. 너무 걱정하지 말고 그대로 인식하면, 저 자신을 더 수월하게 믿을 수 있구나 하는 생각을 했어요."

다른 편지에서 애니는 삶에 어떤 변화가 찾아왔는지 설명했다.

"제 감정을 그대로, 감정에 휩쓸리지 않고 느끼는 법을 서서히 배우고 있어요. 생활은 더 편안해졌어요. 일상에 더 많이 적응하고, 현재에 머물러 있는 순간들도 많아요. 신체 접촉도 더 잘 견딜 수 있게 되었고요. 남편과 침대에서 꼭 껴안고 같이 영화를 보기도 해요. (…) 정말 엄청난 발전이죠. 이 모든 변화 덕분에 마침내 남편에게 애정을 느끼고 있어요."

17장

조각 맞추기:
나를 리드하는 기술

인간이라는 존재는 게스트 하우스와 같다. 아침마다 새로 찾아오는 손님이 있다. 기쁨, 우울함, 비열함 그리고 몇 가지 찰나의 인식이 예고 없는 방문객처럼 찾아온다. (…) 전부 환영해 주고 즐겨라. 모든 손님을 훌륭하게 접대하라. 어두운 생각, 수치심, 악의가 담긴 마음, 모두 문간에서 웃으며 맞이하고 들어오라고 하라. 누가 오든 고마워하라. 모두 저 멀리에서 가이드가 보낸 손님들이니까.

루미Rumi

한 사람에게는 수많은 사회적 자기가 있고 사람들이 알아보는 종류마다 각자 개별적으로 존재한다.

윌리엄 제임스, 『심리학의 원리The Principles of Psychology』

이 분야의 일을 시작한 초창기에, 나는 부끄럼 많고 외로움을 많이 타는 메리라는 여성을 만났다. 아주 허약했던 이 젊은 여성은 어린 시절에 겪은 끔찍한 학대로 피폐하게 살다가 그 상태에서 벗어나기 위해 3개월가량 매주 심리 치료를 받았다. 어느 날 내가 대기실과 이어진 진료실 문을 열자 메리가 미니스커트 차림에 머리카락을 활활 타오르는 불꽃처럼 빨간색으로 물들인 아주 도발적인 모습으로 한 손에 커피를 든 채 서 있었다. 메리는 나를 보더니 사납게 일그러진 표정으로 말했다. "당신이 반 데어 콜크 박사군요. 전 제인이에요. 메리가 당신에게 했던 말은 다 거짓말이니까 믿지 말라고 경고하러 왔어요. 들어가서 메리 이야기를 해 볼까요?"

나는 놀라서 어안이 벙벙했지만, '제인'과 맞서지 않을 정도로 마음을 겨우 진정시키고 그녀가 하는 말을 끝까지 들어 주었다. 그날 상담하는 동안 나는 제인뿐만 아니라 상처 입은 어린 소녀와 잔뜩 화가 난 십 대 남자아이도 만났다. 오랜 시간이 걸렸지만 좋은 결과를 얻을 수 있었던 메리의 치료가 시작되는 순간이었다.

메리는 내가 처음 만난 해리성 정체성 장애 환자였다. 그 당시 이 질병은 다중인격장애로 불렸다. 발현되는 증상도 극적이지만, 내면이 제각기 분리되어 정신적 측면 중에서도 가장 극단적인 면면들이 제각기 다른 정체성으로 등장한다. 일반적인 사람들도 마음속에서 서로 다른 충동이나 자신의 각기 다른 부분들이 으르렁대며 공존하는 기분을 많이 느끼지만, 트라우마를 겪은 사람들은 살아남기 위해 극단적인 방법에 의존해야만 하는 경우가 많다. 그 다양한 정체성을 탐구하고 친숙해지는 단계까지 이르는 과정이 치유에 중요한 역할을 담당한다.

절망을 이겨 내려면 필사적인 방법이 필요하다

굴욕감을 느낄 때 어떤 변화가 생기는지 우리는 잘 알고 있다. 모든 에너지를 끌어 모아 스스로를 방어하고 활용할 수 있는 생존 전략을 무엇이든 만들어 낸다. 감정을 억누를 수도 있고, 극도로 분노하며 복수할 계획을 세우기도 한다. 다시는 누구도 자신을 해칠 수 없도록 강해지고 성공해야겠다고 결심하기도 한다. 집착, 충동, 공황 발작, 자기 파괴적인 행동 등 정신의학적으로 문제가 있다고 분류되는 행동들은 자기방어 전략에서 시작된 경우가 많다. 이와 같은 방식으로 트라우마에 적응하면, 의료 보건 전문가들이나 환자 자신도 완전한 회복이 너무 멀게만 느껴질 만큼 정상적인 기능에 심각한 악영향을 줄 수 있다. 그러나 그러한 증상을 영원히 해결될 수 없는 장애로 여긴다면 치료의 목표가 적절한 투약 계획을 찾는 것으로 국한되고, 결국 환자는 평생 동안 약에 의존해야 한다. 트라우마 생존자들이 신장 질환을 앓고 투석 받아야 하는 지경에 이르는 경우가 많은 것도 이런 이유다.[1]

공격성, 우울함, 오만함, 소극적인 태도와 같은 특성은 학습된 행동으로 보아야 치료에 훨씬 더 긍정적인 결과를 얻을 수 있다. 즉 환자가 지나온 인생 중 어느 시점에, 원래 자기 모습보다 더 거칠어지거나 눈에 띄지 않는 사람이 되거나 아예 존재하지 않는 사람이 되어야만 살아남을 수 있다고 확신하고 포기하면 더 안전할 거라고 믿어 버렸다고 보는 것이다. 트라우마의 기억들이 환자가 휴식을 취하는 동안에도 불쑥불쑥 떠오르는 것처럼, 트라우마로 인해 생긴 특성은 이제 안전하다고 느끼고, 트라우마와 계속 싸우거나 그 기억을 물리치려고 애쓰던 자기의 각 부분들이 하나로 통합될 때까지는 사라지지 않는다.

내가 만난 트라우마 생존자들은 한 사람 한 사람이 모두 삶을 회복하는 자신만의 방식을 갖고 있었다. 그들의 이야기를 들으면 인간의 대처 능력에 놀라고 감탄하게 된다. 순전히 살아남기 위해서 하는 행동에 얼마나 많은 에너지가 소요되는지 잘 알기에, 생존을 택하는 대신 자기 자신의 몸과 마음, 영혼을 아끼고 돌볼 줄 모르는 상태가 되는 것도 당연한 일이라고 나는 생각한다.

대처하려면 그만한 피해가 발생한다. 아이들의 경우, 양육자에게 화를 표출하거나 도망가는 방법을 택해 관계를 위태롭게 만드느니 자신을 미워하는 편이 더 안전하다고 느끼는 경우가 많다. 그로 인해 학대받은 아이들은 성장하면서 자신이 절대로 사랑받을 수 없는 존재라고 단정 짓는다. 아직 어린아이들의 생각으로는 그것이 자신을 다루는 거친 손길을 납득할 수 있는 유일한 이유다. 이 아이들은 현실에서 가장 큰 덩어리를 차지하는 부분을 부인하고 무시하고 분리시켜 버린 채 학대 사실을 잊어버리고, 분노나 절망감을 억누르고, 신체 감각을 둔화시켜서 살아남는다. 어린 시절 학대받은 사람들은 성인이 된 뒤에도 마음속에 오랫동안 얼어붙은 채 살고 있는 어린아이 같은 부분이 남아 있을 확률이 높고 자신의 그런 부분에 강한 혐오감과 거부감을 느낀다. 또한 끔찍한 경험을 하고 살아남아 성인이 된 사람들은 과거와 똑같은 덫에 걸려 버리는 경우가 많다. 강렬한 감정을 모른 척 밀어내면 단기적으로는 상황에 적응하기가 수월하다. 품위와 독립성을 지키고, 전우를 구하고 자녀들을 돌보고 집을 새로 짓는 것 같은 중대한 과제에 계속 집중할 수 있도록 도와준다.

하지만 나중에 문제가 발생한다. 전우가 폭탄에 날아가는 모습을 목격한 군인은 문명 생활로 돌아와 그 일이 머릿속에 떠오르지 않도록 밀어내며 살아간다. 스스로를 보호하려는 자기는 직장에서 어떻게 해야 경쟁력을 갖추고 동료들과 어떻게 지내야 하는지 알려 준다. 하지만 여자 친구에게 습관적으로 극심한 분노를 표출하거나, 그녀의 애정 어린 손길을 느끼면 기쁨과 동시에 통제력을 잃는 기분이 들어 감각이 마비되고 굳어 버리는 일도 발생한다. 누군가에 의해 온몸이 마비되는 느낌이 들 때마다 전우가 목숨을 잃었을 때 느낀 감정이 자동으로 깨어난다는 사실을 아마 자신은 인식하지 못할 것이다. 그렇기 때문에 그를 보호하려는 또 다른 자기가 나타나 초점을 흐려 버린다. 화가 나는 것은 분명한데, 대체 무엇이 이성을 잃게 만드는지 알 수 없으니 여자 친구가 무언가 잘못했기 때문에 그런 광기 어린 행동을 했다고 생각한다. 그래서 여자 친구를 향해 계속 화를 표출하고

(다음에 만나는 다른 여자 친구들 모두에게 똑같이), 그럴수록 점점 더 고립되어 버린다. 트라우마를 겪은 내면의 일부분이 수동성을 느낄 때면 또 다른 자기인 분노 관리자가 등장하여 유독 취약한 그 일부를 보호하려고 나선다. 하지만 이런 사실을 정작 당사자는 전혀 깨닫지 못한다. 치료를 통해 이 두 부분이 그런 극단적인 확신을 버리도록 도울 수 있을 때, 비로소 환자의 삶도 구할 수 있다.

13장에서 살펴보았듯이 트라우마에서 회복되기 위해 반드시 해결해야 하는 과제는 과거의 기억들을 지금 현재 벌어진 일처럼 느끼며 제압되지 않고 그 기억과 더불어 살아가는 법을 배우는 것이다. 그러나 기능을 상당 수준 유지하고 살거나 심지어 다른 사람들보다 뛰어난 능력을 발휘하는 트라우마 생존자들은 인생의 어떤 부분에서 훨씬 이겨내기 힘든 문제와 맞닥뜨린다. 뇌와 마음의 체계는 최악의 상황을 이겨낼 수 있도록 재설정해야 하는 상황을 맞게 되는 것이다. 트라우마 기억이 먼저 끄집어내야 통합되는 것처럼, 살아남기 위해 스스로를 방어하려는 습관 속에서 만들어진 자기의 일부분들도 일단 불러내야 한다.

모자이크 같은 내 마음

우리 모두는 각기 다른 여러 자기가 있다. 지금 이 글을 쓰는 동안, 나의 일부분은 낮잠을 좀 자고 싶다고 느끼지만 다른 부분은 그냥 글을 계속 쓰고 싶다고 느낀다. 나를 공격하는 내용이 담긴 이메일을 받으면 상처 입은 나의 일부는 상대방을 깔아뭉갤 수 있는 독한 말을 쏟아부은 '답장'을 보내고 싶어 하지만, 나의 또 다른 부분은 별것 아닌 일로 넘기고 싶어 한다. 나와 알고 지내는 사람들은 대부분 감정이 격하고 진지하고 화도 잘 내는 내 모습을 보았고, 어떤 이들은 으르렁대는 개와 닮은 내 내면의 모습도 만났다. 우리 집 아이들은 가족들끼리 휴가를 떠났을 때 신나서 모험을 즐기던 나의 또 다른 모습을 떠올릴 것이다.

아침에 출근해서 사무실에 들어선 순간 상사의 머리 위에 먹구름이 잔뜩 끼어 있다는 사실을 눈치채면 우리는 곧 닥칠 일을 직감한다. 자기가 화를 내면 목소리 톤과 사용하는 어휘, 몸의 자세에 그 감정이 나타난다. 전날 아이들과 붙어 앉아 같이 사진을 들여다보던 자기와 전혀 다른 모습이다. 이렇듯 한 사람을 이루는 부분들은 단순히 느낌으로 그치지 않는다. 각자 세상에 전혀 다른 방식으로 존재하고, 전체적인 삶의 생태에서 각기 다른 믿음과 계획, 역할을 가지고 있다.

자기 자신과 원만하게 살아가려면 내적 리더십이 매우 중요하다. 즉 각기 다른 부분들에 귀를 기울이고, 모두 신경을 쓰고 있다는 사실을 느끼게 하고, 한 부분이 다른 부분을 파괴하지 못하도록 지킬 수 있어야 한다. 여러 가지 생각, 감정, 감각이 복잡하게 한데 모여 있지만 여러 부분 중 한 부분만 드러나 그것이 하나의 절대적인 존재처럼 보이는 경우가 많다. 마거릿이라는 여성이 한창 언쟁을 벌이다가 "난 정말 당신이 싫어!"라고 소리치면, 그 말을 들은 조는 마거릿이 자신을 경멸한다고 생각할 것이다. 그 순간에는 마거릿도 조의 생각에 동의하리라. 하지만 실제로는 마거릿을 이루고 있는 한 부분이 화나서 일시적으로 조를 향한 다정하고 애정 어린 감정이 희미해졌을 뿐, 조의 얼굴에 서린 절망을 보면 다시 원상태로 돌아갈 수도 있다.

심리학 분야의 주요 학파들 대부분이 잠재 인격들이 존재한다는 사실을 인정하고 그 각각에 이름을 부여한다.2 윌리엄 제임스는 1890년에 쓴 글에서 "의식이 서로 공존하는 여러 부분으로 나뉘어 있을 가능성이 다분하다는 사실을 인정해야만 한다. (…) 각 부분들은 서로 무시하고 지내지만, 인식의 대상은 동일하다."라고 밝혔다.3 카를 융은 다음과 같이 설명했다. "정신도 육체와 마찬가지로 평형 상태를 유지하는 자기 조절 시스템이다."[4], "구성 요소들끼리 서로 다투고 경쟁을 벌이고 모순되는 행동을 하는 것이 인간의 자연스러운 마음 상태다."[5], "서로 상반되는 부분들끼리 화해시키는 것이 주된 문제다. 그러므로 다른 부분은 적이 아니라 '내 속에 있는 다른 나'다."[6]

현대 신경과학 분야는 이와 같은 마음의 상태를 일종의 사회로 보고 그 근거를 찾고자 노력해 왔다. '분할 뇌' 연구를 개척한 마이클 가자니가Michael Gazzaniga는 마음이 반자율적인 기능 단위로 구성되어 있으며, 각 단위가 특별한 역할을 담당한다고 결론 내렸다.[7] 그는 저서 『사회적인 뇌The Social Brain』(1985)에서 다음과 같이 설명했다. "자기가 하나로 통일된 존재가 아니라, 몇 가지 다양한 의식의 영역이 존재할 수 있다는 생각은 어떤 결론을 얻었는가? 우리가 실시한 [분할 뇌] 연구에서, 말 그대로 여러 개의 자기가 존재하며, 이들이 꼭 내적으로 서로 대화를 나누는 것은 아니라는 새로운 아이디어가 등장했다."[8]

인공지능 분야를 개척한 MIT 소속 과학자 마빈 민스키Marvin Minsky는 이렇게 선언했다. "단일한 자기가 존재한다는 전설은 자기에 대한 탐구 목표로부터 멀어지게 만들 뿐이다.[9] (…) 뇌의 내부에 서로 다른 마음들이 사회를 이루며 존재한다는 생각이 더 이치에 맞는 이야기일지 모른다. 이 서로 다른 마음들은 한 가족을 이루는 구성원들처럼 서로 도와 가며 협력할 수 있지만, 각자 다른 마음들이 절대 모르는 고유한 정신적 경험을 한다."[10]

사람을 여러 개의 성격과 잠재력을 지닌 복잡한 존재로 볼 수 있도록 훈련받은 치료사들은 환자가 자신의 내적 부분들로 이루어진 체계를 탐색하고 그중 상처 입은 부분을 돌보도록 도와줄 수 있다. 네덜란드 출신의 내 동료인 오노 반 데어 하트Onno van der Hart와 엘러트 네이엔하위스Ellert Nijenhuis, 애틀랜타에서 활동하는 캐시 스틸Kathy Steel

이 개발한 구조적 해리 모델도 그와 같은 치료법 중 하나로, 이 방법은 유럽 전역에서 활용되고 있으며 미국에서는 리처드 클루프트의 연구에 활용됐다.[11]

메리를 치료하던 시절로부터 20여 년이 흐른 뒤, 나는 내면 가족 체계 치료를 개발한 리처드 슈워츠Richard Schwartz를 만났다. 민스키가 '가족'에 비유하여 설명했던 내용이 그의 연구를 통해 비로소 내게 와 닿았고, 트라우마로 인해 서로 분할된 부분들을 다루는 체계적인 방법도 배울 수 있었다. 내적 가족 치료의 핵심 개념은 우리의 마음이 하나의 가족과 같아서 구성 요소마다 성숙도와 흥분성, 지혜, 고통 수준이 각기 다르다고 보는 것이다. 이 부분들이 모여 네트워크 또는 시스템을 형성하고, 한 부분이 변하면 다른 부분들에도 영향을 주므로 시스템 전체도 변할 수 있다고 본다.

나는 내면 가족 체계 모델을 통해 해리가 연속적으로 일어날 수 있다는 사실을 알았다. 트라우마를 겪으면 자기의 시스템이 붕괴되면서 자기를 구성하던 부분들이 분열되고 서로 전쟁을 벌인다. 그리하여 자기 혐오감과 과장된 당당함, 아끼고 사랑하는 마음과 증오, 감각 상실과 수동적인 분노, 공격성이 공존한다(그리고 다툼을 벌인다). 이러한 극단적인 부분들이 트라우마의 무거운 짐을 짊어진다.

내면 가족 체계 치료에서는 자기를 구성하는 한 가지 부분을 일시적인 감정 상태 내지는 습관적인 사고 패턴으로 여기고 고유한 역사와 능력, 필요, 세계관을 가진 별개의 정신 체계로 본다.[12] 트라우마는 각 부분들이 자연스레 충분히 가치 있는 상태로 머무르지 못하도록 제압해 버리는 확고한 생각과 감정을 불어넣는다. 예를 들어 어린아이 같고 뭐든 신나게 여기는 부분은 누구나 가지고 있는 모습이다. 학대받으면 바로 이 부분이 가장 크게 상처를 받고, 고통과 공포, 학대로 느낀 배신감을 간직한 상태로 굳어 버린다. 이렇게 짊어진 부담은 독과 같이 유해한 영향을 발산한다. 자신의 일부분인데도, 무슨 수를 쓰든 거부해야 하는 존재가 되고 마는 것이다. 내면 가족 체계 치료에서는 내면에 갇혀 있는 이 부분을 찾아서 '추방'시킨다.

그런데 쫓아낼 시점이 오면 자기의 다른 부분들이 결집해 내부의 가족들이 추방되지 않도록 보호하려고 한다. 자기 보호를 담당하는 이 부분들은 유해한 부분을 멀리하려 하지만, 그 과정에서 자신을 학대한 가해자의 기운을 어느 정도 물려받는다. '관리자'로도 불리는 이 부분은 비판적이고 완벽주의 성향을 보이며 그 누구와도 가까이 지내지 않거나, 물불 가리지 않고 무조건 생산성을 추구한다. 내면 가족 체계 치료에서는 '소방관'이라 부르는 부분도 자기를 보호하러 나선다. 긴급 상황에 대응하는 역할을 담당하는 이 부분은 추방된 감정을 떠올리게 만드는 경험을 할 때마다 충동적인 행동을 한다.

분할된 각 부분은 저마다 다른 기억과 믿음, 신체 감각을 보유하고 있다. 수치심을 간직한 부분도 있고, 분노를 간직한 부분, 즐거움과 신나는 감정을 간직한 부분, 극심한 외로움이나 비굴하게 순응하는 특성을 보이는 부분도 있다. 모두 학대 경험에서 생긴 특성들로, 이 모든 부분이 고유한 기능을 한다고 해석해야 한다. 즉 모두 자기 전체가 완전히 전멸할 수 있다는 두려움을 느낀 나머지 스스로를 보호하기 위해 생겨난 부분들로 보아야 한다.

고통을 속에 꽁꽁 싸 두기보다 행동으로 표출하는 아이들은 '적대적 반항 장애'나 '애착 장애' 또는 '행동 장애'로 진단받는 경우가 많다. 그러나 이와 같은 분류는 한 사람이 나타내는 분노나 침잠이 생존을 위해 절박하게 시도했던 모든 노력 중 일부분일 뿐이란 사실을 고려하지 않은 결과다. 따라서 아이의 행동을 통제하려고만 할 뿐 그 밑바탕이 된 문제, 즉 학대 경험을 해결해 주려 하지 않는다. 그로 인해 치료는 기껏해야 아무 효과 없거나 최악의 경우 오히려 해가 될 수 있다. 이 아이들이 성장하면 자기의 부분들이 동시에 하나로 통합되어 일관된 성격을 형성하지 못하고 각각 비교적 자율적인 존재들로 계속 남아 있게 된다.

'탈락'된 부분들은 내적 체계의 다른 부분들이 전혀 인식하지 못한 상태로 존재할 수 있다.[13] 어린 시절 신부에게 성추행을 당한 남성들 가운데 내가 만나 본 사람들은 대부분 스테로이드제를 복용하고 지나치게 많은 시간을 들여 체육관에서 근육 단련 운동을 한다. 강박 성향을 보이는 이 보디빌더들은 땀 흘리는 것을 즐기고, 축구와 맥주를 좋아하는 남성적인 문화 속에 살아가면서 자신의 약한 모습과 두려움을 세심하게 감춘다. 나와 상담을 시작하고 안전하다는 기분을 느낀 후에야 그들 내부에 있는 겁에 질린 아이의 모습을 볼 수 있었다.

환자들이 탈락된 자신의 일부분을 싫어하는 경우도 있다. 화를 내고 파괴적이거나 비판적인 부분들이 그 감정을 주도한다. 내면 가족 체계 치료에서는 이 부분들이 서로 이해할 수 있는 틀을 제공한다. 또한 환자의 상태를 질병으로 여기지 않는 것도 중요한 특징이다. 자신의 각 부분이 과거에 생긴 짐을 떠안고 갇혀 있다는 사실을 인지하고, 전체 시스템에서 그 부분들의 역할을 존중하면 두려움이나 감정에 제압당할 가능성도 줄어든다.

슈워츠는 이를 다음과 같이 설명했다. "사람에게는 자기 자신을 더 건강하게 만들기 위해 노력하는 동기가 내재되어 있다. 이 사실을 받아들이면, 만성적으로 괴롭히는 문제란 무언가가 내재된 이 자원을 이용하지 못하도록 방해하는 상태라고 할 수 있다. 환자를 가르치거나 환자와 맞서거나 환자의 정신에 생긴 빈틈을 채우려 하기보다는, 이 사실을 고려해 환자와 협력하는 것이 치료사가 해야 할 역할이다."[14] 이와 같은 협력의 첫 단계는 자기의 구성 요소들은 모두 환영받는 대상이며, 자살을 원하는 부분이나 파괴적인 부분 등 위협적으로 느껴지는 부분들은 모두 자기 시스템을 보호하려는 노력에서 생겨났다는 사실을 내적 체계가 확신하도록 돕는 것이다.

자기 리더십 Self-leadership

내면 가족 체계 치료에서는 사려 깊게 자기를 이끄는 능력을 키우는 것이 트라우마를 치유하는 기본 바탕이라고 본다. 마음챙김 방식은 자신의 내적 세계를 연민과 호기심을 갖고 탐구하도록 해 줄 뿐만 아니라 올바른 자기 관리의 길로 향하도록 적극적으로 이끌어 준다. 가족, 조직, 국가 등 어떤 체계든 리더가 뚜렷하게 정의되고 뛰어난 실력을 갖추었을 때 효과적으로 운영될 수 있다. 내면 가족 체계도 마찬가지다. 즉 자기를 구성하는 모든 부분이 동참해야 한다. 내적 체계의 리더는 주어진 자원을 현명하게 분배하고, 모든 부분을 고려하여 모두를 위한 비전을 제시해야 한다.

리처드 슈워츠는 이 부분을 다음과 같이 설명한다.

> 학대받은 희생자의 내적 체계는 학대 경험이 없는 사람의 내적 체계와 비교할 때 오랫동안 효과적인 리더십이 존재하지 않아 각 부분의 기능이 극단적인 규칙에 따라 운용되고 일관된 균형이나 조화를 이루지 못한다는 차이가 있다. 이 희생자들의 각 부분들은 시대에 맞지 않는 전제와 어릴 적 경험한 학대에서 도출된 확고한 생각을 토대로 삼아 운영된다. 예를 들어 자신이 참고 견딘 어린 시절의 경험은 비밀이며 누설하면 매우 위험하다고 확신한다.[15]

자기가 더 이상 어떤 몫도 맡지 않으려고 하면 무슨 일이 생길까? 내면 가족 체계 치료에서는 "나를 없애 버리고 싶어"라거나 "네가 싫어"라고 이야기하는 자기의 일부를 찾아냈을 경우를 이에 해당한다고 보고, '혼합' 상태로 칭한다. 이런 반응은 "나의 일부분이 내가 죽었으면 좋겠다고 생각해요"라거나 "그렇게 하시면 제 일부분이 자극을 받아서 제가 절 죽이고 싶게 만들거예요" 같은 반응과는 차이가 있다.

슈워츠는 마음챙김이라는 개념을 적극적인 리더십의 영역으로 확대하여 두 가지 주장을 제시했다. 첫 번째는 자기가 발전하거나 개발될 필요가 없다는 내용으로, 트라우마 생존자들의 자기 중에서 자기 보호를 맡은 부분들의 표면 아래에는 상처받지 않은 자기의 정수가 존재하며 이 자기는 자신감과 호기심이 넘치고 평온하다고 보는 것이다. 또한 이 자기는 살아남기 위해 애쓰는 과정에서 생겨나 자기를 보호하는 일을 맡은 여러 부분이 파괴하지 못하도록 피해 있었다고 본다. 따라서 자기 보호를 담당하는 부분들이 이 자아를 분리시켜도 안전하다고 확신하면, 자연스레 수면 위로 떠올라 치유 과정에 참여할 수 있다.

두 번째 주장은 사려 깊은 자기가 수동적인 관찰자로만 머물지 않고 내적 체계가 다시 체계화되도록 도울 수 있으며, 내부 세계에 일을 처리할 만한 누군가가 있다는 사실을 다른 부분들이 믿고 신뢰할 수 있도록 알려 주는 역할까지 한다는 내용이다. 이 주장은 신경과학을 통해 단순한 비유적 설명이 아니라는 사실이 확인됐다. 마음챙김 명상은 내측 전전두엽 피질의 활성을 높이고, 정서적 반응을 촉발시키는 편도체 등의 구조는 활성을 감소시킨다. 그 결과 정서적 뇌에 대한 통제력이 향상된다.

내면 가족 체계 치료는 치료사와 무기력한 환자가 친밀한 관계를 형성하게 해 주는 효과도 크지만, 자기와 자기를 보호하려는 여러 부분 사이에 내적 관계가 형성되도록 돕는 데 주력한다. 이 치료에서 자기는 명상을 활용한 일부 전통적인 치료들과 달리 목격자나 수동적으로 관찰만 하는 대상에 그치지 않고 적극적인 리더 역할을 맡는다. 즉 자기가 오케스트라 지휘자가 되어, 모든 부분이 조화를 이루고 불협화음이 아닌 한 곡의 교향곡을 연주할 수 있도록 돕는 것이다.

내적 풍경의 탐구

치료사의 역할은 환자가 이 혼란스러운 조합을 각기 다른 주체로 구분하고, "제게 있는 이 부분은 어린아이 같고, 다른 부분은 그보다 성숙하지만 희생자처럼 느끼고 있어요"와 같이 말할 수 있도록 돕는 것이다. 여러 부분 중에 환자가 좋아하지 않는 부분이 더 많을 수도 있지만, 하나씩 구분하다 보면 겁을 먹거나 제압되어 버리는 기분을 덜어 줄 수 있다. 다음 단계는 환자가 자신을 보호하려는 각 부분이 앞에 나서려고 할 때 잠시만 '물러서 달라고' 부탁해서 그 자기가 보호하려는 것이 무엇인지 치료사가 볼 수 있도록 하는 것이다. 이 과정이 반복되면 보호하려는 부분들이 자기와 혼합되지 않고 분리되어 마음챙김을 통해 스스로 관찰할 수 있는 여지가 생긴다. 이 단계에서 환자들은 자신이 느끼는 공포와 분노, 혐오감을 한쪽에 치워 두고 호기심과 자기반성 상태에 진입한다. 안정적으로 자기를 통찰할 수 있게 되면, 자신을 이루는 부분들과 건설적인 내적 대화를 나눌 수 있다.

치료사는 환자에게 스스로 무가치하거나 버림받은 기분, 복수하고 싶다는 집착 등 현재 자신이 겪고 있는 문제와 관련 있는 부분이 무엇인지 찾아보라고 한다. "내 속의 무엇이 그런 기분을 느끼는 걸까?"와 같은 질문을 스스로에게 던지다 보면 어떤 이미지가 떠오를 수 있다.[16] 우울한 부분이 버려진 아이의 모습으로 나타날 수도 있고, 나이든 사람이나 상처를 돌보며 어쩔 줄 몰라 하는 간호사의 모습이 떠오를 수도 있다. 복수심에 불타는 부분은 해군 전투부대의 군인이나 거리 깡패의 일원으로 등장하기도 한다.

그러면 치료사는 이런 질문을 던진다. "그 (슬프거나 복수심에 불타거나 겁에 질린) 부분에 대해 어떤 기분이 드나요?" 이 단계에서는 '환자 자신'과 문제가 되는 환자의 부분을 분리함으로써 마음챙김 방식의 자기 관찰을 시작하도록 한다. 환자가 "정말 싫어요" 같은 극단적인 반응을 보이면 치료사는 자기와 뒤섞여 방어하려는 또 다른 부분이 존재한다는 사실을 알게 된다. 따라서 이런 질문으로 넘어간다. "싫다고 느끼는 부분이 한발 물러서는지 한번 지켜보세요." 그러면 방어를 맡은 부분은 조심스러운 접근 방식에 기뻐하면서 필요하면 언제든 다시 등장할 수 있다는 메시지를 보낸다. 방어하려는 자아가 이런 의지를 나타낼 때, 치료사는 다음과 같은 질문을 제시한다. "그 (앞서 거부감이 들었던) 부분이 지금은 어떻게 느껴집니까?" 그러면 환자는 "왜 이러는지 (슬픈지, 복수심이 깊은지 등) 모르겠어요" 같은 대답을 한다. 문제가 되는 부분을 더 깊이 알 수 있는 단계에 진입한 것이다. 그러면 그 감정이 느껴지는 자기의 일부가 몇 살인지, 그 부분이 떠오를 때 어떤 기분이 드는지 살펴볼 수 있다.

환자가 자신의 자기를 일정 수준 이상 드러내기 시작하면 위와 같은 대화는 자연스럽게 이어진다. 이 시점에 도달하면 치료사는 한발 물러나서 환자의 또 다른 부분이 방해하지 않는지 지켜보고 공감 어린 언급을 한 번씩 해 주는 것이 중요하다. "그 일에 대해서 그 부분은 어떤 말을 하려고 하나요?"라든가 "이제 어떤 방향으로 가고 싶어요?" 혹은 "그다음엔 어느 쪽으로 가야 한다고 느끼나요?" 같은 질문과 함께 "지금은 그 부분에 대해 어떤 기분이 듭니까?" 같은 보편적인 질문을 던지는 역할을 해야 한다.

뿔뿔이 쪼개진 삶

조앤은 평소에 통제가 불가능할 정도로 화가 치밀어 오르는 문제를 해결하고, 최근 만나기 시작한 테니스 코치를 포함해 그동안 수없이 만든 불륜 관계에 대한 죄책감에서 벗어나고 싶다며 나를 찾아왔다. 첫 상담 때 조앤은 자신을 이렇게 설명했다. "누구보다 일을 잘하는 여성이었다가 징징대는 어린애가 됐다가, 미친 듯이 화를 내는 계집이 되기도 하고, 10분 동안 닥치는 대로 손에 집히는 걸 다 먹어 치우는 먹보가 되기도 해요. 이 중에 뭐가 정말 저인지 모르겠어요."

상담을 받으러 온 날, 조앤은 그 이야기를 꺼내기 전에 이미 상담실 벽에 걸린 인쇄물과 허름한 가구들, 지저분한 내 책상 상태에 대해 잔소리를 늘어놓았다. 공격은 조앤에게 최고의 방어 기술이었다. 그리고 언제든 다시 상처받을 준비를 하고 있었다. 그녀는 그동안 만나 온 수많은 의사처럼 나 역시 자신을 실망시키리라 확신했다. 치료를 받고 효과를 얻으려면 연약한 모습을 다 보여 줄 수 있어야 한다는 사실을 스스로 잘 아는 상태라 내가 자신의 분노와 두려움, 슬픔을 견딜 수 있는지 알고 싶어 했다. 나는 조앤의 경계심을 누그러뜨리려면 삶의 세세한 부분에 깊은 관심을 보여 주고, 나와 대화를 나누기 위해 조앤이 감내한 위험을 굳건히 지지해 주고, 가장 수치스럽게 생각하는 부분도 수용하는 모습을 보여 주어야 한다는 사실을 깨달았다.

나는 조앤에게 자기에 비판적인 부분이 있다는 사실을 스스로 느낀 적이 있는지 물어보았다. 조앤은 그렇다고 인정했고, 나는 그런 비판에 대해 어떤 기분이 드느냐고 다시 물었다. 조앤으로 하여금 그 부분을 따로 분리하고 자기에 접근할 수 있도록 해 준 중요한 질문이었다. 조앤은 비판하는 태도는 엄마를 떠올리게 하기 때문에 정말 싫어한다고 대답했다. 그러면 그 비판적인 자기의 일부가 보호하려는 대상이 무엇이냐고 묻자, 조앤은 화가 가라앉고 호기심이 드는 표정으로 깊이 생각하기 시작했다. "그러고 보니, 예전에 엄마가 뭔가 안 좋은 일로 저를 부를 때 사용하던 이름을 그 자기도 저를 부를 때 쓰려고 하네요. 정말 이해가 안 가요." 그러고는 성장 과정에서 자신이 엄마를 얼마나 무서워했는지, 아무것도 제대로 해낼 수 없다는 생각에 얼마나 겁이 났는지 이야기했다. 비판하는 부분이 조앤의 자기 체계에서 관리자를 맡고 있다는 사실이 확실해졌다. 조앤은 자신을 의사인 나로부터 보호하고, 동시에 엄마가 비판하지 못하게 하려고 애쓰고 있었던 것이다.

그 후 몇 주일간 상담을 진행하면서 조앤은 내게 초등학교 1학년인가 2학년 때 엄마의 남자 친구가 자신을 성폭행했다고 털어놓았다. 조앤은 자신이 더 이상 친밀한 관계를 맺지 못하는 '망가진' 사람이되었다고 생각했다. 남편에게는 늘 요구 사항이 많고 비판의 날을 세워서 대했으며 성적인 욕구를 전혀 느끼지 못했다. 반면 불륜 상대에게는 뜨거운 열정을 느끼고 무모하게 덤벼들었다. 하지만 그런 관계는 항상 비슷한 결말을 맞이했다. 상대방과 한창 사랑을 나누다가 느닷없이 겁에 질려 몸을 공처럼 구부린 채 어린애같이 울음을 터뜨리는 것이다. 자신의 이런 모습이 혼란스럽기도 하고 혐오스럽게 느껴져, 그 후에는 상대 남성과 그 무엇도 함께할 수가 없었다.

8장에서 소개한 메릴린처럼 조앤도 성폭행을 당하는 동안 자신의 존재를 없애 버리는 법을 터득했다고 말했다. 사건이 벌어진 현장에서 몸이 붕 떠오른 느낌이 들었고, 자신이 아닌 다른 아이가 그 일을 당한다고 생각했다고 설명했다. 조앤은 그렇게 성폭행의 기억을 마음속에서 몰아냈고, 덕분에 다른 친구 집에 가서 잠도 자고 여자 친구들도 사귀고 스포츠 팀에 들어가 활동하는 등 정상적인 학교생활을 할 수 있었다. 하지만 청소년기에 접어들면서 문제가 시작됐다. 자신에게 친절하게 대해 주는 남학생들을 냉담하게 대하고 경멸하기 시작하더니, 어쩌다 알게 된 사람과 덜컥 섹스를 하고는 치욕스럽고 수치스러운 기분을 느낀 것이다. 조앤은 아마도 자신이 폭식을 할 때 드는 기분이 남들은 섹스 중에 느끼는 오르가슴일 것이고, 자신이 남편과 섹스를 할 때 드는 기분이 남들에겐 구토할 때 느끼는 기분일 것이라고 설명했다. 학대의 구체적인 기억들은 조각조각 쪼개졌지만(해리), 조앤 자신도 모르는 사이에 그 기억은 계속 재현되고 있었던 것이다.

나는 왜 그렇게 화가 나고 죄책감이 들고 정신이 마비되어 버리는지 설명하려고 애쓰지 않았다. 조앤이 이미 자신을 상처 입은 존재로 여기고 있었기 때문이다. 치료 과정에서는 기억을 처리하면서 진자 운동을 하듯 접근하는 것이 중요하다. 즉 13장에서 설명했던 점진적인 접근이 필요하다. 조앤이 느끼는 절망과 상처에서 벗어나도록 하려면 내재되어 있는 힘과 자신을 향한 사랑을 일깨워서 스스로 치유되도록 이끌어 주어야 한다.

이는 조앤이 가진 여러 가지 내적 자원에 초점을 맞추어야 한다는 것을 의미한다. 나는 조앤이 어릴 때 잃어버린 자신에 대한 사랑과 관심을 내가 모두 제공할 수는 없다는 사실을 상기했다. 치료사나 교사, 멘토가 상대방이 어릴 때 고갈되어 큰 구멍이 생긴 부분을 채워 줄 수 있다고 생각한다면, 결국 그 일을 해낼 적임자도, 적절한 시간도, 알맞은 장소도 다 잘못 짚었다는 결론에 봉착한다. 치료의 중심은 조앤과 나의 관계가 아닌, 조앤과 조앤을 이루는 다른 부분들과의 관계가 되어야 한다.

관리자와의 만남

조앤의 치료가 진행되면서 우리는 각기 다른 시점에 기능을 수행하는 여러 자기를 찾아냈다. 공격성이 강한 어린아이 같은 부분은 짜증을 내는 당사자였고, 아주 문란한 청소년기의 부분과 자살하고 싶어 하는 부분, 집착이 강한 관리자, 지나치게 점잔 빼는 윤리주의자 등이 조화를 이루고 있었다. 대부분의 경우처럼 우리가 제일 먼저 만난 대상은 관리자였다. 보통 관리자는 자기가 창피한 일을 당하거나 버려지지 않도록 대비하고 체계적인 생활과 안전을 유지하는 역할을 한다. 남들에게 비난을 일삼는 조앤의 경우처럼 성향이 공격적인 관리자도 있지만 완벽주의적인 성향을 보이거나 내성적이고 신중하게 행동하면서 남에게 그리 큰 관심을 보이지 않는 관리자도 있다. 또 관리자를 맡은 부분이 현실에서 벌어지는 일을 봐도 못 본 척하고 수동적인 태도를 유지하면서 위험을 피하라고 이야기하는 경우도 있다. 자기 시스템이 제압당하지 않으려면 감정에 얼마만큼 접근해야 할지 조절하고 통제하는 일도 관리자가 하는 역할이다.

자기 시스템을 잘 통제된 상태로 유지하려면 어마어마한 에너지가 필요하다. 누군가 치근대며 한마디만 던져도 자기의 여러 부분이 동시에 자극을 받을 수 있다. 강렬한 성적 충동을 느끼는 부분도 있고, 자기 혐오감이 솟구치는 부분도 있고, 자해 행동으로 자신을 진정시키려는 부분도 있다. 어떤 경우에는 관리자를 맡은 부분이 집착과 주의 분산, 현실 거부 반응을 동시에 나타내기도 한다. 그러나 각 부분들이 자기의 방어라는 중요한 역할을 유지하려고 노력하는 내적 보호 기능을 한다고 보아야 한다. 그리고 대부분 관리자는 엄청난 책임감을 짊어지고 원래 가지고 있는 능력 이상을 감당한다.

굉장히 우수한 능력을 지닌 관리자도 있다. 내가 만난 환자들 중에 많은 사람이 사회에서 책임이 막중한 일을 맡거나 뛰어난 실력으로 전문적인 일들을 처리하며 살아간다. 부모로서 아이들에게 더할 나위 없이 신경 쓰는 사람들도 있다. 조앤의 경우에도 안과 의사로 성공할 수 있었던 과정에 분명 비판적인 성향의 관리자가 공헌했다. 내 환자 목록에는 유능한 교사나 간호사들도 수없이 포함되어 있다. 이들과 함께 일하는 동료들은 평소에 이들을 약간 거리감이 느껴지거나 내성적인 사람이라고 생각할 수는 있지만, 대체로 모범적이라 여겼다. 그런 동료가 자해를 하고 섭식 장애를 겪고 괴상한 성생활을 영위하고 있다는 사실을 안다면 소스라치게 놀랄 것이다.

조앤은 서로 상충되는 기분이나 생각이 동시에 들더라도 이상하지 않다는 사실을 조금씩 깨닫기 시작했고, 해결해야 할 일도 좀 더 자신감 있게 접근할 수 있었다. 증오의 감정이 자신의 존재 전체를 집어삼킬 수도 있다는 믿음 대신 그 감정에 마비되는 건 자신의 한 부분일 뿐이라는 사실을 알게 되었다. 하지만 직장에서 부정적인 평가를 받을 때면 기분이 급격히 악화되어 자신을 제대로 보호하지 못했다는 사실에 스스로를 무섭게 질책하고, 누군가에게 집착하면서 허약하고 무기력해지는 느낌을 받았다. 내가 그 무기력한 부분이 몸의 어디에 위치하고 있으며 조앤 자신은 그 부분에 대해 어떤 기분이냐고 묻자 조앤은 저항했다. 그리고 그 훌쩍거리고 자신감 없는 어린 소녀는 수치스럽고 모욕적인 기분을 느끼게 만들어 더 이상 참고 견딜 수가 없다고 말했다. 나는 조앤이 겪은 학대의 기억 중 많은 부분이 바로 그 소녀에게 남아 있다는 의심이 들어, 그 이상 조앤을 압박하지 않기로 했다. 그날 조앤은 상담 내내 잔뜩 위축되고 화가 난 모습을 보이다가 돌아갔다.

다음 날, 조앤은 냉장고에 들어 있던 음식을 깡그리 먹어 치우고 몇 시간 동안 다 토해 냈다. 다시 진료실로 들어섰을 때 가장 먼저 한 말은 죽고 싶다는 것이었다. 하지만 내가 진심으로 그런 자신의 상태에 호기심을 보이고, 폭식이나 자살 충동에 대해 옳고 그름을 이야기하지 않자 놀라워했다. 내가 조앤에게 자기의 어느 부분이 그 문제와 관련되어 있느냐고 묻자, 비판하는 부분이 나타나 불쑥 이렇게 말했다. "조앤 얘는 정말 역겨워요." 조앤이 그 부분에게 뒤로 잠시 물러서 달라고 부탁하자, 다른 부분이 입을 열었다. "절 사랑해 줄 사람은 한 명도 없을 거예요." 그러자 다시 비판하는 부분이 나타나 내게 그런 쓸데없는 말들은 다 무시하고 약을 늘려 주는 것만이 자신을 도울 수 있는 유일한 방법이라고 이야기했다.

상처 입은 부분들을 보호해야 한다는 생각이 관리자를 맡은 조앤의 자아들로 하여금 의도치 않게 몸에 해를 가하도록 만든 것이 분명했다. 이 관리자들에게 한발 물러서면 무슨 일이 일어날 것 같냐고 묻자, 조앤에게서 이런 대답이 돌아왔다. "사람들이 절 싫어하게 될 거예요. 전 길거리에 혼자 남겨지겠죠." 이어 옛 기억이 떠올랐다. 조앤의 엄마가, 하라는 대로 하지 않으면 다른 집에 입양을 보낼 것이며 그렇게 되면 언니, 동생들과 애완견을 두 번 다시 못 보게 될 줄 알라고 위협했던 기억이었다. 그토록 겁내고 무서워하는 소녀가 어떻게 느껴지느냐고 묻자, 조앤은 울면서 불쌍한 마음이 든다고 말했다. 조앤의 자기가 제자리로 돌아온 것이다. 나는 조앤의 자기 시스템이 진정됐다고 확신했지만, 너무 섣부른 결론이었다.

불길을 잡으려면

그다음 주 상담 예약 일에 조앤은 모습을 보이지 않았다. 우리가 조앤으로 하여금 내면에서 쫓아 버려야 할 부분들을 자극하자 소방관을 맡은 자기들이 총출동한 것이다. 나중에 조앤에게서 들은 이야기에 따르면, 조앤은 보육 시설에 보내질지도 모른다는 두려움을 느꼈던 기억을 이야기했던 바로 그날 저녁에 자신이 자폭하고 말 것 같은 기분을 느꼈다. 그래서 술집으로 가서 남자 하나를 골랐다. 늦도록 술을 마시다가 잔뜩 흐트러진 옷차림에 만취 상태로 집에 들어와서는 남편과 대화를 일절 거부하고 서재에서 잠들었다. 그리고 다음 날, 아무 일도 없었던 것처럼 행동했다.

내면의 소방관들은 정서적 고통을 없앨 수 있는 방법이라면 무엇이든 한다. 또한 소방관들은 내면에서 추방해야 할 부분들을 꼼짝 못하게 붙들어 두려는 노력에 힘을 보태는 대신, 관리자와 정반대 기능을 한다. 즉 관리자는 모든 것이 통제되도록 애쓰는 반면 소방관은 불을 끄려고 시스템 전체를 파괴시킨다. 잔뜩 긴장한 관리자와 통제 불가 상태가 된 소방관의 이 팽팽한 갈등은 추방해야 하는 부분, 즉 트라우마가 남긴 짐을 다 떠안고 있는 부분이 제자리로 돌아가고 주목받기 전까지 계속 이어진다.

트라우마 희생자들과 만나는 모든 사람이 이 소방관의 존재를 알게 된다. 내가 만난 자기의 소방관들은 쇼핑이나 음주, 컴퓨터 게임에 중독되거나 충동적으로 불륜 관계를 맺고 강박적으로 운동에 몰입하는 모습을 보였다. 구지레하고 지저분한 그런 시간들은 학대당한 아이에게 남은 공포와 수치심을 무디게 만들지만, 그 효과는 고작 한두 시간에 그칠 뿐이다.

소방관의 가장 핵심적이고 중요한 특징은 자기 시스템을 보호하기 위해 필사적으로 노력한다는 점이다. 자기의 관리자는 치료하는 동안 피상적으로나마 협력하는 모습을 보이지만 소방관들은 절대 망설이는 법이 없다. 욕을 퍼붓고, 갑자기 아주 거칠게 상담실 밖으로 나가버린다. 또 정신없이 서두르는 모습을 보이고, 치료사가 지금 하려는 일을 멈추면 어떻게 되느냐고 물으면 추방된 감정이 자기 시스템 전체를 무너뜨리고 말 것이라는 확고한 대답이 돌아온다. 소방관들은 신체적·정서적 안전을 확보할 수 있는 더 나은 방법이 있다는 사실을 의식하지 못하며, 폭식이나 자해 같은 행동을 그만두더라도 스스로를 해칠 수 있는 또 다른 방법을 찾아낸다. 이 악순환은 자기가 지휘권을 되찾아 시스템 전체가 안전하다고 느껴야 비로소 끝난다.

독의 영향력

추방자로 분류된 부분은 자기 시스템에서 나온 유독성 폐기물과 같다. 이 부분에는 트라우마와 관련된 기억과 감각, 믿음, 감정이 저장되어 있으므로 방출되면 위험한 일이 발생할 수 있다. 피할 수 없는 충격의 기억, '아, 세상에, 내가 이 지경이 되다니'와 같은 감정을 느낀 경험들이 중심에 모여 있고, 그 당시 느낀 두려움과 붕괴, 곧이 곧대로 순응했던 기억도 함께 남아 있다. 추방되어야 하는 이 부분은 통렬한 신체 감각이나 극심한 감각 상실의 형태로 존재를 드러내는 경우가 있으며, 관리자의 합리성과 소방관의 허세를 모두 자극하고 거스르기도 한다.

근친 성폭력 피해자들 대부분이 그렇듯이 조앤도 추방자로 분류된 자아를 증오했다. 특히 가해자의 성적인 요구에 응했던 어린 소녀와 침대에서 홀로 흐느끼던 겁에 질린 아이를 아주 싫어했다. 추방자가 관리자를 제압해 버리면, 자기 시스템 전체에 거부당하고 허약하고 사랑받지 못해 버려진 아이만 덩그러니 남는다. 결국 자기는 추방되어야 할 부분과 '혼합'되고, 인생에서 선택할 수 있는 대안들은 다 무색해진다. 그로 인해 슈워츠가 지적했듯이 "자기 자신과 세계를 그들의 눈을 통해 보고 그것이 '진짜' 세상이라고 믿는다. 또한 이 상태에서는 자신이 제압당했다는 생각이 들지 않는다".[17]

그렇다고 추방자를 가둬 버린다면 기억과 감정은 물론 그것이 저장된 자기의 부분들, 즉 트라우마로 가장 많이 상처 입은 부분들까지 다 몰아내는 것이 된다. 슈워츠의 말을 빌리자면, "일반적으로 그 부분들은 가장 예민하고 창의적이고 애정을 바라며, 가장 생기 있고 장난기 넘치고 순수하다. 상처를 입었다고 해서 이 부분들을 추방해 버리면 이중고에 시달린다. 원래 생긴 상처에 다름 아닌 자기 자신이 자기를 거부했다는 모욕감이 더해지기 때문이다."**18** 조앤은 그동안 추방해야 할 부분을 숨겨 두고 경멸해 애정도 진정한 즐거움도 없는 삶을 스스로에게 선고했다는 사실을 깨달았다.

갇혀 있던 과거의 해방

조앤의 치료는 이후 몇 달 동안 이어졌다. 그 기간 동안 조앤과 나는 모욕감과 혼란, 조앤이 겪은 성폭행의 수치심을 간직한 채 쫓겨난 소녀와 여러 번 만났다. 나에 대한 신뢰가 충분히 쌓이고, 어린아이가 된 자신을 관찰할 수 있게 되고, 오랫동안 묻혀 있던 공포, 즐거움, 굴복의 감정이나 가해자와 공모했다는 생각을 자기가 충분히 견딜 수 있다는 사실을 깨달은 후에 가능해진 일이었다. 이 단계까지 오는 동안 조앤은 내게 그리 많은 말을 하지 않았다. 나는 조앤이 침착하게 자기 관찰을 이어 가도록 도와주는 데 주력했다. 조앤은 도저히 받아들이기 힘든 어린 소녀에게 역겨움과 공포를 느끼고, 그냥 절망 속에 홀로 내버려 둔 채 벗어나고 싶은 충동에 수시로 시달렸다. 이 시점에서 나는 조앤을 보호하려는 부분들에게 잠시 뒤로 물러나서 이 어린 소녀가 하려는 이야기에 조앤이 귀를 기울일 수 있게 해 달라고 부탁했다.

내가 북돋워 준 용기에 힘입어, 마침내 조앤은 기억 속의 그 사건 현장으로 돌진해 소녀를 안전한 곳으로 데려갈 수 있었다. 조앤은 가해자에게 소녀를 한 번만 더 건드리면 절대 가만두지 않겠다고 단언했다. 소녀의 존재를 부인하는 대신 아이에게 자유를 찾아주는 적극적인 역할을 해낸 것이다. 안구 운동 민감소실 및 재처리 요법과 마찬가지로, 당사자가 상상 속 현장에 직접 다가가서 너무나 오랫동안 가만히 굳어 있던 사건 장면을 고쳐 쓸 수 있게 된 후에야 비로소 트라우마에서 벗어날 수 있다. 무기력하고 수동적이던 존재가 확고하게 의지대로 행동하는 존재로 대체되는 것이다.

조앤은 자기의 욕구를 느끼고 자신의 행동을 통제하기 시작하자 곧 남편 브라이언과의 관계가 공허하다는 사실을 깨닫고 바꿔 보려고 노력했다. 나는 브라이언과 함께 상담을 받아 보는 것이 어떻겠냐고 제안했다. 그리하여 조앤이 8차례 개인 상담을 받은 후 나는 브라이언과 개별 상담을 시작했다.

슈워츠는 내면 가족 체계 치료에서 자기를 구성한 각 부분들이 서로 어떻게 상호 작용하는지 주변 가족들이 서로 관찰하는 법을 알게 된다면, 서로가 서로의 '멘토'가 되어 줄 수 있다고 설명한다. 나는 그 사례를 조앤과 브라이언을 통해 처음으로 직접 확인할 수 있었다. 처음에 브라이언은 자신이 조앤의 행동을 그토록 오래 감내해 왔다는 사실을 상당히 자랑스럽게 생각했다. 아내가 자신을 절실히 필요로 한다는 기분이 들었기에 이혼은 아예 생각하지도 않았다. 그런데 조앤이 더 친밀한 관계를 원하기 시작하자 브라이언은 압박감과 무능함을 느꼈다. 두려움에 가득 찬 그의 일부가 숨어 있다가 모습을 드러내고 감정에 벽을 쌓기 시작했다.

브라이언은 알코올 중독자인 부모 밑에서 성장한 시간들에 대해 조금씩 이야기를 꺼내기 시작했다. 조앤과 같은 행동은 브라이언의 집에서 흔한 일이었고 대부분 그저 무시되곤 했다. 그러다 아버지가 알코올 중독증 치료 센터에 들어가고, 엄마마저 우울증과 자살을 시도하는 문제 때문에 병원에 장기간 입원하면 브라이언은 그 상황에서 벗어나곤 했다. 두려워하는 그의 일부분에게 내가 브라이언이 감정을 그대로 느끼도록 내버려 두면 어떤 일이 벌어지느냐고 묻자, 아픈 기억에 제압당할 것 같아서 두렵다는 대답이 돌아왔다. 어린 시절의 아픔에 조앤과의 관계에서 생긴 아픔이 더해져 그 감정을 도저히 감당하지 못할 것 같다고 느낀 것이다.

이후 몇 주일에 걸쳐 브라이언의 다른 부분들도 나타났다. 맨 처음 모습을 드러낸 건 보호자 역할을 하는 부분으로, 여성을 두려워하는 이 자기는 브라이언이 여성들의 조종에 좌지우지되도록 절대 내버려 두지 않겠다는 의지가 확고했다. 다음으로 남을 극진히 돌보는 자기가 나타났다. 바로 브라이언이 엄마와 어린 여동생들을 챙겨 주던 부분이었다. 이 자기는 브라이언에게 자부심을 불어넣고 삶의 목적을 부여해 주었으며, 그 덕분에 그는 두려움에 대처할 수 있었다. 마지막으로 나타난 자기는 쫓겨난 부분, 엄마도 없고 돌봐 주는 사람이 아무도 없이 자라면서 잔뜩 겁먹은 아이였다.

이 책에서 설명한 내용은 아주 긴 탐험 과정을 짧게 축약한 것이다. 실제 치료에서는 조앤의 비판적인 자기가 때때로 다시 등장하는 등 다양한 상황이 발생해 치료 방향이 여러 번 바뀌었다. 그러나 내면 가족 체계 치료는 조앤과 브라이언으로 하여금 객관적이고 호기심 많고 인정도 많은 자기의 시선으로 자기 자신과 서로를 바라보고 인식할 수 있도록 해 주었고, 치료 초기부터 그 효과가 나타났다. 과거에 갇혀 있던 상태에서 벗어난 두 사람 앞에는 광활한 새 가능성이 펼쳐졌다.

자기 연민의 힘:
내면 가족 체계를 활용한 류머티즘성 관절염 치료 사례

보스턴 브리검 여성병원의 류머티즘 전문의인 낸시 섀딕Nancy Shadick은 류머티즘성 관절염에 관한 의학적 연구를 실시하면서 환자 개인이 그 질병을 어떻게 경험하는지 깊은 관심을 기울였다. 리처드 슈워츠가 참석한 한 워크숍에서 내면 가족 체계 치료를 알게 된 섀딕 박사는 류머티즘성 관절염 환자들을 대상으로 진행하는 심리사회적 치료 연구에 이 치료법을 적용하기로 결심했다.

류머티즘성 관절염은 전신에 염증성 장애를 일으키고 만성 통증과 장애를 유발하는 자가 면역 질환이다. 약물로 병의 진행을 더디게 하고 통증을 어느 정도 약화시킬 수는 있지만 치료법은 없다. 이 질병을 안고 살아가는 사람들은 우울증과 불안, 고립감을 느끼고 삶의 질이 전체적으로 감소할 수 있다. 나는 트라우마와 자가 면역 질환의 관계를 관찰했던 경험이 있어서 이 연구에 각별한 흥미를 느끼고 주시했다.

섀딕 박사는 내면 가족 체계 치료 전문가인 낸시 소웰Nancy Sowell과 협력해 9개월 동안 두 그룹에 무작위로 배정된 류머티즘성 관절염 환자들을 대상으로 연구를 진행했다. 첫 번째 그룹은 내면 가족 체계 치료 그룹으로, 모든 환자가 개별적으로 이 치료를 받도록 했다. 대조군에 속한 환자들은 정기적으로 우편물이나 전화 통화로 병의 증상과 관리에 관한 정보를 제공받았다. 두 그룹 모두 규칙적으로 약을 복용했고, 각 환자가 어느 그룹에 속해 있는지 모르는 류머티즘 전문의들이 정기적으로 환자의 상태를 평가했다.

이 연구에서 내면 가족 체계 치료 그룹의 환자들은 피할 수 없는 두려움과 절망, 분노를 받아들이고 이해하는 법을 배우고 그러한 감정을 자기 자신의 '내면 가족'으로 여기는 방법에 대해서도 배웠다. 더불어 자신의 고통을 인식하고 고통에 동반되는 생각과 감정을 확인할 수 있는 내적 대화 기술과 내면의 상태에 흥미와 연민을 갖고 접근하는 방식도 함께 습득했다.

연구 초반에 기본적인 문제가 드러났다. 너무나 많은 트라우마 생존자들에게서 나타나듯 류머티즘성 관절염 환자들도 감정 인지 불능증인 경우가 많았다. 나중에 내가 낸시 소웰에게 들은 내용에 따르면 환자들은 자신이 느끼는 통증이나 장애에 완전히 압도된 경우가 아니라면 그에 대해 전혀 불평하지 않았다고 한다. 기분이 어떠냐고 물으면 "좋아요"라는 대답이 거의 고정적으로 돌아왔다. 관리자이자 극기심이 강한 자기가 분명 질병을 이겨 내는 데 도움이 되도록 이렇게 만든 것이겠지만, 이 부분들로 인해 환자는 감정을 거부하는 상태로 살아가게 된 것이다. 일부 환자들은 담당 의사와 치료를 위해 적절히 협력하지 못할 정도로 신체 감각과 감정을 심각하게 차단한 상태였다.

연구진은 이들에게 변화를 일으키고자 내면 가족 체계 치료법을 적용했다. 그리고 환자의 내적 구성을 대폭 변경시켜 관리자, 추방자, 소방관 등 각 부분들이 모습을 드러내도록 했다. 몇 주간 이어진 연구에서 피험자들은 관리자를 맡은 자기에 대해 이야기하기 시작했다. 아무도 자신의 통증에 귀 기울여 줄 사람이 없으니 "한 번 씩 웃고 참아."라고 말했다는 내용들이 전해졌다. 환자들에게 인내심이 극도로 강한 이 자기가 한발 물러서게 해 보라고 요청하자, 화가 난 자기가 마침내 모습을 드러내더니 너무 괴로워서 소리를 꽥 지르고 싶다고, 손에 잡히는 건 뭐든 다 때려 부수고 싶다고 털어놓았다. 하루 종일 침대에 가만히 누워 있고 싶다고도 했다. 추방자로 분류된 자기는 아무 말도 못 하게 하니 자신이 전혀 쓸모 없는 존재처럼 느껴진다고 이야기했다. 환자들 대부분이 어린 시절에 자신의 이야기에 귀 기울여 주는 사람이 없었고, 욕구는 꽁꽁 감춰 두는 편이 안전하다고 믿으며 살아왔다는 사실도 드러났다.

환자들은 개별적으로 진행된 내면 가족 체계 치료를 통해 자신을 이룬 자기들의 이야기와 일상생활에서 발생하는 문제의 관계를 파악할 수 있었다. 한 여성 환자는 직장에서 갈등이 심해 덫에 갇힌 느낌을 받고 있었는데, 그럴 때마다 관리자 자기가 등장해 그 상황에서 벗어나려면 일부러 일을 과도하게 해서 관절염 증상이 갑자기 극심하게 재발하게 만드는 방법밖에 없다고 주장한다는 사실을 깨달았다. 이 환자는 의사의 도움을 받아 일부러 몸을 아프게 만들지 않고도 문제를 해결할 수 있다는 사실을 알게 되었다.

총 9개월간 진행된 연구에서 내면 가족 체계 치료 그룹과 대조군 모두 세 차례 평가를 받고 1년 후 다시 평가를 받았다. 9개월이 흐른 뒤 내면 가족 체계 치료군은 관절 통증과 신체 기능, 자기 연민, 전반적인 통증에 관한 자체 평가 점수가 질병에 대해 정보만 제공받은 대조군보다 크게 향상됐다. 우울증, 자기 효능감 점수도 상당히 높아졌다. 치료군은 통증을 자각하고 증상이 약화된 것으로 확인되었으며, 이 효과는 1년 후에도 그대로 유지된 것으로 확인됐다. 그러나 객관적인 의학적 검사 결과에서는 통증이나 기능 면에서 크게 개선되지 않은 것으로 나타났다. 즉 치료로 바뀐 것은 환자가 자신의 질병과 더불어 살아가는 능력이었다. 섀딕과 소웰은 연구 결론에서, 내면 가족 체계 치료는 환자의 자기 연민을 강화하는 데 중점을 두며, 이것이 그 치료의 핵심 요소라고 강조했다.

이 연구로 심리학적인 치료 방식이 류머티즘성 관절염 환자들에게 도움이 된다는 사실이 처음으로 밝혀진 것은 아니다. 인지행동치료 전문가들이나 마음챙김 명상을 실천하는 사람들도 통증과 관절 염증, 신체의 장애, 우울증에 긍정적인 영향이 발생한다고 밝혔다.[19] 그러나 가장 중요한 질문인 "심리적으로 더 많이 안심하고 편안해지면 신체 면역 체계의 기능도 향상되었는가?"라는 질문을 던진 연구는 없었다.

쫓겨난 아이 해방시키기

피터는 미국에서 가장 우수한 병원으로 손꼽히는 명망 있는 대학병원에서 암을 치료하는 의사다. 규칙적으로 스쿼시를 해 온 사람답게 완벽한 몸매로 진료실에 들어선 피터에게선 오만함이 묻어나는 자신감이 풍겼다. 외상 후 스트레스 장애로 괴로워하는 인물은 분명 아닌 것 같았다. 피터는 내게 아내가 좀 덜 '예민하게' 굴도록 하려면 자신이 어떻게 해야 하는지 알고 싶어서 찾아왔다고 말했다. 피터의 아내는 그가 하는 특정한 행동들을 '냉담하다'고 정의하고, 이 행동들을 멈추지 않으면 떠나 버릴 거라고 협박했다는 것이다. 그는 자신이 환자들을 치료하면서 늘 환자들과 잘 공감해 왔다고 확신하므로 아내가 분명 비뚤어진 시선으로 자신을 보는 것이라고 설명했다.

주제가 일로 넘어가자 피터는 신나서 여러 가지 이야기를 들려주었다. 레지던트들이며 동료 의사들이 현재 자신이 맡고 있는 일을 서로 이어받으려고 치열하게 경쟁하는 것이나, 데리고 일하는 후배들이 자신을 무서워한다는 소문까지 모두 자랑스럽게 여겼다. 피터는 스스로를 잔인할 정도로 솔직한 사람이자 오로지 사실만 바라보는 진정한 과학자라고 묘사했다. 그리고 내게 아주 의미심장한 눈빛을 보내면서, 멍청한 사람은 절대 관대하게 넘어가 주지 않는다고 덧붙였다. 피터는 자신이 엄격한 기준을 갖고 살지만 어떤 기준도 스스로에 대한 잣대만큼 엄격하지는 않다고 설명하면서, 자신은 그 누구의 사랑도 필요치 않으며 오직 존경만 받으면 된다고 단언했다.

의과대학에서 공부하던 시절, 피터는 정신의학과에서 수련을 받으면서 그 분야 의사들이 아직도 마술사 같은 일을 하고 있다고 느꼈고, 부부 치료 과정을 보고 그 생각을 더욱 확신하게 되었다고 이야기했다. 자기 문제를 부모나 사회 탓으로 돌리는 사람들을 아주 경멸한다고도 했다. 피터는 자신도 어릴 때 절망적인 일을 겪었지만, 단 한 번도 스스로를 희생자로 생각해 본 적이 없다고 말했다.

강인하고 정확성을 중시하는 피터의 특징이 흥미롭긴 했지만, 과연 내가 수없이 발견했던 이런 사람들의 특성, 즉 관리자를 맡은 자기가 유독 힘에 집착하고 무기력한 감정에는 방어벽을 쌓아 버렸다는 사실이 드러나도록 할 수 있을까 하는 의구심이 들었다.

나는 가족에 대해 물었다. 피터는 아버지가 제조업체를 운영하며, 홀로코스트에서 살아남은 분이라 난폭하고 엄한 성격이 될 수도 있었지만 부드럽고 감상적인 면이 있어서 아버지와 유대감을 느낄 수 있었다고 설명했다. 그리고 아버지의 영향으로 의사가 되었다고도 했다. 어머니에 대해서는 온 정성을 다해 고된 집안일을 책임지며 사셨다는 사실을 나중에야 깨달았지만, 크게 신경 쓰이는 일은 아니라고 말했다. 피터는 학교에 다니기 시작하면서 늘 전 과목에서 A를 받았다. 거부당하거나 굴욕감을 느끼지 않는 삶을 살자고 스스로 다짐했는데, 역설적이게도 직업의 특성상 늘 죽음과 거절을 접하면서 살고 있었다. 암 병동에선 죽음을 목격하는 일이 비일비재하고 연구비를 따내고 논문을 게재하려면 끊임없이 노력해야 했다.

다음 상담에는 피터의 아내도 함께 왔다. 아내는 피터가 쉴 새 없이 잔소리를 해 댄다고 설명했다. 옷 입는 취향이나 아이들 키우는 방식, 독서 습관, 지적 능력, 만나는 친구들까지 사사건건 비난한다고 했다. 집에서 보내는 시간은 거의 없고 서로 감정을 나누는 일은 아예 없·

었다. 피터는 워낙 중요한 의무를 맡고 있고 툭하면 폭발해 버려, 식구들은 항상 피터 주변을 살금살금 조심스레 지나다녔다. 피터의 아내는 그가 완전히 다른 사람이 되지 않는 한 헤어져 새 인생을 시작할 것이라고 이미 마음을 정한 상태였다. 아내가 그 말을 할 때, 나는 처음으로 피터의 얼굴에 또렷하게 떠오른 괴로움을 읽을 수 있었다. 피터는 나와 아내에게 이 문제를 해결하고 싶다고 분명하게 말했다.

다음 상담 시간에, 나는 피터에게 편안하게 몸의 긴장을 풀고 눈을 감아 보라고 했다. 그리고 내면에 집중하면서 그의 자기 중에서 핵심이 되는 부분, 아내가 발견한 그 자기를 향해 그토록 무자비한 평가를 멈추면 무슨 일이 벌어질까 봐 염려되는지 물어보라고 했다. 30초 정도 흐른 뒤, 피터는 자기 자신에게 말하라니 바보가 된 기분이라고 답했다. 이어 뉴에이지식 속임수 같은 건 별로 시도해 보고 싶지 않고, 나를 찾아온 건 '실증적으로 검증된 치료'를 받기 위해서라고 이야기했다. 나는 나 역시 경험을 토대로 한 치료를 중요하게 생각하는 사람이며, 이 방법도 그중 하나라고 안심시켰다. 피터는 1분가량 침묵을 지키더니, 작은 소리로 말했다. "상처받을 것 같아서요." 나는 비판적인 자기에게 그 말이 무슨 뜻인지 물어보라고 했다. 피터는 눈을 꼭 감고서 대답했다. "남을 비판하면, 상대방은 감히 내게 상처 줄 생각을 못 합니다. 완벽한 사람이 되면 누구도 비판할 수 없어요." 나는 피터에게 그 자기에게 상처와 굴욕으로부터 지켜 줘서 고맙다고 말해 보라고 했다. 그는 다시 침묵에 빠졌고, 나는 피터의 어깨에서 긴장이 풀리고 호흡이 더 느리고 깊어진 것을 확인했다.

피터는 내게 자신의 거만한 태도가 동료들이나 학생들과의 관계에 영향을 주고 있다는 사실을 잘 안다고 이야기했다. 직원회의 시간이면 외로움을 느끼며, 그 시간이 정말 싫고, 병원에서 파티라도 열리면 불편하다고 했다. 나는 사람들을 겁먹게 만드는 건 그의 화난 자기

인데, 변화를 주고 싶으냐고 물었다. 피터는 그렇다고 대답했다. 내가 화내는 자기가 몸 어디에 위치해 있는지 느껴 보라고 하자 피터는 가슴 중앙이라고 대답했다. 내면에 계속 집중하면서 그 부분에 어떤 느낌이 드는지 보라고 하자, 피터는 무섭다고 했다.

나는 계속 그 부분에 집중해 보라고 한 뒤, 지금은 어떤 기분이 드느냐고 물었다. 피터는 그 부분에 대해 좀 더 알고 싶은 호기심이 든다고 했다. 나는 몇 살이냐고 물었다. 일곱 살이라는 대답이 돌아왔다. 나는 비판적인 자아에게 무엇으로부터 자신을 지키고 있는지 보여 달라고 해 보라고 했다. 기나긴 침묵이 흐른 뒤, 피터는 여전히 눈을 꼭 감은 상태로 내게 어린 시절의 한 장면이 보인다고 이야기했다. 아버지가 어린 남자아이를 두들겨 팼는데 그 아이가 바로 자신이고, 자신은 한쪽 구석에 서서 애가 얼마나 멍청하게 굴었으면 아버지가 저렇게 화났을까, 생각했다고 말했다. 내가 피터에게 상처받은 그 아이에게 어떤 감정이 드느냐고 묻자, 피터는 그 아이를 경멸한다고 대답했다. 어린 피터는 허약하고 칭얼대는 아이였다. 자신을 고압적으로 대하는 아버지에게 아주 살짝 반항하는 모습을 보인 후부터 어쩔 수 없이 굴복하고 착한 아이가 되겠다고 흐느끼며 다짐해야 했다. 배짱도 없고 야심도 없었다. 나는 피터의 비판적인 부분에게 잠시 옆으로 비켜서서 우리가 그 소년에게 무슨 일이 벌어졌는지 볼 수 있게 해 달라고 부탁했다. 그러자 비판하는 자기가 전면에 등장해 온 힘을 다해 소년을 '겁쟁이'니 '계집애 같은 놈'이라고 불러 대기 시작했다. 나는 피터에게 다시 한 번 그 비판하는 자기에게 물러서서 소년에게 말할 기회를 주도록 요청해 보라고 했다. 그러자 피터는 그때까지 하던 모든 노력을 중단하고, 내 진료실에 두 번 다시 발 들일 일은 없을 거라는 말을 내뱉고는 밖으로 나가 버렸다.

하지만 다음 주에 피터는 다시 찾아왔다. 그의 아내가 사전에 경고한 대로 변호사를 찾아가 이혼 신청서를 제출했던 것이다. 절망에 빠진 피터는 더 이상 내가 보았던, 모든 것을 완벽하게 통제하는 의사의 모습이 아니었다. 오히려 여러 면에서 몹시 두려워하고 있었다. 가족을 잃을지도 모르는 상황에 직면하자 정신이 극도로 불안정해져서 최악의 경우 스스로 목숨을 끊어야겠다는 생각을 떠올리고는 그 생각에 위안을 느끼기까지 했다.

우리는 다시 피터의 내면으로 돌아가서, 버림받을까 봐 겁에 질린 부분을 찾아냈다. 피터가 자기에 집중한 상태가 되었을 때 나는 두려움에 떠는 그 소년에게 어깨에 짊어진 짐을 내려놓고 보여 달라고 부탁했다. 처음에는 또다시 소년의 나약함을 경멸하는 반응이 튀어나왔지만, 내가 그 부분을 뒤로 물러서게 해 보라고 요청하자 잠시 후 피터는 부모님과 함께 살던 집에서 방 안에 혼자 서 있는 어린 소년의 이미지를 떠올렸다. 아이는 공포에 사로잡혀 비명을 지르고 있었다. 피터는 몇 분 동안 이 장면을 바라보며 조용히 흐느꼈다. 나는 피터에게 그 아이가 피터에게 말하고 싶은 걸 전부 다 말했느냐고 물었다. 아니라는 대답이 돌아온 뒤, 다른 장면들이 떠오른다고 했다. 문 앞으로 달려나가서 아버지를 끌어안던 장면, 엄마 말을 듣지 않았다고 뺨을 맞던 장면이 이어졌다.

이 과정 중에 피터는 한 번씩 생각을 멈추고는 왜 자신의 부모가 그렇게밖에 할 수 없었는지 내게 설명하고 홀로코스트 생존자이기 때문이라고 이야기했다. 나는 다시 그에게 보호하려는 자기가 소년의 고통을 보지 못하게 방해하고 있다는 사실을 떠올리도록 한 뒤, 그 방어하는 부분들에게 잠시만 다른 공간에 가 있도록 요청해 보라고 했다. 그렇게 피터는 다시 아이의 슬픔으로 되돌아갈 수 있었다.

나는 피터에게 소년을 향해 얼마나 괴로운 일을 겪었는지 이제 다 이해한다는 말을 해 주라고 했다. 피터는 오랫동안 슬픈 얼굴로 침묵한 채 앉아 있었다. 나는 다시 피터에게 소년을 아끼고 있다는 마음을 보여 주라고 했다. 몇 번 독려하자 피터는 소년을 안아 주었다. 겉보기에 이토록 무정하고 냉혹한 남자가 어떻게 해야 소년을 아껴 줄 수 있는지 정확히 안다는 사실에 나는 무척 놀랐다.

얼마간 시간이 흐른 뒤, 나는 피터에게 그 장면으로 돌아가 소년을 거기서 꺼내 오라고 했다. 피터는 상상 속에서 다 큰 성인의 모습으로 아버지에게 맞서 이야기했다. "한 번만 더 이 아이를 괴롭히면, 다시 와서 당신을 죽일 겁니다." 그리고 피터는 아이를 데리고 평소 알고 있던 멋진 캠프장에 가서 마음껏 뛰놀 수 있도록 해 준 뒤 그 아이의 모습을 지켜보았다.

피터와 내가 해야 할 일이 여기서 끝난 건 아니었다. 아내가 이혼 요구를 철회하자 피터의 몇 가지 버릇이 되살아나서 우리는 때때로 고립된 그 소년에게 다시 돌아가 피터의 상처 입은 자기가 충분히 관심을 받고 있다는 사실을 느낄 수 있도록 노력했다. 특히 가정에서나 직장에서 피터가 뭔가 상처를 입었다고 느꼈을 때 더욱 그런 노력이 필요했다. 내면 가족 체계 치료에서는 쫓겨난 부분이 다시 건강을 회복하도록 돌봐 주는 이 과정을 '부담 덜기' 단계라고 칭한다. 한때 가차 없이 냉정하기만 했던 피터 내면의 비판적인 자기는 부담을 한 가지씩 내려놓을 때마다, 판사가 아닌 멘토에 가까운 모습으로 아주 조금씩 변모해 갔다. 그리고 피터는 가족들, 동료들과의 관계도 바로잡기 시작했다. 머리를 팽팽하게 조이던 두통도 사라졌다.

어느 날 피터는 내게, 성인이 된 뒤에는 늘 과거를 잊어버리려고 노력하며 살았다고 털어놓았다. 그리고 과거에서 벗어나려면 과거와 더 가까워져야 하니 얼마나 역설적인 일이냐고 이야기했다.

18장

틈새 메우기:
새로운 구조 만들기

> 우리 세대의 가장 위대한 발견은, 마음가짐을 바꾸면 삶을 바꿀 수 있다는 사실을 알아낸 것이다.
>
> 윌리엄 제임스

> 다른 무언가가 보이는 것이 아니라, 다르게 보는 것이다 관점이 새로워지자 공간을 보는 행위에도 변화가 생겼다.
>
> 카를 융

내면의 텅 빈 공간을 들여다보는 일도 트라우마 기억을 처리하는 한 과정이지만, 차원이 완전히 다른 일이다. 누구도 원치 않고, 보고 싶어 하지도 않고 진실을 말할 기회가 주어지지 않아 생겨 버린 영혼의 구멍과 마주하는 일이기 때문이다. 환한 안색을 전혀 볼 수 없는 환자들은 사랑받고 누군가가 아껴 주는 감정이 어떤 것인지 잘 알지 못한다. 비밀과 두려움으로 가득 찬, 이해할 수 없는 세계에 살고 있는 사람이 자신이 그동안 무엇을 감내하며 살아 왔는지 말로 표현하기란 거의 불가능하다. 자신의 존재를 원치 않고 무시하는 환경에서 성장하면 행위 주체 의식, 자기 존중감과 같은 본능적 감각이 발달할 가능성은 아주 낮다.

주디스 허먼, 크리스 페리와 함께 진행했던 연구에서(9장 참고),

나는 어릴 때 거부당한 사람들이나 자라면서 함께 있으면 안전하다는 기분을 느낀 사람을 한 명도 만나 보지 못한 사람들은 보편적인 심리 치료로는 도움을 얻지 못한다는 사실을 알 수 있었다. 도움이 되려면 무엇보다 누군가 자신을 신경 써 주던 오래전의 기억을 끄집어낼 수 있어야 하는데, 이들에겐 끄집어낼 기억이 없기 때문이다.

치료에 누구보다 열심히 참여하고 자기 생각을 분명하게 전달하는 환자들 중에도 그런 경우가 있었다. 이들은 치료받기 위해 힘들게 노력하고 개인적으로나 직업상 큰 성공을 거둔 후에도 극심한 우울증에 시달리고, 전혀 돌봐 주지 않던 어머니나 마치 태어나지 말았어야 했다는 듯 자신을 대하던 아버지가 남긴 파괴적인 흔적을 내면에서 지우지 못한다. 나는 이들을 보면서 결국 마음의 지도를 완전히 새로 만들어야 삶이 근본적으로 변화할 수 있다는 사실을 분명히 알 수 있었다. 하지만 어떻게 해야 할까? 생애 초기에 경험하지 못한 느낌을 가슴 깊이 느끼게 하려면 어떻게 도와주어야 할까?

1994년 6월 어느 날, 나는 암석이 즐비한 매사추세츠 해안 지역인 비벌리의 어느 작은 대학에서 열린 '미국신체정신치료학회' 창립 협의회에 참여했다가 그 해답의 실마리를 발견했다. 아이러니하게도 그날 나는 주류 정신의학계를 대표하여 뇌 스캔으로 마음의 상태를 시각화하는 방법에 대해 이야기해 달라는 요청을 받고 그 자리에 앉아 있었다. 회의 당일, 나는 로비에 들어서자마자 모닝커피를 마시려고 모여 있는 참석자들을 보면서 그동안 흔히 봐 왔던 정신 약물이나 심리 치료 분야 사람들과 전혀 다른 분위기를 느낄 수 있었다. 서로 이야기를 나누는 방식이나 자세, 몸짓에는 생명력과 상대방에 대한 관심이 묻어 나왔다. 감정 조율의 핵심인 신체적인 상호 작용이 여실히 드러난 것이다.

그곳에서 나는 마사 그레이엄 무용단에서 무용수로 활동했던 앨버트 페소Albert Pesso와 대화를 나누었다. 70대 초반의 나이지만 다부진 몸매를 가진 사람으로, 풍성한 눈썹 밑에서 친절함과 자신감이 물씬 풍겨져 나왔다. 페소는 내게 사람들이 가장 중요한 신체적 자기와의 관계에 근본적인 변화를 가져올 방법을 찾았다고 이야기했다. 그에게선 함께 있는 사람에게 전염될 만큼 뜨거운 열정이 느껴졌다. 하지만 나는 의문스러운 생각도 버릴 수 없었다. 그래서 편도체의 기본적인 상태도 바꿀 수 있다고 확신하느냐고 물었다. 그러자 페소는 자신이 말한 방법이 과학적으로 검증된 적이 없다는 사실에도 불구하고 전혀 당황하는 기색 없이 '할 수 있다'고 자신 있게 대답했다.

페소는 '페소 보이든 정신 운동 시스템PBSP 치료'[1]에 관한 워크숍을 준비하고 있으니 내게도 참석해 보라고 초대했다. 그와 이야기를 마치고 시작된 그날 협의회에서 페소는 아주 생소한 형태의 그룹 치료를 선보였다. 페소는 낸시라는 이름의 여성과 키 작은 의자에 마주보고 앉아서, 낸시를 '주인공'이라고 칭했다. 다른 참가자들은 두 사람 주변에 방석을 깔고 앉았다. 페소는 낸시에게 무엇 때문에 괴로운지 이야기해 달라고 했다. 낸시가 간간히 말을 멈출 때면 페소는 자신이 목격한 내용을 '증언'했다. "아버지가 가족들을 버린 이야기를 할 때 당신의 온몸에서 기운이 다 빠지는군요"와 같은 말이었다. 나는 페소가 상대의 자세와 얼굴 표정, 목소리 톤, 시선, 비언어적인 감정 표현을 굉장히 주의 깊게 따라가며 읽어 내는 것을 보고 깊은 인상을 받았다(정신 운동 치료psychomotor therapy에서는 이 과정을 '미세 추적microtracking'이라고 부른다).

페소가 '증언'할 때마다 낸시는 누군가 자신을 보고 사실을 입증해 준다는 점에 위안을 느꼈는지, 얼굴과 몸이 한결 편안해졌다. 조용히 끼어드는 페소의 말들이 낸시에게 용기를 주고 계속해서 더 자세히 이야기할 수 있도록 해 주는 것 같았다. 낸시가 울기 시작하자, 페소는 그토록 큰 고통을 누구든 혼자 견뎌서는 안 된다고 말하고, 낸시에게 옆에 같이 앉아 있어 줄 사람이 필요하면 선택해도 좋다고 이야기했다(그 대상을 '접촉자'라고 칭했다). 낸시는 고개를 끄덕이고 방 안에 있는 사람들을 조심스럽게 살펴본 뒤 다정하게 생긴 중년 여성을 가리켰다. 페소는 낸시에게 접촉자가 어디에 앉았으면 좋겠냐고 물어보았다. "여기에요." 낸시는 확고한 말투로 자기 바로 오른쪽에 놓여 있던 방석을 가리켰다.

나는 깜짝 놀랐다. 인간은 자신과 공간의 관계를 우뇌로 처리한다. 내가 직접 참여했던 신경 영상 연구에서도 트라우마의 흔적은 주로 우측 반구에 남는 것으로 나타났다(3장 참고). 배려, 거부, 무관심 같은 감정은 모두 얼굴 표정과 목소리 톤, 신체의 움직임을 통해 전해진다. 최근 발표된 연구 결과에서는 사람과 사람의 의사소통은 최대 90퍼센트 정도 우반구가 담당하는 비언어적 방식을 통해 이루어진다고 했다.[2] 이와 같은 사실이 페소의 그룹 치료에서 확인된 것 같다는 생각이 들었다. 워크숍이 계속 진행되는 동안 나는 낸시가 곁에 앉은 접촉자로부터 고통스러운 경험을 간신히 끄집어낼 힘을 얻는 것을 보고 감명받았다.[3]

그러나 페소의 워크숍에서 접한 가장 새롭고 놀라운 접근 방식은 바로 '장면'을 만들어 내는 과정이었다. 페소는 이것을 주인공의 과거를 이루는 '구조'라고 설명했다. 주인공의 이야기가 전해진 후 참가자들은 주인공의 부모님이나 식구들처럼 주인공의 삶에서 중요한 의미를 갖는 사람들을 한 명씩 맡았다. 주인공의 내적 세계를 3차원 공간에 형상화시키는 것이다. 이와 함께 어떤 참가자들에게는 모두가 바라는 이상적인 부모의 역할이 주어졌다. 이들은 과거 중요한 순간에 주인공이 실제로는 보지 못했던 부모, 즉 주인공을 지지하고 사랑해 주고 보호해 주는 부모의 모습을 대변했다. 주인공은 이 연극의 연출가가 되어 한 번도 경험해 보지 못한 과거의 장면을 만들어 나간다. 상상해 낸 시나리오에 따라 장면을 형상화하자 신체적·정신적으로 위안을 얻은 주인공의 모습이 생생히 나타났다. 수십 년이 지난 후에도 이와 같은 방식으로 주인공의 마음과 뇌에 맨 처음 새겨진 두려움, 방치된 기분 속에 안전하고 안락한 기분을 불어넣을 수 있는 것일까?

페소의 접근 방식에서 희망을 발견하고 큰 흥미를 느낀 나는 뉴햄프셔 남부의 어느 언덕 정상에 자리한 농가에서 열린다는 그의 워크숍에 반드시 가겠노라 약속했다. 워크숍에 참석한 날, 오래된 떡갈나무 밑에서 점심을 먹은 뒤 페소는 내게 붉은색 참나무 판자로 만든 헛간으로 같이 가자고 했다. '구조' 형성 과정을 위해 스튜디오로 꾸민 공간이었다. 그곳에서 페소는 나에 대한 '구조'를 형성해 보자고 제안했다. 당시 나는 심리분석 분야에 몸담은 지 수년이 지난 후라 나 자신에 관한 중요한 무언가가 새삼 드러나리라곤 생각하지 않았다. 40대에 한 분야의 전문가로 활동하며 잘 정착해서 살고 부모님 두 분 모두 나름대로 괜찮은 노후 생활을 보내려고 노력하던 시기였다. 그때까지 부모님이 내게 큰 영향을 주고 있으리라곤 전혀 생각하지 않았다.

역할을 맡아 줄 사람들이 없었으므로 페소는 스튜디오 안에 있는 물건이나 가구를 골라서 그것을 아버지로 생각해 보라고 했다. 나는 거대한 검은색 가죽 소파를 골랐다. 페소에게 그 소파를 세로로 길게 세워 달라고 한 뒤 2.5미터 정도 거리를 두고 정면에서 약간 왼쪽에 섰다. 어머니도 방 안에 함께 있었으면 좋겠냐고 묻는 말에 나는 세로로 세운 소파와 높이가 비슷하고 다소 묵직해 보이는 램프를 골랐다. 상담이 이어지면서 그 공간은 내 인생에 중요한 의미가 있는 사람들로 하나둘 채워졌다. 나와 가장 친한 친구는 내 오른쪽에 놓인 티슈 상자로, 아내는 그 친구 바로 옆에 놓은 작은 베개로, 내 아이들 둘은 더 작은 베개 두 개로 정했다.

잠시 후 나는 나의 내적 세계를 주변 물체들에 투영하기 시작했다. 커다랗고 시커먼, 위협적인 물체 두 개가 부모님이고 자그마한 물건들은 내 아내와 아이들, 친구가 되어 줄지어 앉아 있었다. 그런데 나를 경악하게 만든 일이 벌어졌다. 어린 시절, 도덕적으로 극히 엄격하고 완고하던 부모님의 모습이 내적 이미지로 떠오른 것이다. 가슴이 조여 오고 목소리에도 긴장이 묻어난다는 걸 느낄 수 있었다. 공간을 관리하는 나의 뇌가 발견해 낸 부정할 수 없는 사실이었다. 스튜디오 안에 만든 구조가 나의 내적 세계 지도를 시각화할 수 있도록 한 것이다.

페소에게 내가 발견한 사실들을 이야기하자, 그는 고개를 끄덕이며 자신이 나의 관점을 바꿀 수 있도록 허락하겠냐고 물었다. 다시 의구심이 고개를 들었지만, 페소가 좋은 사람인 걸 알고 그의 방식에 호기심도 있었으므로 조금 망설여졌지만 그러라고 했다. 그러자 페소는 나와 소파, 램프 사이로 들어와 내 시야에서 두 물건이 사라지도록 했다. 그 즉시 나는 몸 전체에 깊은 안도감을 느꼈다. 잔뜩 움츠렸던 가슴에 긴장이 풀리고 호흡도 편안해졌다. 바로 그 순간, 나는 페소의 제자가 되기로 결심했다.[4]

다시 만드는 내면의 지도

내적 세계를 3차원 공간에 만든 구조로 형상화하면, 마음이라는 무대 위에서 벌어지는 일을 눈으로 볼 수 있고 과거의 인물들이나 사건에 자신이 어떤 반응을 보였는지 훨씬 더 선명하게 관찰할 수 있다. 인생에서 중요한 사람들을 대신해 줄 존재를 정하고 나면 생각지도 못한 기억과 생각, 감정이 튀어나와서 놀라게 될 것이다. 그러면 자신이 외부 세계에 만든 그 존재들을 이리저리 움직여 보고 내면에 어떤 변화가 일어나는지 시험해 볼 수 있다.

이 구조는 대화를 통해 형성되지만, 심리 운동 치료에서는 과거의 일을 설명하거나 해석하지 않는다. 그 당시 어떤 기분이었는지 다시 느끼고, 그때 보았던 것을 시각화하고, 실제로 그 일이 벌어졌을 때는 하지 못했던 말을 할 수 있게 해 준다. 마치 인생 전 과정을 그린 영화가 방영되고 있는데 뒤로감기를 눌러서 중요한 장면으로 돌아간 후 각본을 다시 쓰는 것과 같다. 아버지로 하여금 어머니를 때리지 못하게 하는 등, 배우들에게 과거에 일어나지 않았던 일을 하도록 지시할 수도 있다. 이렇게 재현된 장면은 강렬한 감정을 불러일으킨다. 예를 들어 방 한쪽 구석에 어머니를 배치하고 두려워서 몸을 잔뜩 웅크리고 있는 모습으로 형상화하면, 어서 어머니를 보호해 주고 싶은 기분과 함께 어린아이였던 자신이 얼마나 무기력한지 깨닫게 된다. 하지만 이상적인 어머니가 등장해 아버지와 당당하게 맞서고 학대하는 남편과의 관계에 꼼짝 못하는 상황을 만들지 않는 장면이 그려지면, 주인공은 가슴 깊이 안도감을 느끼고 오랜 세월 남아 있던 죄책감과 무기력한 기분을 덜 수 있다. 같은 방법으로 어릴 때 자신을 무자비하게 폭행했던 형과 맞서고, 당신(동생)을 보호하고 롤 모델이 되어 줄 이상적인 형의 모습으로 형상화시킬 수도 있다.

감독과 치료사, 주인공을 제외한 다른 그룹 구성원들은 주인공이 그동안 너무 두려워서 혼자서는 탐색하지 못했던 과거를 세세하게 살펴볼 수 있도록 지원한다. 주인공은 그룹의 일원이 되어 안전한 기분을 느끼면 스스로 숨겨 두었던 사실들, 대부분 가장 수치스럽게 생각하는 일들이 떠오른다. 이제 더 이상 숨을 필요가 없다고 느낄 때, 주변에 형성된 구조는 주인공이 느끼는 수치심이 원래 가야 할 자리로, 즉 상처를 주고 어릴 때 무기력한 기분을 느끼게 만들었던 존재에게로 가게끔 유도한다.

안전한 기분을 느끼면 다섯 살 때 아버지에게 꼭 하고 싶었지만 못했던 말을 직접 할 수 있다(또는 아버지를 대신하는 대상에게 말할 수 있다). 또 우울해하고 무서워하던 엄마 역할을 맡은 사람에게 자신이 도와주지 못해서 얼마나 끔찍한 기분이었는지 이야기할 수 있다. 역할을 대체한 사람이나 물건의 위치를 바꾸어 보면 거리감이 달라지고, 그때 내면에 어떤 변화가 생기는지도 살펴볼 수 있다. 주인공이 적극적인 참가자가 되면 가만히 이야기를 전할 때와는 전혀 다른 방식으로 그 장면에 몰입할 수 있다. 주인공이 과거에 겪은 일의 실상을 전할 때 목격자가 함께하면서 주인공의 자세와 얼굴 표정, 목소리 톤의 변화를 알려 준다.

내 경험상, 과거의 일을 현시점에서 신체적으로 다시 경험하며 안전하고 자신을 지지해 주는 존재들로 이루어진 '한정된 공간' 속에서 그 기억을 다시 쓰는 과정은 원래 기억을 보충해 줄 새로운 기억을 만들어 내는 아주 강력한 효과를 발휘한다. 이를 통해 성장 과정에서 겪은 일을 가상의 환경에서 잘 조율되고 다정하고 해를 입지 않도록 보호받는 상황으로 만들 수 있다. 구조 형성은 나쁜 기억을 지우지 않고 안구 운동 민감소실 및 재처리 요법처럼 나쁜 기억의 강도를 약화시키지도 않는다. 대신 원래의 기억을 기본적인 인간의 욕구가 충족되고 사랑받고 보호받고 싶은 갈망이 채워진 기억으로 대체하는 신선한 해결책을 제시한다.

과거와의 재접촉

얼마 전에 내가 캘리포니아 빅서의 에살렌 연구소Esalen Institute에서 개최한 워크숍도 좋은 예가 될 것이다.

　마리아는 늘씬하고 탄탄한 몸매를 가진 40대 중반의 필리핀 여성으로, 워크숍이 시작된 후 이틀 동안 잘 적응하면서 즐거운 시간을 보냈다. 워크숍 첫 이틀 동안은 트라우마의 장기적인 영향을 설명하고 자기 조절 기술을 배우는 과정이 집중적으로 진행됐다. 하지만 주인공으로 나서서 나와 2미터 정도 간격을 두고 방석 위에 앉은 마리아는 겁을 먹고 쓰러질 것 같은 얼굴이었다. 나는 마리아가 주인공을 자처한 주된 이유가 혹시 워크숍에 함께 온 친구들을 기쁘게 해 주고 싶어서가 아니었을까 하는 생각이 들었다.

　나는 마리아에게 내면에서 무슨 일이 벌어지는지 주목하고, 무엇이든 떠오르는 대로 이야기해 달라고 했다. 긴 침묵이 흐른 뒤, 마리아가 입을 열었다. "정말이지 제 몸에선 아무것도 안 느껴져요, 머릿속이 텅 빈 것 같아요." 내면에 긴장이 가득한 것을 느낀 나는 이렇게 말했다. "목격자인 제가 보기에 당신은 머릿속이 텅 비고 주인공을 자원하긴 했는데 아무것도 느껴지지 않아서 걱정하는 것 같군요. 그런가요?" "네, 맞아요!" 마리아가 살짝 안심한 듯한 목소리로 대답했다.

　'목격자' 역할을 맡은 사람은 주인공이 구조를 형성하는 초기 단계부터 참여해 너그럽고 아무런 가치 판단도 내리지 않는 객관적인 관찰자로서 주인공의 감정 상태를 살펴보고 감정이 발생한 배경을 언급한다(내가 마리아에게 "주인공을 자처한 일"이라고 언급한 것처럼). 자신의 감정을 누군가의 귀와 눈으로 확인받으면 점점 안심되고, 이는 트라우마와 버려진 기억과 같은 위험한 내적 영역을 탐구하기 위해 꼭 필요한 바탕이 된다. 신경 영상 연구에서도 사람들은 자기 내면의 상태를 그대로 묘사한 말을 들으면 우측 편도체가 잠깐 활성화되는 것으로 밝혀졌다. 마치 그 말이 정확하다고 강조하는 것과 같은 반응이 나타나는 것이다.

나는 마리아에게 워크숍에서 함께 연습했던 것처럼 호흡에 집중하고, 몸에 어떤 느낌이 드는지 지켜보라고 독려했다. 또다시 긴 침묵이 흐르고, 마리아는 주저하며 이야기를 시작했다. "저는 뭘 하든 항상 두려움을 느껴요. 겁이 나는 것 같진 않은데 늘 저 자신을 몰아세우게 돼요. 지금 여기에 있는 것도 사실 굉장히 힘들어요."

나는 목격한 내용을 이야기했다. "목격자인 제가 보기에, 이 자리에 나오려고 자신을 몰아세워서 아주 불편해하는 것 같군요."

마리아는 고개를 끄덕이고는 등을 조금 곧게 펴고 앉았다. 이해받았다는 기분이 드는 것 같았다. 그러고는 말을 이었다. "저는 우리 가족이 평범하다고 생각하면서 자랐어요. 하지만 아버지는 항상 무섭게 느껴졌어요. 날 보살펴 준다고 느낀 적이 한 번도 없어요. 언니들을 때린 것처럼 절 세게 때린 적은 없지만 전 온몸으로 공포감을 느껴요."

나는 목격자인 내 눈에 아버지 이야기를 할 때 걱정하는 기색이 보인다고 말한 후, 그룹 구성원들 중에서 아버지를 대신해 줄 사람을 선택해 보라고 했다.

마리아는 죽 둘러보고 나서 스콧을 지목했다. 비디오 제작자인 스콧은 자상한 성격에 워크숍 내내 생기 넘치게 생활하면서 다른 사람들을 도와주었다. 내가 스콧에게 대사를 알려 주자 그가 그대로 따라 읊었다. "나는 마리아 당신이 어릴 때 두려워하던 아버지 역할을 하게 됩니다."(즉흥극은 아니지만, 참가자는 목격자와 주인공이 제시한 말과 지시를 정확하게 행동으로 옮긴다.)

내가 마리아에게 아버지가 있어야 할 위치를 정해 보라고 하자, 그녀는 스콧에게 자신과 3.5미터 정도 간격을 두고 약간 오른쪽에 마주 보고 서 달라고 했다. 그렇게 우리는 차례차례 장면을 형상화하기 시작했다. 사람들과 구조를 만들 때마다 우반구의 기능이 그대로 드러나는 것을 보고 얼마나 놀라는지 모른다. 주인공들은 모두 자기 삶을 표현한 그 구조 속에서 각 인물들이 어디에 위치해야 하는지 정확하게 알고 있다.

또 한 가지 계속해서 나를 놀라게 만든 점은 주인공의 과거 삶에서 중요한 사람의 역할에 대역들이 가상 현실인데도 금세 몰입한다는 사실이다. 역할을 맡은 참가자들은 과거에 그 일을 행한 '당사자가 된 것 같은' 모습을 보인다. 주인공에게는 물론이고 지켜보고 있던 다른 참가자들까지 그렇게 느끼는 경우가 많다. 나는 마리아에게 아버지가 된 대상을 자세하게, 충분히 바라보라고 했다. 마리아는 제자리에 서서 그를 응시했고, 우리는 마리아가 느끼던 공포의 감정이 깊은 연민으로 바뀌는 것을 느낄 수 있었다. 마리아는 눈물을 흘리면서 아버지가 얼마나 힘든 인생을 사셨는지 이야기했다. 제2차 세계 대전 당시 아직 어린아이였던 아버지는 사람들이 참수당하는 모습을 목격하고, 구더기가 들끓는 썩은 생선도 억지로 먹어야만 했다. 구조 형성은 주인공의 깊은 변화를 유도하고, 이는 치유 효과를 얻기 위해 반드시 필요한 요소다. 즉 주인공은 최면에 걸린 것처럼 다소 몽롱한 상태에서 다양한 현실을 한꺼번에 느낄 수 있다. 과거와 현재가 나란히 등장하고, 지금 자신이 성인이란 사실을 인지하면서도 어릴 때의 감정을 느끼며 아버지 등 가해자로 느껴지는 사람에게 분노나 공포의 감정을 표출한다. 동시에 상대를 깊이 신뢰하는 마음과 애정, 분노 등 모든 아이가 부모에게 갈망하는 감정들도 복합적으로 느낀다.

마리아는 어릴 때 부모님과 어떤 관계였는지 이야기를 시작했고, 나는 계속해서 마리아에게서 표출되는 감정을 살폈다. 아버지가 어머니를 대하는 태도는 가혹했다는 설명이 이어졌다. 어머니의 식생활이며 몸매, 집안일을 돌보는 방식에 대해 아버지는 혹독하게 비난했고, 마리아는 언제 아버지가 또 어머니에게 잔소리를 퍼부을지 늘 걱정했다. 어머니는 사랑이 많고 따뜻한 분이라고 묘사했다. 어머니가 안 계셨다면 살아남을 수 없었을 것 같다고도 말했다. 어머니는 아버지에게 가혹한 비난을 받고도 항상 그 자리에서 마리아를 안심시켜 주었다. 어린 마리아는 아버지의 분노로부터 어머니를 보호하고 싶었지만 할 수 있는 일이 아무것도 없었다. "엄마도 엄청나게 무서워하신 것 같아요. 꼼짝없이 갇힌 기분을 느끼실 땐 자식들을 제대로 보호하지 못한다는 느낌도 받았거든요."

나는 지금 이때 엄마를 불러들이는 것이 좋겠다고 제안했다. 마리아는 그룹 사람들을 자세히 살펴보고는 환하게 미소 지으면서 크리스틴에게 엄마 역할을 맡아 달라고 요청했다. 전형적인 북유럽인의 외모에 금발이 눈에 띄는 화가 크리스틴은 정해진 대로 대사를 읊는 것으로 그 역할을 받아들였다. "나는 당신의 엄마를 맡겠습니다. 따뜻하고 사랑이 많은 분이라 엄마가 없었으면 당신은 살아남지 못했을 것입니다. 하지만 엄마는 폭력적인 아버지로부터 당신을 보호하지 못했습니다." 마리아는 크리스틴을 자신의 오른쪽에 아버지보다 더 가까이 앉도록 했다.

나는 마리아에게 크리스틴을 바라보라고 한 뒤 질문했다. "자, 어머니를 바라보니 어떤 변화가 느껴지나요?"

마리아는 화를 내며 대답했다. "아무것도 안 느껴져요."

"목격자인 제가 보기에 당신은 온몸이 굳어서 어머니를 보는군요. 그리고 화가 나서 아무 느낌이 없다고 말합니다." 나는 이렇게 설명했다. 다시 긴 침묵이 흐른 뒤, 나는 다시 질문했다. "지금은 어떻습니까?"

마리아는 더 기운이 빠진 얼굴로 아까와 같은 대답을 했다. "아무것도요."

"엄마에게 하고 싶은 말이 있나요?" 내가 물어보았다.

그러자 마리아가 마침내 말을 꺼냈다. "엄마가 최선을 다했다는 걸 알아요." 잠깐 말을 멈춘 마리아는 잠시 후 이어 갔다. "전 엄마를 지켜 주고 싶었어요." 그리고 흐느껴 울기 시작했다.

　나는 다시 물어보았다. "내면에서 무슨 일이 일어나고 있나요?

　"가슴속에서, 심장이 너무 강하게 고동치고 있어요. 엄마를 생각하니 슬퍼져요. 아버지에게 맞서고 우리를 보호하려고 애쓰면서 엄마가 얼마나 무기력하다고 느꼈을지 이해가 가요. 그래서 그냥 모든 걸 멈춰 버리고 다 괜찮은 것처럼 행동하신 거예요. 마음속으로는 분명히 미칠 지경이었겠죠, 오늘 제 마음도 그래요. 전 엄마에게 말해 주고 싶어요. '엄마, 아버지가 형편없이 굴 때 엄마가 보이는 반응이…… 그때 엄마 얼굴을 보면서 난 넌더리가 났어요. 왜 '저리 꺼져'라고 말하지 않을까 생각했어요. 엄마는 싸우는 방법을 몰라요. 상대방에겐 아주 만만한 사람이죠. 엄마에겐 착하지 않은 부분도 있고 죽어 있는 부분도 있어요. 사실 전 엄마에게 무슨 말을 하고 싶은지 모르겠어요. 나는 엄마가 그냥 좀 달라지길 원해요. 전혀 괜찮지 않은데 그냥 다 받아들이는 것 같은 행동은 옳지 않아요.'"

　나는 마리아에게 전했다. "목격자인 제가 보기에 당신은 엄마가 아버지에게 맞서기를 강렬히 원했었군요."

　잠시 후 마리아는 엄마가 자식들을 데리고 도망가 주길 바랐다고, 그래서 무서운 아버지로부터 자식들을 떼어 놓길 바랐다고 이야기했다.

　나는 다른 사람을 한 명 더 골라 이상적인 엄마 역할을 맡기자고 제안했다. 마리아는 방 안을 둘러본 뒤 치료사이자 무술인인 엘렌을 선택했다. 마리아는 엄마 역할을 맡은 크리스틴 바로 옆에 방석을 놓고 엘렌이 앉도록 한 뒤, 엘렌에게 자신의 어깨에 팔을 두른 자세로 있어 달라고 부탁했다.

　"이상적인 엄마가 아버지에게 무슨 말을 하면 좋을까요?" 내가 질문했다.

"엄마가 이렇게 말했으면 좋겠어요. '그딴 식으로 계속 말하면, 난 떠날 거고 아이들도 데려갈 거야. 가만히 앉아서 그런 헛소리를 듣고 있진 않을 거라고.'"

엘렌이 마리아가 한 말을 그대로 따라 했다.

나는 다시 마리아에게 물었다. "지금은 어떤가요?"

"좋아요. 머리에 약간 압박이 느껴지는데 숨 쉬기가 편해졌어요. 몸이 에너지 넘치는 춤을 살짝 추는 것 같은 기분이에요. 너무 좋아요."

마리아가 대답했다.

"목격자인 제가 보기에, 당신은 엄마가 아버지에게 헛소리를 참지 않고 당신을 그에게서 떼어 놓겠다고 말하는 것을 듣고 아주 기뻐하는군요." 나는 이렇게 이야기했다.

마리아는 다시 흐느끼면서 말했다. "전 안전하고 행복한 소녀가 될 수도 있었어요."

내 시야 저편에서 다른 구성원들 몇 명도 조용히 울고 있는 모습이 보였다. 안전하고 행복하게 자라고 싶은 마음, 그 갈망을 분명 그들도 공감한 것이리라.

얼마 후 나는 이제 마리아의 이상적인 아버지를 불러낼 차례라고 이야기했다. 누가 상상 속에서 이상적인 아버지가 되어 줄 수 있을까 생각하며 둘러보는 마리아의 눈에선 기쁨이 또렷하게 묻어 나왔다. 마리아가 선택한 사람은 대니였다.

나는 대니에게 대사를 알려 주었고, 그는 마리아에게 부드럽게 말했다. "나는 당신의 이상적인 아버지가 됩니다. 당신을 사랑하고 돌보고, 겁주지 않는 아버지입니다."

마리아는 대니에게 왼쪽 가까이에 앉도록 하고는 환하게 웃으며 말했다. "이렇게 좋은 엄마, 아빠가 생겼네요!"

"당신을 챙겨 주는 이상적인 아버지를 보고 기쁘다면 그 즐거움을 마음껏 느끼세요." 내가 이렇게 대답하자, 마리아는 울기 시작했다.

"너무 좋아요." 그러고는 대니의 어깨에 팔을 두르고, 글썽이는 눈으로 바라보며 미소를 지었다. "아빠와 함께 있으면서 아주 편안하다고 느꼈던 때가 기억나요. 지금 이 느낌과 같았어요. 엄마도 제 옆에 왔으면 좋겠어요."

이상적인 부모 두 사람은 그 말을 듣고 마리아 양옆에 더 가까이 붙어 앉아서 마리아를 안아 주었다. 나는 세 사람이 모두 그 경험을 충분히 내면화할 수 있도록 한동안 그대로 두었다.

마무리하면서, 대니가 말했다. "내가 과거에 마리아 당신의 이상적인 아버지였다면, 꼭 지금처럼 당신을 사랑해 주고 내 잔인한 성격 때문에 괴롭히지 않았을 겁니다."

엘렌도 덧붙였다. "내가 이상적인 어머니였다면, 마리아 당신과 나 자신을 위해서 맞서고 당신을 보호하고 당신이 어떤 해도 입지 않도록 했을 거예요."

각 인물들은 마지막 말을 마친 후 역할을 내려놓았고, 다시 자기 자신으로 돌아갔다.

인생 고쳐 쓰기

이상적인 환경에서 성장하는 사람은 아무도 없다. 그런데 무엇이 이상적인 환경인지 어떻게 알 수 있을까? 최근에 친해진 다비드 세르방슈레베르David Servan-Schreiber는, 모든 삶은 제각기 다 힘들다고 말했다. 우리가 확실히 아는 것이라면 자신감과 충분한 역량을 갖춘 어른이 되려면 안정적이고 예측할 수 있는 부모 밑에서 자라는 것이 아주 유리하다는 사실이다. 자신을 보며 기뻐하고 자신이 발견하거나 탐험하는 과정을 즐거워하는 부모, 힘겨운 일을 겪을 때 마음을 정리할 수 있도록 도와주는 부모, 자기 관리와 다른 사람들과의 관계에서 롤 모델이 될 수 있는 부모가 바로 그런 부모다.

그와 같은 조건들이 충족되지 못하면, 나중에 성인이 되어 영향이 나타날 확률이 높다. 무시당하거나 오랫동안 굴욕감을 느끼며 살았던 아이는 자아 존중감이 결여된 사람이 되기 쉽다. 자기주장을 피력하지 못하고 산 아이들은 커서 자립하는 데 어려움을 겪고, 폭력에 희생된 아이들은 어마어마한 분노를 품은 채 그 분노가 폭발하지 않도록 엄청난 에너지를 쏟아부으며 살아가는 경우가 대부분이다.

다른 사람과의 관계에도 문제가 생길 수 있다. 상처받고 결핍을 경험한 나이가 어릴수록 타인의 행동을 자신을 향한 것이라고 곡해할 가능성도 높고, 다른 사람의 힘든 일이나 불안한 감정, 걱정을 이해하는 능력은 더욱 줄어든다. 상대방의 삶도 복잡할 수 있다는 사실을 인정하지 못하면 상대가 하는 모든 일에서 상처받고 실망하게 된다.

앞서 트라우마의 생물학적 특성을 살펴보았던 부분에서 우리는 트라우마나 버려진 기억이 즐거움과 편안함을 느낄 수 있는 원천이나 돌보고 챙겨야 하는 자신의 일부분을 신체와 분리시킬 수 있다는 사실을 확인했다. 자기 몸이 보내는 안전 신호나 경고 신호를 신뢰하지 못하고 몸에서 발생한 혼란스러운 변화에 만성적으로 제압당한 상태로 산다면, 자기 자신도 집처럼 편안하게 느껴지지 않고 그 감정이 확대되면 세상 전체가 편안하지 않다고 느껴진다. 내면의 지도가 트라우마나 학대, 방치를 토대로 형성되고 그 상태가 지속되는 한, 최대한 빨리 다 망각해 버리는 방법을 찾게 되기 쉽다. 새로운 일은 거절당하거나 우스꽝스러운 상황에 처하거나 결핍을 느낄지도 모른다는 두려움 때문에 분명히 실패한다고 확신하고 시도조차 하지 않으려 한다. 이렇게 도전과 실험이 없는 삶은 두려움과 고립감, 결핍감으로 짜인 틀 속에

간히게 만들고, 세계관을 바꿀 수 있는 경험이 찾아오더라도 전혀 반기지 못한다.

이와 같은 이유로 매우 세밀하게 구성된 정신 운동 치료에서 사람들이 접하는 경험은 매우 중요한 기능을 한다. 참가자들은 실제 사람들로 채워진 공간에 자신의 내적 현실을 안전하게 투영할 수 있고, 그 속에서 과거의 불협화음과 혼란을 찬찬히 살펴볼 수 있다. 그러다 보면 구체적으로 무언가를 깨닫는 순간이 찾아온다. '그래, 바로 이거야. 내가 해결해야 했던 문제는 이거였어. 그때 누군가 나를 아끼고 보듬어 주었더라면 지금 이런 기분을 느꼈을 거야.'

구조 속에서 최면에 걸린 듯 세 살 때로 돌아가 누군가에게 소중한 존재가 되고 감각을 통해 보호받는 기분을 경험하면, 사람들은 내적 경험을 고쳐 쓸 수 있다. "거절당하거나 상처 입을까 봐 과도하게 걱정하지 않고 다른 사람들과 자연스럽게 관계를 맺을 수 있어요." 스스로에게 이렇게 말하는 것처럼 말이다.

구조 형성 방식은 우리가 가진 놀라운 상상력의 힘을 십분 활용해, 세상을 살아가는 힘이자 자신의 기능을 좌우하는 내면의 이야기를 바꾸어 놓는다. 참가자들은 발설하면 위험하다고 생각했던 비밀을 적절한 도움을 받아 가며 일종의 고해 신부 역할을 맡은 치료사와 자신을 괴롭히고 배신했던 사람으로 구현된 상상의 인물들에게 털어놓는다.

3차원으로 존재하는 구조의 특성상 숨겨 왔거나 금지되었던, 혹은 두려워했던 일들은 눈에 보이는 구체적인 현실로 탈바꿈한다. 이 점은 앞 장에서 살펴본 내면 가족 체계 치료와 비슷하다. 내면 가족 체계 치료에서는 살아남기 위해 만들어야 했던 내면의 여러 자기들을 불러들여 하나하나 구분하고, 그 부분들과 대화를 나누면서 상처 입지 않은 자기를 탄생시킨다. 반면 구조 형성은 과거에 해결해야 했던 사람이나 사건을 3차원으로 형상화시켜서 실제 겪었던 것과 다른 결과를 얻을 수 있는 기회를 제공한다.

대부분의 사람은 과거에 느낀 아픔과 실망을 다시 느끼는 걸 주저한다. 그래 봐야 참기 힘든 괴로움만 되살아날 것으로 생각하기 때문이다. 하지만 그 과정을 지켜보고 살펴보는 사람들이 존재하면 새로운 현실이 모습을 갖추기 시작한다. 누군가가 전하는 정확한 관찰의 결과는 무시당하고 비난받고 좌절감을 느끼는 것과 전혀 다른 경험을 선사한다. 그저 떠오르는 감정을 그대로 느끼고, 알고 있는 걸 그대로 알고 있어도 된다고 허락받은 기분을 느낄 수 있다. 그리고 이 감정은 새로운 현실을 발견하는 가장 기본적인 토대가 된다.

트라우마는 현재를 바뀌지 않는 과거를 토대로 해석하게 하고 그 상태에서 벗어나지 못하게 만든다. 구조를 형성하면서 다시 만들어 낸 장면은 실제 과거의 장면과 정확히 일치하지 않지만 내적 세계, 즉 내면의 지도와 지금껏 기대어 살면서도 감추어 왔던 내적 규칙의 구조를 보여 준다.

진실을 이야기할 수 있는 용기

최근에 나는 마크라는 스물여섯 살 청년이 구조를 형성하도록 도와주었다. 마크는 열세 살 때 우연히 아버지가 어머니의 여동생인 이모와 폰섹스하는 소리를 듣고 말았다. 혼란스럽고 창피하고 괴로운 감정과 함께 배신감을 느꼈다. 자신이 이 사실을 알고 있다는 사실 자체에 너무 놀란 마크는 아버지에게 그 일을 이야기하려 했지만, 아버지는 격렬히 분노하며 부인했다. 도리어 그런 추잡한 상상으로 가족을 파탄 내려고 한다면서 마크를 나무랐다. 어머니에겐 감히 그 일을 말할 수가 없었다. 이후 가족의 비밀과 위선은 마크가 경험하는 가정생활의 모든 면면을 오염시키고 세상에 믿을 사람은 아무도 없다는 확신을 갖도록 만들었다. 사춘기 시절엔 학교가 끝나면 가까운 농구장 주변을 어슬렁거리거나 방 안에서 텔레비전을 보면서 혼자 시간을 보냈다. 스물한 살 때 어머니가 돌아가셨는데, 마크는 어머니가 상심해서 돌아가신 거라고 내게 설명했다. 아버지는 결국 이모와 결혼했다. 마크는 어머니 장례식과 아버지 결혼식 어느 쪽에도 초대받지 못했다.

마크가 간직한 것 같은 비밀은 몸에 들어온 독소와 같다. 그리고 자기 자신이나 다른 사람 그 누구도 인정하지 못하는 그 현실은 삶 전체의 틀이 되어 버린다. 마크가 그룹 치료를 시작했을 때만 해도 나는 그가 겪은 일들을 전혀 몰랐다. 마크도 정서적으로 거리를 둔 채 참여했고, 자신도 주변의 모든 사람과 짙은 안개로 가로막혀 있는 것처럼 분리된 기분을 느낀다고 인정했다. 잔뜩 굳어서 겉으로 아무런 감정도 드러나지 않는 그의 이면에 무엇이 자리하고 있을지, 나는 상당히 염려됐다.

내가 마크에게 가족 이야기를 해 보라고 권하자, 그는 몇 마디 꺼냈지만 곧 평소보다 훨씬 더 침잠해 버렸다. 나는 '접촉자'를 한 명 선택해서 도움을 받아 보라고 다시 이야기했다. 그는 백발의 리처드를 선택해서 바로 옆에 어깨가 서로 닿도록 앉아 달라고 했다. 그런 뒤 이야기를 시작했다. 마크의 아버지 역할을 맡은 조에게는 3미터쯤 거리를 두고 정면에 앉도록 하고, 어머니를 맡은 캐롤라인에게는 방구석에 고개를 숙이고 웅크려 앉아 있으라고 했다. 그런 뒤 아만다에게 이모 역할을 맡기고, 팔짱을 끼고 반항적인 자세로 한쪽에 서 있어 달라고 했다. 이모는 남자들 꽁무니나 쫓아다니는 계산적이고 가혹하면서 교활한 인물로 그려졌다.

허리를 꼿꼿이 펴고 앉아 눈을 둥그렇게 뜨고 자신이 구현해 낸 장면을 살펴보는 마크를 보니 짙은 안개는 분명 사라진 것 같았다.

"목격자인 제가 보기에 당신은 처리했어야 하는 일들을 보면서 놀라는 것 같군요." 내가 이야기하자, 마크는 동감한다는 듯 고개를 끄덕이고는 아무 말 없이 한동안 침울하게 앉아 있었다. 그러다 '아버지'를 향해 감정을 터뜨렸다. "이 개자식, 위선자, 당신이 내 인생을 망쳤어!"

나는 마크에게 하고 싶었지만 한 번도 하지 못한 모든 말을 '아버지'에게 하라고 했다. 한참 동안 비난의 말들이 이어졌다. 나는 '아버지'에게 마크가 날린 주먹에 맞고 쓰러진 것처럼 몸을 움직여 보도록 했다. 마크는 자신의 극심한 분노가 통제 불능 상태에 달하면 어쩌나 항상 걱정하면서 살았고, 이 두려움 때문에 학교에서도, 직장에서도, 다른 사람들과의 관계에서도 제대로 적응하지 못했다고 자연스레 이야기를 털어놓았다.

마크가 '아버지'와 맞서는 과정을 거친 뒤, 나는 리처드에게 새로운 역할을 맡도록 하는 게 어떠냐고 제안했다. 이상적인 아버지가 필요한 시점이었다. 나는 리처드에게 마크의 눈을 똑바로 바라보면서 이렇게 말하도록 지시했다. "내가 과거에 마크 당신의 이상적인 아버지였다면, 당신 말에 귀를 기울이고 당신이 추잡한 상상을 했다고 비난하지 않았을 겁니다." 리처드가 이 말을 하자, 마크는 온몸을 떨기 시작했다. "이럴 수가, 그때 아버지를 믿고 제가 무슨 일을 겪고 있는지 말할 수 있었다면 제 인생은 굉장히 달라졌겠죠. 저도 아버지가 '있는' 사람이 될 수 있었어요."

이어서 나는 리처드에게 다음 말을 하도록 했다. "내가 과거에 당신의 이상적인 아버지였다면, 당신이 느낀 분노를 인정했을 겁니다. 그럼 당신은 믿을 수 있는 아버지를 가질 수도 있었겠지요."

마크는 눈에 띄게 편안해졌고, 그렇게 됐다면 모든 것이 달라졌을 거라고 대답했다.

다음으로 마크는 이모 역할을 맡은 사람에게 다가갔다. 그러더니 모두가 깜짝 놀랄 만큼 엄청난 비난의 말을 쏟아 냈다. "당신은 공범이고 창녀야, 우리 뒤통수를 단단히 쳤지. 언니를 배신하고 언니 삶을 망쳐 놨어. 당신이 우리 가족을 다 망가뜨렸다고."

마크는 실컷 쏟아 낸 뒤 흐느끼기 시작했다. 그러고는 자신에게 관심 보이는 여성들을 전부 의심하면서 살았다고 이야기했다. 마크의 구조 형성은 이후 30분 동안 더 이어졌다. 우리는 마크와 함께 새로운 여성이 두 명 더 등장하는 환경을 만들었다. 언니를 배신하지도 않고 이민자 신세라 늘 외롭게 지내던 마크의 가족을 도와주는 이상적인 이모와 남편의 관심을 잃지 않고 가족에 헌신하면서 마음의 상처로 세상을 떠나지 않은 이상적인 어머니가 구현됐다. 구조 형성이 막바지에 이를 무렵, 마크는 만족스러운 미소를 지으며 자신이 만든 장면을 조용히 살펴보고 마무리 지었다.

이후 남은 워크숍 일정 동안 마크는 마음을 열고 그룹에 없어서는 안 될 구성원으로 변모했다. 3개월 뒤, 내게 보낸 이메일에는 그날의 경험이 인생을 바꿔 놓았다는 내용이 담겨 있었다. 처음으로 여자 친구도 사귀게 되어 얼마 전부터 같이 살고 있다고 했다. 동거하기로 하면서 처음에는 다소 심각한 갈등도 겪었지만 예전처럼 자신을 방어하느라 입을 꾹 다물지도, 두려워하거나 분노를 폭발하지도 않을 뿐만 아니라, 그녀가 자신을 속이려 든다고 확신하는 대신 여자 친구 입장에서 상황을 볼 줄 알게 되었다고 설명했다. 여자 친구와 뜻이 맞지 않는 일이 생겨도 잘 견디고 스스로 처신할 수 있게 되었다는 사실이 아주 놀랍다고 이야기했다. 그리고 나서 지금 열심히 만들어 가는 이 커다란 변화를 곁에서 도와줄 수 있는 치료사가 필요하니 지금 사는 곳과 가까이 있는 사람으로 추천해 달라고 부탁했다. 다행히 내 동료가 그곳 가까이 살고 있어서 그를 소개해 주었다.

고통스러운 기억의 해독제

정신 운동 치료의 구조 형성 과정은 13장에서 설명한 노상강도 모델링 프로그램과 마찬가지로 괴로운 과거의 현실과 함께 나란히 기억하며 살아갈 수 있는 가상의 기억이 형성될 가능성을 열어 줌으로써, 누군가 나를 바라보는 느낌과 보듬어 주고 지지해 주는 감각 경험을 제공해 상처받고 배신당한 기억의 해독제가 될 수 있도록 한다. 변하기 위해서는 트라우마로 인해 굳어 버렸거나 깜짝 놀라 공황 상태로 굳어 버린 정적인 감정 상태와 완전히 다른 현실을 가슴 깊이, 친숙하게 느낄 수 있어야 한다. 또 기존의 감정 상태를 안전함, 장악력, 즐거움, 유대감에서 비롯된 감정으로 대체할 수 있어야 한다. 안구 운동 민감소실 및 재처리에 관한 장에서 살펴보았듯이 수면 중에 꾸는 꿈은 하루 중에 좌절했던 일들이 지금까지 해 온 삶에 포괄되도록 엮어서 연계시킨다. 정신 운동 치료에서 만들어 가는 구조는 꿈과 달리 물리학의 법칙을 따르지만, 과거의 일을 다시 엮어 준다는 점은 동일하다.

물론 이미 일어난 일은 되돌릴 수 없다. 그러나 원래의 기억을 진정시키고 그 기억과 맞설 만큼 강렬하고 현실감 있는 정서적 시나리오를 새로 만들어 낼 수 있다. 구조 형성 과정에서 환자들을 치유하는 장면들은 많은 환자가 한 번도 믿어 본 적 없는 일, 즉 세상 속에서 환영받고 함께 즐거워하고, 자신을 보호해 주고, 자신의 욕구를 충족시켜 주고, 편안한 기분을 느끼게 해 주는 사람들을 만나는 일이 충분히 가능하다는 사실을 깨닫게 해 준다.

19장

뇌 회로의 재연결: 뉴로피드백

전기의 도움을 받으면, 물질로 이루어진 세상이 거대한 신경이 되어 눈 깜짝할 사이 수천 마일 진동할 수 있다. 이것은 과연 사실일까, 아니면 내가 꿈을 꾼 걸까?

너대니얼 호손Nathaniel Hawthorne

자꾸만 산만해지는 정신을 자발적으로 다잡을 수 있는 능력은 판단력과 성격, 의지를 만드는 깊은 뿌리가 된다.

윌리엄 제임스

나는 의과대학에 진학한 첫해 여름방학을 보스턴주립병원에서 에른스트 하트만Ernest Hartmann이 운영하던 수면연구소에서 파트타임 연구보조로 일하면서 보냈다. 연구 참가자들을 대기시키고 관리하면서 참가자들의 뇌파EEG, 즉 뇌전도 또는 뇌파를 분석하는 일이 주어졌다. 참가자들이 저녁 무렵에 연구소에 도착하면, 나는 이들의 두피에 전선을 연결하고 꿈을 꾸는 동안 급속 안구 운동(렘수면) 단계에 진입했는지 알 수 있도록 양쪽 눈 주변에도 여러 개의 전극을 부착했다. 그런 다음 잘 자라는 인사를 건네고, 참가자가 잠자리에 들도록 한 뒤 뇌파 기록계를 작동시켰다. 32개의 펜이 달린 거대한 기록계가 참가자의 뇌 활성 상태를 연이어 흘러나오는 종이 위에 기록했다.

참가자들은 금방 잠이 들었지만 뇌 속에서는 뉴런들이 아주 정신 없는 광란의 커뮤니케이션을 이어 갔다. 그 내용은 밤새도록 뇌파 기록계를 통해 전해졌다. 나는 편안한 자세로 앉아서 라디오로 야구 중계를 들으며 전날 밤 연구에서 나온 뇌파를 자세히 살펴보기도 하고 경기 점수에 귀 기울이느라 잠깐씩 하던 일을 멈추기도 하면서 밤을 지새웠다. 그러다 뇌파 기록계에 피험자가 렘수면 단계에 진입했다는 사실이 전해지면 방과 연결된 인터폰을 울려 피험자의 잠을 깨웠다. 피험자가 깨어나면 방금 전까지 무슨 꿈을 꾸고 있었느냐고 물어보고 기록해 두었다. 아침이 되면 피험자들이 간밤의 수면이 질적으로 어떠했는지 묻는 질문지를 작성하도록 도와주고 돌려보냈다.

하트만의 연구소에서 고요하게 흘러간 그 시간들은 렘수면에 관한 수많은 사실을 밝혀내고 수면 단계에 관한 기본적인 정보를 파악하는 데 큰 공헌을 했다. 앞서 15장에서 설명한 중요한 발견들도 이 정보들 덕분에 얻을 수 있었다. 그러나 뇌파를 통해 뇌의 전기적 활성이 정신의학적 문제에 어떤 영향을 주는지 좀 더 구체적으로 파악할 수 있으리란 오랜 염원은 거의 실현되지 못하다가 최근에 들어서야 성과가 나타나기 시작했다.

뇌 전기 회로의 구조

약리학 분야에서 혁신적 변화가 시작되기 전에는 뇌 활성이 화학적 신호와 전기적 신호 모두에 의존한다는 생각이 일반적이었다. 이후 약리학이 지배하는 시대가 열리자 수십 년 동안 뇌의 전기 생리학적 특성에 관한 관심이 뚝 끊겼다.

뇌의 전기 활성은 1924년, 독일의 정신의학자 한스 베르거^{Hans} Berger를 통해 처음으로 기록됐다. 의학계에서는 이 새로운 기술에 의구심을 제기하고 비웃었다. 그러나 뇌파는 간질 환자의 발작 활성을 진단하는 데 없어서는 안 되는 도구로 점차 자리 잡기 시작했다. 베르거는 정신적 활동이 달라지면 뇌파의 패턴이 각기 다르게 나타난다는 사실을 발견했다(예를 들어 수학 문제를 푸는 동안에는 주파수가 다소 빠른 뇌파인 베타파가 급격히 증가한다). 정신의학적인 다양한 문제들을 뇌파의 각기 다른 변칙성과 과학적인 상관관계로 해석할 수 있는 날이 오기를 기대한 베르거의 소망은 1938년 '행동 장애 어린이들'의 뇌파 패턴에 관한 연구 결과가 처음 보고되면서 성취될 가능성이 한층 증대됐다.[1] 이 연구에서 대부분 과잉행동과 충동성을 보이던 아이들은 전두엽에서 정상 수준보다 느린 뇌파가 감지됐다. 이후 셀 수 없이 많은 연구를 통해 결과가 재차 확인되었고, 2013년 미국식품의약국은 전전두엽에서 나타나는 느린 뇌파가 주의력결핍 과잉행동 장애^{ADHD}의 생물학적 지표라는 사실을 증명했다. 전두엽에서 전기적 활성이 느리게 나타나는 현상을 보면 ADHD 아동들의 실행 기능이 왜 떨어지는지 이해할 수 있다. 즉 이 아이들의 이성적 뇌가 정서적 뇌를 적절히 통제하지 못하는 것이다. 학대와 트라우마를 경험한 경우에도 정서적 뇌가 위험에 관한 과잉 경계 태세에 돌입해 싸우거나 도주할 계획을 세우면서 이와 같은 현상이 나타난다.

나 역시 정신의학 분야에 몸담기 시작한 초반부터 뇌파를 토대로 더 나은 진단을 내릴 수 있기를 희망했다. 1980년부터 1990년 사이에는 정서적인 불안정이 신경학적 이상에서 기인한 것은 아닌지 알아보고자 내가 치료하던 많은 환자에게 뇌파 검사를 받도록 했다. 검사 결과는 늘 비슷한 소견과 함께 내게 전달됐다. "측두엽에 비특이적인 이상 소견 확인됨."[2] 하지만 이 결과로는 내가 파악할 수 있는 사실이 극히 적었다. 약물을 이용하면 애매하게 나타나는 뇌 패턴에 변화를 일으킬 수 있다는 사실이 알려져 있었지만 효과보다 부작용이 더 많았기에 나는 환자들마다 뇌파 검사를 받도록 하던 절차를 중단했다.

그러다 2000년이 되어 친구인 알렉산더 맥팔레인과 동료 연구자들이 (호주 애들레이드에서 활동하던 학자들이었다) 실시한 연구 결과가 내 호기심에 다시 불을 지폈다. 이들은 트라우마를 경험한 피험자들과 '평범한' 호주 사람들 사이에서 뇌의 정보 처리에 뚜렷한 차이가 나타났다고 밝혔다. 연구진은 '양자극 방안'이라 불리는 표준화된 검사법을 활용해, 피험자들에게 서로 관련 있는 물건들의 이미지를 연달아 보여 주고 그중에서 어울리지 않는 물건을 골라내도록 했다(가령 다양한 테이블과 의자 이미지 속에 트럼펫 이미지가 섞여 있었다). 트라우마와 관련된 이미지는 전혀 제시하지 않았다.

일반인 그룹의 뇌에서는 주된 영역들이 협력하여 이미지를 여과하고 집중하고 분석하는 일관된 패턴이 나타났다(537쪽 사진 중 왼쪽). 반면 트라우마를 경험한 피험자들은 뇌파끼리 서로 협응이 제대로 이루어지지 않았으며, 일정한 패턴이 나오지 않은 것으로 보아 협력이 이루어지지 못했다는 사실을 알 수 있었다. 특히 이들은 무관한 정보를 걸러 내 주어진 과제에 집중할 수 있도록 도와주는 뇌파가 발생하지 않았다(상향 곡선의 형태를 나타내는 뇌파로, N200이라 불린다). 또한 뇌에서 정보 처리가 이루어지고 있음을 나타내는 뇌파도 선명하게 나타나지 않았다(하향 최저점에 해당하는 뇌파로 P300이라 불린다). 이 뇌파의 깊이를 보면 새로운 정보를 얼마나 잘 받아들이고 분석할 수 있는지 알 수 있다. 트라우마를 경험한 사람들이 트라우마와 무관한 정보를 처리할 때 나타나는 뇌파의 특성과 트라우마 경험이 일상적인 정보에 얼마나 심각한 영향을 주는지 밝혔다는 점에서 매우 중요한 사실을 알게 된 연구였다. 이와 같은 뇌파 특성을 보면 왜 트라우마를 겪은 사

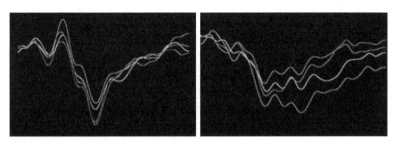

일반인과 외상 후 스트레스 장애 환자의 뇌파에서 나타난 집중력 패턴
정보가 주어지고 수 밀리초가 지난 후부터 뇌는 주어진 정보의 의미를 체계화하기 시작한다. 일반적인 경우, 뇌의 모든 영역이 협력하여 일체화된 패턴이 나타난다(왼쪽). 반면 외상 후 스트레스 장애 환자들의 경우, 협응 수준이 크게 떨어지고, 무관한 정보를 잘 걸러 내지 못하거나 주어진 자극에 제대로 집중하지 못한다.

람들이 대부분 경험에서 교훈을 얻지 못하고 일상생활에 완전히 집중하지 못하는지 알 수 있었다. 이들의 뇌는 지금 현재 일어나는 일에 주의를 기울일 수 있도록 체계화되지 않은 상태다.

알렉산더 맥팔레인의 연구 결과를 보면서 나는 피에르 자네가 1889년에 했던 말을 떠올렸다. "트라우마 스트레스란 현재를 충분히 살아가지 못하는 질병이다." 그로부터 몇 년 뒤, 나는 이라크 전쟁에서 군인들이 겪은 일들을 그린 영화 <허트 로커The Hurt Locker>를 보자마자 맥팔레인의 연구를 떠올렸다. 이 영화에서 군인들은 극도의 스트레스를 받지만 그 스트레스를 이겨 내는 동안에는 빈틈없이 집중력을 발휘하며 임무를 수행했다. 그러나 일상생활로 돌아오자, 슈퍼마켓에서 마주친 아주 사소한 선택의 순간 앞에서도 감당 못할 어려움을 느꼈다. 미국에서는 실제로 전쟁에서 돌아온 수많은 전투 군인들이 '제대군인원호법'의 지원을 받아 대학에 진학하지만 학위를 끝까지 취득하지 못하는 비율이 굉장히 높다는 사실을 통계 자료로 확인할 수 있다(일부 통계에서는 진학 후 졸업하지 못한 군인들의 비율을 80퍼센트 이상으로 추정한다). 참전 군인의 집중력과 주의력에 문제가 있다는 사실은 이미 충분한 근거로 밝혀졌고, 그 점이 이 같은 통계 결과에 영향을 준 것은 분명해 보인다.

맥팔레인의 연구에서 외상 후 스트레스 장애 환자의 집중력과 주의력 결핍 문제와 관련 가능성이 있는 기전이 밝혀졌지만, 동시에 너무나 새로운 해결 과제도 제기됐다. 기능 장애와 연관된 이 뇌파 패턴을 바꿀 수 있는 방법이 있을까? 나는 7년 지나서야 그 방법이 있을지도 모른다는 사실을 알게 되었다.

2007년, 애착 장애 아동들에 관한 회의에서 나는 세번 피셔Sebern Fisher를 만났다. 정신적으로 심각한 혼란을 겪는 청소년들을 관리하는 입원 치료 센터에서 임상 책임자로 일한 경력이 있는 세번은 이후 개인 병원을 운영하면서 10년째 뉴로피드백(뇌파 신경 치료)을 활용해 왔다고 설명하면서, 열 살짜리 환자가 치료받기 전후에 그린 그림을 내게 보여 주었다. 극심한 분노 발작, 학습 장애와 함께 자율성이 거의 형성되지 않아 학교생활에서 주어지는 일들을 제대로 따라가지 못하던 아이였다.[3]

이 아이가 치료를 시작하기 전에 그린 가족 초상화는 발달 단계를 기준으로 보면 세 살짜리 수준이었다(540쪽 그림 참고). 하지만 5주일이 채 안 되는 동안 뉴로피드백을 20회 받은 뒤 분노 발작이 줄고 그림 실력도 정교성 면에서 크게 개선됐다. 10주일 뒤, 치료가 20회 추가로 실시된 후에는 그림이 훨씬 더 정교해지고 행동도 정상 수준으로 개선됐다.

그토록 짧은 기간에 그만큼 극적인 정신적 기능 변화를 가져온 치료는 한 번도 접한 적이 없었다. 그래서 세번이 치료 과정을 내게 시연해 보일 수 있다고 제안하자, 나는 얼른 그 제안을 받아들였다.

뇌의 조화 상태를 눈으로 확인하다

내가 매사추세츠주 노샘프턴에 위치한 자신의 병원을 방문한 날, 세번은 데스크톱 컴퓨터 두 대와 작은 전기신호 증폭기 한 대로 구성된 뉴로피드백 장비와 그동안 수집한 데이터를 일부 보여 주었다. 그러고는 장치와 연결된 전극을 내 두개골 양쪽에 하나씩 부착하고 다른 전극 하나를 오른쪽 귀에 붙였다. 얼마 후 내가 보고 있던 컴퓨터 화면에 30년 전 수면연구소에서 본 데이터와 똑같이 생긴 뇌파가 나타났다. 자그마한 세번의 노트북은 내 뇌 속에서 이루어지는 전기적인 조화 상태를 100만 달러는 줘야 구입할 수 있었던 과거 하트먼 연구소

(1) 치료 시작 전에 그린 그림

(2) 20회 치료 후에 그린 그림

(3) 40회 치료 후에 그린 그림

막대기처럼 생긴 모양에서 명확한 사람의 모습으로

열 살짜리 한 소년이 그린 가족의 초상화 수준은 4개월간 뉴로피드백을 받은 후 정신적
발달 단계 기준으로 6년에 해당하는 발전을 거두었다.

의 장치보다 더 빠르고 정확하게 감지하고 기록해서 보여 주었다.

세번은 뉴로피드백이란 뇌의 기능, 즉 마음의 흐름과 역류가 반영된 진동과 리듬이 그대로 다시 뇌에 피드백으로 전해지는 치료라고 설명했다. 이 피드백은 뇌에서 일부 주파수는 더 만들어지고 어떤 주파수는 덜 만들어지도록 자극하여 새로운 뇌파 패턴을 형성함으로써 자연스럽게 복합성이 증가하도록 유도하고 자기 통제력이 갖추어지는 방향으로 나아가도록 조정한다.[4] "내면에 갇혀 있던 뇌의 진동 특성을 자유롭게 풀어 주고 새로운 특성이 형성되도록 할 수 있다"는 것이 그녀의 설명이었다.

세번은 피드백 신호가 몇 가지 선택된 뇌파 패턴은 강화시키고 다른 몇 가지 패턴은 약화시킬 수 있도록 장치 설정을 조정하여 '보상과 저해 주파수를 설정'할 수 있다고 했다. 실제로 그렇게 하자, 내 눈 앞에는 각기 다른 색깔의 우주선이 등장하는 비디오 게임 같은 화면이 나타났다. 컴퓨터에서는 불규칙한 신호음이 나오고 우주선들도 이리저리 무작위로 움직였다. 조금 뒤 나는 눈을 깜빡이면 그 움직임이 보이지 않고, 가만히 화면을 응시하면 모든 우주선이 동시에 움직이고 규칙적인 신호음이 발생한다는 사실을 알아챘다. 세번은 내게 녹색 우주선이 다른 우주선들을 앞질러 나가도록 해 보라고 말했다. 나는 몸을 앞으로 숙인 채 집중했지만, 애를 쓰면 쓸수록 녹색 우주선은 자꾸만 뒤처졌다. 세번은 미소를 지으면서 마음을 편안하게 하고 뇌가 컴퓨터에서 나오는 피드백 신호를 받아들이면 훨씬 더 쉽다고 설명했다. 그래서 나는 일단 자리에 앉았다. 잠시 후 신호음이 점차 안정적으로 들리더니 녹색 우주선이 맨 앞으로 나서기 시작했다. 나는 침착하게 집중했다. 마침내 내가 정한 우주선이 우승했다.

뉴로피드백은 몇 가지 면에서 다른 사람과 마주 보고 대화하면서 상대방 얼굴을 쳐다보는 것과 비슷하다. 상대방에게서 미소나 살짝 고개를 끄덕이는 반응이 나타나면 보상받은 기분을 느끼고 하던 이야기를 계속하거나 자신의 생각을 분명히 밝힐 수 있다. 그러나 대화하는 동안 상대방이 지루해 보이거나 시선이 여기저기 옮겨 다니면, 하던 이야기를 중단하거나 화제를 바꾸게 된다. 뉴로피드백에서 미소 대신 신호음이나 화면에 나타난 움직임이 보상 역할을 하고, 상대방의 찡그린 얼굴보다는 훨씬 더 중립적인 요소, 즉 원치 않는 뇌파 패턴이 저해하는 역할을 한다.

세번은 뉴로피드백의 또 다른 특징을 이어서 설명해 주었다. 바로 뇌 특정 부분의 회로를 추적할 수 있는 기능이었다. 내 관자놀이 양쪽에 붙어 있던 전극을 왼쪽 눈썹 부위에 옮겨서 붙이자, 신경이 날카로워지고 집중력이 높아지는 변화가 느껴졌다. 보상 역할을 하는 베타파를 내 전두엽에 보냈기 때문에 각성 상태가 된 것이다. 다시 전극을 정수리에 옮겨 붙이자 이번에는 컴퓨터에 떠오른 이미지와 내가 분리되고 몸의 감각이 더 명확히 느껴졌다. 나중에 세번은 정신 상태와 신체 감각이 이처럼 미묘하게 바뀌는 경험을 하는 동안 내 뇌파의 변화가 기록된 요약 그래프를 보여 주었다.

그렇다면 이 뉴로피드백은 트라우마 치료에 어떤 도움을 줄 수 있을까? 세번은 이렇게 설명했다. "뉴로피드백을 이용해서, 두려움이 지속되거나 공포, 수치심, 분노의 특성을 강화시키는 뇌 회로에 끼어들수 있을 겁니다."

트라우마 사건을 겪고 그 이후 뇌에 습관적으로 형성되는 패턴을 바꾸려면 환자의 도움이 필요하다. 두려움의 패턴이 약화되면 걸핏하면 자동으로 스트레스 반응을 나타내던 뇌도 회복되고 평범한 일들에 더 많이 집중할 수 있다. 스트레스는 환자가 겪은 사건에 내재된 특성도 아니고, 그저 사건을 우리가 어떻게 분류하고 반응하느냐에 따라 나타난 결과다. 뉴로피드백은 뇌를 안정화시키고 회복력을 증대시켜서 자신이 택할 수 있는 여러 가지 반응 방식을 떠올릴 수 있게 해 준다.

뉴로피드백의 탄생

2007년 당시 뉴로피드백은 신기술이 아니었다. 1950년대 초 시카고대학교 심리학 교수로 재직 중이던 조 카미야Joe Kamiya는 내적 지각 현상을 연구하던 중, 휴식과 관련된 알파파가 뇌에서 나올 때 그 사실을 스스로 인지할 수 있도록 피드백을 통해 학습할 수 있다는 사실을 알게 되었다(일부 피험자를 대상으로 시험한 결과 겨우 4일 만에 100퍼센트 정확하게 인지했다). 이어 카미야는 간단한 소리 신호에 반응하여 자발적으로 알파파 상태에 진입할 수 있다는 것을 증명해 보였다.

카미야의 연구 성과는 1968년 『사이콜로지 투데이Psychology Today』라는 유명 잡지에 게재됐다. 알파파를 훈련시켜 스트레스를 낮추고 스트레스와 관련된 증상들을 완화시킬 수 있다는 생각은 널리 알려졌다.[5] 뉴로피드백이 병리적 상태에 영향을 줄 수 있다는 사실을 과학적으로 처음 밝힌 사람은 UCLA의 배리 스터먼Barry Sterman이다. 미국 항공우주국은 스터먼에게 로켓에 사용되는 연료이자 환각 증상, 구토, 발작을 일으키는 물질로 알려진 모노메틸하이드라진monomethylhydrazine의 독성을 연구해 달라고 요청했다. 스터먼은 과거 고양이를 대상으로 한 실험에서 감각 운동 리듬으로 알려진 특정한 뇌파 주파수를 고양이가 직접 만들어 내도록 훈련시킨 적이 있었다(고양이들이 먹이를 기다리면서 정신이 또렷하고 집중한 상태가 되면 이 주파수가 나타난다). 스터먼은 평범한 실험용 고양이들은 모노메틸하이드라진에 노출되면 발작이 나타나지만 예전에 뉴로피드백 훈련을 받았던 고양이들은 그렇지 않다는 사실을 발견했다. 그 훈련이 뇌를 안정시킨 것 같았다.

1971년, 스터먼은 첫 번째 신체 실험 대상자인 스물세 살 여성 메리 페어뱅크스Mary Fairbanks를 뉴로피드백 장비와 연결시켰다. 여덟 살 때부터 간질을 앓았던 메리는 한 달에 두 번 이상 대발작이 나타나 괴로워하고 있었다. 메리는 일주일에 두 번, 하루 한 시간씩 뉴로피드백을 받았다. 그리고 3개월 뒤, 발작에서 거의 완전히 해방됐다. 스터먼은 미국 국립 보건원으로부터 보다 체계적인 연구를 수행할 수 있는 지원금을 받았고, 1978년 학술지 『간질Epilepsia』에 아주 놀라운 결과를 발표했다.[6]

인간의 마음에 관한 실험과 엄청난 잠재력을 꿈꿨던 이 같은 연구들은 1970년대 중반, 정신 질환 약물이 새로이 발견되면서 자취를 감추었다. 정신의학계와 뇌 과학 분야는 마음과 뇌를 화학적으로 설명하는 모델을 채택했고, 다른 치료법들은 저 뒤로 밀려났다.

이후 뉴로피드백 분야는 성장과 정체를 반복했다. 과학적인 토대가 된 연구들은 대부분 유럽과 러시아, 호주에서 이루어졌다. 미국에는 뉴로피드백을 실시하는 의사가 약 1만 명에 이르지만, 더욱 폭넓게 알려지기 위해서는 연구가 필요하다. 그러나 이 치료법에는 연구비를 신청해도 거의 받지 못한다. 수많은 치료 장비가 경쟁을 벌이는 것도 뉴로피드백이 널리 확산되지 못한 이유 중 하나일 것이다. 상업적인 잠재성이 제한적이라는 사실도 이유가 될 수 있다. 보험 혜택을 받을 수 있는 경우도 일부에 국한되어 소비자들은 값비싼 치료법으로 여길 수밖에 없고, 결국 이 치료를 실시하는 의사들은 연구에 필요한 자원을 충분히 모으기가 힘들다.

노숙자에서 간호사로

세번은 당시 치료 중이던 환자 세 명과 내가 이야기를 나눌 수 있도록 자리를 마련해 주었다. 모두 인상적인 이야기를 들려주었지만, 가까운 대학에서 간호학을 공부하고 있다고 소개한 스물일곱 살 리사를 통해 나는 이 치료에 잠재된 엄청난 효과를 제대로 깨달았다. 리사는 다른 사람의 마음을 끄는 매력을 지녔는데, 이 요소는 인간의 회복력에 긍정적으로 가장 큰 영향을 줄 수 있는 장점이라고 할 수 있다. 다른 사람과의 관계나 일에 열심히 집중하고 호기심이 풍부하며 지적 수준도 높았다. 대화를 나눌 때는 눈을 바라보고 교감하면서 자신이 알게 된 사실을 어떻게든 잘 전해 주려고 노력했다. 이 모든 장점들 중에서도 특히 두드러진 점은 내가 만난 수많은 트라우마 희생자들에게서 확인된 재능이기도 한, 유머 감각이 아주 뛰어나고 인간의 어리석은 면을 기가 막히게 꼬집어 낼 줄 아는 능력이었다.

나는 리사가 과거에 어떤 시간을 보냈는지 알고 있었기에 그토록 평온하고 침착한 사람이 된 건 기적 같은 일이란 생각이 들었다. 집단 수용 시설과 정신 병원에서 몇 년 보냈을 뿐만 아니라, 처방받은 약을 과용하거나 자기 손으로 만든 상처 때문에 피투성이가 된 채 반쯤 죽은 상태로 구급차에 실려 응급실에 간 일이 비일비재해서 매사추세츠 서부 지역에 응급실이 어디어디 있는지 다 꿰고 있을 정도였다.

리사는 이렇게 이야기를 시작했다. "부모님 중에 누가 술에 취하면 무슨 일이 벌어지는지 예상하던 친구들이 있었는데, 전 그 친구들이 참 부러웠어요. 최소한 무슨 난리가 벌어질지 미리 알고 있다는 이야기니까요. 우리 집에선 정해진 패턴이 없었어요. 저녁을 먹거나, 텔레비전을 보거나, 학교에 갔다가 집에 돌아왔을 때, 혹은 옷을 갈아입을 때 등 엄마가 갑자기 폭발해 버리는 이유는 끝도 없었거든요. 엄마가 뭘 할 건지, 내게 어떻게 상처를 줄지 전 절대로 예측할 수가 없었어요. 완전히 무작위로 일어났으니까요."

리사의 아버지는 세 살 때 가족을 떠났고, 그 바람에 리사는 정신 병을 앓는 엄마에게 속수무책으로 당해야 했다. 리사가 견뎌야 했던 그 폭행은 '고문'으로 표현해도 전혀 지나치지 않을 정도였다. "전 다락방에서 살았어요. 같은 층에 방이 하나 더 있었는데 전 소변이 마려우면 그 방에 가서 카펫 위에다 볼일을 봤어요. 화장실은 아래층에 있었는데 너무 겁나서 내려갈 수가 없었거든요. 인형이란 인형의 옷을 다 벗긴 다음 속에 연필을 가득 채워서 창가에 올려놨어요."

열두 살 때, 리사는 집에서 나와 달아났다가 경찰관에게 발견되어 집으로 돌려보내졌다. 다시 집을 나가자 아동보호국이 개입해 6년을 정신 병원이며 쉼터, 집단 수용 시설, 입양 가정, 거리에서 전전하며 보냈다. 어느 곳에서도 진득하게 머물 수가 없었다. 자신을 돌봐 주는 사람들을 극도로 두려워해 해리 증상이 나타나고 자기 파괴적인 행동을 일삼았기 때문이다. 자기 몸을 공격하거나 가구를 망가뜨려 놓고는 자신이 무슨 짓을 했는지 기억하지 못하는 일도 있었다. 그래서 아주 교묘한 거짓말쟁이라는 오명까지 써야 했다. 그 당시 일을 회상하며 리사가 내게 들려주던 그때 자신이 어떤 상태였는지 설명할 말을 찾기 힘들어하는 것이 느껴졌다.

열여덟 살이 되자 리사는 아동보호국의 관리 대상에서 벗어나는 '성숙한 연령'으로 분류되어, 가족도 없고 교육도 받지 못하고 돈도 기술도 없는 상태로 홀로 세상에 나왔다. 그녀는 보호 대상자 신분에서 풀려나자마자 뉴로피드백 장비를 갓 마련한 세번에게로 달려왔다. 리사를 본 세번은 예전에 일했던 입원 치료 시설에서 만난 소녀라는 걸 기억해 냈다. 그 갈 곳 없는 소녀가 어떤 문제를 겪고 있는지 잘 알고 있던 세번은 리사에게 신형 장치로 치료를 받아 보라고 권했다.

세번은 그때의 일을 이렇게 전해 주었다. "리사가 처음 제게 왔을 때는 가을이었어요. 텅 빈 눈으로, 어디서 얻었는지 호박 하나를 손에 들고 서성거렸죠. 과연 내가 저 아이에게서 체계적인 자기를 끌어낼 수 있을지 확신할 수 없었어요."

면담 치료는 어떤 형태가 됐건 적용할 수가 없었다. 세번이 조금이라도 스트레스를 느낄 만한 질문을 던지면 리사는 속으로 침잠해 버리거나 공황 상태가 되어 버렸기 때문이다. 리사는 당시 상황을 이렇게 설명했다. "자라면서 제가 무슨 일을 겪었는지 이야기하려고 할 때마다 정신이 와르르 무너져 버렸어요. 제 몸을 칼로 그어 버리거나 화상을 입혀야 겨우 정신을 차릴 수 있었죠. 아무것도 먹을 수 없었고 잠도 잘 수 없었어요."

리사는 모든 것에 두려움을 느꼈다. "전 항상 겁이 나 있었어요. 누가 건드리는 것도 싫었죠. 늘 조마조마하고 신경이 곤두서 있었어요. 다른 사람이 곁에 있으면 눈을 감을 수도 없었고요. 눈을 감자마자 제게 다가와서 발로 차 버릴 거라는 확신을 떨칠 수가 없었거든요. 미칠 노릇이었죠. 진심으로 믿는 사람과 같은 공간에 있고, 분명히 그 사람이 제게 아무 짓도 안 할 거라는 걸 알고 있는데 생각만 그럴 뿐 온몸을 편안히 쉬지 못하는 상태였어요. 누가 제 몸에 팔이라도 휙 두르면, 전 꼼짝없이 굳어 버렸어요." 피할 수 없는 충격에 빠진 상태에 갇혀 버린 것이다.

리사는 아주 어린 시절에 해리 증상을 겪었던 일을 기억해 냈다. 사춘기에 접어들면서 상태는 더 악화됐다. "정신을 차리면 몸에서 베인 상처가 발견되는 일들이 생겼어요. 학교 사람들은 절 각기 다른 이름으로 부르기 시작했고요. 남자 친구도 한 명을 꾸준히 사귈 수가 없었어요. 해리 상태에서 어떤 아이와 만나기로 하고는 나중에 기억을 못 했거든요. 정신을 완전히 잃는 일이 허다하고, 전혀 모르는 낯선 상황에서 갑자기 눈을 뜨곤 했어요."

중증 트라우마 환자들에게서 많이 나타나는 현상처럼, 리사는 거울에 비친 자기 모습을 보고도 자신인지 알아보지 못했다.[7] 자기를 지속적으로 느끼지 못하면 어떤 상태가 되는지 리사처럼 명확하게 묘사하는 사람은 그전까지 한 번도 만나지 못했다.

리사가 겪는 현실을 확인해 줄 수 있는 사람은 아무도 없었다. "열일곱 살 때 전 중증 정신 장애 청소년들이 모여 사는 수용 시설에서 살았어요. 그곳에서 전 깡통 뚜껑으로 몸을 아주 심하게 그어 버렸죠. 사람들이 절 응급실로 데려갔지만, 전 무슨 물건으로 몸을 그었는지 의사에게 말을 할 수가 없었어요. 아무런 기억도 나지 않았거든요. 그날 만난 응급실 의사는 해리성 정체성 장애라는 병은 없다고 확신하는 분이었죠. (…) 정신 건강과 관련된 일을 하는 많은 사람이 그렇게 생각해요. 그 병에 걸리지 않았다고 하는 게 아니라, 그런 병 자체가 없다고 하는 거죠."

입원 치료 프로그램에 참여하지 않아도 되는 나이가 되자마자 리사는 제일 먼저 먹던 약부터 끊었다. "약물 효과가 모든 사람에게 나타나는 건 아니에요. 하지만 개개인에 따라 약물 치료가 도움이 될 수도 있어요. 약이 필요한 사람들이 있다는 건 잘 알지만, 저에겐 해당되지 않는 일이었어요. 약 복용을 중단하고 뉴로피드백을 받기 시작하면서 전 훨씬 더 정신이 또렷해졌거든요."

리사는 세번이 뉴로피드백을 실시한 첫 번째 해리 환자여서, 세번은 처음 리사에게 그 치료를 받아 보라고 권하면서도 어떤 결과가 나올지 거의 예상할 수 없었다. 두 사람은 일주일에 두 번씩 만나 뇌의 공포 중추인 우측 전두엽에 보다 일정한 뇌파 패턴이 나타나도록 [주파수]보상을 강화하기 시작했다. 몇 주일 뒤, 리사는 자신이 사람들 사이에 있어도 예전만큼 초조해하지 않고 건물 지하실에 있는 세탁실에 갈 때도 무섭지 않다는 사실을 깨달았다. 해리 증상도 사라졌다. "제 머릿속에선 늘 아주 낮은 소리로 누군가 이야기하는 소리가 들렸어요. 혹시 조현병이 아닌지 겁날 정도였죠. 그런데 뉴로피드백을 시작하고 반년이 지나자 그 소음이 들리지 않았어요. 통합이 이루어진 게 아닐까 싶어요. 모든 것이 하나로 정리된 것 같았어요."

자기를 점차 연속적으로 인지하기 시작하면서, 리사는 자신의 경험을 이야기할 수 있게 되었다. "이제는 어린 시절 이야기도 할 수 있어요. 태어나서 처음으로 치료를 '받을 수 있는' 상태가 된 거예요. 그전까지는 과거의 일과 적당한 거리를 둘 줄도 몰랐고 마음을 차분히 가라앉히지도 못했어요. 어떤 일을 한창 겪고 있을 때는 그 일에 대해 이야기하기 힘들죠. 의사에게 치료받을 때도 어떤 종류의 관계든 필요한 만큼 가까워지지 못했고 필요한 만큼 제 마음을 열지도 못했었죠."

아주 놀라운 발견이었다. 많은 환자가 치료를 받다가 그만두고 다시 받는 일을 반복하는데, 이는 아직 문제의 '한복판'에 머물러 있는 상태라 그 일과 현재 사이에 의미 있는 연결을 형성하지 못하기 때문이다. 자기 자신이 누구인지 모르는 상태에서는 주변 사람들의 현실을 보지 못하는 것이 당연하다.

리사는 계속 말을 이어 갔다. "애착 관계를 형성하려고 할 때면 엄청난 불안감이 찾아왔어요. 어디든 공간에 들어가면 어떻게 다시 나올 수 있을까, 가능한 모든 방법을 떠올리려 하고 함께 있는 상대방에 대한 세세한 사항을 전부 떠올렸어요. 내게 상처가 될 수 있는 건 어떻게든 찾아내려고 애썼다고나 할까요. 하지만 이제는 사람들을 전혀 다른 방식으로 바라봐요. 상대방을 겁먹은 상태로 기억하지 않게 되었어요. 상처받을 수도 있다는 걱정을 하지 않게 되니 상대방을 다른 눈으로 볼 수 있게 되더군요."

이렇게 똑 부러지게 설명하던 젊은 여성은 끝없이 깊은 절망과 혼란 속에서 빠져나오는 데 성공했다. 그리고 내가 그 누구에게서도 본 적 없는 뛰어난 명료함과 집중력을 갖춘 사람으로 변모했다. 트라우마 센터에서 뉴로피드백의 가능성을 좀 더 연구해 봐야 할 이유를 그 이상 더 확실히 확인할 수는 없을 것 같았다.

뉴로피드백을 시작하다

우리 트라우마센터에서 맨 처음 해야 할 일은 다섯 가지 뉴로피드백 장비 중에서 어떤 것을 활용할지 정하는 일이었다. 그리하여 우리는 각 시스템의 원리와 치료 방식을 익히며 기나긴 주말을 보냈다.[8] 센터 직원 여덟 명과 훈련 담당자 세 명이 뇌파와 전극, 컴퓨터로 만들어 내는 피드백 신호 같은 복잡한 문제를 탐구하는 일에 자발적으로 참여했다. 뉴로피드백 훈련이 시작되고 두 번째 날 아침, 나는 파트너로서 같이 훈련받던 동료 마이클의 머리 우측 감각 운동 띠 바로 위쪽에 전극을 붙이고 11헤르츠에서 14헤르츠 사이의 보상 주파수를 공급했다. 모의 치료가 끝난 직후, 마이클은 그룹 전체에 잠깐 주목해 달라고 말했다. 사람들이 모이자, 그는 아주 놀라운 경험을 했다고 말했다. 그리고 다른 사람과 함께 있으면 늘 신경이 곤두서고 무엇 때문인지 안심하지 못하고 나를 포함한 친한 동료들과 같이 있어도 마찬가지였다고 털어놓았다. 누구도 그런 사실을 눈치채지 못하고, 무엇보다 저명한 의사로 알려진 마이클이 그런 상태일 거라곤 아무도 생각지 않았다. 하지만 정작 자신은 만성적으로 위험을 느끼고 두려워하며 신경이 갉아먹히는 기분으로 살아야 했다는 것이다. 마이클은 뉴로피드백을 받은 후 바로 그 기분이 사라졌으며, 안전하고 편안한 기분과 함께 마음이 활짝 열린 것 같은 기분이 든다고 이야기했다. 이후 마이클은 자신이 통찰한 내용이나 의견을 동료들 사이에서 강하게 피력하지 못하고 습관적으로 저자세를 유지하던 태도에서 벗어나, 3년에 걸쳐 우리 센터에 뉴로피드백 프로그램을 발전시키는 데 누구보다 큰 공헌을 했다.

우리 연구진은 ANS 재단의 지원을 받아 다른 치료들에 반응을 보이지 않았던 환자 17명을 대상으로 첫 번째 연구에 돌입했다. 우리가 치료 부위로 정한 곳은 뇌 우측 전두엽으로, 과거 우리 센터가 실시한 뇌 영상 연구에서 (3장 참고)[9] 트라우마 스트레스를 느끼는 동안 과도하게 활성화되는 곳으로 확인된 부위였다. 우리는 10주간 뉴로피드백을 총 20회 실시했다.

환자들 대부분이 감정 인지 불능증에 시달리고 있었기 때문에 치료 효과가 어떤지 의견을 제대로 듣기가 힘들었다. 대신 이들의 행동이 결과를 전해 주었다. 환자들은 일관되게 약속한 치료 시간에 맞춰서 오기 시작했고, 심지어 폭풍우가 심해 힘들게 운전해야 하는 날에도 지각이나 결석은 없었다. 치료를 중도에 포기한 사람도 없었다. 20회로 정해진 치료가 종료된 후, 우리는 이들의 외상 후 스트레스 장애 평가 지수도 향상되고[10] 대인 관계에서 느끼는 편안함, 정서적인 균형감, 자기 인식 수준도 크게 개선된 사실을 확인할 수 있었다.[11] 환자들은 제정신이 아닌 상태에 빠지는 경우도 줄고, 잠도 더 잘 자고 기분이 평온하고 집중력이 높아지는 느낌이 든다고 했다.

이렇게 환자가 직접 보고하는 결과는 어느 경우건 신뢰성이 떨어질 수 있다. 따라서 치료가 얼마나 효과를 발휘했는지는 행동의 객관적인 변화로 훨씬 더 정확하게 확인할 수 있다. 내가 뉴로피드백을 적용했던 첫 번째 환자가 그 좋은 예가 될 것이다. 50대 초반의 전문직 종사자인 이 남성 환자는 자신이 이성애자라고 생각하고 있었지만, 버림받고 사람들이 자신을 이해해 주지 않는다고 느낄 때마다 충동적으로 동성과 성관계를 맺는 습관이 있었다. 이 문제 때문에 결혼 생활도 파탄을 맞고, HIV 양성 판정까지 받자 그런 자신의 행동을 제어할 수 있는 방법을 절박하게 찾기 시작했다. 상담에서 그는 여덟 살 무렵 삼촌에게 성적 학대를 당했던 일에 대해 많은 이야기를 했다. 우리는 그가 느끼는 충동이 학대 경험과 관련 있을 것으로 추정했지만, 연관성을 발견했다고 해서 행동에 변화가 생기지는 않았다. 그는 1년 넘게 유능한 의사를 찾아 심리 치료를 꾸준히 받았지만 아무것도 바뀌지 않았다고 했다.

나는 이 남성의 우측 측두엽에 느린 뇌파가 형성되도록 뇌 훈련을 받기로 했다. 그리고 훈련을 시작한 지 일주일 뒤, 그는 새로 사귄 여자 친구와 다투고 우울해졌지만 충동적인 섹스로 기분을 푸는 대신 낚시를 다녀왔다고 전했다. 그때만 해도 나는 치료 효과가 나타났다고는 생각하지 않았다. 하지만 이후 10주일 동안 그는 여자 친구와 계속 시끌벅적한 충돌을 겪으면서도 계속 낚시로 위안을 얻었고, 호숫가 오두막을 개조하는 작업도 시작했다. 그러다 우리 센터의 휴가 기간이 되어 3주일 동안 뉴로피드백을 건너뛰자 충동성이 느닷없이 되돌아왔다. 아직까지 그의 뇌가 새로운 패턴에 안정적으로 적응하지 못했다는 의미였다. 우리는 6개월 더 훈련을 지속했고, 4년이 흐른 지금, 나는 6개월에 한 번씩 그와 만나 상태를 확인하지만 그는 이제 더 이상 위험한 성적 충동을 느끼지 않는다.

이 남성의 뇌가 어떻게 충동적인 성적 행동 대신 낚시에서 위안을 얻을 수 있게 되었을까? 현시점에서는 그 답을 알 수 없다. 뉴로피드백은 뇌의 연결 패턴에 변화를 일으킨다. 그리고 마음은 새로 형성된 패턴을 따른다.

느린 파부터 빠른 파까지, 뇌파의 기본 특성

뇌파에서 각각의 선은 뇌의 각기 다른 부분에서 일어난 활성을 나타낸다. 느린 파부터 빠른 파까지, 다양한 리듬이 혼합되어 선을 형성한다.[12] 뇌파는 높이(진폭)와 파장(주파수)으로 구성된다. 주파수는 1초 동안 하나의 파형이 상승했다가 떨어진 횟수를 헤르츠[Hz] 단위로 표현하거나 1초 동안 나타난 사이클[cps]로 표현한다. 뇌파 상에서 나타나는 모든 주파수는 트라우마를 이해하고 치료하는 과정과 관련이 있으며, 이 주파수의 기본적인 특성은 이해하기가 비교적 쉽다.

주파수가 가장 느린(2~5Hz) 델타파는 대부분 잠을 자는 동안 나타난다. 이때 뇌는 한가한 상태에 머물러 있고 마음은 내면을 향한다. 깨어 있는 동안 이 같은 느린 파의 활성이 지나치게 높은 사람들은 머릿속이 뿌연 기분을 느끼고 판단력과 충동을 제어하는 능력이 떨어진다. 주의력결핍 과잉행동 장애 진단을 받은 어린이의 80퍼센트, 외상후 스트레스 장애 환자 중 많은 수가 전두엽에서 느린 파가 과도한 활성을 보이는 특징이 있다.

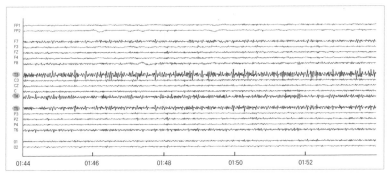

뇌파(EEG)
외상 후 스트레스 장애 환자들에게서 전형적으로 나타나는 특성은 없으나, 트라우마를 경험한 많은 사람이 측두엽의 활성이 급격히 증가하는 것으로 알려져 왔다. 위 그래프도 마찬가지다(T₃, T₄, T₅). 뉴로피드백은 이와 같은 비정상적인 뇌의 패턴을 정상화하여 감정의 안정도를 높인다.

뇌파의 발화율과 각성 상태의 관계

꿈을 꾸면 뇌파의 속도가 상승한다. 세타파(5~8Hz)는 잠든 상태와 깨어 있는 상태의 경계, 즉 15장에서 설명한 안구 운동 민감소실 및 재처리 요법의 '비몽사몽' 상태에서 주로 나타난다. 최면에 걸린 가수 상태도 이 세타파의 영향으로 나타난다. 세타파는 생각이 논리나 일상적인 삶의 요구에 억제되지 않도록 만들어서 새로운 연계성을 발견하고 연상 관계가 형성될 수 있는 가능성을 열어 준다. 알파/세타 훈련은 외상 후 스트레스 장애 치료에 가장 효과가 높은 뉴로피드백으로 알려져 있는데, 이 훈련에서는 바로 이 특성을 이용하여 환자의 굳어 버린 연상 관계를 느슨하게 풀고 새로운 학습이 가능하도록 유도한다. 그런데 이 세타파는 우리가 지쳐 있거나 우울할 때도 발생한다.

알파파(8~12Hz)는 평화와 평온함을 느낄 때 발생한다.[13] 마음챙김 명상을 배워 본 사람이라면 아마 이 뇌파에 대해 많이 들어 봤을 것이다(어떤 환자는 내게 뉴로피드백으로 '스테로이드를 맞은 상태에서 명상을 하는 것 같은 효과'를 느꼈다고 설명했다). 알파파 훈련은 지나치게 정신이 멍하거나 극도로 불안해하는 사람들에게 내가 가장 많이 활용하는 치료법이다. 나는 이 훈련을 통해 사람들이 편안하게 이완된 상태로 집중할 수 있도록 유도한다. '월터 리드 국립 군인의료센터'에서는 최근 외상 후 스트레스 장애 진단을 받은 군인들의 치료에 활용하고자 알파파 훈련 장비를 도입했다. 그런데 아쉽게도 이 글을 쓰는 시점에는 치료 결과가 아직 나오지 않았다.

베타파는 주파수가 가장 높다(13~20Hz). 베타파가 우세하면 뇌가 외부 세계를 향한다. 일을 수행하면서 집중력을 유지하도록 해 주는 것이 바로 이 베타파다. 그러나 높은 베타파(20Hz 이상)는 흥분과 불안감, 신체의 긴장을 일으킨다. 그로 인해 주변 환경에 위험 요소가

델타파 4 cps 미만	세타파 4~8 cps	알파파 8~12 cps	SMR 12~15 cps	베타파 15~18 cps	높은 베타파 19 cps 이상
수면	졸린 상태	편안하게 집중 하는 상태	편안하게 생각 하는 상태	적극적으로 생각하는 상태	흥분 상태

우울증, 주의력 결핍
장애, 발작

우울증, 주의력 결핍 장애 증상에 변화
를 유도하고 발작을 완화시키기 위해
서는 뇌가 이 범위에 적응하도록 훈련
한다.

없는지 계속해서 살피게 된다.

집중력 강화 효과

뉴로피드백 훈련은 창의력과 운동 시 제어 능력, 내적 인식을 향상시킬 수 있다. 이미 상당한 성과를 거둔 우수한 사람들도 이 훈련으로 효과를 얻을 수 있다.[14] 우리 연구진은 뉴로피드백 연구를 시작하면서, 보스턴대학교에 이 치료법을 잘 아는 학과는 스포츠의학과가 유일하다는 사실을 알게 됐다. 내가 정신의학 분야에 들어선 초창기에 뇌 생리학을 배웠던 교수님들 중 한 분이셨던 스포츠 심리학자 렌 자이콥스키Len Zaichkowsky는 학생들을 가르치다가 캐나다의 아이스하키 팀 '밴쿠버 캐넉스' 선수들에게 뉴로피드백 훈련을 실시하러 떠났다.[15]

뉴로피드백에 대해서는 정신의학적인 문제보다 경기력 강화 효과를 면밀히 분석한 연구가 더 많이 진행되어 왔다. 이탈리아의 축구팀 AC 밀란은 선수들이 자신들의 경기 장면을 시청하면서 어떤 실수를 저질렀는지 좀 더 편안한 마음으로 볼 수 있도록 하기 위해 뉴로피드백을 활용했다. 선수들의 정신적·생리학적 통제 능력이 향상된 덕분일까, 이 팀의 선수들 중 일부가 참여한 이탈리아 국가대표 팀은 2006년 월드컵에서 우승을 거두는 성과를 올렸다. 이어 AC 밀란은 이듬해 유럽 챔피언십에서도 우승을 거두었다.[16] 캐나다가 2010년 밴쿠버 동계 올림픽을 준비하며 1억 1700만 달러를 들여 5개년 계획으로 마련한 '시상대를 점령하라Own the Podium' 사업에서도 뉴로피드백 훈련이 과학적이고 기술적인 추진 요소 중 하나로 포함됐다. 결국 캐나다는 자국에서 세 번째로 열린 이 동계 올림픽에서 금메달을 가장 많이 휩쓸며 우승을 차지했다.

음악계에서도 뉴로피드백의 효과가 확인됐다. 영국 왕립음악원의 심사위원단은 런던대학교의 존 그루젤리어John Gruzelier로부터 뉴로피드백 훈련을 10회 받은 학생들이 훈련을 받지 않은 학생들보다 음악을 연주할 때 발휘하는 기량이 10퍼센트 향상되었다고 밝혔다. 경쟁이 아주 극심한 분야임을 감안하면 엄청난 차이라 할 수 있다.[17]

무언가에 주목하고, 주의를 기울이고, 집중하는 능력을 향상시키는 뉴로피드백의 효과는 자연히 주의력결핍 과잉행동 장애ADHD 전문가들의 관심을 받았다. 최소 36건의 연구에서 뉴로피드백이 ADHD의 한시적인 치료법으로 효과 있다는 사실이 밝혀졌다. 일반적인 약물 치료와 비슷한 수준의 효과였다.[18] 뇌가 전기적인 커뮤니케이션에서 기존과 다른 패턴을 만들어 내는 것에 일단 익숙해지면 더 이상 치료를 받을 필요가 없다. 반면 약물 치료는 뇌의 기본적인 활성을 바꾸지 못하므로 환자가 약을 먹는 동안에만 효과가 나타난다.

뇌의 어느 부위가 문제일까?

뇌파를 컴퓨터로 세밀하게 분석하는 정량적 뇌파에서는 뇌파의 활성을 1000분의 1초 단위로 추적할 수 있다. 또한 분석용 소프트웨어로 이 활성을 다양한 색깔로 이루어진 지도 형태로 표현해 뇌에서 주파수가 가장 높거나 낮은 부위가 어디인지 시각적으로 나타낼 수 있다.[19] 정량적 뇌파는 뇌의 각 영역이 서로 소통하고 협력하는 수준도 보여 준다. 정량적 뇌파 데이터베이스에는 정상적인 패턴과 비정상적인 패턴을 모두 포함한 방대한 자료가 포함되어 있어서 특정 환자에게서 얻은 정량적 뇌파 결과를 비슷한 문제를 가진 수천 명의 다른 사람들에게서 도출된 결과와 비교해 볼 수 있다. 그에 못지않은 정량적 뇌파의 또 한 가지 장점은 fMRI와 같은 뇌 스캔과 달리 장비 가격이 비교적 저렴하고 휴대도 가능하다는 점이다.

정량적 뇌파를 통해 우리는 현행『정신 질환 진단 및 통계 편람DSM』 진단 분류 방식이 임의대로 질병을 나누었다는 강력한 근거를 얻을 수 있다. DSM의 정신 질환 분류는 뇌의 특정한 활성 패턴과 일치하지 않는다. 혼란스러움, 불안감, 체화되지 않는 기분 등 수많은 진단에 공통적으로 포함되는 정신적 상태는 정량적 뇌파의 특정한 패턴과 관련이 있다. 대체로 환자가 여러 가지 문제를 겪을수록 정량적 뇌파상에 나타나는 비정상적인 패턴도 다양하게 나타난다.[20]

우리가 만나는 환자들은 자신의 뇌에서 전기적 활성이 어느 부위에 어떤 패턴으로 나타나는지 확인하면 치료에 굉장히 큰 효과가 나타난다. 무언가에 집중하기 어렵거나 감정 조절이 힘든 문제가 무엇 때문에 나타나는지 설명해 주는 뇌파의 패턴을 직접 환자에게 보여 줄 수도 있다. 환자들은 각기 다른 주파수와 커뮤니케이션 패턴이 형성되려면 왜 뇌의 다양한 영역이 훈련받아야 하는지 그 이유를 알게 된다. 이는 환자가 자학하며 부적절한 시도를 하는 대신 뇌의 정보 처리 방식이 달라지도록 하는 법을 익혀 행동을 통제하도록 이끈다.

우리 연구진에게 정량적 뇌파의 해석 방법을 가르쳐 준 에드 햄린 Ed Hamlin은 최근 내게 이런 글을 보내 왔다.

"뉴로피드백 훈련에 반응을 보이는 사람은 많지만, 자신의 상태와 피드백이 어떻게 관련되어 있는지 알고 있는 사람들에게서 반응이 최상의 수준으로, 가장 빨리 나타납니다. 예를 들어 정신이 현재에 머무르게 하려고 노력하는 사람과 훈련을 진행할 때는 현재 상태가 어떤지 함께 눈으로 확인할 수가 있죠. 그러면 노력으로 얻는 효과가 증대되기 시작합니다. 뇌 활성과 함께 마음이 바뀌는 경험은 당사자에게 굉장히 커다란 힘을 부여하는 것 같습니다."

트라우마는 뇌파를 어떻게 변형시킬까?

우리 센터의 뉴로피드백 연구소에는 오랜 세월 트라우마 스트레스에 시달렸지만 기존에 알려진 치료법에는 부분적으로만 반응을 보였던 환자들이 찾아온다. 이들의 정량적 뇌파를 살펴보면 상당히 다양한 패턴들이 나타난다. 우선 뇌의 공포 중추인 우측 전두엽에서 과도한 활성이 나타나고 전두엽에서는 느린 파의 활성이 과도하게 나타난다. 이 같은 결과는 과잉 각성된 정서적 뇌가 정신적 삶을 지배하고 있다는 의미다. 우리가 실시한 연구에서 이 공포 중추를 진정시키면 트라우마로 인해 발생한 문제들이 줄고, 실행 기능이 개선되는 것으로 나타났다. 개선 효과는 환자들의 외상 후 스트레스 장애 지수와 함께 정신적인 명료성이 향상되며, 비교적 사소한 자극에는 감정이 동요하지 않도록 제어하는 능력도 커지는 것으로 나타난다.[21]

눈을 감고 있을 때도 과잉 활성 패턴이 나타나는 트라우마 환자들이 있다. 주변에서 일어나는 일을 눈으로 확인하지 못하면 잔뜩 겁먹고 뇌가 야단법석을 떠는 것이다. 이런 환자들은 편안한 뇌파가 생성될 수 있도록 훈련을 진행한다. 소리와 빛에 과잉 반응을 보이는 환자들도 있는데, 이는 뇌에서 시상이 무관한 정보를 잘 걸러 내지 못한다는 징후다. 이 경우에는 뇌 뒤쪽에서 발생하는 커뮤니케이션 패턴이 바뀌도록 유도하는 치료를 집중적으로 실시한다.

우리 센터가 오랜 세월 지속된 트라우마 스트레스에 가장 적합한 치료를 찾는 일에 주력하는 동안, 알렉산더 맥팔레인은 현재 전쟁 경험이 원래는 정상이던 뇌에 어떤 변화를 일으키는지 파악하기 위한 연구를 진행 중이다. 호주 국방부는 맥팔레인 연구진에 이라크와 아프가니스탄 전쟁에 전투 군인으로 참전한 사람들의 뇌파 패턴을 비롯해 정신적·생물학적 기능에 발생한 영향을 평가해 달라고 요청했다. 연구 초기 단계에 맥팔레인 연구진은 179명의 전투 군인을 대상으로 중동 지역에 배치된 시점을 기준으로 4개월 전과 후에 정량적 뇌파를 측정했다.

연구 결과, 총 3년의 복무 기간 중 전투에 참가한 총기간이 뇌 뒤쪽에서 알파파가 발휘하는 기능의 점진적 감소와 관련 있는 것으로 나타났다. 신체의 전반적인 상태를 점검하고 수면, 배고픔과 같은 기본적인 기능을 관리하는 이 부위에서는 보통 뇌의 모든 부위를 통틀어 알파파가 가장 강력하게 활성화되는 특징이 나타나며 눈을 감고 있을 때 최고조로 활성화된다. 앞서 살펴보았듯이 알파파는 몸의 이완과 관련 있다. 이 군인들에게서 알파파의 세기가 감소했다는 것은 곧 불안한 상태가 지속되고 있다는 의미다. 이 결과와 함께, 정상적인 상태에서는 베타파의 활성도가 높은 뇌 전면부의 뇌파도 전투에 한 번 배치될 때마다 점차 약화되는 것으로 확인됐다. 군인들의 전두엽에서는 ADHD 아동들에게서 나타나는 것과 비슷한 활성 패턴이 나타나 실행 기능과 집중력이 약화된 것을 알 수 있었다.

원래 일상적으로 처리해야 할 일들을 해 나갈 수 있도록 에너지를 부여하는 각성 상태가 군인들에게서는 평범한 일에 집중하도록 돕는 기능을 더 이상 발휘하지 못한다는 사실이 전체적으로 확인됐다. 각성 상태가 되면 불안하고 가만히 있지 못하는 것으로 나타났다. 맥팔레인 연구진이 현재까지 진행한 이 결과만 보고 군인들이 외상 후 스트레스 장애를 앓게 될 것인지 판단할 수는 없다. 이들의 뇌에 발생한 영향이 평범한 삶에 적응하는 과정에 얼마나 영향을 줄 것인지는 시간이 지나봐야 알 수 있다.

뉴로피드백과 장애의 발견

아동기에 만성 학대와 방치를 경험하면 감각 통합 시스템이 제대로 형성되지 못한다. 어떤 경우에는 이로 인해 청각과 단어 처리 체계가 제대로 연결되지 못하거나 손과 눈의 협응이 비정상적으로 이루어져 학습 장애가 발생할 수도 있다. 입원 치료 프로그램에 참가한 청소년들은 굳어 버린 상태나 감정을 폭발하는 상태로 머물러 있는 한, 일상생활에서 획득한 정보를 처리하면서 얼마나 심각한 문제를 겪는지 파악하기 어렵다. 따라서 행동 문제가 치료된 이후에 학습 장애가 드러나는 경우가 많다. 트라우마를 겪은 아이들은 겉보기에 가만히 앉아서 집중하는 모습을 보이더라도 학습 능력이 떨어지는 경우가 빈번하다.[22]

리사는 트라우마가 뇌의 기본적인 정보 처리 기능에 어느 정도로 영향을 미치는지 설명해 주었다. 그녀는 어딘가에 갈 때마다 '항상 길을 잃고' 청각 기능이 현저히 떨어져서 선생님이 뭔가를 지시하더라도 따르지 못하는 경우가 대부분이었다고 내게 이야기했다. "교실에 앉아 있는데, 선생님이 들어오셔서 '자, 모두 272쪽을 펴 보자. 1번부터 5번 문제를 풀어 봐.'라고 하신다고 생각해 보세요. 아주 잠깐 정신이 딴 데 가 있어도 뭐가 뭔지 상황 파악이 안 되죠. 그러니 도저히 집중할 수가 없었어요."

뉴로피드백은 리사가 학습 능력을 회복하는 데 도움이 되었다. "정보를 계속 따라가는 법을 알게 됐어요. 이제는 지도도 읽을 수 있게 되었고요. 치료를 시작한 직후에 애머스트에서 노샘프턴까지[약 15킬로미터 거리] 세번 박사님을 만나러 가다가 겪었던 일은 아마 절대로 잊지 못할 거예요. 원래 버스를 몇 번 갈아타고 갈 생각이었는데, 나중에 정신 차리고 보니 고속도로를 3킬로미터 정도 걷고 있었어요. 그 정도로 방향 감각이 없었던 거예요. 운행 시간표를 읽지도 못하고, 시간 계산도 못했어요. 완전히 지치고 긴장해서 늘 녹초가 된 상태로 살았어요. 집중도 못하고 일을 정리할 수도 없었어요. 머릿속에서 일어나는 일이 뭐든 하나도 정리가 안 됐어요."

리사의 이 설명 속에는 과학이 뇌와 마음을 다루면서 꼭 해결해야 할 숙제가 담겨 있다. 태어나서 생애 첫 몇 년 동안 뇌에 형성되는 능력, 즉 시간, 공간, 거리, 관계를 체계적으로 정리하는 능력이 어릴 때 겪은 트라우마 때문에 충분히 발달하지 못한 사람들을 어떻게 도울 수 있을까? 약물 치료나 일반적인 치료들은 이 능력들이 발달하는 주된 시기가 지난 뒤에 다시 활성화시키는 역할을 하지 못하는 것으로 밝혀졌다. 이제는 뉴로피드백이 다른 치료법들이 실패한 결과를 성공적으로 얻어 낼 수 있는지 연구해야 할 시점이다.

알파세타 훈련

알파세타 훈련은 15장에서 설명했던, 최면 상태의 핵심 단계인 입면(선잠) 상태를 유도할 수 있다는 점에서 가장 흥미로운 뉴로피드백 훈련으로 여겨진다.[23] 뇌에 세타파의 활성이 우세하면 마음은 내적 세계에 집중하고 자유롭게 상상 속을 떠다니는 상태가 된다. 알파파는 외부 세계와 내부 세계를 서로 연결해 주는 다리와 같다. 알파세타 훈련에서는 이 두 파장에 번갈아 가며 보상 신호를 부여한다.

외상 후 스트레스 장애 환자들이 극복해야 할 문제 중 하나는 새로운 가능성을 진심으로 믿고 받아들이는 것이다. 그래야 현재를 끊임없이 되살아나는 과거로 해석하지 않는다. 세타파의 활성이 지배적인 최면 상태가 되면, 어디선가 부서지는 소리가 크게 들릴 때 총성과 죽음의 징조를 자동으로 떠올리는 것과 같은 특정 자극과 반응의 조건적인 연결이 헐거워진다. 그래서 똑같이 뭔가 부서지는 소리를 듣더라도, 새로운 연상 관계를 확립해 과거 어느 축제날 밤에 사랑하는 사람들과 해변에서 폭죽놀이 했던 일을 떠올릴 수 있다.

알파세타 훈련에서는 의식이 희미해지는 상태로 유도하므로 트라우마 사건을 안전한 상태에서 다시 경험할 수 있고, 이를 통해 새로운 연상 관계를 형성할 수 있다. 이때 특이한 상상을 하거나 자신의 삶에 대해 깊이 통찰하게 되었다고 밝히는 환자들도 있고, 마음이 더 편안해지고 덜 굳어 버리는 것 같다고 하는 환자들도 있다. 어느 쪽이 되었든 사람들이 공포나 무기력한 기분과 연결 짓는 이미지, 느낌, 감정을 안전하게 경험할 수 있다면 새로운 가능성이 열리고 관점도 넓어진다.

알파세타 훈련으로 과잉 각성된 패턴도 가라앉힐 수 있을까? 현재까지 축적된 증거를 보면 전망은 밝다. 콜로라도주 포트 라이언에 위치한 보훈부 메디컬센터의 연구원인 유진 페니스턴Eugene Peniston과 폴 쿨코스키Paul Kulkosky는 전쟁에 나갔다가 짧게는 12년부터 길게는 15년 동안 외상 후 스트레스 장애에 만성적으로 시달리던 베트남전 참전 군인 29명을 대상으로 뉴로피드백 치료 효과를 연구했다. 이들 중 15명을 무작위로 선정해 뇌파 알파세타 훈련을 받도록 하고, 14명은 대조군으로 분류해 일반적인 치료와 향정신성 약물 치료, 개인 상담, 그룹 상담 치료를 병행하여 받도록 했다. 두 그룹의 군인들 모두 외상 후 스트레스 장애로 평균 5회 입원 치료를 받은 병력이 있었다. 뉴로피드백 치료에서는 알파파와 세타파를 모두 강화하여 몽롱한 상태에서 학습이 이루어지도록 유도했다. 안락의자에 앉아 눈을 감고, 뉴로피드백 신호음을 따라가면서 깊은 안정 상태에 진입하도록 이끌었다. 또한 알파세타파가 지배적으로 발생하는 가수면 상태에 진입하는 동안 머릿속으로 긍정적인 이미지(술에 취하지 않고 자신감 있고 행복하게 사는 모습 등)를 떠올리도록 했다.

1991년에 발표된 이 연구 결과는 외상 후 스트레스 장애 치료에서 가장 큰 성과가 기록된 사례 중 하나로 꼽힌다. 뉴로피드백 그룹은 외상 후 스트레스 장애 증상이 현격히 감소하고 신체의 문제와 우울증, 불안감, 편집증도 크게 개선됐다. 치료가 완료된 후에도 연구진은 각 참가자들, 그 가족들과 총 30개월 동안 매달 연락을 취하며 상태를 확인했다. 그 결과 뉴로피드백 치료를 받은 군인들 중에서 과거 장면이 재현되거나 악몽을 꿨다고 밝힌 사람은 3명에 불과했다. 이 3명은 치료 효과를 더 높이기 위해 치료를 10회 더 받기로 결정했다. 추가 치료를 받기 위해 입원해야 했던 환자는 한 명뿐이었다. 뉴로피드백 그룹 15명 중 14명은 복용하던 약이 크게 줄어 들었다.

반면 대조군에 속한 군인들은 모두 추적 조사 기간에 외상 후 스트레스 장애 증상이 다시 증대된 것으로 나타났다. 이 그룹의 환자들은 모두 최소 두 차례 입원 치료를 받아야 했다. 대조군 중 10명은 약 복용량이 늘어났다.[24] 이후 나른 연구진들을 통해서도 이와 같은 연구 결과가 재차 확인되었지만, 타 분야에서는 놀랍게도 그다지 관심을 받지 못했다.[25]

뉴로피드백, 외상 후 스트레스 장애, 중독

심각한 트라우마에 시달리는 환자들 중 3분의 1에서 절반가량이 물질 남용 문제를 겪는다.[26] 호메로스가 살던 시대부터 군인들은 알코올을 이용해 고통과 신경질, 우울증을 약화시키려고 했다. 최근 한 연구에 따르면 자동차 사고를 당한 사람들 중에서도 절반이 약물이나 알코올 문제를 겪는 것으로 나타났다. 알코올 남용은 사람을 부주의하게 만들고, 이로 인해 또다시 트라우마를 경험할 확률도 높아진다 (다만 술에 취한 상태로 폭행을 당하면 외상 후 스트레스 장애가 발달할 확률이 낮은 것으로 알려진다).

외상 후 스트레스 장애와 물질 남용 문제 사이에는 악순환의 관계가 형성된다. 약물과 알코올은 트라우마 증상을 일시적으로 약화시킬 수 있지만 그로 인해 과도한 각성 상태가 강화되어 악몽, 과거 장면의 재현, 과민성이 증가한다. 이 악순환을 끊는 방법은 두 가지밖에 없다. 안구 운동 민감소실 및 재처리 요법 같은 방법을 통해 외상 후 스트레스 장애 증상에서 벗어나거나, 외상 후 스트레스 장애 증상 중 하나이자 약물이나 알코올 금단 증상이기도 한 과잉 각성 상태를 치료하는 것이다. 과잉 각성을 해결하기 위해 때때로 날트렉손naltrexone 같은 약물이 처방되기도 하지만, 일부 경우에만 효과를 얻을 수 있다.

내가 처음으로 뉴로피드백 훈련을 도왔던 여성 환자 중 한 명은 만성 코카인 중독에 빠진, 어린 시절 끔찍한 성적 학대를 당하고 버려진 사람이었다. 그런데 놀랍게도 단 두 차례 훈련 후 코카인 중독이 말끔하게 사라져 나를 엄청 놀라게 하더니, 이후 5년 동안 코카인에 손을 대지 않은 것으로 확인됐다. 그렇게 심각한 약물 중독 상태에서 그토록 빠른 속도로 회복되는 환자는 한 번도 본 적이 없었기에, 나는 그 이유를 알고 싶어서 그동안 과학계에 발표된 논문들을 뒤지기 시작했다.[27] 하지만 그와 같은 주제로 진행된 연구들은 20년도 더 이전에 실시됐고, 최소한 미국에서는 최근 수년 동안 중독 치료에서 뉴로피드백을 활용하는 것에 관한 연구가 거의 발표되지 않았다.

해독 치료나 알코올, 약물 남용 치료를 받는 전체 환자 중 75~80퍼센트는 문제가 재발된다. 뉴로피드백 훈련이 알코올 중독과 외상 후 스트레스 장애 진단을 동시에 받은 군인들에게 어떤 영향을 주는지 조사한 페니스턴과 쿨코스키의 또 다른 연구[28]에서도 이 문제에 주목했다. 연구에 참가한 군인 중 15명은 알파세타 훈련을 받고 대조군은 뉴로피드백 훈련을 제외한 일반적인 치료를 받도록 했다. 이후 3년 동안 정기적으로 추적 조사를 실시했는데, 뉴로피드백 치료군 중 8명이 술을 완전히 끊었고 1명은 한 번 술을 입에 댔다가 몸이 너무 안 좋아져서 다시는 마시지 않았다고 밝혔다. 이 그룹의 군인들은 대부분 우울증 수준이 크게 낮아졌다. 또한 페니스톤의 설명을 빌리자면 이들은 "더 다정해지고 더 똑똑해지고 정서적으로 안정되었을 뿐만 아니라 사회성이 향상되고 더 편안하고 만족스러워하는" 사람이 되었다고 밝혔다.[29] 반면 일반 치료를 받은 사람들은 8개월 이내에 다시 입원 치료를 받았다.[30] 이 연구 결과가 발표된 후 뉴로피드백과 중독의 관계를 연구한 결과가 다수 발표되었으나,[31] 이 중요한 치료법의 잠재적 가능성과 한계를 명확히 밝히려면 훨씬 더 많은 연구가 필요하다.

뉴로피드백의 미래

나는 환자들을 치료하면서 정신적 트라우마로 과잉 각성이나 혼란, 집중력 문제를 겪는 사람들에게는 1차적으로 뉴로피드백 훈련을 실시한다. 이 책에서 다루는 내용에 포함되지는 않지만, 뉴로피드백은 긴장성 두통을 완화시키고 트라우마성 뇌 손상으로 발생한 인지 기능 문제를 개선시키는 것으로 확인됐다. 또한 불안감과 공황 발작을 감소시키고 깊은 명상 상태에 진입하는 방법을 학습할 수 있도록 유도하며, 자폐증 치료, 발작 조절 능력 개선, 기분 장애 환자의 자기 통제력 강화 등 수많은 문제와 증상에 긍정적인 효과를 주는 것으로 밝혀졌다. 2013년을 기준으로 군대 관련 시설과 보훈부 시설 총 17곳에서 외상 후 스트레스 장애 치료에 뉴로피드백을 활용하고 있으며,[32] 최근 전투에 참가한 군인들을 대상으로 뉴로피드백의 효과를 과학적으로 입증하려는 시도들도 이제 막 시작되었다.

보스턴 아동병원에서 임상신경생리학과 발달신경생리학연구소 소장을 맡고 있는 프랭크 더피Frank Duffy는 다음과 같은 의견을 밝혔다. "문헌을 통해 뉴로피드백은 아주 다양한 분야에서 치료에 주된 역할을 하는 것으로 나타났으며, 부정적인 결과는 전혀 찾을 수 없습니다. 만약에 그만큼 광범위한 효능을 보인 약물이 있었다면 어디에서나 받아들여 널리 사용되었을 겁니다."[33]

뉴로피드백의 치료 절차에는 아직 해결해야 할 문제가 많지만, 이 문제를 보다 깊이 있게 조사하는 방향으로 과학적 패러다임이 조금씩 변화하고 있다. 2010년, 국립 정신건강연구소 소장인 토머스 인셀은 『사이언티픽 아메리칸』에 기고한 「잘못된 회로」라는 글에서, 뇌의 전기적 커뮤니케이션에서 나타나는 리듬과 패턴으로 마음과 뇌를 이해하려는 시도가 되살아난 것에 대해 다음과 같이 설명했다. "함께 기능하면서 정상적인 (그리고 비정상적인) 정신 상태를 만들어 내는 뇌의 각 영역들은 전기 회로와 유사하다고 볼 수 있다. 최근 연구에서 이 회로 전체가 제대로 기능하지 못하면 수많은 정신 질환의 바탕이 될 수 있는 것으로 나타났다."[34]

그로부터 3년 뒤, 인셀은 국립 정신건강연구소가 "『정신 질환 진단 및 통계 편람』 분류와 무관한 새로운 방향의 연구를 진행할 것이며",[35] "신체의 뇌 회로도(커넥톰)와 관련된 질병"에 초점을 맞추겠다고 발표했다.[36]

국립 보건원(국립 정신건강연구소의 상위 기관) 원장 프랜시스 콜린스Francis Collins는 다음과 같이 설명했다. "뇌 회로도는 뇌 속에 뉴런(신경세포)들이 정교하게 서로 연결되어 있는 상태를 보여 줍니다. 유전체 지도나 미생물의 유전 정보(마이크로바이옴) 등 '전체 집단의 정보'를 다루는 흥미진진한 분야들과 마찬가지로 뇌 회로도 역시 강력한 도구와 기술들이 새로 발달한 덕분에 지도로 나타낼 수 있게 되었습니다. 더불어 순식간에 오가면서 우리의 생각과 감정, 행동을 만들어 내는 전기적 신호를 해석하려는 노력도 가능해졌습니다."[37]

뇌 회로도를 상세히 파악해 지도를 완성하는 연구는 국립 정신건강연구소의 지원과 함께 현재 진행 중이다.

그 결과를 고대하면서, 이번 장은 뉴로피드백의 엄청난 가능성을 내게 보여 준 리사의 이야기를 끝으로 마무리하려고 한다. 내가 뉴로피드백 치료를 한마디로 정리한다면 어떻게 이야기하겠냐고 묻자 리사는 이렇게 대답했다. "절 진정시켜 줬어요. 해리되지 않도록 해 주었고요. 이제 전 제 감정을 활용할 수 있어요, 더 이상 도망 다니지 않아요. 감정에 인질처럼 붙들리지 않아요. 감정을 마음대로 끄고 켤 수는 없지만 제쳐 둘 수는 있어요. 제가 겪은 학대를 떠올리면 슬퍼지지만, 그 감정도 치워 둘 수 있죠. 친구에게 전화를 걸 수도 있고, 원치 않으면 그 이야기는 안 해도 되고, 그냥 숙제를 하거나 집 안을 청소해요. 감정이란 지금 현재의 상태인 것 같아요. 항상 긴장한 채로 지내지도 않고, 저도 모르게 긴장하게 되면 혼자 가만히 돌이켜 봐요. 과거의 일 때문에 불안진진 거라면 과거에서 원인을 찾고 지금의 제 삶과 어떤 관계가 있는지 들여다봐요. 화가 나거나 불안해지는 부정적인 감정뿐만 아니라, 사랑이나 친밀감, 성적으로 끌리는 감정에 대해서도 곰곰이 생각해 볼 수 있게 됐어요. 늘 싸우거나 도망치려고 했지만 이제는 그러지 않아요. 혈압도 내려갔어요. 신체적으로도 언제든 달아나거나 공격에 대비해 방어 태세를 취하지 않아요. 뉴로피드백은 제가 사람들과 관계를 맺을 수 있게 해 주었어요. 제가 원하는 방식대로 살 수 있도록 절 자유롭게 해 주었고요. 예전에 제가 받았던 상처나 그 일이 제게 준 영향에 더 이상 노예가 되어 살지 않아요.”

그로부터 4년 뒤 우리가 나눈 대화를 기록하려고 다시 만났을 때, 리사는 간호대학을 거의 1등과 다름없는 성적으로 졸업했다. 그리고 지금은 지역 병원에서 간호사로 근무하고 있다.

20장

잃어버린 목소리 찾기 :
공동체의 리듬, 연극 치료

연기란 그 인물을 겉에 걸치는 것이 아니라 나의 내면에서 그 인물을 찾는 것
이다. 자신이 그 인물이 되어, 속에서 그 인물을 찾아야 한다. 아주 광범위한
자기 자신 속에서 말이다.

티나 패커Tina Packer

내가 알기로 수많은 과학자가 자신의 아이가 겪는 건강 문제를 통해
마음과 뇌를 새롭게 이해하는 방법과 치료법을 새로이 발견해 왔다.
나 역시 아들이 만성 피로 증후군 외에는 달리 더 나은 병명을 찾을 수
없는, 어떤 알 수 없는 병에 시달리다가 회복되는 과정을 보고 연극 치
료의 효과를 확신하게 되었다.

  내 아들 닉은 7학년부터 8학년까지 대부분의 시간을 침대에 누
워서 살았다. 알레르기로 몸은 퉁퉁 붓고 약물 치료 때문에 몸에 기
력이 없어서 학교에 갈 수가 없었다. 아이가 스스로를 증오하고 세
상에 홀로 고립된 존재라는 생각에 사로잡히는 모습을 보면서 아내
와 나는 어떻게든 도와주려고 애썼다. 오후 5시만 되면 몸에 힘이 전
혀 남아나지 않는다는 사실을 알게 된 후, 우리는 닉이 또래 아이들
과 만나는 기회를 가지면 좋을 것 같다는 생각으로 저녁에 열리는 즉

흥극 수업에 보냈다. 그룹이 정해지고, 닉은 얼마간 연기 연습을 하더니 첫 번째 배역을 받아 왔다. 〈웨스트사이드 스토리West Side Story〉의 '액션'이라는 인물이었다. 언제든 싸울 태세를 갖추고 살아가는 거친 성격의 액션은 이 뮤지컬에서 〈여봐요, 크룹크 경관 나리Gee, Officer Krupke〉라는 노래를 앞장서서 부른다. 하루는 퇴근하고 집에 와 보니 닉이 힘 있는 사람들이 어떻게 행동하는지 익혀야 한다면서 잔뜩 뻐기며 걷는 연습을 하고 있었다. 남들에게 자기 말을 들으라고 명령하는 힘센 사람이 되었다고 상상하면서, 신체적으로도 즐거움을 느끼지 않았을까?

수업에서 그다음에 배운 연극은 〈해피 데이스Happy Days〉였고 닉은 '폰즈' 역할을 맡았다. 소녀들에게 인기도 많고 관객들의 넋을 잃게 만들어야 하는 이 역할은 닉이 건강을 회복하는 중요한 전환점이 되었다. 이전에 만난 수많은 전문가는 닉에게 몸이 어떻게 안 좋은지 말해 보라고 했지만, 연극은 자신이 다른 사람이 되면 어떤 기분인지 온몸으로 깊이 느낄 수 있는 기회를 제공했다. 닉은 학습 장애에 지나치게 예민한 아이가 되어 가고 있었지만, 그 과정을 통해 다른 사람이 되어 본 것이다. 또한 한 그룹의 일원으로 중요한 역할을 맡는다는 사실은 자신의 힘과 능력을 본능적으로 느낄 수 있는 경험이 되었다. 나는 닉이 창의력 넘치고 사랑스러운 사람으로 성장할 수 있었던 건 이러한 경험이 새롭게 체화된 덕분이라고 믿는다.

자기 주체 의식과 스스로 느끼는 자신에 대한 통제력은 몸과 몸이 만들어 내는 리듬의 관계 속에서 생겨난다. 즉 잠에서 깨어나고, 잠을 자고, 먹고, 자리에 앉고, 걷는 모든 행동이 하루하루의 모습을 만든다. 자신의 목소리를 찾으려면 자신의 '몸속'에 존재해야 한다. 깊이 숨 쉬고 내적 감각에 접근할 수 있어야 한다. 이는 '몸과 분리되어' 자신의 존재가 사라지게 만드는 해리와 정반대되는 개념이다. 텔레비전이든 컴퓨터 모니터든 각종 화면 앞에 드러누워 수동적으로 즐거움을 받아들이는 우울한 상태와도 상반되는 개념이다. 연기는 몸이 인생에서 제자리를 찾을 수 있는 경험을 제공한다.

전쟁의 풍경

연극 효과를 닉의 변화를 통해 처음으로 목격한 것은 아니었다. 1988년, 보훈병원에서 외상 후 스트레스 장애 환자 세 명을 치료하던 시기에 나는 이 환자들의 생명력과 긍정적인 사고 능력이 증대되고 가족 관계가 갑자기 개선되는 모습을 목격했다. 처음에는 의사인 내 실력이 아주 뛰어나서 그렇게 된 줄 알았는데, 나중에 세 명 모두 극단에 들어갔다는 사실을 알게 되었다.

이 세 명의 군인은 갈 곳 잃은 참전 군인들이 겪는 고난을 연극으로 표현하고 싶은 마음에 당시 그리 멀지 않은 곳에 살던 극작가 데이비드 매밋David Mamet을 찾아가서 각본을 써 달라고 설득했다. 매밋은 동의했고, 세 사람은 매주 매밋과 만나 전쟁의 경험이 담긴 각본을 만들기 시작했다. 매밋은 〈전쟁의 풍경Sketches of War〉이라는 이 연극에 알 파치노Al Pacino와 도널드 서덜랜드Donarld Sutherland, 마이클 J. 폭스Michael J. Fox를 캐스팅해 보스턴에서 공연을 시작했다. 공연 수익금은 내가 세 환자를 처음 만났던 보훈병원을 집 없는 참전 군인들이 머물 수 있는 쉼터로 개조하는 사업에 사용됐다.[1] 전문 연기자들과 함께 무대에 올라 전쟁에 대한 기억을 소리 내어 이야기하고 시를 읊었던 경험은, 분명 세 사람이 그동안 받았던 그 어떤 치료보다 큰 변화를 이끌어 냈을 것이다.

인류는 태초부터 강렬하고 두려운 감정에 대처하기 위해 공동체가 참여하는 의식을 활용해 왔다. 기록으로 전해지는 가장 오래된 극장인 고대 그리스 극장은 춤과 노래가 포함된 종교 의식과 신화 속 이야기들을 재연하는 공연으로 점차 발전해 간 것으로 보인다. 기원전 5세기까지 극장은 시민 생활의 중심이 되어, 사람들은 무대 주변에 말굽 모양으로 설치된 좌석에 앉아 다른 관람객들의 감정과 반응을 보고 느끼며 공연을 관람했다.

그리스의 연극은 전쟁에 나갔던 군인들을 다시 사회에 통합시키는 의식 역할도 한 것으로 추정된다. 아이스킬로스Aeschylos가 『오레스테이아Oresteia』 3부작을 쓰던 당시 아테네는 여섯 곳의 전선에서 전쟁을 치르고 있었다. 왕의 몸으로 전쟁에 참가했던 아가멤논은 트로이 전쟁을 치르러 떠나기 전에 딸을 제물로 바쳤고, 전쟁이 끝나고 고향에 돌아왔지만 그 일로 분노한 아내 클리타임네스트라의 손에 죽임을 당하는 사건이 이 비극의 처음을 연다. 아테네에서는 성인인 시민이라면 모두 입대가 의무화되어 있었으므로 관중석에는 전투에서 돌아온 군인들과 현역 군인들이 섞여 있었다. 연기자 역시 분명 군인 출신 시민이었을 것이다.

소포클레스Sophocles는 아테네가 페르시아인들과 벌인 전쟁에 사령관으로 참전한 경력이 있는 작가였다. 트라우마 스트레스의 표현 측면에서 거의 교과서와 다름없는 그의 작품 『아이아스Ajax』는 트로이 전쟁의 위대한 영웅 중 한 사람이 스스로 목숨을 끊는 것으로 끝맺는다. 작가이자 연출가인 브라이언 도어리스Bryan Doerries는 2008년, 샌디에이고에서 해군 5백 명이 참석한 가운데 『아이아스』 낭독회를 열었는데, 관객들의 엄청난 반응에 깜짝 놀라고 말았다(트라우마 연구자들 중 많은 경우가 그렇듯이 도어리스도 개인적인 이유에서 그와 같은 행사를 개최했다. 대학에서 고전을 공부하던 시절, 여자 친구가 낭포성 섬유증으로 세상을 떠난 후 그리스 작품들을 읽으면서 위안을 얻은 것이다). '전쟁의 현장'이라는 제목으로 열린 도어리스의 이 프로젝트는 첫 번째 공연을 시작으로 점차 발전해, 나중에는 미국 국방부의 지원을 받아 미국과 해외에서 2백 회 넘게 개최됐다. 이 낭독회는 2천 5백 년도 더 전에 탄생한 작품이 참전 군인들의 고통을 대변하고 그 가족들, 친구들에게 군인들을 이해하고 더 많은 대화를 나누도록 장려하는 역할을 했다.[2]

'전쟁의 현장' 프로젝트에서는 공연이 끝나면 의회에서나 볼 수 있을 법한 진지한 토론 시간을 갖는다. 나도 매사추세츠주 케임브리지에서 열린 『아이아스』 낭독회에 참석한 적이 있다. 언론에서 과거 3년간 자살한 참전 군인의 숫자가 27퍼센트 증가했다는 뉴스가 나온 직후였다. 토론이 시작되자 베트남전에 참가했던 군인들과 군인 남편을 둔 아내들, 이라크와 아프가니스탄에서 복무를 마치고 갓 제대한 남녀 군인 40여 명이 마이크 앞에 앉았다. 이들 중 여러 사람이 작품의 구절을 인용하며 잠 못 드는 밤들과 약물 중독, 가족들과의 거리감에 대해 이야기했다. 장내에는 전율과 흥분이 가득했고, 토론이 끝난 후 관객들은 현관에서 서로를 부둥켜안기도 하고 손을 붙잡은 채 눈물을 터뜨리거나 진심 어린 대화를 나누었다.

나중에 도어리스는 다음과 같이 밝혔다. "극도의 고통을 경험해본 사람이라면 누구나 그리스 연극에 등장하는 괴로움이나 죽음을 아무 문제 없이 이해할 수 있다. 전부 참전 군인들의 이야기를 증언하는 내용들이기 때문이다."[3]

모두 함께, 동시에

집단이 함께하는 운동과 음악은 우리 삶에 보다 넓은 배경을 만들고 한 개인의 운명을 넘어서는 커다란 의미를 만들어 낸다. 어떠한 종교든 종교적 의식에는 리드미컬한 움직임이 포함된다는 공통점이 있다. 예루살렘에서 통곡의 벽을 마주하고 기도문을 외는 일이나 가톨릭 미사의 전례에서 성가를 부르고 동작을 하는 것, 불교 의식에서 걸으면서 명상하는 것, 독실한 이슬람교도들이 하루에 다섯 번씩 리드미컬한 기도 예식을 치르는 것 모두 이에 포함된다.

음악은 미국의 시민권 운동에서도 뼈대가 되었다. 그 시대를 살았던 사람들은 가두행진에 참가해 서로서로 팔짱을 끼고 〈이겨 내리라We Shall Overcome〉를 소리쳐 부르면서 앞을 막아선 경찰 병력을 향해 천천히 걸어가던 날의 일을 잊지 못할 것이다. 혼자였다면 겁났을 사람들을 음악이 하나로 묶어, 자신과 다른 사람들을 위해 다 함께 더 강력히 주장을 펼칠 수 있게 해 주었는지도 모른다. 노래는 언어와 춤, 행진과 함께 희망과 용기를 불어넣는 인간만의 독특한 방식에 속한다.

나는 1996년에 남아프리카공화국의 데즈먼드 투투Desmond Tutu 신부가 개최한 '진실과 화해위원회' 공청회에서 집단 리듬의 힘을 목격했다. 다 함께 노래하고 춤을 추년 이 행사에서 목격자로 나선 사람들은 자신이나 가족들에게 가해진 엄청난 잔혹 행위들을 이야기했다. 이들이 진술하다가 감당하기 힘든 감정에 압도당하면, 투투 신부는 증언을 잠시 중단시키고 진술자가 울음을 참고 무너져 내리는 몸을 일으켜 세울 때까지 모든 청중에게 기도하고, 노래하고, 춤을 추도록 유도했다. 이 과정은 진술자들로 하여금 자꾸만 되살아나는 공포를 이겨 내고 자신이 겪은 일을 이야기할 수 있게 해 주었다. 보통 피해자들은 정신을 추스르면 복수할 방법을 찾는 데 몰두하기 마련인데, 투투 신부를 비롯한 위원회 구성원들이 그런 생각을 방지했다는 사실이 무엇보다 대단한 일이라고 생각한다.

몇 년 전에 나는 훌륭한 역사가인 윌리엄 H. 맥닐William H. McNeill

이 학자 생활을 거의 마무리할 무렵에 쓴 『모두 함께, 동시에Keeping Together in Time』4라는 책을 발견했다. 이 얇은 책에는 춤과 군사 훈련이 그가 '근육의 유대'라고 칭한 결합을 만들어 내는 데 역사적으로 어떤 역할을 했는지 밝힌 내용과 함께 연극과 집단적인 춤, 움직임의 중요성을 새롭게 조명한 내용이 담겨 있다. 이 책은 내 머릿속에 오랫동안 수수께끼로 남아 있던 문제를 해결해 주었다. 네덜란드에서 성장하면서, 나는 네덜란드 상인들과 어부들이 막대한 힘을 가진 스페인 제국에 맞서 어떻게 자유를 거머쥘 수 있었는지 늘 의아했다. 16세기 후반부터 17세기 중반까지 80년간 이어진 전쟁은 처음에 반복적인 게릴라전으로 시작되어 그 상태로 공격을 지속할 계획이었지만, 훈련 수준도 보수도 형편없었던 군인들은 머스킷총의 일제 사격에 달아나 버리기 일쑤였다.

이런 상황은 오란예 공으로도 알려진 마우리츠Maurice 왕자가 네덜란드 반란군을 지휘하면서 확 바뀌었다. 아직 20대 초반이던 마우리츠 왕자는 마침 학교에서 라틴어 공부를 마친 덕분에 1천5백 년 전 작성된 로마의 군사 전략 지침서를 읽을 수 있었고, 로마의 장군 리쿠르고스Lycourgos가 군사들이 보조를 맞추어 행진하도록 하는 방식을 도입했다는 사실을 알게 되었다. 또한 역사가 플루타르코스Ploutarchos도 군대를 무적으로 만든 것이 바로 이 전략이라고 판단했다는 사실을 확인하고, 다음과 같이 언급했다. "플루트 소리에 맞춰, 대열에 한 치의 흐트러짐이나 마음의 동요 없이, 얼굴 표정의 변화도 없이 침착하고 활기차게 음악을 따라 죽음이 기다리는 전투장으로 행군하는 모습은 웅장하면서도 두려움을 자아냈다."5

마우리츠 왕자는 오합지졸에 불과하던 군대에 드럼과 플루트, 트럼펫을 동원해 밀집 대형을 이루도록 하는 훈련법을 도입했다. 이 일종의 집단 의례는 장병들에게 목표 의식과 유대감을 심어 준 동시에 복잡한 전술을 수행할 수 있는 능력을 키웠다. 밀집 대형 훈련은 유럽 전역에 확산되었고, 군인들이 전투에 나설 때마다 파이프와 드럼 연주가 동반되지는 않지만, 현재 미국에서도 군의 주요 행사마다 군악대가 빠짐없이 참가한다.

발트해 연안의 작은 국가 에스토니아에서 태어난 신경과학자 자크 판크세프Jaak Panksepp는 내게 1987년 6월 에스토니아에서 일어난 '노래하는 혁명'에 관한 인상적인 이야기를 들려주었다. 북극과 가까운 지역답게 밤이 길게 이어지던 그해 여름, '탈린 노래 축제장'에 모인 1만 명 이상의 사람들이 서로 손을 맞잡고 소비에트 치하에서 반세기 동안 금지곡으로 지정된, 에스토니아를 향한 애국심이 담긴 노래들을 부르기 시작한 것이다. 다 함께 노래하며 저항하는 운동은 이후에도 계속되었고, 1988년 9월 11일에는 에스토니아 전체 인구의 4분의 1에 해당하는 30만 명이 모여 함께 노래 부르면서 독립을 요구했다. 마침내 1991년 8월, 에스토니아 의회가 국가의 회복을 선언하던 현장에 소비에트 군대가 탱크를 앞세워 저지를 시도하자 사람들은 인간 방패를 만들어 탈린의 라디오와 텔레비전 방송국을 보호했다. 「뉴욕 타임스」에는 다음과 같은 내용의 칼럼이 실렸다.

"영화 〈카사블랑카Casablanca〉에서 프랑스인들이 독일에 저항하며 〈라 마르세이예즈La Marseillaise〉를 부르던 장면이, 수천 배 더 강력한 힘으로 실현된 모습을 상상해 보라. 그래야 '노래하는 혁명'의 에너지를 아주 조금이나마 상상할 수 있을 것이다."[6]

연극과 트라우마 치료

공동체가 함께하는 의식은 마음과 뇌에 발생하는 영향과 트라우마 증상의 예방 또는 완화에 어떤 효과가 있을까? 이 주제를 연구한 자료는 놀라울 정도로 거의 찾아볼 수 없다. 그러나 지난 10년 동안 나는 연극으로 트라우마를 치료하는 세 가지 연구 과정을 직접 관찰할 기회가 있었다. 보스턴의 어번 임프로브Urban Improv7가 이어 온 활동과 이에 영감을 얻어 보스턴 지역의 공립 학교와 지역 주민 센터에 마련된 '트라우마 연극' 프로그램,8 뉴욕시에서 폴 그리핀Paul Griffin이 총괄을 맡아 진행한 '가능성 프로젝트Possibility Project',9 매사추세츠 레녹스에 위치한 '셰익스피어 앤 컴퍼니Shakespeare & Company'가 청소년 범죄자들을 대상으로 운영하는 '법정에 간 셰익스피어Shakespeare in the Courts'10 프로그램이 바로 그 주인공이다. 이번 장에서는 이 세 가지 프로그램에 대해 집중적으로 설명하겠지만, 연극은 회복의 수단으로 널리 활용되고 있으며 미국과 해외 각지에는 치료 목적으로 마련된 우수한 연극 프로그램이 다수 운영되고 있다는 점을 말해 두고 싶다.

이 세 가지 프로그램은 각각 특징이 다르지만 기본 토대는 동일하다. 바로 인생의 고통스러운 현실과 직면하고, 그룹 활동을 통해 이를 상징적으로 변환시키는 것이다. 사랑과 증오, 공격과 굴복, 충성과 배신은 연극의 요소이자 트라우마의 요소다. 그러나 우리가 살아가는 문화는 감정의 진실을 외면하고 사는 것에 익숙해지도록 만든다. 셰익스피어 앤 컴퍼니의 카리스마 넘치는 설립자 티나 패커의 말을 그대로 전하면 다음과 같다. "연기 연습은 바로 그러한 성향을 반대로 거스를 수 있도록 훈련하는 것입니다. 깊이 느끼고, 시시각각 찾아오는 그 느낌을 모두 관객에게 전달해서 관객도 느낄 수 있도록 하는 겁니다. 감정을 닫아 버리지 않죠."

트라우마를 겪은 사람들은 강렬한 느낌을 두려워한다. 자신의 감정도 두려워하는데, 감정을 인지하면 통제력을 잃기 때문이다. 연극은 이와 반대로 감정을 체화하는 과정이므로 감정에 목소리를 부여하고 리드미컬하게 장면에 참여하고 다양한 역할을 해 보고 체화시키는 과정을 경험한다.

앞에서 살펴보았듯이 견디기 힘들 만큼 우울하고 다른 사람들과 분리된 것 같은 느낌이 들게 만드는 것이 트라우마의 본질적인 특징이다. 그리고 연극은 인간이 처한 여러 현실과 총체적으로 직면하게 한다. 폴 그리핀은 보육 시설에서 생활하는 아이들을 위해 기획한 연극 프로그램을 설명하면서 내게 이렇게 이야기했다. "비극 작품에서는 배신과 폭력, 파괴에 관한 이야기들이 펼쳐집니다. 이 아이들은 리어 왕이나 오셀로, 맥베스, 햄릿의 상황을 전혀 문제없이 이해합니다." 티나 패커는 이렇게 설명했다. "자신의 몸 전체 그리고 다른 사람들의 몸을 통해 자신의 느낌과 감정, 생각이 울려 퍼지도록 하는 것이 가장 중요합니다."

연극은 트라우마 피해자들에게 인간성이라는 공통분모를 통해 다른 사람과 깊은 유대감을 느끼는 기회를 제공한다.

트라우마를 경험한 사람들은 갈등을 두려워한다. 통제력을 잃고 또다시 자신이 패배하는 것으로 끝날까 봐 두려운 것이다. 그러나 갈등은 연극의 중심이다. 내적 갈등, 대인 관계에서 발생하는 갈등, 가족 간의 갈등, 사회적 갈등 그리고 그로 인한 결과가 핵심을 이룬다. 트라우마가 자신이 얼마나 무서웠고 분노했는지, 얼마나 무기력했는지 어떻게든 잊으려 하는 것이라면 연극은 진실을 이야기하고 그 깊은 진실을 관객들에게 전달하는 방법을 찾는 것이라고 할 수 있다. 이를 위해서는 자신이 알고 있는 진실이 드러나지 않도록 막아선 방해물을 뚫고, 내적 경험을 탐구하고 살펴볼 수 있어야 한다. 그래야 무대에서 목소리와 몸으로 드러낼 수 있다.

안심해야 참여할 수 있다

이와 같은 연극 프로그램들은 열정 넘치는 배우들이 아닌 극심한 분노를 느끼거나 잔뜩 겁을 먹거나 정신없이 떠들어 대는 십 대 청소년들 혹은 술에 의지해 내성적으로 살아가며 아무 기력도 없는 참전 군인들을 위해 운영된다. 리허설에서 참가자들을 만나 보면 의자에 푹 주저앉아 있거나 곧 자신의 형편없는 모습을 다른 사람들이 보게 될 거란 생각에 두려워하는 모습을 볼 수 있다. 트라우마를 경험한 청소년들은 온갖 유형이 뒤섞여 있다. 어색해하는 아이들, 남들과 어울리지 못하는 아이들, 의사 표현이 제대로 안 되는 아이들, 협력을 못하는 아이들, 목적의식이 없는 아이들이 모두 모여 있다. 이 아이들은 조그마한 일에도 쉽게 자극을 받고 감정을 말보다 행동으로 표출하는 경우가 많다.

내가 만난 모든 연출가는 참가자들을 아주 천천히 조금씩 유도하는 것이 성공의 비결이라는 점에 동의했다. 프로그램 초반에 해결해야 하는 문제는 일단 참가자들이 공간에 자신의 모습을 많이 드러내도록 하는 것이다. '법정에 간 셰익스피어'의 연출가인 케빈 콜먼^{Kevin} ^{Coleman}은 나와 인터뷰를 하면서 십 대 청소년들과 함께했던 작업 과정을 다음과 같이 설명했다.

"처음에는 아이들에게 자리에서 일어나 방 안을 걸어 다니라고 합니다. 그다음은 공간 안에서 균형을 찾는 단계입니다. 즉 아무 목적 없이 걷지 말고 다른 사람들을 의식하면서 걸어 보도록 하죠. 모든 과정은 아주 조금씩, 차츰 복잡해지는 방식으로 진행됩니다. 발끝이나 발뒤꿈치로 걸어 보거나 뒤로 걸어 보라고도 하는데, 그러다 다른 사람과 부딪치면 아이들은 소리를 지르고 주저앉아 버려요. 하지만 30번 정도 시도하면 팔을 흔들면서 걸어 다닐 수 있게 되고 온몸이 충분히 준비된 상태가 됩니다. 하지만 이 단계에 도달할 때까지 천천히 진행해야 해요. 한 번에 너무 많이 진행하면 지쳐 버리거든요.”

“다른 사람들을 인식하되 안심할 수 있도록 해야 합니다. 몸을 조금 자유롭게 움직일 수 있게 되면 전 이렇게 이야기하면서 유도해요. ‘다른 사람들과 눈을 마주치지 마세요. 바닥만 보고 이동합니다.’ 그럼 대부분은 생각하죠. ‘좋아, 그건 이미 하고 있었어.’ 제가 다시 이야기하죠. ‘자, 이제 곁에 지나가는 사람을 쳐다보세요. 하지만 계속 바라보지는 말고요.’ 이런 말도 합니다. ‘서로 시선이 딱 1초만 마주치도록 해 보세요.’, ‘이제 눈을 마주치지 말고 걸으세요⋯⋯. 다시 눈을 마주치고⋯⋯. 눈 마주치지 말고 걷다가, 이번에는 눈을 마주치고 그대로 조금 유지하세요⋯⋯. 너무 기네요. 그렇게 너무 길게 쳐다보는 건 상대방과 데이트하고 싶거나 싸우겠다는 의미가 돼요. 너무 길면 그렇게 됩니다.’”

“참가자들은 보통 평상시에는 그렇게 다양한 방식으로 남들과 눈을 맞춰 볼 일이 없어요. 마주 보고 이야기를 나누는 사람과도 그렇게 하지 못하죠. 상대가 안전한 사람인지 아닌지 모르기 때문에 그럴 수밖에 없어요. 그래서 우리는 눈을 마주치거나 누가 자신을 쳐다볼 때 도망치지 않아도 안전하다는 걸 가르쳐 주려고 해요. 조금씩, 아주 조금씩 말이죠⋯⋯.”

트라우마를 경험한 청소년들은 유난히 동시 동작을 어려워하는 특징이 있다. 트라우마센터의 ‘트라우마 연극’ 프로그램에서는 마주 보기 연습을 통해 다른 사람과 동작을 맞출 수 있도록 도와준다. 오른팔을 들면 상대방은 거울이 된 것처럼 왼팔을 들며 똑같이 따라 하는 연습을 하는 것이다. 제자리에서 빙글빙글 돌면 상대방도 같이 돈다. 그러면서 몸의 움직임과 얼굴 표정이 어떻게 변화하는지 서로 관찰하고, 자신의 자연스러운 움직임이 남들과 어떻게 다른지 살펴보고 익숙하지 않은 동작이나 표현을 할 때 어떤 기분이 드는지 느껴 본다. 거울처럼 따라 하면 다른 사람들이 자신을 어떻게 생각할까 덜 염려해도 되고 인지가 아닌 본능에 따라 상대방에게 맞추는 법을 터득할 수 있다. 서로 따라 하다가 무심코 깔깔 터져 나오는 웃음소리는 참가자들이 이제 안전하다고 느낀다는 신호로 해석할 수 있다.

서로에게 진정한 파트너가 되려면 먼저 상대를 믿을 수 있어야 한다. 두 명이 조를 이뤄 한 명은 눈가리개를 하고 파트너가 손을 잡고 이끄는 대로 따라가는 훈련은 특히 어린아이들이 아주 힘들어한다. 누군가의 리더가 되거나 약한 사람이 자신을 믿고 따르는 상황 역시 눈가리개를 하고 상대를 따라가는 것만큼 두렵게 느끼는 경우가 많다. 처음에는 이 동작을 겨우 10초에서 20초밖에 이어 가지 못하지만, 우리는 조금씩 더 노력해 보도록 격려해서 5분까지 늘리도록 한다. 훈련이 끝난 후 일부 참가자들은 연습하던 공간에서 나가 버리는 경우가 있는데, 누군가와 유대감을 느낀 것 자체가 이들에게는 정서적으로 감당하기 힘든 경험이기 때문이다.

트라우마를 경험한 아이들과 군인들은 자신의 감정이 드러나면 수치스러워하고 누군가와 몸이 닿을까 봐 두려워한다. 그래서 늘 남들과 팔 하나를 펼친 정도로 거리를 유지하려고 한다. 의사들도 마찬가지지만 연극 프로그램 연출가들은 참가자들이 마음을 차분하게 가라앉히고 자신과, 그리고 자신의 신체와 관계를 형성할 수 있도록 이끌어야 한다. 연극은 이들이 습관적으로 '설정'해 둔 자신의 신체와 관계를 맺고 동시에 그와 다른 방식으로 삶에 참여할 수 있도록 유도해 폭넓은 감정과 신체 감각을 경험하게 하는 특별한 수단이 될 수 있다.

어번 임프로브

내 아들 닉이 연극을 배운 곳은 보스턴 지역에서 오랫동안 활동해 온 예술 기관인 '어번 임프로브^{Urban Improv}'가 운영하던 한 단체였다. 아이는 그곳을 너무나 좋아해서 고등학교에 가서도 계속 그곳 사람들과 연락을 주고받았고, 대학에 진학한 뒤에는 첫 여름방학에 자원봉사자로 극단 일을 도왔다. 닉이 자원봉사를 하던 당시, 1992년부터 지역 학교들을 대상으로 수백 차례 워크숍 형태로 개최해 온 어번 임프로브의 학교 폭력 예방 프로그램은 그 효과를 평가하기 위한 연구비를 지원받았다. 닉은 어번 임프로브 측이 그 연구를 총괄할 사람을 찾고 있다는 이야기를 듣고, 총책임자인 키피 듀이^{Kippy Dewey}와 시사 캠피언^{Cissa Campion}을 찾아가 내 이야기를 하고는 내가 적임자인 것 같다고 이야기했다. 참 감사하게도 두 사람은 닉의 말에 동의했다.

그리하여 나는 어번 임프로브의 연출가 한 명과 연기를 가르치는 전문가 네 명, 음악가 한 명 등 다양한 분야 사람들로 구성된 팀과 함께 각 학교를 방문하기 시작했다. 이들은 학생들이 일상적으로 경험하는 문제들을 단막극으로 만들었다. 친구들 사이에서 발생하는 따돌림 문제나 질투, 라이벌 관계, 분노, 가족 문제 등이 단막극의 주제였다. 더 나이가 많은 학생을 위한 연극에는 연애 문제나 성병, 동성애를 혐오하는 감정, 학교 폭력 같은 주제가 등장했다. 학생들이 지켜보는 가운데 전문 연기자들이 무대에 등장해서 학교 식당에 새로 전학 온 친구를 쏙 빼놓고 둘러앉은 아이들의 모습을 연기한다. 이야기는 계속 흘러가다가 선택의 순간을 맞이한다. 가령 전학생이 자신을 깔아뭉개려는 다른 아이들에게 반응을 보이는 순간이 오면, 연출가는 잠깐 상황을 중단시킨다. 그리고 공연을 보던 학생들에게 누가 직접 배우 대신 전학생 역할로 연극에 참여해 그 상황에서 어떻게 느끼고 행동할지 보여 달라고 요청한다. 이 방법을 통해 학생들은 일상적인 문제를 어느 정도 감정적인 거리를 두고 지켜보면서 다양한 해결책을 생각해 볼 수 있다. 괴롭히는 아이들에게 맞설까, 다른 친구에게 이 상황을 이야기할까, 아니면 담임선생님을 모시고 오거나 부모님께 말씀드릴까?

연출가는 또 다른 자원자를 받아서 같은 역할을 맡아 다른 선택을 해 보도록 하고, 학생들은 어떤 결과가 나타나는지 지켜본다. 여러 가지 소도구와 의상이 참가자들이 처음 맡는 역할도 무리 없이 해낼 수 있도록 도와주고, 전체적으로 유쾌한 분위기 속에서 배우들의 적극적인 도움을 받아 연기를 해 볼 수 있다. 공연이 끝나면 그룹 토론 시간을 갖고 "학교에서 일어나는 일과 연극 장면은 어디가 비슷하고 어느 부분이 다른가?"와 같은 질문이나 "나라면 존중받기 위해서 어떻게 행동할까?", "우리는 서로 다른 사람들과 어떤 방식으로 적응하며 살아가는가?" 같은 질문을 던지고 서로 답해 본다. 공연에 직접 참가한 학생들이 떠오른 생각과 아이디어를 다양하게 제시하면서 토론은 활기차게 진행된다.

나를 포함해 트라우마센터의 연구진은 총 17개 학교에서 학년 수준에 따라 두 단계로 실시된 이 프로그램을 평가했다. 어번 임프로브 프로그램에 참가한 학급을 참가하지 않은 비슷한 다른 학급과 비교해 본 결과, 4학년생을 대상으로 한 프로그램에서 상당히 긍정적인 반응이 나온 것으로 확인됐다. 공격성, 협동성, 자기 통제에 관한 표준화된 평가 척도를 적용한 결과, 참가 학급에서는 싸우고 화를 분출하는 일이 크게 줄고 친구들과 협력하거나 자신의 권리를 주장하는 경우가 늘어났으며, 집중력과 학급 참여도도 증가했다.[11]

그런데 매우 놀랍게도 8학년생을 대상으로 한 프로그램에서는 이와 같은 결과가 나타나지 않았다. 4년의 시간 동안 무슨 일이 벌어졌기에 이런 반응 차이가 발생했을까? 우리 머릿속에 맨 처음 떠오른 건 우리가 각 학급을 방문한 직후에 받았던 인상의 차이였다. 4학년 교실을 방문하면 순수함이 가득한 커다란 눈망울의 아이들이 당황스러울 정도로 아주 적극적인 참여 의지를 보였다. 하지만 8학년 교실에서는 이와 반대로 시무룩하고 방어적인 아이들과 만나는 경우가 많았고, 자발성이나 열정을 보기 힘들었다. 사춘기가 시작되는 시점이 이 차이에 영향을 주는 것은 명백한 것 같은데, 다른 이유도 있지 않을까?

우리는 좀 더 깊이 파헤쳐 보았다. 그리고 저학년들에 비해 고학년 학생들 중 트라우마를 경험한 아이들이 두 배 이상 많다는 사실을 발견했다. 미국의 전형적인 도심 지역 학교들에서 만난 8학년생들이었지만, 모두 심각한 폭력 상황을 목격한 적이 있었다. 8학년생의 3분의 2는 사람을 칼로 찌르거나 총을 쏘는 모습, 살해, 가정 폭력을 5회이상 직접 보았다고 밝혔다. 데이터를 종합하자 폭력에 노출된 수준이 높을수록 그러한 일을 겪은 적이 없는 학생들보다 더 공격적인 성향을 보였고, 연극 프로그램이 행동에 큰 변화를 가져오지 못하는 것으로 나타났다.

우리 트라우마센터 연구진은 연습 기간을 늘리고 팀 활동과 이들이 경험하는 폭력 상황을 직접적인 주제로 다룬 대본을 쓰고 감정 조절 훈련과 함께 실시하는 집중 프로그램을 만들어서 이 아이들에게 적용하면 결과가 바뀌는지 알아보기로 결정했다. 이에 우리 연구진은 조지프 스피나졸라를 필두로 어번 임프로브의 배우들과 매주 만나 수개월에 걸쳐 대본을 작성했다. 배우들은 우리 센터의 심리학자들에게 즉흥극과 반영적 관찰(미러링), 정신적 붕괴, 대치, 웅크리기, 쓰러짐을 사실적으로 표현할 수 있는 정확한 신체적 조율에 대해 가르쳐 주었다. 그리고 우리는 배우들에게 트라우마를 자극하는 요소와 트라우마의 재현을 인지하는 법, 대처하는 방법을 알려 주었다.[12]

2005년 겨울부터 이듬해 봄까지, 우리는 이렇게 완성한 프로그램을 보스턴 공립 학교와 매사추세츠 교정국이 공동으로 운영하던 특수 일일학교에서 시험 운영했다. 학교와 감옥을 수시로 들락거리는 학생들로 인해 학교 환경은 혼란 그 자체였다. 모두가 범죄율이 높은 지역에 살고, 끔찍한 폭력에 노출된 경험이 있었다. 나는 그 정도로 공격적이고 시큰둥한 아이들을 처음 보았다. 새로운 도전 과제가 주어지면 혹평을 퍼붓고 반항적인 거부 반응부터 보이는 학생들과 매일 씨름하는 수많은 중학교, 고등학교 교사들의 삶에 그렇게 우리도 한 발짝 다가섰다.

그곳 아이들은 누군가 위험할 정도로 몸을 다쳐도 무조건 가해자 편을 든다는 사실을 발견하고 우리는 큰 충격을 받았다. 자신이 나약한 기미만 보여도 절대 못 견디는 아이들이라 타인이 약해진 모습도 받아들이지 못했다. 데이트 폭력에 관한 단막극을 시작하자 객석에 앉은 아이들 모두 피해를 입은 학생에게 경멸의 말을 퍼붓고, "저 계집 죽여 버려, 당해도 싸"와 같은 말을 소리쳤다.

전문 배우들 중에 몇몇은 처음에 일을 그만두고 싶어 했다. 너무나 못되게 구는 그 아이들을 보는 것 자체가 너무 고통스러웠기 때문이다. 그러나 정말 그만두지는 않았고, 나는 이 배우들이 마음 내키지 않는 와중에도 학생들이 다양한 역할을 맡아 보도록 조금씩 참여를 이끄는 모습에 깊은 인상을 받았다. 프로그램이 막바지에 다다를 무렵에는 나약한 모습이나 두려움을 표현하는 배역을 맡고 싶다고 당당하게 자원하는 학생들까지 생겼다. 프로그램 수료증을 받던 날, 몇몇 아이들은 배우들에게 감사의 마음을 담아 직접 그린 그림을 수줍게 건넸다. 눈물을 훔치는 사람들이 보였고, 나 역시 눈물이 흘렀다.

우리는 '트라우마 연극' 프로그램이 보스턴 전역 공립 학교의 8학년 정규 교육 과정 중 하나가 될 수 있도록 노력했지만, 행정 당국의 반대로 아쉽게 무산되고 말았다. 대신 정의자원연구소Justice Resource Institute에서 운영하는 거주형 치료 프로그램의 핵심 과정으로 채택되어 참으로 다행이지만, 전체적으로 각 지역 학교들마다 음악이나 연극, 미술, 체육 등 시대를 불문하고 아이들의 자신감과 협동심을 길러 주던 활동들이 점차 사라지는 추세인 것은 분명하다.

가능성 프로젝트

폴 그리핀이 이끄는 뉴욕시의 '가능성 프로젝트'에서는 배우들이 미리 만들어진 대본에 따라 연기하지 않는다. 대신 9개월 동안 참가자들과 매주 세 시간씩 만나 뮤지컬 한 편을 처음부터 끝까지 함께 쓰고 마지막에 수백 명의 관객 앞에서 공연한다. 지난 20년간 이어진 프로젝트답게 안정적인 제작진을 갖추고 전통을 유지하면서 명맥을 이어 가고 있다. 각 제작진은 학교를 갓 졸업한 신입들이 전문 연기자와 댄서, 음악가의 도움을 받아 각본 창작과 장면 설계, 안무 작업, 새로운 참가자를 선발하는 리허설을 모두 진행한다. 무엇보다 이 새내기 제작진들은 참가자들에게 효과적인 롤 모델 역할을 한다. 그리핀은 내게 이렇게 설명했다. "우리 프로그램을 시작할 때만 해도 학생들은 달라질 수 없을 거라고 확신합니다. 따라서 이런 프로그램을 다 같이 준비하는 과정은 이 아이들의 미래를 바꾸는 경험이 되는 것이죠."

2010년, 폴은 위탁 보호를 받는 청소년들을 위한 새로운 프로그램을 시작했다. 시설 거주가 가능한 연령이 지나 사회로 나간 아이들은 5년이 지난 후 60퍼센트가 범죄를 저지르고 75퍼센트가 공공기관의 지원을 받을 것으로 전망될 만큼 문제투성이 집단으로 여겨진다. 지역 대학에서 학위를 취득하는 경우는 겨우 6퍼센트로 예측된다.

우리 트라우마센터에서도 수많은 위탁 보호를 받는 아이를 치료해 왔지만, 그리핀은 내게 그 아이들의 삶을 새롭게 바라볼 수 있는 방법을 심어 주었다. "위탁 보호를 이해하는 과정은 외국의 다른 나라에 대해 배우는 것과 같습니다. 그곳에서 나고 자란 사람이 아니면 그곳의 언어를 쓸 줄 모르거든요. 위탁 시설에서 사는 청소년들은 너무나 혼란스러운 삶을 살아갑니다." 다른 아이들이 당연하게 느끼는 안정감과 사랑을 이곳 아이들은 스스로 찾아내고 만들어야 한다. 그리핀이 말한 '혼란스러운 삶'이란, 누군가 사랑을 담아 인자하게 대해도 이 아이들은 그게 무슨 의미인지, 자신이 어떻게 반응해야 하는지 모르는 경우가 많다는 걸 의미한다. 아이들은 예의 없는 행동을 더 익숙하게 느끼며, 냉소적인 태도를 보이면 곧바로 알아차린다.

그리핀은 이렇게 지적한다. "버림을 받으면 남을 믿지 못하는 사람이 됩니다. 위탁 보호를 받게 된 아이들은 버림받는 것이 무엇인지 잘 알죠. 그래서 아이들의 신뢰를 얻기 전에는 아무 영향도 줄 수가 없어요." 위탁 보호를 받는 아동들은 자신을 책임지고 있는 여러 사람에게 답을 얻어야 하는 경우가 많다. 가령 학교를 옮기고 싶으면 양부모와 학교 관계자, 위탁 보호 관리 기관에 모두 이야기해서 일을 처리해야 하고, 심지어 판사와 만나야 하는 경우도 있다. 이로 인해 아이들은 대인 관계에서 정치적인 요령을 습득하고 사람을 어떻게 다루어야 하는지 너무 잘 알게 된다.

위탁 보호를 받는 아이들 사이에서는 '영원함'이라는 단어가 큰 의미를 갖는다. '나를 신경 써 주는 어른이 딱 한 명만 있으면 된다'는 것이 이 아이들의 모토다. 하지만 십 대들은 어른들과 거리를 두려는 공통적인 특성도 있으므로, 그리핀은 십 대 시절에는 든든한 친구들에게서 영원성을 느끼는 것이 가장 이상적이라고 설명한다. 그가 만든 프로그램이 제공하려는 것도 바로 이 부분이다. 위탁 보호를 받는 아이들 사이에서 많이 쓰는 또 한 가지 단어는 '독립성'이다. 폴은 그 반대말이 '상호 의존'이라고 이야기한다. "우리는 모두 서로 의존하며 삽니다. 우리가 이 젊은이들에게 혼자 세상에 나가서 살라고 하고 그렇게 하는 아이들을 독립적이라고 칭한다면, 그건 미친 짓입니다. 상호 의존하는 방법, 즉 사람들과 관계를 맺는 방법을 우리가 가르쳐 주어야 합니다."

프로그램을 진행하면서, 폴은 위탁 보호를 받는 청소년들이 타고난 배우라는 사실을 발견했다. 비극적인 일을 연기하려면 그 감정을 표현하고 자신의 가슴 깊은 곳에서 찾아낸 슬픔과 상처를 끄집어내 새로운 현실을 만들어야 한다. 위탁 보호를 받는 젊은이들은 이런 감정을 너무나 잘 안다. 이들은 하루하루 생사를 건 투쟁을 벌인다. 프로그램이 진행될수록 아이들은 남과 협력하면서 타인의 삶에 중요한 역할을 하는 존재가 된다. 이 프로그램의 첫 단계는 그룹 형성이다. 첫 리허설에서는 기본적으로 지켜야 할 사항에 뜻을 모으는 시간을 갖는다. 책임감 갖기, 의무감 갖기, 존중하기, 애정이 느껴지면 표현하기, 그룹 내에서 성적인 관계를 맺지 말 것 등이 포함된다. 그런 다음 함께 노래하고 율동하면서 조화를 맞추어 나간다.

2단계에 접어들면, 각자 삶의 이야기를 공유한다. 다른 아이들의 이야기를 듣고 공감할 수 있는 경험이 있다는 사실을 깨달으면서 트라우마로 인한 외로움과 고립감을 떨쳐 낸다. 폴은 한 그룹에서 이 단계가 진행되는 모습이 담긴 영상 하나를 내게 보여 주었다. 자기소개를 해 보라는 요청이 주어지면 우선 아이들은 표정이 굳고 눈을 내리깔면서 어떻게든 자신의 존재를 그 자리에서 없애 버리려고 노력한다.

한 명씩 말을 하기 시작하고 특히 스스로가 중심이 되어 자기 목소리를 발견하기 시작하면 아이들 각자의 공연이 만들어지기 시작한다. 폴은 이 프로그램에서 작품은 아이들이 내놓는 이야기들로 만들어진다는 점을 강조한다. "너희가 뮤지컬이나 연극을 쓴다면 어떤 이야기를 하고 싶니? 처벌? 복수? 배신? 상실? 자신만의 공연이 될 만한 작품을 써 보면 된단다."

아이들이 하는 말을 전부 기록하고, 몇 명은 자신들만의 언어로 종이에 이야기를 쓰기 시작한다. 대본이 만들어지기 시작하면 제작진이 가담해 학생들의 이야기가 그대로 담긴 노래와 대화를 만든다. 아이들은 자신들이 겪은 일들을 구체적으로 제대로 표현한다면 다른 사람들이 귀를 기울인다는 사실을 깨닫는다. 그리고 자신의 감정을 느끼고, 알고 있는 사실들을 받아들이는 법을 배운다.

리허설이 시작되면 초점의 대상도 자연스럽게 바뀐다. 위탁 보호를 받는 아이들이 겪은 고통과 낯선 기분, 두려움은 더 이상 중심에 머무르지 않고, 그 자리를 '어떻게 하면 내가 최고의 배우, 가수, 댄서, 안무가, 조명 감독, 세트 디자이너가 될까?'라는 생각이 채운다. 특히 연기는 매우 중대한 단계에 해당된다. 자신감은 트라우마로 인한 무기력감을 꺾을 수 있는 가장 효과적인 방법이기 때문이다.

이와 같은 원리는 우리 모두에게 적용된다. 일이 잘 안 풀리거나, 잘나가던 사업이 실패하거나, 아끼는 사람이 곁에서 떠나거나 세상을 떠나 괴로울 때 몸을 움직이고 하기 싫어도 집중해야 하는 일을 하는 것만큼 도움이 되는 것도 없다. 그러나 대도시 빈민 지역 학교들이나 정신의학계에서 운영되는 여러 프로그램은 바로 이 사실을 간과하는 경우가 많다. 아이들이 '정상적으로' 행동하길 바라면서, 정작 아이들이 스스로를 정상으로 느낄 수 있도록 자신감을 키워 주지는 않는다.

연극 프로그램은 아이들에게 원인과 영향에 대해서도 가르쳐 준다. 위탁 시설 아이들의 삶은 예측이 불가능하다. 예고 없이 무슨 일이든 벌어질 수 있다. 자극을 받아 정신적 혼란에 빠질 수도 있고, 부모가 체포되거나 죽임을 당하는 장면을 두 눈으로 지켜보거나, 살던 가정에서 떠나 다른 집에 보내지기도 하고 새로 머물게 된 곳에서 호된 질책을 듣기도 한다. 연극을 제작하면서 아이들은 자신이 정한 결정과 행동이 어떤 결과를 가져오는지 직접 볼 수 있다. "아이들에게 자기 통제력을 심어 주려면, 아이들 대신 삶에 개입하지 말고 직접 자기 운명을 정할 수 있는 힘을 주어야 합니다." 폴은 이렇게 설명했다. "같이 작업하는 이 아이들을 도와주거나 고치거나 구해 줄 수는 없어요. 우리가 할 수 있는 건 그저 곁에서 함께 작업하면서 아이들이 자신의 비전을 이해하고 그것이 자기 속에 들어 있다는 사실을 깨닫도록 이끄는 것이죠. 그렇게 하면 통제력을 되찾아 줄 수 있습니다. 트라우마라는 단어를 단 한 번도 입에 올리지 않고도 트라우마를 치료할 수 있어요."

'셰익스피어 읽기'형을 선고받다

'법정에 간 셰익스피어' 프로그램에 참가하는 십 대들은 즉흥극에 참여하거나 자신의 삶이 담긴 극본을 쓰지 않는다. 이 프로그램의 참가 대상은 싸움, 음주, 절도, 재산권 관련 범죄를 저지르고 '유죄가 확정되어 범죄자 신분'이 된 아이들로, 버크셔 카운티의 소년법원 판사가 6주일간 일주일에 4일, 오후에 집중 연기 공부를 하도록 선고한 십 대들이다. 이들에게 셰익스피어란 낯선 외국과 다름없다. 프로그램 담당자인 케빈 콜먼은 내게, 아이들이 처음에는 분노와 의혹, 충격에 빠진 상태로 끌려와서 이런 걸 하느니 그냥 감옥에 들어가는 편이 낫겠다는 확신 어린 말들을 한다고 전했다. 그러나 이 아이들은 햄릿이나 마르쿠스 안토니우스, 헨리 5세의 대사를 익히고 가족들과 친구들, 소년법원 당국 대표자들로 구성된 관중 앞에서 셰익스피어 희곡 중 한 편을 압축한 줄거리대로 직접 무대 위에서 연기를 펼친다.

불안정한 환경에서 자라며 말로 표현할 방법을 알지 못했던 이 아이들은 폭력 장면에 자신의 감정을 담아낸다. 셰익스피어 작품에는 칼싸움 장면이 등장하고, 검술은 다른 무술들과 마찬가지로 아이들에게 공격성을 억제하면서 신체의 힘을 표현할 수 있는 기회를 제공해 준다. 담당자는 아이들에게 모두가 안전해야 한다는 점을 강조한다. 아이들은 검술을 좋아하지만 상대를 안전하게 지키려면 협상하고 말로 표현할 줄 알아야 한다는 것을 배운다.

셰익스피어가 작품을 쓰던 시기는 의사소통이 주로 '말'로 이루어지던 시대에서 생각을 '글'로 표현하는 시대로 세상이 변화하던 때로, 대부분의 사람들이 서명을 그냥 'X'라고 하던 시절이었다. 프로그램에 참가하는 아이들 역시 각자 전환기를 맞이한다. 아이들은 자신의 의사를 분명히 표현할 줄 모르는 경우가 많고, 아예 글을 못 읽는 아이들도 있다. 욕을 입에 달고 사는 아이들은 자신이 강한 존재임을 보여 주고 싶은 의미도 있겠지만 자신이 누구인지, 기분이 어떤지 전달할 수 있는 다른 언어를 모르기 때문에 그런 욕설을 하기도 한다. 그래서 언어의 풍성함과 잠재성을 알고 나면 가슴 깊이 즐거움을 느끼는 경우가 많다.

첫 단계에는 배우가 된 아이들이 셰익스피어가 하려는 말이 정확히 무엇인지 한 줄씩 공부한다. 연출가가 배우들의 귀에 단어를 하나씩 불러 주면, 아이들은 숨을 내쉬면서 대사를 읊는다. 맨 처음에는 대부분 대사를 따라 읽지도 못한다. 단어들을 천천히 내면화하는 과정이 필요하므로 전체적으로 이 과정은 더디게 진행된다. 아이들이 그 단어에서 무엇을 연상하느냐에 따라 목소리가 변하고, 대사에 깊이와 울림이 더해진다. 배우들이 언어에 대한 자신의 반응을 직접 느낄 수 있도록 하는 것, 그리하여 인물에 대해 이해하도록 하는 것이 이 프로그램의 핵심이다. '이 대사를 외워야 해'라는 생각 대신 '이 말들은 내게 어떤 의미가 있을까? 같이 연기하는 사람에게 내가 어떤 영향을 주는가? 상대방의 대사를 들으면 내게 어떤 반응이 나타나는가?'라는 생각을 해 보는 것이 중요하다.[13]

'셰익스피어 앤 컴퍼니'에서 훈련받은 배우들이 뉴욕 배스의 보훈부 메디컬센터에서 개최한 어느 워크숍에서, 나는 이 프로그램이 누군가의 인생을 바꾸어 놓을 수 있다는 사실을 깨달았다. 그 워크숍에서는 베트남전에 참전했던 군인으로 전년도에만 약물 중독 때문에 27번이나 입원했던 쉰아홉 살 래리가 〈줄리어스 시저Julius Caesar〉에서 브루투스 역할을 맡겠다고 자원했다. 예행연습이 시작되자 래리는 웅얼거리며 다급히 대사를 읊었다. 사람들이 자신을 보고 뭐라고 생각할지 걱정하는 얼굴이었다.

> 3월을 기억하게, 3월을 잊어선 안 돼.
> 위대한 시저가 정의를 위하여 피 흘리지 않았나?
> 어떤 놈이 그의 몸에 손을 대고 찔렀지.
> 정의 때문이 아니라면?

이렇게 시작되는 대사를 연습하는 데 족히 몇 시간은 걸린 것 같았다. 처음에 래리는 그 자리에 어깨를 잔뜩 움츠리고 가만히 서서 감독이 귀에다 불러 주는 단어를 반복하기만 했다. "기억하라 — 당신이 기억하는 것은 무엇인가? 너무 많은 걸 기억하는 건 아닌가? 아니면 너무 적게? 기억하라. 당신이 기억하고 싶지 않은 건 무엇인가? 기억한다는 건 무엇인가?" 래리의 목소리는 갈라지고, 눈은 바닥에 붙은 채 이마에는 땀이 맺혔다.

잠깐 휴식하고 물을 마신 다음, 다시 연습이 시작됐다.

"'정의' — 당신은 공정한 대우를 받았는가? 정의를 저버리고 후회한 적은 없는가? 당신에게 정의란 무엇인가? 아연실색한 적이 있는가? 어떤 기분이었는가? 그때 어떻게 대처하고 싶었는가? '찌르다.' 누군가를 칼로 찔러 본 적이 있는가? 누군가에게 등을 찔린 적이 있는가? 당신이 누군가의 등을 찔러 본 적이 있는가?" 이 지점에 이르자 래리는 밖으로 뛰쳐나갔다.

다음 날 래리는 다시 연습을 하러 왔다. 그리고 다시 모든 과정이 시작됐다. 래리는 무대에 서서 땀을 뻘뻘 흘리며 심장이 쿵쾅대는 가운데 머릿속을 지나가는 오만가지 연상에 시달렸다. 그리고 서서히, 입으로 읊고 있는 대사에 담긴 모든 단어와 의미를 그대로 느끼기 시작했다.

이 프로그램이 마무리될 무렵 래리는 7년 만에 처음으로 취직을 했다. 6개월 뒤에도 그 일을 계속하고 있다는 소식이 들려왔다. 자신의 내면 깊은 곳에서 감정을 경험하고 견디는 법을 배우는 것, 이 과정은 트라우마 극복에 반드시 필요하다.

'법정에 간 셰익스피어' 프로그램에서 학생들이 예행연습 중에 사용하는 특수한 언어는 무대 밖에서 사용하는 언어에도 영향을 준다. 케빈 콜먼은 아이들이 기분을 표현하려다 보면 대화를 제대로 나누지 못하게 된다고 이야기한다. "감정을 판단과 혼동하면 일 자체가 모호해집니다. '어땠어?'라고 물어보면 이 아이들은 '좋았어요'라거나 '별로였어요'라는 대답을 바로 내놓죠. 이런 대답에는 판단이 들어가 있어요. 그래서 우리는 한 장면을 연습한 다음에 절대로 '어땠어?'라고 물어보지 않아요. 판단을 주관하는 뇌 영역을 자극하는 질문이니까요."

대신 콜먼은 아이들에게 이런 질문을 던진다. "그 장면을 연습하면서 뭔가 특별한 느낌이 들진 않았니?" 아이들은 이 질문을 통해 "그가 그런 말을 할 때 화가 났어요", "상대역이 절 바라볼 때 겁이 났어요"처럼, 자신의 감정 경험을 설명하는 법을 배운다. 표현할 말을 찾지 못했던 아이들은 구체적인 감정의 경험과 '언어 속으로 들어가는' 과정을 통해 자신에게 다양한 감정이 존재한다는 사실을 깨닫는다. 더 많이 알게 될수록 호기심도 강해진다.

예행연습이 시작되면, 먼저 아이들은 허리를 곧게 펴고 서서 남을 의식하지 않고 무대 위를 마음대로 걸어 다니는 법부터 배운다. 그리고 극장 안에 있는 모든 사람에게 들리게끔 말하는 법도 배운다. 이 모든 것이 아이들에겐 엄청난 시련이다. 마지막 단계에서는 사람들을 마주 보고 공연을 펼친다. 무대 위로 걸어 나와서, 전혀 다른 형태의 두려움과 위험, 안전함을 동시에 경험하고 자신이 남을 신뢰할 수 있다는 사실을 발견한다. 잘 해내고 싶은 마음, 자신이 해낼 수 있다는 걸 보여 주고 싶은 마음이 서서히 고개를 든다. 케빈은 내게 〈햄릿 Hamlet〉에서 오필리아 역을 맡았던 한 소녀의 이야기를 들려주었다. 공연 당일, 케빈은 무대 뒤에서 대기 중이던 그 소녀를 만났는데, 휴지통을 꼭 끌어안고 있었다(너무 긴장해서 혹시 토하면 어쩌나 걱정되어 그런 거라고 설명했다). 새로운 위탁 가정에 배정될 때마다 수시로 도망치며 살았고, '법정에 간 셰익스피어' 프로그램도 몇 번 시작했다가 중도에 도망친 아이였다. 가능하면 아이들을 완전히 포기하지 않는 것이 이 프로그램의 취지이기에, 경찰과 담당 공무원은 소녀가 다시 이 프로그램에 참여하도록 데려온 것이다. 마침내 이 소녀는 자신이 맡은 역할이 그룹 전체에서 중요하다는 사실을 깨달은 것 같았다. 이 경험의 가치를 스스로 알아차린 것 같기도 했다. 최소한 공연 당일 도망치지 않기로 선택한 걸 보면 말이다.

치료와 연극

한번은 티나 패커가 방 안을 가득 메운 트라우마 치료 전문가들을 향해 이런 말을 던졌다. "치료와 연극은 직관적으로 작용합니다. 연구와는 반대편에 서 있기도 하죠. 사람들은 개인적인 경험이나 자기 부모가 겪은 일에서 어떻게든 한발 물러난 상태로 여러 가지 가설을 객관적으로 시험해 보려고 해요. 하지만 치료가 효과를 발휘하려면 마음 깊은 곳에서 주관적인 울림이 일어나야 합니다. 사실과 진실을 느끼는 그 깊은 감정은 몸 안에 존재합니다." 언젠가는 티나의 말이 틀렸음을 입증하고, 엄격한 과학적 방법과 체화된 직관의 힘을 결합할 줄 아는 사람이 나타날 수 있다는 생각을 나는 여전히 버리지 않았다.

'셰익스피어 앤 컴퍼니'에서 교사로 일하는 에드워드는 내게 어린 시절 티나 패커가 개최한 워크숍에 배우로 참가했던 일을 이야기해 주었다. 에드워드가 속한 그룹은 아침 훈련으로 몸의 근육을 풀기 위해 자연스럽게 심호흡하는 연습을 했다. 에드워드는 숨을 한 번 쉴 때마다 가슴뼈 한쪽에 왠지 슬픈 감정이 밀려오는 기분을 느꼈다. 담당 코치는 그 부위를 다친 적이 있느냐고 물었지만 그런 기억은 없었다.

그날 오후, 에드워드는 <리처드 2세Richard II>에서 왕권을 빼앗은 세력에게 왕이 불려가 왕관을 내놓으라는 말을 듣는 장면을 연습했다. 연습 후에 대화를 나누면서, 에드워드는 어머니가 자신을 임신한 상태로 갈비뼈가 골절된 사실을 기억해 냈다. 그리고 그 일로 자신이 조산아로 태어난 사실도 떠올랐다.

그는 내게 그때의 일을 이렇게 설명했다.

티나에게 제 머릿속에 떠오른 일들을 이야기하자, 갓 태어나 몇 달 동안 있었던 일에 대해 묻더군요. 전 인큐베이터 안에 있었으니 그때의 일은 기억이 나지 않았지만, 나중에 숨이 멎어서 병원 산소 텐트 속에 들어가 있던 일이 기억났어요. 삼촌 차에 타고 있었는데 절 응급실에 데려가려고 삼촌이 빨간불도 무시하고 마구 달렸던 일도요. 세 살 때 급성 유아 사망 증후군이 찾아왔을 때의 일이었어요.

티나는 계속 질문을 해 댔고, 저는 정말 괴로웠죠. 그 상처를 감싸려고 제가 둘러친 막을 티나가 마구 걷어내려고 하는 것 같아서 화를 내기 시작했어요. 그러자 티나가 이렇게 묻더군요. "의사들이 그 많은 주삿바늘을 찔러 댈 때 너무 괴로웠나요?"

그 말을 듣는 순간, 저는 고함을 치기 시작했어요. 밖으로 뛰쳐나가려고 했지만 같이 있던 아주 덩치 큰 배우 두 명이 절 붙들고는 의자에 앉혔어요. 온몸이 덜덜 떨렸어요. 티나가 다시 말했죠. "당신이 엄마가 됐다고 생각하고, 이 연극을 계속하세요. 당신이 엄마가 돼서 당신 스스로에게 생명을 주세요. 그렇게 할 수 있다고 스스로에게 말해 보세요. 당신은 죽지 않아요. 자신을 믿어야 합니다. 그 조그마한 아이가 죽지 않을 거라고 믿게끔 해야 해요."

전 그런 마음으로 리처드 왕의 대사를 받아들였어요. 처음에 대사를 할 때는 이 역할을 제대로 해내자고 다짐했을 뿐 내면 깊은 곳을 들여다봐야 할 필요성은 느끼지 못했죠. 하지만 마음을 들여다보게 되자 제가 기억하는 작은 아기가 리처드 왕과 같은 처지라는 생각이 분명하게 느껴지더군요. "난 내 왕관을 내놓지 않을 거야."라고 말하면서 말이죠. 왕위를 내려놓는 건 모든 에너지와 긴장을 몸에서 내보내는 것처럼 느껴졌어요. 조그마한 아기가 숨을 쉬지 못하고 죽으면 어쩌나, 괴로워하던 그 감정이 제 속에 막혀 있다가 표출할 길을 찾은 거예요.

제가 엄마가 되어 저 자신에게 괜찮을 거라고 말하라고 했던 티나의 방법은 정말 천재적이었죠. 과거로 돌아가 이야기를 바꾸는 것이나 다름없었으니까요. 언젠가는 나의 고통을 마음껏 표현해도 아무 문제 없을 거라는 확신을 갖게 되었고, 그건 제 인생에 너무나 소중한 시간이 되었어요.

그날 밤 저는 한 번도 느껴 보지 못했던 가장 황홀한 기분을 처음으로 느꼈어요. 제 몸에 남아 있던 긴장에서 풀려나 세상을 더 많이 느끼게 되면서 찾아온 기분이었던 것 같아요.

닫는 글

선택 앞에서

머지않아 우리 사회가 트라우마에 민감하게 반응할 것 같은 조짐이 보인다. 나와 같은 분야에서 연구하는 동료들이 트라우마가 마음과 뇌, 몸의 기능에 어떤 악영향을 주는지 밝힌 논문들이 거의 매일같이 발표되고 있다. '아동기의 부정적 경험 연구(ACE 연구)'는 생애 초기에 경험한 학대가 한 사람의 건강과 사회적 기능을 얼마나 크게 망가뜨리는지 보여 주었고, 제임스 헤크먼은 소득 수준이 낮고 각종 문제가 가득한 가정에서 태어난 아이들이 어린 시절에 도움을 받으면, 고등학교를 졸업할 확률이 높아지고 범죄율은 낮아지는 동시에 취업 확률은 증가하고 가정 폭력과 지역 사회에서 폭력을 행사할 확률은 낮아져, 결과적으로 얼마나 막대한 비용 절감 효과가 있는지 증명해 노벨상을 수상했다. 헌신적인 교사와 사회복지사, 의사, 치료사, 간호사, 자선가, 연극 연출가, 간수, 경찰, 명상 코치를 비롯해 내가 만난 전 세계 다양한 사람들이 이러한 데이터를 진지하게 받아들이고 더 효과적으로 도움을 줄 수 있는 방법은 없는지 쉼 없이 고민한다. 여기까지 이 책을 읽은 여러분도 그 노력에 동참한 셈이다.

신경과학의 발달로 우리는 트라우마가 뇌의 발달과 자기 조절력,

집중력을 유지하는 능력, 다른 사람들과 조화를 이루는 능력에 어떤 변화를 일으키는지 더 많은 부분을 알게 되었다. 정교한 영상 기술은 외상 후 스트레스 장애가 뇌의 어느 부위에 발생하는지 밝혀냈다. 이를 토대로 우리는 왜 트라우마를 경험한 사람들은 의욕이 없는지, 소리나 빛에 왜 그렇게 영향을 받는지, 아주 사소한 자극에도 폭발하거나 침잠해 버리는지 이해할 수 있다. 인생에서 경험하는 모든 일이 뇌의 구조와 기능을 바꾸고, 심지어 우리 아이들에게 전해 줄 유전자에도 영향을 준다는 사실까지 밝혀졌다. 트라우마 스트레스를 일으킨 근본적인 과정 중에 많은 부분을 알게 되면서, 자기 통제력과 자기 인식, 주의 집중과 관련된 뇌 영역들을 다시 활성화시키는 다양한 해결 방법들도 찾을 수 있게 되었다. 이제는 트라우마를 치료하는 방법뿐만 아니라 예방하는 방법도 조금씩 밝혀지는 추세다.

그러나 보스턴 블루힐 애버뉴 인근에서 차량 총격 사건이 벌어져 청소년이 사망했다는 뉴스를 접하거나 최근 들어 저소득층이 많이 사는 도시와 지역 학교에 배정되는 예산이 축소되었다는 기사를 읽은 날이면 나는 깊은 절망감을 느낀다. 부모가 실업 상태이거나 감옥에 들어가 있는 아이들을 대상으로 운영되던 급식 지원 사업을 의회가 냉정하게 없애 버리거나, 보편적인 의료 보건 제도를 반대하는 주장들이 장기간 고집스럽게 이어지거나, 환자의 정신적인 고통을 사회적인 조건과 결부시키지 않으려는 정신의학계의 둔감함을 느끼거나, 수많은 사람의 목숨을 앗아 가는 것 외에 다른 목적이라곤 찾을 수 없는 무기를 판매하거나 소지하지 못하게 하려는 정책을 거부하는 목소리들이 들리거나, 전체 인구 중 엄청난 비율이 수감 생활을 하는 바람에 수감자의 삶도 우리 모두의 자원도 낭비되는 이런 상황을 아무렇지 않게 생각하는 우리를 생각하면 지금 퇴보하고 있는 것 아닌가 하는 기분을 지울 수 없다.

외상 후 스트레스 장애에 관한 논의는 아직도 최근 제대한 군인들이나 폭발 테러 사건의 희생자들, 끔찍한 사고에서 살아남은 사람들에게 집중되는 경향을 보인다. 그러나 트라우마는 그보다 훨씬 규모가 방대한 공중 보건 문제이며, 나는 국민 전체의 행복을 위협하는 가장 큰 위협이라고 주장한다. 2001년 이후 함께 지내던 파트너나 가족의 손에 목숨을 잃은 미국인의 숫자는 이라크와 아프가니스탄 전쟁에서 발생한 사망자 수보다 훨씬 많다. 미국 여성들 중에서 가정 폭력으로 고통받는 사람의 숫자는 유방암 환자보다 두 배 더 많다. 미국 소아학회에서는 총기 사고로 숨지는 어린이의 수가 암으로 목숨을 잃는 아이들보다 두 배 더 많은 수준이라고 추정한다. 보스턴 곳곳에서 암 투병 환아들을 돕는 '지미 펀드Jimmy Fund' 광고지와 유방암, 백혈병 연구 기금을 모으기 위한 가두행렬은 수시로 볼 수 있지만, 트라우마를 겪은 아이들과 성인들에게 두려움과 분노, 좌절감과 향후 생길 수 있는 여러 문제에 대처하는 법을 가르쳐 주기 위해 큰 힘을 모으는 일은 다들 어색하게 생각하거나 반대하는 것 같다.

트라우마와 트라우마 치료에 대해 이야기하다 보면, 가끔 정치적인 사항은 제쳐 두고 신경과학적인 내용이나 치료에 관한 정보만 말해 달라고 요구하는 사람들을 만난다. 나도 트라우마를 정치와 분리하고 싶지만 지금처럼 근본 원인은 무시한 채 트라우마를 거부하고 치료하려 한다면 실패할 수밖에 없다. 현대 사회에서는 개개인이 안전하고 건강한 삶을 살 수 있는지를 유전 정보보다 생활 여건으로 훨씬 더 정확하게 예측할 수 있다. 소득 수준, 가족 구조, 사는 집, 고용 상태, 교육 기회에 따라 트라우마 스트레스가 발생할 위험성은 물론이고 그 문제가 발생했을 때 유용한 도움을 받을 수 있는지 여부가 결정된다. 빈곤, 실업, 열악한 학교 환경, 사회적 고립, 마음만 먹으면 총을 얼마든지 구할 수 있는 환경, 평균 수준에 미치지 못하는 주거 환경 같은 요소들은 모두 트라우마가 발생하는 원인으로 작용한다. 트라우마는 더 심각한 트라우마를 만들고, 상처는 사람으로 하여금 다른 사람에게 상처를 입히게 만든다.

남아프리카공화국에서 '진실과 화해 위원회'의 역할을 목격한 일은 총체적인 트라우마에서 회복되는 과정을 직접 확인할 수 있었던, 내 생애 가장 인상 깊은 경험이었다. 이들의 노력은 '우분투Ubuntu'라는 핵심 원칙을 바탕으로 삼는다. 우분투란 호사족의 언어로 자신이 가진 것을 공유하는 것, 즉 '내가 한 인간으로서 지닌 특성이 당신의 인간적인 특성과 불가피하게 결합된 상태'라는 의미다. 우리 인간이 지닌 공통의 인간성과 공통의 운명을 인지하지 않고는 진정한 치유가 불가능하다는 사실이 여기에 담겨 있다.

인간은 근본적으로 사회적인 존재다. 우리의 뇌는 다른 사람들과 함께 일하고 함께 놀 수 있도록 구성되어 있다. 트라우마는 이 사회 참여 시스템을 망가뜨려서 협력하고 보살피는 능력, 사회에 유익한 구성원으로 기능하는 능력을 저해한다. 이 책에서 우리는 약물 중독부터 자해 행동에 이르는 수많은 정신적 문제가 타인과 충분히 교류하지 못하거나 다른 사람으로부터 충분한 지지를 얻지 못해 생긴 그 견딜 수 없는 감정을 이겨 내기 위한 시도에서 시작된다는 사실을 확인했다. 그러나 트라우마를 겪은 아이들이나 성인들을 관리하는 기관들은 한 인간의 존재에 기본 토대가 되는 감정적 참여 시스템의 중요성을 간과하고 그저 '잘못된 생각'을 교정하거나 불쾌한 감정, 문제가 되는 행동을 억제하는 일에만 초점을 맞춘다.

사람은 자기 행동을 통제하고 변화시키는 법을 충분히 학습할 수 있지만, 이는 새로운 해결 방안을 시험해 볼 만큼 충분히 안심할 수 있을 때만 가능하다. 몸은 진실을 기억한다. 트라우마가 가슴이 터질 것 같은 느낌이나 속이 뒤틀리는 기분으로 몸에 남아 있다면, 가장 먼저 싸움-도주 상태에서 벗어나 위험에 대한 인식을 바꾸고 타인과 관계를 형성할 수 있도록 도와주어야 한다. 트라우마를 경험한 아이들 역시 합창, 체육, 쉬는 시간, 몸을 움직이는 모든 활동과 놀이, 그 밖에 즐겁게 참여할 수 있는 다양한 형태의 활동에서 배제되지 않아야 한다.

그러나 앞서 살펴보았듯이 내가 속한 정신의학 분야에서도 이런 문제를 줄이기보다 오히려 악화시키는 경우를 자주 볼 수 있다. 오늘날 정신과 의사들은 공장 조립 라인처럼 구성된 병원 진료실 안에 앉아서 환자들과 채 15분도 대화를 나누지 않고는 통증이며 불안감, 우울증을 완화시켜 주는 약을 나눠 준다. 이들이 하려는 말이란 "우리가 다 해결할 테니 그냥 맡겨 주시고, 하라는 대로 잘 따르면서 이 약을 드세요. 그리고 3개월 후에 다시 오세요. 술이나 (불법) 약물로 문제를 해결하려고 하시면 안 됩니다." 정도인 것 같다. 이런 압축적인 치료 방식으로는 환자가 자기 관리 능력이나 스스로를 이끄는 리더십을 키울 수 없다. 진통제 처방률이 걷잡을 수 없는 수준까지 치솟은 것도 이와 같은 접근 방식으로 파생된 비극적인 결과 중 하나일 것이다. 미국에서는 매년 진통제로 죽는 사람의 숫자가 총이나 자동차 사고로 발생하는 사망자보다 더 많은 실정이다.

약을 이용하는 비율은 점차 늘고 있지만, 약으로는 위와 같은 증상에 담긴 진짜 문제를 해결할 수 없다. 환자들이 이겨 내려고 애쓰는 것은 무엇일까? 내적, 외적으로 이들이 활용하는 자원은 무엇인가? 마음을 진정시키고 싶을 때 이들이 활용하는 방법은 무엇인가? 다른 사람들과 서로 아끼고 보살펴 주는 관계를 형성할 수 있는가? 신체의 힘과 생명력을 느끼고 몸이 편안한 기분을 느끼기 위해 이들은 어떤 노력을 하고 있는가? 다른 사람들과 적극적으로 관계를 맺고 있는가? 어떤 사람들이 이들을 제대로 파악하고, 사랑하고, 신경 써 주고 있는가? 이들이 겁날 때, 아이가 아플 때, 자기 몸이 아플 때 믿고 의지할 수 있는 대상은 누구인가? 사회의 일원으로 살면서 주변 사람들의 삶에 중요한 영향을 주면서 살아가는 사람인가? 집중하고, 주의를 기울이고, 선택할 줄 아는 능력을 키우려면 이들이 어떤 기술을 익혀야 하는가? 이들은 목적의식이 있는가? 이들이 잘하는 것은 무엇인가? 자신의 삶을 책임지고 이끈다는 기분을 느끼게 하려면 어떤 식으로 도와야 하는가?

나는 우리 사회가 아이들이 진정 필요로 하는 것에 제대로 초점을 맞춘다면, 각 가정에 제공되는 모든 형태의 사회적 지원이나 현재 미국에서 항상 논란이 되고 있는 그 지원에 관한 정책이 점차 적합하면서도 실행 가능한 형태가 될 수 있다고 믿는다. 미국의 모든 아이들이 부모가 직장에 나가거나 학교에 가 있는 동안 안심하고 맡길 수 있는 수준 높은 보육 시설을 이용할 수 있다면 얼마나 많은 변화가 생길까? 유치원부터 시작해 학교 시스템 전체가 아이들이 우수한 교사들과 함께 협동력, 자기 조절력, 인내력, 집중력을 키울 수 있는 곳이 된다면 어떤 결과가 나타날까?(시험을 치고 통과하는 일에 매달리게 만드는 대신, 이렇게 하면 아이들이 타고난 호기심을 발휘하고 더 잘하고 싶은 열의를 잃지 않을 것이며, 아무 희망 없다고 생각하거나 두려움을 느끼고 과잉 각성 상태가 되어 신체 기능이 정지해 버리는 일도 발생하지 않을 가능성이 크다.)

내 어릴 적 가족사진 중에는 누나(누가 봐도 나보다 훨씬 현명한 사람)와 여동생(나보다 의존성이 강한 아이) 사이에 끼여 앉은 내 모습이 보인다. 사진 속의 나는 나무로 된 장난감 배를 자랑스럽게 치켜들고 입이 귀에 걸릴 정도로 활짝 웃고 있다. "저 정말 대단한 아이 같지 않아요? 이 배는 또 얼마나 멋진지 한번 보세요! 와서 저랑 같이 놀지 않으실래요?" 이렇게 말하는 것 같다. 누구에게나 그런 자신감이 필요하다. 특히 아이들에게는 다른 사람이 자신을 알고, 지지해 주고, 소중히 아껴 준다고 느낄 때 생겨나는 그런 자신감이 더욱 필요하다. 그렇지 않으면 자신이 믿는 것, 지지하는 것, 헌신하고 싶은 것이 무엇인지 주장할 수 있게 해 주는 행위 주체 의식이 발달하지 못한다. 자신을 사랑해 주는 사람들이 진심으로 자신을 아껴 준다고 확신할 수만 있다면, 산도 넘고 사막도 건너고 과제를 끝내느라 밤도 거뜬히 새울 수 있다. 아이들이나 어른들 모두 자신이 믿는 사람, 자신에게 가치 있는 의견을 준다고 생각하는 사람을 위해서라면 무엇이든 할 수 있다.

반면 자신이 버려지고, 쓸모없고 존재감도 없는 존재라고 느끼면 어떤 일도 중요하게 느껴지지 않는다. 두려움은 호기심과 명랑함을 파괴시킨다. 건강한 사회로 만들기 위해서는 아이들이 안심하며 놀고 배울 수 있어야 한다. 호기심이 없으면 성장할 수 없으며, 자신이 누구인지, 중요하다고 생각하는 일이 무엇인지 열심히 탐구해 보고 시도해 보고 실수를 경험하지 못하면 적응 능력도 발달할 수 없다. 최근 미국 헤드스타트Head Start 프로그램*의 혜택을 받은 아이들 가운데 50퍼센트는 가족 중에 수감자가 있거나 가정에 우울증, 폭력, 학대, 약물 문제가 있고, 노숙 생활을 했던 기간이 있는 등 '아동기의 부정적 경험 연구(ACE 연구)'에서도 지표로 활용되는 부정적 상황을 세 가지 이상 경험한 것으로 나타났다.

자신이 안전하다고 느끼고 다른 사람과 의미 있는 관계를 형성했다고 느끼는 사람들은 약에 의존하거나 텔레비전 앞에 멍하니 앉아 화면만 응시하며 인생을 허비해야 할 필요성을 거의 느끼지 못한다. 위장에 탄산음료를 쏟아붓거나, 똑같이 이 세상을 함께 살아가는 다른 사람에게 폭력을 행사하지 않으면 못 견딜 것 같은 기분도 느끼지 않는다. 하지만 그 무엇도 자신의 처지를 바꿀 수 없다는 생각이 들

• 미국에서 저소득층 가정의 취학 전 아동들에게 다양한 분야의 교육을 무상으로 지원하는 제도

면 덫에 갇힌 것 같은 생각에 약물이나 범죄 조직, 극단주의자들이 만든 종교, 폭력적인 정치적 활동 등 고통을 덜어 주겠다고 약속하는 모든 사람과 모든 일에 쉽사리 유혹을 느낀다. ACE 연구에서 확인되었듯이, 아동 학대와 방치는 정신 질환 예방에 가장 큰 영향을 주는 단일 원인이자 약물과 알코올 남용으로 이끄는 영향력이 가장 큰 단일 요소다. 또한 당뇨병, 심장 질환, 암, 뇌졸중, 자살로 생이 끝나게 만드는 중대한 원인이기도 하다.

나는 정신의학 분야의 동료들과 함께 트라우마가 가장 큰 영향을 주는 대상인 아동과 청소년들을 돕는 일에 중점을 두고 있다. 그러한 취지로 2001년에 조직된 '전국 아동 트라우마 스트레스 네트워크NCTSN'는 현재 전국 150개 넘는 기관이 참여한 협력 네트워크로 발전했다. 이 네트워크에 소속된 각 기관에서는 학교와 청소년 관련 사법 제도, 아동 복지 시설, 노숙자 쉼터, 군대, 공동 주거 시설에 적용할 수 있는 다양한 프로그램을 개발해 왔다.

내가 속한 트라우마센터는 NCTSN의 '치료법 개발 및 평가' 지정 기관 중 한 곳이다. 센터 동료인 조지프 스피나졸라, 마거릿 블라우스타인Margaret Blaustein과 내가 아동과 청소년들을 위해 함께 개발한 포괄적인 프로그램들은 현재 하트포드와 시카고, 휴스턴, 샌프란시스코, 앵커리지, 로스앤젤레스, 뉴욕에서 활약 중인 여러 트라우마 전문가들의 도움을 받아 실행되고 있다. 우리 연구진은 2년에 한 번씩 미국 각 지역에서 연구를 진행할 만한 특정 지역을 선정한다. 주로 각 지역의 사람들에게 의견을 받아서 열정적이고 개방적이면서 평판이 좋은 지역 단체들을 찾아 그곳을 치료법이 확산될 수 있는 새로운 중심점으로 삼는다. 몬태나주 미줄라도 그렇게 선정된 지역 중 한 곳으로, 나는 그곳 동료들과 함께 2년 동안 블랙풋 원주민 보호 지역의 지역 문화를 반영한 트라우마 프로그램을 개발했다.

트라우마를 경험했거나 학대당하고 방치된 아이들에겐 자신을 바라봐 주고, 알아주고, 자신을 통제하는 법을 배우고, 행위 주체 의식을 키울 수 있는 학교에 다니면서 좋은 교육을 받는 것이 가장 희망적인 해결책이 될 수 있다. 이 아이들에게 학교는 혼란스럽기만 한 세상에서 안심하고 지낼 수 있는 섬이 되어, 몸과 뇌가 어떻게 기능하는지, 감정을 어떻게 이해하고 처리할 수 있는지 가르쳐 줄 수 있다. 또한 아이들이 사는 지역이나 가족 안에서 겪은 트라우마에 대처하기 위해 반드시 갖추어야 할 회복 능력도 학교가 키워 줄 수 있다. 부모가 쪼들리는 형편 때문에 어쩔 수 없이 직장 두 곳에 나가 일해야 하는 상황이거나 심각한 장애를 가진 경우, 혹은 정신적으로 무언가에 압도되었거나 우울해서 자녀가 필요로 하는 부분을 충족시켜 줄 수 없는 경우에는 학교가 대신 아이들에게 자기 자신을 이끄는 리더십을 가르치고 내면에 존재하는 자기 통제력을 일깨워 주는 곳이 되어야 한다.

우리 연구진이 학교에 들어서면, 보통 교사들은 "제가 사회복지사가 되고 싶었다면 사회복지를 전공했겠지요. 전 이 학교에 교사로 와 있는 겁니다"와 같은 반응을 보인다. 하지만 많은 교사가 머릿속에서 경고음이 끊임없이 울려 대는 아이들이 교실에 가득 차 있으면 수업도 할 수 없다는 사실을 힘겨운 경험을 통해 이미 잘 알고 있다. 누구보다 열정적인 교사와 학교도 아이들이 트라우마에 너무 심각하게 시달리며 공부할 수 없는 모습을 보면 좌절하고 아무 도움을 주지 못하는 것 같다고 느끼는 경우가 많다. 교사가 아이의 행동 문제에 제대로 대처하지 못하는 한, 이 아이들의 시험 점수를 올리려고 애써 본들 달라지는 건 아무것도 없다. 다행히 트라우마에 중점을 둔 치료법의 기본 원칙들은 매일 일상적으로 활용하는 방식으로 바꾸어 적용할 수 있으므로 이를 이용해 학교 전체의 문화를 바꿔 놓는 접근 방식으로 활용할 수 있다.

우리와 협력하는 교사들은 학대받고 방치된 학생들이 평범한 일상에서도 왜곡된 위험을 느낀다는 사실과 그 아이들이 보이는 극단적인 반응들이 대부분 트라우마 스트레스를 표출한 것임을 알면 상당히 놀라면서 깊은 관심을 보인다. 규칙에 저항하는 아이들은 말로 질책해도 무엇을 잘못했는지 납득시키기 힘들고, 미국 전역에서 점차 늘어나고 있다는 정학 처분을 내린다 해도 결과는 마찬가지다. 말썽을 일으키던 학생들의 행동이 자신의 고통을 표현하려다 좌절한 뒤에 시작된 것이며 아이가 살아남으려고 시작한 잘못된 시도임을 교사가 깨달았을 때 아이들을 바라보는 시각도 바뀌기 시작한다.

무엇보다 중요한 사실은 남들과 함께 있을 때 안심할 수 있어야 정신도 건강하다는 것이다. 타인과의 안전한 유대 관계는 의미 있고 만족스러운 삶을 형성하는 기본 토대가 된다. 따라서 교실에 상호 관계가 원만한 환경을 마련하는 것이 매우 중요한 과제라 할 수 있다. 즉 서로가 서로의 말에 진지하게 귀를 기울이고, 서로를 제대로 바라볼 수 있어야 한다. 학교 직원부터 교장, 스쿨버스 운전사, 교사, 교내식당 직원들까지, 우리는 교육 현장에서 일하는 모든 사람에게 트라우마가 아이들에게 끼친 영향을 인지하고 이해할 수 있도록 돕고 있다. 더불어 아이들이 안심하고 예측할 수 있는 환경에서 생활하고 자신의 존재를 누군가가 알고 봐 준다고 느끼는 일이 얼마나 중요한지 알리려고 노력한다. 교사들에게는 아침마다 아이 이름을 부르며 반겨 주고, 학생 한 사람 한 사람과 얼굴을 마주 보는 것이 중요하다는 사실을 설명한다. 워크숍이나 그룹 치료, 연극 프로그램도 마찬가지지만, 항상 어느 정도 시간을 내어 구성원 모두의 마음을 공유하는 것으로 하루를 시작할 필요가 있다.

우리가 만나는 아이들은 언어를 사용해 의사를 제대로 전달하지 못하는 경우가 많다. 자신을 향해 고함치고 명령하거나 시큰둥한 반응을 보이거나 아예 귀마개로 틀어막고 있는 어른들에게 너무 익숙해졌기 때문이다. 그래서 우리는 교사들에게 가장 먼저 감정을 전할 때 새로운 방식으로 해 볼 것을 권한다. 즉 기대하는 것을 언급하고 도움을 요청하는 것이다. 아이가 떼를 쓸 때 소리를 지르고 "그만 해!"라고 말하거나 벽을 마주 보도록 구석에다 혼자 앉혀 놓는 대신, "너 정말 속상하구나"와 같은 말로 자신이 아이의 상태를 알아챘다는 사실을 전하고 구체적으로 이야기해 주는 것이다. 또 "네가 편한 곳에 가서 앉으렴, 아니면 선생님 무릎에 앉을래?"와 같은 말로 아이가 직접 선택할 수 있도록 하고, "오늘 학교 끝나고 집에 가면 무슨 일이 생길까?" 같은 질문으로 아이가 자신의 감정을 표현할 말을 찾고 자기 기분을 생각해 볼 수 있도록 도와줄 수 있다. 아이가 안심하고 진실을 이야기할 수 있겠다고 느끼기까지 수개월이 걸릴 수도 있지만(절대 안전할 리 없다고 생각할 것이므로), 성인과 마찬가지로 아이들도 자신이 겪고 있는 일에 어떤 진실이 담겨 있는지 찾아가는 과정이 트라우마를 극복하는 데 핵심적인 역할을 한다.

아이들이 떼를 쓰거나 멍해서 집중을 못하거나 갑작스럽게 공격성을 보이면 일단 벌을 주도록 규칙으로 정해 놓은 학교가 많다. 하지만 이런 반응들은 모두 트라우마 스트레스 증상과 일치한다. 따라서 그와 같은 해결은 학교를 안전한 피난처가 아닌 또 다른 트라우마를 촉발시키는 장소로 만들 수 있다. 화를 내며 아이와 맞서거나 벌을 내리면 용납할 수 없는 행동을 일시적으로 중단시킬 수는 있지만, 그 행동의 바탕이 된 내면의 경보 시스템과 스트레스 호르몬은 진정되지 않은 상태로 남아 있다가 다른 자극이 주어지면 또다시 폭발한다.

이와 같은 상황에서 가장 먼저 해야 할 일은 아이가 속상하다는 사실을 인정하는 것이다. 그런 다음에 교사가 아이를 진정시키고, 원인을 찾아보고 해결책이 있는지 이야기한다. 예를 들어 초등학교 1학년생이 선생님을 때리고 물건을 마구 집어 던지며 난리를 피우면 우리는 교사에게 "거기 그 담요를 두르면 마음이 좀 진정될 텐데 그렇게 해 볼래?"와 같은 말을 부드럽게 건네는 방법으로 저지해 볼 것을 권한다(아이는 보통 "싫어요!"라고 소리치지만 곧 담요를 뒤집어쓰고 조용해진다). 예측 가능한 상황을 만들고, 기대를 분명히 표현하는 것도 중요하다. 또한 반드시 일관성이 있어야 한다. 혼란스러운 환경에서 살아가는 아이들은 어떻게 해야 사람들과 협력할 수 있는지도 전혀 모르는 경우가 많으므로, 일관성 없는 환경은 아이를 더 혼란스럽게 만들뿐이다. 트라우마에 민감한 교사들은 정신없이 날뛰는 아이에 대해부모에게 이야기하면 아이가 흠씬 두들겨 맞고 또다시 트라우마를 겪는 일이 발생할 확률이 높다는 사실을 금세 알아챈다.

우리가 하고 있는 이 모든 노력의 목적은 뇌 과학을 일상에서 실천할 수 있는 행동으로 바꾸는 것이다. 가령 자신의 행동에 책임감을느낄 만큼 마음을 충분히 가라앉히려면 우선 내면의 감각을 인식하는 곳이자 앞서 4장에서 신체의 관측소라고 설명한 뇌 영역이 활성화되어야 한다. 따라서 교사는 "자, 우리 숨을 깊게 쉬어 보자, 아니면 우리 '숨 쉬는 별'을 꺼내 볼까('숨 쉬는 별'은 다채로운 색깔의 파일로 만들수 있는 호흡 보조 도구다)?"와 같은 말을 건네거나, 아이를 교실 구석에앉히고 두툼한 담요를 둘러 준 다음 헤드폰으로 마음을 진정시켜 주는 음악을 듣도록 하는 방법을 활용할 수 있다. 안전한 장소에서 거친삼베로 된 천이나 벨벳의 촉감, 털이 보드라운 솔과 말랑말랑한 장난감이 가득 담긴 신발 상자 등으로 감각 자극이 주어지면 아이들을 진정시키는 데 도움이 된다. 마침내 아이가 이야기할 수 있는 상태가 되면, 무슨 일이 있었는지 이야기해 보라고 한 뒤 다시 다른 친구들에게돌아가도록 한다.

그보다 더 어린 아이들, 세 살 정도 된 유아들에게는 비누 거품 활동을 활용할 수 있다. 1분에 여섯 번 정도 거품을 불며 호흡하도록 하고 윗입술을 밀며 숨을 내보낼 때 더 집중하도록 하면 아이는 조금씩 진정되고 집중도도 높아진다. 우리 센터의 요가 강사들은 청소년기로 넘어가는 연령대의 아이들과 수업을 할 때 특히 자신의 몸과 '친해지고' 신체에서 발생하는 불안한 감각에 대처하도록 도와주는 일에 주력한다. 십 대 아이들이 습관적으로 약에 손을 대는 주된 이유가 몸에서 느껴지는 두려움과 분노, 무기력한 감각을 견딜 수 없기 때문이라는 사실을 모두가 잘 알고 있다.

광분하다가 꼼짝도 안 하는 극단적인 상태가 반복적으로 나타나는 아이들에게는 자기 통제력을 가르치면 도움이 된다. 모든 아이들은 읽기와 쓰기, 산수와 함께 자기 인식과 자기 통제, 의사소통 기술을 정규 교육 과정의 하나로 배울 수 있어야 한다고 생각한다. 역사와 지리를 가르치는 것처럼 뇌와 신체가 어떻게 작용하는지도 가르쳐 주어야 한다. 어른과 아이 모두 스스로를 통제하려면 우선 내적 세계를 잘 알아야 하고, 두려움, 혼란, 기쁨을 느끼게 하는 대상이 무엇인지 정확하게 구분할 수 있어야 한다.

감정 상태를 알려면 자신의 느낌을 구분하고 주변 사람들의 감정과 조율할 수 있어야 한다. 우리는 거울을 바라보게 하는 아주 단순한 활동으로 이를 유도한다. 아이들에게 거울을 보게 하면 자신이 슬프고, 화나고, 지루하고, 실망했을 때 어떤 모습인지 스스로 인지할 수 있다. 그런 다음 아이들에게 "저런 얼굴을 보니 어떤 기분이 드니?"와 같은 질문을 한다. 그러고는 뇌가 어떻게 구성되어 있고, 감정이란 무엇이며 몸 어디어디에 감정이 기록되는지, 또 주변 사람들에게 감정을 전달하려면 어떻게 해야 하는지 알려 준다. 아이들은 얼굴 근육들에 자신의 감정 상태가 담긴다는 사실을 알게 되고, 얼굴 표정이 다른 사람들에게 어떤 영향을 주는지 시험해 본다.

아이들이 신체 감각을 인지하고 구분할 수 있도록 이끌어 주면 뇌 관측소의 기능을 강화시킬 수 있다. 예를 들어 가슴이 답답하고 조이는 기분이 들면 긴장했다는 신호일 수 있고, 호흡이 얕아지면 초조한 상태일 수 있다. 화가 나면 어떤 기분이 들고 신체 감각은 어떻게 바뀌는가? 그러다 심호흡을 하거나 잠깐 줄넘기를 하거나 샌드백을 얼마간 치고 나면 어떤 변화가 생기는가? 지압점을 꼭꼭 눌러 보는 방법은 도움이 되는가? 우리는 아이들과 교사들, 그 밖에 보육 업무를 하는 사람들에게 이처럼 감정 반응에 대처할 수 있는 다양한 방법을 제공하려고 노력한다.

타인과 안심하고 대화하는 기틀이 되는 상호 관계의 형성도 거울을 이용해 연습할 수 있다. 아이들에게 거울을 보면서 다른 사람의 얼굴 표정을 따라 하게 하는 것이다. 이어 몸짓을 따라 하고 소리도 따라 내 보라고 한 뒤, 일어나서 동작도 따라 하도록 한다. 똑같이 따라 하려면 상대방에게 집중해서 열심히 보고 들어야 한다. '사이먼이 말하길'•과 같은 게임을 하다 보면 깔깔대는 웃음이 터져 나오게 마련이고, 이런 반응은 아이들이 안심하고 편안해한다는 신호로 볼 수 있다. 이런 '바보 같은 게임'에 선뜻 동참하지 않으려는 십 대 아이들이 있으면, 우리는 다 이해한다고 고개를 끄덕이며 인정해 주고 '너희 도움이 필요한' 어린아이들에게 게임 시범을 보여 주면 어떻겠냐고 부탁한다.

교사를 비롯해 학생들을 이끄는 리더들에게는 배구공을 최대한 오래 바닥에 닿지 않도록 서로 주고받는 단순한 활동으로도 그룹 전체의 집중력과 결속력을 높이고 재미를 느끼게 할 수 있다는 사실을 알려 준다. 이런 활동은 비싼 돈을 들이지 않고 할 수 있다. 일부 학교

• '사이먼이 말하길 오른팔을 드세요'와 같이 한 명이 명령을 내리면 나머지 아이들은 그 명령에 따라 행동하는 게임. 명령 앞에 '사이먼이 말하길'을 붙인 지시어만 유효하므로 집중해서 잘 들어야 한다.

에는 고학년 아이들을 위해 컴퓨터 게임을 하면서 집중력을 높이고 심박 변이도(16장에서 설명한 지표)를 향상시킬 수 있는 장비가 구비되어 있다. 우리 클리닉에서도 사용하는 이 장비들은 설치 비용이 2백 달러도 채 들지 않는다.

어른이나 어린이 모두 자신의 능력을 최대한 발휘한 뒤 찾아오는 성취감을 경험할 수 있어야 한다. 회복 능력은 주체 의식에서 나온다. 자신이 무엇을 할 수 있다는 것을 깨달으면 변화도 가능해진다. 팀을 이뤄 운동 경기를 하고, 합창에 참여하고, 악단의 일원으로 연주했던 일들이 얼마나 큰 의미가 있는지 모두가 잘 안다. 특히 구성원들을 믿어 주고 실력을 더 많이 발휘하게끔 이끌면서 더 잘 할 수 있다고 격려해 주는 코치나 감독이 있다면 그 경험은 더욱더 의미가 있다. 우리가 만나는 아이들도 바로 이런 경험이 필요하다.

운동, 음악, 춤, 연극 모두 주체 의식과 공동체 의식을 길러 준다. 이와 같은 활동들은 아이들에게 새로운 과제를 안겨 주고 익숙하지 않은 역할을 부여한다. 내 친구인 캐롤린 뉴버거Carolyn Newberger와 엘리 뉴버거Eli Newberger는 산업화 이후 황폐해진 뉴잉글랜드의 한 지역에서 '엘 시스테마El Sistema'를 진행하고 있다. 베네수엘라에서 처음 시작된 엘 시스테마는 오케스트라를 꾸리고 음악을 가르치는 프로그램이다. 또 내 제자들 중 몇 명은 보스턴에서 범죄율이 높기로 악명 높은 지역에서 학교 방과 후 프로그램으로 브라질 무술 춤인 카포에이라capoeira를 가르친다. 우리 트라우마센터의 '트라우마 연극' 프로그램도 계속 이어지고 있다. 나는 이 프로그램에서 작년에 두 소년이 <줄리어스 시저>의 한 장면을 연기할 수 있도록 3주 동안 지원했다. 굉장히 나약하고 부끄러움을 많이 타던 아이가 브루투스 역할을 맡아 온 힘을 다해 카시우스를 무너뜨리는 대사를 하고, 부패한 관리인 카시우스 역할은 이 아이와 같은 반이면서 약한 아이들을 괴롭히던 소년이 맡아서 제발 살려 달라고 애걸하는 대사를 했다. 가해자인 아이가 아버지의 폭력 문제를 털어놓고, 자신은 절대 그 누구에게도 약한 모습을 보이지 않으리라 결심했다고 이야기한 후에야 이 장면은 제대로 묘사되기 시작했다(다른 아이들을 괴롭히는 아이들은 대부분 자신이 괴롭힘을 당한 경험이 있고, 이들은 보통 과거 나약했던 자신의 모습을 떠올리게 만드는 아이들을 경멸한다). 브루투스 역을 맡은 아이 역시 가정 폭력으로 자신의 존재가 눈에 띄지 않도록 애써 왔다는 사실을 드러낸 후에 비로소 힘찬 음성으로 대사를 할 수 있었다.

이처럼 누군가와 공동으로 집약적인 노력을 해 보는 경험은 아이들이 협력하고, 타협하고, 주어진 일에 집중력을 잃지 않도록 한다. 긴장감이 높아질 수도 있지만, 아이들은 코치나 감독에게 인정받고 싶고 팀 전체에 피해를 주고 싶지 않다는 생각에 계속 노력한다. 이와 같은 감정이나 생각은 무차별적인 학대에 힘없이 당하거나 무시당하는 현실에 자신의 존재를 지워 버리려고 노력하고 트라우마로 우울하고 고립된 삶을 사는 것과 상반된다.

NCTSN 프로그램은 효과를 나타내고 있다. 이 프로그램에 참가한 아이들은 덜 불안해하고 정서적인 반응도 증가하고 공격성이나 내향성을 드러내는 경향도 감소한다. 전체적으로 잘 지내고 학교 성적도 좋아지며, 주의력 결핍이나 과잉 행동, '적대적 반항' 문제도 감소한다. 부모들은 아이가 잠을 더 잘 잔다는 소식도 전한다. 이 아이들에게나 아이들 주변에서는 여전히 끔찍한 일들이 벌어지지만, 이제는 그 일에 대해 이야기할 줄 알고 남을 신뢰하고 필요한 도움을 얻기 위해 자원을 이용할 줄 알게 된다. 타고난 협동심과 안전, 상호 관계, 상상력 등 각자가 지닌 반응 능력을 활용할 수 있게 되면 치료가 성공을 거두었다고 할 수 있다.

트라우마는 자신의 나약함과 끊임없이 대면하게 만든다. 또한 인간이 다른 인간에게 가하는 비인간적인 행위에 대처하도록 만들지만, 동시에 월등한 회복 능력을 발휘하게 한다. 내가 아주 오랜 세월 동안 이 일을 할 수 있었던 이유는, 인간이 가진 즐거움과 창의성, 의미, 유대감 등 인생을 살아갈 만한 가치가 있는 것으로 만들어 주는 여러 요소의 원천을 트라우마를 통해 탐구할 수 있었기 때문이다. 내가 만난 수많은 환자가 견뎌야 했던 일들을 생각하면 과연 내가 겪었어도 이겨 낼 수 있었을지 상상조차 할 수 없지만, 나는 이들이 나타내는 증상들이 모두 각자가 가진 힘이며 생존하기 위해 터득한 방법이라고 생각한다. 수많은 사람이 그 고통스러운 경험에도 불구하고 누군가의 소중한 파트너가 되고 부모가 되며 모범적인 선생님, 간호사, 과학자, 예술가로 살아간다.

사회의 변화를 이끄는 훌륭한 인물들은 대부분 개인적인 경험을 통해 트라우마를 잘 알게 될 기회가 있었다. 오프라 윈프리Oprah Winfrey, 마야 안젤루Maya Angelou, 넬슨 만델라Nelson Mandela, 엘리 비젤 Elie Wiesel 같은 사람들이 떠오른다. 통찰력이 뛰어난 인물들이 살아온 이야기를 찾아서 읽어 보면, 모두 고난을 이겨 내는 과정에서 그러한 통찰과 열정이 생겨났다는 사실을 알 수 있다.

사회도 마찬가지다. 가장 대대적인 발전은 트라우마를 계기로 얻은 결과물인 경우가 많다. 남북 전쟁 이후 노예제도가 폐지되었고, 대공황 이후 사회보장제도가 신설되었으며 제2차 세계 대전을 끝낸 뒤 만들어진 미국의 '제대군인원호법'은 경제적으로 풍족한 중산층 비율을 늘렸다. 공중 보건 분야에서 현재 가장 시급한 문제는 트라우마고, 우리는 어떻게 해야 이 문제에 효과적으로 대처할 수 있는지 잘 알고 있다. 알고 있는 사실대로 행동할 것인지는 이제 우리의 선택에 달려 있다.

감사의 글

이 책은 트라우마를 경험한 사람들이 그 경험에 어떻게 대처하고 그 일을 겪은 후 어떻게 생존하고 치유되었는지 30여 년간 연구한 결실이다. 나는 그 30여 년 동안 임상 현장에서 트라우마를 겪은 남성들과 여성들, 아이들과 만나고 동료들, 학생들과 무수한 토론을 벌였다. 또한 점차 발전해 가는 과학을 활용해 우리의 마음과 뇌, 몸이 감당하기 힘든 경험에 어떻게 대처하는지, 그 경험에서 어떻게 회복되는지 연구했다.

먼저 내가 이 책을 쓰고 마침내 출판할 수 있도록 도와준 사람들부터 언급하고 싶다. 담당 편집자 토니 버뱅크Tony Burbank와는 2년 넘는 시간 동안 책에서 다룰 내용의 범위와 기관, 세부적인 내용에 대해 매주 수차례 이야기를 나누었다. 토니는 이 책에서 내가 다루려는 내용을 진심으로 이해해 주었고, 이를 토대로 책의 형식과 내용을 정할 수 있었다. 내 에이전트인 브레튼 블룸Brettne Bloom은 이 작업의 중요성을 이해하고 책이 나올 수 있는 곳으로 출판사 바이킹Viking을 찾아 주었다. 그리고 중요한 순간마다 꼭 필요한 도움을 제공해 주었다. 바이킹에서 내 책의 편집을 맡아 준 릭 콧Rick Kot은 귀중한 의견을 제공해 주고 편집 방향을 정해 주었다.

트라우마센터에서 함께 일하는 동료들과 학생들은 집필하는 동안 이 책의 에너지원이자 실험실, 지지대 역할을 해 주었다. 또한 30년 동안 우리가 해 온 노력과 냉정한 현실을 내가 끊임없이 상기하도록 해 주었다. 모든 이름을 언급할 수는 없지만, 조지프 스피나졸라와 마거릿 블라우스타인, 로슬린 무어Roslin Moore, 리처드 제이컵스Richard Jacobs, 리즈 워너Liz Warner, 웬디 단드레아Wendy D'Andrea, 짐 호퍼Jim Hopper, 프랜 그로스만Fran Grossman, 알렉스 쿡Alex Cook, 말라 주커Marla Zucker, 케빈 베커Kevin Becker, 데이비드 에머슨, 스티브 그로스, 데이나 무어, 로버트 메이시Robert Macy, 리즈 라이스스미스Liz Rice-Smith, 패티 레빈Patty Levin, 니나 머레이, 마크 게이픈Mark Gapen, 캐리 패코어Carrie Pekor, 데비 콘Debbie Korn, 베타 드 보어 반 데어 콜크까지, 모두가 큰 도움을 주었다. 정의자원연구소의 앤디 폰드Andy Pond와 수전 웨인Susan Wayne도 물론 빼놓을 수 없다.

내가 트라우마 스트레스를 이해하고 연구할 수 있도록 이끌어 주고 그 과정을 함께해 준 가장 중요한 분들도 떠오른다. 알렉산더 맥팔레인과 오노 반 데어 하트, 루스 라니우스, 폴 프리웬, 레이철 예후다, 스티븐 포지스, 글렌 색스, 자크 판크세프, 자넷 오스터만Janet Osterman, 줄리언 포드Julian Ford, 브래드 스톨백Brad Stolback, 프랭크 퍼트넘, 브루스 페리, 주디스 허먼, 로버트 피누스Robert Pynoos, 버솔드 제르손스Berthold Gersons, 엘러트 네이엔하위스, 아네트 스티릭피셔Annette Streeck-Fisher, 마릴린 클루아트르Marylene Cloitre, 댄 시겔Dan Siegel, 엘리 뉴버거, 빈센트 펠리티, 로버트 앤다Robert Anda, 마틴 테이처와 애착 관계에 대해 설명해 준 동료 에드워드 트로닉, 칼렌 라이온스루스, 베아트리체 비브 등이 도움을 주었다.

피터 러바인과 팻 오그던, 앨버트 페소는 1994년에 트라우마 스트레스가 신체에 주는 중요한 영향에 대해 쓴 나의 논문을 읽고 내게 신체에 대해 가르쳐 주었다. 아직도 이들에게 계속 배우는 중이고, 그 지식은 요가와 명상을 가르쳐 준 스티븐 코프과 존 카밧진, 잭 콘필드 Jack Kornfield를 만나 더욱 확대되고 있다.

세번 피셔는 내게 뉴로피드백을 맨 처음 가르쳐 준 사람이고, 에드 햄린과 래리 허슈버그Larry Hirshberg는 배운 내용을 더 확장시켜 주었다. 내면 가족 체계 치료를 가르쳐 준 리처드 슈워츠는 이 책에서 실제 치료에 관한 부분을 쓸 때도 도움을 주었다. 키피 듀이와 시사 캠피언은 연극 치료의 세계로 나를 안내해 주었다. 그리고 티나 패커는 연극 치료를 적용하는 방법을 가르쳐 주었고 앤드루 보스윅레슬리 Andrew Borthwick-Leslie는 상세한 치료 방법을 일러 주었다. 애덤 커밍스 Adam Cummings, 에이미 설리번Amy Sullivan, 수전 밀러Susan Miller가 없었다면 이 책에서 다룬 수많은 프로젝트가 절대 성공적으로 끝날 수 없었을 것이다.

리시아 스카이는 내가 책을 쓰는 일에만 집중할 수 있는 환경을 만들어 주었다. 각 장마다 너무나 소중한 의견을 제시하고, 예술적 재능을 발휘해서 다양한 일러스트레이션을 그려서 기꺼이 기부해 주고, 신체의 지각과 임상 사례에 관한 자료가 들어간 부분에도 도움을 주었다. 믿고 의지하는 내 비서 앤절라 린Angela Lin은 수없이 찾아온 위기 상황을 잘 처리해 주고 배가 전속력으로 쭉 항해할 수 있도록 해 준 사람이다. 에드 쇤베르크Ed Schonberg와 이디스 쇤베르크Edith Schonberg는 배가 폭풍우를 피할 수 있는 쉼터 같은 역할을 수시로 해 주었고, 베리 골든손Barry Goldensohn과 로리 골든손Berry Goldensohn은 문학 비평가 역할도 하고 영감도 제공해 주었다. 내 두 아이들, 하나Hana와 니컬러스Nicholas는 이 세상의 새로운 세대들은 누구나 이전 세대와 확연히 다르다는 사실과 함께 모든 삶은 특별하다는 사실을 내게 보여 주었다. 삶의 주인공이 발휘하는 창의적인 행위들은 유전적 특징과 환경, 문화적인 측면으로만 해석할 수 없다는 것도 두 아이들 덕에 알게 되었다.

마지막으로 전부 한 명씩 이름을 말하고 싶은 내 환자들, 이 책에서 소개한 그 많은 분이 내가 알고 있는 지식의 거의 모든 것을 가르쳐 주었다. 내겐 환자들이 진정한 교과서다. 모두 인간이 어떠한 장애와 맞닥뜨리더라도 삶을 의미 있게 만드는 생명력의 진수를 지니고 있음을 몸소 증명해 보였다.

트라우마 발달 장애 진단 기준에
관한 합의안

대인 관계에서 만성적으로 트라우마에 노출된 아동과 청소년들이 임상 현장에서 발견된다는 현실을 반영해 '트라우마 발달 장애' 진단 기준을 도입한다면, 의사들은 효과적인 치료법을 개발하여 이용하고 학자들은 대인 관계에서 장기간 겪은 폭력의 신경학적 특성과 전파를 연구할 수 있다. 끊임없이 위험을 느끼고 잘못된 대우를 받으며 부적절한 양육 환경 속에서 발달한 아이들은 외상 후 스트레스 장애 증상이 나타나는지 여부와 상관없이 현행 진단 시스템으로는 제대로 된 치료를 받지 못한다. 이 아이들은 아무런 진단을 받지 못하거나 실제 상태와 무관한 여러 가지 진단을 받는 경우가 많다. 또한 대인 관계 트라우마를 고려하지 않고 행동 제어에만 중점을 두거나, 증상의 원인을 찾으려 하면서도 환자가 느끼는 안전 수준을 고려하거나 증상의 바탕이 된 발달상의 문제를 개선시키려는 노력에는 관심을 두지 않는 일이 허다하다.

　트라우마 발달 장애 진단 기준에 관한 합의안은 2009년 2월, 전국 아동 트라우마 스트레스 네트워크NCTSN 소속 특별위원회가 마련했다. 의학박사 베셀 A. 반 데어 콜크와 로버트 S. 피누스가 이끈 해당 위원회의 구성원으로 단테 치케티Dante Cicchetti 박사와 마릴린 클루아트르 박사, 웬디 단드레아 박사, 줄리언 D. 포드 박사, 알리시아 F. 리버먼Alicia F. Lieberman 박사와 의학박사 프랭크 W. 퍼트넘, 글렌 색스, 조지프 스피나졸라, 브래들리 C. 스톨바흐 박사, 의학박사 마틴 테이처가 참여했다. 이 합의안은 실증적 근거들이 담긴 문헌과 임상 전문가들의 지식, NCTSN 소속 의사들이 실시한 연구 결과, 그리고 NCTSN 치료 센터를 비롯해 각 주 단위 아동 복지 시스템, 정신의학과 외래 진료 시설, 청소년 구류 시설 등 수많은 임상 기관과 아동 복지 서비스 기관에서 수집한 데이터들의 예비 분석 결과를 토대로 마련되었다. 아직까지 유효성과 질병의 유병률, 증상의 역치, 임상 치료 시설에 관한 조사가 전향적인 데이터 수집, 분석을 통해 이루어지지 않은 상태이므로 이 합의안을 작성된 내용 그대로 『정신 질환 진단 및 통계 편람DSM』에 공식적인 진단 항목으로 포함시킬 수는 없으며, 복합적인 트라우마를 겪은 수많은 아이들과 청소년들에게서 임상적으로 가장 뚜렷하게 나타나는 증상이 담긴 자료로 보는 것이 적절하다. 본 합의안은 2009년에 시작되어 현재까지 이어지고 있는 '트라우마성 발달 장애' 현장 연구의 방향을 제시했다.

트라우마성 발달 장애의 진단 기준에 관한 합의안

A. **노출.** 아동기 또는 초기 청소년기부터 최소 1년 동안 아래를 포함한 부정적인 사건을 다수 또는 장기적으로 경험했거나 목격한 어린이나 청소년에 해당한다.

    A-1. 대인 관계 관련 심각한 폭력 사건을 반복적으로 직접 경험하거나 목격한 경우

A-2. 1차 양육자가 반복적으로 변경되어 양육 과정에서 제공된 보호 수준이 현격히 악화된 경우, 1차 양육자와 반복적으로 분리된 경우, 심각한 정서적 학대에 지속적으로 노출된 경우

B. **정서적, 생리학적 조절 장애.** 아동이 흥분 조절 측면에서 다음 중 최소 두 가지를 포함해 정상적인 발달 기능이 손상된 징후를 보이는 경우에 해당한다.

B-1. 극단적인 감정 상태(두려움, 분노, 수치심 등)를 조절하거나 견디지 못하며 해당 상태에서 회복되지 못하고 극심한 짜증을 장기적으로 표출하거나 정상적으로 움직이지 못하는 등의 증상을 보이는 경우

B-2. 신체 기능을 적절히 조절하지 못하는 경우(수면, 음식 섭취, 배설에 지속적인 문제를 겪는 경우, 신체 접촉과 소리에 대한 과잉 반응이나 과소 반응, 일상적인 이동 중에 방향감각을 소실하는 경우 등)

B-3. 감각, 정서, 신체 상태에 대한 인지 기능 감소 또는 해리

B-4. 감정 및 신체 상태를 설명하는 능력의 약화

C. **주의력 및 행동 조절 장애.** 아동이 꾸준히 집중하고 학습하거나 스트레스에 대처하는 기능과 관련하여 다음 중 최소 세 가지를 포함해 정상적인 발달 기능이 손상된 징후를 보이는 경우에 해당한다.

C-1. 위험 요소에 집착하거나, 안전 신호 및 위험 신호를 오인하는 등 위험을 인지하는 기능에 문제가 발생한 경우

C-2. 극단적인 위험을 감수하려고 하거나 스릴을 느낄 수 있는 일을 찾아다니는 등 자기 보호 능력에 문제가 발생한 경우

C-3. 부적응 행동으로 자기 위안을 얻으려는 시도(몸 흔들기 등 리

드미컬한 움직임, 충동적인 자위 행위 등)

　　C-4. 습관성(고의적 또는 비고의적) 자해 또는 반응성 자해

　　C-5. 목표 지향적 행동을 시작하지 못하거나 유지하지 못하는
　　　　경우

D. **자기 및 관계 형성 조절 장애.** 아동이 자신의 자기를 인식하고 다른 사람과 관계를 형성하는 데 있어서 다음 중 최소 세 가지를 포함해 정상적인 발달 기능이 손상된 징후를 보이는 경우에 해당한다.

　　D-1. 양육자나 자신이 사랑하는 사람의 안전에 과도하게 집착하
　　　　거나(조숙한 양육 행동 포함), 이들과 분리되면 다시 만날 때
　　　　까지 견디기 힘들어하는 행동

　　D-2. 자기혐오, 무기력함, 무가치함, 무능함, 결함 등 자신에 관한
　　　　부정적인 생각을 지속적으로 갖고 있는 경우

　　D-3. 어른이나 또래 친구들과 친밀한 관계를 형성하는 데 있어서
　　　　극도의 불신을 지속적으로 나타내고 반항하거나 상호 관계
　　　　를 형성하지 못하는 경우

　　D-4. 또래 친구들, 양육자, 다른 어른들에게 신체적, 언어적으로
　　　　공격적인 반응을 보이는 경우

　　D-5. 접촉을 통해 친밀함을 느끼기 위하여(성적 친밀감, 신체적 친
　　　　밀감 포함) 부적절한 행동(과도한 행동, 난잡한 행동)을 시도
　　　　하거나, 또래 친구나 어른으로부터 안전한 느낌과 확신을
　　　　얻으려고 과도하게 의존하는 경우

　　D-6. 공감적 각성 기능에 문제가 발생하여 타인이 표현하는 고통
　　　　에 공감하지 못하거나 견디지 못하며 타인의 고통에 과도한
　　　　반응을 보이는 경우.

E. **외상 후 스펙트럼 증상.** 아동이 외상 후 스트레스 장애 증상 그룹 중 B, C, D 가운데 최소 두 그룹에 해당하는 증상을 최소 한 가지 이상 나타내는 경우에 해당한다.

F. 문제(트라우마성 발달 장애 진단 기준 B, C, D, E에 명시된 증상)가 최소 6개월 이상 지속되는 경우에 해당한다.

G. **기능 이상.** 위와 같은 문제로 인해 다음 중 최소 두 가지 기능에 임상학적으로 심각한 문제가 발생하거나 손상된 경우에 해당한다.

- 학업 능력
- 가족 관계
- 또래 친구 관계
- 법률상의 기능
- 건강
- 직업(고용, 자원봉사, 직업 훈련 기회를 찾거나 구한 청소년의 경우)

B. A. 반 데어 콜크, 「트라우마성 발달 장애 : 복합적인 트라우마 이력을 가진 아동을 위한 합리적인 진단을 위하여」, 『정신의학 기록*Psychiatric Annals*』, 35, no.5(2005) : 401~408.

트라우마와 트라우마 치료에 관한 전반적인 정보

- 정의자원연구소(Justice Resource Institute)의 트라우마센터. 필자가 의학 책임자로 있는 본 센터의 웹사이트에 방문하면 특정 인구 집단을 위한 수많은 자료와 다양한 치료법, 강의, 교육 과정에 관한 정보를 확인할 수 있다. www.traumacenter.org.

- 데이비드 볼드윈(David Baldwin)이 운영하는 트라우마 정보 사이트에는 트라우마 스트레스 분야의 의사와 연구자를 위한 정보가 나와 있다. http://www.trauma-pages.com/.

- 전국 아동 트라우마 스트레스 네트워크(NCTSN). 청소년을 위한 효과적인 치료법, 트라우마에 관한 훈련, 교육 자료와 여러 치료법에 관한 평가 등 부모, 교육자, 판사, 아동 복지기관, 군대 관계자, 치료사를 위한 정보들이 제공된다. http://www.nctsnet.org/.

- 미국심리학회. 트라우마를 겪은 사람들과 그 주변 사람들을 위한 다양한 지침과 자료가 제공된다. http://www.apa.org/topics/trauma/.

- 아동기의 부정적 경험 연구(ACE 연구). 다양한 웹사이트에서 ACE 연구와 그 결과에 관한 정보를 얻을 수 있다. http://acestoohigh.com/got-your-ace-score/, http://www.cdc.gov/violenceprevention/acesstudy/, http://acestudy.org/.

- '외상 후 스트레스 장애(PTSD)가 준 선물' 사이트에서 제공하는 생존자, 양육자용 정보(Gift from Within PTSD Resources for Survivors and Caregivers). giftfromwithin.org.

- 데어 앤 백 어게인(There & Back Again). 군인들의 행복한 삶을 지원하는 비영리 단체로, 전투 군인들이 겪는 모든 갈등 해소를 돕고 사회 적응에 필요한 지원을 제공한다. http://thereandbackagain.org/.

- 헬프프로 세러피스트 파인더(HelpPRO Therapist Finder). 트라우마 등 각종 문제의 해결을 도와주는 각 지역 전문가에 관한 포괄적인 정보를 확인할 수 있다. 특정 연령군을 전문적으로 치료하는 치료사, 비용 지불 방식 등이 함께 제공된다. http://www.helppro.com/.

- 시드런 재단(Sidran Foundation). 트라우마 기억에 관한 정보 등 트라우마 극복에 필요한 전반적인 정보를 제공한다. www.sidran.org.
- 트라우마톨로지(Traumatology). 그린크로스 트라우마학회(Green Cross Academy of Traumatology)에서 발행하는 전자 잡지로, 찰스 피글리(Charles Figley)가 편집장을 맡고 있다. www.greencross.org/.
- 파일럿(PILOTS) 데이터베이스. 다트머스대학교에 마련된 데이터베이스로 외상 후 스트레스 장애에 관한 전 세계 문헌 자료를 검색할 수 있다. 국립 외상 후 스트레스 장애(PTSD) 센터에서 제작했다. http://search.proquest.com/pilots/?accountid=28179.

정부기관에서 제공하는 자료

- 국립 PTSD 센터 사이트에서는 'PTSD 분기별 검색' 링크를 비롯해 행동과학부, 임상신경과학부, 여성건강과학부 등 센터 세부 부서가 제공하는 정보들을 확인할 수 있다. http://www.ptsd.va.gov/.
- 법무부의 '범죄 피해자 사무국'. 미국과 전 세계에서 발생한 범죄 피해자들을 위한 다양한 정보를 제공한다. 정부가 운영하는 희생자 경제 지원 프로그램에 관한 정보도 확인할 수 있으며, 해당 정보에는 미국 연방 정부가 범죄 피해자 지원을 위해 각 지역에서 운영 중인 프로그램과 연락처, 주소, 전화번호, 이메일 등이 함께 제공된다. http://ojp.gov/ovc/.
- 국립 정신건강연구소. http://www.nimh.nih./health/topics/post-traumatic-stress-disorder-ptsd/index.shtml.

트라우마와 기억에 관한 정보 제공 사이트

- 짐 호퍼(Jim Hopper)가 운영하는 사이트(Jim Hopper.comInfo)에서는 트라우마 회복단계와 회복된 기억, 트라우마 기억에 관한 포괄적인 문헌 검토 자료가 제공된다.
- 리커버드 메모리 프로젝트(The Recovered Memory Project). 브라운대학교의 로스 체이트(Ross Cheit)가 수집하여 종합한 자료들이 제공된다. http://brown.edu/academics/taubman-center/.

약물 치료 정보

- 전투 군인의 PTSD 치료 약물에 관한 정보. 보스턴 보훈부 외래 병동의 정신과 전문의 조너선 셰이(Jonathan Shay) 제공. http://www.dr-bob.org/tips/ptse.html, webMD 사이트. http://www.webmd.com/drugs/condition=1020-post+traumatic+stress+disorderaspx?diseaseid=10200diseasename=post+traumatic+stress+disorder

트라우마 연구와 정보 제공에 주력하는 전문가 단체

- 국제 트라우마 스트레스 연구학회. www.istss.com.
- 유럽 트라우마 스트레스 연구학회. www.estss.org.
- 국제 트라우마·해리 연구학회(ISSTD). http://www.isst-d.org/. 특정 치료법에 관한 정보를 제공하는 전문가 단체.

특정 치료법에 관한 정보를 제공하는 전문가 단체

- 국제 EMDR 협회(EMDRIA). http://www.emdria.org/.
- 감각운동연구소(팻 오그던이 설립한 단체). http://www. sensorimotor-psychotherapy. org/home/index.html.
- 체성감각의 경험에 관한 정보(피터 러바인이 설립한 단체). http://trauma-healing. com/somatic-experiencing/index.html.
- 내면 가족 체계 치료에 관한 정보. http://selfleadership.org/.
- 페소 보이든 정신 운동 시스템(PBSP) 치료에 관한 정보. PBSP.com.

연극 치료 프로그램 (청소년 트라우마 환자를 위한 프로그램 예시)

- 어번 임프로브(Urban Improv)에서는 즉흥극 워크숍을 열어 폭력 예방, 갈등 해소, 의사결정 방법을 가르친다. http://www.urbanimprov.org/.
- 뉴욕시에서 진행하는 '가능성 프로젝트'. http://the-possibility-project.org/.
- 법정에 간 셰익스피어. http://www.shakespeare.org/education/foryouth/shakespeare-court/.

요가와 마음챙김 명상

- http://givebackyoga.org/.
- http://www.kripalu.org/.
- http://www.mindandlife.org/.

더 읽을거리

아동의 트라우마에 관한 자료

- Blaustein, Margaret, and Kristine Kinniburgh. *Treating Traumatic Stress in Children and Adolescents: How to Foster Resilience through Attachment, Self-Regulation, and Competency*. New York: Guilford, 2012.
- Hughes, Daniel. *Building the Bonds of Attachment*. New York: Jason Aronson, 2006.
- Perry, Bruce, and Maia Szalavitz. *The Boy Who Was Raised as a Dog: And Other Stories from a Child Psychiatrist's Notebook*. New York: Basic Books, 2006.
- Terr, Lenore. *Too Scared to Cry: Psychic Trauma in Childhood*. Basic Books, 2008.
- Terr, Lenore C. *Working with Children to Heal Interpersonal Trauma: The Power of Play*. Ed., Eliana Gil. New York: Guilford Press, 2011.
- Saxe, Glenn, Heidi Ellis, and Julie Kaplow. *Collaborative Treatment of Traumatized Children and Teens: The Trauma Systems Therapy Approach*. New York: Guilford Press, 2006.
- Lieberman, Alicia, and Patricia van Horn. *Psychotherapy with Infants and Young Children: Repairing the Effects of Stress and Trauma on Early Attachment*. New York: Guilford Press, 2011.

심리 치료

- Siegel, Daniel J..*Mindsight: The New Science of Personal Transformation*. New York: Norton, 2010.

- Fosha D., M. Solomon, and D. J. Siegel. *The Healing Power of Emotion: Affective Neuroscience, Development and Clinical Practice* (Norton Series on Interpersonal Neurobiology). New York: Norton, 2009.
- Siegel, D., and M. Solomon. *Healing Trauma: Attachment, Mind, Body and Brain* (Norton Series on Interpersonal Neurobiology). New York: Norton, 2003.
- Courtois, Christine, and Julian Ford. *Treating Complex Traumatic Stress Disorders (Adults): Scientific Foundations and Therapeutic Models.* New York: Guilford, 2013.
- Herman, Judith. *Trauma and Recovery: The Aftermath of Violence—from Domestic Abuse to Political Terror.* New York: Basic Books, 1992.

트라우마 관련 신경과학

- Panksepp, Jaak, and Lucy Biven. *The Archaeology of Mind: Neuroevolutionary Origins of Human Emotions* (Norton Series on Interpersonal Neurobiology). New York: Norton, 2012.
- Davidson, Richard, and Sharon Begley. *The Emotional Life of Your Brain: How Its Unique Patterns Affect the Way You Think, Feel, and Live—and How You Can Change Them.* New York: Hachette, 2012.
- Porges, Stephen. *The Polyvagal Theory: Neurophysiological Foundations of Emotions, Attachment, Communication, and Self-regulation* (Norton Series on Interpersonal Neurobiology). New York: Norton, 2011.
- Fogel, Alan. *Body Sense: The Science and Practice of Embodied Self-Awareness* (Norton Series on Interpersonal Neurobiology). New York: Norton, 2009.
- Shore, Allan N. *Affect Regulation and the Origin of the Self: The Neurobiology of Emotional Development.* New York: Psychology Press, 1994.
- Damasio, Antonio R. *The Feeling of What Happens: Body and Emotion in the Making of Consciousness.* Houghton Mifflin Harcourt, 2000.

신체 중심 접근법

- Cozzolino, Louis. *The Neuroscience of Psychotherapy: Healing the Social Brain,* second edition (Norton Series on Interpersonal Neurobiology). New York: Norton, 2010.
- Ogden, Pat, and Minton, Kekuni. *Trauma and the Body: A Sensorimotor Approach to Psychotherapy* (Norton Series on Interpersonal Neurobiology). New York: Norton, 2008.
- Levine, Peter A. *In an Unspoken Voice: How the Body Releases Trauma and Restores Goodness.* Berkeley: North Atlantic, 2010.

- Levine, Peter A., and Ann Frederic. *Waking the Tiger: Healing Trauma.* Berkeley: North Atlantic, 2012
- Curran, Linda. *101 Trauma-Informed Interventions: Activities, Exercises and Assignments to Move the Client and Therapy Forward.* PESI, 2013.

안구운동 민감소실 및 재처리 요법 EMDR

- Parnell, Laura. *Attachment-Focused EMDR: Healing Relational Trauma.* New York: Norton, 2013.
- Shapiro, Francine. *Getting Past Your Past: Take Control of Your Life with Self-Help Techniques from EMDR Therapy.* Emmaus, PA: Rodale, 2012.
- Shapiro, Francine, and Margot Silk Forrest. *EMDR: The Breakthrough "Eye Movement" Therapy for Overcoming Anxiety, Stress, and Trauma.* New York: Basic Books, 2004.

해리 문제

- Schwartz, Richard C. *Internal Family Systems Therapy* (The Guilford Family Therapy Series). New York: Guilford, 1997.
- O. van der Hart, E. R. Nijenhuis, and F. Steele. *The Haunted Self: Structural Dissociation and the Treatment of Chronic Traumatization.* New York: Norton, 2006.

커플

- Gottman, John. *The Science of Trust: Emotional Attunement for Couples.* New York: Norton, 2011.

요가

- Emerson, David, and Elizabeth Hopper. *Overcoming Trauma through Yoga: Reclaiming Your Body.* Berkeley: North Atlantic, 2012.
- Cope, Stephen. *Yoga and the Quest for the True Self.* New York: Bantam Books, 1999.

뉴로피드백

- Fisher, Sebern. *Neurofeedback in the Treatment of Developmental Trauma: Calming the Fear-Driven Brain.* New York: Norton, 2014.
- Demos, John N. *Getting Started with Neurofeedback.* New York: Norton, 2005.
- Evans, James R. *Handbook of Neurofeedback: Dynamics and Clinical Applications.* CRC Press, 2013.

트라우마로 신체에 발생하는 영향

- Mate, Gabor. *When the Body Says No: Understanding the Stress-Disease Connection.* New York: Random House, 2011.
- Sapolsky, Robert. *Why Zebras Don't Get Ulcers: The Acclaimed Guide to Stress, Stress-Related Diseases, and Coping.* New York: Macmillan 2004.

명상과 마음챙김

- Zinn, Jon Kabat and Thich Nat Hanh. *Full Catastrophe Living: Using the Wisdom of Your Body and Mind to Face Stress, Pain, and Illness,* revised edition. New York: Random House, 2009.
- Kornfield, Jack. *A Path with Heart: A Guide Through The Perils and Promises of Spiritual Life.* New York: Random House, 2009.
- Goldstein, Joseph, and Jack Kornfield. *Seeking the Heart of Wisdom: The Path of Insight Meditation.* Shambhala Publications, 2001.

정신 운동 치료

- Pesso, Albert, and John S. Crandell. *Moving Psychotherapy: Theory and Application of Pesso System-Psychomotor Therapy.* Brookline Books, 1991.
- Pesso, Albert. *Experience In Action: A Psychomotor Psychology.* New York: New York University Press, 1969.

주석

여는 글 | 트라우마와의 대면

1. V. 펠리티(V. Felitti) 연구진, 「아동 학대 및 가정의 기능 상실과 성인기의 다양한 주요 사망 원인의 관계 : 아동기 부정적 경험(ACE) 연구」, *American Journal of Preventive Medicine*, 14, no. 4(1998) : 245~258.

1장 베트남전 참전 군인들이 알게 해 준 교훈

1. A. 카디너(A. Kardiner), 『전쟁 트라우마 신경증(*The Traumatic Neurosis of War*)』(뉴욕 : P. Hoeber, 1941). 이후에 나는 제1차 세계 대전과 제2차 세계 대전 시기에 발표된 전쟁 트라우마 관련 교과서를 다수 발견했다. 그러나 에이브럼 카디너는 1947년에 다음과 같은 글을 남겼다. "전쟁으로 인해 발생한 신경성 장애는 지난 25년간 대중과 정신의학계로부터 상당히 변덕스러운 관심을 받아 왔다. 제1차 세계 대전 이후 거세게 일었던 대중의 관심은 길게 유지되지 않았고 정신의학계도 마찬가지였다. 이로 인해 이 증상에 관한 지속적인 연구는 이루어지지 않았다."
2. 위와 동일한 저서, 7쪽.
3. B. A. 반 데어 콜크(B. A. van der Kolk), 「청소년의 외상 후 스트레스 장애 취약성」, *Psychiatry* 48(1985) : 365~370.
4. S. A. 헤일리(S. A. Haley), 「환자가 잔혹 행위를 진술할 때 : 베트남전 참전 군인 대상 특정 치료법들」, *Archives of General Psychiatry* 30(1974) : 191~196.
5. E. 하트만(E. Hartmann), B. A. 반 데어 콜크(B. A. van der Kolk), M. 올필드(M. Olfield), 「악몽에 시달리는 사람들에 관한 예비 연구」, *American Journal of Psychiatry* 138 (1981) : 794~797 ; B. A. 반 데어 콜크 연구진, "Nightmares and Trauma : Life-long and Traumatic Nightmares in Veterans," *American Journal of Psychiatry* 141(1984) : 187~190.
6. B. A. 반 데어 콜크(B. A. van der Kolk), C. 듀시(C. Ducey), 「트라우마 경험의 심리적 처리 과정 : PTSD에서 나타나는 로르샤흐 검사의 패턴」, *Journal of Traumatic Stress* 2(1989) : 259~274.
7. 일반적인 기억과 달리 트라우마 기억은 조각 난 감각과 감정, 반응, 이미지들이 현재 시점에 계속해서 재현된다. 예일대학교의 도리 롭(Dori Laub)과 나넷 C. 아우어한(Nanette C. Auerhahn)이 실시한 홀로코스트 기억에 관한 연구들과 로런스 L. 랭거(Lawrence L. Langer)의 저서 『홀로코스트 증언 : 기억의 폐허(*Holocaust Testimonies : The Ruins of Memory*)』를 비롯하여 피에르 자네(Pierre Janet)가 1889년, 1893년, 1905년에 밝힌 트라우마 기억의 특성

을 통해 그와 같은 현상을 보다 체계적으로 파악할 수 있었다. 이 연구에 대해서는 기억에 관한 내용을 다룬 장에서 논의할 예정이다.

8. D. J. 헨더슨(D. J. Henderson), 『정신의학 종합 교과서(Comprehensive Textbook of Psychiatry)』 중 '근친 성폭력(Incest)'에 관한 부분, A. M. 프리드먼(A. M. Freedman), H. I. 캐플런(H. I. Kaplan) 편집, 제2판. (볼티모어 : Williams & Wilkins, 1974), 1536.

9. 위와 동일한 도서.

10. K. H. 실(K. H. Seal) 연구진, 「집까지 따라온 전쟁 : 보훈부 시설에서 만난 이라크전과 아프가니스탄 참전 후 돌아온 미군 10만 3,788명의 정신 건강 문제」, Archives of Internal Medicine 167, no. 5(2007) : 476~482; C. W. 호지(C. W. Hoge), J. L. 오크터로니(J. L. Auchterlonie), C. S. 밀리켄(C. S. Milliken), 「이라크전 또는 아프가니스탄전 군인들의 복귀 후 정신 건강 문제와 정신 건강 의료 서비스 이용, 약체화」, Journal of the American Medical Association 295, no. 9(2006) : 1023~1032.

11. D. G. 킬패트릭(D. G. Kilpatrick), B. E. 손더스(B. E. Saunders), 「아동 학대 발생률과 결과 : 전국 청소년 조사 결과, 최종 보고서」(사우스캐롤라이나 찰스턴, 국립 범죄피해자연구 및 치료 센터와 사우스캐롤라이나 의과대학교 정신의학 및 행동과학과, 1997).

12. 미국 보건복지부, 아동청소년가족국, 「아동 학대 2007」, 「아동 학대 2009」. 동 기관의 아동국에서 작성한 「아동 학대 2010」, 「아동 학대 2011」도 함께 참고하기 바란다.

2장 마음과 뇌의 이해, 그 혁신적 변화

1. G. 로스 베이커(G. Ross Baker) 연구진, 「캐나다 부정적 경험 연구 : 캐나다 내원 환자의 부정적 경험 발생률」, Canadian Medical Association Journal 170, no. 11(2004) : 1678~1686; A. C. 맥팔레인(A. C. McFarlane) 연구진, 「정신의학과 일반 입원 환자군의 외상 후 스트레스 장애」, Journal of Traumatic Stress 14, no. 4(2001) : 633~645; 킴 T. 뮤저(Kim T. Mueser) 연구진, 「중증 정신 질환 환자의 트라우마와 외상 후 스트레스 장애」, Journal of Consulting and Clinical Psychology 66, no. 3(1998) : 493; 미국 국립 트라우마 컨소시엄, www.nationaltraumaconsortium.org.

2. E. 블로일러(E. Bleuler), 『조발성 치매 또는 조현병 환자군(Dementia Prae-cox or the Group of Schizophrenias)』, J. 진킨(J. Zinkin) 번역(워싱턴 DC : International Universities Press, 1950) : 227.

3. L. 그린스푼(L. Grinspoon), J. 이월트(J. Ewalt), R. I. 세이더(R. I. Schader), 「만성 조현병의 심리 치료와 약물 치료」, American Journal of Psychiatry 124, no. 12(1968) : 1645~1652. 동일 저자들이 쓴 저서 『조현병 : 심리 치료와 약물 치료(Schizophrenia : Psychotherapy and Pharmacotherapy)』(볼티모어 : Williams & Wilkins, 1972)도 함께 참고하기 바란다.

4. T. R. 인셀(T. R. Insel), 「신경과학 : 우울증을 비춘 환한 빛」, Science 317, no. 5839(2007) : 757~758. C. M. 프랜스(C. M. France), P. H. 리세이커(P. H. Lysaker), R. P. 로빈슨(R. P. Robinson), 「화학적 불균형의 시각으로 본 우울증 : 기원, 일반인들의 지지, 임상적 영향」, Professional Psychology : Research and Practice 38(2007) : 411~420.

5. B. J. 디컨(B. J. Deacon), J. J. 리켈(J. J. Lickel), 「정신 질환에 관한 뇌 질환 모델」, Behavior Therapist, 32, no. 6(2009).

6. J. O. 콜(J. O. Cole) 연구진, 「지연성 운동 장애, 연구와 치료(Tardive Dyskinesia, Research and Treatment)」(뉴욕 : Plenum, 1979), R. C. 스미스(R. C. Smith), J. M. 데이비스(J. M. Davis), W. E. 판(W. E. Fahn) 편집 중 '지속적 운동 장애 환자 대상 약물 시험(클로자핀)'에 관한 부분.

7. E. F. 토리(E. F. Torrey), 『그림자 밖으로 : 미국의 정신 질환 위기와 직면하다(Out of the Shadows : Confronting America's Mental Illness Crisis)』(뉴욕 : John Wiley & Sons, 1997). 그러나 다른 요소들도 그와 같은 감소에 똑같이 중대한 영향을 주었다. 1963년 케네디 대통령이 마련한 '지역 사회 정신보건법'도 그중 하나로, 연방 정부가 정신 건강 관리 비용을 부담하고 지역 단위로 정신 질환자를 치료하는 주 당국에 보상하는 내용을 담고 있다.

8. 미국 정신의학회 명명위원회. DSM-3 개정 실무단, 『정신 질환 진단 및 통계 편람(DSM)』 (American Psychiatric Publishing, 1980).

9. S. F. 마이어(S. F. Maier), M. E. 셀리그먼(M. E. Seligman), 「학습된 무기력 : 이론과 증거」,

Journal of Exprimental Psychology : General 105, no. 1(1976) : 3 ; M. E. 셀리그먼, S. F. 마이어, J. H. 기어(J. H. Geer), 「개의 학습된 무기력증 완화」, *Journal of Abnormal Psychology* 73, no. 3(1968) : 256 ; R. L. 잭슨(R. L. Jackson), J. H. 알렉산디(J. H. Alexander), S. F. 마이어, 「학습된 무기력과 활동 저하, 연합 기능의 저하 : 피할 수 없는 충격이 도피 학습 선택 반응에 끼치는 영향」, *Journal of Experimental Psychology : Animal Behavior Processes* 6, no. 1(1980) : 1.

10. G. A. 브래드쇼(G. A. Bradshaw), A. N. 쇼어(A. N. Schore), 「코끼리는 어떻게 문을 열었을까 : 발달 신경동물행동학, 애착, 사회적 환경」, *Ethology* 113(2007) : 426~436.

11. D. 미첼(D. Mitchell), S. 콜레자(S. Koleszar), R. A. 스코파츠(R. A. Scopatz), 「마우스의 각성과 T자형 미로의 선택 행동 : 새것 혐오증의 구성과 최적 환기 이론의 융합 패러다임」, *Learning and Motivation* 15(1984) : 284~301. D. 미첼, E. W. 오즈번(E. W. Osborne), M. W. 오보일(M. W. O'Boyle), 「스트레스 상황의 습관화 : T자형 미로에서 충격받은 마우스가 나타낸 비연합학습」, *Behavioral and Neural Biology* 43(1985) : 212~217.

12. B. A. 반 데어 콜크(B. A. van der Kolk) 연구진, 「피할 수 없는 충격, 신경 전달 물질, 중독과 트라우마 : 외상 후 스트레스의 정신생물학적 고찰」, *Biological Psychiatry* 20(1985) : 414~425.

13. C. 헤지스(C. Hedges), 『전쟁은 의미를 부여하는 힘(*War Is a Force That Gives Us Meaning*)』(뉴욕 : Random House Digital, 2003).

14. B. A. 반 데어 콜크(B. A. van der Kolk), 「트라우마를 반복시키는 충동 : 재피해, 애착, 마조히즘」, *Psychiatric Clinics of north America* 12(1989) : 389~411.

15. R. L. 솔로몬(R. L. Solomon), 「획득한 동기에 관한 대립 과정 이론 : 즐거움의 대가와 고통의 이점」, *American Psychologist* 35(1980) : 691~712.

16. H. K. 비처(H. K. Beecher), 「전투 중 부상자의 고통」, *Annals of Surgery* 123, no. 1(1946년 1월) : 96~105.

17. B. A. 반 데어 콜크(B. A. van der Kolk) 연구진, 「외상 후 스트레스 장애에서 고통의 인지와 내인성 아편 물질」, *Psychopharmacology Bulletin* 25(1989) ; 117~121; R. K. 피트먼(R. K. Pitman) 연구진, 「외상 후 스트레스 장애에서 날록손 가역성 스트레스로 발생한 통각 상실증」, *Archives of General Psychiatry* 47(1990) : 541~547, 솔로몬(Solomon)이 밝힌 획득 동기의 대립 과정 이론(Opponent Process Theory of Acquired Motivation).

18. J. A. 그레이(J. A. Gray), N. 맥노턴(N. McNaughton), 『불안의 신경심리학 : 반복(*The Neuropsychology of Anxiety : Reprise*)』, 네브래스카 동기 심포지엄 발표 자료(링컨 : University of Nebraska Press, 1996), 43, 61~134; 『성격 심리학에 관한 케임브리지 핸드북(*The Cambridge Handbook of Personality Psychology*)』(영국 케임브리지 : Cambridge University Press, 2009), 323~343에 게재된 C. G. 드영(C. G. DeYoung), J. R. 그레이의 '성격 신경과학 : 애착, 행동, 인지의 개인차에 관한 설명'.

19. M. J. 롤리(M. J. Raleigh) 연구진, 「원숭이의 혈중 세로토닌 농도에 영향을 주는 사회적, 환경적 영향」, *Archives of General Psychiatry* 41(1984) : 505~510.

20. B. A. 반 데어 콜크(B. A. van der Kolk) 연구진, 「외상 후 스트레스와 플루옥세틴」, *Journal of Clinical Psychiatry*(1994) : 517~522.

21. 로르샤흐 검사를 잘 아는 사람들을 위해 구체적으로 설명하면, C＋CF/FC 비율이 역전된 결과가 나타났다.

22. 그레이스 E. 잭슨(Grace E. Jackson), 『정신과 약물의 재고 : 충분히 알고 치료에 동의하기 위한 길잡이(*Rethinking Psychiatric Drugs : A Guide for Informed Consent*)』(인디애나주 블루밍턴 : AuthorHouse, 2005) ; 로버트 휘태커(Robert Whitaker), 『유행병의 해부 : 마법의 특효약, 정신과 약물과 미국 정신 질환자의 급격한 증가(*Anatomy of an Epidemic : Magic Bullets, Psychiatric Drugs and the Astonishing Rise of Mental Illness in America*)』(뉴욕 : Random House, 2011).

23. 이 내용에 대해서는 15장에서 프로작과 EMDR을 비교한 연구를 소개하면서 다시 논의할 예정이다. 성인기에 발병한 트라우마의 경우, 해당 연구에서 EMDR이 프로작보다 우울증의 장기적인 개선 효과가 더 우수한 것으로 확인됐다.

24. J. M. 지토(J. M. Zito) 연구진, 「청소년 대상 향정신성 의약품 치료 양상 : 10년의 관점」, *Archives of Pediatrics and Adolescent Medicine* 157(2003년 1월) : 17~25.

25. http://en.wikipedia.org/wiki/List_of_largest_selling_pharmaceutical_products.

26. 뤼세트 라그나도(Lucette Lagnado), 「미국, 어린이 대상 정신병 약물 사용 실태 조사」, 월스트리트 저널, 2013년 8월 11일.

27. 케이티 토머스(Katie Thomas), 「J.&J., 리스페달 소송 합의금으로 22억 달러 지급」, 뉴욕 타임스, 2013년 11월 4일.

28. M. 올프슨(M. Olfson) 연구진, 「민간 의료보험에 가입한 영유아의 정신병 약물 사용 동향」, *Journal of the American Academy of Child & Adolescent Psychiatry* 49, no. 1(2010) : 13~23.

29. M. 올프슨(M. Olfson) 연구진, 「아동과 청소년의 외래 치료 중 정신병 약물 치료의 국가적 동향」, *Archives of General Psychiatry* 63, no. 6(2006) : 679.

30. A. J. 홀(A. J. Hall) 연구진, 「비의도적인 약물 과용으로 인한 사망 사례의 남용 패턴」, *Journal of American Medical Association* 300, no. 22(2008) : 2613~2620.

31. 미국에서 가장 명성이 높은 의학 전문 학술지 『뉴잉글랜드 의학저널』은 지난 10년간 두 명의 편집장이 자리에서 물러났다. 마샤 에인절(Marcia Angell) 박사와 아널드 렐먼(Arnold Relman) 박사로, 의학 연구와 병원, 의사들을 향한 제약업계의 과도한 영향력 때문이었다. 두 사람은 2004년 12월 28일 자 「뉴욕 타임스」에 실린 서신에서 2003년 한 제약업체는 전체 수익의 28퍼센트(60억 달러가 넘는 금액)를 마케팅과 행정 비용에 사용하면서도 연구 개발비는 수익의 절반밖에 사용하지 않았으며, 제약업계에서 연구 개발비는 순수익의 30퍼센트에 머무르는 것이 일반적이라는 사실을 지적했다. 두 사람은 다음과 같이 결론을 내렸다. "의료계는 제약업계에 의존하는 관행을 깨고 자체 교육을 실시해야 한다." 그러나 안타깝게도 이 문제는, 정치인들에게 선거 운동에 자금을 대준 후원자들로부터 벗어나라고 하는 것이나 마찬가지다.

3장 뇌 속을 들여다보다: 신경과학의 혁명

1. B. 루젠달(B. Roozendaal), B. S. 매큐언(B. S. McEwen), S. 채터리(S. Chattarji), 「스트레스, 기억과 편도체」, *Nature Reviews Neuroscience* 10, no. 6(2009) : 423~433.

2. R. 조지프(R. Joseph), 『우뇌와 무의식(*The Right Brain and the Uncon-scious*)』(뉴욕 : Plenum Press, 1995).

3. 1986년 아카데미상 수상식에서 외국어 영화상 부문 최우수상을 수상한 영화 <한밤의 암살자(The Assault)>(하리 뮐리스Harry Mulisch의 원작 소설을 토대로 만든 영화)는 생애 초기에 정서적으로 인상 깊게 느낀 사건이 성인기에 느끼는 강렬한 열정에 어떤 영향을 주는지 생생하게 그려냈다.

4. 이 방식은 인지 행동 치료의 핵심이 된다. 포아(Foa), 프리드먼(Friedman), 킨(Keane)이 쓴 『2000년 PTSD 치료 가이드(*Treatment Guidelines for PTSD*)』(2000)를 참고하기 바란다.

4장 필사적인 도주: 생존의 해부

1. R. 스페리(R. Sperry), 「우선순위의 변화」, *Nature Reviews Neuroscience* 10, no. 6(2009) : 423~433.

2. A. A. 리마(A. A. Lima) 연구진, 「긴장성 무운동 반응이 외상 후 스트레스 장애의 예후에 끼치는 영향」, *Journal of Psychiatric Research* 44, no. 4(2010년 3월) : 224~228.

3. P. 자네(P. Janet), 『심리적 자동주의(*L'automatisme psychologique*)』(파리 : Félix Alcan, 1889).

4. R. R. 르리나스(R. R. Llinás), 『소용돌이에 휩쓸린 나 : 뉴런에서 자기까지(*I of the Vortex : From Neurons to Self*)』(매사추세츠주 케임브리지 : MIT Press). R. 카터(R. Carter)와 C. D. 프리스(C. D. Frith)의 『뇌 맵핑마인드(*Mapping the Mind*)』(Berkeley University of California Press, 1998) ; R. 카터(R. Carter)의 『인간의 뇌에 관한 책(*The Human Brain Book*)』(Penguin, 2009)과 J. J. 레이티(J. J. Ratey)의 『하버드 정신의학 교수가 밝히는 뇌 1.4킬로그램의 사용법(*A User's Guide to the Brain*)』(뉴욕 : Pantheon Books, 2001), 179쪽도 함께

참고하기 바란다.

5. B. D. 페리(B. D. Perry) 연구진,「아동기 트라우마, 적응의 신경생물학, 뇌의 사용 의존적 발달 : 상태가 성향이 되는 과정」, *Infant Mental Health Journal* 16, no. 4(1995) : 271~291.

6. 최근 친구가 된 데이비드 서번슈라이버(David Servan-Schreiber)의 저서 『치유의 본능(*The Instinct to Heal*)』 덕분에 나는 이 두 가지 뇌를 구분할 수 있게 되었다.

7. E. 골드버그(E. Goldberg),『내 안의 CEO 전두엽(*The Executive Brain: Frontal Lobes and the Civilized Mind*)』(런던, Oxford University Press, 2001).

8. G. 리촐라티(G. Rizzolatti), L. 크레게로(L. Craighero),「미러 뉴런 체계」, *Annual Review of Neuroscience* 27(2004) : 169~192; M. 이아코보니(M. Iacoboni) 연구진,「인간의 모방 행동에 관한 피질의 기전」, *Science* 286, no. 549(1999) ; 2526~2528; C. 키서스(C. Keysers), V. 그라촐라(V. Grazzola),「사회적 신경과학 : 인간에게 기록된 거울 뉴런」, *Current Biology* 20, no. 8(2010) : R353~354; J. 데세티(J. Decety), P. L. 잭슨(P. L. Jackson),「인간이 가진 공감 능력의 기능적 구조」, *Behavioral and Cognitive Neuroscience Reviews* 3(2004) : 71~100; M. B. 시퍼스(M. B. Schippers) 연구진,「몸짓을 이용한 의사소통에서 뇌 사이에 오가는 정보 흐름의 지도화」, *Proceedings of the National Academy of Sciences of the Unitied States of America* 107, no. 20(2010) : 9388~9393; A. N. 멜트조프(A. N. Meltzoff), J. 데세티,「모방 행동에 반영된 사회적 인지 능력 : 발달 심리학과 인지 신경과학의 관계 회복」, *Philosophical Transactions of the Royal Society, London* 358(2003) : 491~500.

9. D. 골먼(D. Goleman),『EQ 감성 지능(*Emotional Intelligence*)』(뉴욕 : Random House, 2006) ; V. S. 라마찬드란(V. S. Ramachandran),「인류 진화의 대도약을 이끈 원동력이 된 거울 뉴런과 모방 학습」,Edge (2000년 5월 31일), http://edge.org/conversation/mirror-neurons-and-imitation-learning-as-the-driving-force-behind-the-great-leap-forward-in-human-evolution(2013년 4월 13일 검색 기준).

10. G. M. 에델먼(G. M. Edelman), J. A. 갤리(J. A. Gally),「재진입 : 뇌 기능 통합의 핵심 기전」, *Frontiers in Integrative Neuroscience* 7(2013).

11. J. 르두(J. LeDoux),「정서적 뇌에 관한 재고」, *Neuron* 73, no. 4(2012) : 653~676; J. S. 파인스타인(J. S. Feinstein) 연구진,「인간의 편도체와 공포감의 유발, 공포의 경험」, *Current Biology* 21, no. 1(2011) : 34~38.

12. 내측 전전두엽 피질은 뇌의 중앙에 위치한다(신경과학자들은 '중선 구조체'로 칭한다). 뇌에서 이 영역에는 안와 전전두엽 피질과 하내측, 복내측 전전두엽 피질, 전측 대상으로 불리는 큰 구조 등 서로 관련된 요소들이 집합되어 있다. 모두 생물체의 내적 상태를 모니터링하고 적절한 반응을 선별하는 기능에 관여한다. D. 디오리오(D. Diorio), V. 비오(V. Viau), M. J. 미니(M. J. Meaney),「내측 전전두엽 피질(대상회)이 스트레스 상황에서 시상하부 - 뇌하수체 - 부신 반응 조절에 하는 역할」, *Journal of Neuroscience* 13, no. 9(1993년 9월) : 3839~3847; J. P. 미첼(J. P. Mitchell), M. R. 바나지(M. R. Banaji), C. N. 맥레이(C. N. Macrae),「내측 전전두엽 피질에서 사회적 인지와 자기 지시적 사고의 연계」, *Journal of Cognitive Neuroscience* 17, no. 8(2005) : 1306~1315; 다젬보(D'Argembeau) 연구진,「자신의 자기에 대한 가치 평가 : 인식적, 감성적 자기관 형성에 관여하는 내측 전전두엽 피질」, *Cerebral Cortex* 22(2012년 3월) : 659~667, M. A. 모건(M. A. Morgan), L. M. 로만스키(L. M. Romanski), J. E. 르두(J. E. LeDoux),「정서적 학습의 멸종 : 내측 전전두엽 피질의 영향」, *Neuroscience Letters* 163(1993) : 109~113, L. M. 신(L. M. Shin), S. L. 라우치(S. L. Rauch), R. K. 피트먼(R. K. Pitman),「PTSD와 편도체, 내측 전전두엽 피질, 해마의 기능」, *Annals of the New York Academy of Sciences* 1071, no. 1(2006) : 67~79, L. M. 윌리엄스(L. M. Williams) 연구진, 「트라우마로 인한 의식적으로 수반된 공포에 대한 내측 전전두엽 반응의 변화」, *NeuroImage* 29, no. 2(2006) : 347~357; M. 쾨니히(M. Koenig), J. 그래프먼(J. Grafman),「외상 후 스트레스 장애 : 전전두엽 피질과 편도체의 역할」, *Neuroscientist* 15, no. 5(2009) : 540~548; M. R. 밀래드(M. R. Milad), I. 비달곤잘레스(I. Vidal-Gonzalez), G. J. 쿼크(G. J. Quirk),「내측 전전두엽 피질의 전기적 자극 시 특정 조건에서 조건화된 공포의 일시적 감소」, *Behavioral Neuroscience* 118, no. 2(2004) : 389.

13. B. A. 반 데어 콜크(B. A. van der Kolk),「PTSD 신경과학 연구의 임상적 영향」, *Annals of the New York Academy of Sciences* 1071(2006) : 277~ 293.

14. P. D. 매클린(P. D. MacLean),『삼위일체 뇌의 진화 : 옛 소뇌 기능의 역할(*The Triune Brain*

in Evolution : Role in Paleocerebral Functions)』(뉴욕, Springer, 1990).

15. 우테 로런스(Ute Lawrence), 『트라우마의 힘 : 외상 후 스트레스 장애를 물리치다(*The Power of Trauma : Conquering Post Traumatic Stress Disorder)*』(iUniverse, 2009).

16. 리타 카터(Rita Carter), 크리스토퍼 D. 프리스(Christopher D. Frith)의 『뇌 맵핑마인드 (*Mapping the Mind)*』(버클리 : University of California Press, 1998); A. 베카라(A. Bechara) 연구진, 「인체 전전두엽 피질의 손상 후 나타난 향후 결과에 대한 무감각 반응」, *Cognition* 50, no. 1(1994) : 7~15; A. 파스쿠알리온(A. Pascual-Leone) 연구진, 「암묵적 절차 학습에서 배외측 전전두엽 피질의 역할」, *Experimental Brain Research* 107, no. 3(1996) : 479~485; S. C. 라오(S. C. Rao), G. 레이너(G. Rainer), E. K. 밀러(E. K. Miller), 「영장류 전전두엽 피질의 '무엇'과 '어디에서'에 관한 정보의 통합」, *Science* 276, no. 5313(1997) : 821~824.

17. H. S. 두갈(H. S. Duggal), 「시상 경색 후 PTSD의 신규 발병」, *American Journal of Psychiatry* 159, no. 12(2002) : 2113-a; R. A. 라니우스(R. A. Lanius) 연구진, 「외상 후 스트레스 장애에서 트라우마 기억의 신경적 연계 : 기능적 MRI를 이용한 연구」, *American Journal of Psychiatry* 158, no. 11(2001) : 1920~1922; I. 리버존(I. Liberzon) 연구진, 「PTSD로 인한 기억 재현 시 피질시상의 관류율 변화」, *Depression and Anxiety* 4, no. 3(1996) : 146~150.

18. R. 노이스 주니어(R. Noyes Jr.), R. 클레티(R. Kletti), 「생명의 위협을 느낀 위험 발생 시 나타나는 이인증 반응」, *Comprehensive Psychiatry* 18, no. 4(1977) : 375~384; M. 시에라 (M. Sierra), G. E. 베리오스(G. E. Berrios), 「이인증 : 신경생물학적 관점에서」, *Biological Psychiatry* 44, no. 9(1998) : 898~908.

19. D. 처치(D. Church) 연구진, 「EFT 세션 1회 실시 후 학대 피해 청소년의 트라우마 기억 강도 감소 : 무작위 통제 예비 연구」, *Traumatology* 18, no. 3(2012) : 73~79; D. 파인스타인 (D. Feinstein), D. 처치, 「심리 치료를 통한 유전자 발현의 변화 : 비침습적 체성 치료의 역할」, *Review of General Psychology* 14, no. 4(2010) : 283~295; www.vetcases.com도 참고하기 바란다.

5장 신체와 뇌의 유대

1. C. 다윈(C. Darwin), 『인간과 동물의 감정 표현에 대하여(*The Expression the Emotions in Man and Animals)*』(런던 : Oxford University Press, 1998).

2. 위와 동일한 도서, 71쪽.

3. 위와 동일한 도서.

4. 위와 동일한 도서, 71~72쪽.

5. P. 에크먼(P. Ekman), 『얼굴 움직임 부호화 시스템 : 안면 움직임의 평가 기법(*Facial Action Coding System : A Technique for the Measurement of Facial Movement)*』(캘리포니아주 팰로앨토 : Consulting Psychologists Press, 1978). C. E. 이자드(C. E. Izard), 『얼굴 움직임 부호화 시스템의 최대 식별 수준(*The Maximally Discriminative Facial Movement Coding System)*』(델라웨어주 뉴어크 : University of Deleware Instructional REsource Center, 1979).

6. S. W. 포지스(S. W. Porges), 『다미주신경 이론 : 감정, 애착, 의사소통, 자기 조절의 신경생리학적 기반, 대인 관계 신경생물학에 관한 노턴 시리즈(*The Polyvagal Theory : Neurophysiological Foundations of Emotions, Attachment, Communication, and Self-Regulation, Norton Series on Interpersonal Neurobiology)*』(뉴욕 : W. W Norton & Company, 2011).

7. 이 명칭은 스티븐 포지스(Stephen Porges)와 수 카터(Sue Carter)가 배측 미주신경 체계를 칭할 때 사용한 표현이다. http://www.pesi.com/ECommerce/ItemDetails. aspx?ResourceCode=RNV046120.

8. S. S. 톰킨스(S. S. Tomkins), 『정서, 형상화, 의식 1권, 긍정적인 영향(*Affect, Imagery, Consciousness)* (vol. 1, The Positive Affects)』(뉴욕 : Springer, 1962). 『정서, 형상화, 의식 2권, 부정적인 영향(*Affect, Imagery, Consciousness)* (vol. 2, The Negative Affects)』(뉴욕 : Springer, 1963).

9. P. 에크먼(P. Ekman), 『얼굴의 심리학 : 우리는 어떻게 감정을 드러내는가?(*Emotions Revealed Recognizing Faces and Feelings to Improve Communication and Emotional*

Life)』(뉴욕 : Macmillan, 2007) ; P. 에크먼, 『인간의 얼굴 : 뉴기니 마을의 보편적인 감정 표현 (*The Face of Man : Expressions of Universal Emotions in a New Guinea Village*)』(뉴욕 : Garland STPM Press, 1980).

10. B. M. 레빈슨(B. M. Levinson), 「반려동물을 통한 인체 치료」, *Journal of Contemporary Psychotherapy* 14, no. 2(1984) ; 131~144쪽 ; D. A. 윌리스(D. A. Willis), 「동물 치료」, *Rehabilitation Nursing* 22, no. 2(1997) : 78~81; A. H. 파인(A. H. Fine) 편집, 『동물 치료 핸드북 : 이론적 기반과 실행 가이드(*Handbook on Animal-Assisted Therapy : Theoretical Foundations and Guidlines for Practice*)』(매사추세츠주 월섬 : Academic Press, 2010).

11. P. 에크먼(P. Ekman), R. W. 레벤슨(R. W. Levenson), W. V. 프리센(W. V. Friesen), 「자율신경계의 활성에 따른 감정의 구분」, *Science* 221(1983) : 1208~1210.

12. J. 테일러(J. Taylor)가 편집한 『존 휼링스 잭슨의 저술(*Selected Writings of John Hughlings Jackson*)』(런던 : Stapes Press, 1958) 중에서 J. H. 잭슨(J. H. Jackson)이 쓴 「신경계의 진화와 분리」(45~118쪽).

13. 포지스는 애완동물 판매점에서 이러한 특성을 발견했다.

14. N. A. 폭스(N. A. Fox)가 편집한 '아동 발달 연구에 관한 학계 논문 모음집' 59권 『정서 조절의 발달 : 생물학적, 행동학적 고찰(*The Development of Emotion Regulation : Biological and Behavioral Considerations*)』(2-3, 시리얼 no. 240) 중에서 S. W. 포지스(S. W. Porges), J. A. 도서드 루스벨트(J. A. Dossard-Roosevelt), A. K. 마이티(A. K. Maiti)가 쓴 「미주신경 긴장도와 감정의 생리적 조절」(1994: 167~186). http://www.amazon.com/The-Development-Emotion-Regulation-Considerations/dp/0226259404.

15. V. 펠리티(V. Felitti) 연구진, 「아동 학대 및 가정의 기능 상실과 성인기의 다양한 주요 사망 원인의 관계 : 아동기 부정적 경험(ACE) 연구」, *American Journal of Preventive Medicine* 14, no. 4(1998) : 245~258.

16. S. W. 포지스(S. W. Porges), 「방어적인 세상에서 방향 찾기 : 포유동물에서 나타난 진화적 유산의 변화 : 다미주신경 이론」,*Psychophysiology* 32 (1995) : 301~318.

17. B. A. 반 데어 콜크(B. A. van der Kolk), 「몸은 기억한다 : 기억과 외상 후 스트레스 장애에 관한 심리학적 발전」, *Harvard Review of Psychiatry* 1, no. 5(1994) : 253~265.

6장 몸을 잃으면 자기(self)를 잃는다

1. K. L. 월시(K. L. Walsh) 연구진, 「아동기 성적 학대와 대학 재학 연령 여성의 성인기 성폭력에서 나타난 회복력의 요소」, *Journal of Child Sexual Abuse* 16, no. 1(2007) : 1~17.

2. A. C. 맥팔레인(A. C. McFarlane), 「트라우마 스트레스의 장기적 영향 : 신체적, 심리적으로 엉킨 결과들」, *World Psychiatry* 9, no. 1(2010) : 3~10.

3. W. 제임스(W. James), 「감정이란 무엇인가?」, *Mind* 9 : 188~205.

4. R. L. 블룸(R. L. Bluhm) 연구진, 「생애 초기 트라우마와 관련된 외상 후 스트레스 장애의 기본 활성 신경망 연결성 변화」, *Journal of Psychiarty & Neuroscience* 34, no. 3(2009) ; 187; J. K. 대니얼스(J. K. Daniels) 연구진, 「외상 후 스트레스 장애에서 뇌 실행 기능과 기본 활성 신경망의 상호 전환 : 기능적 연결성의 변화」, *Journal of Psychiarty & Neuroscience* 35, no. 4(2010) : 258.

5. A. 다마시오(A. Damasio), 『경험과 기분 : 몸과 정서로 형성되는 의식(*The Feeling of What Happens : Body and Emotion in the Making of Consciousness*)』(뉴욕 : Hartcourt Brace, 1999). 다마시오는 이 책 31쪽에서 "의식은 우리가 인생을 알 수 있도록 발명된 것이다."라고 밝혔다.

6. 위와 동일한 도서, 28쪽.

7. 위와 동일한 도서, 29쪽.

8. A. 다마시오(A. Damasio), 『마음과 자기 : 의식적인 뇌의 구축(*Self Comes to Mind : Constructing the Conscious Brain*)』(뉴욕 : Random House Digital, 2012), 17.

9. 5번 미주와 동일한 도서, 256쪽.

10. 안토니오 R. 다마시오(Antonio R. Damasio), 연구진, 「자기가 만든 정서를 느낄 때 피질 하부

와 피질의 활성」, *Nature Neuroscience* 3, vol. 10(2000) : 1049~1056.

11. A. A. T. S. 레인더스(A. A. T. S. Reinders) 연구진, 「하나의 뇌, 두 개의 자기」, *NeuroImage* 20(2003) : 2119~2125; H. A. H. 다이넨(H. A. H. D'Haenen), J. A. 덴 보어(J. A. den Boer), P. 윌너(P. Willner)가 편집한 『생물학적 정신의학(*Biological Psychiatry*)』 vol. 2(영국 웨스트서식스 : Wiley 2002) 중에서 E. R. S. 네이엔하위스(E. R. S. Nijenhuis), O. 반 데어 하트(O. Van der Hart), K. 스틸(K. Steele)이 쓴 「트라우마 관련 해리와 해리 장애에 관한 심리생물학의 등장」(1079~1198쪽); J. 파비지(J. Parvizi), A. R. 다마시오(A. R. Damasio), 「의식과 뇌간」, *Cognition* 79(2001) : 135~159; D. 치케티(D. Cicchetti)와 S. L. 토스(S. L. Toth)가 편집한 『자기의 기능 이상(*Dysfunctions of the Self*)』 vol. 5(뉴욕주 로체스터 : University of Rochester Press, 1994) 중에서 F. W. 퍼트넘(F. W. Putnam)이 쓴 「해리와 자기의 혼란」(251~265쪽); F. W. 퍼트넘(F. W. Putnam), 『아동과 청소년에서 나타나는 해리 : 발달 측면에서(*Dissociation in Children and Adolescents : A Developmental Perspective*)』(뉴욕 : Guilford, 1997).

12. 다젬보(D'Argembeau) 연구진, 「자기 지시적 절차와 인식과 관련된 내측 전전두엽 피질의 특정 영역」, *Journal of Cognitive Neuroscience* 19, no. 6(2007) : 935~944; N. A. 파브(N. A. Farb) 연구진, 「현재에 머무르는 것 : 마음챙김 명상으로 발견한 자기 지시성의 특징적인 신경학적 양식」, *Social Cognitive and Affective Neuroscience* 2, no. 4(2007) : 313~322; B. K 휠첼(B. K. Hölzel) 연구진, 「뇌 형태 계측을 이용한 마음챙김 명상 수련자의 복셀 단위 조사 결과」, *Social Cognitive and Affective Neuroscience* 3, no. 1(2008) : 55~61.

13. P. A. 러바인(P. A. Levine), 『트라우마의 치유 : 몸의 지혜를 회복하는 선구적 프로그램(*Healing Trauma : A Pioneering Program for Restoring the Wisdom of Your Body*)』(캘리포니아주 버클리 : North Atlantic Books, 2008); P. A. 러바인(P. A. Levine), 『하지 못한 말 : 몸이 트라우마를 표출하고 다시 건강을 찾는 방식(*In an Unspoken Voice : How the Body Releases Trauma and Restores Goodness*)』(캘리포니아주 버클리 : North Atlantic Books, 2010).

14. P. 오그던(P. Ogden), K. 민턴(K. Minton), 「감각 운동 심리 치료 : 트라우마 기억을 처리하는 한 가지 방법」, *Traumatology* 6, no. 3(2000) : 149~173; P. 오그던, K. 민턴, C. 페인(C. Pain), 『트라우마와 몸 : 감각 운동을 활용한 심리 치료, 대인관계 신경생물학에 관한 노턴 시리즈(*Trauma and the Body : A Sensorimotor Approach to Psychotherapy*)』(뉴욕 : WW Norton & Company, 2006).

15. D. A. 바칼(D. A. Bakal), 『몸에 참견하다 : 신체 인식의 임상적 활용(*Minding the Body : Clinical Uses of Somatic Awareness*)』(뉴욕 : Guilford Press, 2001).

16. 이와 같은 현상에 관한 연구가 무수히 진행되었다. 추가로 참고할 만한 몇 가지 예를 소개하면 다음과 같다. J. 울프(J. Wolfe) 연구진, 「베트남전 여성 참전 군인의 외상 후 스트레스 장애 및 환자가 인지하는 건강 수준과 교전 지역 노출의 상관관계」, *Journal of Consulting and Clinical Psychology* 62, no. 6(1994) : 1235~1240; L. A. 조엘리너(L. A. Zoelliner), M. L. 굿윈(M. L. Goodwin), E. B. 포아(E. B. Foa), 「PTSD 중증도와 성폭력 여성 피해자의 건강 인식도」, *Journal of Traumatic Stress* 13, no. 4(2000) : 635~649; E. M. 슬레제스키(E. M. Sledjeski), B. 스페이스먼(B. Speisman), L. C. 디어커(L. C. Dierker), 「일생 중 경험한 트라우마의 횟수가 PTSD와 만성적인 의학적 증상의 관계를 설명할 수 있는가? 전미 공존 질환 조사(NCS-R)의 결과로 찾아본 해답」, *Journal of Behavioral Medicine* 31(2008) : 341~349; J. A. 보스카리노(J. A. Boscarino), 「외상 후 스트레스 장애와 신체 질환 : 임상 연구와 역학조사 결과」, *Annals of the New York Academy of Sciences* 1032(2004) : 141~153; M. 클루아트르(M. Cloitre) 연구진, 「아동기 학대 피해 여성의 외상 후 스트레스 장애 및 트라우마 노출 수준과 의학적 문제, 피해자 건강 인식도의 상관관계」, *Women & Health* 34, no. 3(2001) : 1~17; D. 라우터바흐(D. Lauterbach), R. 보라(R. Vora), M. 라코우(M. Rakow), 「외상 후 스트레스 장애와 자가 보고한 건강 문제의 관계」, *Psychosomatic Medicine* 67, no. 6(2005) : 939~947; B. S. 매큐언(B. S. McEwen), 「스트레스 중개 요소의 보호 작용과 악영향」, *New England Journal of Medicine* 338, no. 3(1998) : 171~179; P. P. 슈누어(P. P. Schnurr), B. L. 그린(B. L. Green), 『트라우마와 건강 : 극도의 스트레스 노출로 인한 신체 건강의 결과(*Trauma and Health : Physical Health Consequences of Exposure to Extreme Stress*)』(워싱턴 DC : American Psychological Association, 2004).

17. P. K. 트리켓(P. K. Trickett), J. G. 놀(J. G. Noll), F. W. 퍼트넘(F. W. Putnam), 「성적 학

대가 여성의 발달에 끼치는 영향: 다세대 종단 연구에서 확인한 결과」, *Development and Psychopathology* 23, no. 2(2011): 453.

18. K. 코스텐(K. Kosten), F. 길러 주니어(F. Giller Jr.),「감정 인지 불능증을 통한 외상 후 스드레스 장애 치료 반응의 예측」, *Journal of Traumatic Stress* 5, no. 4(1992년 10월): 563~573.

19. G. J. 테일러(G. J. Taylor), R. M. 배그비(R. M. Bagby),「감정 인지 불능증에 대한 새로운 연구 동향」, *Psychotherapy and Psychosomatics* 73, no. 2(2004): 68~77.

20. R. D. 레인(R. D. Lane) 연구진,「감정 인지 불능증의 언어적, 비언어적 감정 인지 능력 손상」, *Psychosomatic Medicine* 58, no. 3(1996): 203~210.

21. H. 크리스털(H. Krystal), J. H. 크리스털(J. H. Krystal),『통합과 자가 치유: 정서, 트라우마, 감정 인지 불능증(*Integration and Self-Healing: Affect, Trauma, Alexithymia*)』(뉴욕: Analytic Press, 1988).

22. P. 프리웬(P. Frewen) 연구진,「외상 후 스트레스 장애와 감정 인지 불능증의 임상적, 신경학적 상관관계」, *Journal of Abnormal Psychology* 117, no. 1(2008): 171~178.

23. D. 핑켈로(D. Finkelhor), R. K. 옴로드(R. K. Ormrod), H. A. 터너(H. A. Turner),「전국 규모 종단 연구 중 아동 및 청소년 표본에서 나타난 재피해 패턴」, *Child Abuse & Neglect* 31, no. 5(2007): 479~502; J. A. 슘(J. A. Schumm), S. E. 홉폴(S. E. Hobfoll), N. J. 키오(N. J. Keogh),「물질 남용 치료 대상 여성 환자에게서 재피해율과 대인관계 자원의 소실을 통한 PTSD 예측」, *Journal of Traumatic Stress* 17, no. 2(2004): 173~181; J. D. 포드(J. D. Ford), J. D. 엘하이(J. D. Elhai), D. F. 코너(D. F. Connor), B. C. 프루(B. C. Frueh),「전국 규모 연구 중 청소년 표본에서 나타난 다중 피해와 외상 후 스트레스 장애, 우울증, 물질 남용 장애, 범죄 가담 위험도」, *Journal of Adolescent Health* 46, no. 6(2010): 545~552.

24. P. 실더(P. Schilder),『정신분석학적 정신의학 입문(*Introduction to a Psychoanalytic Psychiatry*)』(뉴욕: International Universities Press, 1952) 중 '이인증'(120쪽).

25. S. 아지(S. Arzy) 연구진,「체현의 신경학적 기전: 전운동 피질 손상으로 인한 신체 인식 장애」, *Archives of Neurology* 63, no. 7(2006): 1022~1025; S. 아지 연구진,「그림자 환영의 존재에 관한 착각 유도」, *Nature* 443, no. 7109(2006): 287; S. 아지 연구진,「체화의 신경학적 기반: 측두정엽 경계와 선조 외 시각 피질」, *Journal of Neuroscience* 26, no. 31(2006): 8074~8081; O. 블랑케(O. Blanke) 연구진,「유체이탈 경험과 신경학적 원인으로 인한 자기상 환시」, *Brain* 127, part 2(2004): 243~258; M. 시에라(M. Sierra) 연구진,「이인 증후군 분석: 케임브리지 이인증 척도를 통한 탐색적 요인 분석」, *Psychobiological Medicine* 35(2005): 1523~1532.

26. A. A. T. 레인더스(A. A. T. Reinders) 연구진,「해리성 정체성 장애의 정신생물학적 특성: 증상 유발 연구」, *Biological Psychiatry* 60, no. 7(2006): 730~740.

27. 유진 젠들린(Eugene Gendlin)은 저서『내 마음 내가 안다(*Focusing*)』에서 '감각 느낌(felt sense)'이라는 용어를 만들어 사용했다. 감각 느낌이란 정신적 경험이 아닌 신체적 경험으로, 어떤 상황이나 사람, 사건을 신체적으로 인지하는 것을 의미한다.『내 마음 내가 안다』(뉴욕: Random House Digital, 1982).

28. C. 스튜이(C. Steuwe) 연구진,「대인관계 트라우마와 관련된 PTSD에서 직접적인 눈 맞춤의 영향: 내적 경계 시스템의 활성화에 관한 fMRI 연구」, *Social Cognitive and Affective Neuroscience* 9, no. 1(2012년 1월): 88~97.

7장 애착과 조율: 동일한 파장을 일으키다

1. N. 머레이(N. Murray), E. 코비(E. Koby), B. 반 데어 콜크(B. van der Kolk),『심리적 트라우마(*Psychological Trauma*)』(워싱턴 DC: American Psychiatric Press, 1987) 4장 중 '학대로 인한 아동의 사고 능력 영향'.

2. 애착 연구가인 메리 메인(Mary Main)은 여섯 살 어린이들에게 엄마가 멀리 떠나게 된 한 아이의 이야기를 들려주고, 그다음에 무슨 일이 벌어졌을지 뒷이야기를 만들어 보라고 했다. 유아기에 엄마와 확고한 애착 관계를 형성한 대부분의 아동들은 행복한 결말로 끝나는 이야기를 지어낸 반면, 질문이 주어진 시점으로부터 5년 전에 분열된 애착 관계를 형성한 아이들은 비극적인 상상을 하는 경향이 나타났다. 또한 "그 아이의 부모들은 죽을 것"이라거나 "그 아이는 스스로

목숨을 끊을 것"이라는 등 섬뜩한 의견을 내놓는 경우가 많았다. 메리 메인, 낸시 캐플런(Nancy Kaplan), 주드 캐시디(Jude Cassidy), 「유아기, 아동기, 성인기의 안심도 : 표상 수준의 발달」, *Monographs of the Society for Research in Child Development*(1985).

3. J. 볼비(J. Bowlby), '애착과 상실(Attachment and Loss)' 중 1권, 『애착(*Attachment*)』(뉴욕 : Random House, 1969) ; J. 볼비, '애착과상실'중 2권, 『분리 : 불안과 분노(*Separation : Anxiety and Anger*)』(뉴욕 : Penguin, 1975). J. 볼비, '애착과 상실' 중 3권, 『상실 : 슬픔과 우울(*Loss : Sadness and Depression*)』(뉴욕 : Basic, 1980). J. 볼비, 「엄마를 향한 아이의 의존 본능」, *International Journal of Psycho-Analysis* 39, no. 5(1958) : 350~373.

4. C. 트레바덴(C. Trevarthen), 「음악성과 내재적 동기 부여 : 인체 정신생물학과 리듬, 음악적 묘사와 인간의 커뮤니케이션 기원」, *Musae Scientiae*, special issue, 1999, 157~213.

5. A. 고프닉(A. Gopnik), A. N. 멜트조프(A. N. Meltzoff), 『말, 생각, 이론(*Words, Thoughts, and Theories*)』(매사추세츠주 케임브리지 : MIT Press, 1997), A. N. 멜트조프, M. K. 무어(M. K. Moore), 「신생아의 어른 얼굴 표정 모방」, *Child Development* 54, no. 3(1983년 6월) : 702~709 ; A. 고프닉, A. N. 멜트조프, P. K. 쿨(P. K. Kuhl), 『요람 속의 과학자 : 아기들은 어떻게 생각하는가?(*The Scientist in the Crib: Minds, Brains, and How Children Learn*)』(뉴욕 : HarperCollins, 2009).

6. E. Z. 트로닉(E. Z. Tronick), 「유아의 감정과 감정적 의사소통」, *American Psychologist* 44, no. 2(1989) : 112 ; E. Z. 트로닉, 『영유아와 아동의 신경행동학적, 사회정서적 발달(*The Neurobehavioral and Social-Emotional Development of Infants and children*)』(뉴욕 : W. W. Norton & Company, 2007) ; E. Z. 트로닉, M. 비글리(M. Beeghly), 「유아의 의미 형성과 정신 건강 문제의 발달」, *American Psychologist* 66, no. 2(2011) : 107 ; A. V. 스라비시(A. V. Sravish) 연구진, 「무표정한 얼굴과 대면 시 나타나는 양자 유연성 : 일시적 체계화에 관한 동적 체계 분석」, *Infant Behavior and Development* 36, no. 3(2013) : 432~437.

7. M. 메인(M. Main), 「애착 분야에 관한 개관」, *Journal of Consulting and Clinical Psychology* 64, no. 2(1996) : 237~243.

8. D. W. 위니콧(D. W. Winnicott), 『놀이와 현실(*Playing and Reality*)』(뉴욕 : Psychology Press, 1971) ; D. W. 위니콧, 「성숙 과정과 촉진적 환경」(1965) ; D. W. 위니콧, 『소아과학을 거쳐 정신분석으로(*Through Paediatrics to Psycho-analysis: Collected Papers*)』(뉴욕 : Brunner/Mazel, 1975).

9. 6장에서 살펴본 내용이나 다마시오(Damasio)가 밝힌 사실에서 보았듯이, 현실에 관한 이 내적 감각 중 최소 일부는 뇌 섬엽에서 기원한다. 섬엽은 신체와 마음의 의사소통에 핵심 역할을 하는 뇌 구조로, 만성적으로 트라우마에 시달린 사람들에게서 손상된 경우가 많다.

10. D. W. 위니콧(D. W. Winnicott), 『1차적 모성 몰두(*Primary Maternal Preoccupation*)』(런던 : Tavistock, 1956), 300~305.

11. S. D. 폴락(S. D. Pollak) 연구진, 「얼굴을 통한 감정 인식 : 발달 과정에서 아동 학대와 방치의 영향」, *Developmental Psychology* 36, no. 5(2000) : 697.

12. '로체스터 발달 정신병리학 심포지엄' 시리즈 가운데 D. 치케티(D. Cicchetti)와 S. L. 토스(S. L. Toth)가 편집한 5권 『자기의 혼란과 기능 이상(*Disorders and Dysfunctions of the Self*)』(뉴욕 로체스터 : University of Rochester Press, 19947) 중 P. M. 크리텐든(P. M. Crittenden)이 쓴 「블랙박스 들여다보기 : 영아의 자기 발달에 관한 설명적 문헌 자료」(79쪽). P. M. 크리텐든, A. 랜디니(A. Landini), 『성인의 애착에 관한 평가 : 동적 성숙 방식을 통한 대화 분석(*Assessing Adult Attachment : A Dynamic-Maturational Approach to Discourse Analysks*)』(뉴욕 : W. W. Norton & Company, 2011).

13. 퍼트리샤 M. 크리텐든(Patricia M. Crittenden), 「부정적 가정환경을 극복하기 위한 아동의 대처 전략 : 애착 이론을 활용한 해석」, *Child Abuse & Neglect* 16, no. 3(1992) : 329~343.

14. 앞서 언급한 저서 중 메인(Main), 1990.

15. 위와 동일.

16. 위와 동일.

17. E. 헤세(E. Hesse), M. 메인(M. Main), 「저위험도 표본에서 나타난 겁을 주거나 위협하고 해리적인 부모의 행동 : 기술, 논의, 해석」, *Development and Psychopathology* 18, no. 2(2006) : 309~343 ; E. 헤세, M. 메인, 「유아, 아동, 성인의 혼란 애착 : 행동과 주의집중을 위한 전략의 붕

괴」, *Journal of the American Psychoanalytic Association* 48, no. 4(2000) : 1097~1127.

18. 앞서 언급한 자료 중 메인(M. Main), 「애착 분야에 관한 개관」.

19. 앞서 언급한 자료 중 헤세와 메인의 1995년 논문, 310쪽.

20. 앞서 5장에서 '두려움을 느끼지 않는 부동 상황'에 대해 논의하면서 생물학적인 시선으로 이 부분을 살펴보았다. S. W. 포지스(S. W. Porges), 「방어적인 세상에서 방향 찾기 : 포유동물에게서 나타난 진화적 유산의 변화 : 다미주신경 이론」, *Psychophysiology* 32(1995) : 301~318.

21. M. H. 반 에이전도른(M. H. van Ijzendoorn), C. 슈엔겔(C. Schuengel), M. 베이커만크라넨부르크(M. Bakermans-Kranenburg), 「아동기 초기의 불안 애착 : 전조, 수반 현상, 후유증」, *Development and Psychopathology* 11(1999) : 225~249.

22. 앞서 언급한 에이전도른의 자료.

23. N. W. 보리스(N. W. Boris), M. 푸에요(M. Fueyo), C. H. 지나(C. H. Zeenah), 「5세 미만 유아의 애착 관계에 관한 임상적 평가」, *Journal of the American Academy of Child & Adolescent Psychiatry* 36, no. 2(1997) : 291~293. K. 라이언스루스(K. Lyons-Ruth), 「공격적 행동 문제가 발생한 아동의 애착 관계 : 생애 초기 혼란 애착의 역할」, *Journal of Consulting and Clinical Psychology* 64, no. 1(1996), 64.

24. 스티븐 W. 포지스(Stephen W. Porges) 연구진, 「영유아의 미주신경 '브레이크' 조절 수준을 통한 아동기 행동 문제 예측 : 사회적 행동에 관한 정신생물학적 모델」, *Developmental Psychobiology* 29, no. 8(1996) : 697~712.

25. 루이스 허츠가드(Louise Hertsgaard) 연구진, 「불안/비조직화 애착 관계가 형성된 영유아가 낯선 상황에서 나타내는 부신 피질 반응」, *Child Development* 66, no. 4(1995) : 1100~1106 ; 가트프리드 스팽글러(Gott-fried Spangler), 클라우스 E. 그로스만(Klause E. Grossmann), 「확고한 애착 관계와 확고하지 않은 애착 관계가 형성된 영유아의 생물행동적 조직화」, *Child Development* 64, no. 5(1993) : 1439~1450.

26. 앞서 언급한 자료 중 메인(Main)과 헤세(Hesse)의 1990년 자료.

27. 앞서 언급한 M. H. 반 에이전도른(M. H. van Ijzendoorn) 연구진의 「아동기 초기의 혼란 애착 : 전조, 수반 현상, 후유증」.

28. B. 비브(B. Beebe)와 F. M. 라흐만(F. M. Lachmann), 『영유아 연구와 성인 치료 : 상호 관계의 공동 구축(Infant Research and Adult Treatment : Co-constructing Interactions)』(뉴욕 : Routledge, 2013). B. 비브와 F. M. 라흐만, J. 자페(J. Jaffe), 「엄마와 아기의 상호 작용 구조와 전상징기적 자기 및 대상의 표상」, *Psychoanalytic Dialogues* 7, no. 2(1997) : 133~182.

29. R. 예후다(R. Yehuda) 연구진, 「홀로코스트 생존자의 성인 자녀들에게서 나타난 외상 후 스트레스 장애 취약성」, *American Journal of Psychiatry* 155, no. 9(1998) : 1163~1171 ; R. 예후다(R. Yehuda) 연구진, 「홀로코스트 생존자와 이들의 성인 자녀들에게서 나타나는 외상 후 스트레스 장애 특성의 관련성」, *American Journal of Psychiatry* 155, no. 6(1998) : 841~843 ; R. 예후다 연구진, 「부모의 외상 후 스트레스 장애가 취약 요인으로 작용한 홀로코스트 생존자의 자녀들에게서 나타난 코르티솔 수치 저하 성향」, *Archives of General Psychiatry* 64, no. 9(2007) : 1040 ; R. 예후다 연구진, 「아버지가 아닌 어머니의 PTSD로 인한 홀로코스트 생존자 자녀의 PTSD 발생률 증가」, *Psychiatric Research* 64, no. 13(2008) : 1104~1111.

30. R. 예후다(R. Yehuda) 연구진, 「임신 중 월드트레이드센터 테러에 노출된 여성들의 자녀들에게서 나타난 PTSD의 세대 간 영향」, *Journal of Clinical Endocrinology and Metabolism* 90(2005) : 4115~4118.

31. G. 색스(G. Saxe) 연구진, 「아동 화상 환자에게서 급성 모르핀 투여와 PTSD 발생 과정의 관계」, *Journal of the American Academy of Child & Adolescent Psychiatry* 40, no. 8(2001) : 915~921 ; G. N. 색스 연구진, 「PTSD 발생 경로, 1부 : 아동 화상 환자」, *American Journal of Psychiatry* 162, no. 7(2005) : 1299~1304.

32. C. M. 켐톱(C. M. Chemtob), Y. 노무라(Y. Nomura), R. A. 아브라노비츠(R. A. Abramovitz), 「월드트레이드센터 공격과 다른 트라우마 사건에 동시 노출된 경우 취학 전 아동에게 발생한 행동 문제」, *Archives of Pediatrics and Adolescent Medicine* 162, no. 2(2008) : 126 ; P. J. 랜드리건(P. J. Landrigan) 연구진, 「9월 11일 월드트레이드센터 공격이 아동과 임신 여성에게 끼친 영향」, *Mount Sinai Journal of Medicine* 75, no. 2(2008) : 129~134.

33. D.핑켈로(D.Finkelhor),R.K.옴로드(R.K.Ormrod),H.A.터너(H. A. Turner), 「전국 규모 종단 연구에서 나타난 재피해와 트라우마」, *Development and Psychopathology* 19, no. 1(2007) : 149~166; J. D. 포드(J. D. Ford) 연구진, 「전국 규모 연구 중 청소년 표본에서 나타난 다중 피해와 외상 후 스트레스, 우울증, 물질 남용 장애, 범죄 가담 위험도」, *Journal of Adolescent Health* 46, no. 6(2010) : 545~552; J. D. 포드(J. D. Ford) 연구진, 「트라우마 발달 장애 진단 기준 제안의 임상적 의의 : 임상의 대상 국제적인 조사 결과」, *Journal of Clinical Psychiatry* 74, no. 8(2013) : 841~849.

34. 가족 경로 프로젝트, http ://www.challiance.org/academics/familypath waysproject.aspx.

35. K. 라이언스루스(K. Lyons-Ruth), 「양육 체계의 혼란 : 아동기 트라우마와 엄마의 양육, 영유아의 영향과 애착의 관계」, *Infant Mental Health Journal* 17, no. 3(1996) : 257~275.

36. K. 라이언스루스(K. Lyons-Ruth), 「2인 방어 구축 : 혼란 애착 전략, 비통합 정신 상태, 적대적/무기력한 관계의 형성 과정」, *Journal of Infant, Child, and Adolescent Psychotherapy* 2(2003) : 105.

37. G. 휘트머(G. Whitmer), 「해리의 특성」, *Psychoanalytic Quarterly* 70, no. 4(2001) : 807~837; K. 라이언스루스(K. Lyons-Ruth), 「2인 방어 구축 : 혼란 애착 전략, 비통합 정신 상태, 적대적/무기력한 관계의 형성 과정」, *Journal of Infant, Child, and Adolescent Psychotherapy* 2, no. 4(2002) : 107~119.

38. 메리 S. 에인스워스(Mary S. Ainsworth), 존 볼비(John Bowlby), 「행동학적 접근법으로 살펴본 성격 발달」, *American Psychologist* 46, no. 4(1991년 4월) : 333~341.

39. K. 라이언스루스(K. Lyons-Ruth), D. 자코비츠(D. Jacobvitz), 1999; 메인(Main), 1993; K. 라이언스루스, 「해리와 부모 - 영유아 자녀의 대화 : 종단적 관점에서 살펴본 애착 연구」, *Journal of the American Psychoanalytic Association* 51, no. 3(2003) : 883~911.

40. L. 두트라(L. Dutra) 연구진, 「생애 초기 양육 수준과 아동기 트라우마 : 발달 과정의 해리 발생 경로에 관한 전향적 연구」, *Journal of Nervous and Mental Disease* 197, no. 6(2009) : 383; K. 라이언스루스(K. Lyons-Ruth) 연구진, 「청소년기 후반의 경계성 증상과 자살/자해 : 영유아기와 아동기의 상관관계에 관한 전향적 관찰」, *Psychiatry Research* 206, nos. 2-3(2013년 4월 30일) : 273~281.

41. 혼란 애착과 아동 학대의 상대적인 요소에 관한 메타 분석 결과는 다음 자료에 나와 있다. C. 슈엔겔(C. Schuengel) 연구진, 「엄마의 겁주기 행동과 영유아의 해소되지 않은 상실감, 혼란 애착의 관계」, *Journal of consulting and Clinical Psychology* 67, no. 1(1999) : 54.

42. J. 캐시디(J. Cassidy)와 R. 셰이버(R. Shaver)가 편집한 『애착 관계 핸드북 : 이론, 연구, 임상 적용(Handbook of Attachment : Theory, Research, and Clinical Applications)』 제2판(뉴욕 : Guilford Press, 2008) 중 K. 라이언스루스(K. Lyons-Ruth), D. 자코비츠(D. Jacobvitz)가 쓴 「애착의 비조직화 : 유전적 요소, 양육 환경, 영유아기까지 성인기까지 발달상의 변화」(666~697쪽); E. 오코너(E. O'connor) 연구진, 「국립 아동건강연구소의 3세 유아 혼란 애착/통제적 애착 패턴 연구와 초기 아동기 양육과 청소년 발달에 관한 '인간발달연구'에서 나타난 위험성과 결과」, *Infant Mental Health Journal* 32, no. 4(2011) : 450~472; K. 라이언스루스 연구진, 「경계성 증상과 자살/자해」.

43. 현시점에서는 이와 같은 생애 초기의 비정상적인 조절 문제 발생에 영향을 주는 요소가 거의 밝혀지지 않았으나, 생애 중 발생한 사건들과 다른 대인관계 수준을 비롯해 유전적 요소까지 작용하여 시간이 흐르면서 영향을 줄 가능성이 있다. 생애 초기에 학대와 방치를 경험한 아동에게 얼마나 일관된 수준으로, 어느 정도로 집중적인 양육이 제공되면 생물학적 시스템을 다시 변화시킬 수 있는지 이해할 수 있는 연구가 반드시 필요하다.

44. E. 워너(E. Warner) 연구진, 「신체가 기록을 바꿀 수 있을까? 입원 시설의 청소년 트라우마 환자 치료에서 감각 조절 원리의 적용」, *Journal of Family Violence* 28, no. 7(2003) : 729~738.

8장 관계의 덫 : 학대와 방임의 대가

1. W. H. 오든(W. H. Auden), 『이중 인간(The Double Man)』(뉴욕 : Random House, 1941).

2. S. N. 윌슨(S. N. Wilson) 연구진, 「PTSD 환자의 혈중 림프구 표현형으로 파악된 만성 면역 활

성」, *Psychosomatics* 40, no. 3(1999) : 222~225 ; M. 우딘(M. Uddin) 연구진, 「외상 후 스트레스 장애와 관련성이 있는 후생적 면역 기능 특성」, *Proceedings of the National Academy of Sciences of the United States of America* 107, no. 20(2010) : 9470~9475 ; M. 앨트무스(M. Altemus), M. 클루아트르(M. Cloitre), F. S. 다바르(F. S. Dhabhar), 「아동 학대 관련 여성 PTSD 환자의 세포 면역 반응 강화」, *American Journal of Psychiatry* 160, no. 9(2003) : 1705~1707 ; N. 가와무라(N. Kawamura), Y. 김(Y. Kim), N. 아스카이(N. Asukai), 「외상 후 스트레스 장애 이력이 있는 사람에게서 나타난 세포 면역 억제」, *American Journal of Psychiatry* 158, no. 3(2001) : 484~486.

3. R. 서밋(R. Summit), 「아동 성 학대 적응 증후군」, *Child Abuse & Neglect* 7(1983) : 177~193.

4. 스위스 로잔대학교에서 실시된 fMRI 연구에서, 천장에서 아래를 내려다보며 자신을 응시하는 것처럼 느끼는 이 같은 유체이탈 경험을 하는 동안 뇌의 측두 상부 피질이 활성화되는 것으로 나타났다. O. 블랑케(O. Blanke) 연구진, 「유체이탈 경험과 측두정 접합부에서 일어나는 자기의 정신적인 신체 이미지화의 관계」, *Journal of Neuroscience* 25, no. 3(2005) : 550~557 ; O. 블랑케, T. 메트징거(T. Metzinger), 「전신 환각과 최소 현상 자기」, *Trends in Cognitive Sciences* 13, no. 1(2009) : 7~13.

5. 성인이 성적 만족을 얻으려는 목적으로 아동을 이용하는 경우, 대부분의 아이들이 혼란과 충성심의 갈등을 경험한다. 학대 사실이 공개되면 아이는 가해자(아이가 안심하고 보호받을 수 있는 대상으로 여기고 의존하던 어른일 수도 있다)를 가해자로 상처를 주려고 하지만, 학대가 은폐되면 수치심과 무기력감이 더욱 악화된다. 이와 같은 딜레마는 1933년 산도르 페렌치(Sándor Ferenczi)가 다음 자료에서 처음 설명했다. 「어른과 아이의 언어적 혼란 : 다정한 말과 격정이 담긴 말」, *International Journal of Psychoanalysis* 30, no. 4(1949) : 225~230. 이후 이 주제를 다룬 저서가 다수 발표됐다.

9장 사랑과는 거리가 먼

1. 게리 그린버그(Gary Greenberg), 『비애의 책 : DSM과 정신의학의 변질(*The Book of Woe : The DSM and the Unmaking of Psychiatry*)』(뉴욕 : Penguin, 2013).

2. http://www.thefreedictionary.com/diagnosis.

3. 트라우마센터 웹사이트에서 TAQ를 확인할 수 있다. http://www.traumacenter.org/products/instruments.php.

4. J. L. 허먼(J. L. Herman), J. C. 페리(J. C. Perry), B. A. 반 데어 콜크(B. A. van der Kolk), 「경계성 인격 장애와 아동기 트라우마」, *American Journal of Psychiatry* 146, no. 4(1989년 4월) : 490~495.

5. M. H. 테이처(M. H. Teicher)는 의사결정에 관여하고 사회적 요구에 대한 민감도를 반영하여 행동을 조절하는 뇌 영역인 안와전두 피질에서 중요한 변화가 발생한 사실을 확인했다. M. H. 테이처 연구진, 「생애 초기 스트레스와 아동기 학대의 신경생물학적 결과」, *Neuroscience & Biobehavioral Review* 27, no. 1(2003) : 33~44 ; M. H. 테이처, 「치유되지 않을 상처 : 아동 학대의 신경생물학적 특성」, *Scientific American* 286, no. 3(2002) 54~61 ; M. H. 테이처 연구진, 「매, 돌, 상처가 된 말들 : 아동 학대의 여러 형태별 상대적 영향」, *American Journal of Psychiatry* 163, no. 6(2006) : 993~1000 ; A. 베카라(A. Bechara) 연구진, 「인체 전전두엽 피질 손상 이후 발생한 향후 결과에 대한 무감각」, *Cognition* 50(1994) : 7~15. 뇌에서 이 영역이 손상되면 욕을 과도하게 하고 사회적인 상호 작용 능력이 충동적인 도박, 알코올과 약물 과용, 공감 능력 결여와 같은 현상이 나타난다. M. L. 크린겔바흐(M. L. Kringelbach), E. T. 롤스(E. T. Rolls), 「인체 안와전두 피질의 신경 해부적 기능 : 신경 영상과 신경정신의학적 증거」, *Progress in Neurobiology* 72(2004) : 341~372. 테이처가 문제가 될 수 있는 영역으로 찾아낸 또 한 가지 부분은 쐐기앞소엽(precuneus)으로, 자기 자신을 이해하고 자신의 인식이 타인의 인식과 다를 수 있다는 사실을 받아들이는 기능을 담당하는 곳이다. A. E. 카바나(A. E. Cavanna), M. R. 트림블(M. R. Trimble), 「쐐기앞소엽 : 기능적 해부 특성과 행동과의 상관관계에 관한 검토」, *Brain* 129(2006) : 546~583.

6. S. 로스(S. Roth) 연구진, 「성적 학대와 신체 학대에 노출된 피해자의 복합 PTSD : DSM-IV 외상 후 스트레스 장애 현장 연구 결과」, *Journal of Traumatic Stress* 10(1997) : 539~555 ; B. A. 반 데

어 콜크(B. A. van der Kolk) 연구진, 「해리, 신체화, 정동 조절부전: 트라우마 적응의 복잡성」, *American Journal of Psychiatry* 153(1996): 83~93; D. 펠코비츠(D. Pelcovitz) 연구진, 「극단적 스트레스 장애 평가 지표와 구조적 질문지 개발」, *Journal of Traumatic Stress* 10(1997): 3~16; S. N. 오가타(S. N. Ogata) 연구진, 「아동기에 성적, 신체적 학대를 받은 경계성 인격 장애 성인 환자」, *American Journal of Psychiatry* 147(1990): 1008~1013; M. C. 자나리니(M. C. Zanarini) 연구진, 「경계성 인격 장애의 I축 공존 질환」, *American Journal of Psychiatry* 155, no. 12(1998년 12월): 1733~1739; S. L. 셰어러(S. L. Shearer) 연구진, 「경계성 장애로 입원한 성인 여성 환자들과 아동기 성적, 신체적 학대 빈도의 상관 관계」, *American Journal of Psychiatry* 147(1990): 214~216; D. 웨스튼(D. Westen) 연구진, 「경계성 인격 장애 여자 청소년 환자의 신체 학대와 성적 학대」, *American Journal of Orthopsychiatry* 60(1990): 55~66; M. C. 자나리니 연구진, 「아동기의 병리학적 경험 보고와 경계성 인격 장애 발달의 연관성」, *American Journal of Psychiatry* 154(1997): 1101~1106.

7. J. 볼비(J. Bowlby), 『확고한 기반: 부모와 아이의 애착 관계와 건강한 인간 발달(*A Secure Base: Parent-Child Attachment and Healthy Human Development*)』(뉴욕: Basic Books, 2008), 103.

8. B. A. 반 데어 콜크(B. A. van der Kolk), J. C. 페리(J. C. Perry), J. L. 허먼(J. L. Herman), 「아동기에서 비롯된 자기 파괴적 행동」, *American Journal of Psychiatry* 148(1991): 1665~1671.

9. 이 개념은 이후 신경과학자 자크 판크세프(Jaak Panksepp)의 연구로 더욱 뒷받침되었다. 판크세프는 출생 후 첫 일주일 동안 어미가 핥아 주지 않은 어린 레트는 전측 대상 피질에 소속감과 안도감을 느끼는 것과 관련된 오피오이드 수용체가 발달하지 않는다는 사실을 발견했다. E. E. 넬슨(E. E. Nelson), J. 판크세프, 「아기와 엄마의 애착 관계에서 뇌의 기질: 오피오이드, 옥시토신, 노르에피네프린의 영향」, *Neuroscience & Biobehavioral Reviews* 22, no. 3(1998): 437~452. J. 판크세프 연구진, E. E. 넬슨(E. Nelson), S. 사이비(S. Siviy), 「뇌의 오피오이드와 엄마, 아기의 사회적 동기」, *Acta PAediatrica* 83, no. 397(1994): 40~46.

10. 로버트 스피처(Robert Spitzer)를 만나러 간 그룹에는 주디 허먼(Judy Herman)과 짐 추(Jim Chu), 데이비드 펠코비츠(David Pelcovitz)도 포함되어 있었다.

11. B. A. 반 데어 콜크(B. A. van der Kolk) 연구진, 「극단적 스트레스 장애: 트라우마 적응의 복합적 특성에 관한 경험적 근거」, *Journal of Traumatic Stress* 18, no. 5(2005): 388~399; J. L. 허먼(J. L. Herman), 「복합 PTSD: 장기적 트라우마와 반복된 트라우마 후 생존자에게서 나타나는 증후군」, *Journal of Trauma Stress* 5, no. 3(1992): 377~391; C. 즐로트닉(C. Zlotnick) 연구진, 「성적 학대의 장기적 후유증: 복합 외상 후 스트레스 장애의 근거」, *Journal of Traumatic Stress* 9, no. 2(1996): 195~205. S. 로스(S. Roth) 연구진, 「성적 학대와 신체 학대에 노출된 피해자의 복합 PTSD: DSM-IV 외상 후 스트레스 장애 현장 연구 결과」, *Journal of Traumatic Stress* 10(1997): 539~555; D. 펠코비츠(D. Pelcovitz) 연구진, 「극단적 스트레스 장애의 평가를 위한 구조적 질문지 개발과 유효성 검증」, *Journal of Traumatic Stress* 10(1997): 3~16.

12. B. C. 스톨바흐(B. C. Stolbach) 연구진, 「도시 지역에서 트라우마를 경험한 어린이의 복합 트라우마 노출과 증상: 트라우마 발달 장애 진단 기준 제안 관련 예비 검사」, *Journal of Traumatic Stress* 26, no. 4(2013년 8월): 483~491.

13. B. A. 반 데어 콜크(B. A. van der Kolk) 연구진, 「해리, 신체화, 기분(정동) 조절 부전: 트라우마 적응의 복잡성」, *American Journal of Psychiatry* 153(1996): 83~93; 『DSM-IV 자료집 (*DSM-IV Sourcebook*)』 4권(워싱턴 DC: American Psychiatric Press, 1998) 중 D. G. 킬패트릭(D. G. Kilpatrick) 연구진이 쓴 「외상 후 스트레스 장애 현장 연구: PTSD 구조 평가 - 평가 기준 A부터 E까지」(803~844); T. 룩센버그(T. Luxenberg), J. 스피나졸라(J. Spinazzola), B. A. 반 데어 콜크, 「복합 트라우마와 극단적 스트레스 장애(DESNOS) 진단, 파트 1: 평가」, *Directions in Psychiatry* 21, no. 25(2001): 373~392; B. A. 반 데어 콜크 연구진, 「극단적 스트레스 장애: 트라우마 적응의 복합적 특성에 관한 경험적 근거」, *Journal of Traumatic Stress* 18, no. 5(2005): 388~399.

14. ACE 웹사이트에서 본 문항들을 확인할 수 있다. http://acestudy.org/

15. http://www.cdc.gov/ace/findings.htm. http://acestudy.org/download. V. 펠리티(V. Felitti) 연구진, 「아동 학대 및 가정의 기능 상실과 성인기의 다양한 주요 사망 원인의 관계: 아동기 부정적 경험(ACE) 연구」, *American Journal of Preventive Medicine* 14, no. 4(1998):

245~258; R. 리딩(R. Reading), 「학대와 학대 관련 아동기의 부정적 경험을 견딘 후 나타나는 결과 : 신경생물학적, 역학적 증거의 수렴」, *Child : Care, Health and Development* 32, no. 2(2006) : 253~256; V. J. 에드워즈(V. J. Edwards) 연구진, 「다중 형태의 아동기 학대 경험과 성인기 정신 건강 : 아동기 부정적 경험(ACE) 연구의 결과」, *American Journal of Psychiatry* 160, no. 8(2003) : 1453~1460. S. R. 듀브(S. R. Dube) 연구진, 「아동기 부정적 경험과 성인기의 개인적인 알코올 남용」, *Addictive Behaviors* 27, no. 5(2002) : 713~725; S. R. 듀브 연구진, 「아동기 학대, 방치, 가정의 기능 상실과 약물의 불법 사용 위험 : 아동기 부정적 경험 연구」, *Pediatrics* 111, no. 3(2003) : 564~572.

16. S. A. 스트라셀스(S. A. Strassels), 「오용, 남용되는 오피오이드 처방의 경제적 부담」, *Journal of Managed Care Pharmacy* 15, no. 7(2009) : 556~562.

17. C. B. 네메로프(C. B. Nemeroff) 연구진, 「주요 우울증과 아동기 트라우마 만성 환자들에게서 나타난 심리 치료와 약물 치료의 반응성 차이」, *Proceedings of the National Academy of Sciences of the United States of America* 100, no. 24(2004) : 14293~14296; C. 하임(C. Heim), P. M. 플로츠키(P. M. Plotsky), C. B. 네메로프, 「생애 초기 부정적 경험이 우울증의 신경생물학적 결과에 끼치는 영향에 관한 연구의 중요성」, *Neuropsychopharmacology* 29, no. 4(2004) : 641~648.

18. B. E. 칼슨(B. E. Carlson), 「청소년기에 목격한 부부간 폭력」, *Journal of Family Violence* 5, no. 4(1990) : 285~299; A. R. 로버츠(A. R. Roberts)가 편집한 『매 맞는 여성과 그 가족들(*Battered Women and Their Families*)』(뉴욕 : Springer, 1984) 중 B. E. 칼슨이 쓴 「부모의 폭력 행위를 목격한 아이」(147~167); J. L. 에들슨(J. L. Edleson), 「어른들의 가정 폭력을 목격한 아이들」, *Journal of Interpersonal Violence* 14, no. 8(1999) : 839~870; K. 헤닝(K. Henning) 연구진, 「부모의 신체적 갈등 상황을 목격한 경우 나타나는 장기적인 심리적, 사회적 영향」, *Journal of Interpersonal Violence* 11, no. 1(1996) : 35~51; E. N. 주릴스(E. N. Jouriles), C. M. 머피(C. M. Murphy), D. 오리어리(D. O'Leary), 「대인관계의 공격성과 부부의 불화, 아이의 문제」, *Journal of consulting and Clinical Psychology* 57, no. 3(1989) : 453~455; J. R. 콜코(J. R. Kolko), E. H. 블레이클리(E. H. Blakely), D. 엥겔먼(D. Engelman), 「가정 폭력을 목격한 아이들 : 경험적 문헌 자료의 검토」, *Journal of Interpersonal Violence* 11, no. 2(1996) : 281~293; J. L. 자신스키(J. L. Jasinski)와 L. 윌리엄스(L. Williams)가 편집한 『파트너 간 폭력 : 20년간 연구 결과에 대한 포괄적 검토(*Partner Violence : A Comprehensive Review of 20 Years of Research*)』(캘리포니아주 사우전드 오크스 : Sage, 1998) 중 J. 월락(J. Wolak), D. 핑겔로(D. Finkelhor)가 쓴 「파트너 간 폭력에 노출된 아이들」.

19. 이와 같은 발언들은 대부분 다음 기사에 나온 빈센트 펠리티(Vincent Felitti)의 대화를 토대로 하였다. J. E. 스티븐스(J. E. Stevens), 「아동기 부정적 경험 연구 - 전례 없는 사상 최대 공중보건 연구」, 2012년 10월 8일 자 허핑턴 포스트(Huffington Post). http://www.huffingtonpost.com/jane-ellen-stevens/the-adverse-childhood-exp_1_b_1943647.html.

20. 인구 집단에서 기인할 수 있는 위험 요소들로, 특정한 위험 요소에 영향을 줄 수 있는 문제가 전체 인구에서 차지하는 비중이 반영되었다.

21. 국립 암연구소, 「흡연율 감소로 사망자 약 80만 명 예방」(보도자료), 2012년 3월 14일. http://www.cancer.gov/news-events/press-releases/2012/TobaccoControlCISNET.

10장 발달 과정의 트라우마: 숨겨진 유행병

1. 줄리언 포드(Julian Ford), 조지프 스피나졸라(Joseph Spinazzola)와 필자가 공동으로 진행한 DTD 현장 연구에서 밝혀진 사례들이다.

2. H. J. 윌리엄스(H. J. Williams), M. J. 오언(M. J. Owen), M. C. 오도노번(M. C. O'Donovan), 「조현병의 유전적 특성 : 새로운 접근 방식을 통해 얻은 새로운 통찰」, *British Medical Bullitin* 91(2009) : 61~74. P. V. 게이먼(P. V. Gejman), A. R. 샌더스(A. R. Sanders), K. S. 켄들러(K. S. Kendler), 「조현병의 유전적 특성 : 새로운 발견과 해결 과제」, *Annual Review of Genomics and Human Genetics* 12(2011) : 121~144. A. 샌더스 연구진, 「대규모 유럽인 가계 표본에서 조현병과의 연관성이 추정된 유전자 14가지의 유의한 연계성 확인 실패 : 정신의학적 유전학 측면에서의 의미」, *American Journal of Psychiatry* 165, no. 4(2008년 4월) : 497~506.

3. R. 예후다(R. Yehuda) 연구진, 「생애 초기의 비극적 경험과 이후 PTSD 발달의 연관성에 관한 생물학적 추정 기전」, *Psychopharmacology* 212, no. 3(2010년 10월). K. C. 코에넨(K. C. Koenen), 「외상 후 스트레스 장애의 유전학적 특성: 검토 결과와 향후 연구를 위한 권고」, *Journal of Traumatic Stress* 20, no. 5(2007년 10월) : 737~750. M. W. 길버트슨(M. W. Gilbertson) 연구진, 「해마의 크기가 작은 경우 예측되는 심리적 트라우마에 대한 병리학적 취약성」, *Nature Neuroscience* 5(2002) : 1242~1247.

4. K. C. 쾨넨(K. C. Koenen), 「외상 후 스트레스 장애의 유전학적 특성」. R. F. P. 브로에크먼(R. F. P. Broekman), M. 올프(M. Olff), F. 보어(F. Boer), 「PTSD의 유전학적 배경」, *Neuroscience & Biobehavioral Reviews* 31, no. 3(2007) : 348~362.

5. M. J. 미니(M. J. Meaney), A. C. 퍼거슨스미스(A. C. Ferguson-Smith), 「신경학적 전사체의 후생적 조절: 흔적의 의미」, *Nature Neuroscience* 13, no. 11(2010) : 1313~1318. M. J. 미니, 「유전자와 환경의 상호 작용에 관한 후생적, 생물학적 정의」, *Child Development* 81, no. 1(2010) : 41~79. B. M. 레스터(B. M. Lester) 연구진, 「행동후생학」, *Annals of the New York Academy of Sciences* 1226, no. 1(2011) : 14~33.

6. M. 스지프(M. Szyf), 「생애 초기의 사회적 환경과 DNA 메틸화 : DNA 메틸화의 매개로 인한 초기 사회적 환경의 장기적 영향」, *Epigenetics* 6, no. 8(2011) : 971~978.

7. 모셰 스지프(Moshe Szyf), 패트릭 맥고언(Patrick McGowan), 마이클 J. 미니(Michael J. Meaney), 「사회적 환경과 후생 유전체」, *Environmental and Molecular Mutagenesis* 49, no. 1(2008) : 46~60.

8. 삶의 모든 경험은 유전자 발현에 변화를 가져온다는 증거가 무수히 발견되었다. 다음 자료들에서 그 몇 가지 예를 확인할 수 있다. D. 메타(D. Mehta) 연구진, 「아동기 학대와 외상 후 스트레스 장애의 독특한 유전적, 후생 유전적 특성의 연관성」, *Proceedings of the National Academy of Sciences of the United States of America* 110, no. 20(2013) : 8302~8307. P. O. 맥고언(P. O. McGowan) 연구진, 「인체 뇌에서 글루코코르티코이드 수용체의 후생적 조절과 아동기 학대의 관계」, *Nature Neuroscience* 12, no. 3(2009) : 342~348. M. N. 데이비스(M. N. Davies) 연구진, 「인체 뇌의 메틸화 지도에서 기능적 주석으로 확인된 뇌와 혈액 전반의 조직 특이적 후생학적 변화」, *Genome Biology* 13, no. 6(2012) : R43. M. 거너(M. Gunner), K. 퀘베도(K. Quevedo), 「스트레스의 신경생물학적 특성과 발달」, *Annual Review of Psychology* 58(2007) : 145~173. A. 소머쇼프(A. Sommershof) 연구진, 「트라우마 스트레스에 따른 항원 미접촉 T 세포와 조절 T 세포의 현격한 감소」, *Brain, Behavior, and Immunity* 23, no. 8(2009) : 1117~1124. N. 프로방살(N. Provençal) 연구진, 「어미에게 사육된 붉은털원숭이의 전전두엽 피질과 T 세포에서 나타나는 메틸화 지도의 특성」, *Journal of Neuroscience* 32, no. 44(2012) : 15626~15642. B. 라봉테(B. Labonté) 연구진, 「생애 초기 트라우마로 인한 유전체 전반의 후생적 조절」, *Archives of General Psychiatry* 69, no. 7(2012) : 722~731. A. K. 스미스(A. K. Smith) 연구진, 「외상 후 스트레스 장애의 면역 체계 DNA 메틸화와 사이토카인 조절 변화」, *American Journal of Medical Genetics Part B : Neuropsychiatric Genetics* 156B, no. 6(2011) : 700~708. M. 우딘(M. Uddin) 연구진, 「외상 후 스트레스 장애 관련 후생적 특성과 면역 기능 특성」, *Proceedings of the National Academy of Sciences of the United States of America* 107, no. 20(2010) : 9470~9475.

9. C. S. 바(C. S. Barr) 연구진, 「행동 연구에서 유전자와 환경의 상호 작용 연구 시 사람을 제외한 영장류 모델의 활용성」, *Genes, Brain and Behavior* 2, no. 6(2003) : 336~340.

10. A. J. 베넷(A. J. Bennett) 연구진, 「생애 초기 경험과 세로토닌 운반체 유전자의 변화가 상호 작용하여 영장류의 중추신경계 기능에 끼치는 영향」, *Molecular Psychiatry* 7, no. 1(2002) : 118~122. C. S. 바(C. S. Barr) 연구진, 「영장류 암컷에서 세로토닌 운반체 유전자의 변화와 양육 환경이 알코올 선호도와 섭취량에 끼치는 영향」, *Archives of General Psychiatry* 61, no. 11(2004) : 1146. C. S. 바 연구진, 「생애 초기 스트레스에 노출된 붉은털원숭이에게서 나타나는 세로토닌 운반체 유전자의 변화와 알코올 민감도의 관계」, *Alcoholism : Clinical and Experimental Research* 27, no. 5(2003) : 812~817.

11. A. 로이(A. Roy) 연구진, 「스트레스 관련 유전자 FKBP5와 아동기 트라우마의 상호 작용으로 인한 자살 시도 위험률의 증가」, *Neuropsychopharma-cology* 35, no. 8(2010) : 1674~1683. M. A. 에노크(M. A. Enoch) 연구진, 「GABRA2, 아동기 트라우마의 상호 작용이 알코올, 헤로인, 코카인 의존성에 끼치는 영향」, *Biological Psychiatry* 67, no. 1(2010) : 20~27. A. 로이 연구

진, 「HPA축의 두 유전자 CRHBP, FKBP5와 아동기 트라우마의 상호 작용으로 인한 자살 행동 위험률 증가」, *Journal of Psychiatric Research* 46, no. 1(2012) : 72~79.

12. A. S. 매스튼(A. S. Masten), D. 치케티(D. Cicchetti), 「발달 단계」, *Development and Psychopathology* 22, no. 3(2010) : 491~495. S. L. 토스(S. L. Toth) 연구진, 「학대 아동의 비논리적 사고와 사고 장애」, *Journal of the American Academy of Child & Adolescent Psychiatry* 50, no. 7(2011) : 659~668. J. 윌리스(J. Willis), 「신경과학과 학교 교실 사이에 가교 짓기」, *Phi Delta Kappan* 89, no. 6(2008) : 424. I. M. 에익스티(I. M. Eigsti), D. 치케티, 「아동 학대가 생후 60개월 구문 수준에 끼치는 영향」, *Developmental Science* 7, no. 1(2004) : 88~102.

13. J. 스피나졸라(J. Spinazzola) 연구진, 「아동과 청소년의 복합 트라우마 노출과 영향, 치료법에 관한 평가」, *Psychiatric Annals* 35, no. 5(2005) : 433~439.

14. R. C. 케슬러(R. C. Kessler), C. B. 넬슨(C. B. Nelson), K. A. 맥고나글(K. A. McGonagle), 「중독과 정신 질환의 동반 발생 역학」, *American Journal of Orthopsychiatry* 66, no. 1(1996) : 17~31. 국립 의학연구원, 『외상 후 스트레스 장애의 치료(*Treatment of Posttraumatic Stress Disorder*)』(워싱턴 : National Academies Press, 2008), C. S. 노스 (C. S. North) 연구진, 「외상 후 스트레스 진단의 유효성 평가를 위하여」, *American Journal of Psychiatry* 166, no. 1(2009) : 34~40.

15. 조지프 스피나졸라(Joseph Spinazzola) 연구진, 「아동과 청소년의 복합 트라우마 노출과 영향, 치료법에 관한 평가」, *Psychiatric Annals*(2005).

16. 실무단에는 밥 피누스(Bob Pynoos) 박사, 글렌 색스(Glenn Saxe), 줄리언 포드(Julian Ford), 조지프 스피나졸라(Joseph Spinazzola), 마릴렌 클루아트르(Marylene Cloitre), 브래들리 스톨바흐(Bradley Stolbach), 알렉산더 맥팔레인(Alexander McFarlane), 알리시아 리버먼(Alicia Lieberman), 웬디 단드레아(Wendy D'Andrea), 마틴 테이처(Martin Teicher), 단테 시체티(Dante Cicchetti)가 참여했다.

17. 트라우마 발달 장애의 진단척도 제안 내용은 부록에 나와 있다.

18. http://www.traumacenter.org/products/instruments.php.

19. 스루프 연구진의 연구에 대해서는 http://www.cehd.umn.edu/icd/people/faculty/Sroufe. html에서 추가로 확인할 수 있다. '위험과 적응에 관한 미네소타 종단 연구'에 관한 정보와 자료는 http://www.cehd.umn.edu/icd/research/parent-child/와 http://www.cehd.umn.edu/icd/research/parent-child/publications/에 나와 있다. 그 외 참고할 자료 : L. A. 스루프(L. A. Sroufe), W. A. 콜린스(W. A. Collins), 『인간의 발달 : 출생부터 성인기까지 위기와 적응에 대한 미네소타 연구』(뉴욕 : Guilford Press, 2009). L. A. 스루프, 「애착과 발달 : 출생부터 성인기까지 전향적, 종단 연구」, *Attachment & Human Development* 7, no. 4(2005) : 349~367.

20. L. A. 스루프(L. A. Sroufe), 『인간의 발달 : 출생부터 성인기까지 위기와 적응에 대한 미네소타 연구』(뉴욕 : Guilford Press, 2005). 하버드 소속 연구자인 칼렌 라이언스루스(Karlen Lyons-Ruth)도 어린이들을 대상으로 대략 열여덟 살까지 추적 조사한 연구에서 비슷한 사실을 확인했다. 즉 세 살 때 발견된 혼란 애착과 역할 역전, 엄마와의 의사소통 부족과 같은 요소는 열여덟 살에 정신 건강 관련 시설이나 사회복지 서비스 시설을 이용할 가능성을 예견하는 가장 정확한 지표가 되는 것으로 나타났다.

21. D. 자코비츠(D. Jacobvitz), L. A. 스루프(L. A. Sroufe), 「생애 초기 양육자와 아이의 관계와 유치원생의 과잉 행동을 동반한 주의력 결핍 장애 : 전향적 연구」, *Child Development* 58, no. 6(1987년 12월) : 1496~1504.

22. G. H. 엘더 주니어 T. 반 구엔(G. H. Elder Jr. T. Van Nguyen), A. 카스피(A. Caspi), 「가족의 고난과 아이 인생의 관계」, *Child Development* 56, no. 2(1985년 4월) : 361~375.

23. 신체 학대를 받은 아동이 행동 장애나 적대적 반항 장애로 진단받는 확률은 세 배가량 높다. 방치되거나 성적 학대를 받은 아동들의 경우 불안 장애가 발생할 확률이 두 배 높아진다. 부모가 심리적으로 도움이 되지 못하거나 성적으로 학대한 경우 나중에 PTSD가 발달할 확률이 두 배 더 높아진다. 다수의 병명으로 진단받는 비율은 방치 아동의 경우 54퍼센트, 신체 학대 아동은 60퍼센트, 성적 학대 아동은 73퍼센트다.

24. 이 내용은 1955년부터 40년 동안 카우아이 섬에서 태어난 698명의 아이들을 연구한 에미 워너(Emmy Werner)의 자료를 인용한 것이다. 해당 연구에서, 불안정한 가정에서 자란 아이들

대부분이 범죄나 정신적, 신체적 건강 문제를 경험하면서 성장했다. 고위험군 아동의 3분의 1은 회복력을 나타내고 자상하면서 유능하고 자신감 있는 성인으로 자랐다. 이 같은 결과를 만든 '보호 요소'는, 첫째, 남의 관심을 받는 아이이고, 둘째, 부모가 아닌 양육자와 끈끈한 유대를 형성하고(이모, 보모, 교사 등) 교회나 지역 단체 등에 적극적으로 참여하는 것으로 나타났다. E. E. 워너, R. S. 스미스(R. S. Smith), 『역경의 극복: 고위험군 아동의 출생부터 성인기까지(Overcoming the Odds : High Risk Children from Birth to Adulthood)』(이타카, NY 및 런던: Cornell Universicy Press, 1992).

25. P. K. 트리켓(P. K. Trickett), J. G. 놀(J. G. Noll), F. W. 퍼트넘(F. W. Putnam), 「성학대가여성발달에끼치는영향:다세대,종단연구에서얻은교훈」,Development and Psychopathology 23(2011) : 453~476. J. G. 놀, P. K. 트리켓, F. W. 퍼트넘, 「아동기 성 학대가 성적 발달에 끼치는 영향에 관한 전향적 조사」, Journal of Consulting and Clinical Psychology 71(2003) : 575~586. P. K. 트리켓, C. 맥브라이드창(C. McBride-Chang), F. W. 퍼트넘(F. W. Putnam), 「성 학대를 받은 여성의 학업 성적과 행동」, Development and Psychopathology 6(1994) : 183~194. P. K. 트리켓, F. W. 퍼트넘, 『여성의 성적 학대 : 아동기의 영향(Sexual Abuse of Females : Effects in Childhood)』(워싱턴: National Institute of Mental Health, 1990~1993). F. W. 퍼트넘, P. K. 트리켓, 『아동 성 학대의 정신생물학적 영향(The Psychobiological Effects of Child Sexual Abuse)』(뉴욕: W. T. Grant Foundation, 1987).

26. 파괴적 기분 조절 장애에 관한 63건의 연구 중에서 애착 관계나 PTSD, 트라우마, 아동 학대나 방치를 조사한 사례는 한 건도 없었다. 전체 자료 중에서 '학대'라는 단어는 단 한 번 등장했다. 육아 방식이나 가족의 역동성, 가족 치료를 다룬 사례는 없었다.

27. DSM의 후반부 부록에는 진단 라벨인 V 코드가 나와 있으나, 공식적인 분류가 아니므로 보험료 지급을 요청하는 근거로 활용할 수 없다. 아동 학대, 아동 방치, 아동기 신체 학대, 아동기 성 학대가 이 코드에 포함되어 있다.

28. 위와 동일한 자료, 121쪽.

29. 이 글을 쓰는 시점에 DSM-5는 아마존 베스트셀러 7위에 올라 있다. APA는 DSM 이전 버전으로 1억 달러를 벌어들였다. DSM 발행 수익은 제약업계가 제공하는 자금, 협회 소속 회원들의 회원비와 함께 APA의 주된 수입원에 해당한다.

30. 게리 그린버그(Gary Greenberg), 『비애의 책 : DSM과 정신의학의 변질(The Book of Woe : The DSM and the Unmaking of Psychiatry)』(뉴욕: Penguin, 2013), 239.

31. 미국심리학회의 여러 소분과 중 한 곳의 책임자는 APA의 데이비드 엘킨스(David Elkins)에게 보낸 공개 서한에서, DSM-V는 불확실한 근거를 토대로 작성되었으며 공중보건 문제를 부주의하게 다루었다고 항의했다. 또한 정신 질환을 주된 의학적 현상 중 하나인 것처럼 개념화하려고 지적했다. 이 서한을 보고 5천 명 가까운 사람들이 동의 의사를 밝혔다. 미국상담협회 대표는 DSM을 구입한 협회 회원 11만 5천 명을 대신하여 APA 대표에게 보낸 서신에서 DSM-V의 토대가 된 과학적 근거의 질에 거부 의사를 밝히고 APA는 개정 제안을 검토하도록 지명되는 과학적 검토 위원회의 역할을 대중에게 넘겨야 하며 모든 근거와 데이터를 협회 외부의 독자적인 전문가단이 평가하도록 해야 한다고 주장했다.

32. 토머스 인셀(Thomas Insel)은 이에 앞서 사람이 아닌 영장류를 대상으로 애착 호르몬인 옥시토신을 연구한 바 있다.

33. 국립 정신 건강연구소, 「NIMH 연구 영역 기준(Research Domain Criteria (RdoC)」, https://www.nimh.nih.gov/research-priorities/rdoc/index.shtml.

34. 『인간의 발달 : 출생부터 성인기까지 위기와 적응에 대한 미네소타 연구(The Development of the Person: The Minnesota Study of Risk and Adaptation from Brith to Adulthood)』(뉴욕: Guilford Press, 2005).

35. B. A. 반 데어 콜크(B. A. van der Kolk), 「트라우마 발달 장애: 복합 트라우마를 경험한 아동들을 위한 합리적인 진단을 위하여」, Psychiatric Annals 35, no. 5(2005) : 401~408. W. 단드레아(W. D'Andrea) 연구진, 「아동의 대인관계 트라우마 이해 : 발달 과정의 트라우마에 관한 적절한 진단이 필요한 까닭」, American Journal of Orthopsychiatry 82(2012) : 187~200. J. D. 포드(J. D. Ford) 연구진, 「트라우마 발달 장애 진단 기준 제안의 임상적 의의: 임상의 대상 국제적인 조사 결과」, Journal of Clinical Psychiatry 74, no. 8(2013) : 841~849. 트라우마 발달 장애 분야에서 진행된 최신 연구결과는 우리 센터 웹사이트에서 확인할 수 있다. www.traumacenter.org.

36. J. J. 헤크먼(J. J. Heckman), 「불우 아동을 위한 투자 시 기술 형성과 경제」, Science 213, no.

5782(2006) : 1900~1902.

37. D. 올즈(D. Olds) 연구진, 「간호사의 가정방문이 아이의 범죄율과 반사회적 행동에 끼치는 장기적 영향: 15년간 추적 조사한 무작위 통제 시험」, *JAMA* 280, no. 14(1998) : 1238~1244. J. 에큰로드(J. Eckenrode) 연구진, 「간호사 가정방문 프로그램을 통한 아동 학대와 방치 예방: 가정 폭력 제한 효과」, *JAMA* 284, no. 11(2000) : 1385~1391. D. I. 로웰(D. I. Lowell) 연구진, 「'Child FIRST' 무작위 통제 연구: 포괄적인 가정 중심 중재법을 초기 아동기 실천 방안에 관한 연구로」, *Child Development* 82, no. 1(2011년 1월/2월) : 193~208. S. T. 하비(S. T. Harvey), J. E. 테일러(J. E. Taylor), 「아동기에 성적 학대를 받은 성인의 심리 치료 효과에 관한 메타 분석」, *Clinical Psychology Review* 30, no. 6(2010년 8월) : 749~767. 올즈, 헨더슨(Henderson), 챔벌린(Chamberlin), 타텔바움(Tatelbaum), 1986. B. C. 스톨바흐(B. C. Stolbach) 연구진, 「도시 지역에서 트라우마를 경험한 어린이의 복합 트라우마 노출과 증상: 트라우마 발달 장애 진단 기준 제안 관련 예비 검사」, *Journal of Traumatic Stress* 26, no. 4(2013년 8월) : 483~491.

11장 비밀의 발견: 트라우마 기억의 문제점

1. 임상에서 이루어지는 상담은 의사와 환자 사이에 비밀이 보장되는 반면, 범죄 수사를 위한 평가는 공문서로 작성되어 변호사, 법정 관계자, 판사들이 공유한다. 따라서 범죄 수사 목적의 상담 시 나는 상대방에게 상담에서 이야기하는 어떠한 내용도 비밀이 보장되지 않는다고 먼저 경고한다.

2. K. A. 리(K. A. Lee) 연구진, 「제2차 세계 대전 전투의 심리적 후유증에 관한 50년 전향 연구」, *American Journal of Psychiatry* 152, no. 4(1995년 4월) : 516~522.

3. J. L. 맥고우(J. L. McGaugh), M. L. 헤르츠(M. L. Hertz), 『기억의 정리(*Memory Consolidation*)』(샌프란시스코: Albion Press, 1972). L. 카힐(L. Cahill), J. L. 맥고우, 「감정적 고조의 기전과 장기적으로 존속하는 서술 기억」, *Trends in Neurosciences* 21, no. 7(1998) : 294~299.

4. A. F. 안스텐(A. F. Arnsten) 연구진, 「알파-1 노르아드레날린 수용체 자극에 따른 전전두엽 피질의 인지 기능 손상」, *Biological Psychiatry* 45, no. 1(1999) : 26~31. A. F. 안스텐, 「강화: 녹초 상태의 생물학적 특성」, *Science* 280, no. 5370(1998) : 1711~1712. 번바움(Birnbaum) 연구진, 「스트레스로 인한 인지 기능 결함에 노르에피네프린의 역할: 전전두엽 피질에서 알파-1 아드레날린 수용체가 매개하는 기능」, *Biological Psychiatry* 46, no. 9(1999) : 1266~1274.

5. Y. D. 반 데어 베르프(Y. D. Van Der Werf) 연구진, 「특별한 쟁점: 시상핵이 서술 기억의 기능에 끼치는 영향」, *Cortex* 39(2003) : 1047~1062. B. M. 엘징가(B. M. Elzinga), J. D. 브렘너(J. D. Bremner), 「기억의 신경학적 기질은 외상 후 스트레스 장애(PTSD)의 최종적인 공통 경로인가?」, *Journal of Affective Disorders* 70(2002) : 1~17. L. M. 신(L. M. Shin) 연구진, 「외상 후 스트레스 장애 환자에게 공포를 느낀 얼굴 표정을 보여 주었을 때 편도체와 내측 전전두엽 피질의 반응에 관한 기능적 자기공명영상 연구」, *Archives of General Psychiatry* 62(2005) : 273~281. L. M. 윌리엄스(L. M. Williams) 연구진, 「의식적으로 수반된 공포에 대한 편도체와 내측 전전두엽의 반응이 트라우마로 바뀌는 현상」, *Neuroimage* 29(2006) : 347~357. R. A. 라니우스(R. A. Ranius) 연구진, 「PTSD에서 대본으로 유도한 상상에 해리 반응이 나타날 때 뇌의 활성: 기능적 자기공명영상 연구」, *Biological Psychiatry* 52(2002) : 305~311. H. D. 크리츨리(H. D. Critchley), C. J. 마시아스(C. J. Mathias), R. J. 돌런(R. J. Dolan), 「사람의 공포 조건화: 인지와 자동적 환기가 신경 구조의 기능에 끼치는 영향」, *Neuron* 33(2002) : 653~663. M. 보르가르(M. Beauregard), J. 르베스크(J. Levesque), P. 부르구앵(P. Bourgouin), 「의식적인 감정의 자가 조절의 신경학적 관계」, *Journal of Neuroscience* 21(2001) : RC165. K. N. 옥스너(K. N. Ochsner) 연구진, 「발전을 위해서인가 악화를 위해서인가: 부정적 감정의 인지적 억제와 증대를 돕는 신경 체계」, *NeuroImage* 23(2004) : 483~499. M. A. 모건(M. A. Morgan), L. M. 로만스키(L. M. Romanski), J. E. 르두(J. E. LeDoux) 연구진, 「정서적 학습의 소멸: 내측 전전두엽 피질의 역할」, *Neuroscience Letters* 163(1993) : 109~113. M. R. 밀래드(M. R. Milad), G. J. 쿼크(G. J. Quirk), 「내측 전전두엽 피질의 뉴런이 발생시키는 공포 소멸 신호」, *Nature* 420(2002) : 70~74. J. 아멧(J. Amat) 연구진, 「내측 전전두엽 피질의 스트레스 인자 통제 능력에 따라 행동과 등쪽 솔기 핵에 발생하는 영향」, *Nature Neuroscience* 8(2005) : 365~371.

6. B. A. 반 데어 콜크(B. A. van der Kolk), R. 피슬러(R. Fisler), 「트라우마 기억의 해리와 단편성 : 개관 및 탐색적 연구」, *Journal of Traumatic Stress* 8, no. 4(1995) : 505~525.

7. 프리 딕셔너리(Free Dictionary)에 나온 히스테리의 정의를 사용했다. http://www.thefreedictionary.com/hysteria.

8. A. 영(A. Young), 『착각의 조화 : 외상 후 스트레스 장애의 발명(*The Harmony of Illusions : Inventing Post-traumatic Stress disorder*)』(뉴저지주 프린스턴 : Princeton University Press, 1997). H. F. 엘렌버거(H. F. Hellenberger), 『무의식의 발견 : 동적 정신의학의 역사와 발전(*The Discovery of the Unconscious : The History and Evolution of Dynamic Psychiatry*)』(뉴욕 : Basic Books, 2008).

9. T. 리보(T. Ribot), 『기억의 병(*Diseases of Memory*)』(뉴욕 : Appleton, 1887), 108~109. 엘렌버거(Hellenberger), 『무의식의 발견(*The Discovery of the Unconscious*)』.

10. 『지그문트 프로이트의 심리학 연구 표준판(*The Standard Edition of the complete Psychological Works of Sigmund Freud*)』(런던 : Mogarth Press, 1893) 중 J. 브로이어(J. Breuer), S. 프로이트(S. Freud)의 「히스테리 현상의 신체 기전」.

11. A. 영(A. Young), 『착각의 조화(*The Harmony of Illusions*)』.

12. J. L. 허먼(J. L. Herman), 『트라우마 : 가정 폭력에서 정치적 테러까지(*Trauma and Recovery*)』(뉴욕 : Basic Books, 1997), 15.

13. A. 영(A. Young), 『착각의 조화(*The Harmony of Illusions*)』. J. M. 차콧(J. M. Charcot), 『신경계 특정 질환에 관한 임상 강의(*Clinical Lectures on Certain Diseases of the Nervous System*)』 3권(런던 : New Sydenham Society, 1888).

14. http://en.wikipedia.org/wiki/File:Jean-Martin_Charcot_chronophotography.jpg.

15. P. 자네(P. Janet), 『심리적 자동주의(*L'automatisme psychologique*)』(파리 : Félix Alcan, 1889).

16. 내게 자네의 연구를 소개해 준 오노 반 데어 하트(Onno van der Hart)는 자신의 연구 분야에서 생존하는 최고의 학자다. 나는 오노와 함께 자네의 기본 이론을 요약하고 정리하는 일을 긴밀히 협력하여 추진하는 행운을 누렸다. B. A. 반 데어 콜크(B. A. van der Kolk), O. 반 데어 하트, 「피에르 자네와 심리적 트라우마의 적응 실패」, *American Journal of Psychiatry* 146(1989) : 1530~1540. B. A. 반 데어 콜크, O. 반 데어 하트, 「침범하는 과거 : 기억의 유연성과 트라우마의 각인」, *Imago* 48(1991) : 425~454.

17. P. 자네(P. Janet), 「감정에 의한 기억 상실과 기억 해리」, *Journal de Psychologie* 1(1904) : 417~453.

18. P. 자네(P. Janet), 『심리적 치유(*Psychological Healing*)』(뉴욕 : Macmillan, 1925), 660.

19. P. 자네(P. Janet), 『*L'Etat mental des hystériques*』, 제2판(파리 : Félix Alcan, 1911 ; 재발행 프랑스 마르세유 : Lafitte Reprints, 1983). P. 자네, 「히스테리의 주요 증상(*The Major Symptoms of Hysteria*)』(런던, 뉴욕 : Macmillan, 1907 ; 재발행 뉴욕 : Hafner, 1965). P. 자네, 『*L'evolution de la memoire et de la notion du temps*』(파리, A. Chahine, 1928).

20. J. L. 티체너(J. L. Titchener), 「트라우마 이후의 약화 : 해결되지 않은 파괴적 동기의 결과」, *Trauma and Its Wake* 2(1986) : 5~19.

21. J. 브로이어(J. Breuer), S. 프로이트(S. Freud), 「히스테리 현상의 신체 기전」.

22. J. 스트래치(J. Strachy)가 편집한 『지그문트 프로이트의 심리학 연구 표준판(*The Standard Edition of the complete Psychological Works of Sigmund Freud*)』 3권(런던 : Hogarth Press, 1962) 중 S. 프로이트, J. 브로이어(J. Breuer)의 「히스테리의 원인론」(189~221쪽).

23. 『지그문트 프로이트의 심리학 연구 표준판(*The Standard Edition of the complete Psychological Works of Sigmund Freud*)』 7권(런던 : Hogarth Press, 1962) 중 S. 프로이트(S. Freud), 「성에 관한 세 편의 해석」(190쪽) : "성적 활성의 재발현은 내적 요인과 우발적으로 발생한 외부 요인으로 결정된다. (⋯) 지금은 내적 요인에 대해 이야기해야겠지만, '이 시기에 우연히 발생하는 외부 사건도 상당히 중요하고 지속적인 영향을 준다. 유혹의 영향, 즉 아동을 고도로 감정적인 분위기에서 미성숙한 성적 대상으로 취급하고 가르치면', 이후 아이는 자위 행위로 그 행동을 어쩔 수 없이 계속 반복하게 되는 경우가 많다는 사실을 우리는 알고 있다. 이와 같은 영향은 어른들이나 다른 아이들을 통해 처음 발생할 수 있다. 앞서 나의 논문 중 「히스테리

의 원인론」(1896c)에서 이러한 영향의 빈도나 중요성을 과장되게 설명했다고는 인정할 수 없으나, 그 당시에는 정상 생활을 하는 사람도 아동기에 그와 같은 일을 경험했을 가능성이 있다는 사실을 알지 못했고 결과적으로 유혹의 중요성을 성적 기질이나 발달에 비해 과대평가했다. 아동의 성생활을 유혹으로만 환기시킬 수 있는 것이 아니라는 점은 자명하며, 자연 발생적인 외부 요인도 원인이 될 수 있다[작은따옴표는 프로이트가 강조한 부분]. S. 프로이트, 『표준판』(1916) 중 '심리분석 개론 강의', 370쪽. 유혹을 당한 환상은 특히 흥미로운 주제로, 환상이 아닌 실제 기억일 가능성이 많다.

24. S. 프로이트(S. Freud), 『업악 증상과 불안(Inhibitions Symptoms and Anxiety)』(1914). 스트래치(Strachey), 『지그문트 프로이트의 심리학 연구 표준판(The Standard Edition of the complete Psychological Works of Sigmund Freud)』.

25. B. A. 반 데어 콜크(B. A. van der Kolk), 『심리적 트라우마(Psychological Trauma)』(워싱턴 DC: Amarican Psychiatric Press, 1986).

26. B. A. 반 데어 콜크(B. A. van der Kolk), 「트라우마의 반복 강박」, Psychiatric Clinics of North America 12, no. 2(1989): 389~411.

12장 참을 수 없는 기억의 무거움

1. A. 영(A. Young), 『착각의 조화: 외상 후 스트레스 장애의 발명(The Harmony of Illusions: Inventing Post-traumatic Stress disorder)』(뉴저지주 프린스턴: Princeton University Press, 1997), 84.

2. F. W. 모트(F. W. Mott), 「가시적인 부상 없이 발생하는 포탄 충격에 관한 특별한 논의」, Proceedings of the Royal Society of Medicine 9(1916): i~xliv. C. S. 마이어스(C. S. Myers), 「포탄 충격 연구의 영향」, Lancet 1(1915): 316~320. T. W. 새먼(T. W. Salmon), 「영국군의 정신 질환 및 전쟁 신경증('포탄 충격') 관리와 치료」, Mental Hygiene 1(1917): 509~547. E. 존스(E. Jones), S. 웨슬리(S. Wessely), 『포탄 충격에서 PTSD로: 1900년대부터 걸프전까지 군대의 정신의학(Shell Shock to PTSD: Military Psychiatry from 1900 to the Gulf)』(영국 호브: Psychology Press, 2005).

3. J. 키건(J. Keegan), 『제1차세계대전사(The First World War)』(뉴욕: Random House, 2011).

4. A. D. 매클레오드(A. D. Macleod), 「포탄 충격, 고든 홈즈, 그리고 대전쟁」, Journal of the Royal Society of Medicine 97, no. 2(2004): 86~89. M. 엑스테인(M. Eckstein), 『봄의 의식: 대전쟁과 현대의 탄생(Rites of Spring: The Great War and the Birth of the Modern Age)』(보스턴: Houghton Mifflin, 1989).

5. 로드 사우스보로(Lord Southborough), 『"포탄 충격"에 관한 육군성 조사위원회 보고서(Report of the War Office committee of Enquiry into "Shell-Shock")』(런던, His Majesty's Stationery Office, 1922).

6. 부커 상(Booker Prize) 수상자인 팻 바커(Pat Barker)는 군 정신과 전문의로 일했던 W. H. R. 리버스(W. H. R. Rivers)의 업적을 감동적인 3부작 저서로 발표했다. P. 바커, 『재생(Regeneration)』(런던: Penguin UK, 2008). P. 바커, 『문가의 시선(The Eye in the Door)』(뉴욕: Penguin UK, 1995) P. 바커, 『유령의 길(The Ghost Road)』(런던: Penguin UK, 2008). 제1차 세계 대전의 여파에 관한 논의는 다음 자료에서도 확인할 수 있다: A. 영(A. Young), 『착각의 조화(Harmony of Illusions)』. B. 셰퍼드(B. Shephard), 『1914~1994 신경의 전쟁, 군인과 정신의학자들(A War of Nerves, Soldiers and Psychiatrists 1914-1994)』(런던: Jonathan Cape, 2000).

7. J. H. 바틀렛(J. H. Bartlett), 『보너스 행진과 새로운 거래(The Bonus March and the New Deal)』(1937). R. 대니얼스(R. Daniels), 『보너스 행진: 대공황 시기의 사건들(The Bonus March: An Episode of the Great Depression)』(1971).

8. E. M. 레마르크(E. M. Remarque), 『서부전선이상없다(All Quiet on the Western Front)』(A. W. Wheen 번역, 런던: GP Putnam's Sons, 1929).

9. 위와 동일한 도서, 192~193쪽.

10. 이 사건에 관한 설명은 다음 사이트에서 확인할 수 있다. http://motlc.wiesenthal.com/site/pp.asp?c=gvKVcMVluG&b=395007.

11. C. S. 마이어스(C. S. Myers), 『1914~1918 프랑스의 포탄 충격(*Shell Shock in France 1914-1918*)』(영국 케임브리지 : Cambridge University Press, 1940).

12. A. 카디너(A. Kardiner), 『전쟁과 트라우마 신경증(*The Traumatic Neuroses of War*)』(뉴욕 : Hoeber, 1941).

13. https://en.wikipedia.org/wiki/Let_There_Be_Light_(film).

14. G. 그리어(G. Greer), J. 옥센볼드(J. Oxenbould), 『아빠, 너무 낯설어요(*Daddy, We Hardly Knew You*)』(런던 : Penguin, 1990).

15. A. 카디너(A. Kardiner), H. 스피겔(H. Spiegel), 『전쟁 스트레스와 신경성 질환 (*War Stress and Neurotic Illness*)』(영국 옥스퍼드 : Hoeber, 1947).

16. D. J. 헨더슨(D. J. Henderson), 『정신의학 종합 교과서(*Comprehensive Textbook of Psychiatry*)』중 '근친 성폭력(Incest)'에 관한 부분. A. M. 프리드먼(A. M. Freedman), H. I. 캐플런(H. I. Kaplan) 편집, 제2판. (볼티모어 : Williams & Wilkins, 1974), 1536.

17. W. 사전트(W. Sargent), E. 슬레이터(E. Slater), 「급성 전쟁 신경증」, *The Lancet* 236, no. 6097(1940) : 1~2. G. 데벤햄(G. Debenham) 연구진, 「전쟁 신경증의 치료」, *The Lancet* 237, no. 6126(1941) : 107~109. W. 사전트, E. 슬레이터, 「전쟁과 기억상실 증후군」, *Proceedings of the Royal Society of Medicine*(정신의학 부분) 34, no. 12(1941년 10월) : 757~764.

18. 아동기의 성적 학대 기억에 관한 과학적 연구 결과들을 보면, 연구 방식이 전향적이든 후향적이든, 연구 대상자가 임상 표본이든 일반인이든 상관없이 모두 성적으로 학대받은 사람들 중 일부는 학대 사실을 잊었다가 나중에 기억해 냈다는 사실이 담겨 있다. B. A. 반 데어 콜크(B. A. van der Kolk), R. 피슬러(R. Fisler), 「트라우마 기억의 해리와 단편성 : 개관 및 탐색적 연구」, *Journal of Traumatic Stress* 8, no. 4(1995) : 505~525. J. W. 호퍼(J. W. Hopper), B. A. 반 데어 콜크(B. A. van der Kolk), 「트라우마 기억의 회복, 평가, 분류 : 신규 표준법을 적용한 3건의 사례 연구 예비 보고서」, *Journal of Aggression, Maltreatment & Trauma* 4(2001) : 33~71. J. J. 프레이드(J. J. Freyd), A. P. 디프린스(A. P. DePrince) 편집, 『트라우마와 인지 과학(*Trauma and Cognitive Science*)』(뉴욕주 빙엄턴 : Haworth Press, 2011), 33~71. A. P. 디프린스, J. J. 프레이드, 「트라우마와 인지과학의 만남 : 교차로에서 해결 과제와 대면하고 기회 만들기」, *Journal of Aggression, Maltreatment & Trauma* 4, no. 2(2001) : 1~8. D. 브라운(D. Brown), A. W. 셰플린(A. W. Scheflin), D. 코리든 해먼드(D. Corydon Hammond), 『기억, 트라우마 치료와 법칙(*Memory, Trauma Treatment and the Law*)』(뉴욕 : Norton, 1997). K. 포프(K. Pope), L. 브라운, 『학대 기억의 회복 : 평가, 치료, 법의학(*Recovered Memories of Abuse : Assessment, Therapy, Forensics*)』(워싱턴 DC : American Psychological Association, 1996). L. 테어(L. Terr), 『풀려난 기억들 : 트라우마 기억의 진짜 이야기, 잃은 것과 찾은 것(*Unchained Memories : True Stories of Traumatic Memories, Lost and Found*)』(뉴욕 : Basic Books, 1994).

19. E. F. 로프터스(E. F. Loftus), S. 폴론스키(S. Polonsky), M. T. 풀리러브(M. T. Fullilove), 「아동기 성적 학대의 기억 : 기억과 억제」, *Psychology of Women Quarterly* 18, no. 1(1994) : 67~84. L. M. 윌리엄스(L. M. Williams), 「아동기 트라우마의 회상 : 아동 성적 학대에 관한 여성들의 기억, 전향적 연구」, *Journal of Consulting and Clinical Psychology* 62, no. 6(1994) : 1167~1176.

20. L. M. 윌리엄스(L. M. Williams), 「아동기 트라우마의 회상」.

21. L. M. 윌리엄스(L. M. Williams), 「아동기 성적 학대 사실이 기록된 여성들의 학대 기억 회복」, *Journal of Traumatic Stress* 8, no. 4(1995) : 649~673.

22. 저명한 신경과학자인 자크 판크세프(Jaak Panksepp)는 가장 최근에 발표한 저서에서 다음과 같이 설명했다. "동물 모델을 대상으로 한 다수의 전임상 연구에서, 되돌아온 기억은 기억 창고에 변형된 상태로 저장되는 경향이 있다는 사실이 밝혀졌다." J. 판크세프, L. 바이븐(L. Biven), 『마음의 고고학 : 인간 감정의 신경진화적 기원(*The Archaeology of Mind : Neuroevolutionary Origins of Human Emotions*)』, 노턴 대인관계 신경생물학 시리즈(뉴욕 : W. W. Norton, 2012).

23. E. F. 로프터스(E. F. Loftus), 「억제된 기억의 실상」, *American Psychologist* 48, no. 5(1993) : 518~537. E. F. 로프터스, K. 케참(K. Ketcham), 『억제된 기억에 관한 근거 없는 이야기 : 틀린 기억과 성적 학대의 의혹(*The Myth of Repressed Memory : False Memories and*

Allegations of Sexual Abuse)』(뉴욕: Macmillan, 1996).

24. J. F. 킬스트롬(J. F. Kihlstrom), 「의식적인 무의식」, *Science* 237, no. 4821 (1987): 1445~1452.

25. E. F. 로프터스(E. F. Loftus), 「인간의 마음에 틀린 정보 심어 놓기: 기억의 순응성에 관한 30년 간의 연구」, *Learning & Memory* 12, no. 4(2005): 361~366.

26. B.A.반데어콜크(B.A.van der Kolk),R.파슬러(R.Fisler),「트라우마기억의 해리와 단편성: 개관 및 탐색적 연구」, *Journal of Traumatic Stress* 8, no. 4(1995): 505~525.

27. 14장에서 이 주제를 상세히 다룰 예정이다.

28. L. L. 랭거(L. L. Langer), 『홀로코스트 증언: 기억의 폐허(*Holocaust Testimonies: The Ruins of Memory*)』(코네티컷주 뉴헤이븐: Yale University Press, 1991).

29. 위와 동일한 도서, 5쪽.

30. 위와 동일한 도서, 21쪽.

31. 위와 동일한 도서, 34쪽.

32. J. 오스터먼(J. Osterman), B. A. 반 데어 콜크(B. A. van der Kolk), 「마취 중 인지와 외상 후 스트레스 장애」, *General Hospital Psychiatry* 20(1998): 274~281. K. 키비니미(K. Kiviniemi), 「전신 마취 상태에서 의식적인 인지와 기억」, *Journal of the American Association of Nurse Anesthetists* 62(1994): 441~449. A. D. 매클레오드(A. D. Macleod), E. 메이콕(E. Maycock), 「마취 중 인지와 외상 후 스트레스 장애」, *Anaesthesia and Intensive Care* 20, no. 3(1992): 378~382. B. T. 힌더먼(Hinderman)이 편집한 『인지와 회상: 수술과 마취의 신경학적, 심리적 합병증(*Awareness and Recall: Neurological and Psychological Complications of Surgery and Anesthesia*)』 24권(보스턴: Little, Brown, 1986) 중 F. 구에라(F. Guerra)의 *International Anesthesiology Clinics* 논문, 75~99. J. 엘도어(J. Eldor), D. Z. N. 프랭켈(D. Z. N. Frankel), 「마취 중 인지」, *Resuscitation* 21(1991): 113~119. J. L. 브레큰리지(J. L. Breckenridge), A. R. 에이킨헤드(A. R. Aitkenhead), 「마취 중 인지: 검토」, *Annals of the Royal college of Surgeons of England* 65, no. 2(1983), 93.

13장 트라우마로부터의 회복: 트라우마의 치유

1. '자기 리더십'이라는 표현은 딕 슈워츠(Dick Schwartz)가 17장에서 소개할 내면 가족 체계 치료에서 사용한 용어다.

2. 17장과 18장에서 상세히 소개한 페소(Pesso)와 슈워츠(Schwartz)의 치료 방식은 현재 내가 활용하는 방법이지만 이 설명에는 해당되지 않는다. 내게 개인적으로도 도움이 된 방법들이지만, 과학적인 연구는 아직까지 시도해 보지 않았다.

3. A. F. 안스텐(A. F. Arnsten), 「강화: 녹초 상태의 생물학적 특성」, *Science* 280, no. 5370(1998): 1711~1712. A. F. 안스텐, 「스트레스 신호 전달 경로를 통한 전전두엽 피질의 구조 및 기능 손상」, *Nature Reviews Neuroscience* 10, no. 6(2009): 410~422.

4. D. J. 시겔(D. J. Siegel), 『마음챙김 치료: 임상의를 위한 마음가짐과 신경 통합 가이드(*The Mindful Therapist: A Clinician's Guide to Mindsight and Neural Integration*)』(뉴욕: W. W. Norton, 2010).

5. J. E. 르두(J. E. LeDoux), 「뇌의 감정 회로」, *Annual Review of Neuroscience* 23, no. 1(2000): 155~184. M. A. 모건(M. A. Morgan), L. M. 로먼스키(L. M. Romanski), J. E. 르두 연구진, 「정서적 학습의 소멸: 내측 전전두엽 피질의 역할」, *Neuroscience Letters* 163(1993): 109~113. J. M. 모스카렐로(J. M. Moscarello), J. E. 르두, 「적극적인 회피 학습에 필요한 전전두엽의 편도체 매개 방어적 반응의 억제」, *Journal of Neuroscience* 33, no. 9(2013): 3815~3823.

6. S. W. 포지스(S. W. Porges), 「스트레스와 부교감 신경계의 조절」, *Stress Science: Neuroendocrinology* 306(2010). 『감정의 치유력(*The Healing Power of Emotion*)』(뉴욕: W. W. Norton, 2009) 중 S. W. 포지스(S. W. Porges)의 '감정 인지와 표현에서 몸과 뇌의 상호적 영향'(27쪽).

7. B. A. 반 데어 콜크(B. A. van der Kolk), 「PTSD 보조 치료법으로서의 요가」, *Journal of clinical Psychiatry* 75, no. 6(2014년 6월) : 559~565.

8. 세번 F. 피셔(Sebern F. Fisher), 『뉴로피드백을 이용한 발달 과정의 트라우마 치료 : 공포에 몰린 뇌를 진정시키다(*Neurofeedback in the Treatment of Developmental Trauma : Calming the Fear-Dreiven Brain*)』(뉴욕 : W. W. Norton & Company, 2014).

9. R. P. 브라운(R. P. Brown), P. L. 거바그(P. L. Gerbarg), 「수다샨 크리야 요가 호흡법과 스트레스, 불안, 우울증 치료 - 파트 III : 임상 적용과 지침」, *Journal of Alternative & Complementary Medicine* 11, no. 4(2005) : 711~717. C. L. 맨들(C. L. Mandle) 연구진, 「성인 환자에서 이완 반응 치료의 효과 : 문헌 검토」, *Journal of Cardiovascular Nursing* 10(1996) : 4~26. M. 나카오 (M. Nakao) 연구진, 「몸/마음 클리닉의 행동 의학적 치료법을 통한 체성 반응 감소에서 우수한 지표로 활용되는 불안감」, *Psychotherapy and Psychosomatics* 70(2001) : 50~57.

10. C. 해너퍼드(C. Hannaford), 『영리한 움직임 : 머리로만 학습할 수 없는 이유(*Smart Moves : Why Learning Is Not All in Your Head*)』(버지니아주 알링턴 : Great Ocean Publishers, 1995), 22207~23746.

11. J. 카밧진(J. Kabat-Zinn), 『마음챙김 명상과 자기 치유(*Full Catastrophe Living: Using the Wisdom of Your Body and Mind to Face Stress, Pain, and Illnesss*)』(뉴욕 : Bantam Books, 2013). D. 포샤(D. Fosha), D. J. 시겔(D. J. Siegel), M. 솔로몬(M. Solomon)이 편집한 『감정의 치유력(*The Healing Power of Emotion*)』(뉴욕 : W. W. Norton, 2011). B. A. 반 데어 콜크(B. A. van der Kolk), 「신경과학의 시대에서 외상 후 스트레스 치료」, *Psychoanalytic Dialogues* 12, no. 3(2002) : 381~392.

12. 앞서 5장에서 살펴보았듯이, PTSD 환자들을 대상으로 촬영한 신경 영상을 보면 자전적 기억과 지속적인 자기 감각과 관계가 있는 기본 상태 신경망 관련 뇌 부위의 활성이 바뀐 것을 볼 수 있다.

13. P. A. 러바인(P. A. Levine), 『말로 하지 않은 말 : 몸의 트라우마 발산과 선의 회복(*In an Unspoken voice : How the Body REleases Trauma and Restores Goodness*)』(캘리포니아주 버클리 : North Atlantic, 2010).

14. P. 오그던(P. Ogden), 『트라우마와 몸(*Trauma and the Body*)』(뉴욕 : Norton,2009).A.Y.샬레브(A. Y. Shalev), 「외상 후 스트레스 장애의 결과 측정」, *Journal of clinical Psychiatry* 61, supp. 5(2000) : 33~42.

15. J. 카밧진(J. Kabat-Zinn), 『마음챙김 명상과 자기 치유(*Full Catastrophe Living*)』.

16. S.G.호프만(S.G.Hofmann) 연구진, 「불안과 우울증에서 마음챙김 기반치료의 영향 : 메타 분석을 통한 검토」, *Journal of Consulting and Clinical Psychology* 78, no. 2(2010) : 169~183. J. D. 티즈데일(J. D. Teasdale) 연구진, 「마음챙김 기반 인지 치료를 통한 주요 우울증의 악화/재발 예방」, *Journal of Consulting and Clinical Psychology* 68(2000) : 615~623. 브리타K.휠첼(Britta K.Hölzel) 연구진, 「마음챙김 명상은 어떻게 작용하는가? 개념적, 신경적 견지에서 살펴본 작용 기전」, *Perspectives on Psychological Science* 6(2011) : 537~559. P. 그로스먼(P. Grossman) 연구진, 「마음챙김 기반 스트레스 감소와 건강상의 이점 : 메타 분석」, *Journal of Psychosomatic Research* 57, no. 1(2004) : 35~43.

17. 마음챙김 명상과 관련된 뇌 회로는 확실하게 밝혀진 상태로, 집중력 조절 수준을 높이고 집중력이 필요한 수행 과제에 감정적 반응이 끼어들지 않도록 하는 긍정적인 효과가 있는 것으로 알려진다. L. E. 칼슨(L. E. Carlson) 연구진, 「유방암, 전립선암 외래 환자에서 '마음챙김을 바탕으로 한 스트레스 감소 프로그램(MBSR)' 실시 전후 심리적, 면역학적, 내분비계, 혈압의 변화에 관한 1년 연구」, *Brain, Behavior, and Immunity* 21, no. 8(2007) : 1038~1049. R. J. 데이비슨(R. J. Davidson) 연구진, 「마음챙김 명상으로 발생한 뇌와 면역 기능의 변화」, *Psychosomatic Medicine* 65, no. 4(2003) : 564~570.

18. 브리타 휠첼(Britta Hölzel)는 동료 연구자들과 함께 명상과 뇌 기능에 관한 광범위한 연구를 진행해 왔으며, 배내측 전전두엽 피질과 복외측 전전두엽 피질, 문측 전대상 피질이 관여한다는 사실을 밝혔다. B. K. 휠첼) 연구진, 「스트레스 감소와 편도체의 구조적 변화의 상관관계」, *Social Cognitive and Affective Neuroscience* 5(2010) : 11~17. B. K. 휠첼 연구진, 「마음챙김 명상 이후 뇌 일부 회백질의 밀도 증가」, *Psychiatry Research* 191, no. 1(2011) : 36~43. B. K. 휠첼 연구진, 「복셀 기준 형태계측학을 토대로 한 마음챙김 명상 수련자 연구」,

Social Cognitive and Affective Neuroscience 3, no. 1(2008): 55~61. B. K. 휠첼 연구진, 「명상 숙련자와 비명상자의 전측 대상과 해당 영역 인근 내측 전두엽피지의 관여 수준 차이」, *Neuroscience Letters* 421, no. 1(2007): 16~21.

19. 신체의 인지에 관여하는 뇌의 주된 구조는 내측 섬엽이다. A. D. 크레이그(A. D. Craig), 「내수용감각: 몸의 생리적 상태에 관한 감각」, *Current Opinion on Neurobiology* 13(2003): 500~505. 크리츨리(Critchley), 빈스(Wiens), 로스타인(Rotshtein), 오만(Ohman), 돌런(Dolan), 2004. A. A. S. 파브(A. A. S. Farb), Z. V. 세갈(Z. V. Segal), H. 메이버그(H. Mayberg), J. 빈(J. Bean), D. 매키언(D. McKeon), Z. 파티마(Z. Fatima) 연구진, 「현재에 참여하는 것: 마음챙김 명상으로 형성되는 독특한 자기 지시적 신경 모드」, *Social Cognitive and Affective Neuroscience* 2(2007): 313~322. J. A. 그랜트(J. A. Grant), J. 쿠르트망슈(J. Courtemanche), E. G. 듀어든(E. G. Duerden), G. H. 던컨(G. H. Duncan), P. 레인빌(P. Rainville), 「선종 명상가들의 피질 두께와 통증 민감도」, *Emotion* 10, no. 1(2010): 43~53.

20. S. J. 뱅크스(S. J. Banks) 연구진, 「감정 조절 중 편도체와 전두엽의 연결성」, *Social Cognitive and Affective Neuroscience* 2, no. 4(2007): 303~312. M. R. 밀래드(M. R. Milad) 연구진, 「소멸 기억 인체 복내측 전전두엽 피질의 두께의 상관관계」, *Proceedings of the National Academy of Sciences of the United States of America* 102, no. 30(2005): 10706~10711. S. L. 라우치(S. L. Rauch), L. M. 신(L. M. Shin), E. A. 펠프스(E. A. Phelps), 「외상 후 스트레스 장애와 소멸의 신경 회로 모형: 인체 신경 영상 연구 - 과거, 현재, 미래」, *Biological Psychiatry* 60, no. 4(2006): 376~382.

21. A. 프로이트(A. Freud), D. T. 벌링엄(D. T. Burlingham), 『전쟁과 어린이(*War and Children*)』(뉴욕: New York University Press, 1943).

22. 정신을 압도당한 경험을 하면, 사람들은 세 가지 방식으로 그 경험을 처리한다. 해리(멍해지고 기능이 중단되는 상태), 이인화(그 일이 일어난 대상이 자신이 아닌 것처럼 느끼는 것), 현실감 상실(일어난 일이 사실이 아닌 것처럼 느끼는 것)이 그것이다.

23. 정의자원연구소의 내 동료 연구자들은 청소년을 위한 거주형 치료 프로그램을 운영하기 위해 글렌헤이븐 아카데미에 반 데어 콜크 센터를 마련했다. 이 프로그램에서는 요가, 감각 통합, 뉴로피드백, 연극 치료 등 이 책에서 다룬 트라우마 관련 치료 대부분을 실시한다. http://jri.org/vanderkolk/about. 동료 연구자인 마거릿 E. 블라우스타인(Magaret E. Blaustein)과 크리스틴 M. 키니버러(M. Kinniburgh)는 ‘애착, 자기 조절, 역량(ARC)’을 키워 주는 중요한 치료 모델을 마련했다. M. 키니버러, 『아동과 청소년의 트라우마 스트레스 치료: 애착, 자기 조절, 역량을 통해 회복 기능을 키우는 법(*Treating Traumatic Stress in Children and Adolescents: How to foster Resilience Through Attachment, Self-Regulation, and Competency*)』(뉴욕: Guilford Press, 2012).

24. C. K. 챈들러(C. K. Chancler), 『동물 매개 치료와 상담(*Animal Assisted Therapy in Counseling*)』(뉴욕: Routledge, 2011). A. J. 클리블랜드(A. J. Cleveland), 「치료를 돕는 개와 해리 환자: 예비 관찰 결과」, *Dissociation* 8, no. 4(1995): 247~252. A. 파인(A. Fine), 『동물 치료 핸드북: 이론적 근거와 실무 가이드(*Handbook on Animal Assisted Therapy: Theoretical Foundations and Guidelines for Practice*)』, (샌디에이고: Academic Press, 2010).

25. E. 워너(E. Warner) 연구진, 「신체가 기록을 바꿀 수 있을까? 입원 시설의 청소년 트라우마 환자 치료에서 감각 조절 원리의 적용」, *Journal of Family Violence* 28, no. 7(2003): 729~738. A. J. 에어스(A. J. Ayres), 『감각 통합과 학습 장애(*Sensory Integration and Learning Disorders*)』(로스앤젤레스: Western Psychological Services, 1972). H. 호지든(H. Hodgdon) 연구진, 「ARC 원리를 이용한 기숙학교 트라우마 프로그램의 개발과 실행」, *Journal of Family Violence* 27, no. 8(2013). J. 르벨(J. LeBel) 연구진, 「감각 통합과 트라우마 치료: 매사추세츠주 단위 프로그램, 파트 1」, *Mental Health Special Interest Section Quartelrly* 33, no. 1(2010): 1~4.

26. 이 방법으로 뇌의 전정소뇌 시스템이 활성화된 것으로 보인다. 자기 조절을 담당하는 것으로 추정되는 이 시스템은 어린 나이에 방치를 당하면 손상될 수 있다.

27. 에런 R. 라이언(Aaron R. Lyon), 카렌 S. 버드(Karen S. Budd), 「부모-자녀 상호 관계 치료(PCIT)를 통한 지역사회 정신 건강 프로그램 실시」, *Journal of Child and Family Studies* 19, no. 5(2010): 654~668. 앤서니 J. 우르퀴자(Anthony J. Urquiza), 셰릴 보디퍼드 맥닐(Scheryl Bodiford McNeil), 「부모-자녀 상호 관계 치료: 신체적인 학대 발생 가정을 위한 양

자 집중 치료」, *Child Maltreatment* 1, no. 2(1996): 314~344. J. 보레고 주니어(J. Borrego Jr.) 연구진, 「연구 문헌들」, *Child and Family Behavior Therapy* 20: 27~54.

28. B. A. 반 데어 콜크(B. A. van der Kolk) 연구진, 「외상 후 스트레스와 플로옥세틴」, *Journal of Clinical Psychiatry*(1994): 517~522.

29. P. 오그던(P. Ogden), K. 민턴(K. Minton), C. 페인(C. Pain), 『트라우마와 몸(*Trauma and the Body*)』(뉴욕: WW Norton & Company, 2010), P. 오그던, J. 피셔, 『감각 운동 심리 치료: 트라우마와 애착 문제의 치료법(*Sensorimotor Psychotherapy: Interventions for Trauma and Attachment*)』(뉴욕: Norton, 2014).

30. P. A. 레빈(P. A. Levin), 『하지 못한 말(*In an Unspoken Voice*)』(캘리포니아주 버클리: North Atlantic Books). P. A. 레빈, 『잠자는 호랑이 깨우기(*Waking the Tiger*)』(캘리포니아주 버클리: North Atlantic Books).

31. 노상강도 대응 모델링 프로그램에 관한 정보는 다음 사이트에서 확인할 수 있다. http:// modelmugging.org/

32. S. 프로이트(S. Freud), 『기억, 반복, 훈습(정신분석 기법 II에 관한 추가 권고사항) (*Remembering, Repeating, and Working Through*(*Further Recommendations on the Technique of Psychoanalysis II*)』표준판(런던: Hoharth Press, 1914), 371쪽.

33. E. 샌티니(E. Santini), R. U. 뮐러(R. U. Muller), G. J. 쿼크(G. J. Quirk), 「소멸 학습의 통합과 NMDA 비의존성 기억의 NMDA 의존성 기억으로의 전환」, *Journal of Neuroscience* 21(2001), 9009~9017.

34. E. B. 포아(E. B. Foa), M. J. 코작(M. J. Kozak), 「공포의 정서적 처리: 올바른 정보의 노출」, *Psychological Bulletin* 99, no. 1(1986): 20~35.

35. J. J. 배스털링(J. J. Vasterling), C. R. 브루윈(C. R. Brewin)이 편집한 『PTSD의 신경정신학: 생물학적, 인지적, 임상적 견지에서(*Neuropsychology of PTSD: Biological, Cognitive, and Clinical PErspectives*)』(뉴욕: Guilford, 2005) 중에서 C. R. 브루윈(C. R. Brewin)이 쓴 '심리학적 치료법의 적용'(272쪽).

36. T. M. 킨(T. M. Keane), 「PTSD의 심리학적 치료에서 노출 치료의 역할」, *National Center for PTSD Clinical Quarterly* 5, no. 4(1995): 1~6.

37. R. M. 래피(R. M. Rapee)가 편집한 『불안 장애를 둘러싼 최신 쟁점들(*Current Controversies in the Anxiety Disorders*)』(뉴욕: Guilford, 1996) 중에서 E. B. 포아(E. B. Foa), R. J. 맥낼리(R. J. McNally)가 쓴 '노출 치료의 변화 기전'(329~343쪽).

38. J. D. 포드(J. D. Ford), P. 키드(P. Kidd), 「아동기 초기의 트라우마와 극단적 스트레스로 인한 장애를 토대로 한 만성 PTSD 치료 결과 예측」, *Journal of Traumatic Stress* 18(1998): 743~761. 맥더너 코일(McDonagh-Coyle) 연구진, 「아동기 성적 학대를 겪은 성인 여성 생존자를 위한 만성 외상 후 스트레스 장애의 인지 행동 치료에 관한 무작위 시험」, *Journal of Consulting and Clinical Psychology* 73, no. 3(2005): 515~524. 국립 의학연구원, 『외상 후 스트레스 장애의 치료: 증거 평가(*Treatment of Posttraumatic Stress Disorder: An Assessment of the Evidence*)』(워싱턴: National Academies Press, 2008). R. 브래들리(R. Bradley) 연구진, 「PTSD 심리 치료에 관한 다면적 메타 분석」, *American Journal of Psychiatry* 162, no. 2(2005): 214~227.

39. J. 비손(J. Bisson) 연구진, 「만성 외상 후 스트레스 장애를 위한 심리학적 치료: 체계적 검토와 메타 분석」, *British Journal of Psychiatry* 190(2007): 97~104. L. H. 제이콕스(L. H. Jaycox), E. B. 포아(E. B. Foa), A. R. 모롤(A. R. Morall), 「PTSD 노출 치료에서 정서적 참여와 습관화의 영향」, *Journal of Consulting and Clinical Psychology* 66(1998): 185~192.

40. 중도 포기자: 장기 노출(n-53[38%]), 현재 중심 치료(n=30[21%])(P=0.002). 대조군에서도 문제가 발생한 참가자의 비율이 높았다. 구체적으로는 비자살성 사망 2건, 정신의학과 입원 치료 9건, 자살 시도가 3건 발생했다. P. P. 슈누어(P. P. Schnurr) 연구진, 「여성 외상 후 스트레스 장애 환자를 위한 인지 행동 치료」, *JAMA* 297, no. 8(2007): 820~830.

41. R. 브래들리(R. Bradley) 연구진, 「PTSD 심리 치료에 관한 다면적 메타 분석」, *American Journal of Psychiatry* 162, no. 2(2005): 214~227.

42. J. H. 제이콕스(J. H. Jaycox), E. B. 포아(E. B. Foa), 「PTSD 노출 치료 시 방해 요소: 사례 논의

와 실무상의 해결책」, *Clinical Psychology and Psychotherapy* 3, no. 3(1996) : 176~184. E. B. 포아, D. 허스트이케다(D. Hearst-Ikeda), K. J. 페리(K. J. Perry), 「폭행 피해자의 사고 직후 만성 PTSD 예방을 위한 약식 인지 행동 프로그램에 관한 평가」, *Journal of Consulting and Clinical Psychology* 63(1995) : 948~955.

43. 알렉산더 맥팔레인이 사적인 대화에서 밝힌 의견이다.

44. R. K. 피트먼(P. K. Pitman) 연구진, 「외상 후 스트레스 장애의 홍수 치료 시 정신의학적합병증」, *Journal of Clinical Psychiatry* 52,no.1(1991년1월) : 17~20.

45. 장 데세티(Jean Decéty), 칼리나 J. 미칼스카(Kalina J. Michalska), 캐서린 D. 킨즐러(Katherine D. Kinzler), 「감정과 인지가 도덕적 민감도에 끼치는 영향 : 신경 발달 연구」, *Cerebral Cortex* 22, no. 1(2012) : 209~220. 장 데세티, C. 대니얼 뱃슨(C. Daniel Batson), 「대인 관계 민감도에 대한 신경과학적 접근」, *Social Neuroscience* 2, nos. 3~4(2007).

46. K. H. 실(K. H. Seal) 연구진, 「이라크전과 아프가니스탄 전쟁 참전 군인들의 정신 질환 진단 첫해 보훈부 소속 정신의학 시설 이용도」, *Journal of Traumatic Stress* 23 (2010) : 5~16.

47. L. 제롬(L. Jerome), 「(+/-)-3, 4-메틸렌디옥시메탐페타민(MDMA, '엑스터시')에 관한 연구 브로서」, 2007년 12월. https://www.maps.org/research-archive/mdma/protocol/ib_mdma_new08.pdf(2012년8월16일접속기준).

48. 존 H. 크리스털(John H. Crystal) 연구진, 「3, 4-메틸렌디옥시메탐페타민(MDMA)의 만성적 이용 : 기분과 신경심리학적 기능에 끼치는 영향」, *The American Journal of Drug and Alcohol Abuse* 18.3(1992) : 331~341.

49. 마이클 C. 미토퍼(Michael C. Mithoefer) 연구진, 「치료에 내성을 보이는 만성 외상 후 스트레스 장애 환자에서 ±3, 4-메틸렌디옥시메탐페타민을 활용한 심리 치료의 안전성과 효능 : 최초의 무작위 통제 예비시험」, *Journal of Psychopharmacology* 25.4(2011) : 439~452. M. C. 미토퍼 연구진, 「3, 4-메틸렌디옥시메탐페타민을 활용한 심리 치료 후 외상 후 스트레스 장애 개선 효과의 지속성과 위해 효과의 부재, 약물 의존성 : 전향적 장기 추적 연구」, *Journal of Psychopharmacology* 27, no. 1(2013) : 28~39.

50. R. S. 라이누스(R. S. Rynoos)가 편집한 『외상 후 스트레스 장애 : 비판적 검토(*Posttraumatic Stress Disorder : A Critical Review*)』(메릴랜드주 루터빌 : Sidran Press, 1994) 중 J. D. 브렘너(J. D. Bremner)가 쓴 '외상 후 스트레스 장애의 신경생물학'(43~64쪽).

51. http://www.nextgov.com/health/2011/01/militarys-drug-policy-threatens-troops-health-doctors-say/48321/

52. J. R. T. 데이비슨(J. R. T. Davidson), 「외상 후 스트레스 장애의 약물 치료」, *British Journal of Psychiatry* 160(1992) : 309~314. R. 파물라로(R. Famularo), R. 킨셔프(R. Kinscherff), T. 펜턴(T. Fenton), 「아동기 급성 외상 스트레스 장애의 프로프라놀롤 치료」, *American Journal of Disorders of Childhood* 142(1988) : 1244~1247. F. A. 페슬러(F. A. Fesler), 「전쟁 관련 외상 후 스트레스 장애와 발프로에이트」, *Journal of Clinical Psychiatry* 52(1991) : 361~364. B. H. 허먼 연구진, 「날트렉손을 통한 자해 행동의 감소」, *Annals of Neurology* 22(1978) : 530~534. B. A. 반 데어 콜크(B. A. van der Kolk) 연구진, 「외상 후 스트레스와 플로옥세틴」.

53. B. A. 반 데어 콜크(B. A. van der Kolk) 연구진, 「EMDR, 플루옥세틴, 위약을 이용한 PTSD 치료 무작위 임상 시험 : 치료 효과와 장기적 지속성」, *Journal of clinical Psychiatry* 68(2007) : 37~46.

54. R. A. 브라이언트(R. A. Bryant) 연구진, 「급성 스트레스 장애의 치료 : 인지 행동 치료와 보조적 상담 기법에 관한 평가」, *American Journal of Psychiatry* 156, no. 11(1999년 11월) : 1780~1786. N. P. 로버츠(N. P. Roberts) 연구진, 「급성 트라우마성 스트레스 증상에 대한 초기 심리학적 치료법」, *Cochran Database of Systematic Reviews* 3(2010년 3월).

55. 알파1 수용체의 길항제인 프래조신(prazosin), 알파2 수용체의 길항제인 클로니딘(clonidine), 베타 수용체 길항제인 프로프라놀롤(propranolol) 등이 이에 해당된다. M. J. 프리드먼(M. J. Friedman), T. M. 킨(T. M. Keane), P. A. 레식(P. A. Resick)이 편집한 『PTSD 핸드북 : 과학과 실제(*The Handbook of PTSD : Science and Practice*)』 중 M. J. 프리드먼, J. R. 데이비슨이 쓴 'PTSD의 약물 치료'.

56. M. A. 래스킨드(M. A. Raskind) 연구진, 「외상 후 스트레스 장애를 앓는 참전 군인의 트라우마 악몽과 수면 방해에 프라조신의 효과에 관한 평행 그룹 위약 통제 연구」, *Biological Psychiatry* 61, no. 8(2007) : 928~934. F. B. 테일러(F. B. Taylor) 연구진, 「외상 후 스트레스 장애 일반

인 환자의 객관적 수면 평가와 임상 증상에 프라조신의 영향: 위약 대조군 연구」, *Biological Psychiatry* 63, no. 6(2008) : 629~632.

57. 리튬, 라모트리긴(lamotrigin), 카바마제핀(cabamazepine), 디발프로엑스(divalproex), 가바펜틴(gabapentin), 토피라메이트(topiramate)는 트라우마와 관련된 공격성과 짜증 조절에 도움이 될 수 있다. 발프로에이트(valproate)는 만성 PTSD를 앓는 참전 군인을 비롯하여 PTSD 치료에 효과적이라는 사례들이 몇 차례 밝혀졌다. 프리드먼(Friedman), 데이비슨(Davidson), 「PTSD의 약물 치료」. F. A. 페슬러(F. A. Fesler), 「전쟁 관련 외상 후 스트레스 장애와 발프로에이트」, *Journal of Clinical Psychiatry* 52, no. 9(1991) : 361~364. 다음 연구에서는 PTSD가 37.4퍼센트 감소한 것으로 나타났다 : S. 아쿠체키언(S. Akuchekian), S. 아마낫(S. Amanat), 「토피라메이트와 위약의 외상 후 스트레스 장애 치료 효과 비교 : 무작위 이중맹검 연구」, *Journal of Research in Medical Sciences* 9, no. 5(2004) : 240~244.

58. G. 바초키스(G. Bartzokis) 연구진, 「참전 관련 만성 외상 후 스트레스 장애의 치료에서 리스페리돈의 보조적 역할」, *Biological Psychiatry* 57, no. 5(2005) : 474~479. D. B. 라이히(D. B. Reich) 연구진, 「아동기 학대 경험이 있는 여성의 외상 후 스트레스 장애 치료에서 리스페리돈의 효과에 관한 예비 연구」, *Journal of Clinical Psychiatry* 65, no. 12(2004) : 1601~1606.

59. 여기서 말하는 다른 방법에는 일반적으로 트라우마 환자의 수면을 돕기 위해 사용하는 방법들, 즉 항우울제인 트라조돈(trazodone) 처방이나 바이노럴 비츠(Binaural beats)의 활용, 프로테우스(Proteus) 등 빛/소리 조절기기(www.brainmachines.com), 하트매스(Hearhmath) 등 HRV 모니터(http://www.heartmath.com), 효과적인 요가 기반의 중재법 아이레스트(iRest) 등이 포함된다.

60. D. 윌슨(D. Wilson), 「어릴 때 겪은 시련, 젊은 층의 정신병 약물 사용 위험과 관련」, 뉴욕 타임스, 2010년 9월 1일. http://www.nytimes.com/2010/09/ 02/business/02kids.html?pagewanted=all&_r=0.

61. M. 올프슨(M. Olfson) 연구진, 「항정신병 약을 이용한 아동, 청소년, 성인의 외래 기반 치료의 국가적 동향」, *Archives of General Psychiatry* 69, no. 12(2012) : 1247~1256.

62. E. 해리스(E. Harris) 연구진, 「의료 관리 시스템에 관한 견해 : 항정신병 약물 복용을 시작한 메디케이드 등록 청소년의 정신 건강 치료」, *FOCUS* 10, no. 3(2012) : 401~407.

63. B. A. 반 데어 콜크(B. A. van der Kolk), 「몸은 기억한다 : 기억과 외상 후 스트레스에 관한 심리학적 발전」, *Harvard Review of Psychiatry* 1, no. 5(1994) : 253~265.

64. B. 브루윈(B. Brewin), 「현역 군인이 입원 치료를 받는 주된 원인은 정신 질환」, Nextgov.com, 2012년 5월 17일. http://www.nextgov.com/health/2012/05/mental-illness-leading-cause-hospitalization-active-duty-troops/55797.

65. 정신 건강 분야 약물 비용, 보훈부. http://www.veterans.senate.gov/imo/media/ doc/For%20the%20Record%20-%20CCHR%204.30.14.pdf.

14장 언어, 기적이자 고통

1. 스펜서 에스(Spencer Eth) 박사가 베셀 A. 반 데어 콜크(Bessel A. van der Kolk)에게 전한 사항. 2002년 3월.

2. 『지그문트 프로이트의 심리학 연구 표준판(*The Standard Edition of the complete Psychological Works of Sigmund Freud*)』(런던 : Mogarth Press, 1893) 중 J. 브로이어(J. Breuer), S. 프로이트(S. Freud)의 「히스테리 현상의 신체 기전」. J. 브로이어, S. 프로이트, 『히스테리 연구(*Studies on Hysteria*)』(뉴욕 : Basic Books, 2009).

3. T. E. 로런스(T. E. Lawrence), 『지혜의 일곱 기둥(*Seven Pillars of Wisdom*)』(뉴욕 : Doubleday, 1935).

4. E. B. 포아(E. B. Foa) 연구진, 「외상 후 인지 검사(PTCI) : 개발과 유효성 검증」, *Psychological Assessment* 11, no. 3(1999) : 303~314.

5. K. 말런테스(K. Marlantes), 『전쟁에 나간다는 건(*What It Is Like to Go to War*)』(뉴욕 : Grove Press, 2011).

6. 위와 동일한 도서, 114쪽.

7. 위와 동일한 도서, 129쪽.

8. H. 켈러(H. Keller), 『내가 사는 세상(*The World I Live In*)』(1908), R. 섀턱(R. Shattuck) 편집(뉴욕: NYRB Classics, 2004). R. 섀턱(R. Shattuck), 「말의 세계」, *New York Review of Books*, 2004년 2월 26일.

9. H. 켈러(H. Keller), 『헬렌 켈러 자서전(*The Story of My Life*)』, R. 섀턱(R. Shattuck), D. 헤르만(D. Herrmann) 편집(뉴욕: Norton, 2003).

10. W. M. 켈리(W. M. Kelley) 연구진, 「자기 찾기? 사건에 관한 fMRI 연구」, *Journal of Cognitive Neuroscience* 14, no. 5(2002): 785~794. N. A. 파브(N. A. Farb) 연구진, 「현재에 참여하는 것: 마음챙김 명상으로 형성되는 독특한 자기 지시적 신경 모드」, *Social Cognitive and Affective Neuroscience* 2(2007): 313~322. P. M. 니덴탈(P. M. Niedenthal), 「감정의 체화」, *Science* 316, no. 5827(2007): 1002~1005. J. M. 올먼(J. M. Allman), 「전방대상피질」, *Annals of the New York Academy of Science* 935, no. 1(2001): 107~117.

11. J. 케이건(J. Kagan), 「달라이 라마와의 대화」, 매사추세츠 공과대학, 2006년. http://www.mindandlife.org/about/history/

12. A. 골드먼(A. Goldman), F. 드 비뉴몽(F. de Vignemont), 「사회적 인지는 체화되는가?」, *Trends in Cognitive Sciences* 13, no. 4(2009): 154~159. A. D. 크레이그(A. D. Craig), 「지금 기분이 어떤가요? - 전측 섬엽과 인간의 인식」, *Nature Reviews Neuroscience* 10(2009): 59~70. H. D. 크리츨리(H. D. Critchley), 「자율적, 정서적, 인지적 통합의 신경 기전」, *Journal of Comparative Neurology* 493, no. 1(2005): 154~166. T. D. 웨이저(T. D. Wager) 연구진, 「전두엽-피질하 경로의 매개를 통한 성공적인 감정 조절」, *Neuron* 59, no. 6(2008): 1037~1050. K. N. 옥스너(K. N. Ochsner) 연구진, 「감정의 재고: 감정의 인지 조절에 관한 fMRI 연구」, *Journal of Cognitive Neuroscience* 14, no. 8(2002): 1215~1229. A. 다젬보(A. D'Argembeau) 연구진, 「시간 흐름에 따른 자기 성찰: 현재와 과거의 나를 구분하는 피질 중선 구조」, *Social Cognitive and Affective Neuroscience* 3(2008): 244~252. Y. 마(Y. Ma) 연구진, 「자기 성찰 중 신경 활성의 사회문화적 패턴」, *Social Cognitive and Affective Neuroscience* 9, no. 1(2014): 73~80. R. N. 스프렝(R. N. Spreng), R. A. 마(R. A. Mar), A. S. 김(A. S. Kim), 「자전적 기억, 탐사, 방향 찾기, 마음 이론, 기본 활성 모드의 공통적인 신경 기반: 정량적 메타 분석」, *Journal of Cognitive Neuroscience* 21, no. 3(2009): 489~510. H. D. 크리츨리, 「내수용감각의 문제 발생 시 인체 피질의 반응」, *Proceedings of the National Academy of Sciences of the United States of America* 101, no. 17(2004): 6333~6334. C. 램(C. Lamm), C. D. 뱃슨(C. D. Batson), J. 데세티(J. Decety), 「인간의 공감 능력과 신경의 기질: 조망수용과 인지적 평가의 영향」, *Journal of cognitive Neuroscience* 19, no. 1(2007): 42~58.

13. J. W. 페네베이커(J. W. Pennebaker), 『털어놓기와 건강(*Opening Up: The Healing Power of Expressing Emotion*)』(뉴욕:Guilford Press,2012),12.

14. 위와 동일한 도서, 19쪽.

15. 위와 동일한 도서, 35쪽.

16. 위와 동일한 도사, 50쪽.

17. J. W. 페네베이커(J. W. Pennebaker), J. K. 키콜트 글래서(J. K. Kiecolt-Glaser), R. 글레이저(R. Glaser), 「트라우마의 발견과 면역 기능: 심리 치료의 건강 영향」, *Journal of Consulting and Clinical Psychology* 56, no. 2(1988): 239~245.

18. D. A. 해리스(D. A. Harris), 「아프리카 청소년 고문 생존자의 회복력과 회복 강화를 위한 춤/동작 치료」, *Torture* 17, no. 2(2007): 134~155. M. 방시몽(M. Bensimon), D. 아미르(D. Amir), Y. 울프(Y. Wolf), 「드럼 치기와 트라우마: 트라우마를 경험한 군인들의 음악 치료」, *Arts in Psychotherapy* 35, no. 1(2008): 34~48. M. 웰트먼(M. Weltman), 「성적 학대 경험이 있는 아동들의 동작 치료」, *American Journal of Dance Therapy* 9, no. 1(1986): 47~66. H. 잉글런드(H. Englund), 「죽음, 트라우마, 의식: 말라위의 모잠비크 난민」, *Social Science & Medicine* 46, no. 9(1998): 1165~1174. H. 테페리(H. Tefferi), 「전통적 방식의 힘 구축: 남수단에서 홀로 난민이 된 아이들」(1996), D. 톨프리(D. Tolfree), 『장난기의 회복: 전쟁이나 거주지 이동으로 심리적 영향을 받은 아이들을 위한 다양한 접근법(*Restoring Playfulness: Different Approaches to Assisting Children Who Are Psychologically Affected by War or Displacement*)』(스톡홀름: Rädda Barnen, 1996). R. 압펠(R. Apfel), B. 사이먼(B. Simon)

이 편집한 『마음속의 지뢰밭: 전쟁과 공동체 폭력을 겪은 어린이의 정신 건강(Minefields in Their Hearts : The Mental Health of Children in War and Communal Violence)』(코네 티컷주 뉴헤이븐: Yale University Press, 1996) 중 N. 부스비(N. Boothby)가 쓴 '지역 사회 동원을 통한 전쟁과 난민 피해 아동의 심리사회적 욕구 충족'(149~164쪽). S. 산델(S. Sandel), S. 체이클린(S. Chaiklin), A. 론(A. Lohn), 『춤/동작 치료의 기초: 매리언 체이스의 생애와 업적(Foundations of Dance/Movement therapy : The Life and Work of Marian Chace)』(메릴랜드주 컬럼비아: American Dance Therapy Association, 1993). K. 캘러건(K. Callaghan), 「정치적 고문과 조직 폭력 경험이 있는 성인 피해자 대상 동작 심리 치료」, Arts in Psychotherapy 20, no. 5(1993) : 411~421. A. E. L. 그레이(A. E. L. Gray), 「몸의 기억: 성인 고문 피해자의 춤 동작 치료」, American Journal of Dance Therapy 23, no. 1(2001) : 29~43.

19. A. M. 크란츠(A. M. Krantz), J. W. 페네베이커(J. W. Pennebaker), 「표현적인 춤, 글쓰기, 트라우마, 건강: 언어가 몸을 형성할 때」, Whole Person Healthcare 3(2007) : 201~229.

20. P. 퍼셀(P. Fussell), 『대전쟁과 현대 기억(The Great War and Modern Memory)』(런던: Oxford University Press, 1975).

21. 이와 같은 결과는 다음 연구들을 통해 재차 확인됐다. J. D. 브램너(J. D. Bramner), 「스트레스는 뇌를 손상시키는가?」, Biological Psychiatry 45, no. 7(1999) : 797~805. I. 리버존(I. Liberzon) 연구진, 「PTSD에서 트라우마 관련 자극에 반응하여 나타나는 뇌 활성」, Biological Psychiatry 45, no. 7(1999) : 817~826. L. M. 신(L. M. Shin) 연구진, 「외상 후 스트레스 장애의 시각적 이미지와 인지: 양전자 방출 단층 촬영 연구」, Archives of General Psychiatry 54, no. 3(1997) : 233~241. L. M. 신 연구진, 「아동기 성적 학대 관련 PTSD에서 대본으로 유도한 이미지 발생 시 뇌의 부분적 혈류: PET 연구」, American Journal of Psychiatry 156, no. 4(1999) : 575~584.

22. '안전한 섬'이라는 표현을 맨 처음 떠올린 사람이 나인지 피터 러바인(Peter Levine)인지는 분명치 않다. 러바인 박사가 내가 한 말로 설명한 비디오 영상을 가지고 있지만, 진자 운동에 대해 내가 아는 내용은 대부분 러바인 박사에게서 배운 것이다.

23. 노출/지압점 자극 방식으로 더욱 강력한 결과를 얻을 수 있다는 주장을 뒷받침하는 근거가 일부 밝혀졌다. 일반적인 이완 기법을 통합한 노출 치료 전략도 마련되어 있다(www.vetcases. com). D. 처치(D. Church) 연구진, 「학대받은 청소년에게 EFT 적용 시 1회 차 이후 트라우마 기억의 강도 감소: 무작위 통제 예비시험」, Traumatology 18, no. 3(2012) : 73~79. D. 페인스타인(D. Feinstein), D. 처치(D. Church), 「심리 치료를 통한 유전자 발현의 조절: 비침습적 체성 치료의 영향」, Review of General Psychology 14, no. 4(2010) : 283~295.

24. T. 길(T. Gil) 연구진, 「외상 후 스트레스 장애와 인지 기능」, Journal of Traumatic Stress 3, no. 1(1999) : 29~45. J. J. 배스털링(J. J. Vasterling) 연구진, 「베트남전 참전 군인의 집중력, 학습 능력, 기억력과 지적 자원: PTSD 환자와 비환자 비교 연구」, Neuropsychology 16, no. 1(2002) : 5.

25. 신경 영상 연구에서, PTSD 환자인 피험자들은 중립적인 단어에 반응할 때 뇌의 언어 영역인 브로카 영역이 불활성 상태였다. 다시 말하면, 앞서 PTSD 환자들은 브로카 영역의 기능이 감소한다고 밝혀진 현상이(3장 참고) 트라우마 기억에 반응할 때도 나타나지만 중립적인 단어에 주의를 집중해야 하는 상황에서도 나타났다. 이는 곧 트라우마 환자들이 평범한 일에 대한 느낌과 생각을 정확히 표현하는 일을 일반인보다 더 힘들어한다는 것을 의미한다. PTSD 피험자군은 내측 전전두엽 피질의 활성도 감소했다. 지금까지 살펴보았듯이 전두엽에 해당하는 이 영역은 자기 자신에 대한 인식을 전달하고 화재 경보기 역할을 하는 편도체의 활성을 약화시키는 역할을 하는 곳이다. 이로 인해 트라우마 환자들은 단순한 언어 과제가 주어지면 뇌의 공포 반응을 억제하기 힘들고, 결국 집중하기가 더욱 어렵고 일상생활을 영위해 나가기도 힘들다. 다음 자료들을 참고하기 바란다. K. A. 무어스(K. A. Moores), C. R. 클라크(C. R. Clark), A. C. 맥팔레인(A. C. McFarlane), G. C. 브라운(G. C. Brown), A. 퓨스(A. Puce), D. J. 테일러(D. J. Taylor), 「외상 후 스트레스 장애에서 트라우마와의 관련성이 중립인 정보가 주어지는 동안 작업 기억의 비정상적인 동원을 통해 이루어지는 네트워크 업데이트」, Psychiatry Research : Neuroimaging, 163(2), 156~170.

26. 『지그문트 프로이트의 심리학 연구 표준판(The Standard Edition of the complete Psychological Works of Sigmund Freud)』(런던: Mogarth Press, 1893) 중 J. 브로이어(J. Breuer), S. 프로이트(S. Freud)의 「히스테리 현상의 신체 기전」.

27. D. L. 색터(D. L. Schacter), 『기억의 검색(*Searching for Memory*)』(뉴욕 : Basic Books, 1996).

15장 과거를 떠나보내는 방법: 안구 운동 민감소실 및 재처리 요법(EMDR)

1. F. 샤피로(F. Shapiro), 『EMDR : 불안, 스트레스, 트라우마 극복을 위한 획기적인 안구 운동 치료(*EMDR : The Breakthrough Eye Movement Therapy for Overcoming Anxiety, Stress, and Trauma*)』(뉴욕 : Basic Books, 2004).

2. B. A. 반 데어 콜크(B. A. van der Kolk) 연구진, 「외상 후 스트레스 장애 치료에서 안구 운동 민감소실 및 재처리 요법(EMDR)과 플루옥세틴, 위약의 효과에 관한 무작위 임상 시험 : 치료의 영향과 장기적인 유지 수준」, *Journal of Clinical Psychiatry* 68, no. 1(2007) : 37~46.

3. J. G. 칼슨(J. G. Carlson) 연구진, 「전투 관련 외상 후 스트레스 장애의 안구 운동 민감소실 및 재처리 요법(EMDR)」, *Journal of Traumatic Stress* 11, no. 1(1998) : 3~24.

4. J. D. 페인(J. D. Payne) 연구진, 「디즈-뢰디거-맥더멋(Deese-Roediger-McDermott) 기억 과제 수행 시 수면에 의한 의미론적 관련 단어의 기억 오류 증가」, *Sleep* 29 (2006) : A373.

5. B. A. 반 데어 콜크(B. A. van der Kolk), C. P. 듀시(C. P. Ducey), 「트라우마 경험의 심리적 처리 : PTSD의 로르샤흐 패턴」, *Journal of Traumatic Stress* 2, no. 3(1989) : 259~274.

6. M. 주베(M. Juvet), 『수면의 역설 : 꿈 이야기(*The Paradox of Sleep : The Story of Dreaming*)』, 로런스 게리(Laurence Garey) 번역(매사추세츠주 케임브리지 : MIT Press, 1999).

7. R. 그린월드(R. Greenwald), 「안구 운동 민감 소실 및 재처리 요법(EMDR) : 새로운 종류의 꿈 작업인가?」, *Dreaming* 5, no. 1(1995) : 51~55.

8. R. 카트라이트(R. Cartwright) 연구진, 「렘(REM) 수면 감소, 기분 조절, 비치료 우울증의 완화」, *Psychiatry Research* 121, no. 2(2003) : 159~167. R. 카트라이트(R. Cartwright) 연구진, 「밤새 기분 조절에 영향을 주는 렘(REM) 수면과 꿈의 역할 : 일반인 자원자 대상 연구」, *Psychiatry Research* 81, no. 1(1998) : 1~8.

9. R. 그린버그(R. Greenberg), C. A. 펄먼(C. A. Pearlman), D. 갬펠(D. Gampel), 「전쟁 신경증과 렘(REM) 수면의 적응 기능」, *British Journal of Medical Psychology* 45, no. 1(1972) : 27~33. 레이먼 그린버그와 체스터 펄먼은 필자의 연구소와 마찬가지로 트라우마에 시달리는 참전 군인들이 렘(REM) 수면 단계에 진입하자마자 스스로 잠에서 깨어난다는 사실을 발견했다. 트라우마를 겪은 사람들은 쉽게 잠들기 위해 알코올의 도움을 받는 경우가 많으므로 꿈의 유익한 효과(기억의 통합과 변형)를 온전히 누리지 못하고, 그로 인해 PTSD가 해결될 가능성도 멀어질 수 있다.

10. B. A. 반 데어 콜크(B. A. van der Kolk) 연구진, 「악몽과 트라우마 : 참전 군인들의 전쟁 이후 악몽과 생애 전 기간의 악몽 비교」, *American Journal of Psychiatry* 141, no. 2(1984) : 187~190.

11. N. 브레슬로(N. Breslau) 연구진, 「수면 방해와 정신의학적 장애 : 청년 대상 역학적 종단 연구」, *Biological Psychiatry* 39, no. 6(1996) : 411~418.

12. R. 스틱골드(R. Stickgold) 연구진, 「수면을 통한 연관 기억의 변화」, *Journal of Cognitive Neuroscience* 11, no. 2(1999) : 182~193. R. 스틱골드(R. Stickgold), 「수면 중 기억과 트라우마」, *Nature Neuroscience* 10, no. 5(2007) : 540~542. B. 라시(B. Rasch) 연구진, 「서파수면 중 후각 신호를 통한 서술 기억의 통합 촉진」, *Science* 315, no. 5817(2007) : 1426~1429.

13. E. J. 웜즐리(E. J. Wamsley) 연구진, 「학습 과제에 관한 꿈과 수면 의존성 기억 통합 강화의 관계」, *Current Biology* 20, no. 9(2010년 5월 11일) : 850~855.

14. R. 스틱골드(R. Stickgold), 「수면 의존적 기억 통합」, *Nature* 437(2005) : 1272~1278.

15. R. 스틱골드(R. Stickgold), 연구진, 「수면을 통한 연관 기억의 변화」, *Journal of Cognitive Neuroscience* 11, no. 2(1999) : 182~193.

16. J. 윌리엄스(J. Williams) 연구진, 「꿈과 환상의 기이함 : 활성-합성 가설의 영향」, *Consciousness and Cognition* 1, no. 2(1992) : 172~185. 스틱골드(Stickgold) 연구진, 「수면을 통한 연관 기억의 변화」.

17. M. P. 워커(M. P. Walker) 연구진, 「수면-기상 주기 전체의 인지적 유연성 : 렘(REM) 수면의 단어 구성검사 해결능력 강화」, *Cognitive Brain Research* 14(2002) : 317~324.

18. R. 스틱골드(R. Stickgold), 「EMDR: 신경생물학적 작용 기전의 추정」, *Journal of Clinical Psychology* 58(2002) : 61~75.

19. 안구 운동이 트라우마 기억의 처리와 변형을 어떻게 돕는지 조사한 연구들이 몇 건 진행되었다. M. 색(M. Sack) 연구진, 「안구 운동 민감소실 및 재처리 요법(EMDR) 중 트라우마 노출 시 자율신경 긴장도의 변형 - 예비 연구 결과」, *Journal of Anxiety Disorders* 22, no. 7(2008) : 1264~1271. B. 라티지아(B. Latizia), F. 안드레아(F. Andrea), C. 파올로(C. Paolo), 「외상 후 스트레스 장애의 안구 운동 민감소실 및 재처리 요법(EMDR) 치료 이후 신경해부학적 변화」, *The Journal of Neuropsychiatry and Clinical Neurosciences* 19, no. 4(2007) : 475~476. P. 레빈(P. Levin), S. 라즈로브(S. Lazrove), B. 반 데어 콜크(B. van der Kolk), 「심리 검사와 신경 영상으로 외상 후 스트레스 장애에서 안구 운동 민감소실 및 재처리 요법(EMDR) 치료에 대해 파악할 수 있는 것」, *Journal of Anxiety Disorders* 13, nos. 1-2, 159~172. M. L. 하퍼(M. L. Harper), T. 라솔카니 칼혼(T. Rasolkhani Kalhorn), J. F. 드로즈드(J. F. Drozd), 「EMDR 치료의 신경 기반: 정량적 뇌파 측정 연구를 통한 통찰」, *Traumatology* 15, no. 2(2009) : 81~95. K. 랜싱(K. Lansing), D. G. 에이멘(D. G. Amen), C. 행크스(C. Hanks), L. 루디(L. Rudy), 「PTSD를 앓고 있는 경찰관 대상 고해상도 뇌 SPECT 영상과 안구 운동 민감소실 및 재처리 요법」, *The Journal of Neuropsychiatry and Clinical NEurosciences* 17, no. 4(2005) : 526~532. T. 오타니(T. Ohtani), K. 마츠오(K. Matsuo), K. 가사이(K. Kasai), T. 가토(T. Kato), N. 가토(N. Kato), 「외상 후 스트레스 장애의 안구 운동 민감소실 및 재처리 요법 치료 시 혈류 역학적 반응」, *Neuroscience Research* 65, no. 4(2009) : 375~383. M. 파가니(M. Pagani), G. 회그베르크(G. Högberg), D. 살마소(D. Salmaso), D. 나도(D. Nardo), Ö. 순딘(Ö. Sundin), C. 존슨(C. Jonsson), T. 할스트룀(T. Hällström), 「작업 관련 외상 후 스트레스 장애의 99mtc-HMPAO 분포에 EMDR 심리 치료의 효과」, *Nuclear Medicine Communications* 28(2007) : 757~765. H. P. 쇤더가트(H. P. Söndergaard), U. 엘로프슨(U. Elofsson), 「EMDR에 관한 심리생리학적 연구」, *Journal of EMDR Practice and Research* 2, no. 4(2008) : 282~288.

16장 내 몸에서 살아가는 법을 배우다: 요가

1. 침술과 지압은 트라우마 치료 병원에서 널리 사용되는 방법으로, 임상 PTSD의 치료법으로서 체계적인 연구가 진행되고 있다. M. 홀리필드(M. Hollifield) 연구진, 「외상 후 스트레스 장애를 위한 지압: 무작위 통제 예비연구」, *Journal of Nervous and Mental Disease* 195, no. 6(2007) : 504~513. fMRI를 이용하여 공포와 관련된 뇌 영역에 침술이 주는 영향을 조사한 연구들은 해당 영역을 신속히 조절하는 기능이 있다고 밝혔다. K. K. 후이(K. K. Hui) 연구진, 「침술 자극 시 fMRI로 확인된 ST 36의 인체 대뇌-소뇌와 변연계 통합 반응」, *NeuroImage* 27(2005) : 479~496. J. 팡(J. Fang) 연구진, 「침술의 주요 효과에서 나타나는 핵심적 특징: 변연계-부변연계-신피질 네트워크 조절」, *Human Brain Mapping* 30(2009) : 1196~1206. D. 페인스타인(D. Feinstein), 「PTSD의 신속한 치료: 지압이 동반된 심리적 노출이 효과적인 이유」, *Psychotherapy : Theory, Research, Practice, Training* 47, no. 3(2010) : 385~402. D. 처치(D. Church) 연구진, 「EFT(감정 자유 기법)를 활용한 참전 군인들의 심리적 트라우마 증상 개선: 무작위 통제 연구」, *Journal of Nervous and Mental Disease* 201(2013) : 153~160. D. 처치, G. 욘트(G. Yount), A. J. 브룩스(A. J. Brooks), 「감정 자유 기법(EFT)이 스트레스의 생화학적 특성에 끼치는 영향: 무작위 통제 시험」, *Journal of Nervous and Mental Disease* 200(2012) : 891~896. R. P. 돈드(R. P. Dhond), N. 케트너(N. Kettner), V. 나파도(V. Napadow), 「신경 영상으로 나타난 침술이 인체 뇌에 끼치는 영향」, *Journal of Alternative and Complementary Medicine* 13(2007) : 603~616. K. K. 후이(K. K. Hui) 연구진, 「침술의 인체 뇌의 변연계와 피질하 회색 구조체 조절: 일반인 피험자 대상 fMRI 연구 결과」, *Human Brain Mapping* 9(2000) : 13~25.

2. M. 색(M. Sack), J. W. 호퍼(J. W. Hopper), F. 람프레히트(F. Lamprecht), 「외상 후 스트레스 장애 환자의 하기도 동성 부정맥과 지속적인 심리생리학적 각성: 심장 박동 수의 역학적 특성과 각성 조절의 개인차」, *Biological Psychiatry* 55, no. 3(2004) : 284~290. H. 코언(H. Cohen) 연구진, 「외상 후 스트레스 환자가 트라우마 관련 정보를 상기할 때 나타나는 심박 변

이수 분석」, *Biological Psychiatry* 44, no. 10(1998) : 1054~1059. H. 코언 연구진, 「PTSD 동물 모형에서 청소년기 트라우마가 행동에 장기적으로 끼치는 영향과 회복에 필요한 자율 신경계의 기능 부전」, *European Neuropsychopharmacology* 17, no. 6(2007) : 464~477. H. 와베(H. Wahbeh), B. S. 오켄(B. S. Oken), 「PTSD에서 HRV 고주파의 최고점과 알파파의 빈도수 증가」, *Applied Psychophysiology and Biofeedback* 38, no. 1(2013) : 57~69.

3. J. W. 호퍼(J. W. Hopper) 연구진, 「외상 후 스트레스 장애에서 부교감 신경계가 기저 심장 박동 수에 끼치는 영향에 관한 예비 증거」, *Journal of Psychosomatic Research* 60, no. 1(2006) : 83~90.

4. 예루살렘 하다사대학교의 아리에 샬레브(Arieh Shalev)와 하버드대학교의 로저 피트먼(Roger Pitman)이 실시한 연구에서도 이 같은 사실이 확인됐다. A. Y. 샬레브 연구진, 「외상 후 스트레스 장애를 앓고 있는 트라우마 생존자의 청각 경악 반응 : 전향 연구」, *American Journal of Psychiatry* 157, no. 2(2000) : 255~261. R. K. 피트먼 연구진, 「베트남전 참전 군인들의 외상후 스트레스 장애 이미지에 관한 정신생리학적 평가」, *Archives of General Psychiatry* 44, no. 11(1987) : 970~975. A. Y. 샬레브 연구진, 「트라우마와 뒤이은 외상 후 스트레스 발달에 따른 심박 수 반응에 관한 전향 연구」, *Archives of General Psychiatry* 55, no. 6(1998) : 553~559.

5. P. 레러(P. Lehrer), Y. 사사키(Y. Sasaki), Y. 사이토(Y. Saito), 「좌선과 심박 변이도」, *Psychosomatic Medicine* 61, no. 6(1999) : 812~821. R. 소빅(R. Sovik), 「호흡의 과학 : 요가의 관점에서」, *Progress in Brain Research* 122(1999) : 491~505. P. 필리포(P. Philippot), G. 샤펠(G. Chapell), S. 블레어리(S. Blairy), 「감정 생성과 호흡의 피드백」, *Coginition & Emotion* 16, no. 5(2002) : 605~627. A. 미켈센(A. Michalsen) 연구진, 「심리적 고통을 겪는 여성들의 3개월 집중 요가 프로그램 이후 급속한 스트레스 감소와 불안 감소」, *Medical Science Monitor* 11, no. 12(2005) : 555~561. G. 커크우드(G. Kirkwood) 연구진, 「불안과 요가 : 연구 결과에 관한 체계적 검토」, *British Journal of Sports Medicine* 39(2005) : 884~891. K. 필킹턴(K. Pilkington) 연구진, 「요가와 우울증 : 연구 결과」, *Journal of Affective Disorders* 89(2005) : 13~24. G. 거바그(G. Gerbarg), R. 브라운(R. Brown), 「요가 : 허리케인 카트리나 피해자의 안정을 위한 호흡」, *Current Psychiatry* 4(2005) : 55~67.

6. B. 커스버트(B. Cuthbert) 연구진, 「각성 조절 전략 : 생체 피드백, 명상, 동기 부여」, *Journal of Experimental Psychology* 110(1981) : 518~546. S. B. S. 칼사(S. B. S. Khalsa), 「치료법으로서 요가의 역할 : 발표된 연구 문헌에 관한 통계분석」, *Indian Journal of Pysiology and Pharmacology* 48(2004) : 269~285. M. M. 델몬테(M. M. Delmonte), 「임상 중재 전략으로서 명상 : 간략한 검토」, *International Journal of Psychosomatics* 33(1986) : 9~12. P. R. 머스킨(P. R. Muskin)이 편집한 『보충의학, 대체의학과 정신의학(*Complementary and Alternative Medicine and Psychiatry*)』(워싱턴 DC : American Psychiatric Press, 2008) 19권 중 I. 베커(I. Becker), 「정신의학과 약물 치료에서 요가의 활용」. L. 버너디(L. Bernardi) 연구진, 「느린 호흡을 통한 저산소증과 과탄산증 환자의 화학반사 반응 감소와 압력 반사 민감도 증가」, *Journal of Hypertension* 19, no. 12(2001) : 2221~2229. R. P. 브라운(R. P. Brown), P. L. 거바그(P. L. Gerbarg), 「수다르샨 크리야 요가 호흡과 스트레스, 불안, 우울증 치료 : 파트 I : 신경생리학적 모델」, *Journal of Alternative and complementary Medicine* 11(2005) : 189~201. R. P. 브라운, P. L. 거바그, 「수다르샨 크리야 요가 호흡과 스트레스, 불안, 우울증 치료 : 파트 II : 임상 적용과 가이드」, *Journal of Alternative and complementary Medicine* 11(2005) : 711~717. C. C. 스트리터(C. C. Streeter) 연구진, 「요가 동작에 의한 뇌 GABA 수치 증가 : 예비 연구」, *Journal of Alternative and Complementary Medicine* 13(2007) : 419~426. C. C. 스트리터(C. C. Streeter) 연구진, 「요가와 걷기가 기분, 불안, 뇌 GABA 수치에 끼치는 영향 : 무작위 통제 MRS 연구」, *Journal of Alternative and Complementary Medicine* 16(2010) : 1145~1152.

7. 다양한 의학적 증상에 요가가 긍정적인 영향을 주는 것으로 밝혀진 과학적 연구 논문들이 수십 건 발표되었다. 예를 들면 다음과 같다. S. B. 칼사(S. B. Khalsa), 「치료법으로서 요가」, P. 그로스먼(P. Grossman) 연구진, 「마음챙김 기반 스트레스 감소와 건강상 이점 : 메타 분석」, *Journal of Psychosomatic Research* 57(2004) : 35~43. K. 셔먼(K. Sherman) 연구진, 「반성 요통에 요가, 운동, 자기관리도서가 끼치는 영향 비교 : 무작위 통제 연구」, *Annals of Internal Medicine* 143(2005) : 849~856. K. A. 윌리엄스(K. A. Williams) 연구진, 「아이엥가 요가 요법이 만성 요통에 끼치는 영향」, *Pain* 115(2005) : 107~117. R. B. 사퍼(R. B. Saper) 연구진, 「미성년자가 대다수인 피험자군에서 요가가 만성 요통에 끼치는 영향 : 무작위 통제 예비시험」, *Alternative Therapies in Health and Medicine* 15(2009) : 18~27. J. W. 카슨(J. W. Carson) 연구진, 「전이성 유방암 환자와 요가 : 예비 연구결과」, *Journal of Pain and Symptom*

Management 33(2007) : 331~341.

8. B. A. 반 데어 콜크(B. A. van der Kolk) 연구진, 「PTSD 보조 치료법으로서의 요가」, *Journal of clinical Psychiatry* 75, no. 6(2014년 6월) : 559~565.

9. 캘리포니아 업체인 하트매스(HeartMath)에서는 재미와 효과를 한 번에 누리면서 HRV 개선에 도움이 되는 멋진 장비와 컴퓨터 게임을 개발했다. 하트매스가 개발한 제품과 같은 간단한 장비가 PTSD 증상 감소에 도움이 되는지는 아직까지 연구가 진행된 바 없지만, 효과가 있을 가능성은 매우 높다(www.heartmath.org).

10. 이 글을 쓰는 시점에 아이튠즈 스토어에는 emWave, HeartMath, GPS4Soul 등 HRV 개선에 도움이 된다고 주장하는 애플리케이션이 24가지 나와 있다.

11. B. A. 반 데어 콜크(B. A. van der Kolk), 「PTSD의 신경과학적 연구의 임상적 의의」, *Annals of the New York Academy of Sciences* 1071, no. 1(2006) : 277~293.

12. S. 텔레스(S. Telles) 연구진, 「요가로 호흡을 의식적으로 조절하고 마음이 집중 상태가 되었을 때 나타나는 잠재적 청성 중기 반응의 변화」, *International Journal of Psychophysiology* 14, no. 3(1993) : 189~198. 프랜시스 소머 앤더슨(Frances Sommer Anderson)이 편집한 『치료 중인 신체 : 말로 표현되지 못하는 측면(*Bodies in Treatment : The Unspoken Dimension*)』(뉴욕 : Analytic Press, 2008) 중 P. L. 거바그(P. L. Gerbarg)가 쓴 「요가와 신경-정신분석」(127~150쪽).

13. D. 에머슨(D. Emerson), E. 호퍼(E. Hopper), 『요가를 통한 트라우마 극복 : 내 몸을 되찾다(*Overcoming Trauma Through Yoga : Reclaiming Your Body*)』(캘리포니아주 버클리 : North Atlantic Books, 2011).

14. A. 다마시오(A. Damasio), 『사건에 대한 느낌 : 몸과 감정의 의식 형성(*The Feeling of What Happens : Body and Emotion in the Making of Consciousness*)』(뉴욕 : Harcourt, 1999).

15. '내수용감각'은 자기 자신을 감지하는 기본적인 기능을 일컫는 과학적인 용어다. 트라우마를 겪은 사람들을 대상으로 실시된 뇌 영상 연구에서, 신체적 자기 인식과 관련된 뇌 영역 특히 섬엽으로 불리는 영역에 문제가 발생한 사실이 반복적으로 확인됐다. J. W. 호퍼(J. W. Hopper) 연구진, 「PTSD에서 재경험과 회피, 해리의 신경학적 관계 : 대본으로 유도한 트라우마 이미지 형성 반응 시 발생하는 증상과 감정 조절 불능」, *Journal of Traumatic Stress* 20, no. 5(2007) : 713~725. J. A. 스트리고(J. A. Strigo), 「애정 관계에 있는 파트너의 폭력으로 외상 후 스트레스 장애를 앓는 여성들의 통증 반응 변화와 신경의 상관관계」, *Biological Psychiatry* 68, no. 5(2010) : 442~450. G. A. 폰조(G. A. Fonzo) 연구진, 「애정 관계에 있는 파트너의 폭력으로 외상 후 스트레스 장애를 앓는 여성들에게 위협과 관련된 표정 제시 시 나타나는 섬엽-편도체 혈액 산소 포화도의 과다 증가 및 단절 의존성 반응」, *Biological Psychiatry* 68, no. 5(2010) : 433~441. P. A. 프리웬(P. A. Frewen) 연구진, 「PTSD 여성 환자가 이미지를 떠올리는 동안 사회적 감정과 정서가(價) : 정서 및 신경과의 상관관계」, *Psychological Trauma : Theory, Research, Practice and Policy* 2, no. 2(2010) : 145~157. K. 펠밍엄(K. Felmingham) 연구진, 「외상 후 스트레스 장애 환자에서 의식적, 무의식적 공포에 대한 해리 반응이 기저 뇌 기능에 끼치는 영향」, *Psychological Medicine* 38, no. 12(2008) : 1771~1780. A. N. 시먼스(A. N. Simmons) 연구진, 「애정 관계에 있는 파트너의 폭력으로 외상 후 스트레스 장애를 앓는 여성들의 기능 활성과 신경 네트워크」, *Biological Psychiatry* 64, no. 8(2008) : 681~690. R. J. L. 린다우어(R. J. L. Lindauer) 연구진, 「외상 후 스트레스 환자가 트라우마 이미지를 떠올릴 때 일부 뇌 혈류에 대한 심리 치료가 끼치는 영향 : 무작위 임상 시험」, *Psychological Medicine* 38, no. 4(2008) : 543~554. A. 에트킨(A. Etkin), T. D. 웨이저(T. D. Wager), 「불안의 기능적 신경 영상 : PTSD, 사회적 불안 장애, 특정 대상에 대한 공포증 환자의 감정 처리에 관한 메타 분석」, *American Journal of Psychiatry* 164, no. 10(2007) : 1476~1488.

16. J. C. 네미아(J. C. Nemiah), P. E. 시프네오스(P. E. Sifneos), 「정신신체학적 질환 : 의사소통의 문제」, *Psychotherapy and Psychosomatics* 18, no. 1-6(1970) : 154~160. G. J. 테일러(G. J. Taylor), R. M. 백비(R. M. Bagby), J. D. A. 파커(J. D. A. Parker), 『감정 조절 장애 : 의학적, 정신의학적 질환과 감정 인지 불능증(*Disorders of Affect Regulation : Alexithymia in Medical and Psychiatric Illness*)』(영국 케임브리지 : Cambridge University Press, 1997).

17. A. 다마시오(A. Damasio), 『사건에 대한 느낌 : 몸과 감정의 의식 형성(*The Feeling of What Happens : Body and Emotion in the Making of Consciousness*)』(뉴욕 : Random House, 2000), 28.

18. B. A. 반 데어 콜크(B. A. van der Kolk), 「PTSD의 신경과학적 연구의 임상적 의의」, *Annals of the New York Academy of Sciences* 1071, no. 1(2006) : 277~293. B. K. 휠첼(B. K. Hölzel) 연구진, 「마음챙김 명상은 어떻게 작용하는가? 개념적, 신경적 견지에서 살펴본 작용 기전」, *Perspectives on Psychological Science* 6(2011) : 537~559.

19. B. K. 휠첼(B. K. Hölzel) 연구진, 「마음챙김 명상에 따른 뇌 회백질 밀도 증가」, *Psychiatry Research : Neuroimaging* 191, no. 1(2011) : 36~43. B. K. 휠첼 연구진, 「스트레스 감소와 편도체 구조적 변화의 상관관계」, *Social Cognitive and Affective Neuroscience* 5, no. 1(2010) : 11~17. S. W. 라자르(S. W. Lazar) 연구진, 「명상 경험과 피질 두께 증가의 관계」, *NeuroReport* 16(2005) : 1893~1897.

17장 조각 맞추기: 나를 리드하는 기술

1. R. A. 골딩(R. A. Goulding), R. C. 슈워츠(R. C. Schwartz), 『모자이크 마음 : 아동 학대 생존자의 고통받은 자기에 힘을 불어넣는 것(*The Mosaic Mind : Empowering the Tormented Selves of Child Abuse Survivors*)』(뉴욕 : Norton, 1995), 4.

2. J. G. 왓킨스(J. G. Watkins), H. H. 왓킨스(H. H. Watkins), 「자아의 상태(*Ego States*)」(뉴욕 : Norton, 1997). 융은 성격을 구성하는 부분들의 원형과 복합체를 각각 명명했다. 인지심리 분야와 DID 문헌에서는 이를 '또 다른 자아(alters)'라고 칭한다. J. G. 왓킨스, H. H. 왓킨스, 「자아 상태 치료의 이론과 실제 : 단기적 치료 방향」, *Short-Term Approaches to Psychotherapy* 3(1979) : 176~220. J. G. 왓킨스, H. H. 왓킨스 「자아 상태와 숨은 관찰자들」, *Journal of Altered States of consciousness* 5, no. 1(1979) : 3~18. C. G. 융(C. G. Jung), 『심리학과 종교』(코네티컷주 뉴헤이븐 : Yale University Press, 1960).

3. W. 제임스(W. James), 『심리학의 원리(*The Principles of Psychology*)』(뉴욕 : Holt, 1890), 206.

4. C. 융(C. Jung), 『연구 모음(*Collected Works*)』, 9권, 『원형과 무의식(*The Archetypes and the Collective Unconscious*)』(뉴저지주 프린스턴 : Prinston University Press, 1955/1968), 330.

5. C. 융(C. Jung), 『연구 모음(*Collected Works*)』, 10권, 『전환의 문명화(*Civilization in Transition*)』(뉴저지주 프린스턴 : Prinston University Press, 1957/1964), 540.

6. 위와 동일한 도서, 133쪽.

7. M. S. 가자니가(M. S. Gazzaniga), 『사회적인 뇌 : 마음 네트워크의 발견(*The Social Brain : Discovering the Networks of the Mind*)』(뉴욕 : Basic Books, 1985), 90.

8. 위와 동일한 도서, 356쪽.

9. M. 민스키(M. Minsky), 『마음의 사회(*The Society of Mind*)』(뉴욕 : Simon & Schuster, 1988), 51.

10. R. A. 골딩(R. A. Goulding), R. C. 슈워츠(R. C. Schwartz), 『모자이크 마음(*Mosaic Mind*)』.

11. O. 반 데어 하트(O. van der Hart), E. R. 네이엔하위스(E. R. Nijenhuis), K. 스틸(K. Steele), 『갇힌 자 : 구조적 해리와 만성 트라우마의 치료(*The Haunted Self: Structural Dissociation and the Treatment of Chronic Traumatization*)』(뉴욕 : W. W. Borton, 2006). R. P. 클루프트(R. P. Kluft), 『폭풍우를 피할 쉼터(*Shelter from the Storm*)』(자가 출판, 2013).

12. R. 슈워츠(R. Schwartz), 『내면 가족 체계 치료』(뉴욕 : Guilford Press, 1995).

13. 위와 동일한 도서, 34쪽.

14. 위와 동일한 도서, 19쪽.

15. 골딩(R. A. Goulding), 슈워츠(R. C. Schwartz), 『모자이크 마음(*Mosaic Mind*)』.

16. J. G. 왓킨스(J. G. Watkins)는 1997년, 이와 같은 반응이 우울증이 의인화된 예라고 설명했다. "우울증의 이미지가 어떤 감각으로 느껴지는지, 그리고 누가, 어떤 성격이 괴롭게 만드는지 알아내야 한다."

17. 리처드 슈워츠(Richard Schwartz)가 개인적으로 전한 말이다.

18. 골딩(R. A. Goulding), 슈워츠(R. C. Schwartz), 『모자이크 마음(*Mosaic Mind*)』.

19. A. W. 에버스(A. W. Evers), 「류머티스성 관절염 초기 위험 환자의 맞춤형 인지 행동 치료: 무작위 통제 연구」, Pain 1000, no. 1-2(2002): 141~153. E. K. 프래던(E. K. Pradhan) 연구진, 「류마티스성 관절염 환자의 마음챙김 명상 기반 스트레스 감소 효과」, Arthritis & Rheumatology 57, no. 7(2007): 1134~1142. J. M. 스미스(J. M. Smyth) 연구진, 「천식 또는 류마티스성 관절염 환자에게서 스트레스 경험에 관한 글쓰기가 증상에 끼치는 영향: 무작위 연구」, JAMA 281, no. 14(1999): 1304~1309. L. 샤프(L. Sharpe) 연구진, 「최근 류마티스성 관절염 진단을 받은 환자군 대상, 인지 행동 치료의 장기적 효과에 관한 무작위 통제 시험」, Rheumatology(Oxford) 42, no. 3(2003): 435~441. H. A. 장이(H. A. Zangi) 연구진, 「마음챙김 기반 그룹 치료가 염증성 류마티스 관열 질환 환자의 심리적 절망감과 피로 감소에 끼치는 영향: 무작위 통제 시험」, Annals of the Rheumatic Diseases 71, no. 6(2012): 911~917.

18장 틈새 메우기: 새로운 구조 만들기

1. 페소 보이든 정신 운동 시스템(Pesso Boyden System Psychomotor). http://pbsp.com.
2. D. 골먼(D. Goleman), 『인간의 관계에 관한 새로운 과학(The New Science of Human Relationship)』(뉴욕: Random House Digital, 2006).
3. S. 콜드웰(S. Caldwell)이 편집한 『접촉하기: 신체 중심 치료 가이드(Getting in Touch : A Guide to Body-Centered Therapies)』 중 A. 페소(A. Pesso)가 쓴 'PBSP: 페소 보이든 정신 운동 시스템'. A. 페소, 『심리 치료와 운동: 정신 운동 기법과 훈련(Movement in Psychotherapy : Psychomotor Techniques and Training)』(뉴욕: New York University Press, 1969). A. 페소, 『행동의 경험: 정신 운동의 심리학(Experience in Action : A Psychomotor Psychology)』, (뉴욕: New York University Press, 1973). A. 페소, J. 크랜델(J. Crandell) 편집, 『움직이는 심리 치료: 페소 시스템/정신 운동의 이론과 적용(Moving Psychotherapy : Theory and Application of Pesso System/Psychomotor)』, (매사추세츠주 케임브리지: Brookline Books, 2005). M. 반 아테쿰(M. van Attekum), 『Aan Den Lijve』(네덜란드: Pearson Assessment, 2009). H. 바이스(H. Weiss), G. 말록(G. Marlock)이 편집한 『신체 심리 치료 핸드북(Handbook of Body-Psychotherapy/Handbuch der Körperpsychotherapie)』(독일 슈트트가르트: Schattauer, 2006) 중에서 A. 페소가 쓴 '무의식의 외부 실현과 경험의 수정'.
4. 루이즈 페소아(Luiz Pessoa), 랠프 아돌프스(Ralph Adolphs), 「감정의 처리와 편도체: 생물학적 의미에 관한 '저차원'적 평가부터 '고차원적' 평가까지」, Nature Reviews Neuroscience 11, no. 11(2010): 773~783.

19장 뇌 회로의 재연결: 뉴로피드백

1. H. H. 재스퍼(H. H. Jasper), P. 솔로몬(P. Solomon), C. 브랠리(C. Braley), 「아동 행동 문제에 관한 뇌파 분석」, American Journal of Psychiatry 95(1938): 641~658. P. 솔로몬, H. H. 재스퍼, C. 브랠리, 「아동 행동 문제에 관한 연구들」, American Neurology and Psychiatry 38(1937): 1350~1351.
2. 하버드대학교의 마틴 테이처(Martin Teicher)는 아동기에 학대당한 성인들은 측두엽에 비정상적인 소견이 나타난다는 사실을 입증한 광범위한 연구를 수행해 왔다. M. H. 테이처(M. H. Teicher) 연구진, 「생애 초기 스트레스와 아동기 학대로 인한 신경생물학적 결과」, Neuroscience & Biobehavioral Reviews 27, no. 1-2(2003): 33~44. M. H. 테이처 연구진, 「아동기 초기 학대와 성인 정신의학과 외래 환자의 변연계 기능 등급」, Journal of Neuropsychiatry & Clinical Neurosciences 5, no. 3(1993): 301~306. M. H. 테이처 연구진, 「매, 돌, 가슴을 찢는 말들: 아동기 학대의 복합적인 영향이 가장 중요한 까닭」, American Journal of Psychiatry(2012).
3. 세번 F. 피셔(Sebern F. Fisher), 『뉴로피드백을 이용한 발달 과정의 트라우마 치료: 공포에 몰린 뇌를 진정시키다(Neurofeedback in the Treatment of Developmental Trauma : Calming the Fear-Driven Brain)』(뉴욕: W. W. Norton & Company, 2014).
4. J. N. 데모스(J. N. Demos), 『뉴로피드백 시작하는 법(Getting Started with Neurofeedback)』(뉴욕: W. W. Norton, 2005). R. J. 데이비슨(R. J. Davidson), 「감정의 양식과 감정 장애: 감

정의 신경과학적 견지에서」, *Cognition and Emotion* 12, no. 3(1998) : 307~330. R. J. 데이비슨(R. J. Davidson) 연구진, 「뇌 영역별 기능과 감정, 감정 문제」, *Current Opinion in Neurobiology* 9(1999) : 228~234.

5.   J. 카미야(J. Kamiya), 「뇌파의 의식적인 조절」, *Psychology Today*, 1968년 4월, 56~60. D. P. 나울리스(D. P. Nowlis), J. 카미야(J. Kamiya), 「청각 피드백을 통한 뇌파 상의 알파파 리듬 제어와 그에 수반되는 정신 활성」, *Psychophysiology* 6, no. 4(1970) : 476~484. D. 란츠(D. Lantz), M. B. 스터먼(M. B. Sterman), 「방치된 간질 환자의 신경심리학적 평가 : EEG 피드백 훈련의 영향」, *Epilepsia* 29, no. 2(1988) : 163~171.

6.   M. B. 스터먼(M. B. Sterman), L. R. 맥도널드(L. R. Macdonald), R. K. 스톤(R. K. Stone), 「인체 감각 운동 뇌파 리듬의 생체 피드백 훈련 : 간질에 끼치는 영향」, *Epilepsia* 15, no. 3(1974) : 395~416. 87건의 연구를 메타 분석한 최근의 조사 결과에 따르면, 뉴로피드백 훈련을 받은 간질 환자의 80퍼센트가량이 발작 빈도가 현저히 감소한 것으로 확인됐다. 가브리엘 탠(Gabriel Tan) 연구진, 「간질 치료 시 EEG 생체 피드백에 관한 메타 분석」, *Clinical EEG and Neuroscience* 40, no. 3(2009) : 173~179.

7.   이 영역은 앞서 5장에서 설명한, 자기 인식 회로에 해당하는 부분이다. 알바로 파스쿠알레온(Alvaro Pascual-Leone)은 경두개 자기 자극(TMS)으로 내측 전전두 피질 상부 영역의 기능이 일시적으로 중단된 사람은 거울을 봐도 자신이 누구인지 일시적으로 알아보지 못할 수 있다는 사실을 밝혀냈다. J. 파스쿠알레온(J. Pascual-Leone), 「정신 집중, 의식, 지혜의 점진적 출현」, *Journal of Adult Development* 7, no. 4(2000) : 241~254.

8.   http://www.eegspectrum.com/intro-to-neurofeedback/

9.   S. 라우치(S. Rauch), 「양전자 방출 단층 촬영과 대본으로 유도한 이미지를 활용한 증상 촉발 연구」, *Archives of General Psychiatry* 53(1996) : 380~387. 뇌자도(magnetoencephalography, MEG)라는 새로운 뇌 영상 촬영 방식을 이용한 다른 연구들에서 PTSD 환자들은 우측 측두 피질의 활성이 증가한 것으로 나타났다. C. 카타니(C. Catani) 연구진, 「전쟁, 고문으로 트라우마를 겪는 생존자들이 부정적 자극을 처리하는 동안 발생하는 피질 활성 패턴」, *European Archives of Psychiatry and Clinical Neuroscience* 259, no. 6(2009) : 340~351. B. E. 엥달(B. E. Engdahl) 연구진, 「외상 후 스트레스 장애 : 우측 전두엽 증후군?」, *Journal of Neural Engineering* 7, no. 6(2010) : 066005. A. P. 조고풀로스(A. P. Georgopoulos) 연구진, 「신경의 동시적 상호 작용 검사의 통한 외상 후 스트레스 장애(PTSD) 기능적 신경 표지 활용 : 부트스트랩 방식의 정확한 분류법」, *Journal of Neural Engineering* 7, no. 1(2010) : 016011.

10.   임상 적용 PTSD 척도(CAPS)로 평가한 결과.

11.   존 브리어(John Briere)의 자기 역량 변화 척도(IASC)로 평가한 결과.

12.   후면과 중심부의 알파파 리듬은 시상피질성 네트워크를 통해 발생한다. 베타파 리듬은 지엽적인 피질 네트워크로 형성되는 것으로 보인다. 또한 전면 중선의 세타파 리듬(사람의 뇌에서 발생하는 건강한 세타파 리듬에 한하여) 중격 해마 신경 네트워크에서 생성되는 것으로 추정된다. 최신 검토 결과는 다음 자료를 참고하기 바란다. J. 크로포토브(J. Kropotove), 『정량적 EEG, ERP's, 신경 치료(*Quantitative EEG, ERP's and Neurotherapy*)』(암스테르담 : Elsevier, 2009).

13.   H. 벤슨(H. Benson), 「이완 반응 : 객관적, 주관적인 과거 선례와 생리학」, *Trends in Neurosciences* 6(1983) : 281~284.

14.   토비아스 에그너(Tobias Egner), 존 H. 그루젤리어(John H. Gruzelier), 「뉴로피드백의 생태학적 유효성 : 서파 EEG 변화에 따른 음악적 성취도의 향상」, *Neuroreport* 14, no. 9(2003) : 1221~1224. 데이비드 J. 버넌(David J. Vernon), 「뉴로피드백 훈련으로 성취도를 향상시킬 수 있는가? 향후 연구를 고려한 근거 평가」, *Applied Psychophysiology and Biofeedback* 30, no. 4(2005) : 347~364.

15.   「밴쿠버 커넉스의 스탠리 컵을 향한 질주 - 이 모든 결과가 다 마음 덕분?」, BioMedical.com, 2011년 6월 2일. http://bio-medical.com/resources/vancouver-canucks-race-to-the-stanley-cup-is-it-all-in-their-minds/

16.   M. 보르가드(M. Beauregard), 『뇌 전쟁(*Brain Wars*)』(뉴욕 : Harper-Collins, 2013) : 33.

17.   J. 그루젤리어(J. Gruzelier), T. 에그너(T. Egner), D. 버넌(D. Vernon), 「성과의 최적화를 위한

뉴로피드백의 효능 평가」, *Progress in Brain Research* 159(2006) : 421~431. B. N. 드 루카(B. N. De Luca)가 편집한 『마음과 몸, 휴식에 관한 연구의 초점(*Mind-Body and Relaxation Research Focus*)』(뉴욕 : Nova Science, 2008) 중 D. 버넌, J. 그루젤리어가 쓴 '기분, 창의성, 예술적 성취도 변화 기전으로서 뇌파 생체 피드백'(149~164쪽).

18. 예를 들어 다음 자료들을 참고하기 바란다. M. 안스(M. Arns) 연구진, 「ADHD 치료에서 뉴로피드백의 효과 : 주의력 결핍, 충동성, 과잉 행동에 끼치는 영향 : 메타 분석」, *Clinical EEG and Neuroscience* 40, no. 3(2009) : 180~189. T. 로시터(T. Rossiter), 「ADHD 치료에서 뉴로피드백과 자극성 약물의 효과 : 파트 I, 방법론을 둘러싼 쟁점에 관한 검토」, *Applied Psychophysiology and Biofeedback* 29, no. 2(2004년 6월) : 95~112. T. 로시터, 「ADHD 치료에서 뉴로피드백과 자극성 약물의 효과 : 파트 II, 반복」, *Applied Psychophysiology and Biofeedback* 29, no. 4(2004) : 233~243. L. M. 허슈버트(L. M. Hirshbert), S. 치우(S. Chiu), A. J. 프래지어(A. J. Frazier), 「아동과 청소년을 위한 뇌 기반 중재법의 출현 : 개관 및 임상적 의의」, *Child and Adolescent Psychiatric Clinics of North America* 14, no. 1(2005) : 1~19.

19. qEEG에 관한 보다 자세한 정보는 다음 사이트를 참고하기 바란다. http://thebrainlabs.com/qeeg.shtml.

20. N. N. 보트로스(N. N. Boutros), M. 토렐로(M. Torello), T. H. 맥글래션(T.H.McGlashan), 「경계성 성격 장애의 뇌파상 이상 신호 : 증거 현황」, *Journal of Neuropsychiatry and Clinical Neurosciences*, 15(2003) : 145~154.

21. 17장에서 우리는 일관되고 평온하게 자기를 관찰하는 상태, 내면 가족 체계 치료에서 '자기 속에 존재'한다고 칭하는 그러한 상태를 만드는 일이 얼마나 중요한지 살펴보았다. 딕 슈워츠(Dick Schwartz)는 누구든지 끈기를 가지면 그와 같은 상태에 도달할 수 있다고 주장한다. 실제로 나는 그가 극심한 트라우마를 겪는 사람들이 그 목표를 이루도록 돕는 모습을 지켜보았다. 나는 가지고 있지 않은 기술이다. 내 환자들 중에서도 가장 심각한 축에 속하는 트라우마 환자들은 흥분한 상태에서 의사가 접근하려 하면 광적인 반응을 보이거나 정신이 아예 멍해져 버린다. 만성적인 통제 불가를 느끼고 '자기'에 대한 감각을 조금도 느낄 수 없다고 호소하는 환자들도 있다. 정신의학계 대부분의 시설에서는 이런 문제를 겪는 환자들에게 약을 처방하여 안정시키려 한다. 이 방법이 효과가 있는 경우도 있지만, 많은 환자는 동기와 의욕을 잃는다. 우리 연구진이 진행한 무작위 통제 연구에서 만성적인 트라우마에 시달리는 환자들에게 뉴로피드백을 적용한 결과 PTSD 증상이 30퍼센트가량 감소하였으며 실행 기능, 감정 조절 척도도 현저히 개선되었다(반 데어 콜크 연구진, 2014년 제출 자료).

22. 감각 통합 기능을 잃은 트라우마 아동 환자들에게는 이 문제를 해결해 줄 수 있는 특수한 프로그램이 필요하다. 현재 이 분야의 선봉자는 우리 트라우마센터 소속 동료 엘리자베스 워너(Elizabeth Warner)와 브리티시컬럼비아대학교의 아델 다이아몬드(Adele Diamond)다.

23. R. J. 카스티요(R. J. Castillo), 「문화, 가수면(trance) 상태, 그리고 마음과 몸」, *Anthropology of Consciousness* 6, no. 1(1995년 3월) : 17~34. B. 잉글리스(B. Inglis), 『가수면 상태 : 정신의 변화된 상태에 관한 자연의 역사(*Trance : A Natural History of Altered States of Mind*)』(런던, Paladin, 1990). N. F. 그래핀(N. F. Graffin), W. J. 레이(W. J. Ray), R. 룬디(R. Lundy), 「최면 시 EEG와 최면 취약성」, *Journal of Abnormal Psychology* 104, no. 1(1995) : 123~131. D. L. 색터(D. L. Schacter), 「EEG 세타파와 심리적 현상 : 검토 및 분석」, *Biological Psychology* 5, no. 1(1977) : 47~82. M. E. 사보린(M. E. Sabourin) 연구진, 「EEG와 최면 취약성의 관계와 최면에 따른 가수면 상태 : 스펙트럼 분석과 일관성」, *International Journal of Psychophysiology* 10, no. 2(1990) : 125~142.

24. E. G. 페니스턴(E. G. Peniston), P. J. 쿨코스키(P. J. Kulkosky), 「전쟁 관련 외상 후 스트레스 장애를 겪는 베트남 참전 군인들을 위한 알파세타 뇌파 뉴로피드백 치료」, *Medical Psychotherapy* 4(1991) : 47~60.

25. T. M. 소카제(T. M. Sokhadze), R. L. 캐넌(R. L. Cannon), D. L. 트루도(D. L. Trudeau), 「EEG 생체 피드백을 이용한 물질 사용 장애 치료 : 검토, 효능 수준 평가, 향후 연구를 위한 권고」, *Journal of Neurotherapy* 12, no. 1(2008) : 5~43.

26. R. C. 케슬러(R. C. Kessler), 「외상 후 스트레스 장애 : 개인과 사회의 부담」, *Journal of Clinical Psychiatry* 61, supple. 5(2000) : 4~14. R. 아시에르노(R. Acierno) 연구진, 「성폭행, 신체 폭행의 위험 요소와 여성의 외상 후 스트레스 장애 : 다변량 관계의 차이에 관한 조사」, *Journal of Anxiety Disorders* 13, no. 6(1999) : 541~563. H. D. 칠코트(H. D. Chilcoat),

N. 브레슬로(N. Breslau), 「PTSD와 약물 사용 장애의 인과관계 발생 경로에 관한 연구」, *Addictive Behaviors* 23, no. 6(1998) : 827~840.

27. S. L. 파리온(S. L. Fahrion) 연구진, 「알파세타 뇌파 훈련 이후 EEG 진폭, 성격 요소, 뇌의 전기적 지도의 변화: 알코올 중독 회복기 환자 대상 통제 조건의 사례 연구」, *Alcoholism : Clinical and Experimental Research* 16, no. 3(1992년 6월) : 547~552. R. J. 골드버그(R. J. Goldberg), J. C. 그린우드(J. C. Greenwood), Z. 테인터(Z. Taintor), 「약물 의존성에 대한 보조 치료법으로서의 조건화: 파트 1」, *International Journal of Addiction* 11, no. 6(1976) : 1085~1089. R. F. 캐플런(R. F. Kaplan) 연구진, 「입원 치료 중인 알코올 중독자와 비중독자 대조군의 EEG 검정력 및 일관성 분석」, *Journal of Studies on Alcohol* 46(1985) : 122~127. Y. 라몬테인(Y. Lamontagne) 연구진, 「약물 남용 예방과 알파파 및 EMG 피드백 훈련 : 통제 연구」, *Canadian Psychiatric Association Journal* 22, no. 6(1977년 10월) : 301~310. 색스비(Saxby), E. G. 페니스턴(E. G. Peniston), 「알파세타 뇌파 신경 피드백 훈련 : 우울증 증상이 나타나는 남녀 알코올 중독자의 효과적인 치료법」, *Journal of Clinical Psychology* 51, no. 5(1995) : 685~693. W. C. 스콧(W. C. Scott) 연구진, 「혼합 물질 남용 집단에서 EEG 생체 피드백 프로토콜의 영향」, *American Journal of Drug and Alcohol Abuse* 31, no. 3(2005) : 455~469. D. L. 트루도(D. L. Trudeau), 「물질 남용 장애가 있는 청소년 대상 뇌파 생체 피드백의 적용」, *Child & Adolescent Psychiatric Clinics of North America* 14, no. 1(2005년 1월) : 125~136.

28. E. G. 페니스턴(E. G. Peniston), 「외상 후 스트레스 장애가 있는 베트남전 참전 군인들 대상 EMG 생체 피드백 포함 탈감각 치료」, *Clinical Biofeedback and Health* 9(1986) : 35~41.

29. 유진 G. 페니스턴(Eugene G. Peniston), 폴 J. 쿨코스키(Paul J. Kulkosky), 「전쟁 관련 외상 후 스트레스 장애가 있는 베트남전 참전 군인들을 위한 알파세타 뇌파 뉴로피드백」, *Medical Psychotherapy* 4, no. 1(1991) : 47~60.

30. 7년 후에 다른 연구진을 통해 유사한 결과가 도출되었다. W. C. 스콧(W. C. Scott) 연구진, 「혼합 물질 남용 집단에서 EEG 생체 피드백 프로토콜의 영향」, *American Journal of Drug and Alcohol Abuse* 31, no. 3(2005) : 455~469.

31. T. 버진스키(T. Budzynski) 연구진의 『정량적 EEG와 뉴로피드백 : 고급 이론과 적용 (*Quantitative EEG and Neurofeedback : Advanced Theory and Applications*)』(암스테르담 : Elsevier, 1999)의 서문에 나온 D. L. 트루도(D. L. Trudeau), T. M. 소크해지(T. M. Sokhadze), R. L. 캐넌(R. L. Cannon)의 '알코올 및 약물 의존성과 뉴로피드백'(241~268쪽). F. D. 아라니(F. D. Arani), R. 로스타미(R. Rostami), M. 노스트라타바디(M. Nostratabadi), 「뉴로피드백 훈련의 오피오이드 의존성이 나타난 환자의 치료 효과」, *Clinical EEG and Neuroscience* 41, no. 3(2010) : 170~177. F. 데가니 아라니(F. Dehghani-Arani), R. 로스타미(R. Rostami), H. 나달리(H. Nadali), 「아편제 중독과 뉴로피드백 훈련 : 정신 건강과 욕구 문제의 개선」, *Applied Psychophysiology and Biofeedback* 38, no. 2(2013) : 133~141. J. 루이그제스(J. Luigjes) 연구진, 「중독 치료법으로서의 신경 조절 : 개관 및 향후 전망」, *Tijdschrift voor psychiatrie* 55, no. 11(2012) : 841~852.

32. S. 오스머(S. Othmer), 「뉴로피드백을 통한 PTSD 개선」, 2011년 10월 11일, http://hannokirk.com/files/Remediating-PTSD_10-01-11.pdf.

33. F. H. 더피(F. H. Duffy), 「EEG 생체 피드백 치료 현황(EEG 조작적 조건화)」, 2000년, Clinical Electroencephalography 31, no. 1(2000) : v-viii에서 편집자의 의견란에 게재.

34. 토머스 R. 인셀(Thomas R. Insel), 「잘못된 회로」, *Scientific American* 302, no. 4(2010) : 44~51.

35. T. 인셀(T. Insel), 「진단의 변화」, 미국 국립 정신 건강연구소, 연구소장 블로그, 2013년 4월 29일. http://www.nimh.nih.gov/about/director/2013/transforming-diagnosis.shtml.

36. 조슈아 W. 벅홀츠(Joshua W. Buckholtz), 안드레아스 메이어린덴버그(Andreas Meyer-Lindenberg), 「정신병리학과 인체 커넥톰 : 정신 질환 위험 요소에 관한 초진단적 접근」, *Neuron* 74, no. 4(2012) : 990~1004.

37. F. 콜린스(F. Collins), 「뇌 내부의 심포니」, NIH 연구소장 블로그, 2012년 11월 5일, http://directorsblog.nih.gov/2012/11/05/the-symphony-inside-your-brain/

20장 잃어버린 목소리 찾기 : 공동체의 리듬, 연극 치료

1. F. 버터필드(F. Butterfield), 「데이비드 매밋, 오갈 곳 없는 베트남전 참전 군인들 지원」, 뉴욕 타임스, 1998년 10월 10일. 새로 생긴 쉼터에 관한 정보는 다음 사이트에서 확인할 수 있다. http://nechv.org/about/history/

2. P. 힐리(P. Healy), 「요즘 군인들이 겪는 전쟁의 고통을 소포클레스로 탐구하다」, 뉴욕 타임스, 2009년 11월 11일. 도어리스가 추진하는 프로젝트는 다음 사이트에서 더 자세한 정보를 확인할 수 있다. http://www.outsidethewirellc.com/projects/theater-of-war/overview.

3. 세라 크룰위치(SaraKrulwich), 「전쟁 연극」, 뉴욕 타임스, 2009년 11월 11일

4. W. H. 맥닐(W. H. McNeill), 『모두 함께, 동시에(*Keeping Together in Time*)』(매사추세츠주 케임브리지 : Harvard University Press, 1997).

5. 플루타르코스(Plutarch), 『영웅전(*Lives*)』, 1권(Digireads.com, 2009), 58.

6. M. Z. 세이츠(M. Z. Seitz), 「노래 혁명」, 뉴욕 타임스, 2007년 12월 14일.

7. 어번 임프로브에 관한 정보는 다음 사이트에 자세히 나와 있다. http://www. urbanimprov.org.

8. 트라우마센터 웹사이트에서는 미국 전역의 교사들이 운영해 볼 수 있는 어번 임프로브의 4학년생 대상 프로그램의 커리큘럼이 다운로드받을 수 있는 자료로 제공된다. http://www. traumacenter.org/initiatives/psychosocial.php.

9. 가능성 프로젝트에 관한 정보는 다음 사이트에 자세히 나와 있다. http://the-possibility-project.org.

10. '법정에 간 셰익스피어'에 관한 정보는 다음 사이트에 자세히 나와 있다. http://shakespeare. org/education/for-youth/shakespeare-courts/

11. C. 키실(C. Kisiel) 연구진, 「초등학생 대상 연극 기반 청소년 폭력 예방 프로그램에 관한 평가」, *Journal of School Violence* 5, no. 2(2006) : 19~36.

12. 어번 임프로브와 트라우마센터를 이끄는 사람들은 에이미 앨리(Amie Alley), 마거릿 블라우스타인(Margaret Blaustein) 박사, 토비 듀이(Toby Dewey) 박사, 론 존스(Ron Jones), 멀 퍼킨스(Merle Perkins), 케빈 스미스(Kevin Smith), 페이스 솔로웨이(Faith Soloway), 조지프 스피나졸라(Joseph Spinazzola) 박사다.

13. H. 엡스타인(H. Epstein), T. 패커(T. Packer), 『더 셰익스피어 앤 컴퍼니의 배우 훈련(*The Shakespeare & Company Actor Training Experience*)』(매사추세츠주 레녹스 : Plunkett Lake Press, 2007). H. 엡스타인, 『티나 패커가 만든 연극(*Tina Packer Builds a Theater*)』(매사추세츠주 레녹스 : Plunkett Lake Press, 2010).

찾아보기